Le comportement du consommateur

3ᵉ édition

Jean-Charles Chebat
Pierre Filiatrault
Michel Laroche

Avec la collaboration de C. Duhaime, G. Kindra,
T. Muller, H. Cherif, R. Michon et M.-A. Tomiuk

Le comportement du consommateur

3e édition

gaëtan morin
éditeur

CHENELIÈRE ÉDUCATION

Le comportement du consommateur
3e édition

Jean-Charles Chebat, Pierre Filiatrault et Michel Laroche
Avec la collaboration de C. Duhaime, G. Kindra, T. Muller,
H. Cherif, R. Michon et M.-A. Tomiuk

© gaëtan morin éditeur ltée, 1991, 1996, 2003

Tableau de la couverture :
Marché de Provence
Œuvre de **Georges Dedoyard**

Peintre de carrière, Georges Dedoyard est
membre fondateur de l'Académie des peintres
professionnels de Laval (APPL) et membre du
Regroupement des artistes en arts visuels du
Québec (RAAV). Il a à son actif de nombreuses
expositions solos et collectives, et ses tableaux
sont exposés en permanence à la Galerie
Symbol'Art à Montréal, à la Galerie Beauchamp
et Beauchamp dans le Vieux-Québec ainsi
qu'au Musée René-Richard à Baie-Saint-Paul.

**Catalogage avant publication
de Bibliothèque et Archives Canada**

Chebat, Jean-Charles, 1945-

  Le comportement du consommateur

  3e éd.

  Comprend des index.

  ISBN 2-89105-838-0

  1. Consommateurs – Comportement – Canada. 2. Consommateurs – Canada. 3. Marketing – Canada. 4. Consommateurs –
Psychologie. I. Filiatrault, Pierre, 1940-   . II. Laroche, Michel,
1945-   . III. Titre.

HF5415.33.C3K5514 2003   658.8'342'0971   C2003-940801-9

**gaëtan morin
éditeur**

CHENELIÈRE ÉDUCATION

7001, boul. Saint-Laurent
Montréal (Québec)
Canada H2S 3E3
Téléphone : (514) 273-1066
Télécopieur : (514) 276-0324
info@cheneliere-education.ca

ISBN 2-89105-838-0

Dépôt légal : 1er trimestre 2005

Bibliothèque nationale du Québec
Bibliothèque nationale du Canada
Imprimé au Canada

4 5 6 7 ITG 11 10 09 08

Nous reconnaissons l'aide financière du gouvernement du Canada
par l'entremise du Programme d'aide au développement de l'industrie
de l'édition (PADIÉ) pour nos activités d'édition.

Chenelière Éducation remercie le Gouvernement du Québec de
l'aide financière qu'il lui a accordée pour l'édition de cet ouvrage par
l'intermédiaire du Programme de crédit d'impôt pour l'édition de
livres (SODEC).

L'Éditeur a fait tout ce qui était en son pouvoir pour retrouver les
copyrights. On peut lui signaler tout renseignement menant à la
correction d'erreurs ou d'omissions.

À mes parents et à mon épouse
Jean-Charles Chebat

À Colette, Marc, Anny et Guy ainsi qu'à Rose
Pierre Filiatrault

À mes parents
Michel Laroche

REMERCIEMENTS

Bien que cette troisième édition française du *Comportement du consommateur au Canada* ait été en grande partie remaniée, nous en sommes redevables aux auteurs des éditions précédentes, soit Gurprit Kindra, Michel Laroche et Thomas E. Muller, qui ont les premiers donné forme à l'idée d'un ouvrage sur le comportement du consommateur dans une perspective canadienne et à qui l'on doit les deux éditions anglaises, ainsi que Carole Duhaime, qui a travaillé en consultation avec Michel Laroche aux versions françaises de celles-ci. En témoignage de notre reconnaissance, nous avons inscrit leurs noms dans la liste des collaborateurs. Nous nous sommes efforcés tout au long de cet ouvrage, qui se situe dans le prolongement des éditions précédentes et s'inscrit dans le paradigme classique en ce qui concerne le comportement du consommateur, de souligner les contributions de Gurprit Kindra et de Thomas E. Muller, que nous remercions plus particulièrement de la confiance qu'ils nous ont témoignée.

Pour assurer l'efficacité des stratégies de marketing, il est essentiel de connaître le comportement du consommateur, qui constitue la pierre angulaire de la philosophie et de la pratique du marketing.

Ce livre est destiné à tous les praticiens et théoriciens qui se préoccupent de consommation. Il a été préparé à l'intention des étudiants en marketing, en publicité et en communication, mais il intéressera aussi les mercaticiens qui travaillent dans les secteurs privé ou public, les communicateurs et les publicitaires, ainsi que tous ceux qui se soucient de la protection du consommateur.

Après une introduction à la notion de comportement du consommateur et un examen des facteurs démographiques influant sur le marché des biens et services (chapitre 1), les auteurs présentent les principaux modèles descriptifs du comportement du consommateur et le processus décisionnel (chapitre 2) ainsi que le modèle Chebat-Filiatrault-Laroche du comportement du consommateur, qui englobe des variables environnementales, informationnelles et psychologiques (chapitre 3). Ils s'attachent ensuite à décrire les variables psychologiques, ou internes, qui influent sur le comportement du consommateur : la perception (chapitre 4), l'apprentissage et le traitement de l'information (chapitre 5), les attitudes (chapitre 6) et les besoins, les valeurs et le style de vie (chapitre 7). Puis, ils traitent des variables environnementales, ou externes, qui interviennent dans le comportement de consommation. Dans un premier temps, l'influence de la culture et de l'ethnicité est abordée (chapitres 8), avec une attention spéciale pour les groupes ethniques du Canada (chapitre 9) et le marché canadien-français (chapitre 10). Dans un deuxième temps, les auteurs s'intéressent au rôle des groupes de référence (chapitre 11), des classes sociales (chapitre 12) et de la famille (chapitre 13) dans le comportement d'achat. Le dernier chapitre (chapitre 14) est consacré à des applications au champ de la publicité des théories et des modèles étudiés. Pour finir, des études de cas sont proposées, pour permettre au lecteur d'approfondir ses connaissances.

TABLE DES MATIÈRES

Chapitre 1

Introduction à l'étude du comportement du consommateur

INTRODUCTION

Le centre d'intérêt de ce livre est le consommateur, plus précisément le comportement du consommateur. Il est important de comprendre le comportement du consommateur si l'on veut bien cerner ses besoins, mieux répondre à ses attentes et être en mesure de préparer une offre qui assurera sa satisfaction et sa fidélité ; c'est là le propos de cet ouvrage. En fait, il s'agit d'un livre de marketing. Le rôle de la fonction marketing dans les entreprises est double : attirer et retenir la clientèle. La compréhension du comportement du consommateur est donc essentielle, à la fois pour développer des produits et des services qui répondent bien aux besoins des consommateurs, et pour modifier et adapter les produits et les services aux besoins changeants de la société. Il faut aussi bien communiquer avec les clients actuels et maintenir des relations à long terme ; les entreprises sont en effet de plus en plus conscientes que le client le plus important est le client actuel. Ce ne sont là que quelques exemples de l'utilisation possible des connaissances relatives au comportement du consommateur.

▼

Mais sur quoi porte l'étude du comportement du consommateur ? Elle concerne, d'une façon générale, l'ensemble des décisions et des actions ayant trait à la consommation de biens et services. Dans ce chapitre, nous verrons en quoi consiste le comportement du consommateur, ce qu'il permet de connaître et comment il est utile, voire essentiel, à une bonne gestion du marketing dans une organisation. Ensuite, nous verrons certaines caractéristiques des populations humaines, à savoir les caractéristiques démographiques, qui sont associées plus directement à divers comportements de consommation. Comme les phénomènes démographiques ont une incidence sur le marché des biens et des services, ces caractéristiques, qui peuvent subir des variations et qui évoluent, sont utiles à connaître parce qu'elles forment la toile de fond du comportement de consommation et aident à le comprendre. Pour finir, nous montrerons comment utiliser les données démographiques pour estimer la demande future de biens et services.

1.1 Le marketing et le comportement du consommateur

Le marketing est beaucoup de choses à la fois : c'est une *philosophie de gestion,* une *fonction de l'entreprise,* une *démarche* et un *ensemble de pratiques.* Le marketing est avant tout une *philosophie de gestion* dans laquelle le client constitue le point central. La raison est simple : pas de clients, pas d'entreprise. Cette philosophie requiert, pour devenir opérationnelle, la meilleure connaissance possible du consommateur. Elle a donné naissance au *concept de marketing.* Selon ce concept, la clé pour atteindre les objectifs de l'entreprise consiste à créer, à développer, à livrer et à communiquer aux consommateurs du marché cible une offre d'une valeur supérieure aux offres que les concurrents peuvent présenter. Évidemment, pour le faire, l'entreprise doit bien cerner les besoins des consommateurs, une tâche grandement facilitée par sa connaissance des besoins et des comportements des consommateurs ;

elle doit aussi développer, tester et mettre en marché des produits et services correspondants, et assurer un suivi. Le marketing est également une *fonction de l'entreprise* : c'est la fonction qui s'occupe de gérer les échanges avec la clientèle ; on parle alors de gestion des relations avec les clients. Le marketing est en plus une *démarche* dont le point de départ et le point d'arrivée sont le consommateur, c'est-à-dire qu'elle part de la détermination des besoins et va jusqu'à la mesure de la satisfaction ou de l'insatisfaction de la clientèle. Enfin, le marketing est un *ensemble de pratiques* : études de marché, développement de produits, fixation des prix, choix des canaux de distribution et des sites pour les points de service, plan de marketing, campagne de communication (publicité, promotion, relations publiques, etc.), mesures d'efficacité et outils de contrôle. Toutes ces activités de marketing exigent une connaissance approfondie du comportement du consommateur. La figure 1.1 schématise les relations entre le

| Figure 1.1 | *Un modèle de base du comportement du consommateur* |

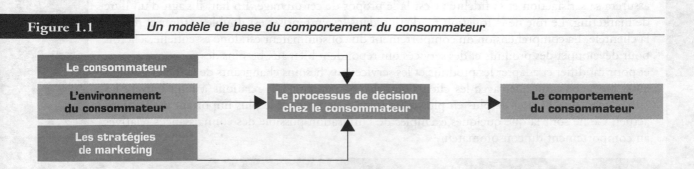

consommateur, son environnement, les stratégies de marketing, le processus de décision et le comportement du consommateur.

En ce qui concerne les stratégies de marketing, comprendre le comportement du consommateur aide donc tout d'abord à choisir les segments de marché les plus favorables, à développer un produit ou un service qui répond le mieux possible aux besoins des consommateurs du marché cible, à concevoir des stratégies de marketing plus efficaces de façon à orienter le comportement du consommateur. La connaissance du comportement du consommateur permet aussi d'évaluer les stratégies de marketing mises en œuvre : a-t-on rejoint le bon marché cible ? Répond-on à ses besoins ? Les besoins ont-ils évolué ? Comment le produit ou le service se compare-t-il avec celui des concurrents ? Les clients sont-ils satisfaits ? Pourquoi ? Nous verrons dans le prochain chapitre le processus de décision du consommateur et la façon dont ce processus s'arrime avec son comportement.

1.2 Qu'est-ce que le comportement du consommateur ?

Le comportement du consommateur est un des champs d'étude du comportement humain qui peut se définir comme suit : *Le comportement humain est le processus par lequel un individu interagit avec son environnement.*

Dans le présent livre, nous nous intéressons à un comportement humain spécifique, le comportement du consommateur, que nous définirons en ces termes :

Le comportement du consommateur est le processus par lequel les individus décident d'acquérir, choisissent et achètent des biens et services, et les consomment[1].

Nous considérons donc le comportement du consommateur comme un processus, c'est-à-dire un enchaînement ordonné d'opérations, d'étapes et de phénomènes aboutissant à un résultat. Ce processus débute par la reconnaissance d'un besoin ; vient ensuite une recherche d'informations en vue

d'évaluer certains choix possibles pour en arriver à une décision d'achat ; l'achat sera suivi de la consommation du bien ou du service en question, dont découlera la satisfaction ou l'insatisfaction du consommateur.

L'étude du comportement du consommateur permet de connaître :

- les besoins des consommateurs sous-jacents à l'achat de biens et services ;
- les moyens de satisfaire ces besoins ;
- la démarche de recherche des informations requises et les sources d'information ;
- les caractéristiques prises en considération dans un achat et leur importance ;
- les choix envisagés (l'ensemble de considération) et l'évaluation de ces choix ;
- la formation des intentions d'achat ;
- la démarche d'achat et l'achat ;
- le comportement postachat (y compris la satisfaction ou l'insatisfaction, et la dissonance cognitive) ;
- l'influence de l'expérience d'achat sur les décisions futures d'achat.

Plusieurs disciplines contribuent à l'étude du comportement du consommateur, notamment la psychologie (cognitive, behavioriste et sociale), la sociologie, l'économie, la démographie et les communications. Mais, avec les années, le comportement du consommateur est devenu un champ d'étude spécialisé relativement indépendant qui a généré des connaissances scientifiques en matière de comportement de consommation, donnant naissance à de nombreux modèles et à de nombreuses théories. L'étude du comportement du consommateur est-elle cependant trop théorique pour être utile aux mercaticiens ? La réponse est non. Il n'y a rien de plus pratique qu'une bonne théorie, comme l'a dit Kurt Lewin. La connaissance du comportement du consommateur est non seulement utile pour les mercaticiens, elle est devenue *essentielle* pour gérer efficacement la fonction marketing, tant dans les entreprises du secteur privé que dans les organismes sans but lucratif, comme Centraide et Héma-Québec, et dans les organisations publiques, comme la Société de l'assurance automobile du Québec ou le ministère de la Santé.

1.3   Pourquoi étudier le comportement du consommateur ?

On étudie le comportement du consommateur pour plusieurs raisons. La première est que la connaissance du comportement du consommateur aide les décideurs à prendre de meilleures décisions de marketing. En effet, plusieurs entreprises ont découvert que la recherche en marketing est un outil de gestion fort utile. Les entreprises investissent donc de plus en plus pour obtenir de l'information sur les marchés. On cherche à déterminer les besoins des consommateurs, on veut savoir comment satisfaire ces besoins. On s'intéresse à des questions telles que qui achète quoi, pourquoi, quand et comment et ce qui influe sur l'achat. On mesure l'opinion des gens sur la qualité des services, leurs perceptions, leurs attitudes, leur degré de satisfaction ou d'insatisfaction. En fait, de nombreuses décisions de marketing requièrent de l'information relative au marché, et pour obtenir cette information, il est nécessaire d'avoir une connaissance approfondie du comportement du consommateur. C'est cette connaissance qui permet d'aller recueillir, grâce à la recherche marketing, l'information utile pour développer de bons produits ou services, réduire les risques de lancement, améliorer l'offre de l'entreprise et la qualité des services, et fidéliser la clientèle.

La connaissance des perceptions, des attitudes, des intentions de comportement et des comportements des consommateurs est souvent essentielle pour permettre aux mercaticiens d'élaborer, d'adapter ou de modifier leur offre. Voici quelques exemples où la connaissance du comportement du consommateur pourrait être utile en ce sens. Une entreprise qui veut lancer un nouveau produit alimentaire verra d'abord à étudier les besoins des clients potentiels. Le produit sera ensuite mis au point, puis testé auprès de groupes de discussion composés tantôt de professionnels de l'alimentation, tantôt de membres

du public cible. Ultérieurement, on le testera sur le marché et, finalement, quelque temps après le lancement, on mesurera la satisfaction des consommateurs. On cherchera peut-être à savoir dans quelles circonstances le produit est utilisé ; par exemple, comme dessert ou comme collation ? Ou encore, on se servira de recherches sur le comportement du consommateur pour accroître l'utilisation d'un train de banlieue. Pourquoi des personnes qui vivent à Sainte-Marthe-sur-le-Lac prennent-elles le train de banlieue pour se rendre travailler ou étudier au centre-ville de Montréal, alors que d'autres utilisent leur automobile ? Quelle est la demande pour un nouveau train de banlieue entre Saint-Hilaire, Repentigny ou Varennes et Montréal ? Comment la demande varie-t-elle selon le nombre et l'heure des départs ? Quels sont les facteurs qui inciteront les usagers potentiels à utiliser un train de type SLR (système léger sur rail) entre la Rive-Sud et Montréal ? Ou encore, qu'est-ce qu'un directeur de produit dans une institution financière doit faire pour accroître l'utilisation de services bancaires électroniques à domicile ? Ou, dans une perspective plus large, quoi dire à un médecin, quelle information lui fournir pour le convaincre de prescrire un nouveau médicament ?

L'étude du comportement du consommateur permet aux mercaticiens de trouver des réponses à plusieurs questions, ce qui les aide à concevoir de nouveaux produits ou services, à modifier les produits ou services existants, à accroître la satisfaction et la fidélité de la clientèle ou encore à préparer une campagne de communication plus efficace. Voici une liste non exhaustive d'exemples pratiques d'utilisation de recherches sur le comportement du consommateur :

- mieux comprendre les besoins des clients actuels et potentiels ;
- préparer un meilleur questionnaire pour une étude de marché ;
- identifier des segments de marché et tracer les profils des acheteurs ;
- estimer la demande pour de nouveaux produits et services ;

■ tester un nouveau service ;

■ comprendre la démarche d'achat ;

■ connaître la notoriété de l'entreprise, d'un produit ou d'une marque ;

■ connaître le positionnement de l'entreprise ;

■ positionner ou repositionner un produit, une marque ou une entreprise ;

■ connaître l'image de l'entreprise ;

■ savoir qui influence un achat ;

■ comprendre le processus de décision d'achat ;

■ connaître l'utilisation des produits ou services ;

■ élaborer des stratégies de marketing ;

■ préparer un nouveau message publicitaire ;

■ évaluer la compréhension d'un message publicitaire ;

■ élaborer une campagne promotionnelle ;

■ mesurer la satisfaction de la clientèle.

1.4 La toile de fond de l'étude du comportement du consommateur : la démographie

Avant d'examiner le processus décisionnel chez les consommateurs et le modèle de comportement du consommateur qui sous-tendent ce livre, il nous paraît pertinent de présenter un ensemble de caractéristiques qui sont associées à divers comportements de consommation, soit l'ensemble des caractéristiques démographiques. Plusieurs variables démographiques, telles que l'âge, le sexe, le niveau d'instruction, le revenu, l'emploi, la taille de la famille, la nationalité et autres, sont des variables qui permettent de décrire le profil des consommateurs et des ménages. Grâce à ces informations, on peut se faire une idée du profil des consommateurs qui utilisent divers biens et services, mais *on ne peut comprendre le pourquoi des comportements*. Les mercaticiens s'intéressent toutefois à la démographie parce que celle-ci étudie et présente les caractéristiques de la population. *Or ce sont les gens qui font les marchés*. Les mercaticiens prêtent donc un grand

intérêt à la taille de la population, à sa composition et aux changements dans la composition de la population dans les villes, les régions, les provinces, le pays et dans le monde entier. Quels sont les marchés qui sont en croissance et en décroissance, ou qui seront en croissance ou en décroissance ? Ils s'intéressent aussi à la distribution de l'âge, des niveaux d'instruction et des groupes ethniques, à la structure des ménages et à la mobilité des gens. Ces informations sont nécessaires pour identifier les marchés qui croîtront et ceux qui stagneront ou même qui décroîtront.

Les variations démographiques ont une *forte incidence* sur le marché des biens et services. Ainsi, la demande pour les produits et services augmentent ou diminuent selon les changements démographiques : par exemple, les personnes âgées mangent moins, mais s'alimentent plus sainement que les personnes plus jeunes. Par ailleurs, des changements dans les valeurs ou les habitudes de vie des gens amènent des changements dans la démographie du pays ; par exemple, les familles sont beaucoup plus petites de nos jours qu'il y a une ou deux décennies. Les sections qui suivent portent sur six variables démographiques d'intérêt pour le marketing.

1.4.1 La croissance de la population

Deux tendances majeures dans la croissance de la population sont : la croissance de la population mondiale et la stagnation de la croissance de la population dans les pays développés. La population mondiale croît à un rythme annuel de 1,35 % ; on estime que la population mondiale a atteint 6 milliards d'habitants en 2000 et qu'elle sera près de 8 milliards en 2025[2]. Au Canada, la population a enregistré un faible taux de croissance intercensitaire de seulement 4,0 % entre 1996 et 2001. En 2001, la population du Canada était de 30 007 094 habitants ; celle du Québec atteignait 7 237 479 habitants[3]. La population du Québec n'a crû que de 1,4 % entre 1996 et 2001.

La croissance de la population mondiale est à la fois une menace et une occasion d'affaires. La forte augmentation de la population mondiale, et surtout la démographie explosive de certaines parties du monde, constitue une menace et est une préoccupation pour plusieurs organisations mondiales. En effet, plusieurs spécialistes craignent un manque éventuel de certaines ressources à court, moyen et long terme (comme les aliments et le pétrole). Le problème est d'autant plus sérieux que ce sont les pays les plus pauvres qui connaissent une croissance très élevée de la population. Les conséquences dramatiques de cette situation sont bien connues : sous-alimentation et famine, taux élevé de mortinatalité, analphabétisme, faibles revenus, extrême pauvreté. La croissance de la population ne signifie donc pas automatiquement des occasions d'affaires. Mais elle représente cependant de grands défis pour qui s'intéresse au marketing social (par exemple, des campagnes sur le contrôle des naissances, sur de meilleures habitudes alimentaires ou hygiéniques, sur les pratiques sexuelles responsables, etc.). À l'autre bout du continuum, on craint aussi que les abus de la société de consommation ne mènent à des problèmes majeurs comme la pollution (problèmes de santé tels que l'asthme et autres maladies respiratoires), le réchauffement de la planète (augmentation des fluctuations météorologiques, des intempéries, etc.) et la détérioration de la qualité de vie en général. Néanmoins, plusieurs pays en transition offrent des occasions d'affaires intéressantes, tels les pays de l'Europe de l'Est, la Chine et certains pays de l'Amérique du Sud.

D'autre part, la faible croissance de la population canadienne et québécoise indique clairement que les occasions d'affaires doivent venir d'autres sources que de la croissance naturelle de la population. En fait, la croissance des marchés canadiens et québécois découlera plutôt des changements dans la structure d'âge dans la population et de l'augmentation des revenus des individus et des ménages. En effet, la population canadienne a presque atteint la croissance zéro. Le taux de fertilité des femmes n'est que de 1,60[4]. Le taux de natalité, ou la décision de procréer ou non, constitue un facteur démographique très important qui influe non seulement, évidemment, sur le taux de croissance de la population, mais aussi sur la pyramide des âges. Et le faible taux de natalité n'est compensé qu'en partie par l'immigration.

1.4.2 Le vieillissement de la population

L'un des plus gros changements démographiques prévus, qui aura des répercussions majeures sur la demande de biens et services, est le vieillissement de la population canadienne. Le vieillissement de la population est attribuable à trois facteurs principaux : le *baby-boom*, c'est-à-dire l'augmentation de la natalité après la Deuxième Guerre mondiale, soit de 1946 à 1965, le faible taux de naissance qui a suivi et les progrès de la médecine qui font que les gens vivent plus longtemps. Autrement dit, à mesure que les *baby-boomers* vieillissent (on estime leur nombre à près de 10 millions, soit 32,4 % de la population canadienne[5]), la moyenne d'âge des Canadiens augmente. L'espérance de vie des Canadiens est estimée, en 2001, à 77,1 ans pour les hommes et à 82,4 ans pour les femmes[6]. L'allongement de l'espérance de vie s'inscrit dans une longue tendance, mais l'écart entre les hommes et les femmes décroît ; ainsi, la différence entre les hommes et les femmes était de 6,7 ans en 1985 et de 5,7 ans en 1995, et l'on prévoit que l'écart se réduira à 4,0 ans en 2026. L'espérance de vie devrait alors atteindre 80,0 ans pour les hommes et 84,0 ans pour les femmes[7]. On peut constater les changements dans la pyramide des âges au Canada entre 2000, 2026 et 2051 à la figure 1.2. Le phénomène du vieillissement de la population ne doit pas être négligé par les mercaticiens, qui doivent adapter leurs actions à cette nouvelle réalité sur laquelle se greffent des besoins particuliers. C'est sans doute ce qui a inspiré le message publicitaire reproduit à la figure 1.3 (p. 8), pour des services financiers qui promettent « une retraite sans tracas ». Mais le Canada n'est pas le seul pays touché par ce phénomène, et le vieillissement de la population s'accentuera dans tous les pays développés au cours des prochaines décennies, comme l'explique l'encadré 1.1 (p. 9). C'est donc dire que l'ensemble des pays développés constituera un débouché intéressant pour une entreprise canadienne qui aura conçu un nouveau produit destiné à ce segment de marché que formera la population âgée.

| Figure 1.2 | *La pyramide des âges au Canada* |

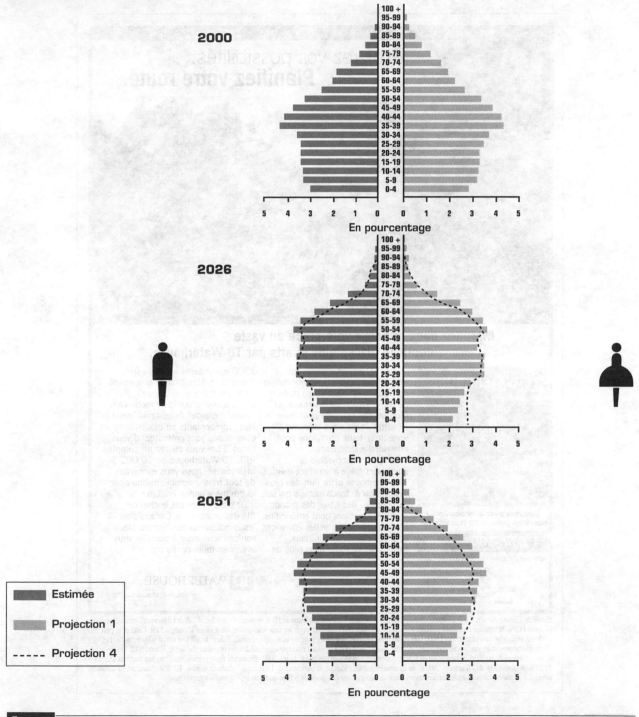

Source   Adapté de Statistique Canada, « Projections démographiques pour le Canada, les provinces et les territoires, 2000-2026 », numéro 91-520 au Catalogue, mars 2001. Adapté avec la permission de Statistique Canada.

Encadré 1.1   *PLEINS FEUX SUR LES CONSOMMATEURS*

Trois fois plus de gens âgés

Le nombre de personnes âgées de 65 ans et plus a été multiplié au moins par trois au cours des 50 dernières années, pour atteindre le chiffre de 420 millions dans le monde. En général, les « seniors » sont mieux éduqués qu'auparavant [...] et vivent plus longtemps [...] cette augmentation prévue de la population âgée constituera un défi pour les gouvernements qui devront faire face à de nouvelles dépenses en matière de santé, de retraites et à d'autres problèmes concernant les seniors, selon les experts.

« Le vieillissement de la population s'opère à un rythme jamais vu auparavant et nous devrons suivre avec beaucoup d'attention la manière dont les pays répondent aux défis que cela pose », a déclaré Nancy Gordon, directrice associée des programmes démographiques au Bureau américain du recensement [...]. Aux États-Unis, le recensement de 2000 montre qu'environ 12 % de la population, soit 35 des 281,4 millions d'habitants, avaient au moins 65 ans. Selon l'étude, d'ici 2030, un Américain sur cinq aura 65 ans et plus.

Selon les prévisions, l'Italie et le Japon devraient être les pays du monde à avoir la proportion la plus importante de personnes âgées d'ici 30 ans. Plus d'un Japonais sur dix devrait avoir au moins 85 ans en 2030 [...].

Ces prévisions soulèvent des questions importantes pour les décennies à venir, selon les experts. Les pays pourront-ils fournir des soins médicaux adéquats ? Et sur le plan financier, de quel type de retraite pourront bénéficier les personnes âgées ?...

Source   Associated Press, « Trois fois plus de gens âgés », *La Presse*, 7 janvier 2002, p. B8. Reproduit avec la permission de The Associated Press.

Le phénomène du vieillissement de la population ne se renversera pas, car il est causé principalement, depuis le début des années 1970, par la persistance de la fécondité inférieure au seuil de remplacement des générations et par le déclin continu de la mortalité, surtout aux âges avancés. Une autre mesure, l'indice de vieillissement, montre que la population canadienne continuera à vieillir considérablement au cours des prochaines années. Ainsi, on pourrait croire que la population canadienne donnait déjà des signes de vieillissement en l'an 2000 avec un indice moyen de vieillissement de 65,8 (ce qui signifie qu'il y avait alors 65,8 personnes de 65 ans et plus pour 100 jeunes de 15 ans et moins). Cet indice était de 33,9 en 1976 et de 55,6 en 1991. On prévoit qu'il se situera entre 125,5 et 159,1 en 2026 et entre 146,9 et 216,8 en 2051[8]. On comprend l'importance de ce marché que constitue la population âgée quand on sait que le Canada comptait 4 millions de personnes de 65 ans et plus en 2000 et

que ce nombre atteindra 6,7 millions en 2021. Qui plus est, les personnes de 80 ans et plus représentaient, en 2000, 24 % des 65 ans et plus, soit un total de 920 000 personnes ; en 2051, leur nombre pourrait passer à 3,3 millions, soit 36 % des 65 ans et plus[9]. À l'opposé, les jeunes (0 à 17 ans), qui constituaient 23 % de la population canadienne en 2000, ne formeront que 18 % de celle-ci en 2026 et 17 % en 2051 si le scénario moyen de la fécondité demeure constant à 1,48 enfant par femme[10].

Selon David K. Foot, la démographie trace la voie pour identifier les marchés qui présenteront les meilleures occasions d'affaires ; à l'aube du troisième millénaire, les entreprises qui sont engagées dans des domaines comme ceux des services financiers, des produits pharmaceutiques, des services de santé, des services liés à la détente et aux loisirs ou des services funéraires, auxquels s'ajouteront les services de soutien à domicile, les nouvelles formes d'habitation et autres, se trouvent au bon endroit au bon moment[11].

En effet, les personnes âgées ont des besoins et des goûts particuliers ; par exemple, elles aiment voyager et séjourner dans les pays chauds, et les services d'assurance voyage long séjour comme celle que propose la publicité présentée à la figure 1.4 s'adressent tout particulièrement à cette clientèle. On pourrait aussi penser aux nouveaux produits, par exemple dans le domaine des télécommunications : télémédication, surveillance à distance, etc. En définitive, le vieillissement de la population se répercute sur la consommation de biens et services et l'on peut d'ores et déjà relever certaines tendances (voir l'encadré 1.2).

Figure 1.4	*Un exemple de message publicitaire destiné aux personnes âgées*

Source	Reproduit avec la permission de Desjardins Sécurité financière.

| Encadré 1.2 | *PLEINS FEUX SUR LES CONSOMMATEURS* |

Répercussions du vieillissement sur la consommation de divers produits et services

◆ *Les boomers à la retraite*

On s'entend pour dire que les *baby-boomers* sont nés entre 1947 et 1966. Ils influencent fortement la pyramide des âges, car ils constituent le tiers de la population canadienne. Seuls trois autres pays occidentaux ont connu un *baby-boom* aussi important : les États-Unis, l'Australie et la Nouvelle-Zélande.

Marchés des consommateurs

Vu leur grand nombre, les *baby-boomers* influencent beaucoup les courants d'achat. Un exemple frappant : les rues aujourd'hui (en 2002) sont envahies de minifourgonnettes. Qui les conduisent ? Les premiers *baby-boomers*, nés à la fin des années 40 [...]. La part de marché de la minifourgonnette sur le marché automobile canadien a augmenté régulièrement de moins de 1 % à 20 % [...].

Beau, jeune et en santé

Les *baby-boomers* veulent rester jeunes, rester beaux, rester en santé ! L'effet du vieillissement se répercute dans la vente des cosmétiques [...]. Même les hommes se mettent à acheter de la crème (pour les soins de la peau).

De la même façon, toutes les générations ont recours à la chirurgie esthétique, mais plus particulièrement l'imposante génération du *baby-boom*, et la recherche dans ce domaine fait de grands progrès. Les nouvelles techniques de chirurgie au laser, par exemple, ont été utilisées avec succès pour les soins visuels, mais aussi pour faire disparaître les rides et d'autres signes de vieillissement sur le visage de personnes, même à un âge avancé. Aujourd'hui, on pratique environ 1,5 million d'opérations de chirurgie esthétique par an en Amérique du Nord, deux fois plus qu'il y a dix ans. Le même phénomène se produit pour la dentisterie esthétique.

Médicaments dits style de vie

La recherche pharmaceutique, qui, par le passé, concentrait ses efforts à peu près exclusivement au traitement des maladies graves, vise maintenant le marché des *baby-boomers* [...]. La facture des soins de santé grimpera en flèche. Elle gonflera de 80 % d'ici 50 ans, une conséquence du vieillissement de la population et des multiples découvertes scientifiques et technologiques. Santé Canada estime que même si les personnes aînées ne représentent que 12 % de la population canadienne, elles reçoivent de 28 % à 40 % de toutes les ordonnances médicales. L'évolution démographique fera augmenter la consommation de médicaments d'ordonnance [...].

Les loisirs

Il y aura tout de même de nombreuses personnes âgées en santé qui profiteront de la vie. Leurs activités se porteront sur la lecture, la musique, les visites au musée, les passe-temps, le bénévolat et les voyages. Les deux prochaines décennies seront un âge d'or pour les industries du voyage et du tourisme, plus particulièrement l'écotourisme, les escapades de fin de semaine (qui représentent plus de la moitié des voyages faits aux États-Unis) et les croisières. Au sujet des croisières : il s'est construit plus de bateaux de croisière au cours des dernières années que dans les décennies ayant suivi la construction du *Titanic* [...].

▼

▼

La politique

Les conséquences politiques seront également considérables. Le vieillissement de la population modifiera inévitablement la structure du corps électoral en faveur des personnes âgées et, de plus, les gens qui voteront seront également plus âgés, ceci donnera lieu à un grand conservatisme dans la prise de décision. Le risque le plus souvent évoqué est celui de voir les transferts sociaux accaparés par certaines générations au détriment des autres et cela pourrait être à l'origine de tensions entre les générations.

Source Adapté de P. Genest, « Les boomers à la retraite », *La Presse,* 14 février 2002, p. A17. Reproduit avec la permission de l'auteur.

◆ La retraite se prendra de plus en plus tard

La retraite à 55 ans ? Oubliez ça ! Si vous avez 50 ans aujourd'hui, il y a de fortes probabilités que vous travailliez jusqu'à 70 ans et si vous avez 45 ans, la retraite attendra probablement jusqu'à 75 ans. L'âge de la retraite ira en augmentant […]. À mesure que les plus vieux de la génération des *baby-boomers* quitteront le marché du travail, la pression augmentera sur les plus jeunes qui devront mettre une croix sur leurs projets de retraite anticipée. La retraite à 70 et à 75 ans deviendra monnaie courante à partir de 2010. Le vieillissement de la population affectera tous les secteurs d'activités […]. Ainsi, on s'attend à ce qu'à partir de 2020, les *baby-boomers* vendent leur maison pour s'installer dans des appartements plus petits et se rapprocher de la ville. Il y aura beaucoup de maisons à vendre et moins d'acheteurs potentiels, parce que la génération suivante est beaucoup moins nombreuse. Résultat : le prix des maisons va chuter en banlieue. « Si vous voulez vendre votre maison, vendez avant que tout le monde ne le fasse… » En vieillissant, les *baby-boomers* empruntent moins et épargnent plus. Cet afflux de capitaux sur le marché maintiendra les taux d'intérêt très bas […]. Par contre, le prix des actions augmentera avec la demande, et leur rendement diminuera…

Source H. Baril, « La retraite se prendra de plus en plus tard », extraits d'un discours de M. Pierre Genest, président du Fonds de solidarité de la FTQ. *La Presse,* 13 février 2002, p. D1-D2.

1.4.3 Le niveau d'instruction

De façon générale, le niveau d'instruction s'accroît, tant au Québec que dans le reste du Canada, et ce niveau est un des plus élevés au monde. Par contre, le pourcentage de personnes qui ont un baccalauréat reste stable, aux environs de 28 %, toutes classes sociales confondues ; il atteint toutefois 40 % dans les classes économiques plus favorisées, comparativement à 18 % dans les classes moins favorisées[12]. Une donnée qui mérite qu'on lui porte attention est qu'environ 60 % des étudiants à temps plein dans les universités du Québec sont maintenant des femmes, une tendance qui existe dans beaucoup de pays développés. Par exemple, aux États-Unis, en 1960, 66 % des diplômés universitaires étaient des hommes, alors que maintenant ceux-ci ne représentent plus que 44 % des diplômés[13]. Cette situation a déjà des répercussions sur le processus de décision d'achat dans les ménages, en relation avec les rôles changeants des conjoints et le pouvoir d'achat grandissant des femmes. Ce changement social important aura sans doute aussi une incidence sur le taux de naissance et sur la structure des ménages. Une autre tendance intéressante est que 60 % de ceux qui ont obtenu un baccalauréat suivent une forme ou une autre de cours après l'obtention de leur diplôme[14].

1.4.4   La structure des ménages

Le ménage traditionnel, c'est-à-dire le ménage composé d'un homme, d'une femme et d'enfants qui vivent sous le même toit, constitue maintenant seulement 26,3 % des ménages vivant à Montréal[15]. En effet, les familles dont les enfants ont quitté le domicile familial, les couples sans enfants, les gens divorcés, les familles monoparentales, les célibataires et les veufs et les veuves sont plus nombreux. Chaque type de ménage a des besoins différents ; par exemple, les gens qui vivent seuls ont besoin d'un logement plus petit, de même que d'appareils ménagers et de meubles plus petits. Le marché destiné aux homosexuels, qu'ils vivent seuls ou en couple, est aussi un marché relativement important qui est courtisé à cause du pouvoir d'achat de la clientèle cible.

1.4.5   La mobilité de la population

En cette époque du commerce électronique et du marketing direct, alors que les bases de données sur les clients sont autant des outils essentiels de gestion de la clientèle que des avantages concurrentiels importants, un problème se pose du fait que plus de 1,2 million de particuliers déménagent chaque année au Canada[16]. Cette mobilité représente une menace et une occasion d'affaires. D'une part, il s'agit d'une menace potentielle à cause de la difficulté à gérer la relation client (*customer relationship management* ou CRM), à maintenir les bases de données sur les clients à jour et à recouvrer les créances dans le cas de mauvais payeurs. D'autre part, c'est une occasion d'affaires parce que ces déplacements de la population requièrent des services particuliers que certaines entreprises sont appelées à fournir – et l'on pense ici principalement à ceux qui sont engagés, directement ou indirectement, dans le domaine du déménagement (des camionneurs aux chasseurs de tête) – et qu'ils constituent, pour d'autres entreprises, une occasion d'attirer de nouveaux clients.

1.4.6   L'immigration

L'immigration fournit une autre occasion de marché. Entre 1990 et 2000, près de la moitié de la croissance démographique au Canada est attribuable à l'arrivée d'immigrants[17]. En d'autres mots, l'immigration a, au cours des dernières années, empêché que la population du pays ne décroisse, étant donné que le taux de natalité est trop bas pour assurer la croissance de la population. On trouve, par exemple, à Montréal, des minorités ethniques importantes, comme les Italiens, qui ont leurs propres journaux et émissions de radio et de télévision, ou encore les Asiatiques, qui ont même droit, sur la Rive-Sud de Montréal, à des services de santé en chinois. Différents aspects et différentes implications de cette dimension démographique importante seront présentés dans les chapitres 8, 9 et 10.

1.5   L'estimation de la demande future à partir de projections démographiques

L'estimation de la demande future est un outil propre à aider les mercaticiens à cerner les marchés les plus prometteurs. Même si les données démographiques ne peuvent être utilisées dans une perspective de relations de cause à effet, et même si elles ne permettent évidemment pas de comprendre le comportement du consommateur, elles sont néanmoins utiles pour prévoir les grandes tendances.

L'estimation de la demande future à partir de données démographiques comprend trois étapes[18], qui sont examinées dans les prochaines sections :

1) l'estimation de la taille du marché ;

2) la conception de scénarios de consommation ;

3) la mise à jour des scénarios.

Si l'on se reporte de nouveau à la figure 1.2 et si l'on trace une ligne horizontale qui coupe en deux la pyramide des âges, on constatera, en comparant la pyramide de 2000 avec celle de 2026, une différence énorme. Il s'agit de la bulle démographique des *baby-boomers*. Il est donc possible d'estimer la demande en conséquence. Les projections démographiques permettent ainsi d'arriver à des prévisions de la demande relativement précises en comparaison d'autres types de prévisions, comme les prévisions économiques, car les paramètres et les variables sont beaucoup plus stables. Les projections démographiques sont donc un outil puissant de prévision de la demande future, parce qu'elles permettent de suivre l'évolution de la distribution des groupes d'âge dans la population.

1.5.1 L'estimation de la taille du marché

La première étape de l'estimation de la demande à partir de projections démographiques consiste à estimer la taille du marché, soit le nombre de personnes par groupe d'âge. Deux méthodes peuvent être employées pour prévoir la taille du marché à partir des projections démographiques. La première, statique, consiste à étudier les projections à un temps donné dans le futur pour un groupe d'âge qui intéresse un mercaticien. La deuxième, plus dynamique, consiste à suivre les projections démographiques pour une cohorte particulière, à mesure que les membres de celle-ci avancent en âge. Dans les deux cas, on estimera le nombre de personnes par groupe, ou cohorte, à un moment donné.

1.5.2 La conception de scénarios de consommation

Une fois estimée la taille du marché, l'étape suivante consiste à concevoir des scénarios de consommation. Cela se fait en deux temps. On s'emploiera tout d'abord à déterminer certains paramètres à partir d'un modèle donné, puis à construire des scénarios en fonction de ces paramètres. Un modèle fort connu est celui du cycle de vie. Du point de vue de la consommation, les individus passent par différentes étapes tout au long de leur vie. L'ensemble de ces étapes forment ce que l'on appelle le *cycle de vie de la famille*. À chacune des étapes du cycle de vie de la famille, les gens achètent différents biens et services. Ce modèle sera présenté d'une façon plus approfondie au chapitre 13. Le tableau 1.1 présente une adaptation du modèle original du cycle de vie pour une famille traditionnelle[19]. Un établissement de crédit bien connu utilise le modèle du cycle de vie pour segmenter ses marchés, et l'Institut des banquiers canadiens se sert d'un modèle semblable pour la formation des planificateurs financiers et dans ses cours de marketing de services financiers[20].

Tableau 1.1	*Le cycle de vie de la famille*

Étapes du cycle de vie de la famille	Modes de vie et comportements d'achat typiques
1. Stade du célibat : jeunes gens célibataires ne vivant pas chez leurs parents	Peu de charges financières, mais faibles revenus. Vivent souvent en colocation. Leaders d'opinion en matière de mode. Orientation vers les loisirs. Achat d'articles de cuisine, de mobilier de base, de voitures, de vêtements et d'objets destinés à impressionner les personnes du sexe opposé.
2. Couples récemment mariés ou vivant maritalement : jeunes, sans enfants	Meilleure situation financière que dans un proche avenir. Taux d'achat très élevé et moyenne d'achats de biens durables la plus forte. Achat de voitures, de réfrigérateurs, de cuisinières, de meubles pratiques et durables et de vacances.
3. Nid rempli I : le plus jeune enfant a moins de six ans	Achats pour la maison au plus haut niveau, peu de liquidités. Insatisfaction à l'égard de la situation financière et de l'épargne. Intérêt pour les nouveaux produits, notamment ceux qui sont annoncés à la télévision. Achat de machines à laver, de sécheuses, de téléviseurs, de nourriture et de médicaments pour bébés, de vêtements d'enfants, de poupées, de landaus, de traîneaux, de patins.
4. Nid rempli II : le plus jeune enfant a six ans ou plus	Situation financière meilleure. La plupart des femmes travaillent. Achètent en plus grands formats. Achat de beaucoup d'aliments, de produits de nettoyage, de bicyclettes, de leçons de musique ou de patinage artistique et souscription à des plans d'épargne-études.

▼

▼

Étapes du cycle de vie de la famille	Modes de vie et comportements d'achat typiques
5. Nid rempli III : couples plus âgés avec des enfants à charge	Situation financière encore meilleure. La plupart des femmes travaillent. Quelques enfants obtiennent des emplois. Moyenne d'achat de biens durables élevée. Renouvellement du mobilier qui est de meilleur goût, achat de voitures de luxe, d'appareils ménagers qui ne constituent pas des nécessités, de bateaux, de soins dentaires, de magazines. Cotisation accrue à un régime enregistré d'épargne-retraite (REER).
6. Nid vide I : couples plus âgés, aucun enfant habitant avec eux, l'homme ou la femme encore au travail	Pourcentage plus élevé de personnes qui possèdent une maison. Satisfaction marquée à l'égard de la situation financière et des économies. Intérêt pour les voyages, les activités de loisir, l'autodidaxie. Font des cadeaux et des contributions. Peu intéressés par les nouveaux produits. Achat de vacances, d'objets de luxe, de chalets ou améliorations résidentielles. Cotisations plus importantes à un REER.
7. Nid vide II : couples plus âgés, aucun enfant à la maison, les deux conjoints à la retraite	Diminution marquée du revenu. Bon nombre possèdent toujours une maison. Achat d'appareils médicaux, de médicaments, de soins médicaux, de produits qui permettent de rester en meilleure santé, de mieux dormir et de mieux digérer. Voyages, loisirs, sports, bénévolat.
8. Survivant solitaire, au travail	Revenu encore bon, vente probable de la maison, achat possible d'un appartement en copropriété ou location dans un immeuble destiné aux personnes du troisième âge.
9. Survivant solitaire, à la retraite	Besoins en produits médicaux semblables à ceux des autres groupes de retraités. Diminution considérable du revenu. Besoin spécial d'attention, d'affection et de sécurité.

Source Adapté de P. Kotler, P. Filiatrault et P. et R. E. Turner, *Le management du marketing*, Montréal, Gaëtan Morin Éditeur, 2000, p. 195.

Ce dont rend compte ce modèle, c'est qu'à mesure que les gens vieillissent, ils passent par des étapes successives marquées par des changements en ce qui touche à leurs besoins et à leurs désirs, changements qui sont déterminés par des bouleversements dans leur vie affective, par leur cheminement psychologique et professionnel, leurs responsabilités personnelles, leurs revenus, l'état de leurs finances, leurs goûts en matière de divertissement et de loisirs, les soins de santé requis, leur attitude envers la société, leur entourage et, enfin, leurs valeurs. Une jeune fille, par exemple, aura en ce qui a trait au divertissement, à sa vie affective, à son confort matériel et à sa sécurité financière des besoins fort différents de ceux de sa mère et de sa grand-mère. Mais, en vieillissant, elle verra ses besoins changer et ceux-ci en viendront sans doute à ressembler plus aux besoins de sa mère et de sa grand-mère qu'à des besoins de jeune fille. Tous les besoins des gens changent avec le temps, y compris les besoins de consommation. De même, les 10 millions de *baby-boomers* ont des besoins qui changent et qui continueront à changer. Ils composent un énorme marché pour des biens et services en tout genre. Prévoir et comprendre les changements dans la société est d'ailleurs un des rôles les plus importants des mercaticiens et une des raisons d'être de ce domaine d'étude qu'est le comportement du consommateur.

Bien comprendre les étapes du cycle de vie et leurs implications peut aider les mercaticiens à anticiper les besoins typiques des individus appartenant à un groupe d'âge donné et ainsi à prévoir la demande pour divers types de biens et services dont les gens auront besoin à chaque étape. On a vu au tableau 1.1 des exemples de situations particulières que vivent beaucoup d'individus en fonction de leur âge. Les besoins d'acquisition de certains biens sont évidents chez les célibataires, de même que leurs besoins pour certains services financiers. Chez les jeunes couples sans enfants, les besoins de consommation changent, de même que les besoins financiers. Puis arrivent les enfants, on souhaite acheter une première maison. Mais on doit aussi acquérir des biens pour les jeunes enfants. Certains pensent même à se préparer pour les études de leurs enfants. Puis, les enfants vieillissent et certains ont même des revenus, les dépenses augmentent, les revenus aussi puisque l'on progresse dans la carrière ; le revenu discrétionnaire s'accroît également, car on possède la maison depuis quelques années et, comparativement, les paiements d'hypothèque sont moins lourds. On commence à penser plus sérieusement à accumuler un fonds de pension. Avec le temps, les enfants partent, la situation financière est généralement meilleure, on achève de payer l'hypothèque, mais la retraite devient une préoccupation, on économise davantage. Vient la retraite. Et les choses ont changé : non seulement les gens vivent plus longtemps, mais ils vivent en santé plus longtemps. Ils souhaitent être autonomes le plus longtemps possible. Il existe maintenant un marché pour des maisons adaptées pour les personnes âgées, de même que pour les produits de santé, les loisirs et les voyages, et bien d'autres biens et services. La figure 1.5 présente deux exemples de messages publicitaires s'adressant à des clients potentiels aux étapes 1 et 4 du cycle de la vie de la famille : l'un est destiné aux jeunes gens et l'autre, aux personnes qui sont au stade du nid rempli II.

L'information que contient le tableau 1.1 est un exemple des scénarios qui peuvent être préparés pour prévoir la demande grandissante pour plusieurs biens et services. On pourrait ajouter des données plus précises sur les profils sociodémographiques des consommateurs types à chaque étape ; il serait aussi intéressant d'obtenir plus d'informations sur le mode de vie et sur les habitudes de consommation d'autres biens et services, ou encore sur l'utilisation de divers services sociaux. Ce type d'informations peut être obtenu par des enquêtes auprès d'échantillons représentatifs des populations concernées, les résultats pouvant alors être étendus à l'ensemble de la population en question. Néanmoins, le tableau montre bien que la combinaison de données démographiques et d'études de marché scientifiques peut aider les spécialistes du marketing à estimer la demande future pour des biens et services.

Ainsi, connaissant la taille du marché, ou le marché potentiel, le mercaticien peut mesurer les attitudes, les intentions de comportement ou les probabilités d'achat. L'échantillon aléatoire lui permet d'extrapoler à l'ensemble du marché et, du même coup, d'estimer la demande. Les spécialistes de la planification stratégique, tant dans le secteur privé que dans le secteur public, font continuellement face à des problèmes d'estimation de la demande. Par exemple, les chaînes de magasins d'alimentation et de commerces de détail en général ou les banques doivent constamment décider si elles doivent agrandir, rénover ou fermer un commerce ou une succursale ou encore choisir le site d'un nouveau commerce. Toutes les compagnies de transport et de logistique doivent tenter d'estimer la demande pour les personnes et les marchandises. Les gouvernements tentent aussi d'estimer les besoins futurs pour les médicaments et les soins de santé en général.

1.5.3 La mise à jour des scénarios

La troisième et dernière étape de la prévision et de la planification de la demande consiste à mettre à jour les scénarios. Il s'agit alors d'actualiser les prévisions de la demande future en fonction des changements dans les valeurs et les styles de vie et d'évaluer les effets possibles sur la demande. Les projections démographiques étant fondées sur des données relativement stables, elles varieront très peu ou pas à court et à moyen terme, mais pourront varier un peu plus à long terme. En revanche, il est probable que les styles de vie et les valeurs changent, de même que les revenus, ce qui aura une incidence sur les types et les habitudes d'achat. Si l'on comprend bien les valeurs et les attitudes des gens, on peut prévoir plus

Figure 1.5	*Des exemples de messages publicitaires destinés à des consommateurs à deux étapes différentes du cycle de vie*

Source Fiducie Desjardins et Ford Canada.

exactement leurs comportements. Un certain nombre d'entreprises spécialisées offrent des services de recherche qui étudient les valeurs dans la société et suivent leurs changements.

Les statistiques démographiques sont fort utiles pour prévoir les grandes tendances. Ce sont cependant des données descriptives, tout comme le sont les données provenant d'études de marché qui rendent compte de ce que les gens ont fait. Ces informations ne permettent pas de prévoir les besoins associés à chaque tendance, pas plus qu'elles ne permettent de comprendre les motivations et les attitudes des individus, et encore moins leurs comportements. Des gens d'affaires ont tendance à étudier ce qui a été fait, ce qui a bien fonctionné, ce qui a réussi, et à répéter les stratégies qui ont donné de bons résultats. La méthode descriptive, bien qu'elle soit utile pour mieux connaître les marchés, ne permet pas de comprendre pourquoi les consommateurs agissent de telle ou telle manière, et encore moins de comprendre pourquoi certaines stratégies de marketing ont bien fonctionné, et d'autres moins bien. Plus encore, la méthode descriptive ne permet pas de comprendre pourquoi deux campagnes semblables ont connu des degrés de succès fort différents.

Pour pallier ces faiblesses, les spécialistes du comportement du consommateur s'emploient, depuis des décennies, à construire des modèles de comportement du consommateur. Pour connaître du succès en marketing, il ne faut pas seulement savoir *comment* se comportent les consommateurs sur le marché (ce qu'ils ont acheté, les ventes par type de clients, etc.), il faut aussi savoir *pourquoi* les consommateurs prêtent ou non attention à un message publicitaire, pourquoi ils achètent certains biens et services, à certaines occasions, se souviennent de certaines communications, sont satisfaits ou insatisfaits, sont fidèles ou non.

Les chapitres suivants permettront de mieux comprendre le *pourquoi* du comportement du consommateur.

R É S U M É

Dans ce chapitre, nous avons défini le comportement du consommateur comme le processus par lequel les individus décident d'acquérir, choisissent et achètent des biens et des services, et les consomment. Nous avons donné des exemples de ce que l'étude du comportement du consommateur permettait de connaître, entre autres les besoins des consommateurs sous-jacents à l'achat, la démarche de recherche des informations requises, la démarche d'achat, etc. Nous avons ensuite expliqué pourquoi il était nécessaire, voire indispensable, pour les mercaticiens d'étudier le comportement du consommateur. En fait, la connaissance du comportement du consommateur permet aux décideurs de trouver réponse à plusieurs questions que les mercaticiens se posent et ainsi de prendre de meilleures décisions de marketing. Nous avons par la suite établi un lien entre le consommateur, son environnement, les stratégies de marketing, le processus de décision chez le consommateur et son comportement.

La seconde partie du chapitre a été consacrée aux phénomènes démographiques, qui influent sur le marché des biens et services. Nous avons présenté certains faits saillants concernant la situation démographique canadienne : la croissance de la population, le vieillissement de la population, le niveau d'instruction, la structure des ménages, la mobilité de la population et l'immigration. Nous avons montré comment les statistiques démographiques peuvent aider à estimer la demande future à partir des changements touchant la pyramide des âges, selon une méthode en trois étapes. La première étape est l'estimation de la taille du marché, c'est-à-dire l'estimation du nombre de personnes par groupe, ou cohorte, d'âge à une période donnée. La deuxième étape est la conception de scénarios de consommation ; un modèle bien connu pour ce faire est le cycle de vie de la famille. Il s'agit alors de déterminer les types de biens et services requis à diverses phases du cycle de vie. Enfin, la dernière étape consiste dans la mise à jour de ces divers scénarios pour les adapter aux changements dans les valeurs et les styles de vie prévus ou observés dans la société.

QUESTIONS ET THÈMES DE DISCUSSION

1. L'étude du comportement du consommateur permet aux mercaticiens de résoudre plusieurs problèmes de marketing. À votre avis, quels sont les principaux problèmes de marketing que la compréhension du consommateur peut contribuer à résoudre ?

2. Les caractéristiques démographiques influent sur les comportements de consommation et ont de fortes répercussions sur le marché des biens et services. Quelles sont les deux variables démographiques qui auront la plus grande incidence sur la consommation au cours des prochaines années ? Expliquez.

3. Les changements dans la pyramide des âges de la population du Canada auront des répercussions importantes sur la consommation de biens et services. Expliquez quel sera l'effet sur les marchés suivants :

   a) les services financiers ;

   b) les sports et les loisirs ;

   c) l'alimentation ;

   d) le logement.

4. La croissance de la population du Canada tend vers zéro. Cela représente-t-il un problème ? Si non, dites pourquoi. Si oui, quelles politiques les gouvernements fédéral et provinciaux devraient-ils adopter pour résoudre ce problème ?

5. Le ménage traditionnel composé d'un homme, d'une femme et de deux enfants représente maintenant moins de la moitié des ménages au Québec et au Canada. Quelle conséquence cette situation a-t-elle sur le marché en général ? Quels marchés sont les plus particulièrement touchés ?

6. À partir du modèle de cycle de vie de la famille, quel est, à votre avis, le bien ou le service qui connaîtra la plus grande croissance, pour chacune des étapes du cycle de vie, au cours des prochaines années ?

NOTES

1. G.G. Walters, *Consumer Behavior, Theory and Practice,* Homewood (Ill.), Richard D. Irwin, 1974, p. 6. Il est à noter que plusieurs définitions du comportement du consommateur ont été proposées ; voir W.D. Hoyer et D.J. MacInnis, *Consumer Behavior,* 2e éd., Boston, Houghton Mifflin, 2001 ; D.J. Hawkins, R.J. Best et K.A. Coney, *Consumer Behavior, Implications for Marketing Strategy,* 6e éd., Chicago (Ill.), Richard D. Irwin, 1995.

2. *L'état du monde 2002,* Montréal, Éditions La Découverte / du Boréal, 2001, p. 595-601.

3. Statistique Canada, *Recensement de 2001 : chiffres de la population et des logements,* 12 mars 2002 ; dans Internet : <www.statcan.ca>.

4. *L'état du monde 2002,* ouvr. cité, p. 595-601.

5. D.K. Foot, *Entre le boom et l'écho 2000,* Montréal, Boréal, 1999, p. 67-97.

6. Statistique Canada, *Projections démographiques pour le Canada, les provinces et les territoires, 2000-2026,* Ottawa, Ontario, cat. nº 91-520, 2001, p. 19.

7. *Ibid.,* p. 16-17.

8. *Ibid.*

9. *Ibid.,* p. 66.

10. *Ibid.,* p. 66-67.

11. D.K. Foot, ouvr. cité.

12. *L'éducation au Canada,* Ottawa, Statistique Canada 2000, cat. nº 81 003, vol. 6, nº 4, 2000, p. 30.

13. « Sometimes it's hard to be a man », *The Economist,* 22 décembre 2001 – 4 janvier 2002, p. 32-33.

14. *Revue trimestrielle de l'éducation,* Ottawa, Statistique Canada 2000, cat. nº 81-003, vol. 7, nº 2, 2001.

15. « De moins en moins de familles traditionnelles à Montréal », *La Presse,* 23 octobre 2002, p. B2.

▼

▼

16. Statistique Canada, « Migration 1994-1995 », *Le Quotidien,* 26 septembre 1996 ; dans Internet : <www.statcan.ca/français>.

17. M. Boyel et M. Vickers, « Cent ans d'immigration au Canada », *Tendances sociales canadiennes,* Statistique Canada, Ottawa, nº 58, automne 2000, p. 2-13.

18. C.P. Duhaime et autres, *Le comportement du consommateur,* 2ᵉ éd., Montréal, Gaëtan Morin Éditeur, 1996, p. 20-23.

19. P. Kotler, P. Filiatrault et R.E. Turner, *Le management du marketing,* Montréal, Gaëtan Morin Éditeur, 2000, p. 195.

20. P. Filiatrault et J. Perrien, *Marketing des services financiers,* Montréal, Institut des banquiers canadiens, 1998.

Chapitre 2

Le processus décisionnel chez les consommateurs

INTRODUCTION

Il y a dix ou quinze ans, quand les spécialistes du marketing parlaient d'études de marché, ils faisaient allusion à des analyses de données secondaires provenant de Statistique Canada ou d'associations professionnelles ou industrielles, données qui prenaient le plus souvent la forme de chiffres de ventes en dollars ou en unités vendues. Ou encore, un peu plus récemment, on faisait des analyses de marchés potentiels à partir de données démographiques, comme nous l'avons vu au chapitre précédent. Dans de nombreuses entreprises, connaître les clients se limite à savoir quelles ont été les augmentations ou les baisses des ventes par client. On se contente donc souvent de l'analyse de données descriptives. On étudie des faits, des comportements passés. On analyse ce que les consommateurs ont fait, ou ce qu'ils n'ont pas fait, dans telle ou telle circonstance. Les gestionnaires cherchent à rendre leurs stratégies et leurs pratiques de marketing plus efficaces en croyant que ces données descriptives leur permettront de définir de meilleures stratégies de marketing. On essaie de déterminer les pratiques les plus prometteuses,

▼

on fait de l'évaluation comparative, de l'étalonnage (*benchmarking*). On cherche les recettes à succès. Jusqu'à ce que l'on en essaie une qui connaît un échec percutant, et l'on ne comprend pas pourquoi. Les données et les analyses descriptives sont et demeurent utiles, mais elles ont des limites, car elles ne permettent pas de comprendre pourquoi les consommateurs agissent d'une certaine façon ni pourquoi une stratégie a bien fonctionné dans un contexte et pourquoi elle a échoué lamentablement dans ce qui semblait être des circonstances identiques. Leur principale faiblesse est qu'elles ne fournissent pas toujours les informations dont les gestionnaires ont besoin pour prendre de bonnes décisions d'affaires. Elles décrivent le comment et le quoi, mais elles n'expliquent pas le pourquoi.

Il est évidemment préférable de connaître aussi le *pourquoi* des choses. Les mercaticiens plus avisés veulent savoir ce qui motive les gens, comment ils se comportent et pourquoi ils se comportent de telle ou telle façon. Ils veulent savoir comment et où ils ont entendu parler d'un produit ou d'un service donné et de quelle façon ils réagissent à l'information. Ils veulent aussi savoir pourquoi ils réagissent d'une certaine manière, pourquoi ils achètent ou non. La société change, de nouvelles conditions environnementales se présentent, on note l'apparition de nouvelles valeurs, de nouvelles tendances. Si les besoins ont tendance à être stables – les motivations sous-jacentes à divers comportements aussi d'ailleurs –, la façon de se comporter pour satisfaire un besoin change cependant beaucoup.

Dans ce chapitre, nous présentons brièvement deux types de modèles descriptifs du comportement du consommateur, les modèles distributifs et les modèles stimulus-réponse, avant d'aborder deux modèles plus exhaustifs, soit le modèle du processus décisionnel d'achat et le modèle Chebat-Filiatrault-Laroche du comportement du consommateur. Par la suite, nous nous attarderons sur le processus décisionnel proprement dit[1]. Nous examinerons de plus près le modèle Chebat-Filiatrault-Laroche du comportement du consommateur dans le chapitre 3.

2.1 Les modèles du comportement du consommateur

2.1.1 La nature des modèles du comportement du consommateur

De façon générale, un modèle est la représentation d'un processus, d'un phénomène ou d'un système. Il s'agit d'une structure logique formalisée qui intègre un ensemble de variables ayant entre elles des relations. Un modèle du comportement du consommateur correspond donc à la représentation du processus d'achat, c'est-à-dire de la démarche que suit le consommateur pour faire un achat. Un modèle permet d'expliquer un phénomène donné, de le comprendre et même de faire des prévisions. Grâce aux modèles du comportement du consommateur, les mercaticiens peuvent mieux connaître les diverses dimensions de la démarche des consommateurs et comprendre comment elles s'articulent.

Il existe deux grands types de modèles du comportement du consommateur : les modèles descriptifs et les modèles explicatifs. Les premiers sont plus souvent utilisés par les économistes, les statisticiens et les praticiens du marketing. Les seconds servent surtout aux spécialistes de marketing et aux chercheurs.

Il existe deux types de modèles descriptifs : les *modèles distributifs* et les *modèles stimulus-réponse* (intrant-extrant). Les modèles descriptifs sont intéressants pour les mercaticiens qui cherchent à identifier des marchés potentiels ou encore à établir des relations entre certaines variables.

2.1.2 Les modèles descriptifs du comportement du consommateur

Les modèles distributifs

Les modèles distributifs associent la distribution ou la répartition de certaines variables en fonction d'autres dimensions.

À titre d'exemple, le tableau 2.1 donne la répartition des dépenses personnelles en biens et services de consommation des Canadiens pour l'an 2000. Comme on le constate en regardant ce tableau, près du quart des dépenses des Canadiens, tous les niveaux de revenus familiaux étant confondus, est consacré au logement. Ce modèle simple établit une relation entre les revenus familiaux moyens (la variable dépendante) et la répartition de ces revenus et les différents postes de dépenses personnelles (logement, aliments, etc.).

Tableau 2.1 *Répartition des dépenses personnelles en biens et services de consommation des Canadiens pour l'an 2000*	
Loyers bruts, combustible et énergie	**23 %**
Biens et services divers	**19 %**
Transports et communications	**17 %**
Aliments, boissons et tabac	**13 %**
Loisirs, divertissement, formation et culture	**11 %**
Meubles, équipement et entretien ménager	**8 %**
Vêtements et chaussures	**5 %**
Soins médicaux et services de santé	**5 %**

Source Adapté de Statistique Canada, « Recueil statistique des études de marché, édition 2001 », numéro 63-224 au Catalogue, octobre 2001. Adapté avec la permission de Statistique Canada.

Il est possible d'aller plus loin dans ce type d'analyse. Ainsi, on peut s'intéresser à la variation de ces dépenses selon le revenu familial. Par exemple, si

l'on divise les revenus en quintiles, on apprendra alors que les gens dont les revenus sont les plus faibles (premier quintile) dépensent 31,9 % de leurs revenus pour le logement et 6,6 % pour l'entretien ménager ; de leur côté, les mieux nantis (le cinquième quintile) ne dépensent que 15,3 % de leurs revenus pour le logement et 3,8 % pour l'entretien ménager. Par contre, en pourcentage, la part du revenu consacrée à d'autres dépenses, comme les vêtements et les soins personnels, est semblable (respectivement 4,4 % et 2,4 %[2]). Non seulement peut-on connaître le pourcentage du revenu alloué à l'alimentation, mais les informations que recueille Statistique Canada permettent de connaître aussi les habitudes de consommation alimentaire en kilogramme ou en litre par habitant (par exemple, 3,27 kilos de fromage cheddar, 4,04 litres de yogourt) et les variations annuelles de ces habitudes (ainsi, en 1999, la consommation de cheddar avait augmenté de 3,8 % par rapport à 1998 et la consommation de yogourt, de 17,1 %). Grâce à ce type d'informations, il est possible de modéliser chacun des postes de dépenses des familles en fonction des revenus familiaux.

Ces informations et certaines informations complémentaires sont utiles pour les entreprises manufacturières et pour les commerces de détail. Par exemple, si l'on projette d'agrandir un magasin d'alimentation actuel ou d'en implanter un nouveau, on utilisera des données secondaires de ce type, croisées avec des données sur la population, des données sur la concurrence et des données sur les ventes en dollars par mètre carré ; on pourra de la sorte déterminer la demande potentielle ou connaître la superficie requise pour le commerce, en étudier la rentabilité, et décider d'aller de l'avant avec le projet ou non. Ou encore, on connaît la pénétration nationale ou par ville de divers équipements[3]. Ainsi, en 1999, 44,8 % des ménages canadiens possédaient un téléviseur couleur, 36,8 % en possédaient deux et 17,5 % en possédaient trois et plus. En outre, dans la ville de Québec, le taux de pénétration des fours à micro-ondes était de 90,9 %, alors qu'il était de 45,9 % pour les ordinateurs personnels et de 23,4 % pour les téléphones cellulaires. Par contre, le taux de pénétration du téléphone cellulaire était alors de

14,6 % à Charlottetown et de 45,5 % à Vancouver. Les mercaticiens tenteront dans ce dernier cas de trouver des relations entre le taux de pénétration d'un appareil donné et diverses variables indépendantes, comme le revenu familial ou le revenu discrétionnaire.

Ce type de modélisation est simple à comprendre et facile à appliquer pour les gestionnaires. Il permet de saisir l'étendue de la demande et d'identifier certaines tendances *(a posteriori)*. Il permet aussi aux stratèges du marketing d'évaluer les marchés et de choisir des stratégies de marketing appropriées si les relations qui existent entre diverses variables sont mesurables, claires et accessibles. Par exemple, cette information facilitera le choix quant au type de magasin d'alimentation ; ou encore elle permettra de décider des aliments qui y seront offerts, de la manière de les présenter et des diverses formes de promotion. Ces choix varieront beaucoup selon que les revenus de la population du marché cible d'une région sont dans les premier et deuxième quintiles ou dans les quatrième et cinquième quintiles (soit les quintiles supérieurs).

Cependant, les modèles distributifs ne donnent aucune information sur les besoins, les motivations, les attitudes des gens, ni sur les influences, les sources d'information et autres. Ils ne permettent pas d'expliquer pourquoi les consommateurs se comportent d'une certaine manière. Par exemple, pourquoi la consommation de yogourt a-t-elle tellement augmenté ? Qui consomme les yogourts ? Pourquoi ? L'augmentation est-elle due à un accroissement de l'utilisation du yogourt par les mêmes consommateurs ? Ou est-elle due à de nouveaux

consommateurs ? Que recherchent-ils alors ? La même chose que les consommateurs actuels ? Un deuxième désavantage de ces modèles est que l'information n'est connue qu'*a posteriori,* on ne prévoit pas les changements, on les constate après coup. Le dernier désavantage est un corollaire du précédent, puisque la consommation est analysée et interprétée comme un acte ponctuel, la prise de décision est considérée comme un résultat et non comme un processus. Néanmoins, ces modèles permettent de dégager des données intéressantes et de mieux connaître les marchés. Ils sont utiles lorsqu'ils sont combinés avec des modèles plus complexes, comme les modèles du processus décisionnel ou du comportement du consommateur que nous présentons plus loin et au chapitre 3.

Les modèles stimulus-réponse

Les modèles stimulus-réponse, appelés aussi modèles intrant-extrant, constituent un autre type de modèles descriptifs. La façon la plus simple de présenter le comportement du consommateur est de le faire à l'aide d'un tel modèle stimulus-réponse ou intrant-extrant (voir la figure 2.1).

Les modèles stimulus-réponse représentent d'une façon schématique le comportement du consommateur à partir d'un intrant (qui peut prendre, par exemple, la forme de divers dosages de mix de marketing). Ce stimulus (cet intrant) est reçu par le consommateur (la « boîte noire » du modèle, c'est-à-dire le cerveau du consommateur), est traité et aboutit à une réponse : un changement d'attitude ou un comportement (un achat). Le principe est clair, il s'agit tout simplement d'exposer les

---

Figure 2.1   *Un modèle stimulus-réponse*

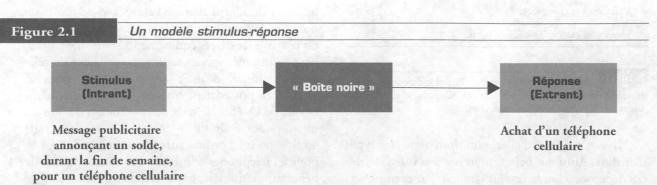

Stimulus (Intrant) → « Boîte noire » → Réponse (Extrant)

Message publicitaire annonçant un solde, durant la fin de semaine, pour un téléphone cellulaire

Achat d'un téléphone cellulaire

consommateurs à des stimuli et de constater les résultats. On pourrait même faire des expériences où un chercheur, ou un mercaticien, présenterait divers stimulus (messages publicitaires, promotions, conditionnements, etc.) pour ensuite mesurer les effets (intention d'achat, adhésion, ventes unitaires, etc.).

Les modèles intrant-extrant sont faciles à comprendre et à utiliser à cause de leur simplicité. Ils sont utiles pour concevoir des expériences comme des tests de marché en vue du lancement d'un nouveau produit ou service, dans lesquels une entreprise peut tester divers dosages de mix de marketing (produits ou services, prix, réseaux de distribution, personnel et même diverses composantes du mix de communication), mesurer les résultats, et choisir ensuite l'offre optimale. Par contre, ce type de modélisation ne permet pas, à l'instar des modèles distributifs, de comprendre ou d'expliquer ce qui se passe dans la « boîte noire » du consommateur, c'est-à-dire de comprendre le processus de décision d'achat ou le comportement du consommateur. Ces modèles ont néanmoins été les précurseurs des modèles de processus décisionnel présentés de nos jours, parce qu'ils reposent sur l'existence d'un processus. Lorsque le consommateur est exposé à des stimuli, à l'intrant, il les accepte ou les rejette. Il éprouve des sentiments, des émotions ; il réfléchit, il décide d'agir. Tout cela se passe dans la « boîte noire ». Puis, il agit, et, à l'extrant, on observe ou l'on mesure des actions, des comportements, en d'autres mots, des résultats.

2.1.3 Les modèles explicatifs du comportement du consommateur

Les modèles *explicatifs* du comportement du consommateur permettent d'aller plus loin que ne le font les modèles stimulus-réponse en ce qu'ils visent à percer le mystère de la « boîte noire ». Ils sont plus complets et plus complexes que les modèles descriptifs présentés plus haut parce qu'ils prennent en considération à la fois des variables psychologiques, sociales, informationnelles et circonstancielles, qu'ils décrivent et tentent d'expliquer toutes les étapes du processus de décision et qu'ils visent à expliquer et à

prédire les comportements d'achat et de postachat. Non seulement ce type de modèles fournit un champ de recherche scientifique riche pour les chercheurs en marketing, et plus précisément en comportement du consommateur, mais c'est aussi un outil fort utile pour les stratèges du marketing qui cherchent à mieux comprendre le comportement du consommateur de façon à connaître plus de succès avec leurs stratégies.

Le champ d'étude que constitue le comportement du consommateur est en pleine croissance et de plus en plus de chercheurs issus d'autres disciplines que le marketing, comme la psychologie et la sociologie, s'y intéressent. Les chercheurs, pour mieux comprendre le comportement du consommateur, s'emploient à élaborer des modèles multidimensionnels du comportement du consommateur ou encore, travaillant sur des volets de ces modèles, essaient de saisir les relations entre les différentes variables et les comportements des acheteurs. Plusieurs chercheurs réputés ont mis au point des modèles explicatifs du comportement du consommateur. Parmi les modèles classiques les plus connus, on peut citer les modèles suivants :

- le modèle de Nicosia (1966[4]) ;
- le modèle de Howard et Sheth (1969[5]) ;
- le modèle d'Engel, Kollat et Blackwell (1973[6]) ;
- le modèle de Bettman (1979[7]).

Il n'entre pas dans nos intentions d'examiner ici ces modèles ; toutefois, le lecteur pourra avoir avantage à consulter les ouvrages en question pour mieux comprendre l'évolution de la théorie du comportement du consommateur. Soulignons que ces modèles, et plus particulièrement celui de Howard et Sheth et celui d'Engel, Kollat et Blackwell, qui ont fait l'objet de plusieurs recherches tant théoriques qu'empiriques, ont influencé notre propre réflexion et inspiré le modèle que nous présentons dans ce livre.

Le modèle Chebat-Filiatrault-Laroche du comportement du consommateur

Le modèle du comportement du consommateur que nous proposons s'inscrit dans le prolongement des modèles mentionnés plus haut et tient compte des résultats des recherches les plus récentes dans le domaine du comportement du consommateur. La figure 2.2 en présente une forme simplifiée, alors que la figure 2.3 (page 28) l'expose dans toute son étendue. Ce modèle, autour duquel s'articule le présent ouvrage, sert de point d'ancrage pour les différents sujets abordés dans le livre et, en ce sens, est fort utile sur le plan pédagogique. Fondé sur les connaissances actuelles en comportement du consommateur, il constitue un outil indispensable pour les étudiants, qui pourront mieux comprendre le comportement du consommateur et les éléments sur lesquels reposent les stratégies de marketing. Pour les praticiens, il est aussi utile parce qu'il peut servir de base pour la planification d'études de marché et l'élaboration de stratégies.

La composante centrale de notre modèle de comportement du consommateur est le processus de décision d'achat. Les modèles du *processus décisionnel* d'achat tentent de rendre compte de ce qui se passe dans la tête des consommateurs, dans la « boîte noire » des modèles stimulus-réponse comme celui qui est illustré à la figure 2.1. Les intrants comprennent non seulement les stimuli du marketing-mix qui opérationnalisent les stratégies de marketing, mais aussi des variables psychologiques et sociales, telles celles qui apparaissent à la figure 2.2. Ce modèle du processus décisionnel s'inspire du modèle classique de Dewey[8].

Le processus décisionnel d'achat, selon ce modèle, est influencé par deux groupes de variables, soit les variables *psychologiques* telles que la perception, l'attitude, l'apprentissage et la motivation, d'une part, et les variables *sociales* telles que la culture, la classe sociale, les groupes de référence, la famille et l'économie, d'autre part. Le processus de décision comprend six étapes, soit : 1) le *déclenchement,* 2) la *recherche,* l'*évaluation préliminaire* et la *présélection,* 3) l'*évaluation de l'ensemble de considération,* 4) l'*intention d'achat,* 5) la *décision d'achat,* et 6) la *consommation.* Aux deux variables psychologiques et sociales présentées à la figure 2.3, on ajoutera les variables *informationnelles* et les variables *circonstancielles.*

Ce modèle reconnaît que la consommation d'un bien ou d'un service est plus qu'une action, qu'un geste. L'achat est en fait un processus complexe qui comporte de nombreuses étapes, allant du déclenchement à l'achat même, dans lesquelles interviennent plusieurs variables qui ont un effet cumulatif. L'achat sera suivi de la consommation, dont découlera la satisfaction ou l'insatisfaction, ce qui influera sur les décisions futures. Un client satisfait pourra devenir un client fidèle. Or, la fidélisation de la clientèle est souvent un objectif de marketing de nos jours. Il s'agit en fait d'un objectif important, dont l'atteinte est mesurée par le taux de rétention de la clientèle. Par contre, un client insatisfait pourra se tourner vers les concurrents, et un client perdu pourrait être perdu à tout jamais, ce qui pose des problèmes de nos jours étant donné que, à cause de la faible croissance démographique et de la concurrence agressive, il n'est pas facile de trouver de nouveaux clients.

Les avantages et les limites des modèles explicatifs

Un modèle explicatif du comportement du consommateur met en évidence les facteurs qui influent sur le comportement ainsi que leur séquence. Le recours à un tel modèle présente plusieurs avantages[9] :

1. Un modèle explicatif permet d'envisager de façon plus globale et intégrée le comportement du consommateur. Ce comportement est souvent fort complexe, plusieurs facteurs l'influencent. Il est donc nécessaire de connaître toutes les variables qui interviennent dans le comportement du consommateur et leurs interactions. Un modèle explicatif du comportement du consommateur fournit un cadre pour cerner ces variables et leurs interactions.

2. Un modèle donne les fondements pour concevoir des stratégies de marketing efficaces. Par exemple, grâce à une connaissance approfondie des dimensions cognitives et affectives de l'attitude, il sera plus facile de déterminer le positionnement actuel et souhaité d'un produit ou d'un service et d'élaborer un message qui permet une communication plus efficace.

3. Un modèle aide à cerner les variables explicatives, à énoncer des hypothèses sur les relations entre les variables et le comportement et à déterminer l'information requise, ce qui facilite la préparation des questionnaires et améliore la qualité de la recherche en marketing.

4. Un modèle permet de déterminer l'information requise non seulement pour élaborer des stratégies efficaces, mais aussi pour évaluer ces mêmes stratégies. Par exemple, on pourra, grâce au modèle, aller au-delà de la mesure traditionnelle du comportement et mesurer des variables plus intangibles comme les changements d'attitude susceptibles de mener à un comportement donné.

5. Enfin, un modèle permet la quantification des variables qu'il intègre, ce qui entraîne une meilleure compréhension des relations qui existent entre les variables dépendantes et indépendantes et rend même possible la mesure de l'importance statistique de ces relations.

Figure 2.2   *Modèle sommaire du comportement du consommateur*

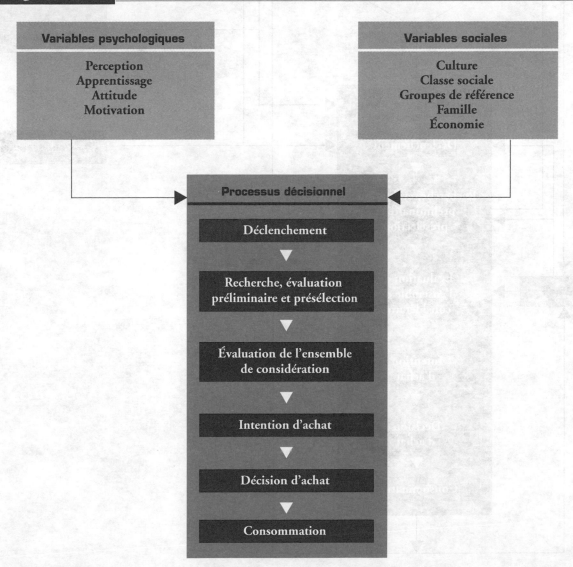

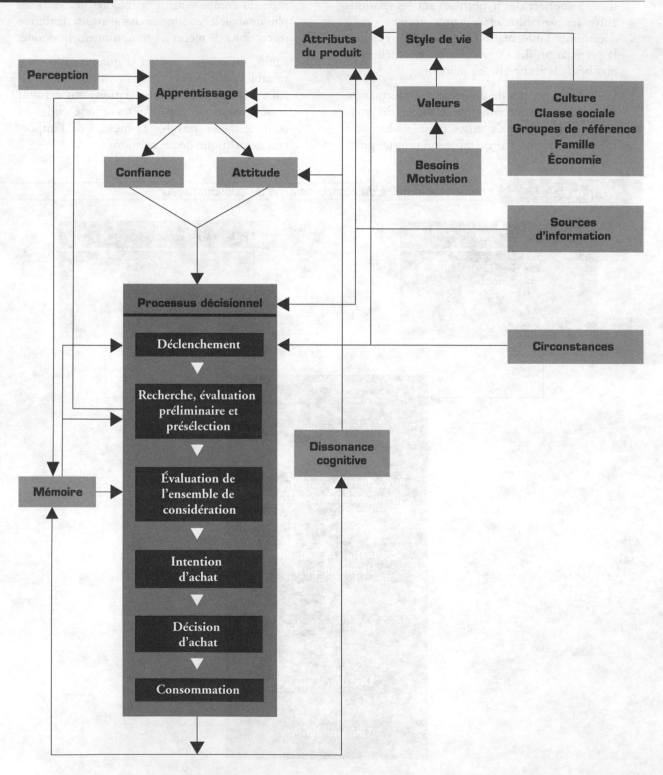

Figure 2.3   *Modèle Chebat-Filiatrault-Laroche du comportement du consommateur*

Il existe en revanche des limites à l'utilisation des modèles. La principale limite réside dans la difficulté de concevoir un modèle universel. Les éléments du modèle, de même que l'importance relative des variables, peuvent varier selon la catégorie de produit, la situation d'achat ou d'usage et le degré d'implication du consommateur. Certaines étapes du processus décisionnel prendront plus d'importance chez certains consommateurs selon leur personnalité ou leur style cognitif. Par exemple, le soin mis à l'évaluation de diverses possibilités et la complexité du processus évaluatif peuvent varier beaucoup. Néanmoins, malgré cette limite, les modèles explicatifs du comportement du consommateur restent utiles et pertinents, les modèles généraux pouvant être adaptés aux différents types de produits ou services et à différentes situations. Il faut cependant reconnaître que, s'ils aident à mieux comprendre un phénomène donné, les modèles n'expliquent pas tout.

C'est dans cette optique que le modèle que nous proposons a été élaboré. Les mercaticiens avertis sauront le mettre à profit pour améliorer la qualité de leurs études de marché, de leurs recherches en marketing, de leurs stratégies fondamentales de marketing (comme la segmentation, la différenciation et le positionnement), de leurs stratégies de marketing-mix, dont la communication, et plus précisément le contenu du message, et pour raffiner la mesure des résultats de diverses activités de marketing.

2.2 Le processus décisionnel

Ainsi que nous l'avons souligné plus haut, le processus décisionnel (voir la figure 2.4) est l'élément central du modèle du comportement du consommateur.

Le processus décisionnel débute par le *déclenchement,* qui consiste en des activités mentales qui s'amorcent dès qu'une personne prend conscience d'un besoin donné. Il est midi, et la personne sent une odeur de friture, elle se rend compte qu'elle a faim. À ce moment, la personne ressent une tension qui résulte d'un besoin éprouvé non satisfait, la faim.

Figure 2.4 | *Le processus décisionnel*

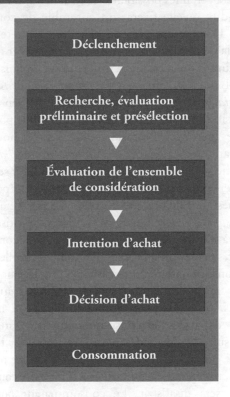

Pour réduire cette tension, elle cherchera à satisfaire ce besoin ; on dit alors que le processus décisionnel est mis en marche, il est déclenché. Pour atteindre le but qui est la satisfaction de son besoin, la personne entreprendra diverses actions. Elle passera alors à l'étape de la *recherche,* de l'*évaluation préliminaire* et de la *présélection.* Elle commencera par faire appel à l'information qu'elle a déjà en mémoire pour voir comment elle pourrait calmer sa faim : il y a la cafétéria de l'université ou du bureau ; il y a aussi un restaurant tout près, mais la qualité des plats que l'on y sert est de plus en plus douteuse. Elle connaît les deux endroits. Si cette information est insuffisante, parce qu'elle a envie d'essayer quelque chose de nouveau, elle se tournera vers l'extérieur, par exemple vers des amis ou des collègues. Elle cherchera à savoir s'il y a d'autres moyens de satisfaire sa faim : trouver un nouveau restaurant ou faire livrer un repas. Par exemple, elle peut apprendre l'existence d'un nouveau bistro, qui est situé pas très loin et qui pratique des prix raisonnables. La personne éliminera certaines possibilités et en retiendra d'autres, c'est-à-dire qu'elle fixera son ensemble de considération. Dans le cas présent, elle pourrait retenir la cafétéria de l'université et le nouveau bistro et rejeter le restaurant où la qualité a diminué et la livraison de repas. L'étape suivante est l'*évaluation de l'ensemble de considération*. La personne évaluera plus en détail les possibilités retenues et fera un choix. Elle pourrait se dire que c'est l'occasion d'essayer le nouveau restaurant, c'est l'étape de l'*intention d'achat*. La personne se fait une idée de ce bistro, et il lui semble posséder les caractéristiques susceptibles de répondre à son besoin. Elle projette d'y aller. Ce sera l'étape de la *décision d'achat*. Une fois la décision prise, on arrive à l'étape de la *consommation*. Le consommateur, parce qu'il s'agit maintenant réellement d'un consommateur, sera satisfait ou insatisfait selon la capacité du restaurant à répondre à ses attentes initiales. Si les attentes sont comblées, ou même mieux, dépassées, le consommateur sera satisfait ; par la suite, il deviendra peut-être un client fidèle. Dans le cas contraire, c'est-à-dire si le service rendu, le repas, ne répond pas aux attentes initiales, le consommateur sera insatisfait. Le consommateur pourrait alors enclencher une nouvelle recherche d'information.

2.3 Le processus décisionnel selon le degré d'implication

Il existe trois grands types de décision d'achat : la décision d'achat routinier, normalement en situation de faible implication, la décision d'achat circonscrit, en situation de moyenne implication, et la décision d'achat complexe, en situation de forte implication (voir la figure 2.5). Le *degré d'implication* correspond au degré auquel une personne se sent concernée par une décision et par les conséquences de cette dernière.

La décision d'achat routinier

Plusieurs produits et services sont achetés dans un contexte de faible implication. C'est le cas de plusieurs produits dont le prix est peu élevé et qui sont achetés fréquemment, par exemple de la pâte dentifrice, un stylo ou des bas-culottes. Il s'agit d'un achat habituel, routinier. La recherche d'information dans un tel cas est interne, minimale, voire inconsciente. Dès que le besoin est reconnu, le consommateur fait appel à sa mémoire à long terme, où il trouve que la solution est tout simplement le renouvellement du produit de la même marque. Ne pas acheter n'est normalement pas une solution. Dans certains cas, on aura, dans l'ensemble de considération, deux possibilités. Si la marque usuelle ou préférée n'est pas disponible, on en choisira une autre : par exemple, on achète habituellement du lait Natrel mais, si celui-ci n'est pas disponible, on achètera du Québon. L'intention d'achat est implicite et la décision d'achat sera simple, même spontanée. Le processus de décision est alors court soit parce que chacune des étapes est moins détaillée, soit parce qu'il n'y a pas d'évaluation proprement dite avant l'achat. L'évaluation après l'achat est sommaire et, dans un cas d'insatisfaction, la décision ne sera pas de ne pas répéter l'achat, mais plutôt de changer de marque.

La décision d'achat circonscrit

À mi-chemin entre une décision d'achat routinier et une décision d'achat complexe, on trouve la décision d'achat dans un contexte d'implication et de difficulté moyennes, à savoir la décision pour un achat circonscrit. On pense ici à l'achat d'une nouvelle céréale, de sous-vêtements ou d'un tricycle pour enfant. Ici, le comportement d'achat est plus méticuleux que pour un achat de routine. Lorsque la personne prend conscience d'un besoin non satisfait, le déclenchement a lieu, et le processus est alors enclenché. Toutes les étapes du processus décisionnel seront traversées, mais le consommateur consacrera moins de temps à la recherche et à l'évaluation que pour un achat complexe. On se fie d'abord à l'information présente en mémoire et si une recherche externe est nécessaire, elle sera plutôt limitée. On fait une évaluation préliminaire et l'on retient certains choix, qui formeront l'ensemble de considération. Celui-ci comprend quelques marques et, en magasin, on pourrait comparer les marques par rapport au prix ou par rapport à divers éléments, telle la valeur nutritive. L'évaluation des marques de l'ensemble de considération pourra être relativement

| Figure 2.5 | *Le processus décisionnel selon le degré d'implication associé au type de décision d'achat* |

DEGRÉ D'IMPLICATION

Faible   Moyen   Fort →

Décision d'achat routinier	Décision d'achat circonscrit	Décision d'achat complexe
Déclenchement	**Déclenchement**	**Déclenchement**
▼	▼	▼
Recherche, évaluation préliminaire et présélection Recherche interne Pas d'évaluation Pas de présélection	**Recherche, évaluation préliminaire et présélection** Recherche interne Recherche externe limitée Évaluation simple Présélection	**Recherche, évaluation préliminaire et présélection** Recherche interne Recherche externe Évaluation complexe Présélection
▼	▼	▼
Évaluation de l'ensemble de considération	**Évaluation de l'ensemble de considération**	**Évaluation de l'ensemble de considération**
▼	▼	▼
Intention d'achat Implicite	**Intention d'achat** Relativement ferme	**Intention d'achat** Soumise à des influences
▼	▼	▼
Décision d'achat Simple, spontanée	**Décision d'achat** Plutôt réfléchie	**Décision d'achat** Complexe et réfléchie
▼	▼	▼
Consommation Évaluation sommaire	**Consommation** Évaluation limitée	**Consommation** Évaluation poussée

consciente et formelle, mais elle sera assez élémentaire : on ne considérera que quelques attributs, souvent les plus déterminants, et quelques possibilités, et les règles de prise de décision sont simples. La décision est plutôt réfléchie. Une fois la décision d'acheter prise, elle sera relativement ferme. Le consommateur fera une évaluation après achat, mais elle sera quelque peu limitée.

La décision d'achat complexe

La décision d'achat complexe s'élabore le plus souvent dans un contexte de forte implication. On pense notamment à l'achat d'une maison ou d'un système de cinéma maison. En situation d'achat complexe, toutes les étapes du processus de décision (déclenchement, recherche, évaluation préliminaire et présélection, évaluation de l'ensemble de considération, intention d'achat, décision d'achat et consommation) seront franchies. L'importance accordée à chaque étape variera selon la situation, mais chacune sera relativement détaillée. Le consommateur apportera beaucoup d'attention à la recherche et à l'évaluation. Plus le degré d'implication est élevé, plus le processus décisionnel et la démarche d'achat seront réfléchis. Le degré d'implication est plus élevé lorsque la décision est importante par rapport à des valeurs centrales pour l'individu, lorsque le risque perçu (physique, financier, social ou autre) est grand, lorsque le prix est élevé, lorsque l'achat est fait peu fréquemment ou rarement, lorsqu'il s'agit d'un premier achat de ce type ou lorsqu'il s'agit d'un achat procurant du prestige. En d'autres mots, plus la décision est importante (comme l'achat d'une automobile [voir la figure 2.6]), plus le degré d'implication est élevé ; dans un tel cas, le processus décisionnel sera suivi entièrement, étape par étape. La recherche d'information, par exemple sur diverses marques d'automobiles, terminée, le consommateur fera une présélection, c'est-à-dire qu'il retiendra, après une évaluation préliminaire, quelques marques. Ce sont ces marques qui feront l'objet d'une évaluation plus poussée. Une fois cette évaluation réalisée, le consommateur aura établi ses préférences, mais il demeure à la merci de certaines influences, comme celle de ses amis ou des membres de sa famille. L'intention d'achat mène à la décision d'achat. Dans ce cas-ci, la décision d'achat sera complexe et réfléchie (plusieurs attributs seront considérés). Finalement, la consommation donnera lieu à une évaluation approfondie. Pour les mercaticiens, il sera important de connaître la satisfaction et l'insatisfaction du consommateur à la suite de l'achat, tout comme il importe d'empêcher ou d'éliminer la dissonance cognitive. Le reste du chapitre est consacré au processus décisionnel complexe.

2.4 Le processus décisionnel complexe

Dans cette section, nous examinons en détail le *processus décisionnel complexe* en l'illustrant à l'aide d'un exemple, l'achat d'un téléviseur pour un cinéma maison par la famille Blackburn-Tremblay, qui aidera à comprendre tout ce qui entoure une décision d'achat d'un produit en situation de forte implication.

Nous décrirons chacune des étapes du processus décisionnel d'achat, qui est au cœur de notre modèle du comportement d'achat. Le modèle du processus décisionnel d'achat pose que, dans le cas d'une décision d'achat complexe, comme nous l'avons déjà vu, le consommateur passe par six étapes : tout d'abord, un besoin est ressenti et le consommateur reconnaît qu'il a un besoin donné (l'ordinateur portable qu'il possède depuis cinq ans fonctionnait plus ou moins bien depuis quelque temps, mais l'écran ne fonctionne plus du tout depuis hier). Il devient motivé. Le besoin constaté, il y a *déclenchement* et le consommateur entreprend une recherche d'information, interne et externe (il consultera des amis, un informaticien qu'il connaît, ira dans Internet, visitera certains magasins spécialisés où il posera des questions aux représentants) ; il entamera ensuite une *évaluation préliminaire* : il aura établi un certain nombre de critères, certains seront même jugés essentiels, ce qui l'amènera à éliminer certaines possibilités et à en retenir d'autres. Il procède ainsi à une présélection. Les possibilités retenues constituent l'ensemble de considération. Il passera ensuite à l'*évaluation de l'ensemble de considération*. À mesure que la situation deviendra plus claire, l'*intention d'achat* se formera ; l'*intention d'achat* mène à la décision d'achat. La *décision d'achat* suivra ; c'est l'étape la plus évidente, la plus concrète du processus décisionnel, la partie visible de l'iceberg. La dernière phase du processus est la *consommation,* qui comprend l'utilisation ou l'usage que le consommateur fait d'un produit ou d'un service, son appréciation pendant et après l'utilisation, appréciation qui se traduit par la satisfaction ou l'insatisfaction et qui peut donner lieu à un comportement particulier.

Figure 2.6 *L'achat d'une automobile est un exemple d'achat complexe*

Première leçon : comment bien la tenir et la soutenir.

La mini-fourgonnette la plus sécuritaire jamais testée par l'I.I.H.S.*

Soutien ferme aux endroits critiques : telles sont les instructions dont la Toyota Sienna tient compte en premier. Carrosserie monocoque très rigide. Habitacle en acier renforcé à haute résistance. Extérieur robuste, mais doublé d'un intérieur coussiné. La Sienna XLE 2002, désormais équipée de coussins gonflables latéraux de série, est disponible avec un régulateur de traction et un dispositif de contrôle du dérapage. En matière de sécurité, une mini-fourgonnette s'est démarquée des autres. La Sienna.

 **TOYOTA** 1 888 TOYOTA-8 ❖ www.toyota.ca

  * Selon l'*Insurance Institute for Highway Safety* des É.-U. (I.I.H.S.), suite à des tests de collision frontale déportée à 40 % / 40 mi/h, effectués en 1998. Pour plus de détails, visitez www.highwaysafety.org. Votre concessionnaire Toyota est fier de commanditer les Jeux olympiques spéciaux canadiens et le programme La classe verte Toyota Evergreen.

UN CAS CONCRET DE DÉCISION D'ACHAT COMPLEXE. MISE EN SITUATION

Éric Tremblay et Nathalie Blackburn, âgés respectivement de 39 ans et de 37 ans, sont mariés depuis 14 ans. Éric est titulaire d'un baccalauréat en administration et a toujours été passionné par la technologie, plus précisément l'informatique. Il a travaillé quelques années dans la gestion des stocks pour une entreprise de distribution. Puis, il a fait un pas important en décidant de devenir représentant des ventes pour une entreprise d'équipement informatique, ce qui l'a amené au poste de directeur de produit, qu'il occupe depuis trois ans. Nathalie, après des études en lettres, a travaillé quelques années pour une maison d'édition où elle n'était pas très heureuse ; elle a donc décidé de retourner aux études. Après avoir terminé sa maîtrise, elle a trouvé un emploi comme enseignante dans un cégep, où elle se plaît bien. Éric et Nathalie ont deux enfants, Maude, 13 ans, et Philippe, 11 ans.

Maude réussit bien en classe ; elle se sert d'Internet à l'occasion pour ses recherches, elle aimerait étudier en gestion ou en communication. Sportive, elle fait du patinage artistique et un peu de ski. Comme loisir, elle aime la lecture et regarde certaines émissions de télévision. Philippe est très sociable, il a beaucoup d'amis qui, comme lui, adorent les jeux électroniques. Il passe beaucoup de temps devant l'ordinateur pour s'amuser, mais aussi pour faire des travaux scolaires ; il réussit assez bien à l'école. Il aime regarder des films à la télévision, souvent chez des amis dont les parents possèdent un cinéma maison. Éric regarde la télévision à l'occasion, surtout des grands reportages et les bulletins d'informations ; il aime beaucoup regarder des émissions sportives spéciales comme les Grands Prix ou les Jeux olympiques. Nathalie regarde occasionnellement la télévision ; elle aime bien les émissions culturelles et écoute certaines émissions d'information.

Éric et Nathalie accordent beaucoup d'importance à la famille et aux valeurs familiales, c'est pourquoi ils aiment bien participer à toutes sortes d'activités sportives et de loisir avec les enfants. Les deux étant fort occupés durant la semaine, ils ont tendance à se retirer dans leur cocon la fin de semaine. Leur domicile est leur nid. Le *cocooning* leur permet de retrouver la quiétude, la paix, et ils aiment bien savourer leur confort. L'une de leurs activités familiales préférées est de regarder un film ensemble. Philippe revient donc souvent à la charge pour que la famille se procure un système de cinéma maison.

2.4.1 Le déclenchement

La reconnaissance d'un besoin déclenche le processus décisionnel. Les individus éprouvent d'innombrables besoins tout au long de leur vie. Lorsque les gens prennent conscience d'un besoin, c'est qu'ils se rendent compte qu'il existe un écart entre un état souhaité et un état présent. Il en résulte une tension plus ou moins forte. Lorsque la tension est suffisamment marquée, les gens peuvent décider de faire quelque chose pour combler l'écart qui en est à l'origine. On dit alors que le processus de décision est enclenché. Les gens deviennent motivés. Certains besoins tels que la faim ou la soif sont biologiques, car ils sont engendrés par des états de tension physiologique. Ainsi, un bébé qui a faim ou soif manifestera son état de tension par des pleurs. Aussitôt que le besoin commence à être satisfait, il cesse de pleurer. D'autres besoins sont psychologiques ; les besoins de ce type sont engendrés par un inconfort psychologique, par exemple, l'inconfort découlant du sentiment de ne pas être accepté dans un groupe. La plupart des besoins psychologiques ne sont pas suffisamment intenses pour déclencher une action rapide. Maslow[10] a tenté d'expliquer pourquoi les gens sont poussés par certains besoins. Il a proposé une hiérarchie des besoins bien connue, allant des besoins physiologiques aux besoins de sécurité, d'appartenance, d'estime et d'actualisation de soi. En d'autres mots, selon la théorie de Maslow, une fois que la satisfaction des besoins physiologiques et physiques n'est plus une préoccupation pour la personne, elle commence à chercher à satisfaire des besoins supérieurs.

Revenons maintenant à la famille Blackburn-Tremblay. Nathalie avait reçu de sa tante Émilie, qu'elle aimait beaucoup et qui le lui rendait bien, un héritage inattendu de 10 000 $. Elle avait dit que la famille se paierait une « petite gâterie » et qu'elle mettrait la plus grosse part de côté. Éric était d'accord, mais pensait qu'une meilleure décision financière serait de réduire l'hypothèque sur la maison. Quelques semaines s'étaient passées lorsque le téléviseur de la salle familiale, qui datait de 10 ans, a commencé à donner des signes de défaillance. Éric savait qu'il ne valait pas la peine de faire réparer l'appareil et qu'il faudrait en acheter un nouveau bientôt. Ce fut le *déclenchement.*

Pour Philippe, la solution était évidente : il fallait se procurer un système de cinéma maison. L'un des moyens d'éliminer un écart entre un état actuel et un état souhaité est un bien de consommation. Lorsqu'une personne constate qu'un bien qu'elle utilise ou consomme ne répond plus ou ne répondra plus à ses besoins, qu'il ne lui permettra plus de satisfaire ses besoins, il se crée un état de tension. Un problème de consommation est reconnu. Le consommateur cherchera à réduire la tension ressentie. En décidant de chercher une solution pour résoudre son problème, il enclenche le processus décisionnel. Mis à part Philippe, la famille Blackburn-Tremblay était assez satisfaite du téléviseur qu'elle possédait. Le mauvais fonctionnement de l'appareil et la possibilité d'une panne ont créé un écart entre l'état actuel et l'état souhaité. Tous les membres de la famille ont ressenti, à des degrés différents, un état de tension. La tension causée par cet écart peut certainement être tolérée un certain temps, mais Éric sait bien qu'il faudra trouver une solution, il faudra remplacer le téléviseur qui, apparemment, cessera bientôt de fonctionner. Le processus décisionnel est enclenché. Éric est maintenant non seulement réceptif à toute information qui l'aidera, ainsi que Nathalie, à prendre une décision, mais il se mettra même à la recherche

d'information. Nous verrons au chapitre 13 les rôles conjugaux que jouent les conjoints dans les décisions de consommation, rôles qui peuvent varier selon les types de produits en cause et l'étape du processus de décision à laquelle la famille se trouve. Dans le cas des Blackburn-Tremblay, la décision finale sera sans doute conjointe ou commune. Cependant, à cause de la technicité de l'appareil, la recherche d'information sera surtout la responsabilité d'Éric, ce qui n'empêchera pas Nathalie de s'informer elle aussi, par exemple auprès d'amis. En fait, les variables psychologiques (la perception [chapitre 4], l'apprentissage [chapitre 5], l'attitude [chapitre 6] et les besoins [chapitre 7]) sont influencées par les variables sociales (la culture [chapitres 8 et 9], les groupes de référence [chapitre 11], les classes sociales [chapitre 12] et la famille [chapitre 13]).

2.4.2 La recherche d'information, l'évaluation préliminaire et la présélection

La deuxième étape du processus décisionnel comporte elle-même trois phases : la recherche d'information, l'évaluation préliminaire de marques ou de choix possibles à la lumière de cette information et la présélection. Voyons comment les consommateurs acquièrent l'information nécessaire à la prise de décision et comment ils évaluent les diverses possibilités qui s'offrent à eux.

La recherche d'information

Une fois le processus de décision enclenché, le consommateur se met à la recherche de l'information qui lui permettra de prendre une décision éclairée et de réduire le risque à l'achat et à l'utilisation, bref de faire le meilleur choix possible. La première phase commence par une recherche interne, qui est souvent inconsciente. Ainsi, Éric fouillera dans sa mémoire : il tentera de se souvenir de ce qu'il avait fait lors de l'achat de l'appareil actuel, qui donne des signes évidents de défaillance, il se remémorera la façon dont il avait procédé lors de l'achat de la chaîne stéréo il y a deux ans, il se rappellera les commentaires de Philippe au sujet du cinéma maison chez un de ses amis, il se souviendra d'avoir vu un message publicitaire dans une circulaire auquel il n'avait guère porté attention. Cette recherche est dite interne parce que le consommateur fait appel à sa mémoire pour déterminer s'il possède suffisamment d'information ; il explore aussi ses souvenirs pour se rappeler les expériences de consommation passées afin de voir comment il a réussi auparavant à résoudre un problème de consommation un peu semblable, c'est-à-dire à passer d'un état actuel d'insatisfaction à un état souhaité. Les expériences de consommation antérieures laissent des traces dans la mémoire, c'est le processus d'apprentissage de la consommation. Avec le temps, le consommateur apprend. Chaque fois que le consommateur s'engage dans un processus décisionnel d'achat, il enrichit son expérience, il enrichit le répertoire d'informations qu'il conserve dans sa mémoire à long terme. C'est pourquoi, à la figure 2.3, une flèche relie la mémoire et l'étape de recherche, évaluation et présélection du processus décisionnel. Pour y voir plus clair, Éric tentera de trouver réponse à plusieurs questions, comme :

■ Un système de cinéma maison est-il une solution adéquate pour atteindre l'état souhaité ? Un téléviseur ordinaire, sans l'équipement périphérique d'un cinéma maison, ne fera-t-il pas l'affaire ?

■ Quels sont les avantages d'un téléviseur à haute définition ?

■ Quelles sont les caractéristiques (ou, selon les termes du modèle de comportement du consommateur, les attributs) d'un téléviseur que je devrais considérer pour faire le meilleur achat possible ?

■ Où puis-je obtenir l'information nécessaire pour aider la famille dans la prise de décision ? Qui dois-je ou puis-je consulter ?

■ Quelles sont les meilleures marques sur le marché ? Comment procéder pour évaluer ces marques ?

■ Dans quel type de magasin devrions-nous acheter l'appareil ?

Éric cherchera d'abord dans sa mémoire des réponses aux questions qu'il se pose. Étant donné qu'il s'agit d'un achat à la fois relativement complexe et nouveau, il y trouvera sans doute peu d'information directe utile, d'autant plus qu'il existe de nouveaux produits de haute technologie qu'il connaît peu. En revanche, il y puisera probablement plusieurs informations sur la manière de procéder.

Si l'information est insuffisante pour prendre une bonne décision, Éric passera à la recherche externe. Celle-ci peut prendre deux formes qui peuvent intervenir simultanément. La première consiste dans une recherche passive, c'est-à-dire que le consommateur ne recherche pas activement de l'information, ce qui ne l'empêche pas d'être réceptif à toute information pertinente. Éric deviendra réceptif à l'information au sujet des téléviseurs, surtout les appareils pour le cinéma maison. Il prêtera attention aux stimuli externes susceptibles d'aider sa famille à prendre la meilleure décision possible. Il se montrera donc attentif aux messages publicitaires audiovisuels et imprimés, aux promotions, aux rapports publiés dans des revues spécialisées ou des revues impartiales comme *Protégez-Vous* et aux conversations d'amis ou de collègues concernant les téléviseurs. L'accès aux différentes sources d'information dépendra de ses habitudes par rapport aux divers médias, des magasins et des gens qu'il fréquente. Le type d'information recherché dépendra aussi de ses expériences passées, de sa formation, de ses compétences en tant que consommateur, de ses connaissances du sujet, de son style de vie et de ses valeurs de même que de sa culture, de sa classe sociale, de ses groupes de référence et de sa famille.

Le degré d'attention portée aux divers stimuli, la compréhension ou l'interprétation de l'information et de sa mémorisation sont assujettis aux filtres perceptuels, comme nous le verrons au chapitre 4. Les consommateurs ne prêtent pas attention à tous les messages et n'accordent pas le même degré d'attention à ceux qui éveillent leur intérêt ; de plus, les consommateurs n'interprètent pas les messages de la même façon et ils ne mémorisent pas tous la même information. Ainsi, l'information recueillie par Éric sera soumise à des biais perceptuels.

L'autre forme de recherche externe est la recherche active. Si le consommateur estime que l'information obtenue est insuffisante ou insatisfaisante, il entreprendra une recherche active. Il téléphonera à des amis, il visitera des magasins où il s'informera auprès des représentants, ou il consultera des revues spécialisées. Il comparera et évaluera l'information obtenue et, s'il la juge insuffisante, il continuera sa quête de renseignements. Tous les renseignements recueillis au cours de la recherche externe active seront aussi soumis à des biais perceptuels.

Selon Assael[11], les facteurs qui incitent le consommateur à acquérir plus d'information sont au nombre de sept :

1. Le degré d'implication. Plus le degré d'implication face à la décision est élevé pour le consommateur, plus la quantité d'information requise et acquise sera grande ;

2. Le degré de risque perçu. Plus le degré de risque perçu (financier, social, psychologique, physique et de performance) est élevé, plus la quête d'information sera poussée[12] ;

3. Le manque de connaissances concernant le produit. Dans le cas de l'achat de téléviseurs, de magnétoscopes et d'ordinateurs personnels, Beatty et Smith ont trouvé que les consommateurs qui avaient moins de connaissances sur le produit cherchaient à recueillir plus d'information[13] ;

4. L'urgence de la décision. La recherche d'information sera plus poussée si le délai pour prendre une décision est plus long[14] ;

5. Le prix. Plus le prix est élevé, plus importante sera la quête d'information[15] ;

6. Les différences importantes entre les marques. Lorsqu'il existe de grandes différences entre les marques, la recherche d'information est plus substantielle[16] ;

7. Le coût de l'information. La recherche d'information entraîne des coûts pécuniaires (par exemple, les frais liés au déplacement) et non pécuniaires (le temps consacré à la quête d'information, l'énergie déployée, etc.). Quand les coûts deviennent relativement trop importants,

c'est-à-dire quand ils apparaissent trop élevés en comparaison des avantages potentiels attendus, alors la recherche d'information cessera[17].

L'ampleur de la recherche externe dépend également de l'intensité de la tension que ressent le consommateur, de la quantité et de la qualité d'information en mémoire, ainsi que de la valeur perçue de l'information additionnelle. Par ailleurs, ce que le consommateur juge important de connaître ou de comprendre pour l'aider dans sa décision, pour l'aider à répondre aux questions qu'il se pose détermine le type de renseignements qu'il recherche. En pratique, il est essentiel, pour les mercaticiens, de connaître les attributs auxquels les consommateurs se reportent pour évaluer un produit et choisir un produit susceptible de leur permettre d'atteindre l'état souhaité.

L'évaluation préliminaire et la présélection

Lorsque les consommateurs jugent qu'ils possèdent suffisamment d'informations pertinentes, ils sont prêts à entamer les deux autres phases de cette étape : l'évaluation préliminaire et la présélection. C'est à partir des paramètres qui leur apparaissent les plus importants, paramètres qui se rattachent aux attributs du produit, qu'ils détermineront les solutions possibles et procéderont à une présélection. À cette fin, ils compareront les caractéristiques des produits susceptibles de les intéresser, vérifieront si elles répondent à leurs exigences, pèseront le pour et le contre de chaque possibilité. Il faut dire toutefois que les fabricants fournissent souvent des informations qui ne sont pas faciles à comprendre, ce qui risque de poser problème quand vient le temps de les évaluer.

Par ailleurs, à mesure qu'un consommateur recueille de l'information, il acquiert de nouvelles croyances et attitudes ou modifie ses croyances et attitudes actuelles par rapport à une marque ou un produit. L'attitude, que nous étudierons en profondeur au chapitre 6, comprend trois composantes, dont la composante cognitive qui englobe les croyances du consommateur concernant un produit ou une marque. Une partie de l'apprentissage des consommateurs au cours des années consiste à déterminer les attributs qu'ils prendront en considération pour évaluer les produits et services qu'ils désirent se procurer. Par exemple, une publicité pour le Rendezvous de Buick mise sur certains attributs susceptibles de plaire aux acheteurs potentiels, soit la robustesse, la polyvalence et l'élégance (voir la figure 2.7). Les croyances et les attitudes qui caractérisent les gens sont aussi un résultat de l'apprentissage, apprentissage qui découle de leurs expériences personnelles en général, mais également de leurs diverses expériences de consommation dont ils se souviennent.

Pour Éric, le moment de la première évaluation et de la présélection est arrivé. Pour se faciliter la tâche, il a dressé un tableau des informations fournies sur cinq téléviseurs de marques bien connues en vente à l'hiver 2003 (voir le tableau 2.2). À la lumière de ces informations, Éric conclut que deux modèles, les téléviseurs Hitachi et JVC, ne répondent pas à sa principale exigence, soit une technologie de pointe, et les élimine. Il retient les trois autres, qui constitueront son ensemble de considération.

| **Tableau 2.2** | *Cinq modèles de téléviseurs et leurs principaux attributs* |

Téléviseur Sony, haute définition, 480p 960i
Système *Digital Reality Creation* avec cinémotion
Deux entrées pour appareil vidéo, vidéo haute définition
Grand écran de pointe
Filtre en peigne numérique 3D
Modulation de la vitesse de balayage
Puissance audio de 30 watts

Prix : 32 pouces : 2 999,00 $
36 pouces : 3 999,00 $
40 pouces : 5 999,00 $

Téléviseur FD Trinitron Wega
Tube image plat Trinitron
Entrée vidéo à composantes
Entrée S Vidéo
Entrée A/V frontale arrière
Filtre en peigne numérique à 3 lignes
Sonorité Matrix Sound
Puissance audio totale de 20 watts

Prix : 32 pouces : 1 999,00 $

Téléviseur Sony
Tube image plat Trinitron
Filtre en peigne numérique à 3 lignes
Décodeur MTS Stéréo
Processeur dynamique
Puissance audio totale de 15 watts

Prix : 91 cm : 2 299,99 $

Téléviseur Hitachi
Fenêtre dans l'image à deux syntoniseurs
Entrée vidéo à composantes
Puissance totale de 24 watts

Prix : 27 pouces : 799,00 $

Téléviseur JVC I.Art
Tube image plat de 69 cm (diagonale)
Filtre en peigne numérique à 3 lignes
Reproduction fidèle de couleur et de détail
Modulation de la vitesse de balayage

Prix : 999,99 $

Figure 2.7 *Un exemple de publicité qui mise sur les attributs*

2.4.3 L'évaluation de l'ensemble de considération

La troisième étape du processus décisionnel consiste à évaluer plus en détail les possibilités retenues pour en venir à une décision. Plusieurs modèles de la structure des attitudes peuvent être utilisés à ce moment-ci par le consommateur pour faire son choix. Un modèle linéaire compensatoire, le modèle « multiattribut » qui sera décrit au chapitre 6, est très utilisé pour étudier les mécanismes d'évaluation et la façon dont un consommateur prend une décision. Selon ce modèle, le choix sera fonction de l'importance que le consommateur accorde à chaque attribut et de l'intensité de ses croyances par rapport au produit ou à la marque. Le modèle est dit compensatoire parce qu'une faiblesse d'un attribut peut être compensée par la force liée à un autre attribut.

Si l'on reprend l'exemple de la famille Backburn-Tremblay, Éric, qui, on l'a vu, a éliminé les téléviseurs Hitachi et JVC de sa liste, s'attardera aux caractéristiques de chacun des trois modèles restants. Dans les trois cas, il s'agit de téléviseurs de haute technologie qui devraient permettre à la famille de jouir d'une très bonne qualité de cinéma maison. L'évaluation finale se fera donc parmi un nombre limité de possibilités et tiendra compte de certains attributs, tels que la fiabilité, la durabilité et le degré de technologie.

2.4.4 L'intention d'achat

À mesure que l'évaluation se poursuit, l'intention d'achat prend forme. Éric, après avoir consulté des amis et discuté avec Nathalie et les enfants, sait maintenant ce que la famille souhaite. Le couple accorde beaucoup d'importance aux activités familiales et sait que les enfants seront plus tentés de demeurer à la maison et d'inviter leurs amis si la famille possède un téléviseur de haute technologie. Nathalie et Éric aiment bien que les enfants s'amusent avec leurs amis à la maison. Tous deux ont une vision claire de la solution la plus susceptible de combler l'écart entre l'état actuel et l'état souhaité. La solution retenue est un téléviseur à haute définition qui permet d'avoir un cinéma maison de meilleure qualité ; l'image est beaucoup plus claire et

précise. C'est à l'étape de l'intention que le consommateur commence à formuler ses préférences pour un choix donné. Cette préférence découle des évaluations faites et de ses attitudes.

En fait, Éric et Nathalie avaient décidé que le premier attribut à prendre en considération était la qualité de l'image, qu'ils avaient définie du point de vue de la fidélité de la couleur et de la précision de l'image. Un téléviseur à haute définition construit selon une technologie de pointe répond bien à ce critère qui permet, entre autres, d'atteindre l'état souhaité. Leur choix final se porte sur le téléviseur Sony à haute définition, même si le prix est élevé. Toutefois, comme il faut être raisonnable, ils choisissent le modèle de 36 pouces ; le modèle plus grand est éliminé parce qu'il coûte trop cher. On a donc l'intention d'acheter ce modèle de Sony.

Deux autres attributs importants sont la fiabilité et la durabilité. Or le téléviseur que l'on a en vue est un produit d'une nouvelle technologie ; par conséquent, l'aspect technique doit être bien examiné. Dans ce cas-ci, il s'agit en plus d'un achat dans un contexte de forte implication : le prix est élevé, le téléviseur choisi devra plaire à tous les membres de la famille et être un facteur d'attirance pour les enfants et les amis, il s'agit d'une nouvelle technologie et le risque perçu est important. Pour réduire ce risque, et aussi pour réduire le risque de regretter son choix (autrement dit, pour éviter la dissonance cognitive, ou à tout le moins la réduire), Éric a choisi une marque connue, qui présente une bonne garantie, et il pensera à acheter le téléviseur dans un grand magasin réputé, qui offre un bon service à la clientèle et une garantie prolongée. À ce stade, Éric a manifesté son intention d'acquérir un téléviseur à haute définition de marque Sony qu'il se propose d'acheter chez Sears, car il a apprécié le professionnalisme du représentant des ventes ; celui-ci lui a semblé compétent et ne s'est pas montré trop insistant. En outre, il croit que le service après-vente est excellent. Éric, à ce stade-ci, a « forgé » une intention d'achat.

Pour dire vrai, le phénomène est complexe. Une intention d'achat n'aboutit pas nécessairement à un comportement à court terme. Ainsi, même s'il a arrêté son choix, Éric pourrait ne pas acheter le téléviseur retenu s'il obtenait de l'information nouvelle qui ébranlerait sa confiance à l'endroit du téléviseur Sony à haute définition. Cette nouvelle information, concernant, par exemple, des aspects techniques du produit, le prix ou l'image projetée auprès des voisins, pourrait modifier ses croyances par rapport au produit préféré et, par conséquent, modifier son attitude. À cause de la nouvelle information, l'intention d'achat pourrait être modifiée en tout ou en partie, remise en question, voire abandonnée. Si un doute est créé, le consommateur cherchera de nouvelles informations et recommencera sa démarche d'évaluation. Ainsi, il peut arriver qu'une intention d'achat ne se concrétise pas par un achat ou que la décision d'achat soit retardée.

Le report ou l'abandon d'un projet d'achat peut s'expliquer de plusieurs façons : comme nous venons de le mentionner, de nouvelles informations peuvent entraîner un changement dans les croyances et les attitudes, le coût pécuniaire et non pécuniaire peut être plus élevé que prévu, le commerçant retenu peut ne pas avoir en stock le produit choisi, des pressions de la part de membres de la famille, d'amis ou de collègues peuvent s'exercer et infléchir la décision. En revanche, si aucune nouvelle information n'est reçue par le consommateur, ou si la nouvelle information reçue ne change pas son attitude après vérification, ou encore plus, si l'information reçue renforce ses croyances, alors l'intention d'achat se convertira en décision d'achat.

2.4.5 La décision d'achat

La décision est l'étape du processus d'achat qui amène le consommateur à passer à l'action pour combler l'écart entre l'état actuel et l'état souhaité. C'est l'étape la plus concrète, la plus perceptible du processus décisionnel, car on voit le consommateur acheter ou louer un bien ou un service. Dans le cas d'un achat complexe, comme dans l'exemple de la famille Blackburn-Tremblay qui souhaite acquérir un téléviseur, cette étape marque l'aboutissement d'une longue démarche. Une fois sa décision prise, le consommateur passe à l'action.

Le consommateur qui décide de concrétiser son intention d'achat doit prendre plusieurs sous-décisions. Il lui faut choisir le vendeur (Sears, à cause du professionnalisme et de la compétence du représentant et du service après-vente), le moment de l'achat (Éric pense à un vendredi soir ou un samedi, de sorte que Nathalie puisse l'accompagner) et le mode de paiement (sans doute la carte de crédit qui lui donne des points).

Précisons ici que l'achat n'est pas la seule résultante possible d'un processus décisionnel qui mène à un comportement. La décision de se comporter d'une manière donnée n'implique pas nécessairement une transaction commerciale. Ainsi, faire un don de sang à Héma-Québec est aussi un comportement qui résulte d'un processus décisionnel. En fait, dans le cas d'organisations publiques ou d'organisations sans but lucratif, le comportement souhaité peut être le port de la ceinture de sécurité dans l'automobile, l'utilisation sécuritaire des sièges pour bébés dans les automobiles, une alimentation plus équilibrée, la pratique d'activités physiques, l'abandon de la cigarette ou le bénévolat. Les champs d'application du marketing sont donc très nombreux. Les modèles du comportement du consommateur sont aussi utilisés avec succès par les mercaticiens et les communicateurs qui travaillent dans le secteur public et pour les organisations à but lucratif. Leur objectif est d'influencer les gens pour qu'ils « achètent » l'idée ou la cause de leur organisation et ils disposent de toute une panoplie d'outils de marketing à cette fin. De nos jours, les gouvernements comptent parmi ceux qui font le plus usage de campagnes publicitaires.

Dans tous les exemples cités ci-dessus, le consommateur (d'un bien ou service public ou privé, ou d'une idée) doit s'engager dans un processus décisionnel avant d'arriver à une décision. Et les décisions de consommation n'impliquent pas nécessairement des dépenses en argent. Toutefois, lorsqu'un achat est envisagé, le consommateur a le choix entre plusieurs modalités de paiement. Ainsi, Éric pourrait payer son achat comptant, c'est-à-dire en espèces, au moyen d'une carte de débit ou par chèque, ou le régler avec une carte de crédit. Il peut demander au marchand de lui ouvrir un compte et payer en plusieurs versements.

Une décision d'achat implique un choix : ne pas acheter le bien, retarder l'achat ou l'acheter ; dans ce dernier cas, il faut souvent opérer un choix entre diverses possibilités. La décision est généralement irréversible ; le consommateur doit donc en assumer la responsabilité et les conséquences. On ne peut, en pratique, résilier un contrat de vente pour une nouvelle automobile ou changer d'idée après que la bouteille de vin a été ouverte par le garçon dans un restaurant. C'est pourquoi les consommateurs éprouvent certaines inquiétudes au moment d'un achat. Un tel état d'esprit est normal, surtout si l'achat est important, parce qu'à tout achat important est associé un risque perçu, que le consommateur tente de réduire.

Après l'achat, un autre phénomène peut se produire. À ce moment, il arrive que le consommateur ressente un malaise, un regret qui résulte d'un doute quant à sa décision[18], et cela d'autant plus si la décision a été difficile à prendre, si le choix entre les diverses possibilités a été ardu[19], si le degré d'implication et le risque perçu sont élevés ou si la décision est irrévocable ou exige une dépense importante[20]. C'est ce que l'on appelle la *dissonance cognitive,* un conflit intérieur postachat. Il s'agit d'un état d'inconfort dû à une incompatibilité entre deux éléments cognitifs (connaissances, opinions ou croyances) ayant trait à un comportement[21]. Les mercaticiens savent que le consommateur en proie à une dissonance cognitive regrettera son achat et aura tendance à ne pas le renouveler. C'est pourquoi ils utilisent plusieurs outils pour empêcher ou atténuer la dissonance cognitive. Parmi ces moyens, on trouve : les garanties, le service après-vente, l'information transmise aux acheteurs, la publicité et les possibilités de retour de la marchandise. Nous reviendrons sur la question de la dissonance cognitive au chapitre 6.

2.4.6 La consommation

Après la décision d'achat vient la consommation du bien ou du service choisi. Cette dernière étape du processus décisionnel comprend non seulement la consommation du bien ou service proprement dite, mais aussi la satisfaction ou l'insatisfaction postachat, l'utilisation postachat et la mise au rebut.

La satisfaction ou l'insatisfaction postachat

La *satisfaction postachat* est fort importante pour les mercaticiens, car il est impensable de fidéliser la clientèle sans la satisfaire. Deux situations peuvent se présenter à l'étape de la consommation : le client est satisfait ou il est insatisfait. La première est celle où en consommant le bien en question, la personne atteint et maintient, dans une certaine mesure, l'état souhaité, le but premier du processus décisionnel ; il y aura alors satisfaction, soit un des objectifs du marketing. La personne compare l'expérience de consommation ainsi vécue à ses attentes initiales : le bien choisi répond-il à ses attentes ? Ses attributs permettent-ils de satisfaire son besoin et d'atteindre l'état souhaité ? Une réponse positive se traduira sans doute par la satisfaction du client. Le consommateur ressent de la satisfaction lorsque le bien choisi permet de combler et même de dépasser les attentes initiales. Dans la seconde situation, l'expérience de consommation révèle que le produit est incapable de répondre aux attentes du consommateur et celui-ci est insatisfait.

Donc, la consommation entraîne la satisfaction ou l'insatisfaction, et cette information est emmagasinée dans la mémoire à la suite de cet apprentissage. Par ailleurs, comme le consommateur se souvient de la satisfaction ou de l'insatisfaction ressentie, il est probable que changent ses croyances initiales à l'égard de la solution retenue. Ainsi, le résultat de la consommation (la satisfaction ou l'insatisfaction) est relié par une flèche à la mémoire (figure 2.3), laquelle est reliée au processus décisionnel, et plus précisément au déclenchement, ce qui indique que l'expérience de consommation détermine dans quelle mesure l'état souhaité est atteint et le problème initial, résolu. Par conséquent, la flèche reliant la mémoire au processus décisionnel (qui inclut non seulement le déclenchement, mais aussi la recherche d'information et l'évaluation) forme une boucle de rétroaction qui complète celui-ci ; et le tout fait partie de l'apprentissage du consommateur.

Le degré de satisfaction ou d'insatisfaction qu'éprouve le consommateur est un facteur de première importance en ce qui concerne les achats répétés, la fidélité à la marque et la fidélité au magasin. Le spécialiste du marketing désireux d'obtenir du succès entreprendra toutes sortes d'actions pour s'assurer que l'expérience du consommateur engendre de la satisfaction après que la décision a été prise et pendant la période de consommation. Parmi les stratégies souvent mises en œuvre pour réduire au minimum l'insatisfaction du consommateur, signalons le suivi effectué par l'agent immobilier après l'achat d'une maison par un client, le questionnaire destiné à évaluer la satisfaction des clients de l'hôtel, la politique de retour des marchandises et la promesse « satisfaction garantie ou argent remis » du magasin de détail. C'est dans cette perspective que certaines chaînes de restaurants mettent à la disposition des clients une carte d'évaluation ; on leur permet ainsi d'exprimer leur satisfaction ou leur insatisfaction quant aux produits et au service et de suggérer des améliorations, ce qu'ils peuvent aussi faire directement auprès du service à la clientèle de la chaîne de restaurants[22].

Le fait est que des études ont révélé que le plus important aspect du service à la clientèle semble être la capacité de l'entreprise à résoudre les problèmes des consommateurs et à s'occuper des plaintes des clients d'une manière rapide et peu coûteuse, du point de vue du consommateur. Les consommateurs satisfaits de leur expérience d'achat initiale ou de la promptitude avec laquelle le problème a été réglé deviennent, pour l'entreprise, des ambassadeurs et des porte-parole convaincus. La firme Goldfarb Consultants de Toronto a réalisé des études qui ont démontré que chaque consommateur insatisfait qui ne dépose pas une plainte discréditera l'entreprise auprès d'une dizaine de personnes. Ces études concluent que « les clients malheureux et insatisfaits vont déployer beaucoup d'efforts pour punir l'entreprise responsable de leur malheur[23] ».

Sans doute la façon la plus efficace de s'assurer de la satisfaction du consommateur à l'étape de la consommation est-elle de lui offrir un bien qui possède les attributs qu'il recherche en vue d'atteindre l'état souhaité. C'est pourquoi il est important, par exemple, que le représentant découvre, avant même

de s'engager dans l'effort de vente, ce que le client désire relativement aux attributs du produit. D'autre part, puisque la satisfaction du consommateur est fonction de l'écart entre ses attentes à l'égard d'un produit ou d'un service et la performance perçue de ce produit ou service, il est essentiel que les mercaticiens, et surtout les représentants des ventes, ne créent pas des attentes trop élevées chez le consommateur ; un produit qui n'arrive pas à répondre aux attentes du client crée, la plupart du temps, un consommateur insatisfait qui n'a plus confiance dans la marque, dans le produit ou dans les représentants.

L'utilisation postachat et la mise au rebut

Une dernière dimension de la consommation, et par conséquent du comportement d'achat, est l'*utilisation postachat,* de même que la *mise au rebut.* En effet, une connaissance complète du comportement d'achat passe par la compréhension de l'utilisation faite du produit. Ainsi, il est important de savoir comment et pourquoi les consommateurs utilisent un produit donné. Existe-t-il des utilisations nouvelles pour le produit ? Par exemple, le bicarbonate de soude d'Arm & Hammer a trouvé d'autres usages que son usage original et est de nos jours plus employé comme désodorisant ou dentifrice ; l'huile hydratante Skin-So-Soft d'Avon est plus qu'une huile de bain, c'est un insectifuge efficace[24].

Si le produit a une longue vie, il peut être utile pour les mercaticiens de savoir si le produit est revendu. Par exemple, la demande pour les livres scolaires neufs dépend de la revente des livres usagés. Si le produit est jetable, les spécialistes doivent savoir comment les consommateurs en disposent. Les préoccupations croissantes des consommateurs et du grand public en général pour la protection de l'environnement, et les plaintes auxquelles donnent lieu les abus de consommation, peuvent être des sources d'information fort utiles pour les entreprises avant-gardistes qui ont adopté le concept du marketing social.

RÉSUMÉ

Dans ce chapitre, nous avons d'abord présenté deux modèles descriptifs du comportement du consommateur : les modèles distributifs et les modèles stimulus-réponse (intrant-extrant). Ces modèles, plus traditionnels, peuvent être utiles pour les mercaticiens qui cherchent à estimer des marchés potentiels ou encore à établir des relations entre certaines variables, mais ils ne permettent pas de comprendre pourquoi les consommateurs se comportent d'une manière donnée. Pour comprendre le comportement du consommateur, il faut se reporter à un modèle intégrateur du comportement du consommateur.

Nous avons en premier lieu présenté un modèle sommaire du comportement du consommateur, où des variables psychologiques (perception, apprentissage, attitude, motivation) et des variables sociales (culture, classe sociale, groupes de référence, famille et économie) influent sur le processus décisionnel que suit le consommateur. Ce processus comporte six étapes, à savoir : le déclenchement, la recherche, l'évaluation préliminaire et la présélection, l'évaluation de l'ensemble de considération, l'intention d'achat, la décision d'achat et la consommation. Le modèle Chebat-Filiatrault a ensuite été introduit. Le modèle complet tient compte non seulement des variables psychologiques et sociales, mais aussi des variables informationnelles et circonstancielles qui influencent le processus d'achat.

Il existe trois grands types de décision d'achat : la décision d'achat routinier, la décision d'achat circonscrit et la décision d'achat complexe. Cette dernière s'insère dans un processus décisionnel complexe, dont nous avons donné une description détaillée. Chacune des étapes a été expliquée en détail à l'aide d'un exemple illustrant l'achat d'un produit en situation de forte implication. Dans un premier temps, le consommateur ressent un besoin ; la reconnaissance de ce besoin déclenche le processus décisionnel. Le processus enclenché, le consommateur se met à la recherche d'informations qui l'aideront à faire une évaluation préliminaire des divers choix possibles. Il éliminera certaines possibilités et il en retiendra d'autres, lesquelles constitueront l'ensemble de considération. Le consommateur évaluera plus en détail ces possibilités. À mesure que la situation deviendra plus claire, l'intention d'achat se formera. L'intention d'achat mène à la décision d'achat, qui est la phase la plus perceptible du processus décisionnel. La dernière étape, la consommation, comprend la consommation proprement dite, la satisfaction ou l'insatisfaction, l'utilisation postachat et la mise au rebut.

QUESTIONS ET THÈMES DE DISCUSSION

1. Quels sont les avantages et les désavantages des modèles distributifs et stimulus-réponse dans la pratique du marketing ?

2. Comment un modèle distributif peut-il être utilisé pour estimer la demande potentielle pour un nouveau service ?

3. Comment un modèle explicatif du comportement du consommateur peut-il aider à comprendre l'échec subi par un nouveau produit ?

4. En quoi les modèles du processus décisionnel permettent-ils de percer le mystère de la « boîte noire » ?

5. À partir d'une expérience récente d'un achat assez important que vous avez fait, décrivez le processus décisionnel que vous avez suivi pour chacune des étapes apparaissant à la figure 2.4. Expliquez pourquoi vous avez agi comme vous l'avez fait.

6. Le modèle du comportement du consommateur présenté à la figure 2.3 est un modèle

▼

explicatif. Quels sont les avantages et les limites de ce modèle ?

7. Quelles sont les caractéristiques et les implications pour le marketing des trois grands types de décision d'achat ? Donnez trois exemples d'achats pour chaque type.

8. La recherche d'information est une étape importante du processus décisionnel. Assael a relevé sept facteurs qui poussent le consommateur à obtenir plus d'information. Nommez ces facteurs et donnez des exemples qui démontrent votre compréhension.

9. Choisissez un produit de forte implication.

Pour ce produit :

a) Déterminez les cinq attributs les plus importants.

b) Évaluez deux marques bien connues de ce produit.

c) Faites votre choix et expliquez-le.

d) Quelles sont les implications, sur le plan du marketing, du processus décisionnel que vous avez suivi ?

10. Expliquez le lien entre les attentes du client, la performance du produit et la satisfaction de la clientèle. Quelles en sont les implications sur le plan du marketing ?

NOTES

1. Le contenu de ce chapitre emprunte au chapitre 2 du livre de C.P. Duhaime et autres, *Le comportement du consommateur*, 2e éd., Montréal, Gaëtan Morin Éditeur, 1996, p. 33-65.

2. Statistique Canada, *Recueil statistique des études de marché, édition 2001*, Ottawa, Statistique Canada, cat. no 63-224-XIB, octobre 2001, p. 67.

3. *Ibid.*, p. 67.

4. F.M. Nicosia, *Consumer Decision Processes : Marketing and Advertising Implications,* Englewood Cliffs (N.J.), Prentice-Hall, 1966.

5. J.A. Howard et J.N. Sheth, *The Theory of Buyer Behavior,* New York, John Wiley and Sons, 1969.

6. J.F. Engel, D.T. Kollat et R.D. Blackwell, *Consumer Behavior,* New York, Holt, Rinehart and Wilson, 1973.

7. J.R. Bettman, *An Information Processing Theory of Consumer Choice,* Reading (Mass.), Addison-Wesley, 1979.

8. J. Dewey, *How We Think,* New York, D.C. Heath, 1910.

9. H. Assael, *Consumer Behavior and Marketing Action,* Boston, PWS-Kent Publishing Co., 1992, p. 59-60.

10. A. Maslow, *Motivation and Personality,* New York, Harper & Row, 1954, p. 80-106.

11. H. Assael, ouvrage cité, p. 164-165.

12. W.B. Locander et P.F. Herman, « The effect of self-confidence and anxiety on information seeking in risk reduction », *Journal of Marketing Research,* 16 mai 1979, p. 268-274.

13. S.E. Beatty et S.M. Smith, « External search effort : an investigation across several product categories », *Journal of Consumer Research,* 14 juin 1987, p. 83-95.

14. *Ibid.*

15. W.P. Dommermuth et E.W. Cundiff, « Shopping goods, shopping centers, and selling strategies », *Journal of Marketing,* 31 octobre 1967, p. 32-36 ; J.W. Newman et R. Stealin, « Prepurchase information seeking for new cars and major household appliances », *Journal of Marketing Research,* 9 août 1972, p. 249-257.

16. J.D. Claxton, J.N. Fry et B. Portis, « A taxonomy of prepurchase information gathering patterns », *Journal of Consumer Research,* 1er décembre 1974, p. 35-42.

17. H. Assael, ouvr. cité, p. 164.

18. G. Zaltman, M. Wallendorf, *Consumer Behavior : Basic Findings and Management Implications*, 2e éd., New York, John Wiley and Sons, 1983, p. 481-482.

19. E. Aronson, *The Social Animal*, 3e éd., San Fransisco, W.H. Freeman, 1980, p. 111.

20. *Ibid.*, p. 111-157.

21. L. Festinger, *A Theory of Cognitive Dissonance*, Stanford (Calif.), Stanford University Press, 1957.

22. Adapté de C. Duhaime et autres, ouvr. cité, p. 53.

23. Cité dans *Ibid.*, p. 53.

24. P. Kotler, P. Filiatrault et R.E. Turner, *Le management du marketing*, Montréal, Gaëtan Morin Éditeur, 2000, p. 212.

Chapitre 3

Le modèle Chebat-Filiatrault-Laroche du comportement du consommateur

INTRODUCTION

Dans le chapitre précédent, nous avons expliqué en quoi consistaient les modèles et traité de leurs avantages et de leurs limites. Nous avons aussi introduit le modèle Chebat-Filiatrault-Laroche du comportement du consommateur qui forme la trame de ce livre, et nous nous sommes attardés au point central de ce modèle, le processus décisionnel d'achat chez le consommateur. Dans ce chapitre[1], nous poursuivons l'analyse entamée dans le chapitre 2 et abordons sommairement les variables qui composent le modèle. Chacune des composantes du modèle sera examinée en profondeur dans des chapitres subséquents. Au chapitre 2, nous avons étudié les étapes du processus décisionnel, ce qui vous a permis de mieux comprendre comment les consommateurs prennent leurs décisions et quel rôle doivent jouer les spécialistes de marketing pour les aider et les influencer à chacune de ces étapes. Or les consommateurs ne prennent pas leurs décisions dans le vide : les êtres humains – ainsi que leurs décisions – sont façonnés par leur éducation, poussés par leurs valeurs, influencés par leur culture, leur classe

▼

sociale, leurs groupes de référence et les sources d'information, disciplinés par l'état de l'économie et contraints par les situations d'achat et influencés par leurs propres caractéristiques psychologiques. En fait, le comportement du consommateur est influencé par un ensemble de variables psychologiques et sociologiques.

Ce chapitre vient donc compléter notre modèle du comportement du consommateur, qui englobe le modèle du processus décisionnel. Nous présentons les facteurs externes et internes qui moulent, poussent, influencent, disciplinent et limitent les choix des consommateurs au sens large. Nous verrons que les facteurs externes et internes conditionnent non seulement les décisions particulières, mais également les modes de prise de décision qui caractérisent un consommateur. Les facteurs externes comprennent les *influences sociales, informationnelles* et *circonstancielles*. Leur effet est si important qu'une bonne partie de ce chapitre leur est consacrée. Quant aux facteurs internes, ce sont les *influences psychologiques,* qui englobent aussi bien les besoins de l'individu, ses valeurs et son style de vie que ses perceptions, ses attitudes, sa confiance et les différents apprentissages qu'il fait. Plusieurs chapitres leur sont consacrés.

3.1 Les influences sociales

Comme le montre la figure 3.1, cinq *variables sociales* influent sur le comportement du consommateur en général, et plus particulièrement sur le processus décisionnel d'achat. On peut ainsi associer à l'environnement du consommateur cinq grandes dimensions sous l'action desquelles, par un processus dit d'apprentissage environnemental, celui-ci acquiert divers schèmes qui se gravent dans sa mémoire. Il s'agit de la *culture* qu'il a acquise (où il est né et a grandi, par exemple, dans le cas d'un Québécois de souche) ou qu'il a apprise (dans le nouvel environnement où il a immigré). Le consommateur est enraciné dans la culture, qui exerce une grande influence sur son comportement. Le consommateur est aussi influencé par la *classe sociale* dont il fait partie, par les *groupes de référence* auxquels il appartient ou aimerait appartenir ou ne désire pas appartenir, par la *famille*, tant d'orientation que de procréation, recomposée ou non, dont il est membre et par des *variables économiques* qui déterminent ses projets d'achat ainsi que sa capacité de les mener à terme. Ces dimensions extérieures à l'individu constituent les variables sociales qui modèlent, à des degrés différents, le comportement d'un consommateur.

Dans cette partie, nous n'examinons que brièvement ces cinq variables sociales, car la plupart seront étudiées d'une manière plus approfondie dans d'autres chapitres. Ce survol devrait cependant vous démontrer la complexité relative du comportement du consommateur. Mentionnons toutefois qu'il s'agit de facteurs souvent déterminants dans les expériences de vie d'une personne et qui sont à l'origine de l'exposition, ou non, de cette dernière à certains stimuli ou intrants. Ce sont sa culture, la classe sociale à laquelle elle appartient, ses groupes de référence, sa famille et son pouvoir économique qui en quelque sorte déterminent les expériences que vivra une personne et ce qu'elle apprendra dans la vie en général, et de façon plus précise dans le présent contexte, sur son apprentissage et son expérience de consommateur.

3.1.1 La culture

La *culture* est un des facteurs les plus déterminants du comportement humain. La culture définit la manière dont l'être humain s'adapte à son environnement, c'est la manière qu'une personne vit. Les Bédouins et les Inuits doivent s'adapter à des environnements difficiles et diamétralement opposés, ils ont dû apprendre à vivre, voire à survivre en s'y adaptant de manières différentes. Et ils transmettent à leurs descendants, de génération en génération, la façon de survivre dans l'environnement inhospitalier qui est le leur. La culture résulte de la sagesse collective et des règles de conduite institutionnalisées dans une société.

Figure 3.1   *Modèle Chebat-Filiatrault-Laroche du comportement du consommateur*

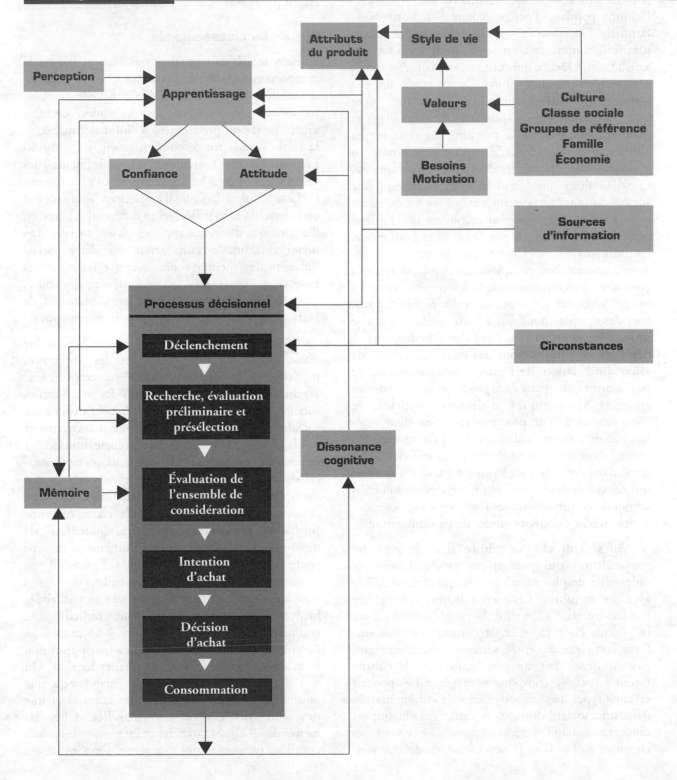

La culture peut être apprise par socialisation ou par acculturation. Elle s'acquiert tôt, par socialisation, pendant l'enfance dans l'environnement familial. Elle peut aussi être apprise par acculturation, comme cela est le cas pour les nouveaux arrivants au Québec qui sont issus de contrées toutes très différentes. Les nouveaux arrivants doivent souvent apprendre à composer avec le rude hiver québécois, tant en ce qui concerne l'habillement qu'en ce qui touche la conduite automobile. La culture, une fois adoptée, est rarement remise en question. Elle a plutôt tendance à être permanente. C'est la culture qui détermine si les membres d'une société doivent être ponctuels et conscients du temps qui s'écoule, exigeants pour ce qui est de l'hygiène personnelle, préoccupés par l'obésité et bons envers les animaux. Il se trouve que la culture nord-américaine valorise ces qualités, ce qui influence la conduite des consommateurs, les pousse, voire les oblige, à acheter des montres et des réveils et à utiliser des agendas pour noter leurs rendez-vous, à se brosser les dents et à utiliser des désodorisants, à dépenser de l'argent pour des ouvrages traitant de saine alimentation, de régimes amaigrissants ou de programmes de perte de poids, et à nourrir les animaux domestiques d'aliments enrichis de vitamines et à leur procurer les soins d'un vétérinaire, etc. C'est seulement lorsqu'il se retrouve plongé dans une autre culture qu'un individu né et élevé dans cette culture nord-américaine s'aperçoit que ces conduites ne sont pas valorisées partout dans le monde et que différentes règles de comportement commandent différents modes de consommation.

Au sein de chaque culture, il existe aussi des sous-cultures qui permettent aux individus de s'identifier de plus près à un groupe et de socialiser avec ses membres. Les sous-cultures peuvent être fondées sur la nationalité, la religion, l'ethnie ou la région. Pour résumer, la culture constitue une force complexe, acceptée souvent inconsciemment, passant de ce fait souvent inaperçue ; la culture façonne donc le comportement général et prescrit certains types de comportements de consommation dans une société donnée. À cause de son importance, trois chapitres seront consacrés à ce sujet (les chapitres 8, 9 et 10). Il sera donc étudié en pro-

fondeur et les résultats de nombreuses recherches seront présentés.

3.1.2 La classe sociale

La *classe sociale* est une autre variable qui agit sur le comportement humain. Les sociologues se penchent depuis fort longtemps sur l'influence de la classe sociale et, depuis quelques décennies, certains s'intéressent plus précisément à l'influence qu'exerce la classe sociale sur le comportement de consommation. Le consommateur subit l'influence des valeurs, des intérêts et des activités qui caractérisent la classe sociale à laquelle il appartient. Toute société est hiérarchisée, stratifiée, selon différents critères, en des divisions distinctes appelées classes sociales. Les membres d'une certaine strate ou classe sociale diffèrent des membres des autres classes sociales pour ce qui est de leur façon de penser, des choses qu'ils valorisent dans la vie, de leurs intérêts et de leurs préoccupations, et de leurs comportements.

D'une manière générale, les membres d'une classe sociale donnée manifestent des préférences particulières, et dépensent donc leur temps et leur argent différemment des membres des autres classes sociales. On distingue traditionnellement trois classes sociales : la classe supérieure, la classe moyenne et la classe inférieure. Selon la typologie utilisée par différents chercheurs, on trouve deux ou trois sous-classes à l'intérieur de chaque classe sociale, par exemple, la classe moyenne supérieure. Les intérêts et les orientations typiques de la classe moyenne supérieure pourront comprendre l'obtention de diplômes d'études supérieures et un emploi de type professionnel. On trouvera à la figure 3.2 un message publicitaire destiné aux membres des classes supérieure et moyenne supérieure où l'on souhaite la bienvenue au *sommet* de la chaîne utilitaire. On accordera une grande importance à la carrière, à l'avenir, aux affaires internationales (par opposition à un intérêt qui se limite aux affaires locales). On fera des voyages à l'étranger, on manifestera une sensibilité à l'égard des différentes cultures et une ouverture aux expériences nouvelles. Chez les membres des classes ouvrières et inférieures, les préoccupations typiques seront tout autres. On s'intéressera

Figure 3.2 *Un exemple de message publicitaire qui cible une classe sociale supérieure*

L'Acura MDX 2002.

Montez à bord de l'Acura MDX, un véhicule utilitaire sport performant au plus haut niveau de sa classe. Vous serez rivé à votre siège avec le nerveux moteur VTEC de 240 chevaux et le système VTM-4 des quatre roues motrices exclusif à Acura. Ajoutez-y son titre IIHS de « Meilleur choix »* pour sa capacité de résistance à l'impact, et le MDX ne fait qu'une bouchée de tous les autres. Visitez votre concessionnaire Acura pour un essai routier... hautement gratifiant. Pour plus de détails, visitez le www.acura.ca, ou composez le 1 888 9-ACURA-9.

Bienvenue au sommet de la chaîne utilitaire.

* Titre de « Meilleur choix », après un test de collision effectué par l'IIHS (Insurance Institute For Highway Safety) sur l'Acura MDX 2001, lors d'un impact décalé à l'avant à 64 km/h. Pour plus de détails au sujet des résultats du test de collision, visitez le www.highwaysafety.org.

Source Honda Canada.

surtout aux événements locaux plutôt qu'aux affaires internationales. On préférera les déplacements géographiques limités au risque que représentent le non-familier et le déracinement de sa famille. On passera les vacances au chalet, à quelques heures de route. Ainsi, les membres de classes sociales différentes ont tendance à rechercher et à consommer des produits et des services distincts. Nous traiterons des classes sociales d'une manière plus approfondie au chapitre 12.

3.1.3 Les groupes de référence

Les groupes de référence exercent une influence directe ou indirecte sur les attitudes et comportements de gens. Lorsqu'un groupe de personnes, une organisation ou même un individu oriente certains des comportements d'une personne, on dit qu'il s'agit d'un *groupe de référence* pour cette personne. Les humains en général ont des groupes de référence parce qu'ils sont des êtres sociaux ; ils aspirent souvent à se joindre à des groupes (groupes d'aspiration), à demeurer membres de groupes (groupes d'appartenance), à obtenir le respect, l'admiration ou l'approbation de groupes ou d'individus, ou à imiter les personnes qu'ils admirent. Il existe par ailleurs des groupes auxquels une personne ne souhaite pas être associée (groupes de dissociation). Il y a donc des groupes auxquels une personne appartient, comme la famille ou les collègues de travail, des groupes auxquels la personne aimerait appartenir, comme les *yuppies* ou une équipe de sport professionnel, et les groupes auxquels elle n'aimerait pas appartenir, comme un groupe religieux fanatique. La plupart des groupes établissent des règles de conduite en ce qui concerne l'acceptation et l'appartenance ; en conséquence, pour être accepté dans le groupe ou pour s'identifier au groupe, l'individu doit se conformer à des normes. Par exemple, les étudiants qui entrent au collège ou à l'université prennent vite conscience du code qui y prédomine en matière d'habillement et ils voudront souvent porter le même type de vêtements afin de sentir qu'ils sont membres de ce nouveau groupe. Ainsi, les blue-jeans, les survêtements de course, les cotons ouatés, les sacs à dos et les baladeurs Sony deviennent de mise pour les étudiants qui veulent s'intégrer.

Une fois qu'il aura obtenu son diplôme et qu'il sera entré dans le monde du travail, l'ancien étudiant achètera les vêtements de type professionnel susceptibles de recueillir l'approbation de ses nouveaux collègues et supérieurs, un nouveau groupe de référence pour lui.

Une application intéressante de cette notion de groupe est donnée par la Société de l'assurance automobile du Québec (SAAQ) qui y a eu recours dans une publicité contre l'alcool au volant. Dans ce message télévisuel, la SAAQ tentait de responsabiliser les amis proches (un groupe de référence primaire) d'un conducteur en état d'ébriété qui s'apprêtait à prendre la route de sorte qu'ils l'empêchent de le faire. Le message disait qu'empêcher un ami de conduire après avoir bu était intelligent et une preuve d'amitié. Il disait même : « Insistez. Empêchez vos amis de boire et de conduire. » Le groupe de référence est fort utilisé dans de nombreuses stratégies de marketing et de communication marketing. Les groupes de référence seront étudiés d'une manière plus détaillée au chapitre 11.

3.1.4 La famille

Les membres de la *famille* forment un groupe de référence, dit primaire, qui exerce une forte influence sur le comportement, même si la famille traditionnelle est souvent remplacée par d'autres formes de famille, comme les familles monoparentales ou les familles recomposées. La famille à laquelle appartient un individu constitue donc un facteur d'influence sociale très important. On considère qu'il existe deux types de famille : la famille d'orientation et la famille de procréation.

La *famille d'orientation* est la famille dans laquelle naît l'individu et dans laquelle il acquiert une certaine attitude face à la religion, au travail, à l'estime de soi ou à la vie familiale. La famille d'orientation joue habituellement un rôle de premier plan dans la socialisation de l'individu, dans la transmission des valeurs culturelles et dans l'acquisition d'habitudes de consommation. Par exemple, les enfants ont tendance à calquer leurs habitudes et préférences alimentaires sur celles de la famille. Par ailleurs, les modes de consommation de l'individu devenu adulte seront imprégnés de l'attitude de sa famille face à diverses conduites, telles que l'utilisation de l'ordinateur et d'Internet, l'écoute de la télévision, la lecture, l'épargne et les dépenses, l'indépendance, l'établissement d'un budget, les études, les loisirs, la gratification, l'usage de la carte de crédit, l'emprunt d'argent, le recours aux services juridiques, l'exercice, la fréquentation de personnes du sexe opposé, la consommation de médicaments, d'alcool ou de cigarettes, les habitudes alimentaires saines, la prévention en matière de santé.

La personne qui se marie et qui a des enfants forme, tout en continuant à faire partie de la famille d'orientation, une nouvelle famille dite *famille de procréation,* et le cycle de l'influence familiale se répète, le consommateur étant maintenant responsable de la socialisation de ses propres enfants et de la formation de leurs habitudes de consommation. De plus, lorsqu'il prend des décisions de consommation, l'individu doit désormais tenir compte des besoins de son conjoint ou de sa conjointe ainsi que de ceux de ses enfants. Au fur et à mesure que la famille traverse les différentes étapes du cycle de la vie de la famille, les parents et les enfants jouent différents rôles dans le processus menant à la consommation de biens de la famille, et chaque membre influence les décisions des autres membres. Nous reviendrons de façon plus détaillée sur la famille et son comportement d'achat dans le chapitre 13.

3.1.5 L'économie

Un autre facteur d'influence sociale, dans le sens d'influence externe, est constitué des *variables économiques* qui déterminent le pouvoir économique de l'individu de façon générale et, par conséquent, son pouvoir d'achat, sa capacité de consommer, sa propension à dépenser et ses projets d'achat. Ces variables ont une incidence majeure sur les valeurs, le style de vie et le comportement du consommateur. Comme nous n'étudierons pas ce facteur dans les autres chapitres, nous examinerons ici d'une manière un peu plus détaillée cinq variables économiques d'intérêt dans le contexte du comportement de consommation, à savoir :

- les conditions économiques ;
- le pouvoir d'achat ;
- le pouvoir d'emprunt ;
- les perspectives de revenu ;
- les attentes concernant les taux d'inflation, de chômage, d'intérêt et d'imposition.

Les conditions économiques

Les *conditions économiques* englobent deux variables qui exercent une influence déterminante sur le comportement du consommateur : les conditions économiques du moment et le degré de concurrence économique. La première se rapporte aux conditions économiques qui autorisent ou qui restreignent l'activité économique et la confiance du consommateur, à un moment donné. La seconde concerne la rivalité d'intérêts qui se manifeste entre certaines entreprises ou entre des groupes ou des membres de la société.

Les conditions économiques générales à un moment donné influent sur le comportement de consommation de l'ensemble de la population. Les consommateurs ont tendance à intérioriser les signes indiquant que l'économie est en récession, qu'elle sort d'une crise, qu'elle est en croissance ou en période de stagnation ou qu'elle subit une faible inflation, que les taux d'intérêt sont élevés ou bas, et ainsi de suite ; ils intègrent cette connaissance à leurs projets d'achat et à leurs décisions budgétaires. Ainsi, au cours de la période économique plus morose qui a marqué la fin du XXe siècle et le début du XXIe partout dans le monde, les consommateurs ont eu tendance à retarder les achats plus importants, comme l'achat d'une automobile ou d'une maison. Mais en 2002, alors que les prévisions économiques s'amélioraient, on a constaté une augmentation importante de la demande pour le logement au Québec, plus particulièrement à Montréal, ce qui a entraîné un manque de logements locatifs et une augmentation des ventes de maisons, ainsi qu'une hausse en conséquence du prix des maisons. Le Conference Board du Canada, un organisme s'occupant de questions économiques qui effectue diverses études et enquêtes, mesure auprès des consommateurs, chaque trimestre, leur degré de confiance ainsi que leur optimisme à l'égard des achats au moyen d'un *indice des attitudes des consommateurs*. Cet indice est défini d'après les réponses à quatre questions attitudinales posées à un échantillon aléatoire de 1 000 ménages canadiens, interrogés par téléphone. Les quatre choses qu'on leur demande d'évaluer d'une manière subjective sont : la situation financière actuelle du ménage, les attentes concernant la situation financière future, les perspectives d'emploi à court terme et l'opportunité de faire une dépense majeure pour des biens tels qu'une maison, une voiture ou tout autre article important. Les résultats de l'enquête sont ajustés de façon à tenir compte des variations saisonnières[2]. Cet indice fournit aux fabricants, détaillants, investisseurs et gouvernements une indication de ce que seront les niveaux de dépenses ou de désaffection pour la consommation.

Une autre variable d'intérêt est le degré de concurrence économique actuel parmi certains membres de la société. Alors que les conditions économiques du moment influencent *tous les membres* d'une société, le degré de concurrence économique peut s'appliquer seulement à des membres de *certains groupes,* à certains segments de consommateurs dans un contexte économique donné. Un bon exemple est la concurrence que l'on observe actuellement, et que l'on observera pour de nombreuses années à venir, attribuable à la cohorte des *baby-boomers,* dont il a été question au chapitre 1, soit le segment de la population né au Canada entre 1946 et 1964.

Les *baby-boomers* au Canada représentent presque le tiers de la population, et seulement 18 années séparent le plus vieux du plus jeune. Ainsi, tous les *baby-boomers* en sont à peu près à la même étape de leur vie ; parmi les premiers *baby-boomers,* certains prendront leur retraite en 2006, pour ceux qui choisiront (ou qui en auront les moyens) de la prendre à 60 ans, les autres attendront 2011, et l'on peut prévoir que, dans le futur, l'âge de la retraite dépassera 65 ans. Les *baby-boomers* représentent déjà depuis quelques années un marché intéressant pour les entreprises de services financiers qui leur offrent des programmes d'épargne pour la

retraite et plusieurs autres produits financiers. Les rer
aités seront en concurrence entre eux pour le même ensemble limité de ressources qui peut difficilement répondre aux demandes et aux besoins d'un si grand nombre de personnes en même temps, les logements adaptés en sont un exemple. Il en sera de même pour les soins de santé. L'intensité soutenue de la concurrence économique chez les membres de cette cohorte a probablement modifié et modifiera encore les priorités au chapitre des valeurs et du style de vie de plusieurs *baby-boomers*. D'autre part, à cause du pouvoir économique grandissant des personnes âgées, on assistera aussi sans doute à une révolution politique. Les sociétés ont souvent été dominées par les jeunes au cours des dernières années, à cause de leur poids social. Mais avec le vieillissement de la population, il est possible qu'apparaisse une société nouvelle, où les personnes âgées, qui non seulement domineront en nombre, mais qui posséderont aussi une grande partie des actifs financiers, pourraient intervenir massivement en politique, créant ainsi une gérontocratie, c'est-à-dire un gouvernement influencé et même dominé par les personnes âgées.

Le pouvoir d'achat

Le *pouvoir d'achat* du consommateur est fonction de plusieurs variables démographiques et socioéconomiques souvent reliées, comme l'âge, le sexe, le revenu familial, les sources de revenu, le niveau d'instruction et l'occupation des membres de la famille, le capital accumulé (la valeur sur le marché des possessions et la proportion des capitaux liquides). Le pouvoir d'achat de l'individu se manifeste par sa capacité de consommer ou de dépenser, par sa propension à négocier, par son habileté en tant que consommateur et par la possession de biens.

À titre d'exemple, pensons au consommateur diplômé universitaire qui exerce une profession depuis quelques années et dont le conjoint ou la conjointe contribue aussi, souvent à part égale, au revenu de la famille. Cette famille pourrait avoir plusieurs sources de revenu – des honoraires professionnels, un salaire, des revenus d'investissement, des revenus de location et des revenus provenant d'héritages ou de cadeaux de leurs parents. En plus d'un compte d'épargne, cette famille pourrait avoir des valeurs convertibles (telles que des fonds mutuels, des actions, des obligations, des certificats de placements garantis, des bons du Trésor et des certificats d'investissement garanti). Étant donné le montant, les sources et la liquidité des revenus de cette famille, notre consommateur aurait un très grand pouvoir d'achat pour des biens et services tels que des produits de luxe, les régimes enregistrés d'épargne-retraite (REER), les voyages d'agrément, les biens électroniques ou les vêtements à la mode. De plus, les deux conjoints possèdent des cartes de débit, plusieurs cartes de crédit et des comptes-chèques (dont l'usage est facilité par les guichets automatiques), ce qui leur permet d'accroître leur pouvoir d'achat en raison d'un accès facile à de l'argent liquide. S'ils paient le montant porté au débit de leurs cartes de crédit chaque mois, ils utilisent l'argent de quelqu'un d'autre pour améliorer leur pouvoir d'achat en profitant de ces avances bancaires sans intérêt.

En définitive, ce couple aura des revenus et des actifs suffisamment élevés pour retenir les services d'un directeur de comptes en gestion privée à leur banque ou à leur caisse. Son pouvoir d'achat relativement élevé pourrait améliorer sa capacité de négocier de meilleures conditions s'il fait un emprunt hypothécaire ou une demande pour obtenir une marge de crédit, ce qui permettra souvent d'obtenir de meilleurs prix dans des transactions où le vendeur préfère un paiement unique à des paiements échelonnés dans le temps, et de meilleurs prix et conditions dans les cas où l'on préfère un paiement préalable plutôt qu'un paiement après la livraison du service.

De plus, les individus qui ont un pouvoir d'achat élevé ont habituellement de plus grandes habiletés en tant que consommateurs que ceux dont le pouvoir d'achat est plus faible. Un niveau d'instruction plus élevé et un emploi plus prestigieux, qui mènent généralement à un plus grand pouvoir d'achat, donnent à ces consommateurs une meilleure connaissance du fonctionnement de l'économie, des biens offerts sur le marché et des diverses options financières, et leur fournissent les outils nécessaires à l'évaluation de l'information sur les produits et sur leur performance. Des études ont montré que, comparativement aux consommateurs financièrement à l'aise et ayant une bonne instruction, les consommateurs désavantagés sur le plan économique et moins scolarisés disposent d'un pouvoir d'achat moindre et sont également moins habiles pour prendre des décisions de consommation pertinentes en ce qui a trait au coût[3].

Finalement, le pouvoir d'achat tend à varier en fonction de l'âge. Les enfants disposent d'un moins grand pouvoir d'achat que leurs parents, mais, avec l'âge et la maturité, ils deviennent plus instruits et plus expérimentés, ils entrent sur le marché du travail, ils progressent dans leur carrière, ils accumulent du capital, ils fondent une famille, ils atteignent le maximum en ce qui concerne leur capacité d'obtenir un revenu élevé, puis ils prennent leur retraite ; ce cycle de vie s'accompagne de variations dans le niveau de pouvoir d'achat exercé sur le marché. Il n'y a qu'à penser aux réductions de prix que l'on accorde (pour des biens tels que le transport en commun, le cinéma et les frais de scolarité) aux citoyens plus âgés ; ce faisant, on reconnaît que les consommateurs à la retraite ont en général perdu une partie de leur pouvoir d'achat. On peut aussi offrir des tarifs plus bas à des personnes âgées lorsque la demande diminue dans les périodes creuses. Par contre, il y a aussi des limites ; par exemple, un important centre de ski offrait l'accès aux pistes gratuitement aux personnes âgées de plus de 70 ans. On a arrêté la pratique parce que trop de gens profitaient de cette offre. Ces mêmes personnes ont cependant maintenant droit à un tarif préférentiel.

Le pouvoir d'emprunt

Une autre variable économique qui intervient dans le processus décisionnel qui se déroule chez le consommateur est son *pouvoir d'emprunt*, soit la perception selon laquelle des ressources financières sont disponibles pour augmenter le pouvoir d'achat de l'individu ou du ménage. En plus de leur revenu et de l'épargne qu'ils ont accumulée, de nombreux consommateurs peuvent se fier à leur pouvoir d'emprunt pour obtenir des fonds supplémentaires d'institutions prêteuses, comme les banques et les caisses populaires, ou encore de grandes corporations ; par exemple, de nombreux fabricants d'automobiles offrent diverses formes de financement qui permettent l'achat et surtout la location d'automobiles à des taux fort intéressants. Ainsi, le fait que le consommateur connaisse son pouvoir d'emprunt peut orienter sa décision. Les principales sources de pouvoir d'emprunt sont la limite de crédit du consommateur, les prêts étudiants accordés par le gouvernement, les prêts et les hypothèques consentis par les institutions financières, les marges de crédit offertes par les banques et les caisses, les plans de location à long terme avec option d'achat, les plans de financement de l'automobile, les prêts d'entreprise aux employés, l'utilisation anticipée de REER comme paiement initial pour l'achat d'une maison ou les prêts d'amis ou de parents.

Bien entendu, le pouvoir d'emprunt dépend de certaines variables associées au pouvoir d'achat : le revenu familial, les sources de revenu, la valeur sur le marché des possessions matérielles de l'emprunteur (dont surtout la maison, mais aussi les demeures secondaires), la liquidité de ces possessions et le niveau de dette accumulée, la capacité de l'emprunteur à rembourser d'autres emprunts et l'historique de remboursement (ou le dossier de crédit). Par exemple, les prêts hypothécaires pour une maison sont calculés en fonction de la valeur sur le marché des biens remis en nantissement tels que la maison concernée ou les parts du consommateur dans d'autres propriétés (un terrain, un bateau, une automobile luxueuse, des tableaux de grande valeur). Pour autoriser les prêts, les institutions financières utilisent des modèles qui prennent en considération non seulement le niveau de la dette totale et les diverses obligations financières de l'emprunteur, mais aussi sa capacité future à rembourser l'emprunt, fondée sur le montant et les sources du revenu familial.

Les perspectives de revenu

Les décisions des consommateurs sont également influencées par leurs *perspectives de revenu* et par tout changement anticipé de leur revenu ou de leur situation financière. Ces perspectives orientent leurs projets d'achat présents et les décisions qu'ils prennent. Par exemple, un consommateur qui s'attend à obtenir prochainement une promotion et une augmentation de salaire planifiera ses décisions de consommation différemment de celui qui s'attend à perdre son emploi sous peu. D'ailleurs, lorsqu'une entreprise importante procède à un licenciement massif dans une ville de province, toute l'économie de la région s'en trouve touchée. Dans ce contexte, un sentiment d'insécurité envahit l'ensemble de la population de la région. Les gens retardent alors leurs achats importants et deviennent plus prudents dans leurs dépenses pour les produits d'achat courant. Un autre exemple de l'influence des perspectives de revenu sur les décisions de consommation serait le cas d'une étudiante qui, sur le point de terminer ses études universitaires et ayant accepté une offre d'emploi, décide d'acheter une automobile, avant même d'avoir commencé à recevoir un salaire régulier. Ainsi, on tient souvent compte des revenus anticipés dans les décisions de consommation. L'indice des attitudes des consommateurs du Conference Board du Canada est aussi fondé en partie sur les attitudes des sujets interrogés à l'égard de leur situation financière présente, des perspectives concernant les ressources du ménage et de leurs perspectives d'emploi.

Une autre variable vient compliquer le profil financier du consommateur : le niveau de la dette accumulée. À la fin des années 1980, les consommateurs canadiens ont beaucoup emprunté pour financer leurs achats et maintenir leur style de vie. Par conséquent, le redressement de l'économie en crise début des années 1990 a été retardé en partie à cause du désir des consommateurs de réduire ou de rembourser leurs dettes avant de dépenser de nouveau pour des biens durables et à prix élevés[4]. Un phénomène semblable s'est produit en l'an 2000, alors que les États-Unis, et à un degré moindre le Canada, se sont trouvés dans ce qui semblait bien être une récession, accentuée par la chute vertigineuse des actions technologiques à la Bourse (les actions de Nortel sont passées de 120 $ à 0,70 $). Se sont ensuivis de nombreuses mises à pied et un recul des dépenses des consommateurs. En résumé, la perception qu'ont aujourd'hui les consommateurs de leur situation financière présente et anticipée a des répercussions importantes sur le niveau de la demande courante, et cette information procure aux gestionnaires et aux planificateurs de l'information ayant une valeur stratégique.

Les attentes concernant les taux d'inflation, de chômage, d'intérêt et d'imposition

Les *taux d'inflation,* de *chômage* et d'*intérêt* influent sur les réactions des consommateurs canadiens, si bien que économistes ont créé des indicateurs qui prennent en compte conjointement ces variables économiques ; il s'agit de l'« indice de la misère », qui correspond à la somme des taux d'inflation et de chômage à une période donnée, et de l'« indice d'inconfort », qui consiste dans la somme des taux d'inflation, de chômage et d'intérêt hypothécaire ; par exemple, des taux de 3 % d'inflation, de 8 % de chômage et de 9 % d'intérêt hypothécaire entraînent un indice d'inconfort de 20. Il y a quelques années, cet indice pouvait atteindre 25. Ces indices permettent de décrire la situation économique générale et d'établir un lien avec la demande de biens de consommation[5]. Un taux d'inflation élevé, un taux de chômage élevé (qui est un symptôme d'une économie qui ne tourne pas rond, les gens perçoivent la possibilité de perdre leur emploi) et des taux d'intérêt hypothécaire élevés sont autant de facteurs qui incitent les consommateurs à la prudence. Imaginez les conséquences sur la consommation lorsque le taux d'inflation atteint 20 % comme dans certains pays de l'Amérique du Sud !

Les taux réels d'inflation, de chômage et d'intérêt à un moment donné ne sont pas les seules variables prises en considération par les consommateurs. Pour vraiment comprendre le comportement des consommateurs, il faut aussi considérer leurs propres prévisions en matière d'inflation. En effet, la perception du consommateur relativement aux prix futurs influent sur les décisions qu'il prend dans le présent. Ainsi, en plus du taux d'inflation courant qu'ils ont tendance à intérioriser, les consommateurs évaluent aussi eux-mêmes si les prix diminueront, s'ils augmenteront régulièrement ou s'ils fluctueront. En

définitive, les consommateurs qui s'attendent à ce que le taux d'inflation demeure constant ou à ce qu'il augmente ne se comportent pas de la même façon que s'ils s'attendent à ce que le taux d'inflation diminue. Par exemple, les consommateurs qui croient que le taux d'inflation demeurera constant ou augmentera auront tendance à avancer le moment de réaliser leurs projets d'achat pour certains biens, prévoyant que les produits désirés coûteront plus cher dans l'avenir. Ils achèteront même les biens à crédit, calculant que le coût du crédit est inférieur à l'épargne qu'ils réalisent en achetant maintenant plutôt que plus tard. Ce comportement a pour double résultat de faire grimper le prix de ces produits et d'alimenter encore plus le taux d'inflation. À l'inverse, si les consommateurs s'attendent à ce que le prix d'un bien se stabilise ou qu'il diminue dans un avenir proche (comme dans le cas des produits de haute technologie tels que le téléviseur à haute définition), ils auront tendance à attendre un peu et à remettre leur achat à plus tard.

La perception des consommateurs relativement aux taux d'intérêt et d'imposition futurs a à peu près le même effet sur le comportement. Lorsqu'ils voient les taux d'intérêt diminuer d'une manière régulière, les individus remettent à plus tard les nouveaux emprunts, la renégociation de prêts antérieurs ou des prêts hypothécaires à long terme, jusqu'à ce qu'ils soient convaincus que les taux d'intérêt ont atteint le niveau le plus bas ; cependant, ils « se précipitent pour acheter des automobiles ou des maisons ou d'autres articles, même si certains prix sont élevés, dès que les taux se mettent à monter, par peur de manquer le coche[6] ». Lorsque les taux d'intérêt commencent à monter d'une manière régulière, les consommateurs se dépêchent de négocier des emprunts à long terme et des prêts hypothécaires à taux fixe, mais ils hésitent à ouvrir de nouveaux comptes d'épargne à taux d'intérêt fixe jusqu'à ce qu'ils croient que les taux ont atteint le niveau le plus haut.

Finalement, le *taux d'imposition* des particuliers a lui aussi un impact sur le comportement des consommateurs, car il augmente ou diminue le pouvoir d'achat de ces derniers. Le premier ministre de l'Alberta, Ralf Klein, a réduit de façon importante le taux d'imposition dans sa province à la fin des années 1990. Il fut suivi par le premier ministre de l'Ontario, Mike Harris, qui est allé plus loin encore avec sa « révolution du bon sens ». Ces décisions, qui visaient à stimuler l'activité économique, ne furent pas, toutefois, sans laisser des traces, car la réduction des impôts s'est accompagnée d'une baisse de la qualité de plusieurs services publics. Et le Québec a été obligé d'emboiter le pas, au début des années 2000, pour éviter la fuite des cerveaux et offrir aux citoyens et citoyennes des conditions économiques quelque peu semblables aux conditions offertes en Ontario.

3.2 Les influences informationnelles

Un autre facteur externe déterminant de notre modèle est les *influences informationnelles*. Ces influences proviennent des sources d'information individuelles ou de masse, sous le contrôle ou non des mercaticiens, auxquelles le consommateur a accès, qu'il les utilise ou non. Comme nous ne reviendrons pas sur ce sujet d'une manière détaillée dans cet ouvrage (bien que les chapitres 4, 11, 12 et 14 traitent de certaines sources d'information), nous nous y arrêterons ici un peu plus longuement à cause de son importance relative.

Le consommateur est très influencé, à chacune des étapes du processus décisionnel d'achat, par l'information. La majeure partie des connaissances qu'acquiert le consommateur par le processus d'apprentissage provient des informations issues de son environnement qu'il n'a pas spécialement cherchées ou employées à l'étape de la recherche et de l'évaluation, à l'intérieur du processus décisionnel. Néanmoins, ces informations peuvent rester dans sa mémoire longtemps pour être finalement utilisées après le déclenchement de certains processus décisionnels. Il s'agit ici d'une information qui provient de diverses sources et dont le consommateur prend connaissance parfois par hasard et parfois d'une manière systématique. Par exemple, si vous avez l'habitude de regarder l'émission télévisée intitulée *Téléservice* ou si vous lisez occasionnellement le magazine *Québec Science*, vous pourriez être informé de l'existence d'un système pour boire à pression,

qui se fixe à la ceinture et qui, au moyen d'un tuyau d'alimentation, vous permet d'étancher votre soif tout en faisant du sport. Bien que vous ne soyez pas à la recherche d'un tel produit, vous en prenez note au cas où surgirait le besoin d'un tel système. Le journal *Les Affaires* présente souvent des articles qui traitent des produits de haute technologie les plus récents qui peuvent être utiles pour les gens d'affaires. Ceux-ci ne se précipitent pas nécessairement pour tout acheter, mais l'information est emmagasinée et, lorsqu'un besoin surviendra, pour remplacer, par exemple, le téléphone cellulaire actuel, la personne connaîtra les produits les plus récents.

Le rôle de ce type d'information est de renseigner l'acheteur potentiel sur les nouveaux produits, sur les nouvelles possibilités, sur les nouvelles façons de résoudre des problèmes de consommation existants et de lui indiquer les meilleures façons d'atteindre l'état souhaité. L'information peut porter sur des choses qui apparaissent comme des nouveautés aux yeux de l'acheteur potentiel – en ce sens que celui-ci ne connaissait pas encore l'existence ou la disponibilité du produit, du service, de l'activité ou de la solution – ou il peut s'agir d'une information qui est nouvelle sur le marché. Dans ces conditions, l'information provenant de l'environnement du consommateur peut parfois déclencher le processus décisionnel. L'information au sujet d'un bien peut parvenir au consommateur par des canaux de communication personnels ou par des canaux impersonnels et provenir de deux sources distinctes : les sources sous le contrôle du mercaticien et celles qui échappent au pouvoir des spécialistes du marketing (voir le tableau 3.1).

Les canaux de communication personnels sont composés de deux personnes ou plus qui communiquent entre elles. Ils peuvent être sous le contrôle du spécialiste de marketing, on pense ici aux représentants ou au personnel en contact avec le consommateur, ou lui échapper, comme c'est le cas des canaux que constituent les membres de la famille, les amis, les collègues de travail ou toute personne capable d'exercer une influence sur le consommateur. On parle de canal impersonnel lorsque

Tableau 3.1	Les sources d'information sous le contrôle du mercaticien	

Canaux de communication	Contrôle des sources d'information	
	Sous le contrôle du mercaticien	**Hors du contrôle du mercaticien**
Canaux personnels	Représentants	Experts, personnes de l'entourage
Canaux impersonnels	Médias, événements	Magazines indépendants

l'information est transmise sans contacts ni inter-actions personnels. Les moyens de communication comme la publicité ou les médias électroniques relèvent du mercaticien alors que celui-ci n'a aucune prise sur l'information que véhiculent des émissions telles que *La facture* ou *J.E.,* ce qui leur confère leur crédibilité.

3.2.1 Les sources d'information sous le contrôle des mercaticiens

La publicité reproduite à la figure 3.3 (p. 60) consti-tue un exemple de source d'information dirigée par le mercaticien. Elle a paru dans le magazine *L'Actua-lité.* Comme nous le verrons au chapitre 11, cette publicité suggère au consommateur qu'il peut rehausser son image de soi en adoptant un produit prestigieux, associé à « une classe à part ».

La publicité dans les médias de masse, les commu-nications sous forme de relations publiques, la pro-motion des ventes, la force de vente de l'entreprise et les diverses formes de marketing direct (publi-postage, télémarketing, commerce électronique, commerce télévisuel) constituent toutes des façons d'informer les consommateurs sur les produits, les améliorations apportées à un produit ou les nou-veaux produits, ainsi que sur les changements de produit, de service ou de réseau de distribution. Le spécialiste de marketing exploite également ces sour-ces d'information pour changer les attitudes, les valeurs et le comportement du consommateur. Par le biais de telles sources, le mercaticien apprend au consommateur que le téléphone cellulaire possède de nouvelles caractéristiques, qu'il existe de meil-leures façons de se raser, des méthodes plus rapides

pour éliminer les déchets, une méthode plus sûre pour perdre du poids, une source d'énergie moins polluante, une façon plus commode de se rendre au travail, des manières plus sécuritaires de travailler, du soutien pour ceux qui ont des problèmes de jeu, de drogue ou d'alcool, un passe-temps plus récréatif ou de bonnes raisons pour ne pas conduire en état d'ébriété. Les consommateurs subissent l'influence de ces sources d'information, surtout parce que les messages qu'elles véhiculent sont conçus et présentés avec adresse, qu'ils sont omniprésents et continuels, et qu'ils visent à répondre à des besoins réels, décelés par les spécialistes de recherche en marketing.

3.2.2 Les sources d'information hors du contrôle des mercaticiens

L'information sur les produits peut aussi provenir de sources sur lesquelles le mercaticien n'a aucune prise. Ces sources véhiculent elles aussi une information susceptible d'influencer le consommateur ou de l'amener à changer ses attitudes, ses valeurs et son comportement, même si ce n'est pas toujours là leur intention expresse. Ces sources comprennent les experts (comme les spécialistes qui donnent leur appréciation des produits ou les critiques d'art), les groupes de référence, et en particulier les leaders d'opinion, les personnes qui ont de l'expérience par rapport à l'utilisation ou à la consommation du bien et qui peuvent donner une évaluation indépendante et bien informée de la performance du bien en ques-tion et de ses caractéristiques, les médias de masse qui renseignent parfois le public à propos des progrès réalisés en matière de produits et de marketing et qui transmettent couramment de l'information sur

Figure 3.3 *Un exemple de message publicitaire sous le contrôle du mercaticien*

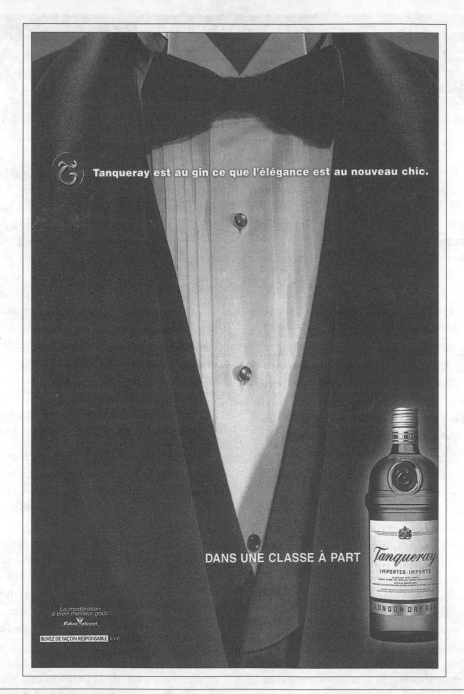

les produits, les marchés, les styles de vie et les problèmes des consommateurs. À titre d'exemple, pensons aux chroniques de journaux ou aux émissions d'information à la radio et à la télévision qui transmettent régulièrement des informations sur les meilleurs investissements, le jardinage, l'automobile, la cuisine, ou encore aux reportages qui informent les consommateurs sur les équipements les plus récents pour faire de l'exercice à la maison ou sur les toutes dernières nouveautés quant aux téléphones cellulaires.

Les consommateurs sont influencés par ces sources d'information, surtout lorsqu'ils les perçoivent comme indépendantes des spécialistes du marketing et donc impartiales et plus objectives. Souvent, le consommateur moins expérimenté les considère comme des autorités en la matière ; il en va ainsi, par exemple, pour les articles qui paraissent dans des magazines tels que *Protégez-Vous*, *Le Consommateur canadien* et son équivalent américain, *Consumer Reports*. Les consommateurs ont confiance dans les informations sur les produits que transmettent ces magazines à cause de la politique de leurs éditeurs (respectivement l'Office de la protection du consommateur du Québec, l'Association des consommateurs du Canada et la Consumers Union). En effet, les éditeurs n'acceptent pas de publicité afin d'éviter les situations de conflit d'intérêts, les produits testés ne sont pas fournis par les fabricants, mais sont achetés sur le marché d'une manière anonyme et, enfin, les évaluations des produits sont fondées sur des tests en laboratoire, des tests contrôlés d'utilisation du produit et sur le jugement d'experts.

Il arrive que ces sources d'information indépendantes communiquent, à cause d'un manque d'information ou par ignorance, une information fausse dont les conséquences sont difficiles à effacer. Prenons, par exemple, le cas quasi caricatural du prétendu pouvoir démagnétisant des anguilles mortes. La controverse a débuté après que l'organisme United Press International eut publié un rapport laissant entendre que les portefeuilles faits de peaux d'anguille pouvaient démagnétiser les cartes de crédit et les cartes de guichet automatique. Peu après, plusieurs banques importantes ont avisé leurs clients que les codes de leurs cartes pourraient être

brouillés si celles-ci étaient rangées dans des portefeuilles ou des sacs à main en peaux d'anguille, ce qui a renforcé l'information première. La couverture des médias a permis de répandre cette rumeur très rapidement, et les ventes d'accessoires en peaux d'anguille ont chuté. Il semble que les consommateurs, influencés par les médias, établissaient un lien entre les anguilles électriques et la démagnétisation. En réalité, le cuir servant à la fabrication des accessoires en peaux d'anguille ne provient pas de l'anguille électrique mais de sa cousine non électrique, la myxine. Les scientifiques se sont empressés de déclarer que l'établissement d'un lien entre l'électricité que peut décharger une anguille électrique vivante et le pouvoir démagnétisant de la peau d'un animal mort était tout à fait absurde. Quant au phénomène de la démagnétisation des cartes, le coupable, semble-t-il, était non pas la peau d'anguille, mais le fermoir magnétique dont sont munis certains sacs à main et portefeuilles pour empêcher leur ouverture involontaire. Il n'empêche que de telles rumeurs ont des effets difficiles à renverser, et les magasins vendant des biens fabriqués de peaux d'anguille ont dû liguer leurs efforts pour rétablir la vérité[7].

3.3 Les influences circonstancielles

En plus des influences sociales et informationnelles, d'autres facteurs externes interviennent dans le processus décisionnel et le comportement d'achat des individus, ce sont les facteurs liés aux circonstances. En fait, diverses situations peuvent amener le consommateur à prendre des décisions différentes. Une situation est un état par rapport à une conjoncture donnée, c'est un ensemble de relations concrètes qui, à un moment donné, unissent l'individu aux circonstances dans lesquelles il agit. Plusieurs psychologues ont défini la situation. Pour eux, la situation est « un ensemble de circonstances qui influenceront probablement le comportement... », ou encore « un lieu dans le temps et l'espace ». La situation peut être définie par rapport à cinq variables : l'environnement physique, l'environnement social, le temps, la tâche et les antécédents[8].

En effet, diverses situations – des contraintes de temps, un manque temporaire d'argent, une rentrée de fonds inattendue, un contexte de consommation collective plutôt qu'individuelle, un cas d'urgence, par exemple – peuvent orienter autrement les décisions de consommation, notamment en amenant le consommateur à opter pour des produits dont les attributs ne sont pas ceux qu'il recherche habituellement. C'est ce que signale la flèche qui relie les circonstances et les attributs du produit dans la figure 3.1. En d'autres mots, selon les circonstances, le consommateur peut ne pas se fonder sur les mêmes attributs du produit pour évaluer les diverses solutions possibles et pour atteindre l'état souhaité, et ce pour un même bien. De plus, son processus décisionnel peut varier.

L'exemple qui suit illustre ce phénomène. Quels attributs du produit examinez-vous pour choisir un repas du soir non préparé à la maison ? Si vous avez assez d'argent, vous pourriez choisir un restaurant en considérant les attributs *cuisine raffinée, service courtois* et *ambiance chaleureuse*. S'il est tard le soir et que vous avez hâte de vous reposer, votre choix s'appuiera probablement plutôt sur les attributs *service rapide* et *commodité*. Si vos ressources financières sont limitées (peut-être avez-vous déjà dépensé la somme de la semaine allouée aux repas), vous pourriez dans ce cas vous baser sur l'attribut *coût du repas*. Si votre automobile refuse de démarrer et qu'il pleut à verse, vous pourriez limiter votre recherche en considérant un seul attribut : *un service de livraison à domicile*. De plus, la valeur accordée à un attribut donné peut varier selon la situation[9]. Par exemple, l'importance accordée à la courtoisie ou à l'atmosphère d'un restaurant pourrait être différente selon qu'il s'agit d'un repas en tête-à-tête pour souligner un anniversaire de mariage ou d'un repas d'affaires.

Continuons avec notre exemple de quatre possibilités pour un repas du soir. Selon les circonstances, différents ensembles d'attributs d'un produit peuvent permettre d'atteindre l'état souhaité. Ainsi, dans le cas qui nous intéresse, la faim déclenche un processus décisionnel en vue de la consommation d'un repas du soir non préparé à la maison. Les quatre situations décrites auraient pu vous conduire, respectivement, à aller souper au restaurant Les Halles, à vous arrêter à un restaurant du quartier pour un

hamburger, à prendre un repas léger à la cafétéria de l'université ou à commander une pizza chez Domino's pour livraison à domicile. Cela ne signifie aucunement que vous avez changé de style de vie ; le style de vie est plus permanent que cela ! Cela signifie seulement que les attributs du produit sur lesquels vous vous fondez pour choisir un bien (un repas du soir non préparé à la maison) dépendent généralement autant de la situation que de vos besoins, de vos valeurs et de votre style de vie ou d'un groupe de référence.

Considérons un autre exemple. D'après les résultats d'une enquête auprès d'agents de voyages canadiens, les voyageurs accordent des poids très différents aux divers attributs lorsqu'ils choisissent une compagnie aérienne selon qu'ils voyagent pour le plaisir ou pour le travail[10]. Ainsi, la ponctualité est le critère le plus important pour les voyageurs d'affaires alors que le tarif est le critère le plus important pour les vacanciers.

Les contraintes de temps constituent l'une des variables circonstancielles les plus courantes en ce qui concerne la détermination des attributs du produit recherchés. Elles peuvent rendre la consommation du bien urgente et forcer le consommateur à se baser sur un ensemble d'attributs différent de celui qu'il aurait considéré autrement. Par exemple, si, au terme d'un voyage fait pendant la semaine de relâche à l'université, vous ratez le vol que vous aviez choisi avec beaucoup de soin, les contraintes de temps auxquelles vous avez maintenant à faire face limiteront probablement le nombre des attributs du produit recherchés et vous devrez peut-être vous satisfaire du prochain vol, quels que soient ses attributs, de façon à manquer le moins de cours possible. Les contraintes de temps peuvent également limiter la recherche et l'évaluation que fait le consommateur et restreindre le nombre des attributs du produit considérés, même si la consommation du produit peut, en fait, être retardée. Les contraintes de temps perçues par un consommateur qui s'est rendu au magasin pour choisir un cadeau et qui s'aperçoit que le magasin est sur le point de fermer pourront limiter de façon importante le nombre des attributs considérés ; de cette façon, le consommateur sera en mesure de prendre une décision rapide. Une recherche a montré que, contrairement aux acheteurs qui ont tout leur temps, les consommateurs qui sont poussés par le manque de temps non seulement réduisent le nombre des attributs du produit pris en considération pour évaluer les différentes solutions, mais également se basent surtout sur des attributs susceptibles de révéler les aspects négatifs d'une solution. Ils éliminent rapidement plusieurs solutions en se fondant sur une évidence négative[11]. Cette stratégie laisse entendre que, lorsqu'ils optent pour une solution, les consommateurs soumis à des contraintes de temps cherchent à réduire au minimum les pertes potentielles plutôt qu'à maximiser leurs gains éventuels.

3.4 Les influences psychologiques

Différentes variables psychologiques influent aussi sur le comportement du consommateur. Il s'agit de la motivation, de la perception, de l'apprentissage, de la confiance et des attitudes.

3.4.1 La motivation

La motivation est un processus qui fait intervenir divers facteurs et forces et qui conduit au déclenchement, à la poursuite ou à la cessation d'un comportement, y compris le comportement de consommation. Autrement dit, c'est la raison d'un comportement donné[12]. Dans l'optique de la consommation, la motivation est liée à un ensemble de facteurs qui déterminent les comportements des consommateurs (par exemple, chercher certains produits, certaines options ou certaines activités plutôt que d'autres). La motivation est ce qui donne le ressort et dirige l'énergie nécessaire pour entreprendre les activités ou les actions qui permettront de satisfaire un besoin et elle tend à demeurer relativement stable. En fait, les êtres humains manifestent en général la volonté et la capacité de s'adapter aux changements des conditions de leur environnement ; ils modifient leur comportement de consommation en fonction des influences de leur groupe social ou de leur groupe de référence, des conditions économiques du moment ou de l'étape à laquelle ils se situent dans le cycle de vie de la famille (que nous

avons vu au tableau 1.1). Cependant, bien que l'on ne puisse parler de constance pour ce qui est de certains comportements, il faut voir qu'à la base des comportements d'adaptation se trouvent des besoins et des objectifs fermement enracinés, que le consommateur essaie sans cesse de satisfaire ou d'atteindre, et cette motivation est plus stable que ne le sont les comportements de consommation que l'on observe sur le marché. C'est sans doute parce qu'il y a plusieurs façons de satisfaire les besoins. Les études de motivation sont à la fois fascinantes et nécessaires lorsque l'on veut élaborer des fondements prescriptifs pouvant guider les efforts de marketing destinés à influencer les consommateurs.

Selon notre modèle du comportement du consommateur, trois variables se rattachent à la motivation : les besoins, les valeurs et le style de vie. Nous les aborderons de façon sommaire dans les paragraphes qui suivent ; elles seront étudiées plus en profondeur dans le chapitre 7.

Les besoins

Un besoin est un état d'insatisfaction dû à un sentiment de manque. Le besoin apparaît lorsqu'il existe un écart entre un état souhaité et un état présent, écart qui engendre chez l'individu un état de tension. Le besoin porte l'individu à accomplir certaines actions pour réduire cet écart et est en ce sens une source de motivation.

En gros, les besoins agissent comme des déclencheurs et peuvent mener à une décision d'achat et à la consommation, de laquelle résultera la satisfaction ou l'insatisfaction du consommateur. En ce qu'elle est associée à un renforcement positif ou négatif, la consommation donne lieu à un apprentissage, qui s'inscrit dans la mémoire du consommateur, s'ajoutant aux autres apprentissages qu'il a faits. Ce sont ces apprentissages qui forment son expérience et qui orientent ses comportements d'achat.

Les besoins sont de divers ordres, comme nous le verrons au chapitre 7. Outre les besoins de nourriture et de protection physique, l'individu éprouve des besoins d'affection, d'estime, d'actualisation de soi. Tous ces besoins, qui sont liés à des états souhaités, exercent une influence considérable sur le comportement d'achat.

Les valeurs

Les valeurs personnelles sont des croyances relativement stables qu'une façon donnée de se conduire ou qu'une façon donnée de vivre est préférable pour l'individu, tout en étant socialement acceptable, à d'autres façons de se conduire ou de vivre[13]. En d'autres mots, une valeur est une croyance fondamentale qu'un individu a en ce qui concerne les façons d'agir afin d'atteindre des objectifs qu'il s'est fixés et qu'il juge importants. Dans la perspective du marketing, les valeurs permettent de répondre à la question : « Est-ce que ce produit est bien pour moi ? » Les valeurs sont en quelque sorte des représentations mentales des besoins, elles servent de référence pour définir ce qui est souhaitable. La plupart des gens ne parlent pas, et sont même sans doute incapables de le faire, de plusieurs de leurs besoins psychologiques, car ceux-ci sont trop profondément enfouis dans leur conscience ou trop abstraits pour prendre une réelle signification ou être exprimés. Cependant, les individus peuvent parler de leurs valeurs et y réfléchir. Nous satisfaisons en règle générale nos besoins à travers des valeurs socialement approuvées. On peut penser aux valeurs en tant que principes de vie, et leur importance relative pour un individu révèle ce que celui-ci cherche à atteindre, ce qu'il favorise, ce qu'il appuie, ce qu'il défend ou ce qu'il admire. Comme exemples de valeurs, pensons aux vertus du travail, au matérialisme, à l'importance de la famille, au respect de soi, au sentiment d'accomplissement ou à des relations chaleureuses avec autrui. D'autres types de valeurs définissent des modes de conduite désirables : courage, ouverture d'esprit, indulgence, etc. Habituellement, les gens possèdent un système de valeurs, ou une échelle des valeurs, dans lequel les valeurs individuelles ont été classées selon un ordre de priorité. L'importance accordée à l'une ou l'autre valeur peut varier au cours de la vie, au fur et à mesure que le consommateur s'adapte à des changements dans l'environnement qui découlent de la mobilité sociale et géographique,

des conditions économiques cycliques et du passage du temps.

Le style de vie

Les besoins et les valeurs du consommateur prennent corps dans sa façon de vivre qu'il exprime par un ensemble d'activités, d'intérêts et d'opinions. On appelle *style de vie* cet ensemble de pensées et de comportements compatibles avec les besoins et les valeurs de l'individu. Le style de vie est donc le portrait de tout l'individu en interaction avec son environnement[14]. La figure 3.1 indique cette relation au moyen de flèches reliant les *besoins* aux *valeurs,* puis au *style de vie.* Le style de vie (ou mode de vie) du consommateur détermine les attributs du produit qu'il recherchera, dans différentes situations de consommation, pour pouvoir pratiquer ce style de vie. Cette relation causale est illustrée, dans la figure 3.1, par la flèche reliant les *besoins* au *style de vie,* et ce dernier aux *attributs du produit.* La figure 3.4 présente deux exemples de messages publicitaires qui font référence de façon explicite au style (ou mode) de vie.

Pour bien comprendre ces concepts, imaginons un consommateur dont la personnalité se caractérise par les besoins suivants : être stimulé sur le plan sensoriel, agir différemment des autres, se faire respecter et s'épanouir sur le plan personnel. Les valeurs qui oriente la conduite de cette personne pourraient être : le sentiment d'accomplissement personnel, la recherche d'une vie excitante et l'estime et l'affection d'autrui. Dans le domaine des loisirs, l'apprentissage qu'a fait ce consommateur sous l'influence des facteurs sociaux – il a fait des voyages de camping et des excursions pédestres avec sa famille lorsqu'il était enfant, il a été élevé dans un milieu qui encourage la vie au grand air et il a rencontré fréquemment des amateurs de randonnées pédestres lorsqu'il était membre d'un club universitaire axé sur le plein air –, son apprentissage, donc, l'a amené à adopter un ensemble de valeurs récréatives que l'on pourrait décrire ainsi : l'amour de la nature, une préférence pour les loisirs de plein air et un grand attrait pour les aventures rarement vécues.

Figure 3.4 *Des exemples de publicités qui font référence au mode de vie*

Source Volkswagen et DÉCOR NW.

Cette combinaison de besoins psychologiques et de valeurs récréatives se traduit concrètement dans le style de vie que pratique ce consommateur en matière de loisirs. En effet, dans le passé, les loisirs de cette personne ont consisté, entre autres choses, à descendre en radeau des rapides dangereux, à faire du canot en contrée sauvage, à faire de la randonnée pédestre en montagne, de l'alpinisme, du deltaplane et de la plongée sous-marine, à donner son appui à différentes associations qui se préoccupent de la protection de l'environnement et de la faune et à visionner des documentaires relatant des aventures en plein air. Chaque année, il participe à l'Aquafête de Chambly, alors qu'il descend, comme un bouchon de liège, les eaux glacées (2-3 °C) des rapides de Chambly la dernière fin de semaine d'avril, avec 5 000 autres adeptes. De toute évidence, chaque fois que ce consommateur évalue un nouveau sport de plein air, le sport en question doit posséder des attributs compatibles avec son style de vie ; si ce n'est pas le cas, alors ce sport ne l'intéressera pas. En ce qui a trait aux attributs du produit recherchés, le sport de plein air souhaité doit être, pour ce consommateur :

■ un sport inhabituel et que peu de personnes pratiquent ;

■ un sport qui procure énormément de stimulation sensorielle ;

■ un sport dans lequel le participant peut clairement faire preuve d'un accomplissement personnel pouvant susciter le respect des autres.

Par conséquent, on ne sera pas surpris d'apprendre que ce consommateur a dépensé plusieurs centaines de dollars en équipement d'alpinisme – bottes, crampons, corde de nylon, pitons, casque et coupe-vent – et qu'il a passé l'été à s'exercer, avec d'autres alpinistes, en vue d'escalader, à Banff, un versant de montagne très escarpé qui n'avait encore jamais été conquis. Ou bien qu'il s'est payé les vacances de sa vie cette année en participant à une randonnée pédestre sur la célèbre Melford Track en Nouvelle-Zélande. Bref, le style de vie de ce consommateur en matière de loisirs se concrétise par des habitudes compatibles avec ses besoins et ses valeurs. Les attributs du produit capables de mener ce consommateur à

l'état souhaité en matière de loisirs et qui sont pris en considération à l'étape de la recherche et de l'évaluation pour trouver un passe-temps éventuel permettront à cet individu de vivre conformément au style de vie désiré.

Étant donné que la personnalité d'un consommateur, personnalité qui s'articule autour de l'ensemble de ses besoins d'ordre psychologique, demeure plus ou moins même tout au long de sa vie, les changements dans le style de vie sont provoqués par un changement dans les valeurs. Le consommateur modifiera son style de vie de façon à pouvoir maintenir une certaine compatibilité entre sa personnalité (ses besoins psychologiques) et un nouvel ensemble de valeurs apparu à la suite de changements touchant les facteurs sociaux[15]. Dans notre exemple, serait-il possible qu'un consommateur individualiste ayant un grand besoin d'accomplissement, de reconnaissance et de stimulation sensorielle adopte un nouveau style de vie ? Oui. Imaginons ce même individu 20 ans plus tard, à l'âge de 45 ans, marié, père de deux enfants, vivant en banlieue et atteignant le faîte de sa carrière. Bien que les besoins psychologiques de cet individu n'aient pas changé, il est probable que celui-ci aura délaissé la plupart des activités auxquelles il s'adonnait dans sa jeunesse pour les remplacer par l'adhésion à un club de golf, des fins de semaine de ski occasionnelles en famille, le soutien le plus complet à la pratique de sports pour ses enfants, des voyages fréquents avec sa famille vers des destinations exotiques et une passion pour fixer ces expériences sur film. Ce style de vie récréatif résulte de l'adoption de valeurs légèrement différentes, à la suite d'un apprentissage social continu : depuis le temps où il faisait du deltaplane et de l'alpinisme, notre consommateur a changé ses groupes de référence et a dû prendre en considération les exigences de sa famille et de sa carrière ; de plus, la culture, tout comme les réalités de la vie, prescrivent des loisirs différents pour les gens qui arrivent à cette étape du cycle de vie.

3.4.2 La perception, l'apprentissage, la confiance et l'attitude

Quatre autres variables psychologiques interviennent dans le processus décisionnel chez les consommateurs, soit la perception, l'apprentissage, la confiance et l'attitude. Une première variable fort utile en marketing est la *perception*. La perception est la façon dont un individu interprète son environnement, c'est sa manière de voir les choses, les personnes ou les produits. La perception qu'une personne a d'un objet est en fait sa réalité. La perception est fort utilisée en marketing pour comprendre, par exemple, l'image de marque ou le positionnement d'un produit. La perception sera présentée en détail au chapitre 4. Une autre variable importante est l'*apprentissage*. On entend généralement par apprentissage les changements qui surviennent dans le comportement d'un individu à la suite d'expériences. D'une façon générale, le comportement humain est appris. L'apprentissage est important en marketing à cause de son effet sur les comportements ultérieurs relativement à l'achat et à la consommation. L'apprentissage fournit un cadre théorique fort intéressant pour des concepts de marketing aussi utiles que la satisfaction de la clientèle, la fidélité à la marque, le lancement dc nouveaux produits et le marketing relationnel. L'apprentissage sera étudié en détail au chapitre 5.

Quant à la *confiance*, il s'agit là aussi d'une variable d'intérêt, car elle est associée au concept de risque. Or, pour tout achat, surtout dans un cas de forte implication, le consommateur tentera de réduire le risque. La confiance a été définie, dans un cas de comportement du consommateur, comme étant « le degré de certitude que le consommateur ou la consommatrice a que son jugement quant à l'évaluation de la marque soit correct[16] ». Plusieurs études démontrent qu'il existe une relation directe entre la confiance et l'intention de comportement. Michel Laroche et ses collaborateurs s'intéressent depuis une décennie à la confiance et à son rôle dans les comportements d'achat[17]. Finalement, l'*attitude* est la variable la plus étudiée en psychologie. L'attitude est définie comme étant une disposition à produire un comportement donné. L'attitude n'est pas égale au comportement et une attitude favorable ne veut pas dire un comportement. Ainsi, une personne peut avoir une attitude favorable face à un bien, par exemple une Mercedes, mais ne pas vouloir ou pouvoir l'acquérir. Il reste que connaître les attitudes des consommateurs est essentiel à la détermination de nombreuses stratégies de marketing, tant pour le lancement de nouveaux produits que pour la gestion des produits existants. La connaissance des attitudes aide à changer les comportements. Les stratèges de marketing peuvent influencer les attitudes, les former, les renforcer ou les changer. Nous étudierons en profondeur les attitudes au chapitre 6.

3.5 Un cas concret

Pour illustrer en quoi des facteurs liés à l'environnement, à la motivation et aux circonstances influent sur le comportement d'achat, revenons sur le cas de la famille d'Éric Tremblay et de Nathalie Blackburn, dont il a été question au chapitre 2. On se rappellera les étapes du processus décisionnel qu'avait franchies la famille Tremblay-Blackburn en vue de l'achat d'un téléviseur à haute définition pour un cinéma maison.

Il s'agit ici d'un achat complexe, le degré d'implication est élevé, car l'achat de ce téléviseur permet de renforcer une valeur importante pour Éric et Nathalie : la famille. En achetant un téléviseur à haute définition pour un cinéma maison, le couple Tremblay-Blackburn a atteint l'état souhaité : se divertir à domicile en regardant des films en famille, se tenir informé sur les activités culturelles, politiques et sportives et pouvoir regarder des émissions télévisées éducatives, mais surtout visionner des films avec un équipement de qualité, dans le confort du foyer, le *cocooning*. Mais pourquoi un téléviseur à haute définition présente-t-il tant d'attrait pour Éric et Nathalie ? Pour plusieurs raisons qui font que l'achat d'un tel téléviseur est un comportement qui résulte de la convergence de plusieurs besoins. Nathalie aime beaucoup que les enfants soient présents à la maison. Quant à Éric, il a toujours été un bûcheur, dès l'école primaire, puis au secondaire. Il était un leader en classe. Il aimait bien faire les choses, il travaillait dur et était même perfectionniste. Il aimait réussir, de manière à raffermir son image de soi. Il ne fait aucun doute que ce comportement lui permettait de satisfaire son grand besoin d'exceller dans ce domaine. D'une certaine façon, sans vouloir devenir ingénieur, il imitait son père. La technologie avait toujours occupé une place spéciale dans son esprit, son père était un ingénieur passionné par la technologie. Éric n'avait pas voulu aller en génie à l'université, il n'aimait pas beaucoup les mathématiques. Mais très tôt, il s'était passionné pour l'informatique. Cela avait guidé son choix de programme à l'université, et son choix d'emploi. Cette influence familiale et l'encouragement qu'il avait reçu d'un ou deux enseignants ont contribué à son apprentissage social, par lequel se sont formées ses valeurs à l'égard de la technologie. Il n'est donc pas surprenant qu'Éric veuille se procurer un téléviseur d'avant-garde au point de vue technologique.

Nathalie et Éric partagent des valeurs communes, la vie familiale est importante pour les deux, pour des raisons différentes. Éric cherche à créer une atmosphère, un environnement familial convivial. Son père et sa mère étaient aussi loin qu'il peut remonter dans ses souvenirs, à couteaux tirés, jusqu'à ce qu'ils décident de divorcer. Il ne veut pas que ses enfants vivent un tel traumatisme. Quant à Nathalie, c'est le contraire. Elle a eu une jeunesse heureuse. Passionnée de lecture depuis sa petite enfance, elle avait reçu de ses parents le goût de la littérature. Sans raison, son père lui apportait souvent un petit cadeau surprise, un disque, un livre, une fleur. Ses parents l'avaient encouragée à poursuivre ses études universitaires et l'avaient soutenue. Le climat à la maison avait toujours été agréable, et Nathalie s'entendait bien avec son frère et sa sœur. L'un des buts dans la vie de Nathalie, peut-être le plus important, était de continuer cette manière d'être. Tant pour Éric que pour Nathalie, une vie familiale heureuse est un objectif de vie, et un téléviseur à haute définition pour un cinéma maison constitue un autre outil qui permet à la famille de passer des heures plaisantes ensemble. La demande des enfants allait d'ailleurs dans le même sens, et ceux-ci ont été une source d'information hors du contrôle des mercaticiens. Éric a aussi prêté attention à des messages commerciaux et visité des magasins, des sources d'information que les mercaticiens contrôlent ou peuvent contrôler.

La culture canadienne a également renforcé les valeurs de Nathalie et d'Éric quant à l'importance de la famille et quant à l'importance de se tenir informé. Naturellement, comme pour tous les Québécois et Québécoises, la télévision est une activité familiale fort prisée, surtout en hiver. En plus des besoins et des valeurs, certaines variables économiques ont permis que Nathalie et Éric envisagent l'acquisition d'un téléviseur à haute définition pour un cinéma maison. Leur pouvoir d'achat et leurs perspectives de revenu, en tant qu'individus possédant un diplôme universitaire, ont rendu pensable le projet d'achat, sans crainte de déséquilibrer le budget du ménage. Mais c'est un facteur circonstanciel, les signes de défaillance donnés par le téléviseur de la salle familiale, qui a servi de déclencheur initial au processus décisionnel, et l'héritage inattendu a diminué l'importance relative du prix dans l'achat d'un tel téléviseur.

Finalement, parce que l'achat d'un téléviseur à haute définition pour un cinéma maison est un achat à forte implication, le risque perçu est élevé. Éric s'est bien informé. Il a évalué les produits de différentes marques et a pris en considération les garanties offertes. Il a acheté un téléviseur Sony, même si le prix était un peu plus élevé, à cause des excellentes évaluations et recommandations. Il a aussi choisi d'acheter le téléviseur chez Sears, une entreprise établie depuis longtemps, plutôt que dans un magasin à escomptes, car plusieurs magasins de ce type ont dû fermer leurs portes. Il a ainsi réduit le risque.

Cet exemple illustre bien la nécessité, mais aussi la difficulté pour les mercaticiens de comprendre toutes les étapes du processus décisionnel pour bien cerner le comportement des consommateurs. Les mercaticiens doivent connaître toutes les variables sociales, informationnelles, circonstancielles et psychologiques qui influencent le comportement d'achat des consommateurs pour bien comprendre leurs besoins, préparer une offre en conséquence et la communiquer de façon efficace.

RÉSUMÉ

Dans le chapitre 2, nous avions introduit le modèle du comportement du consommateur Chebat-Filiatrault-Laroche et mis l'accent sur le point central du modèle : le processus décisionnel. Le présent chapitre est en fait un résumé du livre. Dans ce chapitre, nous avons présenté les facteurs externes et internes qui moulent, influencent, disciplinent et limitent les choix des consommateurs au sens large. Les influences sociales (culture, classe sociale, groupes de référence, famille et variables économiques) influent sur le comportement du consommateur, tout comme les variables informationnelles et circonstancielles. On peut généralement les considérer comme des « influences externes » et leur action est si importante qu'une bonne partie du chapitre leur a été consacrée. Quant aux facteurs internes, qui sont des « influences psychologiques », ils comprennent la motivation de l'individu, qui dépend de ses besoins, de ses valeurs et de son style de vie, ses perceptions, ses différents apprentissages, sa confiance et ses attitudes.

Les consommateurs, en tant qu'êtres qui pensent, qui éprouvent des sentiments et qui agissent, sont imprégnés des effets d'un environnement qui exerce sur eux une grande influence, qui les a initialement formés et qui continue de façonner un comportement axé sur l'atteinte d'un but, cela tout au long de leur vie. Les biens que les gens achètent, pour eux-mêmes ou pour les autres, les activités qu'ils choisissent et les intérêts qu'ils poursuivent sont déterminés par des facteurs externes et des facteurs internes. Dans ce chapitre, nous nous sommes donc intéressés aux influences sociales, informationnelles, circonstancielles et psychologiques qui s'exercent sur les décisions de consommation.

Cinq influences sociales ont été présentées : 1) la culture, acquise ou apprise, qui caractérise la société à laquelle appartient le consommateur ; 2) la classe sociale dont fait partie le consommateur ; 3) les groupes de référence auxquels le consommateur appartient ou souhaite appartenir ; 4) la famille d'orientation et de procréation du consommateur, recomposée ou non ; et 5) les variables économiques qui définissent le pouvoir d'achat et la capacité de consommer du consommateur. Un autre facteur externe consiste dans les influences informationnelles, soit les sources d'information et les canaux de communication personnels ou impersonnels, sous le contrôle ou non des mercaticiens, auxquelles le consommateur a accès et qu'il utilise ou non.

À ces facteurs externes s'ajoutent des variables circonstancielles qui influent sur le processus décisionnel et les choix des individus. On parlera en ce cas d'influences circonstancielles. En fait, diverses situations peuvent amener le consommateur à prendre des décisions différentes. Une situation est un état par rapport à une conjoncture donnée, un ensemble de relations concrètes qui, à un moment donné, unissent l'individu aux circonstances dans lesquelles il agit et qui influenceront probablement son comportement. La situation peut être définie par rapport à cinq variables : l'environnement physique, l'environnement social, le temps, la tâche et les antécédents. Les variables circonstancielles influent beaucoup sur la détermination des attributs du produit susceptibles de répondre aux besoins du consommateur à un moment. Ainsi, selon la situation d'achat, le consommateur pourrait considérer des attributs différents, ou encore accorder une importance différente aux mêmes attributs dans des circonstances différentes.

D'autre part, des facteurs internes, les influences psychologiques, interviennent aussi dans le comportement d'achat des consommateurs. Les influences psychologiques comprennent la motivation, à laquelle sont liées trois variables : les besoins de l'individu, ses valeurs et son style de vie. La motivation est ce qui explique un comportement. C'est d'elle que vient l'énergie nécessaire pour entreprendre les activités ou les actions qui permettront de satisfaire les besoins. Elle tend à demeurer relativement stable. L'apprentissage social crée chez l'individu des besoins et des valeurs qu'il intériorise et auxquels correspond un certain type d'activités, d'intérêts et d'opinions, autrement dit un style de vie. Le consommateur fait en sorte que son style de vie soit compatible avec ses besoins et ses valeurs ; c'est, dans un certain sens, l'expression de ses valeurs. Ainsi, les besoins, les valeurs et le style de vie sont considérés comme autant de facteurs de motivation. La motivation oriente donc le comportement et amène le consommateur à déterminer quels attributs du produit sont susceptibles de permettre l'atteinte de l'état souhaité dans diverses situations de consommation. Finalement, le comportement d'achat, et surtout le processus décisionnel, est influencé par d'autres variables psychologiques comme la perception, l'apprentissage, la confiance et les attitudes.

QUESTIONS ET THÈMES DE DISCUSSION

1. Dites quelles variables ont pu jouer un rôle déterminant dans les situations de consommation suivantes :

   a) Un consommateur qui désire acheter un caméscope numérique trouve, au cours de la recherche et de l'évaluation, un modèle ayant les caractéristiques idéales, mais le coût est plus élevé que ce qu'il envisageait de payer. Il décide de reporter à plus tard sa décision d'acheter le nouveau caméscope.

   b) Marie hésite entre deux automobiles, car son petit ami lui dit que le modèle Civic Esp de Honda est le meilleur achat, alors que son groupe d'amis lui conseille d'acheter une Golf.

   c) Nathalie veut acheter des lunettes de soleil. Elle vient de lire que la diminution de la couche d'ozone atmosphérique au-dessus de l'hémisphère Nord augmente la probabilité de souffrir d'un cancer de la peau ou d'avoir des cataractes. Elle a appris que les spécialistes recommandent le port de lunettes de soleil de haute qualité capables de bloquer les rayons ultraviolets et l'application d'une lotion solaire à large spectre avec un filtre d'au moins 15 SPF lorsque l'on pratique des activités à l'extérieur[18].

2. Dites quelles variables psychologiques sont susceptibles d'exercer la plus grande influence dans la situation de consommation suivante :

   Bruno, un directeur de succursale bancaire de 37 ans, consacre habituellement beaucoup de soin à l'évaluation des possibilités, espace ses achats de façon à profiter des rabais, note toutes ses dépenses majeures dans un carnet de dépenses, n'achète presque jamais sous l'impulsion du moment, économise jusqu'à ce qu'il puisse payer comptant ses achats majeurs et informe ses amis des meilleurs achats en ville.

3. Nommez deux variables circonstancielles qui pourraient influencer le choix d'une destination de vacances d'un consommateur et expliquez en quoi chacune peut commander des changements dans les attributs du produit considérés. Donnez aussi des exemples d'attributs dont l'importance pourrait varier pour une destination donnée selon des situations différentes.

4. Expliquez en quoi l'information sur un produit provenant de sources d'information hors du contrôle du mercaticien peut influer plus fortement sur le processus d'achat suivi par un consommateur qu'une information

▼

provenant d'une source d'information contrôlée par le mercaticien. Illustrez votre réponse à l'aide de deux exemples.

5. Le Conference Board du Canada vient de publier les résultats de sa dernière enquête sur les attitudes des consommateurs et il prévoit une augmentation marquée des dépenses des consommateurs pour les automobiles, les maisons et d'autres produits à prix élevé pour les six prochains mois. Dans l'intervalle, vous avez observé que la Banque du Canada (la banque centrale du pays) a réussi à diminuer son taux d'intérêt pour la sixième fois. Expliquez en quoi vos prévisions quant aux dépenses des consommateurs pourraient être différentes de celles du Conference Board, étant donné vos observations. Justifiez votre réponse.

6. La famille, en tant que variable sociale, exerce une influence indirecte sur le style de vie, en ce sens qu'elle façonne les besoins et les valeurs. Montrez, à l'aide d'exemples, comment les attributs des produits de divertissement peuvent changer pour un parent, au fur et à mesure qu'il traverse les étapes du cycle de vie de la famille.

7. Choisissez une décision de consommation personnelle qui a nécessité une grande implication de votre part et dont vous vous souvenez encore assez bien. En suivant le modèle du processus décisionnel présenté dans ce chapitre et dans le chapitre précédent, expliquez votre démarche. Notez qu'il est probable que toutes les variables du modèle ne pourront s'appliquer. Essayez d'expliquer pourquoi vous avez agi comme vous l'avez fait et ce qui vous a influencé tout au long du processus menant à la décision et à la consommation.

NOTES

1. Ce chapitre s'inspire grandement du chapitre 3 du livre de C.P. Duhaime et autres, *Le comportement du consommateur,* 2ᵉ éd., Montréal, Gaëtan Morin Éditeur, 1996.

2. Voir http://www.conferenceboard.ca/weblinx, Index of Consumer Attitudes Reports.

3. J.P. Liefeld, *Product Information Preference of Disadvantaged Consumers,* Ottawa, Consumer Research Council Canada, ministère des Approvisionnements et Services, cat. nᵒ RG25-1/1, 1976.

4. P. Cook, « Falling interest rates can't compete with rising dollar », *The Globe and Mail,* 1ᵉʳ novembre 1991, p. B1 et B4.

5. « What you hear is not what you get », *Fortune,* 23 mars 1992, p. 26.

6. P. Cook, art. cité, p. B4.

7. « Card problems ? Don't blame eels », *Banking Journal,* février 1989.

8. P. Filiatrault, *L'influence des situations sur les critères de décision des consommateurs,* thèse de doctorat, Québec, Université Laval, 1979, p. 7-9.

9. *Ibid.,* p. 41-46.

10. Industrie, Sciences et Technologie Canada, *Tourism Intelligence Bulletin,* décembre 1991, p. 6.

11. P.L. Wright et B. Weitz, « Time horizon effects on product evaluation strategies », *Journal of Marketing Research,* vol. 14, novembre 1977, p. 429-443.

12. D.I. Hawkins, R.J. Best et K.A. Coney, *Consumer Behavior, Implications for Marketing Strategy,* 6ᵉ éd., Chicago, Irwin, 1995.

13. M. Rokeach, *The Nature of Human Values,* New York, Free Press, 1973, p. 5.

14. P. Kotler, P. Filiatrault et R.E. Turner, *Le management du marketing,* 2ᵉ éd., Montréal, Gaëtan Morin Éditeur, 2000, p. 194.

15. Voir G.A. Kelly, *The Psychology of Personal Constructs,* New York, W.W. Norton & Co., 1955, vol. 1.

▼

▼

16. J.A. Howard, *Consumer Behavior in Marketing Strategy*, Englewood Cliffs, New Jersey, Prentice-Hall, 1989, p. 34.

17. M. Laroche et R. Sadokierski, « Role of confidence in a multi-brand model of intentions for a high involvement service », *Journal of Business Research*, vol. 29, n° 1, janvier 1994, p. 1-12 ; M. Laroche, C. Kim et L. Zhou, « Direct and indirect effects of confidence on purchase intention », dans F. Kardes et M. Sujan (sous la dir. de), *Advances in Consumer Research*, vol. 22, Provo (UT.), Association for Consumer Research, 1995, p. 333-339 ; M. Laroche, C. Kim et L. Zhou, « Brand familiarity and fonfidence as determinants of purchase intention : An empirical test in a multiple brand context », *Journal of Business Research*, vol. 37, n° 2, octobre 1996, p. 115-120 ; M. Laroche et N. Caron, « Test d'un modèle d'intention à effets multiples incluant la confiance et la concurrence : une application aux maisons de courtage », dans M. Côté et T. Hafsi (sous la dir. de), *Le management aujourd'hui : une perspective nord-américaine - une anthologie*, Paris, Economica / Presses de l'Université Laval, 2000, p. 1362-1375 ; M. Laroche, « Selected issues in modeling consumer brand choice : The extended competitive vulnerability model », dans A.G. Woodside et E. Moore (sous la dir. de), *Advances in Marketing Theory and Practice*, New York, JAI Press, JAI Press Advances Series, (à paraître).

18. M.D. Lemonick, « The ozone vanishes », *Time*, 17 février 1992, p. 40-43.

Chapitre 4

La perception

INTRODUCTION

Grâce à nos cinq sens – le goût, l'odorat, le toucher, la vue et l'ouïe –, nous recevons toute une gamme d'informations de l'extérieur. Nous réagissons à ces stimuli selon notre vision personnelle du monde ou selon nos représentations mentales subjectives de la réalité. Autrement dit, nous donnons *diverses interprétations* des stimuli qui nous parviennent par l'intermédiaire de nos sens : c'est ce que l'on appelle la *perception*.

Ainsi, lorsque nous achetons un nouveau produit, nous agissons en fonction de *notre perception du produit* et non en fonction du produit comme tel. Une expérience réalisée auprès de 250 ménagères a démontré que le fait d'avoir ajouté des parfums différents à quatre bas-culottes identiques a influencé d'une façon radicale la perception de ces ménagères quant à la qualité du bas-culotte[1]. Les spécialistes de marketing doivent donc prendre en considération non pas la réalité objective uniquement, mais encore des perceptions qu'ont les consommateurs de la réalité.

Afin de comprendre pourquoi un consommateur accepte ou rejette une certaine marque, les spécialistes de marketing doivent tenir compte de la vision qu'a le consommateur du produit, peu importe que cette vision leur semble illogique ou erronée. Cela exige aussi bien une

▼

connaissance des dynamiques sous-jacentes à la perception humaine qu'une compréhension des diverses lois physiologiques et psychologiques régissant la sélection, l'organisation et l'interprétation des stimuli sensoriels.

Ce chapitre traite donc de la perception, que nous présentons comme un processus sélectif comportant trois étapes : l'exposition, l'attention et l'interprétation. Nous verrons en quoi la perception est fonction du stimulus, de l'individu et de l'environnement et nous nous intéresserons à un phénomène perceptuel important qui soulève bien des controverses, la perception subliminale. Les dernières parties du chapitre sont consacrées aux phénomènes perceptuels dont il faut absolument tenir compte dans la conception de stratégies de marketing, notamment la perception du risque et la représentation symbolique.

4.1 Le processus perceptuel

Nous pouvons concevoir la perception en tant que processus en trois étapes : l'exposition, l'attention et l'interprétation. La figure 4.1 schématise ce processus. *Des stimuli sensoriels externes* (images, sons, odeurs, goûts et textures) peuvent être reçus par différents canaux. Nos récepteurs sensoriels (yeux, oreilles, nez, bouche et peau) traduisent ces informations en sensations. D'une façon plus formelle, la perception est *le processus par lequel un individu sélectionne, organise et interprète ces sensations de façon à tracer un portrait significatif et cohérent du monde qui l'entoure.*

Le processus perceptuel est sélectif en ce sens qu'à chaque étape du processus l'information est filtrée. Cela se traduit par un traitement et une mémorisation d'un nombre réduit de stimuli par rapport au nombre de stimuli auxquels un consommateur peut être exposé au cours d'une journée.

4.1.1 L'exposition aux stimuli

L'exposition est la première étape du processus perceptuel. À cette étape, le consommateur remarque des stimuli alors que ceux-ci arrivent aux récepteurs sensoriels. Déjà, le phénomène de sélection est à l'œuvre, et il interviendra, comme nous l'avons dit plus haut, à toutes les étapes. En effet, comme l'indique la figure 4.2, un étudiant moyen vivant dans une grande ville canadienne pourrait être exposé à quelque 600 messages publicitaires au cours d'une journée, mais un premier phénomène de sélection lui permet d'éviter ou de filtrer environ 550 de ces annonces. Ce phénomène se traduit par une tendance à ignorer ce qui peut causer de l'anxiété ou ce qui nous apparaît non pertinent, d'où une *exposition sélective* aux stimuli. Par exemple, pendant une pause publicitaire qui ne nous intéresse pas, nous décidons de faire un appel téléphonique ou nous zappons[2]. En général, nous ne nous intéressons qu'aux informations susceptibles de nous aider à atteindre les buts que nous nous sommes fixés. Selon une étude présentée dans le magazine *Newsweek*[3], dès qu'apparaît une annonce publicitaire à la télévision, 38 % des téléspectateurs quittent la pièce, 40 % restent mais ne regardent pas l'écran de télévision et seulement 22 % regardent l'annonce. On estime que plus de la moitié des annonces reçues par la poste sont mises à la poubelle sans même avoir été lues. Avant

---

Figure 4.1   *Les étapes de la perception*

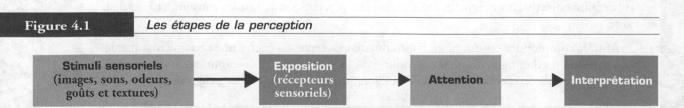

| Figure 4.2 | *La perception est un processus sélectif* |

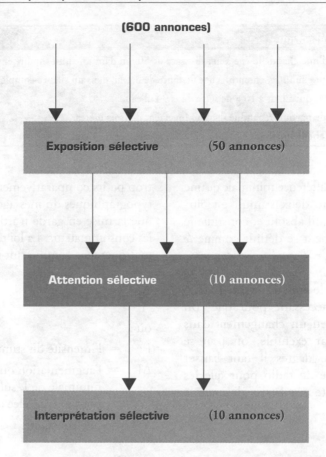

(600 annonces)

Exposition sélective   **(50 annonces)**

Attention sélective   **(10 annonces)**

Interprétation sélective   **(10 annonces)**

de traiter plus amplement des choses que le consommateur choisit de ne pas percevoir, voyons ce qu'il en est de sa capacité à percevoir des stimuli.

Les seuils perceptuels

La *psychophysique,* qui consiste dans l'étude de l'importance du stimulus et de la sensation qui l'accompagne, nous aide à comprendre le phénomène de la perception. Elle peut, par exemple, répondre à des questions telles que : « De combien peut-on augmenter le prix d'un produit sans que les consommateurs se rendent compte du changement ? » ou « De quelle quantité peut-on réduire le pourcentage de viande d'un hamburger avant que les consommateurs voient une différence ? » La prise de conscience de ces changements par le consommateur dépend de ses habiletés perceptuelles. Celles-ci sont

en partie physiologiques. Les chercheurs en psychophysique proposent, pour chaque sens, deux types de seuil : un seuil absolu et un seuil différentiel.

◆ *Le seuil absolu.* On appelle seuil absolu *le degré d'intensité d'un stimulus au-dessous duquel celui-ci est trop faible pour être décelé.* En d'autres mots, le degré d'intensité auquel nous remarquons la différence entre « rien » et « quelque chose » constitue notre seuil absolu à l'égard de ce stimulus. Les seuils absolus varient selon les individus, leur condition physique et leurs attitudes. C'est pourquoi les spécialistes du marketing essaient de découvrir le seuil absolu des consommateurs afin de s'assurer que les différents aspects de leur conception dépassent ce seuil. Le tableau 4.1 indique le seuil absolu pour chacun des cinq sens : la vue, l'ouïe, le goût, l'odorat et le toucher.

| **Tableau 4.1** | *Valeurs du seuil absolu pour chacun des cinq sens* |

Sens	Seuil de détection
Vue	La flamme d'une chandelle vue à une distance de 50 km dans une nuit sombre et claire (10 quanta).
Ouïe	Le tic-tac d'une montre, entendu à une distance de 6,1 m, dans un silence complet (0,0002 dynes/cm²).
Goût	Une quantité équivalant à 10 g de sucre dans 9 L d'eau.
Odorat	Une goutte de parfum répandue dans un logement de trois pièces.
Toucher	L'aile d'une abeille tombant sur votre joue d'une distance de 1 cm.

◆ *Le seuil différentiel.* La différence minimale qu'une personne peut déceler entre deux stimuli est plus importante encore que le seuil absolu et constitue le seuil différentiel. Celui-ci peut se définir comme *le degré de stimulation à partir duquel un changement d'intensité du stimulus entraîne une modification de la sensation.* En d'autres mots, le seuil différentiel a trait au degré de stimulation nécessaire pour que l'on puisse percevoir qu'il y a eu un changement dans l'intensité du stimulus. Par exemple, on peut se demander de combien de degrés il faut baisser l'intensité du son du poste de radio pour que les auditeurs se rendent compte que l'on a diminué le son.

La loi de Weber

Ernst Weber, physiologiste allemand du XIXᵉ siècle, a observé que le seuil différentiel de l'intensité d'un stimulus constitue un ratio, et non une différence absolue. Autrement dit, notre capacité de déceler des changements dans les stimuli est fonction de l'intensité du stimulus initial. D'après la *loi de Weber,* plus le stimulus initial est fort, plus grande sera l'intensité additionnelle requise pour que le second stimulus soit considéré comme différent. C'est dire que l'importance du changement d'intensité nécessaire pour produire un seuil différentiel est en rapport constant avec l'intensité du stimulus initial. Benoît Bouchard, alors qu'il était ministre canadien de la Santé et du Bien-être, a annoncé le 19 mars 1993 que la taille des caractères typographiques composant la mise en garde sur les paquets de cigarettes devait être augmentée afin que le message soit plus visible. Si les caractères typographiques de la mise en garde sont trop petits comparativement à la taille des caractères typographiques du message promotionnel, il se peut que la mise en garde n'attire pas l'attention de tous les consommateurs. La loi de Weber s'exprime mathématiquement comme suit :

$$\frac{\Delta I}{I} = k$$

où :

I = l'intensité du stimulus initial ;

ΔI = l'augmentation ou la diminution minimale de I, suffisamment grande pour être décelée ;

k = une constante.

D'après cette loi, une augmentation de 20 $ des frais de scolarité à l'Université du Québec à Montréal se situerait sous le niveau du seuil différentiel, tandis qu'une augmentation de 20 ¢ du prix d'une tablette de chocolat serait vite remarquée par les consommateurs. En effet, le seuil différentiel dépend du prix initial.

Selon cette perspective, les augmentations et les diminutions de prix ne peuvent être vraiment analysées qu'en fonction du pourcentage du prix initial qu'elles représentent. Les détaillants se sont rendu compte depuis longtemps qu'un rabais inférieur à 20 % a généralement peu d'effet. Cependant, dans un environnement hautement concurrentiel comme celui de l'industrie automobile, on peut obtenir des résultats intéressants en offrant une réduction de prix inférieure à 20 %, à condition de changer un peu la stratégie promotionnelle. Ainsi, au lieu d'offrir des réductions de prix relativement faibles de l'ordre de 5 % à 10 %, les fabricants ont plutôt offert des remboursements en argent de quelques centaines de dollars, ou encore des prêts à un taux d'intérêt très faible. Cette stratégie a apparemment bien fonctionné parce qu'un remboursement de 500 $ en argent (un rabais de 5 %) impressionne plus le consommateur qu'une réduction de prix de 10 %.

La loi de Weber a plusieurs autres applications en marketing. À cause de la hausse des coûts, les entreprises ont souvent dû choisir entre une augmentation des prix ou une diminution de la qualité ou de la quantité du produit. Étant donné que les augmentations de prix se remarquent facilement lorsqu'il s'agit de produits peu coûteux tels que les bonbons et les croustilles, les fabricants ont plutôt choisi de réduire la quantité du produit vendu. Par exemple, depuis une trentaine d'années, la tablette Hershey a subi 15 modifications de taille. Dans chaque cas, la compagnie a pris soin de s'assurer que la réduction de la quantité du produit demeurait sous le seuil différentiel. De la même manière, depuis son lancement en 1879, le savon Ivory a conservé un emballage d'apparence contemporaine grâce à plus de 25 transformations, chacune ayant été tellement subtile que le consommateur pouvait difficilement la déceler (voir la figure 4.3).

On a même suggéré d'appliquer la loi du seuil différentiel pour déterminer l'amélioration à apporter au produit. Toute amélioration excédant le seuil différentiel est vraisemblablement extravagante et constitue donc un gaspillage[4].

Comme nous l'avons mentionné plus haut, les gens possèdent des habiletés différentes relativement à la discrimination de variations dans la lumière, le son et autres stimuli. En d'autres mots, le seuil perceptuel varie d'une personne à l'autre. On estime que seulement un petit nombre de buveurs de Coca-Cola ont pu relever avec exactitude la différence du goût du Coke classique et du nouveau Coke. De même, les individus qui possèdent une *capacité de discrimination* moyenne sur le plan perceptif sont incapables de faire la différence entre diverses marques de bière et de boisson gazeuse. La recherche

Figure 4.3   *Des changements successifs d'emballage demeurant sous le seuil différentiel*

montre que toute variation apportée dans le goût de la bière doit être suffisamment prononcée pour que les consommateurs puissent déceler cette différence dans des tests de goût en aveugle[5]. Ce phénomène a aussi été observé pour ce qui est des cigarettes[6] et des boissons à base de cola[7]. Pourquoi, alors, certains consommateurs ne jurent-ils que par la Molson Export ou la Labatt 50 et pourquoi la compagnie Coca-Cola a-t-elle été forcée par ceux que l'on appelle les fidèles de remettre sur le marché le produit initial ? La réponse, bien entendu, tient au fait que les gens achètent certains produits non seulement pour des motifs pratiques, mais aussi pour des raisons liées à l'image de soi, à l'image sociale et à la signification symbolique que l'on associe à ces biens.

Le vieux Coca était assimilé à un ensemble d'images indissociables fermement implantées et perpétuées à travers plus de 100 ans de publicité et de promotion. Par conséquent, indépendamment de son goût « supérieur », le nouveau Coca représentait pour plusieurs consommateurs un écart sérieux et choquant par rapport à la tradition et à la stabilité. Les fidèles s'accrochaient au confort de cette stabilité plutôt qu'au goût particulier du produit.

La perception subliminale

Jusqu'à présent, notre analyse de la perception s'est limitée aux stimuli immédiatement perceptibles. Toutefois, depuis le début des années 1950, on sait que les êtres humains peuvent aussi percevoir de façon subliminale, c'est-à-dire qu'ils *peuvent percevoir des stimuli dont l'intensité est inférieure au seuil de la conscience.*

La perception subliminale peut être obtenue de trois façons : 1) par une présentation *visuelle* de stimuli à un rythme tellement rapide que le spectateur ne se rend pas compte de leur présence ; 2) par une présentation *auditive* de stimuli à un volume extrêmement faible ou mêlés à d'autres informations auditives ; 3) par une présentation de *messages enchâssés* sous la forme d'images ou de symboles cachés dans le matériel illustré, de telle sorte que le spectateur n'est pas conscient de leur présence. Théoriquement, le bénéfice attendu de l'utilisation des messages subliminaux tient en ceci : ces messages n'étant pas suffisamment forts pour qu'interviennent les filtres perceptuels du consommateur, ils peuvent donc pousser le consommateur à l'action sans que celui-ci ait compris le message. De plus, on croit que l'enchâssement de mots grossiers et de symboles phalliques ou autres symboles sexuels dans les messages publicitaires répond à des désirs inconscients ou subconscients du consommateur qui ont été refoulés.

En septembre 1957, James Vicary causait un scandale en soutenant que les messages subliminaux pouvaient entraîner, chez les consommateurs, des comportements de consommation. Ayant exposé des spectateurs du New Theatre à deux messages subliminaux les encourageant à manger du maïs soufflé et à boire du Coca-Cola, présentés pendant six semaines durant 1/3 000 de seconde à des intervalles de cinq secondes chacun, le chercheur soutenait que, pendant la période de l'expérience, les ventes avaient augmenté de 57 % pour ce qui est du maïs soufflé et de 18 % pour ce qui est du Coca-Cola[8]. Cette expérience, bien que rudimentaire et non contrôlée, provoqua un débat énorme. Le *New Yorker* se plaignit de ce que l'on avait « brisé et pénétré les esprits[9] ». La U.S. Federal Communications Commission encouragea de nombreuses expériences afin de valider les résultats obtenus par Vicary, mais personne ne put confirmer la conclusion selon laquelle la publicité subliminale influe sur le comportement des consommateurs[10]. Bon nombre de personnes ont cru que Vicary avait falsifié les résultats de son étude afin d'augmenter le chiffre d'affaires de son agence de consultation. Néanmoins, WAAF, une station de radio de Chicago, fit passer sur les ondes, pendant la programmation habituelle, des murmures auditifs encourageant les auditeurs à boire du 7-Up et à acheter l'huile Oklahoma[11]. La controverse continua jusqu'au début des années 1970, moment où une étude conclut qu'aucune preuve scientifique ne démontrait que la stimulation subliminale pouvait provoquer la participation de manière à entraîner une action significative sur les plans commercial ou politique[12].

En 1970, à la lumière de résultats d'expériences, Hawkins suggéra que, tandis que la présentation subliminale du mot Coke provoque la soif, l'auditeur peut très bien répondre en buvant un Perrier[13]. Une deuxième étude conféra une certaine crédibilité à l'influence subliminale : ayant obtenu la collaboration d'une chaîne de magasins à rayons pour faire jouer le message « Je suis honnête ; je ne volerai pas » au travers de la musique diffusée sur la bande sonore Muzak, on constata une diminution de 37 % du vol à l'étalage dans les six magasins[14].

Plus récemment, on a assisté à un renouveau d'intérêt pour la question de l'influence subliminale à la suite d'accusations sensationnelles concernant « l'utilisation fréquente de l'enchâssement subliminal » dans diverses formes de publicité imprimée. Wilson Bryan Key, un auteur américain populaire

Figure 4.4   *Un exemple de publicité subliminale*

Source   Jantzen Appareal Corp., a wholly owned subsidiary of Perry Ellis International, Inc.

possédant apparemment une perspicacité exceptionnelle, a publié plusieurs livres provocateurs et controversés sur le sujet[15].

La figure 4.4 présente une publicité que l'on dit être subliminale. Selon Key, les détails de cette annonce montrent un visage barbu émergeant du gazon et « soufflant sur une portion délicate de l'anatomie du modèle féminin[16] ». Key raconte que l'une de ses amies a éprouvé une sensation de fraîcheur sur ses cuisses après avoir étudié l'annonce pendant une ou deux minutes. De plus, il observe que, tandis que la culotte du maillot du modèle féminin est munie d'une fermeture éclair, la culotte du modèle masculin est assortie au soutien-gorge de la femme. « Bref, elle porte la culotte de l'homme et il porte celle de la femme. » Pourquoi ? Selon Key, c'est pour que l'inconsistance, perceptible seulement au niveau de l'inconscient, suscite l'attention. Fina-

lement, rapporte Key, une main de femme délicatement posée sur la cuisse du modèle féminin et appartenant « apparemment » à une troisième personne constitue la promesse subliminale d'un ménage à trois[17]. L'industrie de la publicité a tourné M. Key en dérision et l'a renvoyé sous prétexte qu'il représentait un irritant et un embêtement.

Certains prétendent même que des compagnies telles que Disney ou R.J. Reynolds font usage de ce type de publicité. Comme le révèle l'encadré 4.1 (p. 80), il arrive que les consommateurs découvrent des « choses » subliminales, même lorsque cela n'était pas l'intention du spécialiste du marketing.

Bien que toutes ces observations puissent être vraies, le cœur de la controverse au sujet de l'influence subliminale est de savoir si les enchâssements suggestifs peuvent donner lieu à une réponse comportementale. En d'autres mots, est-ce que l'annonce

Comment stimuler la soif

Les Américains ressentent-ils une pulsion puissante, primale, de saisir un *six-pack* de Pepsi cet été ? Si oui, la faute en revient à l'emballage. Des buveurs de Pepsi aux yeux perçants ont remarqué que la série décorative des cannettes *Cool* de cette entreprise portent un message brûlant : SEX, en lettres majuscules. Lorsque deux cannettes *Cool* affichant un design particulier sont superposées d'une certaine manière, on peut clairement déceler ces trois lettres, de haut en bas.

Pepsi insiste pour dire que ce mot est le fruit du hasard, le résultat d'un design aléatoire, généré par ordinateur à partir des lettres du mot Pepsi. La compagnie a mis fin à la promotion le mois dernier mais on peut encore trouver quelques cannettes sur les étagères des magasins. Le reporter David Horowitz affirme que cet étiquetage obtenu par hasard « est devenu un objet populaire auprès des jeunes. Son propre enfant de 12 ans se promène partout avec les cannettes, les montrant à tout le monde ».

Source *Time,* 3 septembre 1990, p. 59. © 1990, Time Inc.

de Jantzen peut entraîner une augmentation des ventes ? Kelly a étudié l'effet de l'enchâssement subliminal sur la mémorisation et le rappel et a conclu à une absence de corrélation[18]. Cependant, comme nous le verrons au chapitre 5, le rappel d'un message n'est pas une condition nécessaire à l'obtention d'une réponse comportementale.

La perception subliminale est un phénomène de foi individuelle, habituellement surestimé mais réel. En général, comme c'est le cas en ce qui concerne la notion de beauté, les messages subliminaux existent seulement dans les yeux du spectateur. À ce jour, aucune preuve n'a pu démontrer que les stimuli subliminaux entraînent des réponses comportementales déterminées. Même si l'on ne peut complètement clore le débat sur cette question avant de disposer de résultats de recherche plus concluants, il n'y a aucune raison valable de croire, en ce moment, que la publicité subliminale puisse avoir une valeur quelconque pour ce qui est du marketing. Finalement, on ne peut que se questionner sur l'éthique, voire la moralité, de l'utilisation d'une telle pratique publicitaire.

4.1.2 L'attention portée aux stimuli

Généralement, il est nécessaire de prêter attention à un stimulus auquel on est exposé avant de pouvoir traiter ou interpréter cette information. La figure 4.2 indique que non seulement l'exposition aux stimuli qui nous entourent est sélective, mais que l'attention que nous accordons à ces différents stimuli l'est aussi. En d'autres mots, nous pouvons ignorer certains stimuli de notre environnement, par exemple en regardant une publicité télévisée sans essayer de la comprendre ou en l'écoutant d'une oreille distraite. C'est l'*attention sélective*.

La sélection des stimuli est importante, car nous sommes constamment bombardés de stimuli visuels, auditifs et olfactifs qui pourraient produire en nous un chaos mental complet si nous étions dépourvus de cette capacité d'ignorer totalement certains aspects de l'environnement. Pour reprendre l'exemple de l'étudiant habitant une grande ville canadienne qui serait exposée à plus de 600 messages publicitaires, transmis par des médias tels que les panneaux d'affichage, les journaux, la télévision, la radio, etc., il est probable que cet étudiant, comme la plupart des gens, ne portera attention qu'à environ 10 messages (voir la figure 4.2).

Les spécialistes du marketing veulent évidemment connaître les caractéristiques des quelques messages publicitaires qui ont résisté à la sélection. En général, l'individu élimine les stimuli qui sont incompatibles avec ses valeurs, ses attitudes, ses apprentissages antérieurs, ses besoins et ses buts. Par ailleurs, il a tendance à accorder plus d'attention aux annonces où dominent des couleurs ou des teintes éclatantes, à l'effet de la nouveauté ou du contraste, ou à toute autre approche *distinctive*. Nous aborderons plus loin la question des caractéristiques d'un stimulus qui sont le plus susceptibles de susciter l'intérêt. Pepsi, Nike, McDonald's et Calvin Klein sont des exemples d'entreprises dont les annonces réussissent à contourner ces filtres perceptuels de façon à attirer l'attention de l'auditoire. La compagnie Apple a dépensé 400 000 $ (le coût moyen de la création d'une annonce publicitaire de 30 secondes est de 100 000 $) pour la conception d'une publicité spectaculaire et extravagante, laquelle fut diffusée pendant le Super Bowl de 1983 pour un coût additionnel de 600 000 $. Bien entendu, le but était d'attirer l'attention des téléspectateurs et surtout de la *retenir*[19]. Benetton a déjà publié des annonces à l'envers dans le magazine *Rolling Stone*, et dans une publicité pour Libby, une partie de l'illustration du produit débordait l'espace rectangulaire réservé au texte dans le but d'attirer l'attention des lecteurs[20]. Pour sa part, Nike a essayé d'attirer l'attention des élèves du niveau collégial avec sa série d'annonces *Just Do It* mettant en vedette Andre Agassi et John McEnroe. L'information qui réussit à traverser tous les filtres est retenue dans la mémoire. Un exposé plus détaillé des processus de mémorisation, de rappel et d'oubli sera présenté dans le prochain chapitre.

En définitive, la capacité du consommateur à gérer l'information qui lui parvient de l'environnement est limitée. Le consommateur pratique une forme d'économie des ressources cognitives qui lui sont disponibles en choisissant parmi un grand nombre de stimuli ceux vers lesquels son attention sera dirigée. Ce choix dépend de différents facteurs. Certains sont d'ordre personnel, alors que d'autres sont directement reliés à la nature des stimuli.

Les facteurs de sélection personnels

L'exposition à certains stimuli ainsi que l'attention qu'on leur porte sont fonction de *filtres perceptuels*. Le fonctionnement de ceux-ci repose à son tour sur l'expérience passée du consommateur. En d'autres termes, l'expérience passée détermine ce à quoi les consommateurs décident de s'exposer et l'information qu'ils décident de traiter.

La *vigilance perceptuelle* est un facteur important dans l'attention sélective. Fort probablement, le consommateur prendra conscience des stimuli qui se rattachent à ses besoins immédiats. Par exemple, un consommateur qui a faim aura tendance à diriger son attention sur la publicité d'un restaurant particulier, alors que, quelques heures plus tôt, cette personne n'aurait pas remarqué la même publicité.

La *défense perceptuelle* constitue un autre facteur de sélection personnel qui permet au consommateur de filtrer l'information qui arrive de l'environnement. Nous déformons souvent, de façon inconsciente, les stimuli que nous recevons, d'après notre propre vision de la réalité. Même si certaines personnes sont plus objectives que d'autres, la tendance à voir seulement ce que nous voulons voir est presque universelle ; nous avons tous, dans une certaine mesure, une vision personnelle de la réalité. Plus précisément, par le phénomène de défense perceptuelle, le consommateur aura tendance à ne pas percevoir ce qu'il ne veut pas voir et à percevoir ce qu'il veut voir. Ce phénomène est souvent associé aux stimuli menaçants. Par exemple, un fumeur invétéré pourrait décider de ne pas prêter attention aux publicités antitabac ou de modifier l'information que transmettent ces publicités pour la rendre plus acceptable ou moins menaçante.

Le phénomène d'*habituation* est un troisième facteur qui intervient dans la sélection des stimuli. Plus nous sommes exposés à un même stimulus, moins nous le remarquons ou moins il donne lieu à une réaction de notre part : nous nous habituons au stimulus. Par exemple, après avoir passé une semaine dans une île chaude et humide, le voyageur tolère mieux la chaleur et l'humidité. Ainsi, les annonceurs publicitaires doivent veiller à ce que le public ne s'habitue pas à leur style ou à leur sens de l'humour au point de ne plus être suffisamment stimulé. C'est pour cette raison qu'ils varient souvent leurs messages. Par exemple, même si une vedette comme Dominique Michel capte beaucoup l'attention dans les annonces de Coca-Cola, l'effet d'usure provenant de la répétition des messages peut atteindre un point tel que les téléspectateurs cessent d'écouter lorsque passe le message.

L'habituation est un aspect de l'habileté perceptuelle ; elle se rapporte au *processus par lequel on s'adapte si bien à un stimulus répétitif que l'on en vient à ne plus le remarquer*. C'est ainsi qu'une personne qui entre dans une pièce climatisée ou qui marche dans une rue bruyante de Shanghai cessera de remarquer les variations de stimuli après un certain laps de temps. Cette période de temps varie d'un individu à l'autre. Certains consommateurs cesseront de prêter attention à la publicité répétée plus rapidement que d'autres. Les annonceurs publicitaires essaient d'attirer ou de maintenir l'attention en utilisant le contraste, la fermeture, l'humour et tout autre moyen susceptible d'empêcher l'habituation du consommateur. On a aussi montré que l'on pouvait déshabituer l'individu en l'exposant à de nouveaux stimuli.

En somme, lorsque le système de référence change, l'individu s'adapte, s'habitue et juge différemment, par exemple, le goût de la nourriture ou la qualité du service. Pensons au prix de la bière au Canada. Au début des années 1970, on aurait considéré comme abusif le fait de payer 4,00 $ pour un verre de bière, tandis qu'en 2003, à la suite d'une habituation graduelle à l'inflation générale, ce prix nous est devenu acceptable. Pour comprendre le phénomène de l'habituation, regardez la figure 4.5 ; les deux cercles situés au centre de chaque groupe de cercles vous semblent de grandeur différente parce que les cercles qui les entourent ne sont pas de la même grandeur.

Les facteurs de sélection liés aux stimuli

Les caractéristiques propres à un stimulus déterminent si celui-ci sera remarqué ou tout simplement ignoré. De façon générale, les stimuli qui diffèrent des autres qui les accompagnent sont plus susceptibles d'être

Figure 4.5 *Les deux cercles du centre sont-ils de la même grandeur ?*

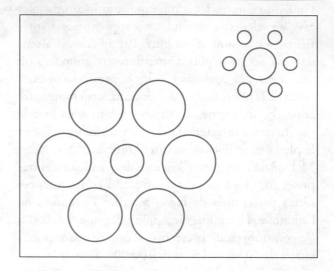

perçus. On peut exploiter cette différenciation en jouant sur plusieurs caractéristiques d'un objet, telles sa grandeur, sa position, les couleurs de celui-ci et la nouveauté qu'il constitue. Se familiariser avec ces différents facteurs peut évidemment aider le mercaticien dans ses activités de marketing, car il pourra se servir de ces connaissances dans la production de publicités et d'emballages de produits.

4.1.3 L'interprétation des stimuli

Nous avons souligné que le processus perceptuel comprend trois étapes : l'exposition, l'attention et l'interprétation et qu'une sélection s'opère à chacune de ces étapes. Si nous décidons de porter attention à un stimulus, ce dernier sera fort probablement l'objet d'une interprétation.

L'*interprétation*, dernière étape du processus perceptuel, consiste à donner une signification aux stimuli auxquels nous avons prêté attention. C'est à partir de *schèmes* mentaux que le consommateur interprète les stimuli qu'il a retenus. Un schème est un assemblage de représentations mentales ou de croyances auquel un stimulus peut être relié. Un stimulus tel que le nom d'un produit peut donc activer un schème particulier. Par exemple, un navire baptisé *Caniche des mers* évoquera probablement, en raison du schème se rapportant au caniche, la faiblesse et la vulnérabilité, alors qu'un autre dont le nom serait *Loup des mers* sera associé à une image très différente dans la tête des gens.

Cette notion de schème met en lumière le fait que la perception est subjective. Chaque individu se construit ainsi une vision des diverses réalités qui sera fonction : 1) de l'organisation du stimulus ; 2) de l'individu lui-même, c'est-à-dire ses traits physiologiques et psychologiques dont découlent les biais perceptuels ; et 3) de son environnement.

Les principes d'organisation d'un stimulus

Tout stimulus comporte des caractéristiques qui sollicitent plus ou moins fortement nos sens, qui orientent notre perception. Pour mieux capter l'attention du consommateur, les spécialistes du marketing doivent tenir compte des diverses facettes d'un stimulus et appliquer certains principes, notamment en ce qui a trait au *contraste,* à la *fermeture,* à la *proximité* et à la *similarité*. Nous examinons brièvement chacun de ces attributs dans les paragraphes qui suivent.

Le contraste

Le contraste est probablement l'attribut le plus puissant d'un stimulus. Il facilite la perception par une mise en relief des différences d'intensité du stimulus. En d'autres mots, le consommateur perçoit un stimulus par rapport au contexte. Par exemple, le gris semble plus foncé lorsqu'il est placé à côté d'un objet blanc, et une annonce en noir et blanc est plus susceptible d'attirer l'attention dans un contexte très coloré.

La théorie gestaltiste[21], ou théorie de la forme, a beaucoup amélioré notre compréhension de l'effet de contraste en expliquant le principe *forme-fond*. Nous percevons une forme (image, son ou autre stimulus) dans le contexte de son fond (arrière-plan). En manipulant soigneusement cette relation, il est possible de transformer l'arrière-plan en objet (de perception) et vice versa. La première illustration de la figure 4.6 présente un exemple bien connu du principe forme-fond : dans le logo de la compagnie

Hawaiian Airlines, nous voyons soit le visage d'une femme (forme) dans un arrière-plan foncé (fond), soit une fleur tropicale (forme) dans un arrière-plan de couleur blanche.

Le danger d'embrouiller la relation forme-fond apparaît lorsque les consommateurs se rappellent très bien la publicité, mais ne peuvent nommer le produit annoncé. Par exemple, bien que l'Ontario Milk Marketing Board ait réussi à susciter un formidable intérêt avec une série d'annonces ayant pour thème « Merci beaucoup... lait », la campagne n'a pas eu pour effet d'entraîner une augmentation significative de la consommation de lait. Cela est probablement dû au fait que les annonces ont tellement mis l'accent sur les modèles, le décor et le

Figure 4.6 *Les principes de l'organisation des stimuli*

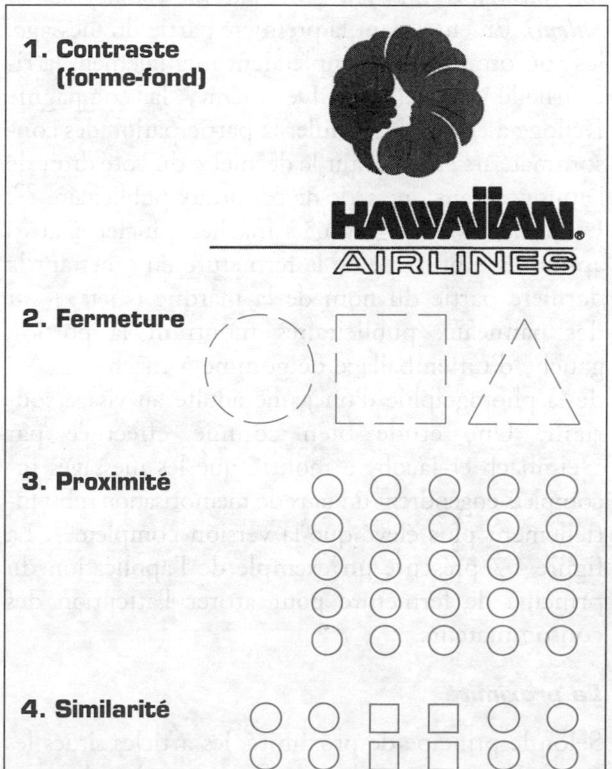

caractère émotif de la musique que, sans qu'on le veuille, le fond est devenu la forme de telle sorte que la forme en question (le lait) s'est fondue dans l'arrière-plan.

La fermeture

La fermeture se rapporte à la tendance de l'individu à ajouter mentalement les éléments manquants à un stimulus incomplet. Par exemple, nous complétons en pensée le cercle, le carré et le triangle ouverts de la figure 4.6 pour en faire des figures géométriques complètes. Les consommateurs éprouvent du plaisir à compléter un message. Ainsi, les annonces destinées à promouvoir les cigarettes Salem ont appliqué le principe de la fermeture afin de stimuler la participation du consommateur (et d'obtenir, par conséquent, un taux de mémorisation du message plus élevé) en présentant seulement la première moitié de leur slogan déjà célèbre : *You can take Salem out of the country, but... (you can't take the country out of Salem).* En entendant la première partie du message, les consommateurs complétaient mentalement la ritournelle publicitaire. De même, la compagnie Kellogg a essayé de stimuler la participation des consommateurs en enlevant le dernier *g* du côté droit de l'annonce dans une série de panneaux publicitaires[22]. Le fabricant de la gomme à mâcher Chiclets a aussi appliqué le principe de la fermeture en omettant la dernière partie du nom de la marque (« lets ») sur des panneaux publicitaires montrant la portion gauche d'un emballage de gomme à mâcher à côté de la photographie d'un jeune adulte au visage souriant. Une étude bien connue effectuée par Heimbach et Jacoby a montré que les messages incomplets engendrent un taux de mémorisation substantiellement plus élevé que la version complète[23]. La figure 4.7 présente un exemple de l'application du principe de fermeture pour attirer l'attention des consommateurs.

La proximité

Selon le principe de proximité, les articles situés les uns près des autres dans le temps ou dans l'espace sont perçus comme les éléments d'une même structure ou d'un même ensemble. Ainsi, en regardant la troisième illustration de la figure 4.6, la plupart des

Figure 4.7   *Un exemple de l'application du principe de fermeture*

Source   L'autorisation de reproduire est une courtoisie de Grand Marnier.

gens perçoivent cinq colonnes de cinq cercles plutôt que cinq lignes, cela parce que les cercles sont plus rapprochés verticalement. Les annonceurs se servent de ce principe lorsqu'ils juxtaposent, par exemple, des spiritueux et des symboles d'élégance et de luxe (du cristal, des billets d'opéra, un haut-de-forme, etc.), des voitures sport et une belle femme, dans un contexte exotique et souvent suggestif. La figure 4.8 fournit un exemple de l'application du principe de proximité en publicité.

La similarité

En présence d'un groupe de stimuli, nous percevons les éléments qui se ressemblent comme les composantes d'un même ensemble. Ainsi, dans la figure 4.6, les six carrés et les 12 cercles sont regroupés en trois ensembles en vertu du principe de la similarité : deux ensembles de six cercles et un ensemble de six carrés. Tenant compte de ce principe, à la télévision, les annonceurs publicitaires s'emploient parfois à éviter de distraire les consommateurs en produisant un message dont le style se rapproche de celui de l'émission. Cette tendance des consommateurs à regrouper des produits en vertu de leurs ressemblances au chapitre de la couleur, du conditionnement et même de l'emplacement sur les tablettes est souvent exploitée par des fabricants de marques moins connues qui adopteront des stratégies d'imitation.

Les biais personnels liés à l'interprétation des stimuli

Nous l'avons déjà mentionné, les individus peuvent percevoir un même stimulus de diverses façons. En effet, nous différons les uns des autres par notre tempérament, nos attentes, nos habiletés perceptuelles et cognitives ainsi que par nos antécédents culturels, et ces différences donnent lieu à une interprétation personnelle d'un stimulus. Cela fait de l'interprétation un processus *sélectif* comme nous l'avons déjà présenté à la figure 4.2.

On peut regrouper sous trois catégories les facteurs personnels de sélection qui influent sur l'interprétation d'un stimulus : 1) les prédispositions perceptuelles ; 2) le style perceptuel ; 3) les habiletés perceptuelles[24].

Les prédispositions perceptuelles

Le phénomène par lequel les gens voient ce qu'ils veulent voir a été démontré dans une étude américaine dans laquelle on a fait visionner aux étudiants des universités de Dartmouth et de Princeton un film d'une partie de football qui opposait les équipes de ces deux universités[25]. Il est ressorti de cette expérience que, malgré le fait que les deux groupes de sujets avaient été exposés aux mêmes stimuli (le film), l'interprétation de ces stimuli a été différente d'un groupe à l'autre. Plus précisément, les étudiants de chaque université ont perçu que l'équipe adverse avait commis plus d'infractions au cours de la partie

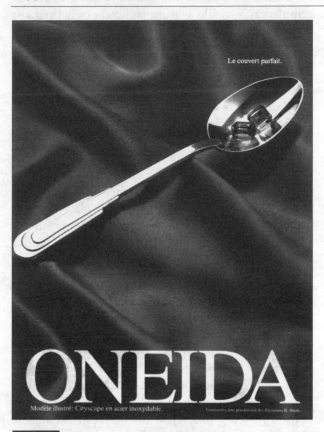

Figure 4.8 *Un exemple de l'application du principe de proximité*

Le couvert parfait.

ONEIDA

Modèle illustré: Cityscape en acier inoxydable.

Source Reproduit avec la permission d'Oneida.

que l'équipe de leur propre université. Ce type de biais sur le plan de l'interprétation des stimuli est courant.

En fait, les facteurs tels que les besoins, la motivation, les attitudes, les antécédents culturels, les attentes et les expériences antérieures influent sur la perception de l'individu en prédisposant celui-ci à interpréter le stimulus d'une manière unique. Ainsi, l'annonceur qui adapte sa publicité à la prédisposition perceptuelle du consommateur augmente les chances que le message soit reçu sous la forme voulue.

Nos besoins et nos priorités « colorent » nos perceptions. Des expériences ont prouvé que les personnes affamées, c'est-à-dire qui souffrent de la faim, perçoivent les photographies de nourriture comme des stimuli visuels flous et méconnaissables[26] ; on a aussi montré qu'une personne qui a décidé de remplacer sa vieille voiture recherchera activement les annonces de nouvelles voitures dans les journaux, y portera attention et les interprétera tandis que la même personne peut montrer un faible intérêt pour ce genre d'annonces en temps normal.

Les valeurs et les antécédents culturels peuvent aussi influencer la prédisposition perceptuelle et l'interprétation de stimuli. Par exemple, une boisson gazeuse annoncée à l'aide des expressions « un frais glacier » et « une avalanche de goût » aura probablement peu d'effet sur les marchés où le climat est chaud à longueur d'année et où les glaciers et les avalanches sont peu familiers aux consommateurs[27]. Plusieurs études démontrent que la signification des objets varient selon les cultures. Par exemple, au Mexique, une fleur jaune évoque la mort ou le deuil, tandis qu'en France elle est associée à l'infidélité[28].

L'apprentissage influence aussi la perception en amenant l'individu à interpréter un stimulus à la lumière de ses expériences antérieures relativement à des stimuli semblables (nous traiterons la question de la généralisation d'un stimulus au chapitre 5). Robert Froman rapporte, par exemple, que certains consommateurs ont rejeté un nouveau mélangeur électrique silencieux parce qu'ils le percevaient comme moins puissant que les mélangeurs plus bruyants utilisés dans le passé[29].

Les attentes ont une incidence marquée sur notre interprétation des choses. Par exemple, l'écrasement du Airbus d'American Airlines en novembre 2001 dans la ville de New York, peu après les attentats terroristes du 11 septembre de la même année, a été interprété en fonction des attentes de l'Amérique en guerre contre le terrorisme. Dans le contexte de ces attentats, la présomption immédiate a été que l'écrasement du Airbus était dû à un autre acte terroriste, alors qu'il s'agissait d'un accident. Les gens perçoivent également les produits en fonction de leurs attentes. Par exemple, une personne à qui ses amis ont dit que *Jésus de Montréal* était un mauvais film pourrait trouver ce film mauvais. Par ailleurs, le fait d'apporter des variations inattendues dans le champ perceptuel du récepteur est un bon moyen d'attirer l'attention. Ainsi, dans une annonce d'huile à moteur, on attirera probablement plus l'attention en recourant à un modèle féminin qu'en employant le modèle masculin traditionnel.

Les attitudes, que l'on peut définir comme des prédispositions globales à réagir négativement ou positivement à un stimulus donné, nous permettent d'interpréter les stimuli d'une façon cohérente (bien que parfois déformée). Ainsi, une personne qui a une attitude négative à l'égard du « gaspillage fait par le gouvernement » pourra percevoir les décisions de tous les politiciens comme étant mauvaises.

Même si les variables que nous venons d'examiner peuvent exercer une influence différente selon les individus, il reste que la compréhension de cette influence permet aux spécialistes du marketing de cerner les points qui sont communs aux individus d'un marché cible sur les plans perceptuel et comportemental.

Le style perceptuel

Les consommateurs ont leurs propres stratégies pour traiter l'information qui leur parvient. Un consommateur qui possède beaucoup de connaissances est plus susceptible de traiter l'information en l'organisant en tronçons. Comme nous le verrons dans le chapitre 5, un tronçon consiste en une agglomération d'informations holistiques et unifiées. Certains traitent l'information en la morcelant, tandis que d'autres la traitent miette par miette[30].

En outre, des individus sont plus tolérants que d'autres à l'égard des perceptions qui sont ambiguës et incompatibles avec leurs attitudes et leurs croyances, probablement parce qu'ils ont une plus grande capacité de réagir à l'information conflictuelle. Une personne qui est capable de s'adapter facilement sur le plan cognitif est réceptive à différentes sources d'information et est plus susceptible d'acheter les nouveaux produits[31].

La portée d'attention

La troisième composante des habiletés perceptuelles est la *portée d'attention,* qui peut se définir comme *le nombre maximal d'éléments ou de tronçons qu'un individu est capable de percevoir en un temps donné, ou la durée maximale pendant laquelle le consommateur peut porter attention à un stimulus.* En ce qui a trait au nombre d'éléments, la portée d'attention est généralement de 7 ± 2 tronçons d'information. Pour ce qui est du temps, elle varie selon le degré d'intérêt, mais elle est probablement réduite dans le cas des messages publicitaires. Par conséquent, pour être efficaces, ceux-ci doivent être courts, concis et morcelés.

L'environnement

L'environnement dans lequel le stimulus est perçu influe aussi sur l'interprétation qu'en fait l'individu. Par exemple, si nous voyons une femme vêtue d'un maillot de bain sur le bord du lac Champlain, nous ne serons probablement pas surpris. Mais si cette femme franchissait dans la même tenue le hall du Château Laurier, nous la considérerions probablement comme déplacée. Dans ce cas, c'est le contexte environnemental qui fait toute la différence.

Dans le domaine de la publicité, l'environnement dans lequel s'insère le stimulus est présenté peut différer de l'environnement du récepteur, ce qui peut entraîner une certaine perte de signification et d'influence. Pensons aux annonces télévisées, par exemple. On peut promouvoir une marque de thé glacé à l'aide d'une annonce filmée durant une chaude journée où les gens sont assoiffés (l'environnement du stimulus). Si le message était diffusé un soir de décembre, alors que le téléspectateur montréalais est en train de boire un cognac pour se réchauffer, le message perdrait presque toute sa signification. Cependant, la même publicité visionnée au même moment en Inde, alors que la température de décembre est d'environ 30 °C, aura toute son efficacité, vu la concordance entre les deux environnements.

L'odorat joue également un rôle dans la perception qu'a le consommateur de son environnement. Ce phénomène, bien connu de ceux qui travaillent dans les secteurs de l'alimentation et de la restauration, fait maintenant son chemin dans d'autres secteurs, tels que le commerce de détail et les services. En effet, les spécialistes du marketing ont parfois recours aux fragrances pour stimuler ou modifier l'humeur des consommateurs et ainsi, croit-on, agir sur leur prédisposition à acheter.

4.2 La perception du risque

Nous courons des risques chaque fois que nous prenons une décision. Le risque qui influe sur notre comportement de consommation est appelé *risque perçu* – qu'il soit réel ou imaginaire. Bauer définit le risque perçu comme *l'incapacité des consommateurs de prévoir avec certitude les conséquences de leurs actions*[32]. Le risque est généralement lié à l'ampleur et à l'incertitude des conséquences de la consommation[33].

Il existe trois grands types de risque. Le *risque de performance* se rapporte aux doutes qui surgissent quant à la capacité du produit d'avoir une performance correspondant aux attentes du consommateur. Le *risque psychosocial* a trait à la possibilité de froisser son *ego* ou d'être embarrassé[34]. Enfin, l'incertitude la plus évidente a trait au *risque relié au coût en temps ou en argent ;* par exemple, la possibilité que la nouvelle piscine familiale ne soit pas suffisamment utilisée pour compenser les dépenses de temps et d'argent a amené plusieurs propriétaires potentiels à faire de l'insomnie.

La perception du risque varie en fonction de la catégorie de produits. Des recherches ont démontré, par exemple, que les acheteurs de spaghetti percevaient un niveau de risque de beaucoup inférieur à celui que perçoivent les acheteurs de téléviseurs couleur et de remèdes contre le mal de tête[35]. Le fait de classer les produits selon les différentes catégories de risque peut aider à concevoir des thèmes publicitaires plus appropriés. Mais la perception du risque qu'engendre un produit donné peut aussi varier selon la culture. Par exemple, une compagnie multinationale peut vendre des machines à laver automatiques au Mexique en soulignant que le produit représente un faible risque financier, alors que, sur le marché canadien, elle mettra plutôt l'accent sur la performance et la qualité du service après-vente.

La perception du risque varie également selon les individus et certains ont un seuil de tolérance au risque plus élevé[36]. Parce que les individus réagissent différemment au même produit, il est possible de segmenter les marchés en fonction du risque perçu[37].

4.2.1 Les stratégies de réduction du risque

Face au risque, les consommateurs répondent automatiquement en mettant en œuvre des stratégies visant à réduire l'incertitude et à les rendre plus confiants lorsqu'ils prennent des décisions de consommation. Dans le même but, les spécialistes du marketing adoptent eux aussi des stratégies. Pour le consommateur, ces stratégies seront :

- la fidélité à la marque ;
- le prix comme indice de qualité ;
- la marque la plus connue ;
- la recherche d'information :
  - sources de caractère privé (amis, famille, leaders d'opinion, etc.),
  - sources officielles (magasins, représentants, annonces publicitaires, rapports aux consommateurs, etc.).

Quant au spécialiste du marketing, il donnera diverses formes d'assurance. Toutes ces stratégies sont examinées dans les paragraphes qui suivent.

La fidélité à la marque

Les gens qui perçoivent un niveau de risque élevé s'en tiennent généralement aux marques dont ils ont déjà éprouvé la valeur et sont moins portés à essayer les nouveaux produits. Les consommateurs peuvent éviter l'incertitude en achetant de nouveau une marque dont ils ont été satisfaits dans le passé. Les recherches indiquent que la fidélité à la marque est directement liée à l'ampleur du risque perçu[38]. En d'autres mots, la probabilité qu'un consommateur sera fidèle à la marque est d'autant plus grande que le risque perçu est important. Le désir de nouveauté ou d'amélioration peut cependant pousser les consommateurs à essayer d'autres marques en dépit de la tranquillité d'esprit qu'offre la fidélité à la marque.

Le prix comme indice de qualité

En cas de doute, plusieurs consommateurs considèrent le prix comme un indice de qualité. L'évaluation que l'on fait du rapport qualité-prix n'est cependant pas toujours juste. Par exemple, dans une étude, des sujets ont estimé que le bas-culotte d'un prix élevé était de meilleure qualité que les autres, même si les échantillons qu'on leur présentait étaient, en fait, tous identiques[39]. Une autre étude a montré que les sujets évaluaient la qualité de la bière en fonction du prix, même si les trois échantillons de bière étaient tous de la même marque[40].

Plusieurs spécialistes du marketing ont popularisé l'adage « Vous en avez pour le prix que vous payez » en soulignant le rapport qualité-prix. Par exemple, *Joy* est annoncé comme « le parfum le plus cher au monde » et le scotch whisky Chivas Regal se glorifie de son prix élevé.

Puisque le prix est considéré comme un indice de qualité, des prix inférieurs peuvent, dans certains cas, entraîner une diminution des ventes. La figure 4.9 présente la courbe de la demande illustrant cette relation. L'importance du rapport qualité-prix paraît à son maximum lorsque le choix implique un risque élevé, une piètre connaissance du produit et un assortiment de marques qui ne sont pas bien connues[41]. Toutefois, pour certains produits, on ne perçoit pas de relation entre le prix et la qualité ; c'est le cas des mélangeurs, des scies à chaînette, des fours à micro-ondes, des séchoirs à cheveux et des couvertures électriques[42].

La marque la plus connue

Les consommateurs présument, souvent avec justesse, qu'une marque fortement annoncée est supérieure. Cette perception a probablement deux causes : 1) la nature même de la campagne promotionnelle hautement répétitive ; 2) le raisonnement selon lequel les marques annoncées à l'échelle nationale ont été minutieusement testées par les plus gros fabricants et ont été, en quelque sorte, « approuvées » par un grand nombre de consommateurs. Bien entendu, la marque la plus connue n'est pas toujours supérieure. Par exemple, il arrive que certaines marques privées de détaillants moins connues

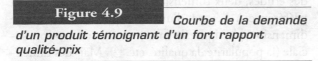

Figure 4.9 *Courbe de la demande d'un produit témoignant d'un fort rapport qualité-prix*

soient fabriquées par une entreprise qui commercialise une marque nationale fortement annoncée. Ainsi, un magnétoscope dont le nom est peu familier peut provenir du même fabricant qu'un magnétoscope de marque connue et peut même être identique à ce dernier produit.

La recherche d'information

La stratégie consistant à consulter ses amis, les représentants et les leaders d'opinion, et à rechercher de l'information dans les médias est probablement celle qui est la plus logique pour réduire le risque. En obtenant le plus d'information possible sur le produit, le consommateur réduit le risque d'avoir de mauvaises surprises.

Les consommateurs perçoivent les sources d'information à caractère privé, telles que les leaders d'opinion, comme moins partiales et donc plus crédibles que les sources d'information commerciales. Conscients de ce fait, plusieurs spécialistes du marketing dirigent leurs efforts promotionnels vers les leaders d'opinion. Par exemple, Canada Dry a créé un comité consultatif formé de personnalités féminines très en vue (des leaders d'opinion) qui font la promotion de ses produits et les vantent dans leurs élégantes réceptions.

Les annonceurs publicitaires ont aussi essayé de stimuler le bouche à oreille en encourageant les consommateurs à « en parler à leurs amis » ou à « demander l'avis de leurs amis ». C'est que des chercheurs ont observé que les consommateurs qui perçoivent un niveau de risque élevé recherchent plus activement de l'information et sont plus susceptibles d'agir conformément aux conseils qu'ils ont reçus[43].

Concernant la recherche d'information par le consommateur, on pourra, au besoin, se reporter à l'analyse plus détaillée présentée au chapitre 2.

L'assurance du fabricant

Certains spécialistes du marketing aident les consommateurs à réduire le risque perçu en leur offrant diverses formes d'assurance. Parmi les stratégies de réduction du risque les plus courantes, mentionnons les tests gouvernementaux ou privés sur le produit, les échantillons gratuits, les offres d'essai, les garanties de remplacement et de remboursement. Bien entendu, les spécialistes du marketing contribuent à réduire le risque non seulement en offrant diverses formes d'assurance, mais aussi en créant et en promouvant la fidélité à la marque, le bouche à oreille, l'image de marque et des perceptions appropriées quant au prix.

4.3 La perception de l'image du produit

Pour les mercaticiens, il importe de savoir comment le produit est perçu par les consommateurs, de façon à pouvoir le différencier des produits concurrents. Il s'agit donc de connaître l'image du produit, *soit l'impression générale que crée le produit chez les consommateurs.* Dans un marché compétitif, la question « Comment rendre notre produit plus attrayant aux yeux du consommateur ? » est d'une grande importance pour les entreprises. Pour répondre à cette question, le spécialiste du marketing a besoin de trois types d'information :

1. Il faut d'abord identifier les *attributs déterminants* du produit en question. Les attributs déterminants sont des attributs importants, en ce sens qu'il s'agit d'aspects du produit qui en résument l'essentiel. Par exemple, alors qu'une

automobile possède plus de 100 attributs, seulement 4 ou 5 attributs importants déterminent probablement le choix du produit. Ces attributs déterminants résument en quelque sorte plusieurs autres aspects reliés du produit. Ainsi, alors que la performance reflète la facilité de démarrage, l'économie d'essence, la maniabilité, etc., le confort et la commodité constituent une représentation globale d'attributs tels que l'air conditionné, le confort de la banquette arrière, la commodité des instruments de bord, et environ 25 autres caractéristiques. (Souvenez-vous de la matière du chapitre 3 sur les valeurs personnelles qui déterminent souvent les attributs du produit que le consommateur recherche.)

2. Ensuite, il faut découvrir la *perception* qu'ont les consommateurs des différentes marques en concurrence. Dans la figure 4.10, nous notons, par exemple, que la Molson Golden est perçue comme une bière plutôt amère et très légère.

3. Finalement, il faut connaître les perceptions des consommateurs quant à la combinaison idéale des attributs, c'est-à-dire leur conception de ce qui constitue la *marque idéale*.

Diverses techniques de recherche, telles que l'analyse multidimensionnelle et l'analyse des mesures conjointes, sont employées pour obtenir de l'information relativement aux aspects mentionnés ci-dessus. L'analyse multidimensionnelle fait appel, entre autres méthodes, à une carte perceptuelle, qui consiste dans une représentation du positionnement relatif de diverses marques en fonction des attributs les plus déterminants.

À l'aide d'une carte perceptuelle, les spécialistes du marketing peuvent déterminer l'image que leur produit projette auprès des consommateurs par comparaison avec les produits concurrents, et ce pour un ou plusieurs attributs du produit jugés importants. Par exemple, concernant le marché de la bière, la recherche a inventorié plusieurs attributs du produit considérés comme importants. Il s'agit de la saveur, de la teneur en alcool, de la capacité de remplir l'estomac, de la capacité d'étancher la soif et de la popularité auprès des femmes. Dans la plupart

des études, deux dimensions apparaissent quant à la préférence à l'égard d'une marque de bière : une dimension physique (la force) et une dimension sociale (la popularité, la qualité, etc.[44]). Mais des dimensions abstraites telles que le prestige, la séduction et la féminité peuvent aussi caractériser de tels attributs.

La figure 4.10 fournit un exemple de carte perceptuelle indiquant le *positionnement du produit* en ce qui a trait au marché canadien de la bière. Dow, incidemment, est la marque de bière dont l'image sociale est perçue comme la plus faible par les 350 participants à une étude. Il ressort, par ailleurs, que Brador est la marque jugée la plus forte sur le marché, tandis que la Laurentide est considérée comme une bière douce. Une carte perceptuelle peut aussi comporter une *image de marque idéale* (ou la combinaison préférée des attributs les plus importants). Différents segments du marché de la bière auront, bien entendu, différentes images idéales.

Le spécialiste du marketing doit donc essayer de découvrir où se situe la principale image de marque idéale et doit tâcher de positionner sa marque (principalement par la promotion) le plus près possible de cet idéal. Or la façon de rendre une certaine marque plus attrayante dépend de sa position sur la carte relativement à la position des autres marques et des perceptions de la marque idéale.

Plusieurs stratégies de marketing efficaces sont fondées sur la perception de l'image de marque. Par exemple, lorsque la compagnie Kimberley Clark a découvert que les deux attributs considérés comme les plus importants par les consommateurs en ce qui a trait aux essuie-tout étaient la résistance et le pouvoir absorbant, elle a mis sur le marché une nouvelle marque connue sous le nom de Tough and Thirsty (résistant et absorbant[45]).

Souvent, lorsque les ventes stagnent ou diminuent, il peut être bon de repositionner le produit dans l'esprit du consommateur. Par exemple, le jus d'orange, longtemps considéré par les consommateurs comme une boisson réservée au petit-déjeuner, a récemment été repositionné comme une boisson à consommer au moment de la collation.

Figure 4.10

Carte perceptuelle indiquant le positionnement de 20 marques de bière dans un certain marché géographique

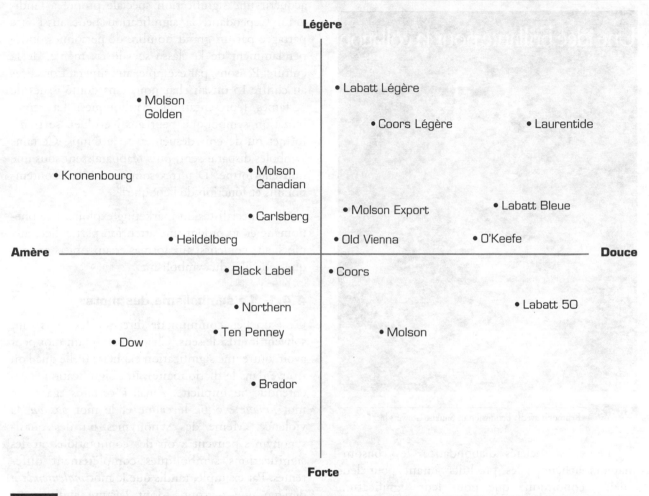

Devant le succès de cette stratégie, on a fait de même pour un produit connexe, l'orange (voir la figure 4.11, à la page 92).

4.4 La représentation symbolique

Il a souvent été démontré que les gens achètent des produits non seulement pour la fonction qu'ils remplissent, mais aussi pour ce qu'ils *représentent symboliquement.* Tout ce que nous achetons communique, par le biais des *symboles* associés aux objets, quelque chose de nous-mêmes aux gens qui nous entourent.

Il y a représentation symbolique *lorsqu'une image, une lettre, un signe, une action, ou toute combinaison de ces éléments, mène à la compréhension non seulement de l'élément en soi, mais aussi d'une idée, d'une signification ou d'un sentiment implicites*[46]. Les symboles constituent donc des outils servant à évoquer et à suggérer. De ce point de vue, le nom de la marque, la couleur de l'emballage, la taille et le design du produit peuvent avoir une signification aussi bien littérale que symbolique.

Figure 4.11   *Un exemple de repositionnement de produit*

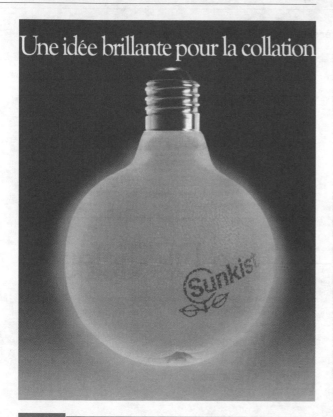

Une idée brillante pour la collation

Dans les sociétés d'abondance, les consommateurs achètent des produits autant pour leur valeur économique que pour leur signification sociale et psychologique. Étant donné qu'il existe, pour chaque catégorie de produits, une grande variété de marques susceptibles de satisfaire le consommateur sur le plan économique, l'aspect symbolique prend une importance accrue. En effet, les consommateurs choisiront sans doute la marque dont la représentation symbolique concorde avec leurs besoins psychosociaux. Selon Levy, « au sens le plus large, chacun essaie de rehausser son image personnelle et se comporte de manière à se conformer à l'image qu'il se fait de la personne qu'il est ou qu'il désire être. [...] Si le fabricant comprend qu'il *vend aussi bien des symboles que des biens,* il peut voir son produit d'une façon plus adéquate[47] ».

La représentation symbolique est le résultat de l'apprentissage. Certains mots ou certaines couleurs peuvent, à la suite d'une expérience personnelle, acquérir une signification spéciale propre à l'individu. Cependant, la signification peut aussi être partagée par un grand nombre de personnes, indépendamment de la classe sociale et, même, de la culture. Pensons, par exemple, aux superstitions liées au chiffre 13 ou au chat noir, sans doute issues de certaines représentations symboliques. La représentation symbolique peut aussi évoluer, se transformer ou devenir désuète avec le temps. Certains symboles disparaissent, puis réapparaissent sous une nouvelle forme. D'autres sont tout à fait contemporains et fonction de l'époque[48].

Les spécialistes du marketing exploitent ce phénomène et accordent une attention particulière aux mots, aux couleurs, aux formes et aux objets en tant que véhicules du symbolisme.

4.4.1   Le symbolisme des mots

C'est un lieu commun de dire que les mots sont souvent lourds de sens. Chacun sait qu'un mot peut avoir, outre une signification explicite (celle que l'on trouve dans le dictionnaire), une signification sous-entendue ou implicite. Ainsi, à certains égards, le mot *amour* évoque le calme et le mot *passion,* la violence. Même des synonymes ou des quasi-synonymes peuvent avoir des connotations ou des significations symboliques complètement différentes. Par exemple, tandis que le mot *malentendant* désigne une personne dont l'acuité auditive est diminuée, le mot *sourd* est souvent employé pour représenter une personne têtue, insensible ou même stupide. De plus, le sens des mots change avec le temps. Par exemple, les fondateurs des deux villes de Terre-Neuve dénommées respectivement Dildo et Gayside ne se doutaient pas que ces noms auraient un jour un tout autre sens.

Une annonce de l'agence de publicité Marsteller Inc. soutient que certains mots sont grands et d'autres, chétifs, qu'il existe des mots gras et des mots minces, des mots forts et des mots faibles. Ainsi, les mots *titre, péninsule* et *ellipse* seraient des mots de grande taille, tandis que les mots *chaud, bombe, potelé* et *acné* seraient des mots courts et gras. « Parfois, la taille d'un mot est déterminée par la signification de celui-ci, tandis que, dans certains cas, elle est simplement reliée à la prononciation du mot en question. Ainsi, *acné* est un mot court et gras même si *bouton,* qui y est associé, est plutôt chétif[49]. »

Un bon nom de marque est un nom qui est facile à prononcer, qui possède une signification claire et une connotation appropriée. General Foods a compris, il y a plusieurs années, que Brim était un nom approprié pour le café, mais non pour du lait condensé. Honda Civic est un bon nom parce qu'il évoque le sens des responsabilités sur le plan social, une économie d'essence, un environnement urbain et une faible pollution[50]. Le parfum *Charlie* a eu un succès fou parce qu'il représentait « la femme qui est libérée sans être une féministe radicale[51]». Pierre Martineau a souligné avec justesse que, « dans l'esprit du consommateur, le produit peut changer, d'une certaine manière, simplement parce qu'on a apporté une petite modification à son nom[52] ».

4.4.2 Le symbolisme des couleurs

Les couleurs revêtent aussi une signification symbolique, issue d'expériences antérieures. Mais il semble aussi évident que certaines propriétés intrinsèques des couleurs peuvent commander certaines réponses psychologiques. Par exemple, nous parlons d'humeur « noire » et de peur « bleue ». Les couleurs qui ont une grande longueur d'onde (le rouge et l'orange) sont associées à la chaleur et à l'excitation ; celles qui ont une courte longueur d'onde (le violet, l'indigo et le vert) sont, quant à elles, reliées au froid et au calme. De plus, nous savons par expérience que plusieurs objets rouges sont chauds : une plaque de cuisinière, la sauce Tabasco, les piments rouges et la peau du visage lorsque l'on ressent une bouffée de chaleur.

L'encadré 4.2 (p. 94) donne une liste des associations les plus courantes avec les couleurs. En général, les couleurs sombres représentent des produits plus « respectables ». Le rouge est utilisé pour suggérer la force, l'excitation et la nouveauté. Par exemple, Air Canada fait la promotion de ses tarifs réduits à l'aide d'« étiquettes rouges ». Les tons pastel sont considérés comme féminins, tandis que les bruns et la plupart des couleurs sombres sont perçus comme masculins.

Il est bon de noter, cependant, que s'il apparaît opportun, dans le monde occidental, de vendre les cigarettes au menthol dans des emballages où le vert prédomine, une telle stratégie risque d'échouer en Afrique, où le vert est associé à la maladie. De même, tandis que le blanc est un bon choix de couleur pour symboliser la pureté et la virginité dans le monde occidental, cette couleur est carrément un mauvais choix en Inde, où elle symbolise la mort et le deuil.

4.4.3 Le symbolisme des formes

Comme les mots et les couleurs, les formes sont souvent porteuses de significations implicites. La boisson Slender Diet Drink, par exemple, est emballée dans une bouteille bien proportionnée afin de représenter l'essence du produit. De la même manière, Sego Diet Food a augmenté ses ventes en utilisant un contenant de forme élancée, contrairement à Metrecal, son principal concurrent[53].

La forme de l'emballage peut suggérer certains sentiments et peut avoir un effet significatif sur la perception de la marque. Edward Breck affirme :

> L'emballage constitue avant tout une idée. Plus cette idée est forte, claire et irrésistible, plus l'emballage est efficace. En marketing, plusieurs d'entre nous sommes devenus tellement absorbés par les détails et les complexités de l'élaboration de l'emballage que nous ne voyons pas combien cette idée centrale est importante pour atteindre le succès. Sans elle, l'emballage ne réussit pas à communiquer une impression unique ; son message devient flou et ne peut pas agir avec force[54].

Les fabricants de shampooings, de désodorisants et de divers cosmétiques ont souvent été accusés d'emballer leurs produits dans des contenants ayant une forme phallique flagrante. La conception de tels contenants est fondée sur l'hypothèse freudienne selon laquelle les pulsions sexuelles sont au cœur de toutes nos pensées et actions. Plusieurs croient que

Ce que suggèrent les couleurs

Rouge

Pur, intense : danger, passion, amour, excitation, stimulus, visibilité.
Sombre, neutralisé : richesse, pouvoir, parfois diabolique.
Rose chroma pur : gaieté, jeunesse, réjouissances.
Rose pâle ou pastel : féminité, innocence, détente, délicatesse.

Orange

Pur, intense : amitié, chaleur, festivités, clarté.
Sombre, neutralisé : richesse, succès, célébrité, abondance, profondeur.
Pâle ou pastel : stimulation (pour l'appétit), sécurité, euphorie (sentiment de bien-être).

Jaune

Pur, brillant : optimisme, rayon de soleil, printemps, renouveau, intensité, obligation, révélation, chaleur (trop jaune est brûlant), intellect, stimulation.
Sombre, jaune or neutralisé : richesse, abondance, statut, distinction, haute estime (trop jaune est criard, tapageur ou ostentatoire).
Moyen à léger : intelligence, sagesse, compassion, fraîcheur, gaieté, optimisme, bonté, clarté et propreté.

Vert

Pur, brillant : nature, calme, amitié, intégrité, pratique, franchise.
Sombre, neutralisé : solidité, richesse, ténacité ancrée, sécurité.
Bleu-vert : mer et ciel, propreté, nostalgie, calme.
Jaune-vert : jeunesse, fraîcheur, bonheur.

Bleu

Pur, intense : loyauté, honnêteté, intégrité, royauté, stimulation, impatience (cela s'applique également aux bleus profonds ou neutralisés).
Sombre, neutralisé : sincérité, conservatisme, sécurité, sentiment de paix, bonté, compassion (cela s'applique également aux bleus purs ou intenses).
Pâle ou pastel : hésitation, propreté, calme, temps et espace étendus, manque de sécurité.

Mauve ou violet

Pur, intense : optimisme, imagination, royauté, dignité, assurance, renouveau, engagement, dramatique, théâtral.
Sombre, neutralisé : profondeur, richesse, sécurité, sévérité, sérieux, sobriété, aspect terne.
Pâle ou pastel : fraîcheur, printemps, jardin de fleurs, imagination, féminité, bonté, sensibilité.

Source   K. Nielson, *Interiors : An Introduction*, © 1996, The McGraw-Hill Companies. Reproduit avec la permission de The McGraw-Hill Companies.

les symboles phalliques répondent aux pulsions libidinales inconscientes du consommateur ; cependant, il n'a pas encore été prouvé que de tels emballages contribuent à augmenter les ventes.

4.4.4 Le symbolisme des objets

Êtres animés et objets inanimés sont couramment utilisés comme symboles en publicité. Les chatons et les bébés évoquent la douceur, les oiseaux, la liberté et les chiens, la fidélité. Tandis que les vaches sont perçues comme douces, le lion est un symbole classique de noblesse et de force et le renard représente la rapidité et la ruse. Les annonceurs publicitaires font souvent appel à des adolescents pour traduire l'excitation et à des personnes plus âgées pour représenter la sagesse et la fermeté. Les objets inanimés tels que les voitures de luxe, les tables en chêne, les

porte-documents, les lustres, les hauts-de-forme et le champagne sont fréquemment utilisés pour donner une impression d'élégance et de raffinement.

Les objets peuvent aussi prendre des significations très subjectives et profondément inconscientes. Diverses études inspirées de la théorie freudienne sur l'interprétation des rêves ont révélé que les objets allongés tels que les troncs d'arbres et les parapluies évoquent le pénis, tandis que les boîtes, les coffres et les autres objets englobants similaires évoquent l'utérus. Par ailleurs, les escaliers et les marches sont censés représenter les relations sexuelles. Les spécialistes du marketing exploitent-ils ce symbolisme ? Cela est difficile à dire, car les agences de publicité (de même que d'autres parties concernées) sont peu disposées à discuter de telles questions, par peur d'être accusées de « manipulation » subliminale.

RÉSUMÉ

La perception consiste dans le fait d'attribuer une signification aux stimuli reçus. La sensation est la réponse physiologique ultérieure de la personne à ces stimuli. La perception et la sensation sont subjectives ; nous nous reportons à nos propres représentations de la réalité. Elles sont aussi sélectives ; des filtres perceptuels sont à l'œuvre dans l'exposition aux stimuli, l'attention et l'interprétation et permettent d'éliminer les stimuli qui nous semblent peu importants ou peu utiles.

Nos réactions aux stimuli se produisent à l'intérieur d'un champ restreint. Le seuil absolu est le stimulus minimal requis pour produire une sensation particulière. Le seuil différentiel est le degré de stimulation requis pour que nous percevions un changement apporté dans l'intensité d'un stimulus. Ces seuils ont d'importantes incidences stratégiques. En effet, pour attirer l'attention, un message doit dépasser le seuil perceptuel, et l'on peut augmenter son efficacité par la répétition. Cependant, un excès de répétition peut entraîner l'habituation, laquelle augmente le seuil perceptuel et, par conséquent, la difficulté de faire saisir le message.

Tandis que la perception consciente joue un rôle majeur dans la stratégie de marketing, la perception subliminale, associée à un stimulus dont l'intensité est inférieure au seuil de la conscience, est une question très contestée. En effet, les recherches n'ont pas encore réussi à prouver l'efficacité de la perception subliminale ; c'est pourquoi, en ce moment, il n'est pas opportun d'exploiter ce phénomène dans les communications de marketing.

La perception est fonction de trois facteurs :

1. L'organisation du stimulus. Un consommateur perçoit un stimulus en fonction de sa présentation, de son organisation. Cette perception est influencée par des aspects tels que le contraste, la fermeture, la proximité et la similarité.

▼

2. **Les caractéristiques de l'individu.** Les besoins, les motivations, les valeurs, les attitudes, les antécédents culturels, les attentes ainsi que les expériences antérieures influent sur la perception des stimuli. La publicité qui tient compte des prédispositions des consommateurs du marché cible est plus susceptible d'être perçue de la façon que le souhaite l'annonceur. Les consommateurs diffèrent aussi dans leur portée d'attention, leur seuil perceptuel, leurs habiletés cognitives et perceptuelles et leur tolérance à l'ambiguïté.

3. **L'environnement.** Enfin, le contexte dans lequel se trouve le consommateur au moment où il est exposé à un stimulus influe sur l'interprétation qu'il donnera à celui-ci.

Nous percevons un certain risque, à tort ou à raison, à chacune de nos prises de décision concernant la consommation. Il existe trois grands types de risque :

- le risque de performance (le produit fonctionnera-t-il ?) ;
- le risque psychosocial (le produit causera-t-il de la gêne ?) ;
- le risque relié au coût en temps ou en argent (le produit vaut-il le prix payé ou le temps passé à l'acheter ?).

Tous les consommateurs élaborent des stratégies visant à réduire les risques inhérents à leurs décisions de consommation. Ces stratégies ont trait à la fidélité à la marque, au rapport qualité-prix, à la reconnaissance de la marque (provenant d'annonces fréquentes) et à la recherche d'information.

La perception d'un produit, qu'elle soit juste ou non, contribue fortement au succès ou à l'échec de celui-ci. Le spécialiste du marketing peut connaître le positionnement de son produit par rapport à d'autres en établissant une carte perceptuelle, qui est une représentation de la perception d'une marque donnée au regard d'autres marques et compte tenu des attributs déterminants.

Les symboles peuvent grandement contribuer à l'efficacité des communications de marketing. Ces outils d'évocation et de suggestion, par exemple les mots, les couleurs, les formes et les objets, s'attachent à l'aspect psychosocial des décisions de consommation.

QUESTIONS ET THÈMES DE DISCUSSION

1. Expliquez le concept de seuil différentiel en vertu de la loi de Weber. Expliquez comment ce concept peut s'appliquer aux diverses composantes du *marketing-mix*.

2. Expliquez brièvement les principes ou lois régissant : *a)* le contraste ; *b)* la fermeture ; *c)* la proximité ; *d)* la similarité.

3. En quoi le fait d'insérer une annonce de voiture de luxe dans le magazine *Robb Report* est-il en conformité avec l'idée selon laquelle la perception d'un consommateur est fonction du stimulus, de lui-même et de l'environnement ?

4. Énumérez et analysez les facteurs perceptuels influençant la perception individuelle qui sont en jeu dans les deux affirmations et la situation suivantes :

a) « *Dans le ventre du dragon* est un bon film, et, de plus, un film comique et distrayant. »

b) « Oui, il n'y a pas de doute, Laurentide, c'est ma bière. »

c) L'emploi, dans les annonces de lait, d'expressions sélectives telles que « Confiez l'ouvrage au lait », « Excellent goût » et « Plus la vie est rapide, plus il faut boire du lait ».

5. Comment le concept de risque perçu aide-t-il le mercaticien à comprendre le choix de produit opéré par le consommateur ? Discutez-en.

6. Définissez la psychophysique et expliquez le rôle qu'elle joue dans l'interprétation des stimuli. Comparez le concept de seuil absolu avec celui de seuil différentiel.

7. De quels facteurs perceptuels le spécialiste du marketing doit-il tenir compte lorsqu'il modifie : *a*) le prix ; *b*) l'emballage d'un produit ? Donnez des exemples de produits dont la modification a été un succès ou un échec et expliquez la réponse perceptuelle des consommateurs à l'égard de ces modifications.

8. Expliquez le concept de positionnement de produit. Où le positionnement se produit-il ? Qu'entend-on par « marque idéale » ?

9. Discutez de l'utilisation de la publicité subliminale, spécialement en ce qui concerne :

   a) son degré d'efficacité ;

   b) son inefficacité ;

   c) les questions d'éthique entourant son utilisation.

10. En donnant des exemples, discutez des principaux véhicules de représentation symbolique (mots, couleurs, formes et objets) susceptibles d'être exploités par les spécialistes du marketing.

NOTES

1. D.A. Laird, « How the consumer estimates quality by subconscious sensory perceptions – with special references to the role of smell », *Journal of Applied Psychology*, vol. 16, juin 1932, p. 241-246.

2. P.A. Stout et B.L. Burda, « Zapped commercials », *Journal of Advertising*, vol. 18, 1989, p. 23-32.

3. « Eyes on television », *Newsweek*, 1980.

4. S.H. Britt, « How Weber's law can be applied to marketing », *Business Horizons*, février 1975, p. 21-29.

5. R.I. Allison et A. Uhl, « Influences of beer brand identification on taste perception », *Journal of Marketing Research*, vol. 1, août 1964, p. 36-39.

6. R.W. Husband et J. Godfrey, « An experimental study of cigarette identification », *Journal of Applied Psychology*, vol. 18, avril 1934, p. 220-251.

7. T.J. Stanley, « Cola preferences : Disguised taste vs. brand evaluation », dans K. Hunt et A. Arbor (sous la dir. de), *Advances in Consumer Research*, Association for Consumer Research, vol. 5, 1978, p. 19-21.

8. H. Brean, « What hidden sale is all about », *Life*, 31 mars 1958, p. 104-114.

9. *New Yorker*, 21 septembre 1957, p. 33.

10. « Subliminal ad okay if it sells : FCC peers into subliminal picture on TV », *Advertising Age*, vol. 28, 1957.

11. C. Henderson, « Subliminal salesmen stalk consumers via TV, radio and movies », *The Wall Street Journal*, 7 mars 1958, p. 4.

12. B. Berelson et G. Steinder, *Human Behavior : An Inventory of Scientific Findings*, New York, Harcourt, Brace, Jovanovich, 1964, p. 88.

13. D. Hawkins, « The effects of subliminal stimulation on drive level and brand preference », *Journal of Marketing Research*, vol. 7, août 1970, p. 322-326.

14. « Mind benders », *Money*, septembre 1978, p. 24.

15. W.B. Key, *Subliminal Seduction : Ad Media's Manipulation of a not so Innocent America*, New York, New American Library, 1974 ; *Media Sexploitation*, New York, New American Library, 1977 ; *The Clam Plate Orgy and Other Subliminal Techniques for Manipulating Your Behavior*, 2ᵉ éd., New York, New American Library, 1981 ; *The Age of Manipulation : The Con in Confidence, The Sin in Sincere*, New York, H. Holt, 1989 ; *Subliminal Ad-Ventures in Erotic Art*, Boston, Branden, 1992.

16. W.B. Key, *Media Sexploitation*, ouvr. cité, p. 5.

17. *Ibid.*, p. 4.

18. S.J. Kelly, « Subliminal imbeds in print advertising : A challenge to advertising ethics », *Journal of Advertising*, vol. 8, été 1979, p. 43-46.

19. « The new TV ads trying to wake up viewers », *Business Week,* 19 mars 1984, p. 46.

20. R. Aslop, « Advertisers see big gains in odd layouts », *The Wall Street Journal,* 29 juin 1988, p. 25.

21. « Gestaltisme » vient du mot allemand *gestalt* qui signifie « ensemble de modèles ou de configurations ».

22. J.H. Myers et W.H. Reynolds, *Consumer Behavior and Marketing Management,* Boston, Houghton Mifflin, 1967, p. 21.

23. J.T. Heimbach et J. Jacoby, « The zergarnik effects in advertising », dans *Proceedings of the Third Annual Conference of the Association for Consumer Research,* sous la direction de M. Venkatesan, 1972, p. 746-758.

24. H. Assael, *Consumer Behavior and Marketing Action,* Boston, Kent, 1984.

25. Cité dans J.L. Zaichkowsky, M. Solomon et R. Polegato, *Consumer Behaviour : Buying, Having, and Being, Canadian Edition,* Ontario, Prentice-Hall, 1998.

26. H. Berkman et C. Gilson, *Consumer Behavior : Concepts and Strategies,* Boston, Kent, 1981, p. 244.

27. T.K. Anchor, « Improve payoffs from transnational advertising », *Harvard Business Review,* vol. 56, juillet-août 1978, p. 108-109.

28. Cité dans J.C. Mowen et M.S. Minor, *Consumer Behavior : A Framework,* Englewood Cliffs (N.J.), Prentice-Hall, 2001, p. 50.

29. R. Froman, *You Can Get What You Want,* Prentice-Hall, 1953, p. 231.

30. J. Jacoby et autres, « A behavioral process approach to information acquisition in non-durable purchasing », *Journal of Marketing Research,* vol. 15, novembre 1978, p. 532-544.

31. E. Hirschman, « Cognitive complexity, intelligence and creativity : A conceptual overview with implications for research », *Research in Marketing,* vol. 5, 1981, p. 59-99.

32. R.A. Bauer, « Consumer behavior as risk taking », dans R.S. Hancock (sous la dir. de), *Dynamic Marketing for a Changing World,* Chicago, American Marketing Association, 1960, p. 87.

33. G.N. Punj et D. Stewart, « An interaction framework of consumer decision making », *Journal of Consumer Research,* vol. 10, septembre 1983, p. 181-196.

34. J. Jacoby et L. Kaplan, « The components of perceived risk », dans *Proceedings of the Third Annual Conference of the Association of Consumer Research,* sous la direction de M. Venkatesan, 1972, p. 382-393.

35. S. Cunningham, « Major dimensions of perceived risk », dans D.F. Cox (sous la dir. de), *Risk Taking and Information Handling in Consumer Behavior,* Boston, Graduate School of Business, Harvard University, 1967, p. 303 ; M. Perry et B.C. Hamm, « Canonical analysis of relations between socioeconomic risk and personal influence in purchase decision », *Journal of Marketing Research,* vol. 6, août 1969, p. 352.

36. C.M. Schaninger, « Perceived risk and personality », *Journal of Consumer Research,* vol. 3, septembre 1976, p. 95-100.

37. J. Dash, L.G. Schiffman et C. Berenson, « Risk and personality related dimensions of store choice », *Journal of Marketing,* vol. 40, janvier 1976, p. 32-39.

38. S. Cunningham, « Perceived risk and brand loyalty », dans D.F. Cox (sous la dir. de), *Risk Taking and Information Handling in Consumer Behavior*, ouvr. cité, p. 507-523.

39. B. Berman, *The Influence of Socioeconomic and Attitudinal Variables on the Price-Quality Relationship,* thèse de doctorat, City University of New York, 1973.

40. D.J. McConnell, « Effects of pricing on perception of product quality », *Journal of Applied Psychology,* vol. 52, août 1968, p. 331-334.

41. R.A. Peterson, « Consumer perceptions as a function of product color, price, and nutritional labeling », dans W. Perrault (sous la dir. de), *Advances in Consumer Research,* Atlanta, Association for Consumer Research, 1977, p. 61-63.

42. G.B. Sproles, « New evidence on price and product quality », *Journal of Consumer Affairs,* été 1977, p. 69-73.

43. J. Arndt, « Perceived risk, sociometric integration, and word of mouth in the adoption of new products », dans D.F. Cox (sous la dir. de), *Risk Taking and Information Handling in Consumer Behavior,* ouvr. cité, p. 315.

44. R.Y. Darmon, M. Laroche et J.V. Petrof, *Marketing in Canada : A Management Perspective,* Toronto, McGraw-Hill Ryerson, 1985, p. 180.

45. D. Cohen, *Consumer Behavior,* New York, Random House, 1981, p. 59.

46. S.J. Levy, « Symbols for sale », *Harvard Business Review,* vol. 37, juillet 1959, p. 117-124.

47. *Ibid.,* p. 119, 124.

48. N. Kargun, *Society and Marketing – An Unconventional View,* New York, Harper & Row, 1972.

49. Une annonce de Marsteller Inc. datant de 1969.

▼

50. Cité dans W.H. Mahatoo, *Dynamics of Consumer Behavior,* Toronto, John Wiley, 1985, p. 104.

51. « Merchant of glamour », *Time,* 8 septembre 1975, p. 62.

52. P. Martineau, *Motivation in Advertising : Motives That Make People Buy,* New York, McGraw-Hill, 1971, p. 109.

53. K. Runyon et D. Stewart, *Consumer Behavior,* Columbus, Merill, 1987, p. 593.

54. E.J. Breck, « Function vs. aesthetic packaging », *Profitability and Penetration Through Packaging,* AMA Management Bulletin, nº 65, 1965, p. 109.

Chapitre 5

L'apprentissage et le traitement de l'information

INTRODUCTION

En marketing, les préoccupations sont de deux ordres : on se demande quels facteurs peuvent favoriser un apprentissage solide et durable de la marque et comment convaincre les consommateurs des avantages d'un produit ou d'un service. Pour répondre à ces deux questions fondamentales, il faut maîtriser des sujets importants, tels que la mémoire et l'oubli, la fidélité à la marque, la répétition, la formation des habitudes de consommation, la généralisation d'un stimulus et le traitement de l'information.

L'apprentissage, le sujet principal de ce chapitre, est une activité humaine et le comportement de consommation, comme les autres comportements, est appris. Il existe plusieurs écoles de pensée en matière d'apprentissage, les deux plus importantes étant le *behaviorisme,* qui considère l'apprentissage comme le résultat d'associations de type stimulus-réponse, et la *psychologie cognitive,* qui met l'accent sur le rôle des processus mentaux pour expliquer l'apprentissage.

▼

Ce chapitre présente, dans un premier temps, une définition du concept d'apprentissage. Il explore ensuite les principales théories et approches qui s'y rapportent, l'intention ici n'étant pas de les comparer ou de les critiquer, mais d'en tirer des conclusions pratiques, car chacune peut contribuer à expliquer certains aspects du comportement du consommateur. Diverses dimensions qui se rattachent à l'apprentissage seront par la suite abordées afin de répondre à certaines questions qui préoccupent les spécialistes du marketing. Enfin, des concepts importants issus de la théorie du traitement de l'information et appliqués à la marque seront développés.

5.1 Qu'est-ce que l'apprentissage ?

Un apprentissage entraîne un changement de comportement. L'apprentissage ne peut être observé, et c'est seulement par les changements de comportement que l'on peut déduire qu'il y a eu apprentissage. Parfois, il s'écoule beaucoup de temps avant que l'apprentissage se manifeste dans le comportement. Par exemple, ce que le consommateur apprend en regardant une annonce ou en lisant un article dans une revue peut influencer le choix de marque qu'il fait plusieurs semaines plus tard.

Les psychologues excluent du processus d'apprentissage les comportements relevant d'une réaction instinctive, d'une cause naturelle et les divers états engendrés par les drogues, la maladie ou la fatigue. Par conséquent, *l'apprentissage peut être défini comme un changement de comportement résultant de l'expérience et donnant lieu à un nouveau comportement relativement stable*. J.A. Adams appelle apprentissage « tout changement dans la réponse ou le comportement d'une personne, dû à la pratique, à l'expérience ou à une association mentale[1] ».

En marketing, l'apprentissage du consommateur est défini comme suit : *l'apprentissage est l'effet qu'ont sur le comportement ultérieur du consommateur l'information et l'expérience reliées à l'achat et à la consommation*[2]. Notons que si l'apprentissage est souvent sélectif, c'est-à-dire un phénomène par lequel un consommateur réagit délibérément à certaines situations en recherchant de l'information, il n'en est pas toujours ainsi. En effet, une grande partie de l'apprentissage ne requiert qu'une faible implication, le sujet étant exposé accidentellement à divers stimuli de l'environnement.

5.1.1 Le rôle de l'implication

En situation de *faible implication,* l'individu apprend, bien qu'il soit peu motivé à le faire. Ainsi, lorsqu'une consommatrice qui regarde une émission d'information télévisée, telle que *Le Point*, est exposée à une publicité destinée à promouvoir une marque de céréales riches en vitamines, elle est peu motivée à y porter attention. Cependant, elle peut mémoriser certaines parties du message publicitaire en vue d'y recourir ultérieurement. Malheureusement, nous connaissons très mal le processus d'apprentissage dans les cas de faible implication. Il est cependant clair que l'apprentissage est une question de degré, et non pas un phénomène absolu[3].

En situation de *forte implication,* c'est-à-dire lorsque le consommateur est très motivé à rechercher et à évaluer l'information utile à sa décision, l'apprentissage est relié à la mémoire à long terme. Cela ne veut pas dire que, si l'implication est faible, l'apprentissage se détériore ou s'oublie rapidement. En fait, de plus en plus de psychologues croient que les 10 milliards de cellules du cerveau humain forment un réservoir permanent d'information, enregistrant et conservant chacune des expériences de l'organisme. Plutôt, le rappel de l'information captée en situation de faible implication est plus difficile parce que l'organisme n'est pas motivé à traiter, coder et entreposer avec soin du matériel destiné à une récupération future. Néanmoins, quel que soit le degré d'implication, l'apprentissage obéit toujours aux mêmes principes fondamentaux.

5.2 Les principales théories de l'apprentissage

Parmi les théories de l'apprentissage, nous retiendrons les théories du *conditionnement* (proposées par les behavioristes) et les théories *cognitivistes* (proposées par les psychologues cognitivistes). En dépit des divergences entre ces perspectives, celles-ci ne s'excluent pas mutuellement.

Selon les behavioristes, il y a conditionnement lorsque l'individu apprend à associer un certain stimulus à une réponse correspondante. C'est au moyen de telles associations stimulus-réponse que s'établissent les modes de comportement. Certains psychologues, dont Pavlov, minimisent l'importance du renforcement, tandis que d'autres, dont Skinner et Watson, considèrent que les conséquences de l'action d'un stimulus donné sont essentielles à l'apprentissage. Ces deux perspectives behavioristes de l'apprentissage apparaissent dans la partie de gauche de la figure 5.1.

Quant aux cognitivistes, ils soutiennent que l'apprentissage est un processus qui repose sur la capacité de se représenter mentalement les aspects de la réalité et de se reporter à ces représentations mentales. L'apprentissage se réaliserait soit par l'observation du comportement des autres et de ses conséquences, soit par le raisonnement. Ces deux perspectives cognitivistes de l'apprentissage apparaissent dans la partie droite la figure 5.1.

5.2.1 La théorie du conditionnement classique de Pavlov

Selon la *théorie du conditionnement classique* de Pavlov, l'apprentissage se réalise lorsque l'on associe de façon répétée un stimulus donné à un autre stimulus produisant déjà une réponse particulière. Après plusieurs essais, le nouveau stimulus commence de lui-même à produire une réponse similaire.

Pavlov a démontré expérimentalement que si des chiens salivaient (réponse inconditionnelle) lorsqu'on leur présentait de la nourriture (stimulus inconditionnel), un autre stimulus tel que le son d'une cloche (stimulus conditionnel) allait provoquer la même réponse (réponse conditionnelle) si on l'associait de façon répétée avec le stimulus inconditionnel (voir la figure 5.2, à la page 104). Pavlov a réussi à prouver que les chiens apprenaient à répondre à un stimulus conditionnel, par exemple saliver au son d'une cloche.

| **Figure 5.1** | *Les principales théories de l'apprentissage* |

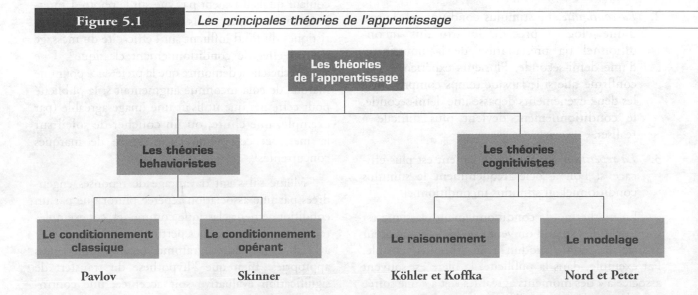

Figure 5.2   *Le conditionnement classique selon Pavlov*

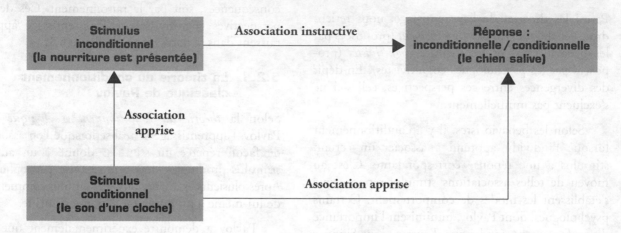

En général, pour qu'il y ait conditionnement, les trois conditions suivantes sont requises[4] :

1. *La préséance du stimulus conditionnel.* Si Pavlov avait d'abord présenté la nourriture à son chien et fait sonner la cloche ensuite, il n'y aurait pas eu conditionnement. Il semble que le stimulus conditionnel (ici la cloche) serve d'informateur, de telle sorte que, pour qu'il y ait conditionnement, ce stimulus doit précéder la présentation du stimulus inconditionnel.

2. *La contiguïté.* Le stimulus conditionnel (le son d'une cloche) précède le stimulus inconditionnel (la présentation de la nourriture) d'une demi-seconde. Plusieurs expériences ont confirmé que si le laps de temps compris entre les deux événements dépasse une demi-seconde, le conditionnement devient plus difficile à réaliser.

3. *La répétition.* Le conditionnement est plus efficace si l'on associe fréquemment le stimulus conditionnel au stimulus inconditionnel.

En marketing, le conditionnement classique est souvent utilisé quand on veut que le consommateur associe un certain produit à un stimulus agréable. Par exemple, dans la publicité, la bière est souvent associée à « des moments agréables » et à « une soirée avec les copains », tandis que les cosmétiques, les

automobiles, les boissons gazeuses et plusieurs autres produits sont plutôt régulièrement associés à la sexualité et à la séduction. Dans une expérience, les sujets devaient choisir entre un stylo bleu et un stylo beige, après avoir regardé une photographie de l'un des stylos tout en écoutant de la musique plaisante ou déplaisante. Les sujets ayant écouté de la musique plaisante ont plus souvent choisi la couleur qu'ils avaient vue sur la photo. Les sujets ayant écouté de la musique déplaisante ont été portés à choisir la couleur qu'ils n'avaient pas vue sur la photo. L'interprétation est que, dans la publicité, les caractéristiques du fond influent sur l'efficacité du message par un effet de conditionnement classique[5]. Une autre recherche a démontré que la préférence pour une marque de cola inconnue augmentait si la publicité pour cette marque utilisait une image agréable (par exemple, une chute, ou un coucher de soleil sur la mer), et ce, même en présence de marques concurrentes[6].

Même s'il s'agit davantage de réponses engendrées par une association répétée plutôt que par un conditionnement classique comme tel, ces exemples représentent des modèles pertinents en ce qui a trait à l'élaboration de programmes promotionnels plus appropriés. Bien que l'hypothèse du transfert de signification évaluative soit acceptée, une controverse entoure la question de savoir si les attitudes et les émotions peuvent résulter d'un conditionnement classique[7]. On peut néanmoins conclure que les consommateurs établissent des associations entre les différents éléments des messages publicitaires.

La généralisation d'un stimulus et la discrimination des stimuli, et leur application au marketing

La *généralisation d'un stimulus* est *la capacité qu'a l'être humain de réagir de la même façon à des situations ou stimuli qui présentent des ressemblances avec des situations ou stimuli familiers*[8]. L'apprentissage dépend de cette capacité de répondre de façon identique à des stimuli quelque peu différents.

En marketing, après qu'un nouveau produit a été introduit sur le marché avec succès, on voit apparaître de nombreuses copies de ce produit, parce que les spécialistes du marketing savent qu'il existe chez le consommateur cette tendance à la généralisation. Les produits imitateurs vivent aux dépens du produit innovateur, évitant ainsi les coûts élevés inhérents à la différenciation et au positionnement du produit. D'autre part, les chefs de file du marché essaient de différencier leur produit afin qu'il tranche sur les autres dans l'esprit du consommateur. Le concept de positionnement du produit s'attache à l'aptitude du consommateur à se corriger de sa tendance à la généralisation, ce qu'il peut faire en répondant avec plus de justesse à un ensemble de stimuli semblables[9]. Intervient ici le principe de la *discrimination des stimuli,* qui s'oppose à la généralisation d'un stimulus. Toutes les stratégies de positionnement du produit visent à encourager les consommateurs à distinguer un produit parmi plusieurs autres semblables. Par exemple, alors que Dr Pepper essaie de décourager la généralisation en se disant « clairement différent », Coca-Cola continue d'affirmer avec insistance que Coke est « le vrai de vrai ».

Cependant, c'est sur la généralisation que joue la stratégie de la marque lorsqu'une compagnie offre une ligne de produits reliés les uns aux autres en utilisant une marque commune aux divers produits (famille de marque). Cette stratégie est efficace pour les entreprises dont la marque jouit d'une bonne réputation et qui désirent en tirer profit en encourageant les consommateurs à étendre cette image favorable à d'autres produits portant le même nom (par exemple, Molson Export, Molson Light, Molson Dry, Molson Ice). Mais la généralisation peut donner des résultats désastreux si les consommateurs ont une mauvaise expérience à cause d'un des produits de la ligne et la transfèrent aux autres produits de la ligne. De plus, pour que la généralisation soit profitable, il est important de ne pas abuser de cette propension des consommateurs à généraliser en présence de stimuli semblables. C'est pourquoi les entreprises expérimentées comme Procter & Gamble s'assurent que leur stratégie de marque axée sur la généralisation demeure dans des limites raisonnables en s'en tenant à des produits connexes et familiers tels que les savons ou les shampooings.

5.2.2 La théorie du conditionnement opérant de Skinner

L'hypothèse centrale de la théorie du conditionnement opérant est que les comportements constituent des réponses qui ont été apprises parce qu'elles se sont déjà révélées efficaces. En d'autres termes, l'adoption d'un comportement dépend de l'effet relié à ce comportement. C'est pourquoi on dit que ce type d'apprentissage est le résultat d'un *conditionnement opérant.* Le conditionnement opérant met l'accent sur le comportement et ses conséquences. Ainsi, l'obtention d'une récompense dépend de la réponse donnée par l'individu. Par exemple, par le principe de la récompense, on peut enseigner à un pigeon placé dans une boîte à donner des coups de bec sur le mécanisme prévu pour distribuer de la nourriture, et ce à des rythmes divers[10]. L'apprentissage a lieu après que le même acte a été récompensé à plusieurs reprises. Il est mesuré par l'augmentation ou la diminution de la probabilité d'obtenir une réponse à un programme donné de récompenses.

Selon la théorie du conditionnement opérant de Skinner, le comportement peut être modifié à condition que le sujet de l'apprentissage reçoive une récompense appropriée (voir la figure 5.3, à la page 106).

Figure 5.3   *Le conditionnement opérant selon Skinner*

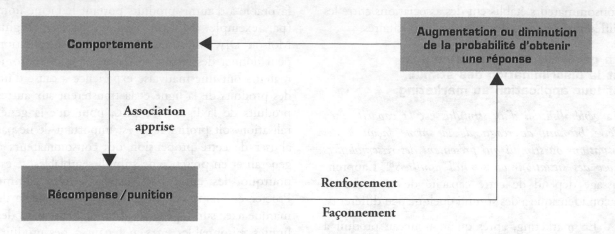

En définitive, « nous sommes ce pour quoi nous avons été récompensés. Ce que nous appelons personnalité n'est rien de plus que des modes de comportement façonnés par notre expérience de renforcement[11] ». Par conséquent, la personne qui distribue les récompenses peut aussi influencer le comportement.

Le conditionnement opérant diffère du conditionnement classique de deux façons. D'une part, dans le conditionnement opérant, le consommateur a la maîtrise de ses réponses, alors que, dans le conditionnement classique, les réponses sont involontaires. D'autre part, les réponses obtenues par le conditionnement classique sont directement provoquées par le stimulus, alors que les réponses opérantes sont conditionnées par les conséquences d'une action, lesquelles peuvent être plaisantes ou déplaisantes. Par exemple, si en utilisant une marque de shampooing donnée, vous vous sentez plus attrayant et considérez ce résultat comme satisfaisant, vous achèterez probablement cette marque de nouveau. Un tel phénomène est appelé *renforcement positif*. Dans d'autres cas, on peut augmenter la probabilité d'obtenir une réponse donnée en éliminant un stimulus désagréable. Par exemple, si après avoir commencé à se servir d'une certaine marque de désodorisant contre les odeurs corporelles le consommateur remarque que les gens sont plus

portés à se rapprocher de lui, la probabilité pour qu'il achète de nouveau cette marque augmenterait. C'est ce que l'on appelle le *renforcement négatif* (les gens ne l'évitent plus). Par ailleurs, si le désodorisant en question venait à provoquer une irritation de la peau, la probabilité pour qu'il achète de nouveau ce produit diminuerait. Cela est un exemple de *punition*.

Deux concepts se rapportent au conditionnement opérant : le programme de renforcement et le façonnement.

Le programme de renforcement

La réponse à un stimulus est déterminée par le programme de renforcement. Les deux principaux types sont le programme proportionnel et le programme à intervalles. Dans un *programme proportionnel,* le renforcement est donné après un certain nombre de réponses, peu importe le temps qui s'écoule entre celles-ci. Deux méthodes sont associées à ce type de programme :

- le *programme à proportion fixe,* dans lequel chaque énième réponse est récompensée (c'est-à-dire qu'il doit y avoir un nombre de réponses déterminé avant que l'on donne la récompense) ;

- le *programme à proportion variable,* où la récompense est donnée en moyenne une fois toutes les x réponses. Même si le sujet reçoit 3 récompenses de suite ou donne 10 réponses sans être récompensé, le taux de renforcement moyen, statistiquement parlant, demeure constant.

Dans un *programme à intervalles,* un certain laps de temps doit s'écouler avant que l'on donne la récompense ; dans ce cas, le nombre de réponses importe peu. Là encore, il existe deux méthodes :

■ le *programme à intervalles fixes,* selon lequel il doit s'écouler un laps de temps déterminé avant que l'on donne le renforcement – par exemple, la récompense sera donnée après un intervalle de deux minutes ;

■ le *programme à intervalles variables,* où les réponses font l'objet de renforcements périodiques, à la fin d'intervalles variables qui peuvent être, par exemple, de deux minutes en moyenne.

La figure 5.4 schématise ces différents programmes.

C'est le programme de renforcement à intervalles variables qui produit les formes de comportement les plus durables ; les jeux de hasard en sont des exemples bien connus. Le programme de renforcement à proportion variable se classe au deuxième rang, suivi du programme à proportion fixe et du programme à intervalles fixes. Deslauriers et Eberett ont démontré l'efficacité des programmes à renforcement variable, en ce qui concerne la production des comportements attendus[12] :

> On a pu obtenir le même taux de succès – mesuré par le nombre de voyages par autobus – en donnant de petites récompenses à l'aide d'un programme à proportion variable et en donnant continuellement des récompenses à l'aide d'un programme à renforcement fixe. Cependant, le premier type de programme permettait d'obtenir le même genre de comportement pour environ le tiers du coût du programme à renforcement fixe.

En résumé, ce sont les programmes à renforcement variable qui sont les plus avantageux ; outre leur coût moindre, ils mènent à des apprentissages qui montrent une plus grande résistance à l'oubli.

Figure 5.4   *Les programmes de renforcement*

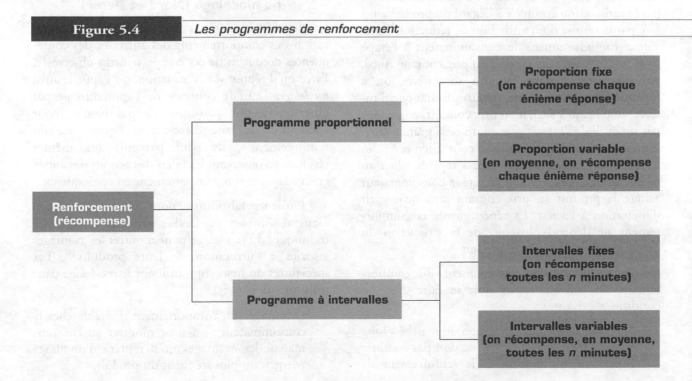

- Renforcement (récompense)
  - Programme proportionnel
    - Proportion fixe (on récompense chaque énième réponse)
    - Proportion variable (en moyenne, on récompense chaque énième réponse)
  - Programme à intervalles
    - Intervalles fixes (on récompense toutes les *n* minutes)
    - Intervalles variables (on récompense, en moyenne, toutes les *n* minutes)

Le façonnement

Le façonnement consiste dans la *présentation de renforcements successifs afin d'établir un comportement final,* tel que la fidélité à la marque, qui ne découle pas d'un processus comportant une étape unique. Il s'agit d'un processus de création de renforcements qui, graduellement, conduisent au comportement final recherché. Par conséquent, « le façonnement implique le renforcement positif d'approximations successives du comportement attendu, lesquelles sont requises pour que la réponse attendue puisse se produire[13] ».

Le recours au façonnement pour créer une fidélité à la marque

La figure 5.5 résume l'application de la technique du façonnement à la création de la fidélité à la marque. Au début, on attire l'attention du consommateur sur le produit par une campagne de communication. Puis, les échantillons gratuits du produit l'incitent à essayer le produit. Si le consommateur est satisfait après la première utilisation, on l'incite à acheter le produit en lui donnant un bon de réduction d'une valeur substantielle. Par la suite, le renforcement créé par la satisfaction éprouvée à l'égard du produit ainsi que par la remise d'un autre bon de réduction d'une valeur moindre amène le consommateur à l'étape finale, soit l'achat du produit au prix courant. Ainsi, par une série d'approximations successives, on a façonné le comportement, depuis un manque d'intérêt total jusqu'à l'achat au prix courant, en passant par un éveil de l'intérêt grâce à un essai gratuit, suivi d'un nouvel essai à un moindre coût. Bien entendu, le test final concernant les achats répétés a lieu au moment où l'on s'attend à ce que le consommateur achète le produit au prix courant sans qu'il y ait d'incitation à l'achat. La répétition de ce comportement ne dépend plus que de la satisfaction du consommateur à l'égard du produit[14].

La technique du façonnement du comportement du consommateur doit se faire dans les conditions suivantes :

1. Si l'on recherche la pénétration du marché à long terme, l'incitation à l'achat ne doit pas dominer l'effort de promotion. Si le renforcement de l'achat n'est pas fondé sur les attributs du produit, la réponse du consommateur dépendra d'une série sans fin d'offres spéciales et de réductions. Aucun effort de façonnement ne réussira à maintenir le résultat souhaité, à moins que le produit lui-même n'offre un avantage substantiel par rapport aux produits concurrents.

2. Il faut surveiller attentivement chacune des étapes successives du façonnement et ne pas abandonner prématurément les promotions. Si une promotion se termine avant que le comportement attendu n'ait été produit, les efforts des étapes suivantes donneront peu de résultats.

3. Le façonnement exige une série d'étapes organisées de façon à assurer une transition entre le désir de faire un essai et l'achat répété reposant sur la motivation personnelle (voir la figure 5.5). Soulignons enfin que de quatre à six étapes d'approximations successives sont nécessaires pour une application réussie du façonnement en marketing.

5.2.3 L'apprentissage par observation ou modelage (Nord et Peter)

L'apprentissage par observation est fondé sur l'observation des comportements des autres et des conséquences découlant de ces comportements observés[15]. Parce qu'il repose sur l'émulation, on l'appelle aussi *modelage.* Dans le contexte de l'apprentissage par observation, une personne n'a pas besoin, pour apprendre, de faire directement l'expérience du renforcement ; elle peut parvenir aux mêmes résultats en observant les effets des actions des autres et en adaptant son comportement en conséquence.

Plusieurs fabricants, dont Harley Davidson, General Motors et Levi's, ont tiré profit des techniques du modelage pour montrer les avantages associés à l'utilisation de leurs produits[16]. Les spécialistes du marketing utilisent le modelage dans trois intentions[17] :

1) encourager un comportement désirable chez le consommateur : on peut montrer au consommateur les avantages qu'il retirera d'un usage adéquat ou plus fréquent du produit.

Figure 5.5

Une application de la technique du façonnement en marketing en vue de créer la fidélité à la marque

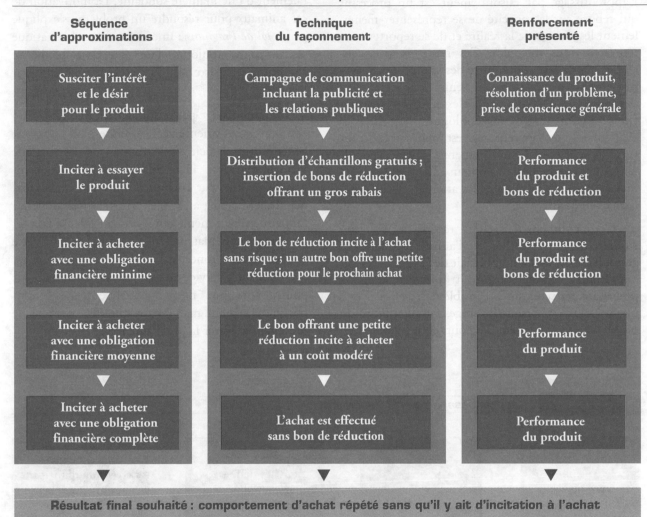

Séquence d'approximations	Technique du façonnement	Renforcement présenté
Susciter l'intérêt et le désir pour le produit	Campagne de communication incluant la publicité et les relations publiques	Connaissance du produit, résolution d'un problème, prise de conscience générale
Inciter à essayer le produit	Distribution d'échantillons gratuits ; insertion de bons de réduction offrant un gros rabais	Performance du produit et bons de réduction
Inciter à acheter avec une obligation financière minime	Le bon de réduction incite à l'achat sans risque ; un autre bon offre une petite réduction pour le prochain achat	Performance du produit et bons de réduction
Inciter à acheter avec une obligation financière moyenne	Le bon offrant une petite réduction incite à acheter à un coût modéré	Performance du produit
Inciter à acheter avec une obligation financière complète	L'achat est effectué sans bon de réduction	Performance du produit

Résultat final souhaité : comportement d'achat répété sans qu'il y ait d'incitation à l'achat

Source D'après M. Rothschild et W. Gaidis, « Behavioral learning theory : Its relevance to marketing and promotion », *Journal of Marketing*, vol. 45, printemps 1981, p. 72. Tous droits réservés. Ces données ont été traduites aux seules fins de la présente publication. L'American Marketing Association ne saurait être tenue responsable de toute interprétation erronée attribuable à la traduction. Texte traduit et publié avec la permission du *Journal of Marketing*, de l'American Marketing Association.

2) décourager un comportement indésirable : divers programmes de marketing liés à des causes sociales sont élaborés en vue de décourager des comportements tels que la consommation de cigarettes ou la conduite en état d'ébriété ;

3) encourager la réalisation de désirs refoulés : un exemple réside dans les annonces de produits de luxe qui peuvent amener les consommateurs potentiels à vaincre certaines inhibitions et à réaliser des rêves enfouis en présentant des gens comme eux qui ont du plaisir à conduire une moto, une belle voiture ou un yacht. Ces annonces soulignent les conséquences positives de l'utilisation de ces produits en disant « Pourquoi pas vous ? » ou « Vous le méritez bien[18] ».

5.2.4 L'apprentissage par raisonnement (Köhler et Koffka)

L'apprentissage par raisonnement est un processus qui repose sur la capacité de se représenter mentalement les aspects de la réalité et de se reporter à ces représentations mentales. Ces représentations englobent des associations entre des stimuli et des événements, des opérations du genre essais et erreurs, des stratégies à étapes multiples et diverses opérations mentales. Les psychologues cognitivistes soutiennent que l'apprentissage est fondé sur la découverte de modes de comportement significatifs résultant d'une interaction des valeurs, des croyances, des motivations, des attitudes, des attentes et de l'expérience antérieure.

Cette approche dérive des travaux de Wolfgang Köhler, de Kurt Koffka et d'autres psychologues gestaltistes. Alors qu'il effectuait des expériences sur des singes, Köhler découvrit que ces animaux pouvaient réfléchir sur un problème et en arriver à une solution[19]. Lorsque les singes faisaient face à un problème, ils « pesaient le pour et le contre » de différentes solutions jusqu'à ce qu'ils aient l'intuition de la bonne solution. Cette intuition survenait généralement d'une manière soudaine. La motivation de ces animaux pour résoudre un problème s'explique par la *loi de Pragnanz* : une situation problématique s'accompagne toujours d'un état de déséquilibre cognitif qui persiste jusqu'à ce que le problème soit résolu[20].

L'apprentissage par raisonnement met en jeu un comportement orienté vers l'atteinte d'un but et est généralement associé à des situations nécessitant une forte implication. Dans la figure 5.6, le consommateur déduit, par l'action de processus mentaux, que d'aller manger au Poulet Frit Kentucky (PFK) va lui permettre en même temps de satisfaire sa faim et de manger son plat préféré, le poulet frit. Si cette déduction est erronée, par exemple la nourriture est mal cuite ou le service est mauvais, le consommateur pourra faire une nouvelle analyse des solutions possibles, sachant maintenant que PFK n'est *pas* le restaurant à visiter la prochaine fois.

Figure 5.6   *L'apprentissage par raisonnement*

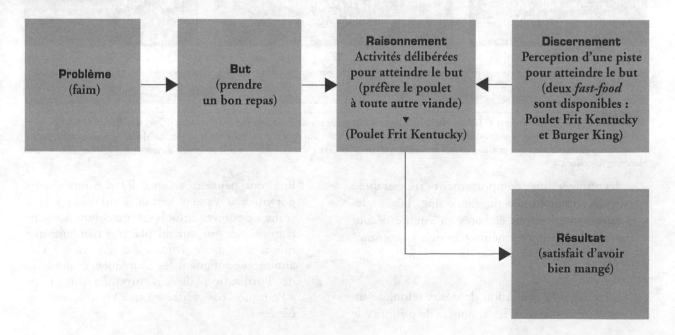

Les publicités fondées sur la théorie cognitiviste montrent le but que l'on peut atteindre par l'utilisation du produit en question. Elles présentent une argumentation logique qui s'articule autour de la valeur du produit et de ses différences significatives par rapport aux marques concurrentes. Contrairement aux annonces qui font appel au conditionnement, ces publicités mettent l'accent non sur les marques, les étiquettes ou les autres variables reliées au produit, mais sur les avantages que le consommateur peut retirer de l'utilisation du produit afin d'atteindre un bon niveau de satisfaction. Les spécialistes du marketing doivent faciliter le rappel de l'information en gardant à l'esprit que des facteurs tels que l'importance de l'information, la façon dont celle-ci sera utilisée et l'expérience antérieure jouent un rôle primordial dans la remémoration. C'est par de tels efforts que le gestionnaire peut encourager le consommateur à être fidèle à sa marque. L'encadré 5.1 donne un bon exemple de cette stratégie.

| Encadré 5.1 | *PLEINS FEUX SUR LES CONSOMMATEURS* |

Molson Canadian et l'association apprise avec le Canada

Grâce à une série de quatre campagnes publicitaires brillantes, Molson a réussi à amener sa marque Canadian au deuxième rang des bières les plus vendues au Canada en utilisant une stratégie originale issue de la recherche et en exploitant le nom de sa marque.

En 1994, après une année complète de recherches, Molson découvrit que les jeunes de 18 à 24 ans se sentaient fiers d'être citoyens d'un pays où des gens de différents groupes ethniques et religieux vivent en harmonie. La marque Canadian cadrait on ne peut mieux avec cette découverte et une série de campagnes ont été élaborées autour de ce thème :

- La première, en 1994, sur le thème de « Je suis », montrait une série de scènes avec de vrais jeunes (pas d'acteurs) de différents groupes ethniques, garçons et filles, passant de bons moments ensemble. Le texte, apparenté au courant dit « alternatif », s'inspirait de la poésie d'Allen Ginsberg et se terminait par « Parce que je suis ». Tambours et guitares accompagnaient les images.

- La deuxième, en 1995, sur le thème de « Je suis Canadian », utilisait le même type de montage que la précédente, de musique et de texte poétique, mais faisait appel à des scènes de l'histoire du Canada (construction de chemin de fer, crise d'Oka, etc.).

- La troisième, en 1996 et en 1997, sur le thème de « Je suis moi-même », montrait une jeune femme qui vainc sa peur en faisant du surf des neiges et en sautant d'une falaise en parachute. Le lien avec la Canadian est établi dans le texte.

- La quatrième, en 1998, avait pour thème « Un nombre infini de singes sur un nombre infini de machines à écrire arriveront un jour à définir le Canada », adapté d'un texte de l'astrophysicien Arthur Eddington.

Grâce à cette série de campagnes publicitaires au Canada (et celle qui fut développée aux États-Unis et fut très remarquée), la bière Molson Canadian est maintenant associée au Canada, et chaque mention du nom du Canada fait venir à l'esprit la marque Canadian.

Source Adapté de R. Hough, « I am, eh ? », *Financial Post Magazine*, juillet-août 1998, p. 24-28.

5.3 La fidélité à la marque

Il existe un lien entre l'apprentissage et la fidélité à la marque qui fait intervenir des éléments relevant de processus cognitifs et évaluatifs à l'œuvre dans la prise de décision. La fidélité à la marque consiste à acheter régulièrement la même marque pendant une période donnée *et* implique un engagement psychologique du consommateur à l'égard de *sa* marque. La définition de la fidélité à la marque doit tenir compte autant de la cohérence du comportement que de l'attitude à l'égard de la marque en question. Jacoby et Kryner définissent la fidélité à la marque comme un comportement d'achat impliquant six conditions, toutes nécessaires :

> [...] la fidélité à la marque est la réponse comportementale, c'est-à-dire l'achat (1), qui, se caractérisant par un parti pris (2), s'exprime dans le temps (3), par une unité de prise de décision donnée (4), concernant une ou plusieurs marques parmi un ensemble de marques (5), et qui résulte de processus mentaux comportant une évaluation et une prise de décision (6) [21].

La fidélité à la marque et la fidélité au magasin sont aussi reliées : les consommateurs qui font leurs achats dans seulement quelques magasins ont tendance à témoigner d'un niveau élevé de fidélité à la marque [22]. Les consommateurs fidèles à une marque ont par ailleurs une grande confiance dans leur habileté à évaluer les produits et ils sont plus enclins à se dire très satisfaits des produits qu'ils achètent [23]. La fidélité à la marque semble être fonction de la compétitivité des prix, du nombre de marques offertes, de la possibilité de remplacer le produit par un autre, de la satisfaction du consommateur et de la fidélité au magasin.

Cependant, les mercaticiens concurrents encouragent régulièrement les consommateurs à changer de marque en leur offrant un « meilleur » produit (pensons aux publicités comme celle de la peinture Para, reproduite à la figure 5.7) et en les incitant à faire un essai au moyen de promotions spéciales. Mais, dans plusieurs cas, le changement est temporaire, les consommateurs ayant tendance à revenir à leur marque préférée à la fin de la promotion.

Figure 5.7 *Un exemple de publicité destinée à promouvoir un nouveau produit prétendument meilleur que les produits concurrents*

Source Reproduit avec la permission de Peintures Para.

Une autre technique de marketing devenue très populaire consiste à instaurer des *programmes de fidélisation* tels que, entre autres, Club Z, Aéroplan, GM ou Optimum, qui incitent les consommateurs à rester fidèles à un détaillant, à un manufacturier ou à un fournisseur de services en offrant des récompenses (conditionnement opérant) qui varient selon le montant de l'achat [24].

5.4 La mémoire, l'oubli et la force de l'apprentissage

5.4.1 La mémoire

La mémoire, qui a son siège au cerveau, est une faculté par laquelle est conservé tout ce qui est appris. Sa structure et son mode de fonctionnement déterminent l'entreposage de l'information ainsi que les inférences reliées au matériel mémorisé. L'oubli est la perte du matériel acquis ; il survient entre le moment de l'apprentissage et l'effort fait pour le récupérer. L'apprentissage (et l'oubli) et la mémorisation constituent les deux facettes d'une même réalité, et l'étude de l'un est nécessairement liée à celle de l'autre. La mémorisation et l'oubli constituent des phénomènes encore relativement peu connus et il n'existe pas de théorie universellement acceptée les concernant.

La structure de la mémoire

La mémoire englobe trois modalités d'entreposage, chacune ayant des fonctions et des caractéristiques distinctes[25]. Ces trois modalités ne sont pas des entités physiques, mais simplement des processus distincts qui interviennent dans le fonctionnement de la mémoire. La figure 5.8 présente un modèle typique comportant un entreposage sensoriel (ES), un entreposage relié à la mémoire à court terme (MCT) et un entreposage relié à la mémoire à long terme (MLT). Par exemple, supposons que vous faites du magasinage dans un grand centre commercial, et que vous croisiez une femme dans les couloirs. D'abord, vous remarquez que cette femme porte un beau chapeau. Cette observation entre en mémoire très superficiellement, et son souvenir s'effacera rapidement à moins que cette information

ne soit traitée dans la mémoire à court terme. En général, la plupart des informations non pertinentes qui nous parviennent par nos sens sont rapidement éliminées. Par conséquent, même si les publicitaires dépensent des sommes énormes pour attirer l'attention des consommateurs, les effets sont souvent éphémères.

La *mémoire à court terme* est le lieu du traitement actif de l'information. C'est là que l'information la plus récente est entreposée, que les différents éléments d'information sont réorganisés et qu'un sens est donné à l'information entrée dans l'entreposage sensoriel, amenant de cette façon la personne à la compréhension. La façon dont l'information est interprétée dans la MCT est personnelle et dépend des expériences de chacun. Si le chapeau de la femme que vous venez de croiser a capté votre attention, vous pourriez conclure (à la suite d'un traitement de l'information effectué dans la MCT) que celle-ci aime s'habiller à la mode, alors qu'une autre personne pourrait conclure qu'elle se protège du froid.

L'information peut rester longtemps dans la MCT si on la répète mentalement plusieurs fois pour la mémoriser. Dans la figure 5.8, ce processus est appelé *répétition d'entretien*. Si l'information n'est pas traitée d'une manière active, elle disparaît après quelques secondes. Par ailleurs, la MCT a une capacité restreinte de traitement de l'information, c'est-à-dire qu'elle est incapable de traiter plus de cinq à

| Figure 5.8 | *Le fonctionnement de la mémoire* |

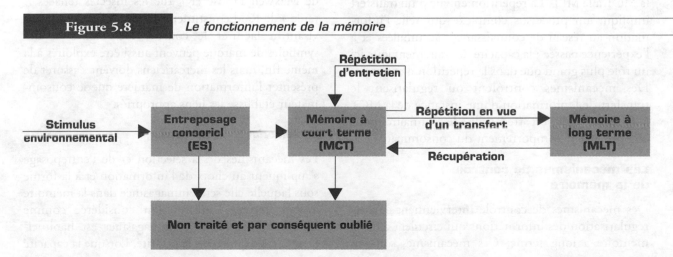

neuf tronçons d'information à la fois. Un tronçon d'information est un ensemble organisé d'éléments qui est familier à la personne et qui peut être manipulé comme une unité. Il serait difficile de retenir la suite de 11 lettres UNBONHOTDOG, la capacité de la MCT étant de 7 ± 2 tronçons. Mais, en remarquant que ces lettres forment la phrase UN BON HOT-DOG, il devient plus facile de se les rappeler. Chaque tronçon possède une densité variable, cela peu importe la capacité limitée de la MCT. Par exemple, le mot hot-dog entraîne des associations telles que « dîner », « barbecue », « sortie au Stade olympique » ou « pique-nique ». Sur un tronçon peuvent se greffer un ensemble d'éléments interreliés et liés au scénario cognitif déclenché par un mot et qui définissent la densité du tronçon[26].

La *mémoire à long terme* a quant à elle une capacité d'entreposage presque illimitée et permanente. C'est grâce à la MLT si l'on peut se souvenir de situations qui datent de plusieurs années. Par exemple, on peut se rappeler les visages encourageants de ses parents au moment où l'on faisait ses premiers pas, de son code d'étudiant ou de tous les détails de sa première visite à Disneyland. La capacité du cerveau humain à entreposer en un si petit espace de vastes sommes d'informations sur de longues périodes de temps n'a pas encore été égalée, même par l'ordinateur le plus puissant.

On appelle *répétition en vue d'un transfert* la répétition nécessaire pour que l'information passe de la MCT à la MLT. La répétition en vue d'un transfert implique un processus complexe qui relie l'information au réseau de connaissances accumulées et à l'expérience passée ; la capacité de traitement joue ici un rôle plus grand que dans la répétition d'entretien. Des mécanismes contrôlent ou régularisent le transfert de l'information d'une instance de la MCT à la MLT qu'il est très utile de connaître pour comprendre le comportement du consommateur.

Les mécanismes de contrôle de la mémoire

Des mécanismes de contrôle interviennent dans la régularisation des informations qui circulent dans la mémoire à long terme. Ces mécanismes sont au nombre de quatre : la répétition, le codage, la sélection et l'entreposage. L'efficacité de la récupération dépend de ces quatre mécanismes.

La répétition

La répétition conduit à une analyse de l'information contenue dans la mémoire à court terme. Elle fait appel à un traitement qui permet de relier la nouvelle information au réseau d'associations déjà existant dans la mémoire à long terme. La répétition a souvent été considérée comme un acte mécanique, mais cette conception a été remise en question par plusieurs études dont les résultats démontrent qu'un consommateur se souvient du prix d'une marque annoncée non pas parce qu'il l'a répété, mais plutôt parce qu'il l'a associé au prix courant de cette marque[27]. La répétition mécanique est utilisée seulement comme technique d'entretien, tandis que la répétition en vue d'un transfert est plus étroitement liée à la notion de capacité de traitement et aux réseaux d'associations.

Le codage

Par codage, on entend les moyens utilisés pour faciliter le stockage de l'information. Les techniques telles que la mnémotechnique et l'association de mots et d'images pour se souvenir d'un nom, d'un événement ou d'un endroit sont des formes de codage. Par exemple, les slogans « Recherchez la clarté » de Clarica, « Bon jusqu'à la dernière goutte » de Maxwell House et « Tue les insectes tenaces… raide » de Raid constituent des exemples de moyens visant à faciliter le codage. Des signes et des symboles de marque peuvent aussi être exploités à la même fin, mais les mercaticiens doivent s'assurer de présenter l'information de manière que le consommateur établisse les liens appropriés.

La sélection et l'entreposage

Les mécanismes de la sélection et de l'entreposage s'appliquent au choix de l'information et à la forme sous laquelle elle sera emmagasinée dans la mémoire à long terme. L'information considérée comme importante et facile à emmagasiner est habituellement celle qui reçoit la priorité. Lorsque la capacité de traitement de l'information est limitée, la personne doit faire un compromis quant à la précision de l'information retenue. La forme d'entreposage de l'information dépend de ce que le consommateur veut en faire : les détails inutiles sont automatiquement éliminés. Par exemple, si le consommateur veut comparer en magasin une nouvelle marque de craquelins avec d'autres marques (en lisant l'information fournie sur les emballages des différentes marques), il n'a besoin de se souvenir que des noms des marques qu'il veut comparer (ensemble de considération). Dans ce cas, le consommateur se reporte à l'information qui se trouve dans sa mémoire pour reconnaître ces marques sur les tablettes du magasin. Si la décision d'achat se prend en dehors du magasin, il est nécessaire qu'il y ait rappel plutôt que reconnaissance[28].

La reconnaissance requiert que l'on distingue un stimulus parmi de nombreux autres stimuli, tandis que le rappel exige que l'on reconstruise entièrement le stimulus. Par conséquent, le consommateur traite et emmagasine différemment l'information selon qu'il veut recourir au rappel ou à la reconnaissance[29]. Le consommateur qui connaît peu les marques sur le marché traitera l'information en magasin en utilisant la reconnaissance plutôt que le rappel, tandis que celui qui connaît déjà le produit en question sera plutôt porté à traiter l'information en dehors du magasin, en utilisant le rappel[30].

Ce phénomène comporte deux implications pour le marketing :

- S'il s'agit de nouveaux produits, de nouvelles situations, ou si le produit n'est pas connu, les spécialistes du marketing doivent mettre l'accent sur les efforts promotionnels en magasin, le conditionnement du produit et l'espace qu'il occupe sur les tablettes ; au contraire, si les produits sont connus, les mercaticiens doivent plutôt s'attacher aux activités qui ont lieu en dehors du magasin, parce qu'il est probable que le consommateur prendra sa décision avant de se rendre au magasin.

- Comme les consommateurs sont portés à utiliser le rappel dans les situations où ils doivent prendre leurs décisions en dehors du magasin, les messages promotionnels doivent être simples et faciles d'accès. Pour une prise de décision en magasin, l'information fournie sur l'emballage et au point de vente doit déclencher la reconnaissance[31].

La récupération

L'efficacité de la récupération de l'information conservée dans la mémoire à long terme dépend du fonctionnement des mécanismes de répétition, de codage et d'entreposage. Si le code utilisé pour la répétition et le transfert n'est pas accessible, l'information pertinente ne sera pas récupérée. Le principe selon lequel il faut un bon indice pour avoir accès à l'information emmagasinée dans la mémoire à long terme (qui nous fait dire, par exemple : « j'ai la réponse sur le bout de la langue ») a été démontré dans plusieurs recherches sur la théorie du codage variable[32]. Pour de nombreux psychologues, l'oubli n'est pas autre chose qu'un échec de la récupération, qui peut s'expliquer de diverses façons : « L'échec de la récupération peut résulter du fait que l'on cherche dans la mauvaise partie de la mémoire [c'est-à-dire dans le mauvais ensemble d'associations], que l'on manque de temps pour effectuer la tâche ou que l'on a fait un mauvais cheminement[33] ». C'est pourquoi les slogans et les symboles jouent un rôle primordial dans la reconnaissance et le rappel effectués par le consommateur. Les images présentées sur un emballage doivent créer un contexte propre à faciliter la récupération et non pas servir simplement à attirer l'attention. Dans une étude menée dans un supermarché concernant l'entreposage et la récupération des informations, on a montré que les consommateurs achetaient des marques moins chères lorsqu'on leur présentait les prix de toutes les marques sur une seule étiquette (au lieu d'utiliser des étiquettes de prix individuelles[34]).

Chez les personnes âgées, le temps nécessaire pour chercher et se rappeler l'information est plus long[35]. Les difficultés d'apprentissage que l'on observe chez les aînés sont attribuables à un déficit au stade du codage de l'information, c'est-à-dire au moment où la nouvelle information est incorporée dans la mémoire[36]. La publicité télévisée, en raison de la multiplication et du défilement rapide des images, n'est pas très efficace auprès des consommateurs âgés ; d'autres formes d'annonces, que le consommateur peut utiliser à son gré (dans les journaux, les magazines, etc.), conviennent mieux à cette clientèle[37]. Selon une autre étude, les personnes âgées préfèrent les médias imprimés à la télévision[38].

5.4.2 L'oubli

On le sait par expérience, des choses apprises sont souvent oubliées. L'oubli se définit comme *la perte de matériel conservé en mémoire en raison de la non-utilisation de celui-ci ou de l'échec du processus de récupération*. Il existe trois principales théories visant à expliquer le phénomène de l'oubli :

1. L'oubli résulterait de l'*interférence d'événements* se produisant entre le moment de l'apprentissage et celui du rappel. Guthrie était un fervent partisan de cette théorie ; il soutenait que, s'il n'y avait aucune interférence, il n'y aurait jamais d'oubli.

2. Selon la théorie de l'*effacement des traces,* le matériel appris et mis en mémoire s'efface ou se désintègre avec le temps. Les opérations mentales laissent une trace neurochimique qui s'efface graduellement avec le temps par défaut d'utilisation. Ainsi, des images autrefois éclatantes pâlissent petit à petit et disparaissent.

3. Selon la théorie de l'*échec du processus de récupération*, l'oubli est dû à une confusion dans les codes d'entreposage. L'information serait présente dans notre mémoire, mais nous sommes incapables de la retrouver et, par conséquent, nous ne pouvons nous en souvenir[39].

Bien que ces trois théories soient valables, la théorie de l'effacement des traces est celle qui a obtenu le moins d'appui, tandis que la théorie de l'échec du processus de récupération est celle qui en a obtenu le plus[40]. Cette théorie est privilégiée par ceux qui conçoivent la mémoire comme un réseau associatif qui peut être mesuré par la technique des chaînages cognitifs[41].

5.4.3 La force de l'apprentissage

Trois facteurs font qu'un apprentissage résiste à l'oubli : le renforcement, la pertinence de l'information et la répétition. Les mercaticiens doivent en tenir compte dans leurs stratégies de marketing.

Le renforcement

Comme nous l'avons vu dans la section consacrée au conditionnement opérant, le renforcement (positif ou négatif) se rapporte à tout stimulus capable de modifier la probabilité de réapparition d'une réponse donnée. Bien que l'apprentissage puisse se faire en l'absence de renforcement, celui-ci influe grandement sur le rythme d'apprentissage et sur le taux d'oubli. Les mercaticiens doivent se demander quel type de renforcement est le plus approprié à leur produit et concevoir des programmes promotionnels qui présentent un tel renforcement au consommateur. Si le produit se révèle à la hauteur des promesses, la probabilité de rachat augmentera, et avec le recours à des renforcements graduels, la probabilité de rachat augmentera jusqu'à ce qu'une habitude finisse par se former.

La pertinence

La pertinence de l'information a trait à l'importance que le consommateur accorde à l'apprentissage de cette information. Une information jugée très importante s'apprend mieux qu'une information jugée moins importante. Cependant, même si elle est jugée importante, l'information n'est pas toujours traitée et emmagasinée avec une célérité et un effort égaux. La mémoire donne la priorité à l'information qui est à la fois hautement pertinente et facile à emmagasiner. La capacité de traiter l'information est limitée chez l'être humain, ce qui oblige celui-ci à sélectionner l'information mise en mémoire. Souvent, il lui faut sacrifier la précision d'une information très pertinente afin d'en faciliter le rappel. Par exemple, un consommateur se souvient qu'il aime une marque donnée de yogourt, mais ne se rappelle pas tous les éléments qui l'ont amené à cette préférence.

Figure 5.9 | *Les résultats de l'étude de Zielske*

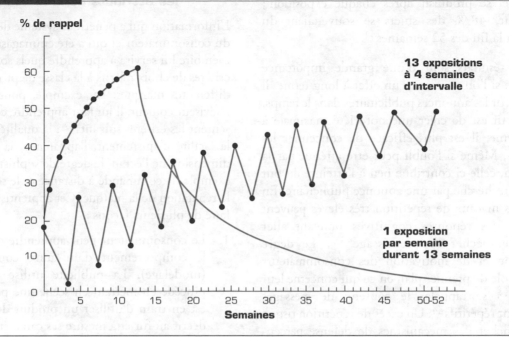

La répétition

La répétition d'une information permet d'en améliorer l'apprentissage. Cependant, si l'implication est faible et le renforcement insuffisant, il est peu probable que la seule répétition puisse amener le consommateur à mémoriser l'information reçue.

La plupart des recherches sur la mémorisation de la publicité font appel à deux mesures de l'apprentissage et de l'oubli : le rappel et la reconnaissance. Par *rappel,* on entend la restructuration et la récupération entière de la publicité : par exemple, on demande au consommateur de décrire en détail les messages publicitaires qu'il a vus durant une émission de télévision. La *reconnaissance* demande au consommateur de distinguer ou de différencier le stimulus appris parmi plusieurs autres stimuli : par exemple, on présente au consommateur une série d'annonces et il doit choisir celle qu'il pourrait avoir vue durant une émission de télévision.

Zielske fut le premier à analyser le phénomène de rappel de la publicité. Il a testé, auprès d'un échantillon aléatoire de deux groupes de ménagères de Chicago, une annonce répétée 13 fois dans un journal concernant un produit de grande consommation. Le premier groupe a reçu l'annonce chaque semaine pendant 13 semaines consécutives ; le second a reçu par la poste la même annonce toutes les 4 semaines pendant une période de 52 semaines (13 expositions au total). Le rappel de l'annonce a été mesuré par le biais d'un sondage téléphonique échelonné sur une année. On demandait aux sujets de répondre à des questions sur les annonces sans qu'il soit fait mention du nom de la marque ou de la campagne de publicité postale. Comme l'illustre la figure 5.9, cette étude a donné des résultats fort intéressants. Le groupe qui avait reçu l'annonce chaque semaine pendant 13 semaines consécutives est celui dont l'apprentissage fut le plus rapide ; 63 % des femmes se souvenaient du produit à la fin des 13 semaines, mais elles l'oublièrent aussi très rapidement. Quant au groupe qui avait reçu le même message toutes les 4 semaines pendant

52 semaines, l'apprentissage fut lent, et un oubli substantiel se produisit après chaque exposition ; cependant, 48 % des sujets se souvenaient du produit à la fin des 52 semaines[42].

Ces résultats sont d'une grande importance pratique : si l'on veut créer un effet à long terme, il faut répartir les annonces publicitaires dans le temps. Si l'objectif est de créer une notoriété maximale à court terme, il est plus efficace de concentrer les annonces. Même si l'oubli peut être atténué par la répétition, celle-ci contribue peu à l'atteinte du but explicite recherché par une annonce publicitaire. En fait, « des niveaux de répétition très élevés peuvent produire des réponses cognitives pouvant aller jusqu'à empêcher l'apprentissage[43] ». Le degré d'attention et de motivation des consommateurs joue un rôle de premier plan en ce qui concerne leur aptitude à se rappeler le contenu de messages hautement répétitifs[44]. Un excès de répétition risque de déclencher des mécanismes de défense perceptuelle chez les consommateurs qui peuvent alors bloquer le message, le déformer ou y prêter peu ou pas d'attention. Dans le cas où le degré d'implication est élevé, deux ou trois expositions à un message publicitaire peuvent être suffisantes pour permettre un rappel ultérieur[45]. De même, Goldberg et Gorn ont observé que, pour les enfants, une seule exposition à un message publicitaire peut suffire pour qu'ils déploient de grands efforts pour convaincre leurs parents de leur acheter le produit[46].

5.5 La théorie du traitement de l'information appliquée à l'apprentissage des marques

La théorie du traitement de l'information est reliée directement aux théories cognitivistes, et plus particulièrement à l'apprentissage par observation et à l'apprentissage par raisonnement. Elle est utile pour comprendre le processus de l'apprentissage des marques par le consommateur qui reçoit de l'information de diverses sources commerciales et non commerciales.

5.5.1 La compréhension de ce que sont les attributs de la marque

L'information qui a pénétré le système de perception du consommateur et qui a été emmagasinée dans sa mémoire lui servira à apprendre quels sont les divers critères de choix relatifs à la classe de produits et aux différentes marques. Par exemple, pour choisir un téléviseur couleur, il lui faut apprendre ce que représentent les critères suivants[47] : la qualité de l'image, la facilité d'ajustement, l'apparence, la garantie, la dimension de l'écran, le degré de sophistication (par exemple, la commande à distance et le son stéréo) et la réputation de la marque. Cet apprentissage peut se faire de plusieurs façons :

1. Le consommateur peut apprendre en *observant* le comportement d'un autre consommateur (modelage). La publicité utilise souvent ce procédé en mettant en scène une personne qui est en train d'utiliser un produit donné et qui décrit au fur et à mesure ses caractéristiques.

2. Le consommateur peut apprendre ce que sont les critères de choix en *utilisant* ou en *essayant* le produit. Une des méthodes les plus efficaces de promotion est d'envoyer un échantillon gratuit d'un produit, par exemple un rasoir mécanique à lames jumelles, aux consommateurs qui ne l'ont jamais essayé. De cette façon, le consommateur non seulement apprend quelles sont les caractéristiques de ce type de rasoir, mais aussi peut évaluer la marque d'après ces critères de choix et adopter le produit, s'il en est satisfait.

3. Le consommateur peut être *entraîné* à l'utilisation du produit. C'est le cas ici des démonstrations publiques ou télévisées au cours desquelles un vendeur donne une leçon complète sur les divers modes d'utilisation d'un produit. Lorsqu'elles sont bien rédigées, les instructions accompagnant le produit peuvent être un moyen très efficace d'apprentissage pour le consommateur.

4. Le consommateur peut apprendre en *consultant* des sources indépendantes crédibles, comme la revue *Protégez-Vous*. Cette revue fournit non

seulement des informations sur les critères de choix d'une catégorie de produits, mais aussi une évaluation des marques vendues selon ces critères de choix.

5.5.2 L'apprentissage et la catégorisation des marques

À la lumière de résultats de recherches portant sur plusieurs produits, Brisoux et Laroche[48] ont construit un modèle de catégorisation des marques. Ce modèle est présenté à la figure 5.10.

À l'intérieur d'une classe de produits donnée, par exemple les téléviseurs couleur d'une certaine taille, les consommateurs ont à évaluer un grand nombre de marques et à traiter l'information sur ces marques. Pour un produit bien connu, les consommateurs ont appris quels sont les critères importants dans le choix d'une marque. Parmi toutes les marques qui sont sur le marché dans une région donnée, il est raisonnable de penser qu'un consommateur ne connaît que quelques *noms* parmi les marques faisant partie du sous-ensemble des marques *sur le marché*. Ces marques que le consommateur connaît constituent l'ensemble des marques *connues*. Cette tendance des consommateurs à ne pas retenir les noms est due à la trop grande quantité d'infor-

mations à traiter et aux limites naturelles des capacités cognitives.

Parmi toutes les marques dont le consommateur connaît le nom, il en est certaines pour lesquelles il juge ne pas avoir une bonne compréhension, et ce pour plusieurs raisons : il n'a pas vu de publicité ou il ne s'en souvient pas ; il ne les a pas essayées ou, s'il l'a fait, l'expérience n'était pas concluante ; il ne se rappelle pas si quelqu'un de son entourage en a parlé, les a essayées ou les a commandées. C'est pourquoi on appelle cet ensemble celui des marques *floues*.

Les autres marques, soit celles que le consommateur connaît mieux, composent l'ensemble des marques *traitées*. Les marques de cet ensemble sont toutes évaluées au moins sommairement par le consommateur. Il en résulte trois ensembles :

- l'ensemble des marques *considérées*, qui sont celles parmi lesquelles le consommateur fera son choix final. Le concept d'*ensemble de considération*, proposé par Howard, se révèle ici extrêmement important[49] ;

- l'ensemble des marques *rejetées*, comprend les marques qui lui sont inacceptables compte tenu de ses besoins ;

| Figure 5.10 | *Le modèle de catégorisation de Brisoux et Laroche* |

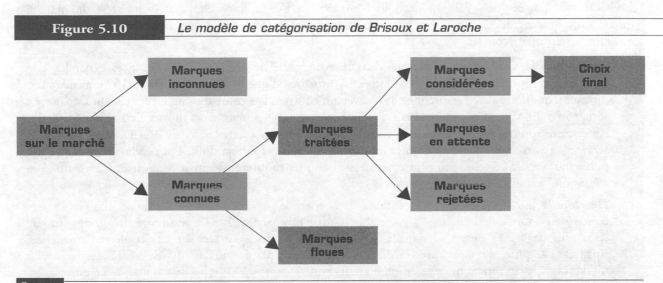

Source D'après J.E. Brisoux et M. Laroche, « A proposed consumer strategy of simplification for categorizing brands », dans J.H. Summey et R.D. Taylor (sous la dir. de), *Evolving Marketing Thought for 1980*, Carbondale (Ill.), The Southern Marketing Association, 1980, p. 113.

- l'ensemble des marques *en attente*, qui ne correspondent pas exactement à ses besoins, mais qu'il ne veut pas rejeter complètement.

Les marques en attente peuvent se rattacher à trois types d'attitude :

- le consommateur a une attitude plutôt favorable face à l'une ou l'autre de ces marques, mais ne pas l'inclure dans son ensemble de considération parce qu'elle ne correspond pas exactement à ses besoins ou à la situation d'achat ou parce que le prix est trop élevé par rapport à la qualité perçue ou que personne dans son entourage ne semble l'utiliser. Si l'une de ces conditions change, la marque peut entrer dans l'ensemble des marques considérées ;

- le consommateur a une attitude plutôt défavorable face à l'une ou l'autre de ces marques, mais il ne la rejette pas parce que le prix est très bas ou que quelqu'un dans son entourage l'utilise ;

- le consommateur a une attitude vraiment neutre face à l'une ou l'autre de ces marques ; l'image qu'il en a est moyenne et, si rien ne se passe pour la renforcer, il finira par l'oublier et elle deviendra une marque floue.

C'est ce processus de simplification de la tâche d'apprentissage et de traitement de l'information qui est schématisé à la figure 5.10. Cette catégorisation est dynamique en ce sens que des changements de catégorie peuvent se produire dans le temps à la suite des efforts promotionnels de toutes les entreprises commercialisant ces marques.

Sachant que le consommateur simplifie le traitement des marques de cette manière, le directeur du marketing d'une entreprise doit s'informer de la position de sa marque par rapport à chacun des ensembles et pour chaque segment de marché, ainsi que des modes de traitement de l'information commerciale[50]. Un exemple de stratégie s'inspirant de ce processus est donné dans l'encadré 5.2.

Encadré 5.2 **PLEINS FEUX SUR LES CONSOMMATEURS**

L'apprentissage par les consommateurs est une étape essentielle au développement des marchés

La vente d'assurances directe aux consommateurs. Les ventes des Assurances générales des caisses Desjardins (AGCD) sont passées de 1 million de dollars en 1987 à 176 millions en 1990 (soit 10 % du marché québécois), et ce grâce à une stratégie en plusieurs étapes fondée sur une connaissance parfaite du consommateur québécois :

- Développer la *notoriété* de la marque dans une catégorie de produits (les assurances générales) : la recherche a montré que, parmi les Québécois titulaires d'une assurance générale, 15 % avaient fait directement affaire avec l'assureur et 85 % avec un courtier. Par comparaison, à l'échelle du Canada, ce sont 35 % des Canadiens qui traitent directement avec un assureur, alors qu'aux États-Unis 65 % des Américains font de même. Donc, la première étape consistait à faire connaître AGCD, le prestataire de services d'assurances générales dans les caisses populaires Desjardins. Pour cela, une campagne publicitaire a été conçue, qui utilise des dessins animés montrant Maman Maison et Papa Auto à la télévision, soutenue par des messages à la radio.

- Développer la *compréhension* des attributs de la marque : comme il s'agissait de se différencier des concurrents, une deuxième campagne publicitaire a mis l'accent sur l'accessibilité du produit (offert dans plus de 1 000 caisses Desjardins) et sur la qualité des agents et du service de règlement des sinistres. De plus, des brochures et des affiches ont été placées aux points de vente. La recherche marketing a démontré que les consommateurs sont réceptifs à ce type de campagne et portés à se renseigner afin de trouver le meilleur produit. Pour soutenir cette stratégie, un central de télémarketing

▼

▼

a été créé, qui peut répondre à 50 000 appels par semaine pour donner des renseignements, vendre des assurances par téléphone ou enregistrer un sinistre (une permanence est assurée). Tous les appels sont gratuits et toutes les polices d'assurances sont personnalisées et envoyées au client dans les 48 heures qui suivent la vente.

Ce type de service soutenu et efficace favorise l'acquisition d'une *attitude favorable* face à la marque, ce qui explique le succès de cette stratégie.

Source Adapté de M. Quinty, « Desjardins frappe dans le mille », *Commerce*, septembre 1991, p. 14-15. Adapté avec la permission de Copibec.

Le rôle d'Internet dans l'apprentissage et la catégorisation

L'utilisation de plus en plus prononcée d'Internet, et en particulier des moteurs de recherche et des agents intelligents (appelés *bots*), va accroître l'apprentissage par le consommateur de nouvelles marques qui devront être catégorisées selon un modèle semblable au précédent et présenté à la figure 5.11.

Le nombre total de marques sur le marché pour une catégorie de produits est élargi à toutes les marques accessibles par Internet. Le consommateur qui utilise un moteur de recherche donné obtient les marques offertes par l'intermédiaire de ce moteur de recherche. Parmi ces marques sur le marché, le consommateur trouve des marques qu'il ne reconnaît pas. Il décide alors soit de les ignorer, soit d'en examiner certaines superficiellement ou partiellement. Les marques retenues pour examen se retrouvent ensuite soit dans l'ensemble des marques floues, soit dans l'ensemble des marques traitées, avec les marques connues qui y ont aussi été classées. À partir de là, la démarche se poursuit de la façon exposée plus haut, sauf que, maintenant, le consommateur peut accéder rapidement à beaucoup d'informations disponibles dans Internet et le processus de catégorisation est accéléré et rendu plus dynamique grâce à ce moyen.

| **Figure 5.11** | *Le modèle de catégorisation par l'utilisation d'Internet* |

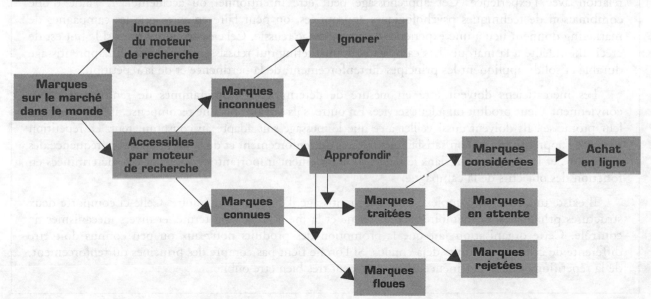

RÉSUMÉ

Le comportement de consommation, comme tout autre comportement, est appris. Afin d'adopter les meilleures stratégies de marketing, il faut comprendre le processus de l'apprentissage. Les psychologues ne s'entendent pas tous sur ce qui motive l'apprentissage ni sur la façon dont il se réalise. L'apprentissage ne peut être directement mesuré ; on ne le connaît que par déduction, en observant les changements de comportement.

L'apprentissage a fait l'objet de nombreuses théories. Pour expliquer le comportement du consommateur, les théories behavioristes et cognitivistes ont été retenues.

Les théories du conditionnement classique et du conditionnement opérant appartiennent au behaviorisme. Le conditionnement classique doit remplir trois conditions : la préséance du stimulus conditionnel, la contiguïté et la répétition. Selon la théorie du conditionnement opérant, le comportement doit être renforcé pour qu'il y ait apprentissage. Le renforcement doit être donné à l'aide d'un programme déterminé. Le façonnement consiste dans la présentation de renforcements successifs destinés à établir un comportement final complexe. Ces principes, ainsi que la généralisation d'un stimulus et la discrimination de stimuli, doivent être pris en considération dans la conception d'une stratégie de marketing.

La psychologie cognitive met l'accent sur la résolution de problèmes fondée sur le raisonnement. L'apprentissage est la découverte de modèles significatifs découlant d'une interaction complexe des valeurs, des croyances, des attitudes, des attentes et de l'expérience antérieure. Le raisonnement et la poursuite d'objectifs sont au cœur de l'apprentissage. On appelle apprentissage par observation l'apprentissage fondé sur l'observation des autres et sur l'émulation. La fidélité à la marque est associée de près à l'apprentissage ; elle consiste à acheter fidèlement une même marque dans le temps.

Les écoles behavioriste et cognitiviste ne s'excluent pas mutuellement. L'apprentissage n'est pas un processus singulier, uniforme, et une variété d'approches peuvent expliquer sa complexité. L'apprentissage du consommateur se traduit par un changement dans le comportement d'achat et de consommation en relation avec l'expérience. Cet apprentissage peut être intentionnel ou accidentel. À l'aide d'une combinaison de techniques psychologiques appropriées, on peut faire en sorte que les campagnes de marketing donnent lieu à une expérience d'apprentissage réussie. Cela est très important si le but est de créer une fidélité à la marque. Les campagnes de marketing qui réussissent à produire un apprentissage durable et solide appliquent les principes du renforcement, de la pertinence et de la répétition.

Les mercaticiens doivent être en mesure de déterminer les programmes de renforcement qui conviennent à leur produit ou à leur service. En outre, s'ils ont promis une récompense, il leur faut tenir leur promesse ! Ils doivent aussi veiller à ce que le message soit adapté au consommateur. La répétition renforce l'apprentissage si l'on satisfait aux critères du renforcement et de la pertinence. La fréquence des répétitions et leur répartition dans le temps sont également importantes et doivent être déterminées en fonction des objectifs de la campagne.

Il existe une relation complexe entre l'apprentissage, l'oubli et la mémoire. Celle-ci comporte deux structures principales, la mémoire à court terme et la mémoire à long terme, et divers mécanismes de contrôle. Cette organisation fait que la promotion des produits nouveaux ou peu connus doit être différente de celle des produits déjà connus. Si l'on ne tient pas compte des principes du renforcement, de la répétition et de la pertinence, le produit peut très bien être oublié.

▼

Selon la théorie du traitement de l'information, le consommateur est assimilé à un système de traitement de l'information, peu importe la nature ou la source de l'information. Ses besoins sont exprimés par les critères de choix (ou attributs) qu'il associe au produit et par l'importance de ces critères. L'évaluation et le choix des marques est un processus assez complexe et, pour le mener à bien, les consommateurs appliquent des règles de simplification, dont rendent compte le modèle de catégorisation de Brisoux et Laroche et son extension au contexte de l'utilisation de moteurs de recherche propre à Internet.

QUESTIONS ET THÈMES DE DISCUSSION

1. Expliquez le concept d'apprentissage. Décrivez, au moyen d'exemples, et comparez :

   a) l'apprentissage en situation de faible implication et l'apprentissage en situation de forte implication ;

   b) les deux approches de l'apprentissage que sont la théorie behavioriste et la théorie cognitiviste.

2. « Les consommateurs établissent entre les stimuli publicitaires et les produits des associations qui peuvent conduire à préférer certains produits. » Discutez de cet énoncé en vous reportant spécifiquement au conditionnement classique et en choisissant des annonces qui l'utilisent.

3. Faites la distinction entre la généralisation d'un stimulus et la discrimination de stimuli. Expliquez l'importance de ces phénomènes dans l'élaboration d'une stratégie de marketing ; dans votre explication, reportez-vous aux publicités de Coca-Cola (« Le vrai de vrai ») et de 7-Up (« L'incola »).

4. Expliquez brièvement, en donnant des exemples, les conséquences :

   a) du renforcement positif ;

   b) du renforcement négatif ;

   c) de la punition.

5. Décrivez les principales étapes de l'application de la technique du façonnement en marketing, en reliant chaque étape à la réponse comportementale du consommateur.

6. *a)* En vous reportant à la perspective cognitiviste, expliquez comment se déroule le processus de l'apprentissage chez un consommateur qui envisage l'achat d'un appareil photo digital de marque connue.

   b) En quoi les annonces fondées sur la théorie cognitive diffèrent-elles de celles qui sont fondées sur la théorie behavioriste ?

7. Comment une personne chargée du marketing d'une cause sociale peut-elle utiliser les trois applications du modelage pour encourager ou décourager la consommation :

   a) de bière ?

   b) de cigarettes ?

   c) de condoms ?

8. Expliquez les trois différentes théories de l'oubli (dans le contexte des messages publicitaires). Pour ce faire, vous devez vous reporter aux résultats de l'étude de Zielske.

9. Décrivez les trois modalités de fonctionnement de la mémoire, en donnant une brève description :

a) de la répétition d'entretien ;

b) de la répétition en vue du transfert ;

c) du morcelage de l'information.

10. Expliquez le concept de fidélité à la marque. Analysez ce concept du point de vue de ses implications stratégiques pour le marketing. Faites le lien avec les programmes de fidélisation.

11. Allez dans un supermarché et étudiez la section des céréales. Selon votre propre expérience, classez toutes les marques sur les tablettes dans chacune des catégories de Brisoux et Laroche. Expliquez votre démarche.

12. Expliquez le modèle de catégorisation des marques appliqué dans l'environnement Internet. Pour ce faire, choisissez une catégorie de produits et un moteur de recherche et décrivez les étapes suivies et les résultats obtenus.

NOTES

1. J.A. Adams, *Learning and Memory : An Introduction*, Homewood (Ill.), Richard D. Irwin, 1980, p. 6.

2. Adapté de W.L. Wilkie, *Consumer Behavior*, 3e éd., Toronto, Wiley, 1994, p. 257.

3. R. Weigo et L. Lawton, « Message repetition, experience and motivation », *Psychological Marketing,* automne 1986, p. 165-179.

4. B.R. Hergenhahn, *An Introduction to Theories of Learning,* Englewood Cliffs (N.J.), Prentice-Hall, 1982, p. 168-169.

5. G. Gorn, « The effects of music in advertising on choice behaviour : A classical conditioning approach », *Journal of Marketing,* vol. 46, hiver 1982, p. 94-101. Voir aussi C. Bierley, F. McSweeney et R. Vannieuwkerk, « Classical conditioning of preferences for stimuli », *Journal of Consumer Research*, vol. 12, décembre 1985, p. 316-323.

6. T.A. Shimp, E.W. Stuart et R.W. Engle, « A program of classical conditioning experiments testing variations in the conditional stimulus and context », *Journal of Consumer Research,* vol. 18, juin 1991, p. 1-12.

7. C. Allen et T. Madden, « A closer look at classical conditioning », *Journal of Consumer Research*, vol. 12, décembre 1985, p. 301-315 ; R. Petty et J. Cacioppo, *Attitudes and Persuasion : Classic and Contemporary Approaches,* Dubuque (Ia.), W.C. Brown, 1981 ; R. Zajonc et H. Markus, « Affective and cognitive factors in preferences », *Journal of Consumer Research*, vol. 9, septembre 1982, p. 123-131.

8. O.H. Mowrer, *Learning Theory and Behavior,* New York, Wiley, p. 439.

9. J.L. Zaichkowsky et R.N. Simpson, « The effects of experience with a brand imitator on the original brand », *Marketing Letters*, vol. 7, 1, 1996, p. 31-39.

10. B.F. Skinner, *Behavior of Organisms : An Experimental Analysis,* New York, Appleton, 1966.

11. B.R. Hergenhahn, ouvr. cité, p. 86.

12. Cités dans W.R. Nord et P. Peter, « A behavior modification perspective on marketing », *Journal of Marketing,* vol. 44, printemps 1980, p. 39.

13. *Ibid.*

14. M. Rothschild et W. Gaidis, « Behavioral learning theory : Its relevance to marketing and promotion », *Journal of Marketing,* vol. 45, printemps 1981, p. 70-78.

15. W.R. Nord et P. Peter, art. cité, p. 40.

16. R.J. Markin et C.L. Narayana, « Behavior control : Are consumers beyond freedom and dignity ? », dans B.B. Anderson (sous la dir. de), *Advances in Consumer Research,* vol. 3, Chicago, Association for Consumer Research, 1975, p. 222-228.

17. A. Bandura, *Principles of Behavior Modification,* New York, Holt, Rinehart and Winston, 1969.

18. W.R. Nord et P. Peter, art. cité, p. 41.

19. B.R. Hergenhahn, ouvr. cité, p. 256-264.

20. *Ibid.,* p. 249.

21. J. Jacoby et B. Kryner, « Brand loyalty vs. repeat purchase behavior », *Journal of Marketing Research,* vol. 10, février 1973, p. 2.

22. J. Carman, « Correlates of brand loyalty : Some positive results », *Journal of Marketing Research,* vol. 7, février 1970, p. 67-76.

23. R. Alsop, « Brand loyalty vs. repeat purchase behavior », *Journal of Marketing Research,* vol. 7, février 1970, p. 67-76.

24. P.L. Andruss, « Understanding Canada », *Marketing News,* 12 mars 2001, p. 1, 11, 15.

25. J.R. Bettman, « Memory factors in consumer choice : A review », *Journal of Marketing*, vol. 43, printemps 1979, p. 37.

26. Walter A. Henry, « The effects of information processing ability on processing accuracy », *Journal of Consumer Research,* vol. 11, juin 1980, p. 42-48.

27. R. Jacobson et C. Obermiller, « The formation of reference price », dans T.K. Srull (sous la dir. de), *Advances in Consumer Research*, vol. 16, 1989, p. 234-240 ; A. Shah, « Reference price and just noticeable difference : A study with some implications for retail pricing », dans R.L. King (sous la dir. de), *Marketing : Perspectives for the 1990s*, Richmond (Va.), Southern Marketing Association, 1992, p. 463-466.

28. J.R. Bettman, art. cité, p. 48.

29. B. Tversky, « Encoding processes in recognition and recall », *Cognitive Psychology,* vol. 5, 1973, p. 275-287.

30. J.R. Bettman, art. cité, p. 49.

31. J.R. Bettman, « Memory factors in consumer choice », art. cité, p. 49.

32. Surendra N. Singh, D. Linville and A. Sukhdial, « Enhancing the efficacy of split thirty-second commercials : an encoding variability application », *Journal of Advertising,* vol. 24, nº 3, 1995, p. 13-23 ; William E. Baker and Richard J. Lutz, « An empirical test of an updated relevance-accessibility model of advertising effectiveness », *Journal of Advertising,* vol. 23, nº 1, 2000, p. 1-13.

33. J.R. Bettman, art. cité, p. 40.

34. J.E. Russo et autres, « An effective display of unit price information », *Journal of Marketing*, vol. 39, avril 1975, p. 11-19.

35. E.E. Ensley et W. Pride, « Advertising pacing and the learning of marketing information by the elderly », *Psychology and Marketing,* vol. 8, printemps 1991, p. 1-20.

36. C.C. Cole et M.J. Houston, « Encoding and media effects on consumer learning deficiencies in the elderly », *Journal of Marketing Research*, vol. 24, février 1987, p. 55-63.

37. L.W. Philips et B. Sternthal, « Age differences in information processing : A perspective on the aged consumer », *Journal of Marketing Research*, vol. 14, novembre 1977, p. 444-457.

38. J.J. Burnett, « Examining the media habits of the affluent elderly », *Journal of Advertising Research*, vol. 31, octobre-novembre 1991, p. 33-41.

39. J.A. Adams, ouvr. cité, p. 317-318.

40. *Ibid.*

41. P. Valette-Florence, « Introduction à l'analyse des chaînages cognitifs », *Recherche et applications en marketing*, vol. 9, nº 1, 1994, p. 93-117.

42. H.A. Zielske, « The remembering and forgetting of advertising », *Journal of Marketing*, vol. 23, janvier 1959, p. 239-243.

43. C.S. Craig, B. Sternthal et C. Leavitt, « Advertising wearout : An experimental analysis », *Journal of Marketing Research*, vol. 13, novembre 1976, p. 365-372.

44. *Ibid.,* p. 371.

45. M.E. Krugman, « Why three exposures may be enough », *Journal of Advertising Research,* vol. 12, décembre 1972, p. 11-14.

46. M. Goldberg et G. Gorn, « Children's reaction to TV advertising : An experimental approach », *Journal of Consumer Research*, vol. 1, septembre 1984, p. 69-74.

47. N.J. Church, M. Laroche, J. Rosenblatt, « Consumer brand categorization for durables with limited problem solving : an empirical test and proposed extension of the Brisoux-Laroche model », *Journal of Economic Psychology*, vol. 6, 1985, p. 231-253.

48. N.J. Church, M. Laroche, J. Rosenblatt, « Consumer brand categorization for durables with limited problem solving : an empirical test and proposed extension of the Brisoux-Laroche model », *Journal of Economic Psychology*, vol. 6, 1985, p. 231-253.

49. J.A. Howard, *Consumer Behavior in Marketing Strategy*, Toronto, Prentice-Hall, 1989 ; J.A Howard et J.N. Sheth, *The Theory of Buyer Behavior*, New York, Wiley, 1969.

50. C. Espiard et C. Berneman, « La compréhension des messages publicitaires et le développement cognitif des enfants », dans *Marketing,* vol. 14, A. Carson (sous la dir. de), Montréal, Association des sciences de l'administration du Canada, 1991, p. 67-76 ; M. Laroche, J. Rosenblatt et J.E. Brisoux, « Consumer brand categorization : Basic framework and managerial implications », *Marketing Intelligence and Planning*, vol. 4, nº 4, 1986, p. 60-74.

Chapitre 6

Les attitudes[1]

INTRODUCTION

Une attitude est une disposition à produire un comportement donné. C'est un état d'esprit, qui peut être positif ou négatif, à l'endroit de quelqu'un ou de quelque chose (un produit, un service, une idée, etc.). Chaque fois qu'un consommateur éprouve un sentiment favorable ou défavorable à l'égard d'une entreprise, d'un produit, d'une annonce ou d'un thème publicitaire, il manifeste une attitude. En marketing, il importe de savoir comment les attitudes des consommateurs se forment et comment elles peuvent être modifiées, de façon à pouvoir influencer le comportement. En effet, plusieurs stratégies de marketing relatives au lancement de nouveaux produits ou services, à la conception de campagnes publicitaires et au positionnement du produit ou du service ont pour objectif de former, de changer ou de renforcer une attitude.

Il existe une relation entre l'attitude et la perception. La perception correspond, on l'a vu au chapitre 4, à l'interprétation que nous donnons des divers stimuli que reçoivent nos sens. Les perceptions peuvent se transformer en attitudes, lesquelles déterminent le comportement, y compris le comportement de consommation. Dans ce chapitre, nous étudierons d'abord la nature des attitudes, en tâchant de cerner la définition qui est la plus appropriée à notre sujet. Nous verrons ensuite comment les attitudes se forment et influent sur le comportement. Nous accorderons une attention spéciale à plusieurs théories et modèles concernant la structure des attitudes, car le fait de comprendre celles-ci permet de mesurer et de prévoir le comportement du consommateur, ce qui donne toute son importance à l'étude du comportement du consommateur. Nous traiterons également des principales approches qui permettent de mesurer les attitudes. Enfin, nous présenterons diverses méthodes visant à changer les attitudes et examinerons la pertinence de ces méthodes pour la stratégie de marketing. Un mercaticien averti se doit de comprendre les théories relatives aux attitudes dont découlent de nombreuses applications pour le marketing, par exemple, le choix d'une stratégie de positionnement publicitaire ou la définition du contenu d'un message.

6.1 Qu'est-ce qu'une attitude ?

Depuis plus d'un siècle, l'étude des attitudes occupe, dans la psychologie sociale, une place de premier plan. Cependant, la question de la définition du concept d'attitude continue de soulever la controverse. Il existe, en effet, une centaine de définitions de ce concept et il est difficile d'arriver à un consensus à ce propos.

Bien que le concept d'attitude soit complexe, la plupart des psychologues sociaux s'entendent sur ce qui doit être le point central de leurs études : la relation entre les attitudes et le comportement. Néanmoins, quelques behavioristes soutiennent que les attitudes n'existent pas, qu'elles sont une création des phénoménologues. D'autres théoriciens affirment que, étant donné que les attitudes ne sont pas directement observables et que l'on doit se contenter de les inférer indirectement, leur étude sera toujours ambiguë, non scientifique et fragmentée[2]. Pour notre part, nous croyons que : 1) les attitudes existent ; 2) sur le plan individuel, il se peut qu'à l'occasion il n'y ait pas de relation entre une attitude et un comportement donnés ou que cette relation ne soit pas mesurable ; 3) dans l'ensemble, la somme des attitudes donne une très bonne idée de l'orientation générale du comportement et aide donc à prévoir le comportement (la nature particulière de la relation entre les attitudes et le comportement sera examinée un peu plus loin dans ce chapitre).

Quoi qu'il en soit, parmi les multiples définitions du concept d'attitude, une constante se dégage : le lien qui semble exister entre une attitude et un comportement donné. Par exemple, le *Petit Robert* définit l'attitude comme étant *une disposition, un état d'esprit (à l'égard de quelqu'un ou de quelque chose) ; un ensemble de jugements et de tendances qui pousse à un comportement*. Selon une deuxième définition, une attitude est une disposition durable à produire d'une façon constante un comportement donné[3]. Une autre définition, celle d'Allport, qui est une des plus souvent citées, présente l'attitude comme *une tendance générale ou une prédisposition à réagir face à un objet ou à une catégorie d'objets d'une manière favorable ou défavorable*[4]. L'objet peut être une entreprise, une marque, un produit ou un service, ou même un thème promotionnel. Ces deux dernières définitions laissent entendre que les attitudes sont relativement stables et, par conséquent, qu'elles résistent au changement ; celle d'Allport va un peu plus loin, car, en mettant en relief la nature qualitative des attitudes, elle signale la complexité du phénomène. D'autres chercheurs ont élargi cette définition et ont proposé une théorie des attitudes qui pose que celles-ci comprennent plusieurs dimensions ou composantes (affective, cognitive et comportementale).

Les tenants de la théorie « multicomposante » soutiennent qu'une attitude donnée découle : 1) des *sentiments* et des réactions émotives d'une personne à l'égard d'un objet donné (composante affective) ; 2) des *croyances* que cette personne a par rapport à l'objet (composante cognitive) ; et 3) des *tendances comportementales* (intentions de comportement) relativement à l'objet en question (composante conative ou comportementale). Nous examinerons cette théorie plus en profondeur dans la section consacrée au modèle « multicomposante ».

Selon plusieurs chercheurs et scientifiques, l'objet de l'attitude (par exemple, un produit) se caractérise habituellement, pour une personne, par plusieurs attributs, dont l'importance varie d'une personne à une autre ; c'est l'évaluation que fait la personne de chacun de ces attributs qui entraîne la formation d'une attitude, favorable ou défavorable. En vertu de ce raisonnement, l'attitude d'un consommateur à l'égard d'un produit dépendrait : 1) de l'importance qu'il accorde aux principaux attributs du produit (la dimension affective) ; 2) de la mesure dans laquelle il croit que le produit en question possède ces attributs ou caractéristiques (la dimension cognitive[5]). Il existerait un lien entre ces deux dimensions (affective et cognitive) et la dimension conative qui sert d'intermédiaire entre l'attitude et le comportement observable. Ce point de vue présente un grand intérêt pour le marketing et sera donc examiné en profondeur un peu plus loin, dans la section intitulée « Le modèle "multiattribut" de Fishbein ».

En résumé, les attitudes correspondent à nos dispositions à l'égard d'un objet et elles sont fortement reliées à nos croyances, à nos valeurs et à nos intentions. Notons enfin que, bien qu'elles soient relativement stables, les attitudes ne sont pas statiques : elles changent et évoluent avec le temps.

6.2 Les fonctions remplies par les attitudes

Comprendre les fonctions des attitudes signifie comprendre comment elles peuvent servir l'individu. Selon Daniel Katz[6], les attitudes remplissent quatre fonctions :

- une fonction utilitaire ;
- une fonction de défense de l'ego ;
- une fonction d'expression des valeurs ;
- une fonction de construction d'un système de référence.

Katz fait valoir que si nous connaissons les principaux bénéfices psychologiques associés aux attitudes, nous sommes mieux placés pour en comprendre la dynamique sous-jascente[7].

6.2.1 La fonction utilitaire

Par l'entremise des goûts et des aversions (« j'aime / je n'aime pas »), les attitudes permettent aux individus de choisir des produits qui donneront des résultats positifs ou qui engendreront de la satisfaction et de rejeter les autres produits. En d'autres mots, une personne adoptera probablement une attitude positive à l'égard d'un produit si celui-ci lui permet d'atteindre ses objectifs. Par exemple, si une personne désire mener une vie sociale plus active et que l'usage du rince-bouche Listerine lui permet d'y arriver, elle associera Listerine à l'atteinte de ce but et adoptera une attitude favorable à l'égard de ce produit.

Dans une certaine mesure, les attitudes des consommateurs sont donc fonction de ce qu'ils perçoivent comme satisfaisant ou de ce qu'ils considèrent comme un résultat négatif. Les attitudes permettent à l'individu d'avoir un comportement de consommation approprié en maximisant les récompenses tout en réduisant les coûts en temps et en argent, le malaise psychologique et l'embarras social. Les campagnes publicitaires font régulièrement appel à la fonction utilitaire des attitudes en mettant l'accent sur l'efficacité du produit.

6.2.2 La fonction de défense de l'ego

Les gens adoptent souvent certaines attitudes afin de protéger l'image qu'ils ont d'eux-mêmes ou leur *ego*. Les attitudes ainsi formées peuvent reposer sur des rationalisations ou sur des déformations perceptuelles. Par exemple, certaines personnes qui se sentent coincées dans un travail bureaucratique sans débouché justifient cet état de choses en adoptant des attitudes positives à l'égard de leur « style de vie détendu » (et évitent ainsi l'anxiété et la formation d'une piètre image d'elles-mêmes) ; certains racistes, qui appartiennent à un groupe dominant d'une société, peuvent inconsciemment rendre responsables de leurs propres échecs des groupes minoritaires ; les fumeurs invétérés essaient souvent de nier le lien qui existe entre la cigarette et les problèmes de santé.

La fonction de défense de l'ego que remplissent les attitudes est particulièrement importante pour les mercaticiens. En effet, des produits et des marques de prestige peuvent être achetés par certains pour compenser des sentiments de médiocrité et d'insécurité. Prenons l'exemple de la G35 d'Infiniti, dont la publicité dit : « Tout le monde la remarquera » ; évidemment, il faut lire *vous* remarquera... Ou la Concorde LXi de Chrysler : « Il n'y a rien de mal à s'offrir du luxe ». Rappelons-nous que, dans les sociétés de consommation avancées comme le Canada, de multiples services et marques de produits servent de symboles ou de signaux pour donner une image du moi et communiquer aux autres de l'information sur ce que nous sommes et sur ce en quoi nous croyons. Les vêtements et les coiffures excentriques de certains artistes populaires comme Madonna, Éric Lapointe, Joe Bocan et Diane Dufresne, qui sont sans doute imités par certains de leurs admirateurs, constituent la manifestation d'une volonté, parfois inconsciente, d'affirmer son individualité et de résister aux normes d'une société de plus en plus impersonnelle. Madonna disait un jour à un journaliste : « Je crois que l'image que les gens ont de moi [...] c'est celle d'une jeune femme effrontée, dynamique [...] qui porte ce qu'elle veut bien porter et qui dit ce qu'elle pense[8][...] »

Contrairement aux attitudes qui ont une fonction utilitaire, les attitudes associées à la défense de l'ego dépendent de la personne elle-même et non de l'objet ou de la situation. Au lieu d'être engendrées par le produit ou le service, elles sont issues de conflits émotifs vécus par la personne[9].

Par ailleurs, bien que les attitudes reliées à la défense de l'ego correspondent à des stratégies d'adaptation en ce sens qu'elles aident les gens à s'adapter à leurs limites, les perceptions déformées de la réalité et les rationalisations par rapport à certaines questions qui les sous-tendent peuvent créer des déséquilibres dans d'autres domaines. Par exemple, même si les fumeurs évitent un conflit psychologique immédiat en niant les faits relatifs à la mise en garde de Santé et Bien-être social Canada, il peut arriver qu'ils se retrouvent aux prises avec un conflit difficile et même avec un problème sérieux sur le plan de la santé.

6.2.3 La fonction d'expression des valeurs

Si la fonction de défense de l'ego permet à l'individu d'affronter certains problèmes personnels, la fonction d'expression des valeurs lui permet quant à elle d'exprimer clairement l'image qu'il a de lui-même et les valeurs qu'il juge fondamentales.

Les attitudes reliées à l'expression des valeurs ont en fait une double fonction : elles permettent à l'individu de clarifier et de confirmer sa propre identité et elles servent de sources de gratification et de récompense[10]. Par exemple, un individu qui se perçoit comme un nationaliste convaincu, un écolo ou une féministe retirera sans doute de la satisfaction en exprimant ses valeurs fondamentales à travers ses attitudes. Les valeurs d'une personne peuvent se manifester par de grandes déclarations philosophiques, mais aussi par l'achat de produits reflétant l'image que cette personne a d'elle-même. Un exemple de gratification simple est présenté à la figure 6.1 : après une journée très occupée, il est bon de se détendre et de se gâter un peu.

Conscients du fait que la consommation d'un produit peut servir à l'expression des valeurs, les mercaticiens encouragent les consommateurs à payer un prix élevé pour acquérir des produits « rehausseurs d'image » comme les voitures Mercedes ou BMW et l'équipement stéréophonique Bang et Olufsen. Les mercaticiens associent souvent un produit à des valeurs fondamentales de la société, comme le culte de la jeunesse ; citons, par exemple, les campagnes publicitaires affirmant que les buveurs d'une certaine bière « pensent jeune ». De même, de

Figure 6.1 *Un exemple de message publicitaire centré sur la gratification*

Source Agropur.

nombreux produits de santé et de beauté promettent aux personnes âgées de les garder « jeunes » et en santé plus longtemps. L'arrivée des *baby-boomers* à la retraite créera sans doute une demande importante pour de tels produits.

6.2.4 La fonction de construction d'un système de référence

Les êtres humains ont tendance à organiser les divers environnements dans lesquels ils vivent de façon à les rendre compatibles et stables. Dans leur recherche d'un monde ordonné, ils utilisent les attitudes pour organiser et simplifier une réalité qui leur paraît complexe. En effet, leur capacité de traiter l'information étant limitée, ils sont incapables de manier des ensembles de variables qui sont trop vastes et qui changent rapidement. Par conséquent, les gens doivent s'en remettre à leur savoir, qui est constitué de généralisations fondées sur les attitudes ainsi que de stéréotypes et de simplifications.

Par exemple, de nombreux consommateurs croient que toutes les marques de bière se ressemblent, ce qui leur permet de se soustraire à la tâche ardue de comparer les marques qui existent sur le marché par rapport à divers attributs[11]. De la même manière, plusieurs consommateurs simplifient le processus de prise de décision relié à l'achat de vêtements en rejetant d'emblée toutes les fibres synthétiques ou encore en faisant tous leurs achats dans quelques magasins de bonne réputation ou de prestige ; d'autres facilitent leur prise de décision concernant le choix d'un lieu de sortie en éliminant tous les établissements appelés brasseries.

En fin de compte, c'est en se fondant sur leurs expériences antérieures, sur les traditions familiales ou sur les valeurs culturelles[12], que les gens en viennent à adopter des attitudes favorables (les vins français sont les meilleurs) ou défavorables à l'égard de certaines marques, évitant ainsi la corvée de procéder à une évaluation chaque fois qu'ils ont à prendre une décision de consommation.

* * *

Les attitudes peuvent remplir une ou, à la fois, plusieurs des quatre fonctions que nous venons de présenter. Par exemple, le préjugé selon lequel « tous les restaurants français sont chers » nous aide non seulement à organiser notre champ perceptuel, mais aussi à protéger notre ego. Il semble raisonnable de supposer que plus le nombre de fonctions remplies par une attitude donnée est élevé, plus celle-ci résistera aux efforts visant à la changer.

6.3 La structure des attitudes

On ne voit pas une attitude. En fait, nous ne pouvons observer directement ni les attitudes ni leur structure ; nous pouvons seulement les inférer à partir d'opinions ou de comportements observés. La connaissance de la structure et de l'organisation des attitudes aide cependant à comprendre comment celles-ci se forment et comment elles peuvent être changées avec succès.

Dans cette section, nous examinerons deux théories très répandues concernant les attitudes : le modèle « multicomposante » et le modèle « multiattribut » de Fishbein.

6.3.1 Le modèle « multicomposante »

Selon le modèle « multicomposante » de la structure des attitudes, celles-ci comprennent trois dimensions ou composantes : une composante *cognitive* (les croyances, ce que l'on sait), une composante *affective* (les sentiments, ce que l'on aime ou ce que l'on n'aime pas, ce qui est important pour nous) et une composante *conative* ou *comportementale* (les intentions de comportement et les actions). Ce modèle est présenté à la figure 6.2.

La composante cognitive des attitudes a trait à l'évaluation que nous faisons d'un objet ou d'une idée (par exemple, « L'avortement est un acte criminel », ou encore, « La traction intégrale de la Subaru est excellente »), la composante affective est reliée aux aspects émotionnels (par exemple, « Je déteste les avorteurs comme Henry Morgentaler », ou encore, « La traction intégrale rend la conduite en hiver plus sûre ») et la composante conative concerne les dispositions comportementales à l'égard de l'objet (par exemple, « Je ne permettrai pas que l'on ouvre une

Figure 6.2	La théorie « multicomposante » des attitudes

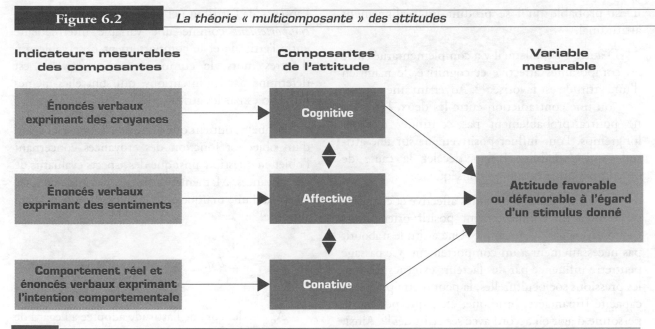

Indicateurs mesurables des composantes	Composantes de l'attitude	Variable mesurable
Énoncés verbaux exprimant des croyances	Cognitive	Attitude favorable ou défavorable à l'égard d'un stimulus donné
Énoncés verbaux exprimant des sentiments	Affective	
Comportement réel et énoncés verbaux exprimant l'intention comportementale	Conative	

Source Adapté de M.J. Rosenberg, « Inconsistency, arousal and reduction in attitude change », dans I. Steiner et M. Fishbein (sous la dir. de), *Current Issues in Social Psychology*, New York, Holt, Rinehart and Winston, 1965, p. 121-134.

clinique Morgentaler dans ma ville », ou encore, « Quand je changerai d'auto, je vais sérieusement penser à acheter une Subaru »).

Comme l'ont suggéré Kretch et ses collaborateurs, chaque composante de ce modèle est caractérisée par une *valence* particulière, c'est-à-dire une certaine intensité d'attraction ou de répulsion à l'égard de l'objet sur lequel porte l'attitude en question[13]. L'intensité de la valence est directement proportionnelle à l'intensité globale ainsi qu'à la persistance de l'attitude en question.

Le modèle « multicomposante » suppose que les trois composantes de l'attitude sont compatibles. Par exemple, une personne qui fréquente régulièrement un restaurant (dimension conative ou comportementale) croit sans aucun doute que celui-ci offre un bon rapport qualité-prix (dimension cognitive) ; le rapport qualité-prix est sans doute important pour cette personne, et il est aussi probable qu'elle évalue favorablement l'équipe de gestion de ce restaurant, les employés ainsi que la nourriture que l'on y sert (dimension affective).

Il s'ensuit donc qu'en mesurant une composante d'une attitude nous pouvons inférer les deux autres, mais aussi qu'en modifiant l'une des composantes nous pouvons provoquer un changement dans les deux autres. Cependant, il existe de nombreuses exceptions à cette généralisation hâtive. Par exemple, plusieurs consommateurs pourraient fréquenter le restaurant en question en raison de sa proximité par rapport à leur lieu de travail, et ce en dépit du fait qu'ils trouvent que le service est seulement passable et que les prix sont quelque peu élevés par rapport à la qualité de la nourriture. Un autre exemple est celui du lait : en dépit des sentiments très positifs engendrés par la célèbre campagne publicitaire qui faisait appel à des chansons françaises populaires (campagne qui a gagné de nombreux prix et qui a pu accéder au palmarès des succès et s'y maintenir pendant plusieurs semaines grâce aux ventes du disque), les consommateurs québécois n'ont pas répondu en augmentant leur consommation de lait en proportion de leur intérêt pour la campagne publicitaire. En général, cependant, lorsque les différentes composantes de l'attitude ne sont pas en équilibre, il est probable qu'il se produit un réalignement attitudinal.

D'autre part, lorsqu'il y a complémentarité entre les composantes affective et cognitive, le maintien d'une attitude est favorisée[14]. Advenant une opposition ou une contradiction entre les deux, l'attitude ne pourra probablement pas continuer d'exister longtemps. Pour influer positivement sur une attitude qui s'affaiblit, il faut déceler la cause de l'incompatibilité et agir en conséquence[15].

Le passage des composantes affective et cognitive positives à un comportement positif orienté vers l'action n'est pas automatique. Une attitude n'aboutit pas nécessairement à un comportement. Ce passage peut être influencé par des facteurs externes tels que les pressions socioculturelles, la peur d'être puni et la capacité (financière, juridique, etc.) que possède la personne d'agir en accord avec ses attitudes[16]. Ainsi, on peut avoir une attitude très positive envers la Mercedes, mais ne pas avoir les moyens d'en acheter une. Nous aborderons cette question un peu plus loin, dans la section intitulée « La dissonance cognitive et le changement d'attitude ».

6.3.2 Le modèle « multiattribut » de Fishbein

Le modèle « multicomposante » que nous venons d'étudier présente toutefois deux grandes faiblesses. La première est que l'hypothèse d'une relation de cause à effet entre les attitudes et les comportements n'est pas entièrement fondée. L'autre faiblesse est que le modèle n'accorde pas assez d'importance au fait que l'objet-stimulus, sur lequel porte l'attitude, peut posséder plusieurs attributs pertinents[17]. Le modèle de Fishbein, aussi appelé modèle « multiattribut », a beaucoup retenu l'attention des mercaticiens. C'est pourquoi nous le présentons plus en détail.

Le modèle de Fishbein est intéressant sous trois aspects : 1) il reconnaît explicitement que chaque objet d'attitude peut posséder plusieurs attributs et que l'importance qu'on leur accorde peut varier ; 2) il considère que les attitudes sont fonction de l'importance accordée à chaque attribut et de l'intensité de la croyance concernant la présence ou l'absence de l'attribut ; et 3) il présente l'*intention de comportement* comme une variable intermédiaire entre l'attitude et le comportement observable. En d'autres mots, le comportement observable est déterminé par les intentions, qui sont elles-mêmes influencées par les attitudes[18].

Fishbein soutient que l'attitude adoptée à l'égard d'un objet est fonction des croyances concernant l'objet en question ainsi que des aspects évaluatifs de ces croyances. Mathématiquement, l'attitude adoptée à l'égard d'une marque peut être mesurée de la façon suivante[19] :

$$A_\sigma = \sum_{i=1}^{N} b_i a_i \qquad \text{(équation 1)}$$

où :

A_σ = le score de l'attitude adoptée à l'égard de la marque σ ;

a_i = l'importance accordée à l'attribut i (par exemple, le contenu en vitamines de certaines boissons est un attribut important) ;

b_i = l'évaluation de l'intensité de la croyance concernant la présence ou l'absence de l'attribut i dans la marque σ (par exemple, la croyance selon laquelle la boisson évaluée est riche en vitamines ;

N = le nombre d'attributs.

Ce modèle est de type compensatoire, c'est-à-dire qu'une faiblesse de la marque au regard d'un attribut est compensée par la force de cette marque au regard d'un autre attribut.

Il s'agit également d'un modèle dit d'attente, en ce sens que les attributs de la marque sont évalués l'un après l'autre par les consommateurs et que les évaluations sont ensuite additionnées, de façon à donner la valeur totale estimée concernant la marque. À titre d'exemple, supposons que l'on a donné à Anny, qui étudie en vue d'obtenir un grade de M.B.A., la tâche de mesurer l'attitude des Montréalais à l'égard du Coke à saveur de vanille. Pour ce faire, l'étudiante peut suivre la procédure décrite ci-dessous :

1. Déterminer les critères d'évaluation des boissons gazeuses. Cela pourrait se faire par des entrevues individuelles, des entrevues de groupe ou même encore par un sondage à l'aide de questions structurées effectué auprès d'un échantillon aléatoire de Montréalais. À la suite de cette enquête, Anny pourrait découvrir que, pour les Montréalais, les attributs qui sont considérés comme pertinents pour ce qui est de l'évaluation des boissons gazeuses sont ceux qui se rattachent aux questions suivantes :

   - Cette boisson contient-elle beaucoup ou peu de calories ?

   - La saveur est-elle traditionnelle ou nouvelle ?

   - Cette boisson rafraîchit-elle peu ou beaucoup ?

   - Le prix est-il bas ou élevé ?

   - Cette boisson est-elle peu ou très nourrissante ?

   Toutefois, le consommateur peut considérer certains de ces attributs comme peu importants bien qu'il les juge pertinents. Par conséquent, la prochaine étape consiste à évaluer le degré d'importance de chaque attribut. Anny pourrait dresser une liste de tous les attributs possibles du produit, du conditionnement à l'usage qui est fait du produit, et demander au consommateur d'attribuer un degré d'importance à chacun de ces attributs, ce qui permet d'éliminer ceux qui sont perçus comme les moins importants.

2. Mesurer l'importance relative de chaque attribut. Anny pourrait établir une échelle à cinq points et s'adresser aux sujets de la façon suivante : « Lorsque vous décidez d'acheter une boisson gazeuse, quelle importance accordez-vous à chacun des cinq attributs énumérés ci-dessous ? Pour chaque attribut, indiquez si cet attribut est très important, important, plutôt important, peu important ou pas important du tout. » Ainsi, le score d'importance (a_i) pourrait varier de « pas important du tout » (soit un degré d'importance de 1) à « très important » (soit un degré d'importance de 5). Le tableau 6.1 rend compte du résultat.

3. Faire évaluer la nouvelle boisson par rapport à chaque attribut. En d'autres termes, demander aux sujets d'indiquer dans quelle mesure ils croient que chacun des attributs est présent dans la nouvelle boisson (b_i). Anny pourrait à cette fin leur présenter une échelle bipolaire à quatre points, pour mesurer s'ils croient, par exemple, que la nouvelle boisson est très riche, moyennement riche, un peu pauvre ou très pauvre en calories :

   - Riche en calories   1 2 3 4   Faible en calories
   - Saveur traditionnelle   1 2 3 4   Saveur nouvelle
   - Peu rafraîchissant   1 2 3 4   Très rafraîchissant
   - Prix élevé   1 2 3 4   Bas prix
   - Peu nourrissant   1 2 3 4   Très nourrissant

Tableau 6.1	*Calcul du score de l'attitude adoptée à l'égard du nouveau Coke à la vanille*		
Attribut (critère)	**Importance (a_i)**	**Croyance (b_i)**	**($a_i b_i$)**
Pauvre en calories	5	3	15
Saveur nouvelle	4	4	16
Rafraîchissant	4	3	12
Bas prix	3	2	6
Nourrissant	2	2	4
		Score total :	**53**

De cette façon, chaque sujet accorde une valeur allant de 1 à 4 pour chaque attribut de la nouvelle boisson.

4. Pour obtenir le score d'attitude chez un sujet donné, il faut multiplier le score de la croyance concernant chaque attribut par son importance ; il faut ensuite additionner les produits ainsi obtenus pour chaque attribut. En faisant la moyenne des scores d'attitude de tous les sujets, on obtient le score global de l'attitude adoptée à l'égard de la marque en question. Les données du tableau 6.1 montrent comment calculer le score de l'attitude adoptée par un consommateur donné à l'égard du Coke à saveur de vanille (à l'aide de la formule de l'équation 1).

Dans l'exemple que nous venons de donner, le score d'attitude (A) peut varier de 5 à 120. Un score de 120 indique l'attitude la plus favorable ; un score de 53 *pourrait* suggérer qu'il serait opportun d'élaborer des stratégies de changement d'attitude. La réserve qu'exprime le mot « pourrait » est fondée sur le fait que l'on peut douter de la valeur prédictive de la mesure des attitudes pour ce qui est des intentions et, par conséquent, du comportement. En effet, deux personnes possédant des attitudes semblables à l'égard de la nouvelle boisson de Coke peuvent avoir des intentions très différentes quant à l'achat de ce produit.

Par exemple, même si Jeanne Morin a une attitude négative à l'égard de cette boisson, elle peut avoir l'intention de continuer à l'acheter parce que son mari, Paul, l'adore. À l'opposé, une autre personne dont l'attitude est la même à l'égard de ce produit pourrait avoir l'intention de ne plus jamais l'acheter. Il semble donc que, bien qu'il existe une forte corrélation entre l'attitude et l'intention comportementale (c'est-à-dire la tendance globale à se comporter positivement ou négativement à l'égard d'un produit, pourvu que les contraintes environnementales soient faibles ou inexistantes), la capacité inconditionnelle d'une attitude à entraîner un comportement particulier est discutable[20].

Une version élargie du modèle de Fishbein intègre les influences des attitudes et les influences sociales ou environnementales pour expliquer l'apparition des intentions comportementales[21].

6.3.3 Le modèle d'intention comportementale de Fishbein

Le modèle d'intention comportementale de Fishbein pose que l'intention comportementale d'une personne (ou son comportement réel) est « fonction : 1) de son attitude à l'égard de l'*adoption d'un certain comportement dans une situation donnée* ; 2) des *normes* régissant son comportement dans cette situation ; 3) de sa *motivation* à se soumettre à ces normes[22] ».

Le modèle d'intention comportementale de Fishbein est représenté par l'équation qui suit :

$$B \approx BI = W_1(A_{acte}) + W_2[\sum_{i=1}^{n} (NB_i)(MC_i)]$$
(équation 2)

où :

B = le comportement observable (approximativement égal à BI) ;

BI = l'intention comportementale ;

A_{acte} = l'attitude à l'égard de l'adoption du comportement ;

NB_i = la croyance normative qui dicte le comportement à partir de l'opinion (perçue) d'autres personnes dont l'opinion compte ;

MC_i = la motivation à se conformer à certaines normes ;

n = nombre de personnes dont l'opinion compte ;

W_1, W_2 = les paramètres β déterminés empiriquement et indiquant l'influence relative des composantes A_{acte}, NB_i et MC_i sur BI.

La norme subjective [$(NB_i)(MC_i)$] est déterminée par l'évaluation que fait l'individu des sentiments et des réactions d'autres personnes dont l'opinion compte pour lui et qui peuvent l'influencer, compte tenu des conséquences associées au comportement en question. Par exemple, pensons au cas de Jeanne : celle-ci comprend que Paul réagirait très mal si elle achetait une autre marque de boisson gazeuse. La norme subjective est aussi influencée par la tendance de l'individu à se conformer à ce que les autres attendent de lui par rapport au comportement en question (Jeanne désire faire plaisir à Paul). Les poids W_1

Figure 6.3 *Conceptualisation schématique du modèle d'intention comportementale de Fishbein*

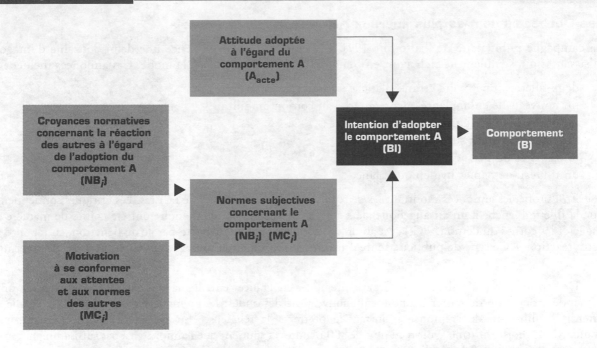

et W_2 sont déterminés à l'aide d'une régression et ils reflètent l'importance relative de A_{acte} et de la norme subjective pour déterminer l'intention comportementale. Par exemple, certains hommes regardent les matches de football non pas parce qu'ils aiment particulièrement ce sport, mais plutôt parce qu'ils désirent se conformer à un certain stéréotype de l'homme viril. Dans ce cas, la norme subjective aurait un poids relatif plus important que le poids de l'attitude adoptée à l'égard du comportement (voir la figure 6.3).

Il n'est pas certain que le modèle de Fishbein, même dans sa formule élargie, puisse servir au marketing. Bien que, d'un point de vue empirique, ce modèle soit fondé et possède une valeur prédictive raisonnable pour les décisions de marketing, sa validité ne s'étend pas à toutes les situations. Cela est particulièrement vrai dans le cas de certains produits peu chers d'achat courant pour lesquels il est probable que la norme subjective joue un rôle négligeable dans la prédiction des intentions. En revanche, il semble que le modèle élargi de Fishbein s'applique mieux aux situations de décision d'achat complexe, dans un contexte de forte implication, qu'aux décisions d'achats routiniers.

6.4 La modification des attitudes et le marketing

D'un point de vue stratégique, les mercaticiens peuvent vouloir renforcer ou maintenir les attitudes existantes ou changer une attitude négative en une attitude positive.

Certaines attitudes sont plus faciles à changer que d'autres, suivant leur intensité, leur complexité et l'importance que l'objet de l'attitude revêt pour une personne. Ainsi, certaines de nos attitudes à l'égard des produits de consommation sont simples et donc relativement faciles à changer, tandis que d'autres sont complexes et presque impossibles à modifier. Plusieurs entreprises, dont la fameuse Benetton, se « spécialisent » dans la conception de publicité sensationnelle en provoquant et en mettant en lumière les attitudes des gens à l'égard de différentes facettes de la vie, stimulant ainsi la publicité de bouche à oreille (voir l'encadré 6.1).

Les Québécois sont-ils plus libéraux ? Benetton fait des essais.

La campagne publicitaire de l'automne 1991 de Benetton met en évidence une demi-douzaine d'images saisissantes qui semblent ne rien avoir en commun avec des vêtements à la mode. Ces annonces incluent :

- deux fillettes, une Noire et une Blanche ;
- un nouveau-né ensanglanté encore attaché au cordon ombilical ;
- un prêtre et une religieuse qui s'embrassent ;
- des feuilles flottant sur une mer d'huile ;
- un zèbre et un perroquet ;
- un rouleau de papier hygiénique blanc.

En Europe, les annonces montrant les deux fillettes ont été qualifiées de racistes. Les critiques soutiennent que la fillette blanche a un air angélique alors que les cheveux de la fillette noire ont été coiffés de manière à suggérer les cornes du démon. « Cela est absurde », dit Laura Pollini, la porte-parole de Benetton, en réponse à cette réaction. « Ce type de publicité tente d'attirer l'attention et de soulever un débat, non pas de créer un scandale. »

Des critiques de la publicité en Grande-Bretagne, en France, en Allemagne, en Italie et en Irlande ont demandé à Benetton de retirer l'annonce du nouveau-né des ondes. La première semaine d'octobre, l'Italie a interdit la diffusion de l'annonce montrant le prêtre et la religieuse. En Grande-Bretagne, l'Advertising Standards Authority affirme avoir reçu plus de 800 plaintes et soutient que l'annonce n'a pas suffisamment tenu compte de la sensibilité du public.

Benetton explique que sa campagne a été lancée en 1989 afin de promouvoir « l'harmonie raciale et la compréhension globale ».

« Nous avons eu quelques réactions négatives d'un peu partout au Canada, mais le Québec est l'endroit où il y a eu le moins de réactions défavorables », mentionne Judy Pepper de chez J. Walter Thompson – l'agence de publicité de Benetton au Canada. « Les Québécois, dit-elle, semblent avoir un esprit plus ouvert. […] Par exemple, l'annonce du prêtre et de la religieuse a été très bien reçue. L'attitude adoptée est que cela ne représente pas la réalité, qu'il s'agit simplement d'un couple de jeunes acteurs portant des costumes. »

Sharon Rozen-Aspler, professeure de sociologie au collège John Abbott, dit que les études sociologiques menées sur le personnage d'Archie Bunker et l'émission *All in the Family* indiquent que certaines personnes se servent des médias pour renforcer des attitudes racistes déjà présentes. Elle ne doute aucunement du fait que l'annonce serait perçue comme « une plaisanterie allant à l'encontre du racisme » par le marché cible de Benetton, lequel est composé d'une population instruite appartenant à la classe moyenne supérieure.

Selon Joseph Branick, président du Advertising and Sales Club of Montreal, l'objectif de Benetton est de profiter des avantages associés au fait de faire parler de soi. Si vous soulevez une controverse, dit-il, vous faites beaucoup de chemin avec vos dollars de publicité. Il ajoute : « On appelle cela obtenir une couverture additionnelle et c'est très important. » Mais être au centre d'un débat trop sérieux peut parfois se retourner contre soi, avertit-il. Si, à un moment donné, les gens ont le sentiment que la campagne est trop controversée, ils peuvent décider de boycotter les produits, dit-il. « Jusqu'à maintenant, Benetton a atteint l'objectif de provoquer une discussion. Il s'agit maintenant de s'assurer que les gens ne retournent pas leur veste. »

Source Adapté de C. Arpin, « What's all the fuss about ? Controversial Benetton ads don't faze "open-minded" Quebecers », *The Montreal Gazette*, 6 octobre 1991, p. B7. Reproduit avec permission.

Même s'il est difficile de généraliser, le changement d'attitude est plus facile lorsque :

■ la composante cognitive a plus d'importance que la composante affective ;

■ le niveau d'implication de l'ego est peu élevé ;

■ l'attitude visée entre en conflit avec d'autres attitudes ;

■ les sujets ont peu confiance dans leur habileté à évaluer la marque ;

■ l'information qui existe sur le marché est ambiguë pour les consommateurs ;

■ les attitudes sont faibles ;

■ les attitudes ne sont pas enracinées dans des mécanismes de défense de l'ego.

Nous verrons plus clairement sur quoi reposent ces conditions au fur et à mesure que nous examinerons les quatre principales approches conceptuelles du changement d'attitude : l'approche fonctionnelle, l'approche liée à l'incompatibilité cognitive, l'approche associée au modèle « multiattribut » et l'approche liée au modèle « ELM ».

6.4.1 La modification des attitudes selon l'approche fonctionnelle

Nous avons vu que les attitudes remplissent plusieurs fonctions : une fonction utilitaire, une fonction associée à l'expression des valeurs, une fonction de défense de l'ego et une fonction reliée à la construction d'un système de référence. Rappelons que deux personnes peuvent avoir la même attitude pour des raisons fonctionnelles différentes. Dans un tel cas, il semble évident que les motivations sous-jacentes à une attitude donnée peuvent servir de point de départ à un changement.

Lorsque la motivation à la base d'une certaine attitude disparaît (soit parce qu'elle a déjà satisfait un besoin, soit parce qu'elle n'est plus capable de le faire), l'attitude devient fonctionnellement inutile. Le sentiment de frustration qui découle de la non-satisfaction d'un besoin est une condition nécessaire (mais non suffisante) au changement d'attitude[23]. D'autres conditions, énumérées plus haut, interviennent aussi dans la situation.

La modification d'une attitude utilitaire

Les consommateurs sont fidèles à certaines marques parce qu'ils croient qu'elles ont une performance supérieure. Pour que l'on puisse changer de telles attitudes, deux conditions doivent être présentes : 1) l'attitude et les activités qui s'y rattachent ne sont plus en mesure de procurer de la satisfaction comme elles l'ont déjà fait ; 2) les attentes de l'individu doivent avoir atteint un seuil plus élevé. Le propriétaire d'une voiture Chevrolet qui a des attitudes positives à l'égard de sa vieille automobile peut quand même désirer une voiture plus dispendieuse, telle la BMW, qui s'accorde mieux avec sa réussite et son nouveau statut.

Le changement d'attitude se fait plus rapidement lorsque les actions entreprises à cet effet portent sur les moyens destinés à satisfaire les besoins plutôt que sur les besoins eux-mêmes. En effet, les besoins ont tendance à être stables, même si de nouveaux désirs peuvent être créés par les mercaticiens.

L'une des façons de faire naître des attitudes positives à l'égard d'une marque est de présenter celle-ci comme un moyen permettant d'atteindre un but utilitaire. Une autre stratégie efficace pour provoquer un changement d'attitude consiste dans la distribution d'échantillons gratuits et de bons de réduction, ainsi que dans la présentation de démonstrations – en supposant, bien sûr, que le produit en question est vraiment supérieur aux autres quant à sa capacité de procurer de la satisfaction.

La modification d'une attitude reliée à l'expression des valeurs

Les attitudes représentent ou servent à exprimer les valeurs fondamentales d'une personne ainsi que son style de vie, comme nous l'avons déjà vu. Modifier une attitude n'est pas facile, étant donné que les valeurs fondamentales opposent une extrême résistance au changement. La stratégie la plus pratique et la plus courante en marketing consiste à associer le produit à ces valeurs fondamentales. Cela peut se faire au moyen du *conditionnement classique,* par lequel on suscitera une affection pour l'annonce elle-même, et au moyen d'une simple exposition.

Selon le conditionnement classique (que nous avons étudié au chapitre 5), on associe d'une manière répétitive une marque à un stimulus agréable (par exemple, des valeurs, des images et de la musique) en vue de susciter un transfert des sentiments favorables liés au stimulus à la marque[24]. Une annonce qui plaît peut en elle-même avoir des retombées positives sur la marque – soit par le conditionnement classique ou par un autre processus qui influence davantage[25]. On a souvent recours à l'humour, aux vedettes et aux appels à forte teneur émotionnelle dans l'espoir de réaliser la modification voulue[26].

Si, par exemple, un certain segment de la société, ou même la société entière, valorise énormément la santé, les attitudes des gens seront alors le reflet de sentiments positifs à l'égard de l'idée d'une saine alimentation. Dans une telle situation, il est préférable, pour les mercaticiens, d'adapter leurs produits aux valeurs dominantes plutôt que d'essayer de modifier ces valeurs, d'autant plus que l'adhésion à celles-ci peut être très forte et s'étendre à différents domaines. Ainsi, les animaux de compagnie occupent de plus en plus de place dans la vie de beaucoup de personnes, et celles-ci ont transposé chez leur chien et leur chat l'importance d'une bonne alimentation. La publicité d'Eukanub, reproduite à la figure 6.4, joue sur cette attitude à l'égard des animaux et encourage clairement une saine alimentation pour les chiots en insistant sur l'importance d'un système antioxydant qui favorise la croissance des organes vitaux et des cellules tout en renforçant le système immunitaire.

Le fait de présenter la marque comme un moyen d'exprimer ses valeurs est fondamental au chapitre du positionnement de la marque. Par exemple, le culte de la jeunesse, si fortement enraciné dans la culture nord-américaine, rend attrayantes les stratégies de marketing consistant à offrir des produits qui promettent « de vous rendre aussi jeune que vous vous sentez » et qui permettent aux individus d'exprimer leur fascination à l'égard de la jeunesse. Cette valeur est exploitée par Almay qui propose une solution « anti-âge » et par Olay qui s'engage à atténuer « sept signes de l'âge » (voir la figure 6.5,

p. 142). L'attrait pour une jeunesse « éternelle » ne saurait que croître avec le vieillissement des *baby-boomers*.

Certains chercheurs ont également suggéré qu'une simple exposition peut, en soi, avoir une incidence positive sur l'affection envers la marque. Ainsi, des annonces à fréquence élevée peuvent faire naître, chez les consommateurs, des attitudes favorables à l'égard de la marque et augmenter la probabilité d'achat de celle-ci[27].

La modification d'une attitude reliée à la défense de l'ego

Les attitudes qui se rattachent à la défense de l'ego nous permettent de protéger notre ego des incohérences, des sentiments de doute, ainsi que des autres formes d'anxiété. Plusieurs annonces de cosmétiques et de produits de soins personnels interpellent l'ego du consommateur en offrant de vagues promesses et du réconfort. La publicité de plusieurs parfums met en œuvre une telle stratégie en laissant entendre que la personne qui emploiera ces produits deviendra irrésistible. Et Maybelline promet aux jeunes femmes de « Réveiller [leurs] lèvres ». Le succès des annonces de produits et de services qui créent et exploitent des attitudes reliées à la défense de l'ego dépend du degré de frustration éprouvé par l'individu visé. Par exemple, le fait qu'une personne réprime ses besoins sexuels d'une façon prolongée rend celle-ci plus sensible à la suggestion symbolique. De plus, l'attitude protégeant l'ego tend à être plus facilement renforcée lorsque le message publicitaire utilise un appui social direct ou indirect[28].

La modification d'une attitude reliée à la construction d'un système de référence

Les attitudes qui remplissent une fonction de construction d'un système de référence visent à simplifier une réalité complexe afin d'en faciliter la compréhension. La clarté et la concision de l'information sont ici capitales pour ce qui est du positionnement de produit. Par exemple, la commercialisation, par General Foods, du produit nommé Brim, un supplément alimentaire pour le petit-déjeuner, a échoué parce que les consommateurs avaient de la difficulté

Figure 6.4   *Un exemple de publicité exploitant l'importance attachée à la saine alimentation des chiots*

Source   The Iams Company.

Figure 6.5 | *Un exemple de publicité valorisant le culte de la jeunesse*

à comprendre le concept de ce produit. Par contre, en présentant un produit semblable comme un « petit déjeuner instantané », Carnation a obtenu un grand succès. Contrairement à General Foods, dont le message se perdait parmi des informations ambiguës et fragmentées, Carnation a compris le problème et a su faire saisir aux gens pressés, d'une façon à la fois claire et brève, le concept de son nouveau produit.

Les consommateurs comprennent plus facilement les concepts de produits qui peuvent être associés à des comportements et qui n'exigent pas une évaluation complète et parfois pénible de la situation[29]. Par exemple, les gens ont appris, dans les années 1980, à associer l'informatique à la haute technologie et au progrès, tandis que, dans les années 1990, l'informatique était plutôt assimilée à la performance. Une annonce de Compaq Canada va dans ce sens en suggérant que l'ordinateur Compaq allie simplicité, économie et performance.

6.4.2 La modification des attitudes selon l'approche liée à l'incompatibilité cognitive

Les attitudes, en ce qu'elles reflètent la personnalité et le système de valeurs d'une personne, devraient, en toute logique, tendre vers la compatibilité. Selon Festinger, les gens essaient d'harmoniser leurs « croyances » (la perception qu'ils ont de leur environnement, de leurs actions et d'eux-mêmes) afin d'éviter la tension psychologique causée par l'incompatibilité (ou la dissonance) de deux croyances données. Cette incompatibilité crée un inconfort psychologique, souvent sous la forme d'un doute, d'un regret. C'est ce que Festinger a appelé la dissonance cognitive. La dissonance cognitive peut être due à :

- une incompatibilité logique (par exemple, de la pluie par temps clair) ;

- un écart entre l'attitude et le comportement (par exemple, Émilie déteste vivre avec sa sœur, mais continue quand même de le faire) ;

- un écart entre l'attente et le résultat du comportement (par exemple, Richard entendait acheter

un téléviseur à bas prix, mais qui offre une bonne qualité ; il est maintenant déçu de son achat, car l'appareil n'est pas aussi performant qu'il le souhaitait).

À titre d'exemple, une personne qui se perçoit comme dure et peu raffinée, mais qui aime quand même assister à un spectacle de ballet, manger de la quiche et boire de la vodka Absolute sentira probablement une dissonance cognitive. La théorie de la dissonance cognitive que Festinger a proposée il y a plus de 50 ans, est particulièrement importante en marketing, car elle sert de fondement à des stratégies mises en œuvre en vue de changer les attitudes par une action sur leurs composantes.

Mais avant d'examiner les implications stratégiques en marketing de la dissonance cognitive en lien avec le changement d'attitude, il est utile de comprendre comment elle survient dans un contexte bien particulier, celui de l'achat, et comment on peut la réduire.

La dissonance cognitive postachat

Il y a *dissonance cognitive postachat* lorsqu'un consommateur qui a fait un choix entre deux ou plusieurs marques doute d'avoir pris la bonne décision. Un tel doute peut apparaître lorsque le choix d'une marque est incompatible avec les attributs négatifs de cette marque et avec les attributs positifs des marques rejetées[30]. La dissonance cognitive postachat s'accompagne de pressions visant à réduire celle-ci.

La dissonance cognitive consécutive à l'achat se produit le plus souvent dans l'une des quatre situations suivantes :

- il existe plusieurs marques (ou produits) parmi lesquelles on peut choisir, chacune possédant des caractéristiques positives qui la distinguent des autres[31] ;

- le produit attire les regards ;

- la décision est importante psychologiquement ou financièrement[32] ;

- le produit est complexe.

Le tableau 6.2 présente 10 situations d'achat susceptibles de donner lieu à une dissonance cognitive. De telles situations se rencontrent couramment dans la vie quotidienne. En marketing, d'un point de vue pratique, il est important de réduire la dissonance cognitive. En effet, lorsque les gens ressentent de la dissonance cognitive après un achat, il est peu probable qu'ils renouvellent le même achat. Les mercaticiens ont donc intérêt à tout faire pour réduire, voire éliminer, la dissonance cognitive.

La réduction de la dissonance cognitive postachat

Festinger a souligné que plus la dissonance cognitive est grande, plus la motivation pour la réduire est élevée et plus les gens la combattent de diverses façons[33].

Étant donné que la dissonance cognitive crée un inconfort psychologique, l'individu n'est donc pas à l'aise dans cette situation et il tâchera de réduire la dissonance cognitive et d'atteindre l'état appelé *consonance*. Un consommateur peut résoudre le problème de dissonance de plusieurs façons :

- en retournant le produit au détaillant ou au fabricant ;

- en changeant sa perception des facteurs à l'origine de la dissonance. Par exemple, le consommateur peut exagérer les caractéristiques négatives des marques rejetées et les traits positifs de la marque achetée ; ou bien, il peut minimiser les attributs négatifs de la marque achetée et les attributs positifs des autres marques ;

- en recherchant de l'information additionnelle, de manière à renforcer sa décision d'achat. Par exemple, les personnes qui achètent des articles chers continuent souvent de rechercher de l'information sur la marque qu'ils ont choisie après avoir fait l'acquisition du produit. C'est en vue d'atténuer les doutes des acheteurs récents que les fabricants d'automobiles allouent systématiquement une partie de leur budget de publicité aux messages postachat qui sont quelquefois transmis en juin et en juillet, même si les chaînes de production sont arrêtées (pour la production des derniers modèles) et que les stocks sont quasi épuisés.

Les mercaticiens peuvent prendre plusieurs précautions pour réduire la dissonance cognitive qui survient chez les consommateurs à l'égard du produit. Il est important de le faire, car il est peu probable qu'un consommateur renouvellera l'achat du produit d'une marque donnée si l'on permet à la dissonance de s'installer. Les actions des mercaticiens pour réduire la dissonance cognitive peuvent prendre les formes suivantes :

- une publicité postachat visant à rassurer le consommateur sur la sagesse de son achat. Les messages, dans ce contexte, mettent en lumière les attributs positifs du produit acheté ainsi que les attributs négatifs des marques rejetées. Cette stratégie est particulièrement valable dans les cas d'achat d'appareils électroménagers, d'automobiles et d'équipement dispendieux ;

- des garanties quant à la performance du produit et à la satisfaction du consommateur. Celles-ci sont communément offertes pour une grande variété d'articles, notamment les automobiles, les appareils électriques et les autres biens durables ;

- un suivi attentionné, comme une visite du directeur de compte de la banque au directeur financier d'une PME, le jour de la mise en marche d'un nouveau système de gestion de trésorerie ;

- l'accès en tout temps à un conseiller dans le cadre d'un service bancaire électronique à domicile ;

- la promesse d'un excellent service après-vente. Plusieurs entreprises possèdent une ligne téléphonique gérée par des experts dont la fonction est d'écouter les questions et les plaintes des consommateurs et d'y répondre. Le fabricant du logiciel WordPerfect, par exemple, gère avec beaucoup de succès un service de ce genre ;

- des politiques libérales d'échange et de retour de marchandises. Ces politiques peuvent faire beaucoup pour rassurer un consommateur anxieux. Plusieurs magasins de détail, particulièrement les grandes chaînes, utilisent ce mode de résolution des conflits.

Tableau 6.2	*Dissonance cognitive découlant de situations d'achat particulières*

Facteurs influant sur la dissonance	Situation d'achat	Conditions impliquant une probabilité élevée de dissonance	Conditions impliquant une faible probabilité de dissonance
1. Attrait de la solution rejetée	Un diplômé du secondaire choisit la photo qu'il va commander.	Trois des épreuves ont des caractéristiques attrayantes et désirables.	L'une des épreuves est clairement supérieure aux autres.
2. Points faibles des solutions retenues	Un homme choisit entre deux complets.	Le complet choisi est de la bonne couleur, mais pas du bon style.	Le complet choisi est de la bonne couleur ainsi que du bon style.
3. Nombre de solutions	Un enseignant magasine en vue d'acheter un magnétophone.	Il peut choisir entre huit appareils différents.	Il peut choisir entre deux appareils seulement.
4. Chevauchement cognitif	Un couple magasine en vue d'acheter un aspirateur.	Un vendeur lui montre deux modèles semblables à un prix identique.	Un vendeur lui montre un aspirateur-traîneau et un aspirateur-balai.
5. Importance des croyances en jeu	Un enfant achète un cadeau pour sa sœur.	Sa sœur a des préférences marquées pour certains genres de musique.	Sa sœur n'a pas de préférences particulières en matière de musique.
6. Incitation positive	Des parents décident d'acheter un agrandisseur de photos pour leur fils.	Leur fils a déjà de l'équipement de loisirs et n'a pas besoin d'un agrandisseur.	Leur fils n'a jamais vraiment eu d'équipement de loisirs et a besoin de quelque chose pour se tenir occupé.
7. Action négative ou contradictoire	Un homme achète une montre chère.	L'homme n'a encore jamais payé plus de 35 $ pour une montre.	Dans sa famille, on donne régulièrement des montres chères en cadeau.
8. Information disponible	Un étudiant achète du détersif.	L'étudiant n'a jamais essayé la marque achetée ; c'est une nouvelle catégorie.	L'étudiant a lu et a entendu beaucoup d'informations sur ce produit et a une grande confiance dans le fabricant.
9. Dissonance anticipée	Un petit garçon achète un modèle d'avion réduit.	Le garçon prévoit avoir des problèmes à la maison à cause du coût élevé de l'avion.	Le garçon ne prévoit pas avoir de problèmes à la maison.
10. Familiarité et connaissances	Une famille achète un lave-vaisselle.	L'article a été acheté sans que l'on y pense longtemps.	L'article a été acheté après un long processus décisionnel.

Source Adapté de R.S. Halloway, « An experiment in cognitive dissonance », *Journal of Marketing*, vol. 31, janvier 1967, p. 40. Adapté avec la permission de l'American Marketing Association.

La dissonance cognitive et le changement d'attitude

Les défenseurs du modèle « multicomposante » soutiennent que le changement d'une attitude peut être obtenu par la création d'une incompatibilité dans la structure de celle-ci. Par exemple, des messages publicitaires chargés d'émotion (certains messages de la Société de l'assurance automobile du Québec visant la prévention des accidents sur la route et de la Commission de la santé et de la sécurité du travail visant la prévention des accidents du travail) destinés à modifier la composante affective d'une attitude peuvent provoquer une tension susceptible d'entraîner un changement global de l'attitude, s'il y a une incompatibilité entre les composantes de celle-ci. (Cette question a été abordée plus haut, dans la section « La modification d'une attitude reliée à l'expression des valeurs ».) Il faut aussi souligner que les gens portent davantage attention aux annonces de type affectif ou « émotionnel[34] ». Pour leur part, les échantillons gratuits, les offres de rabais, les démonstrations (utilisées, par exemple, pour la vente d'habitations à Mont-Tremblant), ainsi que d'autres tactiques visant à pousser à l'action ont pour objectif de modifier la composante comportementale de l'attitude et, ainsi, entraîner un changement semblable de l'attitude adoptée à l'égard du produit[35] (aussi traité plus haut, dans la section « La modification d'une attitude utilitaire »). Mais il semble que l'approche la plus courante en vue de changer une attitude soit centrée sur la modification de la composante cognitive. Par exemple, Santé et Bien-être social Canada cherche à persuader les gens d'arrêter de fumer, en leur présentant des faits et des données destinés à corriger des croyances erronées[36].

En définitive, le fait de modifier de façon prolongée et délibérée n'importe laquelle des composantes de l'attitude de manière à engendrer un conflit au chapitre de l'attitude globale peut entraîner une modification des sentiments éprouvés à l'égard de l'objet sur lequel porte l'attitude.

Bien entendu, il est possible qu'un consommateur accepte l'incompatibilité ou qu'il réagisse en discréditant la source plutôt qu'en modifiant son attitude globale. Le consommateur a tendance à douter de la source lorsque les tentatives visant à modifier la propension à l'action ou les composantes cognitives ne reposent pas sur un avantage évident.

6.4.3 La modification des attitudes selon le modèle « multiattribut »

Le modèle « multiattribut » de Fishbein, comme nous l'avons déjà vu, a d'importantes implications en ce qui concerne les stratégies de changement d'attitude. Nous présentons dans cette section quatre stratégies qui peuvent être appliquées pour implanter des programmes de changement d'attitude. Elles portent sur :

- la modification de la valeur ou de l'importance relative d'un attribut du produit (la composante a_i) ;
- la modification de la croyance ou de son intensité quant à la présence ou à l'absence de l'attribut i dans la marque σ (la composante b_i) ;
- l'introduction d'un nouvel attribut ($i = 1$) ;
- la modification de l'évaluation globale de la marque.

La modification de la valeur ou de l'importance d'un attribut

La stratégie qui consiste à modifier la valeur ou l'importance relative d'un attribut encourage les consommateurs à remettre en question leur impression initiale de la valeur d'un attribut se rapportant à un produit donné. Elle suppose que, si l'on modifie dans le sens désiré l'évaluation que fait le consommateur d'un attribut, l'attitude globale changera probablement aussi dans le même sens. En général, les annonces qui essaient de convaincre les consommateurs de l'importance d'un attribut particulier du produit relèvent de cette stratégie. Par exemple, la publicité de Crest vise à convaincre les jeunes que la prévention de la carie est un attribut important de tout dentifrice ; celle de Listerine soutient que le goût de médicament du produit constitue en réalité une qualité enviable. Volvo mise sur la sécurité, alors que Subaru met en valeur la traction intégrale.

Une critique majeure adressée à la publicité concerne les fausses valeurs et les besoins inutiles qu'elle crée souvent. Par exemple, certaines associations de consommateurs prétendent que sont coupables de telles pratiques les compagnies qui font la promotion de céréales à haute teneur en sucre ou de la ligne de jouets et accessoires He-Man (habituellement des armes de destruction) au cours d'émissions télévisées pour enfants, le samedi matin[37].

Chaque année, Industrie Canada (anciennement Consommation et Corporations Canada) reçoit environ 5 000 plaintes se rapportant à la publicité trompeuse. Un grand nombre de ces plaintes ont trait à la manipulation des enfants ainsi qu'à l'utilisation de la peur et du sexisme[38]. Certains soutiennent qu'étant donné que les enfants (particulièrement ceux qui ont moins de cinq ans) ne sont pas suffisamment développés sur le plan cognitif pour reconnaître les visées commerciales des annonceurs, il n'est pas honnête de les cajoler et de les manipuler en leur destinant des messages relatifs à des produits. Certains faits démontrent la justesse de ce point de vue. Par exemple, aux États-Unis, le rapport de la Federal Trade Commission publié en 1978 sur la publicité destinée aux enfants cite de nombreux exemples d'influence indue et déloyale et souligne que la publicité destinée aux enfants ressemble à la pêche à la truite dans un baril[39].

L'Association canadienne des télédiffuseurs s'attend à ce que ses membres respectent certaines normes sociales concernant la publicité destinée aux enfants et qu'ils se plient à un code interne de diffusion régissant ce type de publicité[40]. En avril 1980, le Québec adoptait la Loi sur la publicité destinée aux enfants et devenait ainsi la première région en Amérique du Nord à restreindre sérieusement la publicité destinée aux enfants de moins de 13 ans.

La modification de la croyance ou de son intensité

La stratégie consistant à modifier la croyance ou son intensité par rapport à la présence ou à l'absence d'un ou de plusieurs attributs dans un produit donné est couramment utilisée dans la publicité diffusée par les médias de masse. Par exemple, les annonceurs publicitaires décrivent leur produit comme « ultra-doux », « très grand », « meilleur » ou « pauvre en calories » ou « faible en gras ». Ces descriptions mettent en évidence les attributs les plus importants.

Il va sans dire que les mercaticiens doivent s'assurer que leurs produits possèdent réellement le ou les attributs en question, parce que, si ce n'est pas le cas, le produit ne répondra pas aux attentes, et il en résultera de l'insatisfaction. On doit aussi veiller à ne pas en dire trop, car si les gens ont tendance à accepter les changements modérés, ils sont portés à rejeter les changements extrêmes, tant ceux qui touchent la dimension valeur que ceux qui touchent la dimension croyance.

Il ressort d'une étude effectuée par Lutz qu'un changement apporté dans la croyance a entraîné un changement dans l'évaluation globale d'une marque fictive de savon, alors que les efforts déployés pour modifier la valeur n'ont pas, à eux seuls, produit de changement[41]. Ce résultat s'explique intuitivement : s'il est relativement facile, par exemple, de convaincre les gens de la faible teneur en nicotine d'une certaine marque de cigarettes, les convaincre de la nocivité (la composante « valeur » a_i, soit l'importance accordée à l'attribut selon le modèle de Fishbein) de cette substance est une tâche beaucoup plus difficile. Lutz conclut également que l'information négative est plus efficace que l'information positive pour créer un changement d'attitude.

L'introduction d'un nouvel attribut

Une troisième stratégie, moins courante, consiste à introduire un nouvel attribut qui permet de réévaluer le produit. C'est ce qu'a fait notamment Crest en lançant sur le marché un nouveau dentifrice destiné à rendre les dents plus blanches (voir la figure 6.6, p. 148). Cette stratégie permet de modifier le positionnement d'une marque du fait qu'elle entraîne un changement dans la perception des consommateurs.

Si elle réussit, une telle stratégie peut donner quelques longueurs d'avance à la marque. Toutefois, elle présente deux grandes faiblesses. D'une part, sa mise en œuvre est coûteuse, car son succès repose généralement sur une somme d'efforts en ce qui a trait à la publicité, à la recherche et au développement.

Figure 6.6 *Un exemple de publicité mettant l'accent sur l'introduction d'un nouvel attribut*

D'autre part, elle est difficile à faire accepter, car elle exige non seulement que l'on convainque les consommateurs du bien-fondé ou de l'importance de ce nouvel attribut, mais souvent, aussi, que l'on commence par informer les gens sur la nature de l'attribut en question. Par exemple, avant que l'on introduise sur le marché le dentifrice qui combat le tartre, il y a quelques années, plusieurs consommateurs n'avaient jamais entendu parler du tartre et ignoraient les dommages qu'il peut causer sur le plan de la santé dentaire.

La modification de l'attitude globale à l'égard d'une marque

Il est parfois possible d'influencer l'attitude globale qu'ont les consommateurs à l'endroit d'une marque sans faire explicitement référence aux composantes affective ou cognitive (a_i ou b_i) du modèle « multiattribut ». La plupart des annonces qui s'articulent autour du style de vie – par exemple, les annonces de bière montrant un groupe d'hommes appréciant leur marque préférée en regardant une compétition sportive – essaient tout simplement de créer une ambiance favorisant l'adoption de la marque en question. De la même manière, les annonces de cosmétiques, de spiritueux et d'autres produits possédant des attributs implicites (fantasme, aventure sexuelle, virilité, féminité, etc.) *associent* ces produits à une ambiance ou à une suggestion sans faire directement référence à des attributs dont il est, de toute façon, difficile de parler. De telles annonces reposent souvent sur une forme quelconque d'énoncé global au sujet de la marque. L'objectif est d'influencer les gens de façon que ceux qui ne connaissent pas une marque ou la connaissent mal en viennent à une attitude favorable, qui finira, espère-t-on, par se transformer en un comportement.

Le spécialiste du marketing peut aussi utiliser ces stratégies pour changer l'attitude du consommateur à l'égard des marques concurrentes. Fondée sur la *publicité comparative,* cette méthode croît en popularité, surtout aux États-Unis. On s'en sert occasionnellement dans les annonces d'automobiles. Cependant, les bénéfices associés à la publicité comparative ne sont pas évidents[42]. D'abord, cette stratégie donne une certaine publicité aux marques concurrentes. En outre, il est peu probable qu'un public ordinaire et peu intéressé par le produit soit capable de comprendre un message comparatif. Enfin, la publicité comparative est quelquefois perçue comme offensante[43] et moins attirante que la publicité habituelle[44].

6.4.4 La modification des attitudes selon le modèle « ELM »

Nous avons vu au chapitre 2 (figure 2.5) que le caractère de la décision d'achat varie selon le degré d'implication. Les diverses façons de changer les attitudes que nous venons de voir s'appliquaient surtout dans un contexte de forte implication. Petty et Cacioppo[45] ont proposé un modèle fort célèbre sur le changement d'attitude dans des cas de forte ou de faible implication, le modèle de probabilité d'élaboration de pensées ou d'idées à partir de l'information contenue dans un message (appelé modèle « ELM » [*Elaboration Likelihood Model*]). Il s'agit d'un modèle sur la manière dont les consommateurs traitent l'information dans des situations de forte et de faible implication. Selon ce modèle, il existe deux routes menant à la persuasion : la route centrale et la route périphérique. La route centrale a trait à des moyens forts, des indices centraux, comme la qualité et la rigueur des arguments ; la route périphérique correspond à des moyens faibles, des indices secondaires, comme la couleur, la musique.

Le degré d'intérêt que suscite un message et l'ampleur du traitement de l'information qu'il contient varient selon la pertinence du message pour le consommateur (par exemple, une personne qui souffre d'arthrite et qui voit un message qui propose un nouveau médicament pourrait « élaborer » des pensées comme : « Ce nouveau médicament pourrait m'aider, il est peut-être en vente chez mon pharmacien ? »). Plus le message est pertinent, plus le degré d'implication est fort, plus l'« élaboration » sera poussée. Il est alors plus indiqué de miser sur la route centrale pour changer des attitudes. Par contre, la voie périphérique connaîtra plus de succès pour changer des attitudes dans un contexte de faible implication.

RÉSUMÉ

Une attitude est une disposition durable à se comporter d'une certaine manière, c'est un état d'esprit, positif ou négatif, à l'endroit d'un objet quelconque. Plusieurs stratégies de marketing, par exemple le lancement d'un nouveau produit, le positionnement ou le repositionnement d'une marque, le message dans une campagne publicitaire, visent à renforcer ou à changer une attitude ou même à faire les deux en même temps.

Les attitudes remplissent quatre grandes fonctions :

1. Une fonction utilitaire. Les gens adoptent des attitudes positives à l'égard des produits ou services qui les satisfont et des attitudes négatives à l'égard de ceux qui ne les satisfont pas. Ces attitudes sont liées au produit ou à la situation.

2. Une fonction de défense de l'ego. Les attitudes peuvent protéger des blessures psychologiques l'image de soi d'un individu et aider celui-ci à s'adapter à ses limites. Ces attitudes dépendent de la personne elle-même et non des objets.

3. Une fonction d'expression des valeurs. Les attitudes peuvent permettre à l'individu d'exprimer l'image qu'il a de lui-même et les valeurs qu'il juge fondamentales.

4. Une fonction de construction d'un système de référence. Les êtres humains se servent des attitudes pour organiser et simplifier une réalité qui leur paraît complexe.

En sachant de quelle façon les attitudes sont structurées, nous pouvons comprendre comment elles se forment et comment elles peuvent être modifiées. Il existe deux grandes théories en ce qui concerne la structure de l'attitude : le modèle « multicomposante » et le modèle « multiattribut » (le modèle « multiattribut » de base et le modèle élargi).

Le modèle « multicomposante » correspond au point de vue classique, à savoir que chaque attitude comprend trois composantes : une composante cognitive (l'évaluation de l'objet, les croyances), une composante affective (les émotions que l'objet suscite, l'importance des divers attributs) et une composante conative ou comportementale (une disposition à se comporter de telle façon par rapport à l'objet, une intention de comportement).

Tant que ces trois composantes sont compatibles, l'attitude est maintenue. Lorsqu'elles deviennent incompatibles ou dissonantes, il est probable que l'attitude change. Le modèle « multicomposante », malgré son intérêt, comporte deux faiblesses importantes : il suppose l'existence d'une corrélation entre les attitudes et les comportements observables, ce qui peut ne pas être le cas, et il ne reconnaît pas la possibilité que l'objet-stimulus possède plusieurs attributs pertinents (lesquels peuvent différer en importance).

Le modèle « multiattribut » de Fishbein reconnaît, quant à lui, que l'objet de l'attitude peut être évalué selon plusieurs attributs dont l'importance varie. Selon ce modèle, une attitude est fonction de l'importance qu'accorde le consommateur à chaque attribut et de l'évaluation qu'il fait de l'intensité de ses croyances par rapport aux attributs. Le comportement observable est déterminé par les intentions, qui sont, elles, modelées par les attitudes. Après avoir évalué l'importance des attributs d'une marque, le consommateur multiplie chacun des résultats par la cote correspondant à sa croyance concernant le degré de présence ou d'absence de l'attribut évalué. Il additionne ensuite tous les produits de l'importance par la croyance afin d'obtenir une évaluation composée révélant son attitude envers la marque.

▼

▼

Le modèle d'intention comportementale de Fishbein, qui est une version élargie de son modèle « multiattribut », pose que toute intention comportementale est fonction de trois variables : l'attitude d'une personne à l'égard de l'adoption d'un comportement dans une situation donnée, les normes régissant le comportement dans cette situation et la motivation de l'individu à se soumettre à ces normes. Selon ce modèle, les attitudes sont plus près de l'intention comportementale que du comportement lui-même.

Le modèle « multiattribut » de Fishbein et sa version élargie sont fondés sur le plan empirique et possèdent une valeur prédictive raisonnable ; cependant, leur utilité est limitée par leur complexité.

La capacité des mercaticiens de changer les attitudes du consommateur dépend de l'intensité, de la complexité et de l'importance que l'objet de l'attitude a pour la personne. Certaines attitudes sont plus faciles à changer que d'autres. Il existe quatre approches théoriques fondamentales concernant le changement d'attitude : l'approche fonctionnelle, l'approche liée à l'incompatibilité cognitive, l'approche associée au modèle « multiattribut » et l'approche liée au modèle « ELM ».

Selon l'approche fonctionnelle, les motivations sous-jacentes à une attitude peuvent servir de point de départ à un changement. Lorsque la motivation à la base d'une attitude disparaît, cette dernière devient inutile d'un point de vue fonctionnel. D'après cette théorie, il est possible de créer des attitudes favorables à l'égard d'une marque en faisant valoir une fonction utilitaire, une fonction associée à l'expression des valeurs, une fonction de défense de l'ego ou une fonction reliée à la construction d'un système de référence.

Selon l'approche liée à l'incompatibilité cognitive, toute incompatibilité entre deux croyances engendre un malaise psychologique, un doute, un inconfort, une dissonance, et crée une motivation pour changer l'attitude. La dissonance cognitive peut résulter d'une incompatibilité sur le plan de la logique, d'un écart entre l'attitude et le comportement ou d'un écart entre les attentes et le résultat du comportement. Elle se produit dans plusieurs situations qui exigent que l'on fasse un choix et souvent à la suite d'un achat important (dissonance post-achat). En général, les consommateurs agissent de façon à éliminer la dissonance cognitive pour revenir à une situation de bien-être psychologique.

Le modèle de Fishbein propose quatre façons additionnelles de favoriser le changement d'une attitude :

■ modifier la valeur ou l'importance relative d'un attribut du produit ;

■ changer une croyance ou son intensité quant à l'absence ou à la présence d'un attribut dans une marque donnée ;

■ introduire un nouvel attribut ;

■ modifier l'évaluation globale de la marque en utilisant un énoncé global significatif concernant la marque.

Enfin, nous avons présenté le modèle « ELM » de changement d'attitude, selon lequel il existe deux routes à la persuasion : la route centrale, qui mise sur l'argumentation, et la route périphérique, qui mise sur des indices secondaires. La première est tout indiquée dans un contexte de forte implication, alors que la seconde l'est en situation de faible implication.

QUESTIONS ET THÈMES DE DISCUSSION

1. Comment procéderiez-vous pour faire une présentation devant une classe sur ce qu'est une attitude ?

2. En quoi la connaissance des attitudes en général peut-elle être utile aux mercaticiens ?

3. Décrivez les quatre fonctions des attitudes et expliquez leur utilité.

4. Diane a décidé d'acheter une voiture, et elle hésite entre trois voitures qui ont été sélectionnées « Meilleur choix » par la revue *Protégez-Vous,* parmi les petites voitures, soit la Honda Civic, la Mazda Protegé et la Toyota Corolla. Elle compte prendre sa décision finale en se fondant sur quatre attributs de produit : l'économie à l'achat, le style, la fiabilité et le confort. Pour les trois modèles qu'elle considère, elle a donné les scores suivants à chacune des automobiles par rapport aux quatre attributs (où 10 est le score le plus élevé).

Modèle	Économie	Fiabilité	Confort	Style
Honda Civic	6	9	8	9
Mazda Protegé	7	7	6	7
Toyota Corolla	7	9	7	8

   Pour Diane, l'économie à l'achat est l'attribut le plus important (poids de 5) ; viennent ensuite la fiabilité (poids de 4), le confort (poids de 3) et le style (poids de 2). Déterminez le modèle que Diane aura le plus tendance à choisir ainsi que celui qu'elle aura le moins tendance à choisir, en vous reportant au modèle « multiattribut ».

5. Expliquez comment le modèle « multiattribut » de Fishbein pourrait être utilisé dans une recherche commerciale visant à déterminer l'attitude des buveurs de bière du Québec à l'égard d'un nouvelle bière « ultra-légère » de Molson.

6. Expliquez pourquoi la plupart des entreprises préfèrent ne pas essayer de changer les attitudes des consommateurs.

7. *a)* Qu'entend-on par dissonance cognitive ? Quelles en sont les principales sources ?

   b) Quelles conditions peuvent favoriser l'apparition de la dissonance cognitive postachat ?

   c) Quelles sont les principales stratégies que les mercaticiens peuvent utiliser pour diminuer la dissonance cognitive chez les consommateurs ?

8. Expliquez pourquoi il est important, pour le mercaticien, de comprendre les fonctions de l'attitude énumérées ci-dessous, en ce qui concerne le changement d'une attitude :

   a) la fonction utilitaire ;

   b) la fonction de défense de l'ego ;

   c) la fonction d'expression des valeurs ;

   d) la fonction de construction d'un système de référence.

9. « Les consommateurs sont portés à acheter la marque qu'ils perçoivent comme la plus compatible avec les valeurs qu'ils jugent fondamentales et le style de vie qu'ils ont adopté. » Discutez de cet énoncé, en indiquant clairement quelles sont ses implications pour la stratégie publicitaire.

10. Décrivez les stratégies fondées sur le modèle « multiattribut » qu'un peut mettre en œuvre pour changer les attitudes du consommateur.

NOTES

1. Ce chapitre est une mise à jour du chapitre 6 du livre de C.P. Duhaime et autres, *Le Comportement du consommateur,* 2ᵉ éd., Montréal, Gaëtan Morin Éditeur, 1996, p. 145-169.

2. I. Ajzen et M. Fishbein, *Understanding Attitudes and Predicting Social Behaviour,* Englewood Cliffs (N.J.), Prentice-Hall, 1980, p. 13-25.

3. H.B. English et C.A. English, *A Comprehensive Dictionary of Psychological and Psychoanalytic Terms : A Guide to Usage,* New York, McKay, 1968, p. 50.

4. G.W. Allport, « Attitudes », dans C.A. Murchison (sous la dir. de), *A Handbook of Social Psychology,* Worchester (Mass.), Clark University Press, 1985, p. 798-844.

5. M. Fishbein et I. Ajzen (sous la dir. de), *Belief, Attitude, Intention, and Behavior,* Reading (Mass.), Addison-Wesley, 1975, p. 223.

6. D. Katz, « The functional approach to the study of attitudes », *Public Opinion Quarterly,* vol. 24, été 1960, p. 163-204.

7. *Ibid.,* p. 170.

8. « Madonna rocks the land », *Time,* 27 mai 1985, p. 81.

9. D. Katz, art. cité, p. 173.

10. *Ibid.*

11. À strictement parler, les croyances correspondent à ce que nous pensons par rapport à un objet psychologique (c'est-à-dire toute chose à laquelle une personne peut penser). Il existe trois types de croyances : la connaissance (une croyance factuelle, fondée sur des faits), l'opinion (une croyance vérifiable) et la foi (une croyance non vérifiable).

12. Les valeurs et les normes culturelles sont souvent à la base de nombreuses attitudes bien ancrées qui nous permettent non seulement de comprendre le monde qui nous entoure, mais aussi d'exprimer les valeurs auxquelles nous croyons. Par exemple, la préoccupation des Canadiens au sujet du temps se traduit par des attitudes qui se manifestent dans des affirmations telles que « Le temps, c'est de l'argent » ou « La ponctualité est une vertu ». C'est ainsi que plusieurs sont attirés par les montres à fonctions multiples dotées d'une grande précision. Les valeurs culturelles seront examinées en détail au chapitre 8.

13. D. Kretch et autres, *Individuals in Society,* New York, McGraw-Hill, 1962.

14. M.J. Rosenberg, « Inconsistency, arousal and reduction in attitude change », dans I. Steiner et M. Fishbein (sous la dir. de), *Current Issues in Social Psychology,* New York, Holt, Rinehart and Winston, 1965, p. 121-134.

15. M.J. Rokeach, *The Nature of Human Values,* New York, Free Press, 1973, p. 228-234.

16. K.E. Miller et J.L. Ginter, « An investigation of situational variation in brand choice behaviour and attitude », *Journal of Marketing Research,* vol. 16, février 1979, p. 111-123.

17. P. Green et Y. Wind, *Multi-Attribute Decisions in Marketing,* Hinsdale (Ill.), Dryden Press, 1973.

18. R. Lutz, « Changing brand attitudes through modification of cognitive structure », *Journal of Consumer Research,* vol. 1, mars 1975, p. 49-59.

19. Il s'agit d'une variation du modèle original de Fishbein ; voir F.M. Bass et W.W. Talorzyk, « An attitude model for the study of brand preferences », *Journal of Marketing Research,* vol. 9, février 1972, p. 36-96.

20. J.A. Cote, J. McCullough et M. Reilly, « Effects of unexplained situations on behaviour-intention differences », *Journal of Consumer Research,* vol. 12, septembre 1985, p. 188-194 ; R.B. Zajonc et H. Markus, « Must all affect be mediated by cognition ? », *Journal of Consumer Research,* vol. 12, décembre 1985, p. 363-364.

21. M. Fishbein et I. Ajzen (sous la dir. de), ouvr. cité, p. 225.

22. M. Fishbein, « Attitude and the prediction of behavior », dans M. Fishbein (sous la dir. de), *Readings in Attitude Theory and Measurement,* New York, Wiley, 1967, p. 489.

23. D. Katz, « The functional approach to the study of attitudes », art. cité, p. 177.

24. T.J. Madden et autres, « Attitudes toward the ad », *Journal of Marketing Research,* vol. 25, août 1988, p. 242-252 ; P.M. Homer, « The mediating role of attitude toward the ad », *Journal of Marketing Research,* vol. 27, février 1990, p. 78-88.

25. P.M. Homer, art. cité ; P.M. Homer et B. Mittal, « The relative role of brand beliefs and attitudes », *Journal of Marketing Research,* vol. 27, mai 1990, p. 209-218.

26. S. Burton et D.R. Lichtenstein, « The effects of ad claims and ad context on attitude toward the advertisement », *Journal of Advertising,* vol. 17, 1988, p. 3-11.

27. T.B. Heath, « The logic of mere exposure », *Journal of Consumer Research,* vol. 17, septembre 1990, p. 237-241 ; P. Anand et M.B. Malbrook, « Reinterpretation

of mere exposure and exposure of mere reinterpretation », *Journal of Consumer Research,* vol. 17, septembre 1990, p. 242-244.

28. D. Katz, art. cité, p. 181.

29. G.S. Day, « Theories of attitude structure and change », dans S. Ward et T.S. Robertson (sous la dir. de), *Consumer Behavior : Theoretical Sources,* Englewood Cliffs (N.J.), Prentice-Hall, 1973, p. 303-353.

30. S.D. Hunt, « Post transaction communication and dissonance reduction », *Journal of Marketing,* vol. 34, juillet 1970, p. 46-51.

31. J.W. Brehm et A.R. Cohen, « Re-evaluation of choice alternatives as a function of their number and qualitative similarity », *Journal of Abnormal and Social Psychology,* vol. 58, 1959, p. 373-378.

32. C.A. Kiesler, « Commitment », dans R.P. Abelson et autres, *Theories of Cognitive Consistency : A Sourcebook,* Chicago, Rand McNally, 1968, p. 448-455.

33. L. Festinger, *A Theory of Cognitive Dissonance,* Stanford (Ca.), Stanford University Press, 1957.

34. T.J. Olney, M.B. Olbrook et R. Batra, « Consumer responses to advertising : The effects of ad content, emotions, and attitudes toward the ad on viewing time », *Journal of Marketing Research,* vol. 17, mars 1991, p. 440-453.

35. L.J. Marks et M.A. Kamins, « The use of product sampling and advertising », *Journal of Marketing Research,* vol. 25, août 1988, p. 266-281.

36. R.E. Smith et W.R. Swinyard, « Cognitive response to advertising and trial », *Journal of Advertising,* vol. 17, 1988, p. 3-14.

37. Pour une excellente analyse de la publicité destinée aux enfants, voir S. Ward, « Kids' TV marketers on the hot seat », *Harvard Business Review,* vol. 50, juillet-août 1972, p. 16.

38. Director of Investigation and Research, « Combines investigation act », *Annual Report,* Ottawa, Consommation et Corporations Canada (Industrie Canada), sur plusieurs années.

39. Federal Trade Commission, *Staff Report on Television Advertising to Children,* Washington, Government Printing Office, 1978.

40. Canadian Association of Broadcasters, *Broadcast Code for Advertising to Children,* Ottawa, Canadian Association of Broadcasters, 1982.

41. R.J. Lutz, art. cité.

42. C. Pechmann et D.W. Stewart, « The effects of comparative advertising on attention, memory, and purchase intentions », *Journal of Consumer Research,* vol. 17, septembre 1990, p. 180-191 ; J.C. Rogers et T.G. Williams, « Comparative advertising effectiveness », *Journal of Advertising Research,* vol. 29, novembre 1989, p. 22-27 ; W.L. Wilkie et P. Farris, « Comparison advertising : Problems and prospects », *Journal of Marketing,* vol. 39, octobre 1975, p. 7-15.

43. T.A. Shimp et D.C. Dyer, « The effects of comparative advertising mediated by market position of a sponsored brand », *Journal of Advertising,* été 1978, p. 13-19.

44. P. Levine, « Commercials that name competing brands », *Journal of Advertising Research,* vol. 16, décembre 1976, p. 7-14.

45. R.E. Petty et J. Cacioppo, *Communication and Persuasion : Central and Peripheral Routes to Attitude Change,* New York, Springer-Verlag, 1986.

Chapitre 7

Les besoins, les valeurs et le style de vie

INTRODUCTION

Le style de vie d'une personne peut se définir comme l'ensemble cohérent des activités, des intérêts et des opinions de cette personne, en conformité avec son système de valeurs. Mais pourquoi une personne choisit-elle un certain style de vie ? Et en quoi ce style de vie influence-t-il le comportement de consommation ? Un examen des notions de besoin et de valeur nous permettra de comprendre ce qui pousse le consommateur à estimer que certains produits, services, idées et activités sont attrayants alors que d'autres ne le sont pas. La connaissance des besoins et des valeurs ouvre la voie à la compréhension du processus de *déclenchement*, le

▼

mécanisme qui encourage le consommateur à se lancer dans un processus de prise de décision menant à la consommation d'un bien ou d'un service dans le but de satisfaire un besoin.

Une bonne connaissance du rôle des valeurs facilite la maîtrise du concept de style de vie, un outil de segmentation du marché qui a fait ses preuves sur le marché de la consommation. La recherche sur le style de vie est aussi appelée recherche psychographique. Elle fournit au spécialiste du marketing un profil réaliste du consommateur dans un marché donné, de telle sorte qu'il devient possible de concevoir des produits, des services et des communications persuasives adaptés au style de vie du consommateur.

7.1 L'état présent en regard de l'état souhaité : conceptualisation du déclenchement

Au chapitre 2, le déclenchement a été présenté comme la première étape du processus par lequel le consommateur prend une décision. Le déclenchement est en fait un processus en lui-même. Avant de le décrire, il est utile de passer en revue ses principales causes ou antécédents en nous reportant aux composantes du processus décisionnel en jeu dans le comportement du consommateur, tel qu'il a été présenté aux chapitres 2 et 3. On peut voir à la figure 7.1 que deux des antécédents du déclenchement sont la mémoire et la perception. Au fur et à mesure qu'ils consomment un bien ou un service, les consommateurs *perçoivent* dans quelle mesure celui-ci leur permet d'atteindre l'état souhaité. Certains biens viennent à manquer, d'autres cessent de satisfaire le besoin pour lequel ils ont été achetés et d'autres, enfin, continuent de procurer de la satisfaction en permettant d'atteindre l'état souhaité.

Un autre antécédent est le style de vie du consommateur, lequel permet de spécifier l'état que la personne souhaite atteindre dans une situation de consommation particulière. La meilleure façon de déterminer l'état souhaité est de relever les *attributs du produit* requis, dans diverses situations de consommation, pour favoriser le style de vie adopté. Nous l'avons vu au chapitre 3, le style de vie d'un consommateur est l'extériorisation de ses valeurs et de ses besoins, comme le rappelle la figure 7.1 qui présente les *besoins* et les *valeurs* comme des antécédents du style de vie.

7.1.1 Le processus du déclenchement

Le processus du déclenchement constitue en quelque sorte le coup d'envoi du processus décisionnel devant mener à la consommation et à la satisfaction d'un besoin. Qu'est-ce qui commande ce processus ? Pourquoi un consommateur soucieux de satisfaire un besoin en vient-il à adopter un mode de prise de décision consistant à rechercher et à évaluer des possibilités, à définir son intention et à choisir l'une des possibilités pour arriver, finalement, à la consommation ?

Pour répondre à ces questions, il est nécessaire d'associer le déclenchement à un écart perçu par le consommateur entre ce qu'il souhaite et ce qu'il a présentement. En d'autres mots, les consommateurs doivent d'abord se rendre compte qu'il existe une différence entre leur situation présente et celle qu'ils souhaitent. L'idée que la satisfaction ou l'insatisfaction est due à la perception d'un écart entre ce que l'on a et ce que l'on souhaite est une idée ancienne (on estime qu'elle remonte à 300 ans av. J.-C. et qu'elle nous vient du philosophe Zénon de Citium[1]). Le philosophe Alex Michalos, de l'Université de Guelph, en Ontario, a élaboré, pour expliquer la satisfaction et le bonheur, une théorie selon laquelle la perception de l'écart entre *ce que l'on a et ce que l'on souhaite* dépend, en fait, de la perception de plusieurs écarts :

Figure 7.1

Les principaux antécédents du déclenchement de la prise de décision du consommateur

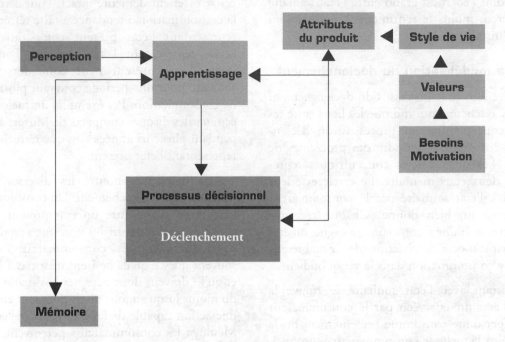

- ce que l'on a comparativement à ce que possèdent d'autres personnes « dont l'opinion compte » ;
- ce que l'on a comparativement à ce que l'on a eu de mieux dans le passé ;
- ce que l'on a comparativement à ce que l'on mérite ;
- ce que l'on a comparativement à ce dont on a besoin ;
- ce que l'on a comparativement à ce que l'on s'attendait, il y a trois ans, à avoir à ce moment-ci de sa vie ;
- ce que l'on a comparativement à ce que l'on s'attend à avoir dans cinq ans[2].

Connue sous le nom de « théorie des écarts multiples », cette théorie a d'abord été vérifiée auprès d'étudiants du premier cycle inscrits à l'Université de Guelph. Pour la vérifier de façon plus approfondie, on a mené ensuite une importante recherche internationale auprès de 8 000 étudiants universitaires, dans 38 pays[3]. L'analyse des résultats indique que les 3 facteurs les plus déterminants de la satisfaction des étudiants en ce qui a trait à leur vie en général ainsi qu'à 12 aspects précis de celle-ci (c'est-à-dire la santé, la sécurité financière, les relations familiales, le travail rémunéré, l'amitié, le logement, le lieu de résidence, les loisirs, la religion, l'estime de soi, le transport et l'éducation) sont les écarts qu'ils perçoivent entre ce qu'ils ont présentement et : *a*) ce qu'ils souhaitent ; *b*) ce qu'ont les autres personnes de leur âge ; *c*) ce qu'ils ont eu de mieux dans le passé[4].

Dans une réflexion sur « l'anthropologie du bonheur », la revue *The Economist*[5] s'est penchée sur le cas des domestiques philippines expatriées à Hong-Kong. Malgré des conditions de vie pénibles, le journaliste observe que ces domestiques sont nettement plus heureuses que leurs maîtres chinois. Selon Felipe de Leon, professeur à l'université des Philippines à Manille, les sondages montrent que les Philippins se disent heureux alors que les Japonais et les Chinois de Hong-Kong sont « les plus misérables ». Les *amahs* (aides domestiques en cantonais) trouvent leur bonheur dans le partage et la religion, deux facteurs d'écart relevés par Michalos. Ils n'ont pas les mêmes attentes matérialistes que leurs maîtres chinois. Moins l'écart est grand entre l'état souhaité et l'état perçu, moins le sentiment d'insatisfaction risque de s'installer.

7.1.2 La modélisation du déclenchement

La figure 7.2 illustre le processus du déclenchement à l'œuvre. Ce schéma, qui indique les liens entre les différents concepts liés au processus du déclenchement, peut servir à résoudre des problèmes de marketing. Les deux cercles concentriques représentent les deux états mentaux. Le cercle extérieur correspond à l'état souhaité par le consommateur par rapport à un bien donné. Chaque consommateur a en tête, d'une façon claire ou vague, un état souhaité par rapport à chacune des nombreuses décisions de consommation dans la vie quotidienne.

Contrastant avec l'état souhaité se trouve la réalité de l'état présent vécu par le consommateur (ce que la personne consomme présentement ou la situation dans laquelle le consommateur se trouve), représentée par le cercle intérieur. Ce dernier est plus petit pour suggérer que l'état présent ne coïncide pas avec l'état souhaité par l'individu. L'état présent représente le bien ou le service que la personne consomme à ce moment pour atteindre un état souhaité ou l'absence de tout bien permettant d'atteindre l'état souhaité et de satisfaire un besoin.

La perception est donc un élément clé par lequel on prend conscience de l'écart entre ce que l'on a en ce moment et ce que l'on désire avoir. En tant que consommateurs, nous évaluons continuellement la situation pour voir si les biens que nous possédons nous permettent d'atteindre l'état souhaité. Dès que nous nous rendons compte que ce n'est plus le cas, un écart apparaît entre l'état souhaité et l'état présent. De tels écarts sont sans cesse ressentis par les consommateurs, au fur et à mesure qu'ils utilisent, expérimentent ou consomment un bien afin de satisfaire un besoin. Ainsi, l'acte de consommation peut souvent être vu comme une série d'événements qui font apparaître des écarts dans l'esprit du consommateur. Au fur et à mesure que les biens

s'usent, viennent à manquer, se brisent ou n'offrent plus les attributs souhaités, on peut penser que *le cercle représentant l'état présent se rétrécit* alors que le cercle extérieur demeure intact. Pour certains biens, la consommation a tendance à faire rétrécir le cercle représentant l'état présent comparativement au cercle représentant l'état souhaité. Pour d'autres biens, l'état présent peut coïncider avec l'état souhaité pour une période couvrant plusieurs cycles de consommation. Par exemple, un mélomane peut écouter des disques compacts de Mozart à la maison pendant plusieurs années sans que rétrécisse le cercle représentant l'état présent.

La figure 7.2 montre les diverses étapes du processus du déclenchement. Un consommateur qui perçoit un écart entre un état présent et un état souhaité peut ressentir ou non une certaine tension psychologique. Les consommateurs constatent souvent que ce qu'ils désirent n'est pas à leur portée et qu'ils doivent donc accepter la situation présente, du moins jusqu'au jour où ils pourront entreprendre une action capable de faire disparaître l'écart perçu. Même si les consommateurs perçoivent un certain degré de tension, il arrive souvent qu'ils tolèrent ce malaise et ne prennent alors aucun moyen pour le réduire.

Dans la figure 7.2, les lignes pointillées reliant l'*écart* entre l'état présent et l'état souhaité à la *tension*, et la *tension* au *comportement* signalent que le degré de tension engendrée par les écarts peut varier considérablement, de presque zéro jusqu'à la limite du tolérable. Ainsi, les tensions peuvent être supportées et mises en veilleuse, et n'entraînent pas nécessairement de changements de comportement, à moins qu'elles ne deviennent intolérables.

Lorsque la tension atteint un degré tel que le consommateur décide de faire quelque chose pour la réduire, nous disons que le processus décisionnel a été enclenché. Suivent ensuite toute une série de comportements relevant du processus décisionnel se déroulant chez le consommateur, dont nous avons parlé aux chapitres 2 et 3. Le consommateur se met alors à la recherche d'un bien susceptible de lui faire atteindre l'état souhaité. Lorsqu'il a trouvé ce bien, il l'achète et le consomme, satisfaisant ainsi le besoin

| Figure 7.2 | *Le processus du déclenchement à l'œuvre* |

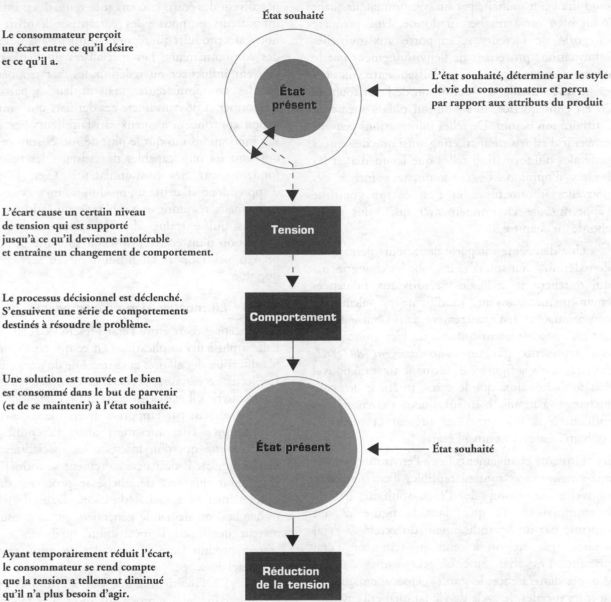

1. Le consommateur perçoit un écart entre ce qu'il désire et ce qu'il a.

État souhaité

État présent

L'état souhaité, déterminé par le style de vie du consommateur et perçu par rapport aux attributs du produit

2. L'écart cause un certain niveau de tension qui est supporté jusqu'à ce qu'il devienne intolérable et entraîne un changement de comportement.

Tension

3. Le processus décisionnel est déclenché. S'ensuivent une série de comportements destinés à résoudre le problème.

Comportement

4. Une solution est trouvée et le bien est consommé dans le but de parvenir (et de se maintenir) à l'état souhaité.

État présent

État souhaité

5. Ayant temporairement réduit l'écart, le consommateur se rend compte que la tension a tellement diminué qu'il n'a plus besoin d'agir.

Réduction de la tension

ressenti, ce qui a pour effet de réduire la tension. Ce comportement lui permettra vraisemblablement de transformer l'état souhaité en état présent. L'écart perçu disparaîtra en même temps que la tension qui l'accompagne.

7.1.3 Les facteurs permettant de redéfinir l'état souhaité

Jusqu'à maintenant, nous avons mis l'accent sur les événements susceptibles de *faire rétrécir le cercle représentant l'état présent*. Mais qu'en est-il des événements pouvant influer sur l'état souhaité ? Plusieurs facteurs permettent de redéfinir et de modifier l'état souhaité par un consommateur quant à un bien ou à un besoin donné. Une première catégorie de facteurs se rapporte aux nouvelles informations provenant de l'environnement que le consommateur reçoit, qui lui laissent entrevoir qu'il existe une « meilleure » définition de l'état souhaité et, en conséquence, une solution plus à même de satisfaire son besoin. De telles informations peuvent provenir d'efforts de marketing ainsi que de sources générales d'information telles que les médias et les leaders d'opinion. Le consommateur intègre ces nouvelles informations, et c'est ce qui constitue l'apprentissage environnemental que nous avons abordé au chapitre 3.

Une deuxième catégorie de facteurs permettant de redéfinir l'état souhaité englobe les changements qui touchent le style de vie, dus aux influences environnementales qui modifient les valeurs du consommateur. Un changement dans l'état souhaité par un consommateur quant à un bien donné peut être représenté par un *agrandissement du cercle extérieur* dans la figure 7.2, formant ainsi un nouvel état souhaité, alors que le cercle intérieur demeure inchangé (à moins, bien sûr, que des circonstances influent à la fois sur l'état présent et sur l'état souhaité, élargissant ainsi l'écart).

Plusieurs changements liés à l'environnement et aux circonstances sont susceptibles d'entraîner une nouvelle définition de l'état souhaité par le consommateur – ce qui, dans la figure 7.2, est exprimé par un agrandissement du cercle de l'état souhaité par rapport à celui qui représente l'état présent. Les changements occasionnés par les groupes de référence, le statut socioéconomique, les normes sociales, le cycle de vie familial et l'environnement socioculturel contribuent à la redéfinition de l'état souhaité par le consommateur.

Les progrès scientifiques et techniques permettent d'améliorer les produits et services existant sur le marché. Ayant appris l'existence d'une innovation, souvent le consommateur redéfinit l'état souhaité. En effet, l'innovation entraîne la perception d'un écart relatif par rapport au moyen que l'on utilise présentement pour satisfaire un besoin donné. Le fait que les consommateurs perçoivent des écarts encourage la vente des produits innovateurs et pousse les entreprises à offrir de nouveaux produits qui répondent mieux aux besoins des consommateurs. Les spécialistes du marketing peuvent influencer ou redéfinir les états souhaités par les consommateurs, mais il leur appartient d'informer et de convaincre ces derniers que l'innovation contribuera à mieux satisfaire leurs besoins. Les innovations qui ont le plus de succès sont celles qui sont les plus capables de satisfaire les besoins fondamentaux des consommateurs. C'est le fait d'apprendre qu'il existe un produit ou un service qui peut mieux résoudre ses problèmes ou satisfaire ses besoins qui entraîne chez le consommateur la perception d'un écart entre l'état souhaité et l'état présent par rapport au produit ou au service en question.

7.1.4 La mesure des écarts perçus

Le concept d'écart entre l'état présent et l'état souhaité a plusieurs implications en ce qui concerne la planification des affaires et la stratégie de marketing. L'objectif de certaines recherches commerciales est de découvrir s'il existe un écart entre l'état souhaité et l'état présent par rapport à divers biens de consommation ; elles mesurent aussi l'étendue de l'écart. Cette question intéresse les spécialistes du marketing, car il doit nécessairement se former un écart pour que soit déclenché le processus décisionnel menant à l'achat de biens. Dans de telles recherches, on demande généralement au consommateur quelle est la probabilité qu'il achète un certain produit (une automobile, un réfrigérateur, un magnétoscope, un ordinateur, un téléphone cellulaire) à l'intérieur d'une période donnée, par exemple dans les six prochains mois. Les réponses sont souvent rapportées sous la forme d'une échelle de probabilité, de 0 % (une probabilité d'achat nulle) à 100 % (un achat certain). Les fabricants, les détaillants et les mercaticiens peuvent se reporter aux résultats de ces enquêtes pour évaluer la demande des consommateurs pour divers biens durables.

Le Conference Board du Canada, un organisme qui enquête, chaque trimestre, auprès des consommateurs dans le but d'obtenir un indice des attitudes de consommation, mesure aussi, d'une manière indirecte, les intentions d'achat des consommateurs par rapport à des biens durables importants. On demande aux personnes interrogées d'indiquer si le moment est propice à l'achat d'un bien important, comme une automobile, une maison ou un appareil électroménager[6]. Ainsi, le Conference Board du Canada mesure l'étendue des écarts perçus par les consommateurs, écarts qui peuvent ou non se traduire par des achats dans un avenir rapproché.

Même si l'intention d'achat exprimée par le consommateur traduit la perception d'un écart entre l'état présent et l'état souhaité, cet écart ne donne pas nécessairement lieu à un comportement d'achat. En effet, les écarts perçus sont souvent tolérés par le consommateur parce que d'autres postes budgétaires ou d'autres projets ont la priorité au moment de l'enquête. De plus, la perception d'un écart peut signifier que le processus décisionnel est déjà déclenché et que le consommateur est à ce moment à l'étape de la recherche et de l'évaluation des possibilités. Un grand laps de temps peut cependant s'écouler avant qu'une décision soit prise et qu'un achat soit effectué. Néanmoins, il y a suffisamment de cohérence entre les intentions d'achat décelées et le niveau réel des achats pour que ce genre de recherches soit considéré comme utile aux mercaticiens – en d'autres mots, pour justifier que l'on examine la relation existant entre les chiffres représentant les niveaux d'intention d'achat et les données globales concernant les achats réellement effectués.

La figure 7.3 (p. 162) met en parallèle les indices de confiance, les dépenses en biens durables et l'ensemble des dépenses des consommateurs canadiens. L'indice de confiance des consommateurs mesuré par le Conference Board du Canada est une approximation des intentions d'achat des consommateurs. On constate une corrélation non équivoque entre les fluctuations de l'indice de confiance et les dépenses en biens durables. La corrélation entre l'indice de confiance et l'ensemble des dépenses est nettement moins prononcée. En effet, une grande partie des dépenses totales sont incompressibles, peu importe

l'état d'esprit des consommateurs. Lorsque l'indice de confiance chute, l'indice des dépenses totales plafonne.

7.2 Les besoins

Dans la tête de tout consommateur réside un réservoir inépuisable d'états souhaités qu'il essaie d'atteindre en consommant des biens susceptibles de satisfaire ses besoins tant d'ordre physiologique que d'ordre psychologique. Nous avons mentionné plusieurs facteurs ou événements qui peuvent influer sur les valeurs du consommateur et le conduire, par le fait même, à redéfinir ou à atteindre ses objectifs. Les gens atteignent les états souhaités lorsque certains besoins sont satisfaits. Ces besoins exercent une influence fondamentale sur le comportement de l'être humain. En fait, la majorité de nos comportements – de consommation ou autres – consistent à accomplir certaines activités physiques et mentales afin de satisfaire divers types de besoins. Précisons que l'expression « type de besoins » ne désigne pas ici les multiples besoins particuliers, comme le besoin de pain, de pneus ou de chaussettes. Elle renvoie plutôt à deux grands ordres de besoins, soit les *besoins physiologiques* et les *besoins psychologiques,* qui sont reliés beaucoup plus profondément et fondamentalement à la personnalité.

Nous définissons les besoins de la façon suivante : *les besoins sont une expression des caractéristiques psychologiques et physiologiques relativement permanentes d'une personne au moyen de stratégies généralement observables visant à produire du plaisir ou à réduire la douleur.* Les besoins d'une personne poussent celle-ci à adopter des manières d'agir, lesquelles sont souvent prévisibles.

C'est la prévisibilité de son comportement qui donne à la personne sa personnalité. Par conséquent, les *besoins psychologiques* d'une personne sont en étroite relation avec sa *personnalité.* Il est manifeste que ces deux concepts sont inséparables. Lorsque nous disons d'une personne qu'elle a un grand besoin de stimulation sensorielle, d'être différente des autres, d'être respectée et de réussir, nous décrivons sa personnalité. Alors que les *besoins*

Figure 7.3   *Comparaison entre l'indice de confiance des Canadiens et les dépenses des consommateurs*

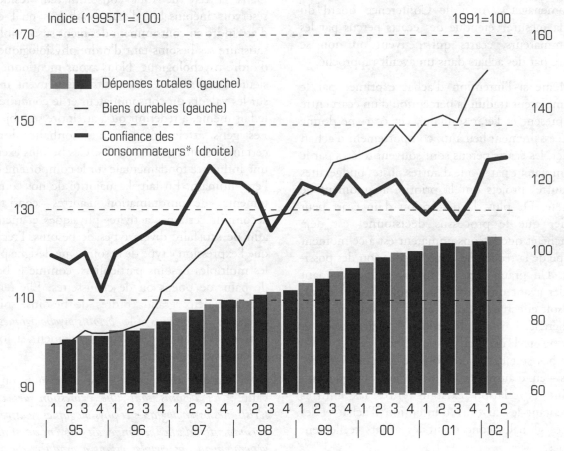

Dépenses de consommation réelles et attitudes des consommateurs

Indice (1995T1=100)   1991=100

■■ Dépenses totales (gauche)

— Biens durables (gauche)

— Confiance des
   consommateurs* (droite)

* Conference Board du Canada.

Source   Industrie Canada, *Analyse économique. Indicateurs économiques mensuels,* août 2002 ; sur Internet : <www.strategis.ic.gc.ca>.

physiologiques (biologiques) tendent à changer avec l'âge du consommateur, les besoins psychologiques, quant à eux, demeurent plus ou moins les mêmes tout au long de la vie. En effet, les caractéristiques psychologiques d'un individu s'installent lors de la formation de la personnalité, dans la petite enfance, et ne varient pour ainsi dire plus par la suite.

Bien qu'ils soient à la base de la personnalité et qu'ils constituent les racines du comportement du consommateur, les besoins psychologiques sont habituellement cachés ; ils se manifestent toutefois par des signes particuliers plus facilement observables tels que les activités, les intérêts, les opinions, les préférences et les aversions. Pour comprendre les comportements d'un consommateur, on doit au moins connaître les besoins à la base de ces comportements ainsi que les *manifestations* de ces besoins.

Parmi les nombreuses tentatives pour identifier et systématiser les besoins de l'être humain, la mieux connue est probablement celle d'Abraham Maslow. Ce chercheur a proposé une théorie selon laquelle il existe cinq niveaux de besoins qui se font sentir suivant une certaine hiérarchie, c'est-à-dire que les besoins d'un ordre supérieur ne peuvent être ressentis avant que ceux qui appartiennent à un ordre inférieur aient été satisfaits dans une large mesure[7]. La figure 7.4 présente cette hiérarchie des besoins et donne des exemples de comportements susceptibles d'être engendrés par chaque type de besoin. Selon la théorie de Maslow, c'est de façon systématique que les besoins entrent en jeu et déterminent les comportements des individus ; par exemple, ceux-ci ne ressentent pas les besoins de sécurité, d'appartenance ou d'amour tant qu'ils n'ont pas largement satisfait leurs besoins physiologiques, qui appartiennent à un ordre inférieur.

De la même manière, le besoin d'estime ne se fait pas sentir tant que l'individu n'a pas largement satisfait ses besoins de sécurité, d'appartenance et d'amour, qui sont d'un ordre inférieur. Ainsi, il est possible qu'un immigrant nouvellement arrivé au Canada, qui se retrouve dans un milieu non familier, vive un choc culturel et ne se sente pas complètement accepté par les personnes nées au Canada ou par les immigrants de longue date. Dans ce cas, il ressentira un grand besoin de sécurité, d'appartenance et d'amour, et tant que ces besoins ne seront pas satisfaits, le besoin d'estime sera mis en veilleuse. Au fur et à mesure que l'immigrant se crée un réseau d'amis et de connaissances, qu'il s'intègre dans une certaine mesure et qu'il se sent accepté dans certains milieux, ses besoins de sécurité et d'appartenance se voient satisfaits. Son besoin d'estime refait donc surface et recommence à motiver son comportement.

Selon Maslow, plusieurs niveaux de besoins peuvent simultanément motiver le comportement.

| **Figure 7.4** | *La hiérarchie des besoins humains proposée par Abraham Maslow et quelques exemples d'expression de ces besoins* |

Besoins d'actualisation de soi
Besoins poussant une personne à : changer de carrière, avoir des loisirs sérieux, voyager pour se découvrir, développer ses talents latents, apporter une véritable contribution à l'espèce humaine, rechercher diverses façons de s'exprimer, acquérir de nouvelles connaissances.

Besoins d'estime
Besoins poussant une personne à : obtenir un diplôme universitaire, porter des vêtements de haute couture, meubler sa maison d'antiquités, devenir membre d'un club privé, acheter et mettre en évidence des symboles de statut social, soutenir des causes prestigieuses.

Besoins d'appartenance et d'amour
Besoins poussant une personne à : devenir membre d'un club ou d'une association, avoir des enfants, recevoir ses amis, accepter des invitations, envoyer des cartes de vœux, célébrer Noël, faire des appels interurbains personnels, envoyer des fleurs.

Besoins de sécurité
Besoins poussant une personne à : contracter des assurances, épargner, consulter un avocat, contribuer à un régime enregistré d'épargne-retraite, demander de la protection, quitter un pays politiquement instable, acheter des condoms, changer ses serrures, se couvrir de lotion avec filtre solaire.

Besoins physiologiques
Besoins poussant une personne à : manger, se reposer, satisfaire ses besoins sexuels, échapper aux dangers physiques, aller chez le médecin, éviter la douleur, porter des vêtements protecteurs, acheter un lit, faire de l'exercice.

De plus, aucun niveau n'est jamais complètement satisfait ; celui qui est le moins satisfait est celui qui constitue le principal agent de motivation du comportement[8]. Par exemple, les consommateurs dont le comportement est dominé par le besoin d'estime continueront cependant de ressentir des besoins physiologiques comme la faim, les pulsions sexuelles et l'instinct de conservation ainsi que les besoins reliés à la sécurité et à l'amour.

Bien qu'il y ait peu ou pas de recherches empiriques sur les modèles d'hiérarchie des besoins, comme celui de Maslow, ceux-ci sont fréquemment décrits dans les manuels de comportement du consommateur[9]. Toutefois, certaines recherches mettent en doute l'existence même d'une hiérarchie des besoins[10]. Le modèle de Maslow demeure très populaire parce qu'il est intuitivement plausible que des individus aient un ensemble de besoins et que certains besoins soient plus importants que d'autres. Cette apparente contradiction s'explique en partie par le choix des situations expérimentales, l'interprétation de la théorie et l'enchevêtrement des objectifs et des besoins[11].

Au cours d'une recherche expérimentale, Richard Yalch et Frederic Brunel ont soumis à l'évaluation des consommateurs diverses marques de rasoirs et de brosses à dents. Les produits testés avaient différents attributs fonctionnels et esthétiques. Les critères d'évaluation des consommateurs passaient à travers la gamme de la hiérarchie des besoins, depuis les besoins fondamentaux jusqu'aux besoins d'actualisation. Les consommateurs ont conclu que les produits bas de gamme étaient aussi efficaces que les produits plus sophistiqués pour satisfaire leurs besoins de base, mais qu'ils étaient moins efficaces pour les besoins dits supérieurs. Les consommateurs étaient prêts à payer jusqu'à 30 % de plus pour un rasoir et 22 % de plus pour une brosse à dents jugés plus esthétiques que les autres marques équivalentes sur le plan fonctionnel[12].

La vie n'est pas simple au point que l'on peut isoler les besoins les uns des autres et formuler des objectifs pour satisfaire chacun d'entre eux. Il est nettement préférable d'analyser les besoins et les motivations comme un ensemble contenant des objectifs immédiats et à long terme. Richard Bagozzi, de l'Université du Michigan, a proposé une théorie de la hiérarchie des objectifs ou des motivations[13]. La figure 7.5 (p. 165) fait ressortir l'interrelation entre les objectifs qui motivent le consommateur. Prenons l'exemple d'une personne qui se fixe comme objectif de perdre du poids. Pour atteindre ce but, la personne doit se demander comment elle s'y prendra pour perdre l'excédent de poids. Est-ce par l'exercice physique, un régime alimentaire ou les deux ? Il s'agit d'un sous-objectif ou d'un objectif secondaire pour atteindre l'objectif de perte de poids. Enfin, la personne a ses raisons pour vouloir perdre les kilos en trop. Est-ce pour des raisons de santé et de longévité, pour l'estime de soi ou encore pour paraître et se sentir mieux ? Ce sont des objectifs supérieurs. Les mercaticiens qui proposeront un programme d'exercice physique ou un régime alimentaire au consommateur sauront toucher les cordes sensibles que sont ces objectifs dits supérieurs.

Le principe central du marketing repose sur la mise au jour des besoins humains et sur la production de biens destinés à satisfaire ces besoins. On peut voir dans les pages qui suivent des exemples de stratégies de marketing s'appuyant sur des besoins humains. Nous avons choisi ces publicités parce qu'elles jouent sur chacun des cinq niveaux de besoins humains de la hiérarchie de Maslow. Certaines de ces publicités correspondent à plus d'un besoin.

La figure 7.6 (p. 166) montre une annonce qui met l'accent sur la satisfaction d'un besoin physiologique, calmer la faim. La figure 7.7 (p. 167) se rapporte à un autre besoin physiologique, celui de s'abriter, dans ce cas-ci, dans le confort d'une chambre d'hôtel. Quant à la figure 7.8 (p. 168), elle donne un exemple de publicité qui propose un moyen d'éviter la douleur, un autre besoin physiologique.

La figure 7.9 (p. 169) et la figure 7.10 (p. 170) visent toutes deux des besoins de sécurité. Dans le premier cas, l'annonce met l'accent sur la satisfaction des clients de Chubb à l'endroit du règlement à la suite d'un sinistre ; dans le deuxième cas, on montre un des services offerts par la carte Visa Or au cours

| Figure 7.5 | *Trois niveaux d'objectifs* |

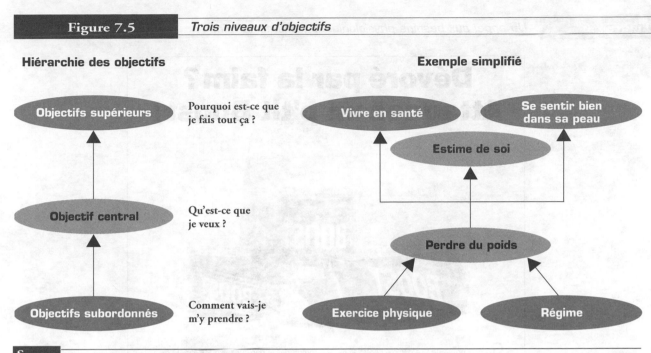

D'après R. Bagozzi et U. Dholakia, « Goal setting and goal striving in consumer behavior », *Journal of Marketing,* vol. 63, numéro spécial, 1999, p. 19-32.

de voyages, soit le dépannage si le voyageur a besoin d'aide et s'il a des problèmes de santé. Notez que cette annonce parle aussi, indirectement, de la possibilité de satisfaire un besoin physiologique, la santé.

La figure 7.11 (p. 171) laisse entendre qu'en apprenant à lire à son enfant le parent (satisfaisant ainsi ses besoins d'actualisation de soi) aide l'enfant à développer son potentiel intellectuel tout en lui témoignant son amour (répondant ainsi à leurs besoins respectifs d'appartenance et d'amour). La figure 7.12 (p. 172) montre également une façon de satisfaire un besoin d'appartenance et d'amour par l'achat d'une bague de fiançailles avec diamant, symbole d'amour et d'engagement dans plusieurs pays du monde.

Dans la figure 7.13 (p. 173), on voit une annonce qui vise à satisfaire les besoins d'estime en proposant l'achat d'un produit luxueux, une voiture BMW. Étant donné son prix, ce produit n'est pas à la portée de toutes les bourses et il symbolise le prestige et la réussite. La figure 7.14 (p. 174) montre

une autre façon de satisfaire un besoin d'estime, un don à une œuvre de charité, la Société d'Arthrite. Cet acte constitue également une preuve d'amour envers son prochain.

7.2.1 L'aspect dynamique du comportement motivé par le besoin

Une fois qu'un besoin a été satisfait, il cesse de motiver le comportement. Cependant, il est possible que certains types de besoins ne puissent être satisfaits ou puissent l'être seulement de façon temporaire, spécialement les besoins d'ordre supérieur apparaissant dans le haut de la figure 7.4. Ces types de besoins continuent donc de motiver les comportements susceptibles de mener à leur satisfaction. Par conséquent, dès qu'un consommateur a atteint l'état souhaité, tel qu'il est défini par un besoin d'ordre supérieur, à l'aide d'un bien, d'une activité ou d'une expérience, il peut arriver que ce bien, cette activité ou cette expérience ne corresponde plus à l'état souhaité et qu'un écart soit de nouveau perçu. Les écarts entre l'état présent et l'état

Figure 7.6   *Un appel aux besoins physiologiques : calmer la faim*

Dévoré par la faim?
Attaquez un p'tit Boost!

Grande nouvelle ! La gamme Boost* s'enrichit de la savoureuse barre et du crémeux pouding Boost. Tout comme le fouetté nutritif Boost, ils constituent une façon saine et pratique de calmer votre faim. Au bureau, dans l'autobus ou à l'école, le plein d'énergie est vite fait avec Boost.

En plus d'être offert en trois formats commodes et dans une exquise variété de saveurs, chacun des produits Boost procure 22 éléments nutritifs essentiels. Pas étonnant que tous les jours un nombre grandissant de gens comptent sur Boost pour se rassasier. Si vous vous sentez à plat et que la faim vous dévore, attaquez l'un des produits Boost. Vous serez vite comblé !

Une façon saine et équilibrée de faire le plein d'énergie!

Pour en savoir plus sur les produits Boost, composez le **1 800 267-8782**.
*Usager autorisé de la M.D. ©1995 Mead Johnson Canada

Source   Mead Johnson Nutritionals.

souhaité continuent d'exister parce que l'atteinte de l'état souhaité ne suffit pas à éliminer le besoin ressenti au départ ni l'influence qu'exerce ce besoin sur le comportement. En fait, de tels écarts continuent d'exister parce que, « sur le plan psychologique, non seulement le comportement tend à faire diminuer les tensions, mais il contribue aussi à les faire s'accumuler[14]... ».

Il est opportun de faire une remarque additionnelle concernant les besoins et le comportement de consommation. Un phénomène couramment observé chez les consommateurs est le fait que l'acquisition et la consommation d'un bien donné ne peuvent ni satisfaire d'une manière définitive le besoin ressenti ni suffire à éliminer la tension de façon permanente. En fait, la poursuite d'un but peut quelquefois être perçue comme plus gratifiante que l'atteinte même du but. C'est probablement de là que provient l'adage « L'herbe semble toujours plus verte dans la cour du voisin ». Les consommateurs

| Figure 7.7 | *Un appel aux besoins physiologiques : un abri pour la nuit et du confort* |

Source Hilton Canada.

qui sont dans un tel état d'esprit peuvent parfois s'engager dans une course effrénée de consommation et ressentir un sentiment de vide menant à des pensées telles que : « Ciel, il semble que je suis incapable d'être heureux ; plus j'en ai, plus j'en veux. » Ce phénomène, souvent encouragé par les spécialistes du marketing, est dû à cette notion erronée selon laquelle un des buts de la vie sur terre est l'élimination de toute tension reliée aux besoins et qu'on peut satisfaire à jamais les besoins par la consommation d'un bien ou par la réalisation d'une activité économique quelconque. « Si vous voulez être heureux pour toujours, dit-on, il suffit simplement de devenir membre d'un club de conditionnement physique, de donner un diamant en bague à la personne que vous aimez, de prendre votre retraite dans le complexe résidentiel *Au bon repos,* d'acheter une propriété située sur les berges du fleuve ou de devenir membre d'une certaine secte religieuse. » En réalité, pour mener une existence

Figure 7.8 *Un appel aux besoins physiologiques : éviter la douleur*

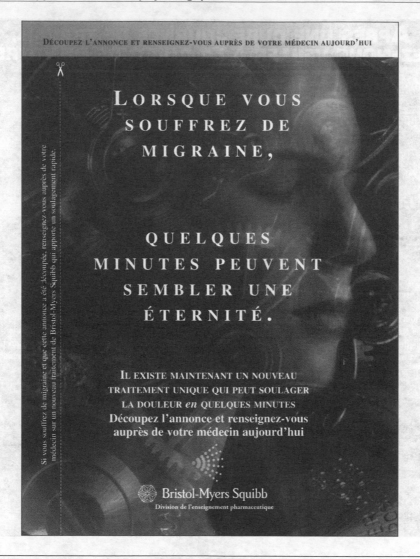

Source Bristol-Myers Squibb Company.

saine, l'être humain a besoin d'un certain niveau de tension et d'une activité orientée vers l'atteinte d'un but ; l'élimination complète des tensions n'est pas un état idéal[15]. Cette réalité est en partie exprimée par la maxime « Le bonheur est une direction et non un lieu ».

Il semble donc que les écarts entre les états présents et les états souhaités se perpétuent parce que, même si les consommateurs atteignent les états qu'ils désirent, leurs besoins continuent d'exister et

de motiver d'autres comportements visant à les satisfaire. Une fois que nous avons résolu certains problèmes et atteint certains buts, nous nous fixons de nouveaux objectifs issus des besoins fondamentaux et nous percevons de nouveau un écart. Essentiellement, de nouveaux écarts continuent d'apparaître *en conséquence* de nos propres comportements de consommation. C'est ce qui donne au comportement du consommateur son caractère dynamique.

Figure 7.9   *Un appel aux besoins de sécurité*

La majorité de nos clients font tous la même déclaration.

Ce n'est pas par coïncidence que neuf de nos clients sur dix déclarent être «très satisfaits» de la façon dont Chubb règle les sinistres relatifs aux biens personnels. En fait, un sondage révélait récemment que les clients de Chubb en matière d'assurances sur les biens personnels étaient «extrêmement satisfaits» du traitement initial de leur déclaration de sinistre, du montant d'indemnités reçu et de la rapidité du paiement. Ceux qui connaissent Chubb savent que notre engagement envers la satisfaction de la clientèle fait partie de notre tradition d'obligation morale et de responsabilité financière. Voilà une déclaration dont nous sommes fiers. Pour obtenir plus de renseignements, appelez votre courtier.

Assurez votre univers avec Chubb.

CHUBB DU CANADA COMPAGNIE D'ASSURANCE. Membre du Groupe Chubb, compagnies d'assurances.

CHUBB

Source Chubb Insurance Company of Canada.

Figure 7.10   *Un appel aux besoins physiologiques et de sécurité*

VOICI COMMENT LE HOCKEY SUR GLACE A FAIT
SON ENTRÉE EN AFRIQUE DU SUD.

Aéroport international de Mirabel, 15 h

La saga débute.

Seize jeunes et seize petits cœurs qui palpitent à l'idée de remporter le tournoi international de hockey de Copenhague. Je suis conscient que notre pire ennemi est la loi de Murphy : quand quelque chose peut tourner mal, ça tourne mal.

Copenhague, 6 h

Je questionne : « Nos bagages ne sont pas arrivés? » « Ils arriveront demain … via … l'Afrique du Sud » me répond poliment le préposé. « Le match de ce soir n'est pas en Afrique du Sud » lui dis-je les dents serrées.

Magasin Lars Sports, 13 h

Le moins que l'on puisse dire, c'est que le gérant du magasin est agréablement surpris de voir tous mes joueurs enfiler de nouveaux équipements. Il est quand même plutôt calme comparativement à mes petits hommes qui déballent leurs nouveaux équipements comme si c'était leurs anniversaires. Je les regarde et je remercie le ciel pour le pouvoir d'achat de la carte Visa Or. Je n'aurais jamais pensé avoir besoin ne serait-ce que de la moitié des avantages supplémentaires que confère ma carte Visa Or. Mais ne dit-on pas que

la meilleure défense contre la loi de Murphy c'est de ne jamais dire jamais. Comme je pousse un soupir de soulagement, le jeune Éric, ou « Rocket » comme il aime se faire appeler, tire sur mon manteau.

Cabinet du docteur Johan, 14 h

La recharge de la pompe pour asthmatique du « Rocket » est rangée dans son sac de hockey. Malheureusement, son sac survole présentement Alger.

Je compose alors le numéro de la ligne Visa Or et on me donne une liste de médecins parlant français. Nous faisons donc remplir la pompe du « Rocket » et partons en direction de la patinoire.

Centre sportif de Copenhague, 18 h

Les jeunes se présentent sur la patinoire pendant que je finis d'enlever les étiquettes de prix sur leurs casques. Du coup je célèbre notre première victoire - nous avons vaincu le vieux Murphy. Et la première étoile du match fut sans aucun doute ma carte Visa Or. Ce doit être pour cette raison qu'on dit « VISA. Une carte. Une seule. »

Avances de fonds d'urgence.*
Assistance médicale et juridique.
Limite minimum de crédit de 5 000 $.**
Remplacement d'urgence de carte.

VISA. UNE CARTE. UNE SEULE.

CIBC   Desjardins   Banque Laurentienne   Banque Royale   Trust Royal   Banque Scotia   Banque TD

*Marque déposées de VISA International. ** Marque déposée de VISA Canada. † Jusqu'à 5 000 $, selon le crédit disponible. †† Sous réserve d'approbation de crédit.*

Source Visa Canada.

Figure 7.11

Un appel aux besoins d'appartenance et d'amour et aux besoins d'actualisation de soi

C'est bien joli
d'être mignon…
mais ce n'est
pas suffisant!

Vous croyez probablement que votre enfant n'a pas besoin de votre aide pour apprendre à lire. Vous pensez probablement qu'un professionnel de l'éducation serait mieux qualifié que vous pour s'acquitter de cette tâche. Vous vous trompez. Qui a appris à votre enfant à marcher et à parler? Qui lui a montré à manger et à faire de la bicyclette? Vous êtes déjà un professeur hors pair. Mais saviez-vous que la moitié du potentiel intellectuel de votre enfant se développe entre sa naissance et l'âge de quatre ans? En fait, les six premières années de vie d'un enfant sont déterminantes. Et la lecture doit faire partie intégrante de ces six années. Offrez à votre enfant un outil essentiel à son bien-être. Apprenez-lui à lire.

AvantaJeune^{MD} de Sears est fier de s'associer au programme «Naître à la lecture». Avantajeune est une garantie complète qui permet aux parents d'acheter des vêtements pour enfants sans se faire de souci. De plus, la garantie AvantaJeune comprend une garantie contre l'usure, une garantie de prix et un engagement mode.

Attendez-vous à plus

Source Sears Canada.

Figure 7.12 | *Un appel aux besoins d'appartenance et d'amour*

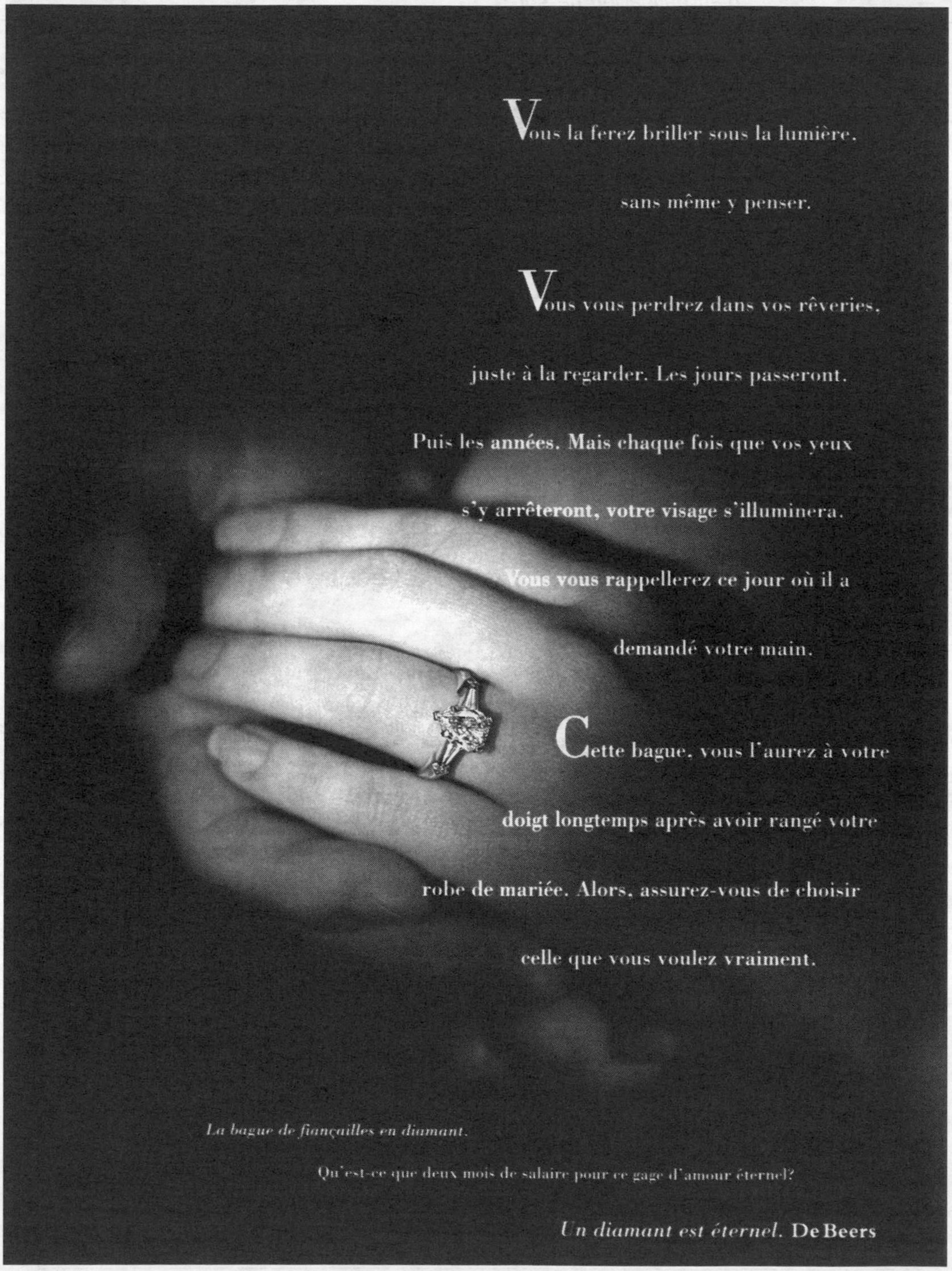

Vous la ferez briller sous la lumière.

sans même y penser.

Vous vous perdrez dans vos rêveries,

juste à la regarder. Les jours passeront.

Puis les **années**. Mais chaque fois que vos yeux

s'y arrêteront, **votre** visage s'illuminera.

Vous vous rappellerez ce jour où il a

demandé votre main.

Cette bague, vous l'aurez à votre

doigt longtemps après avoir rangé votre

robe de mariée. Alors, assurez-vous de choisir

celle que vous voulez vraiment.

La bague de fiançailles en diamant.

Qu'est-ce que deux mois de salaire pour ce gage d'amour éternel?

Un diamant est éternel. **De Beers**

Source De Beers.

Figure 7.13 *Un appel aux besoins d'estime*

UNE MAIN DE FER DANS UN GANT DE VELOURS.

La plupart des voitures de luxe se définissent essentiellement par leur confort et leur élégance. Le rêve, quoi. Mais, dans la réalité, la route a aussi ses exigences. BMW ne cesse de le prouver : le luxe, ce n'est pas que des sièges en cuir fin et un tableau de bord en bois précieux. C'est beaucoup plus qu'une question d'apparence. Pour BMW, le luxe, c'est également une question de performance : une tenue de route rigoureuse et un contrôle sans faille du véhicule. Le véritable luxe, c'est la nouvelle 740i de BMW. Enfin, une voiture stylée qui offre le luxe de la performance. La preuve se trouve sous le capot, là où se tapit un puissant moteur V-8 de 4,0L et 282 chevaux. Sans oublier une nouvelle suspension révolutionnaire qui assure une tenue de route supérieure et qui permet de négocier chaque virage en douceur. Bref, vous pouvez succomber au luxe de la 740i sans avoir à sacrifier votre désir de performance.
Pour en savoir plus sur la 740i, passez chez votre concessionnaire BMW et offrez-vous le luxe d'un essai routier.

LA NOUVELLE SÉRIE 7 DE BMW.
À PARTIR DE 79 900 $*.

* pdsf de la BMW 740i 1995. Taxes, transport et préparation en sus. Le concessionnaire peut vendre moins cher.

Source BMW.

Figure 7.14   *Un appel aux besoins d'estime*

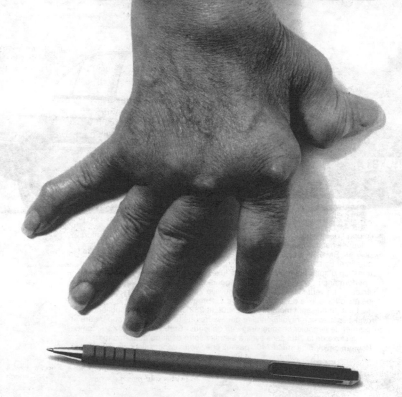

SAISIR LA PLUME.
UN GESTE IMPOSSIBLE
POUR ELLE, MAIS PAS
POUR VOUS.

Aidez-nous à prouver que la plume peut triompher du scalpel. Ils sont près d'un million de Québécois et de Québécoises à compter sur votre geste. Composez le 1 800 335-6175 dès aujourd'hui.

La Société d'Arthrite, 2155, rue Guy, bureau 1120, Montréal (Québec) H3H 2R9

LA
SOCIÉTÉ
D'ARTHRITE

DONNEZ... une lueur d'ESPOIR

Source   La Société d'Arthrite.

7.3 Les valeurs

Tandis que les besoins sont des dimensions relativement permanentes du comportement, les valeurs peuvent changer et changent, en fait, continuellement. Milton Rokeach, un théoricien des valeurs, disait que « si les valeurs étaient complètement stables, le changement individuel et le changement social seraient impossibles. Si les valeurs étaient complètement instables, la continuité de la société et celle de la personnalité humaine seraient impossibles[16] ». Nous pouvons définir le concept de valeurs de la façon suivante : *les valeurs sont des représentations mentales de nos besoins fondamentaux qui tiennent compte des exigences de la société*[17].

Selon Rokeach, les valeurs servent de points de référence pour définir ce qui est souhaitable, ce qui vaut la peine d'être fait, ce qui vaut la peine d'être encouragé, d'être défendu, d'être recherché et ce qui n'en vaut pas la peine. C'est aussi à la lumière des valeurs que nous nous évaluons et que nous évaluons les autres en ce qui a trait à la compétence et à la moralité, et c'est par elles que nous maintenons et améliorons notre estime de soi. « La fonction ultime des valeurs humaines est de nous procurer un ensemble de normes pour nous guider dans les efforts que nous faisons pour satisfaire nos besoins[18]. »

Nous l'avons vu au chapitre 3, l'individu acquiert ses valeurs par le biais de l'apprentissage environnemental ainsi que par l'action de socialisation de la culture, l'influence des groupes de référence, de la classe sociale, de la famille, des variables économiques et des diverses sources d'information. Cela signifie que les valeurs d'un consommateur peuvent être considérées comme le lien entre les besoins personnels et la structure sociale composant l'environnement du consommateur[19]. Plus précisément, les valeurs constituent des façons socialement approuvées d'exprimer et de justifier nos besoins fondamentaux. Pour donner quelques exemples de besoins humains transformés en valeurs, le besoin de satisfaction sexuelle peut s'exprimer sur le plan cognitif par la valorisation de l'amour, de l'union spirituelle ou de l'intimité ; le besoin de dépendance, de conformité ou d'humiliation d'une personne peut s'exprimer ou se justifier par une valorisation de la loyauté à l'égard de ses amis ou de son pays, de l'obéissance ou du respect des aînés ; l'agressivité peut être transformée en valeur si on l'associe à l'ambition, au courage, à une vie excitante, à la sécurité familiale ou à la sécurité nationale[20].

Notons, à partir de ces exemples, que les valeurs sont considérées comme souhaitables par l'ensemble de la société. Elles sont socialement approuvées par la culture dans laquelle nous vivons ainsi que par plusieurs autres cultures. Alors que notre culture tend à désapprouver et à supprimer le besoin de satisfaction sexuelle et l'agressivité, les substituts cognitifs de ces besoins, soit l'amour, l'union spirituelle, l'ambition et le courage, sont prônés, partagés, acceptés et encouragés.

Certaines entreprises ont développé des produits qui s'inspirent des valeurs prônées par la société. Ainsi, une maison d'édition vend une collection littérature-jeunesse destinée aux parents qui se soucient des valeurs à inculquer à leurs enfants. Chaque histoire raconte combien la vie peut être plus belle pour l'enfant et son entourage dès lors que l'enfant apprend à vivre en harmonie avec les autres.

7.3.1 Les valeurs selon Rokeach

Rokeach a fait la distinction entre deux ordres de valeurs. Une personne peut avoir des convictions concernant : 1) les *buts ultimes,* souhaitables ou idéalisés, de l'existence (valeurs terminales) ; 2) les *modes de comportement* qu'il est souhaitable d'adopter pour atteindre ces buts ultimes (valeurs instrumentales[21]). Le tableau 7.1 et le tableau 7.2 (p. 178) présentent respectivement une liste de valeurs terminales et une liste de valeurs instrumentales dressées par Rokeach. Ce dernier soutient que les valeurs terminales sont étroitement liées aux besoins biologiques et sociaux, de sorte que ces valeurs n'existent pas en très grand nombre. En fait, tel que le montre le tableau 7.1, Rokeach a mis en évidence 18 valeurs terminales. Mais il existe probablement un très grand nombre de valeurs instrumentales permettant d'atteindre les valeurs terminales[22]. De plus, celles-ci sont probablement universelles, c'est-à-dire qu'elles peuvent exister dans d'autres cultures et, par conséquent, qu'elles peuvent être comparées entre diverses cultures.

La plupart des individus possèdent plusieurs valeurs terminales et instrumentales qu'ils utilisent comme principes directeurs dans la conduite de leur vie. En général, l'individu élabore un certain *système* afin d'organiser ses valeurs par ordre de priorité ou d'importance. Les individus qui ont la possibilité de vivre leur vie comme ils l'entendent expriment leur système de valeurs individuel par le style de vie qu'ils pratiquent. Bref, comme l'indiquent le tableau 7.1 et le tableau 7.2, c'est l'ordre de priorité des valeurs adopté par une personne qui détermine le comportement et le style de vie de celle-ci.

Le tableau 7.1 indique aussi comment des étudiants de sexe masculin issus de quatre cultures différentes établissent leurs priorités. On a demandé aux étudiants de chaque pays de classer les valeurs terminales « par ordre d'importance *pour vous* en tant que principes directeurs de *votre* vie[23] ». Dans le tableau 7.1, les valeurs terminales sont classées par ordre d'importance d'après le score *moyen* obtenu par chaque groupe, du degré d'importance le plus élevé (1) à celui qui est le moins élevé (18). Tandis que des valeurs telles que le plaisir, la reconnaissance sociale et le salut ont été classées, dans chacun des quatre pays, comme moins importantes, la concordance est moindre en ce qui a trait aux deux valeurs terminales les plus importantes. Si certains placent la liberté et le bonheur aux premiers rangs, d'autres reconnaissent une plus grande importance à l'amitié véritable, à la sagesse, à la paix dans le monde et à la sécurité nationale.

Le tableau 7.2 donne les résultats obtenus par rapport aux valeurs instrumentales avec les mêmes échantillons d'étudiants. Bien qu'il y ait une grande ressemblance entre les quatre cultures en ce qui a trait à l'importance accordée à l'honnêteté et au sens des responsabilités, le classement diverge sur la question des valeurs telles que le fait d'être affectueux, large d'esprit, ambitieux et logique. Il ne fait aucun doute que le climat sociopolitique et les normes culturelles d'un pays exercent une grande influence sur le choix des valeurs adoptées par les étudiants appartenant à ce pays.

7.3.2 La liste des valeurs LOV

Une autre liste de valeurs terminales, établie au *Survey Research Center* de l'Université du Michigan par Kahle et ses collègues et fondée sur les travaux de Maslow, Rokeach et Feather, s'est révélée d'une grande utilité[24]. Comparativement à la liste des valeurs terminales de Rokeach, cet ensemble de neuf valeurs, appelées LOV (*List of Values*), est lié de plus près aux situations de consommation associées à tous les rôles importants de la vie d'une personne[25]. La figure 7.15 (p. 179) fait état de ces neuf valeurs et illustre les résultats agrégés de plusieurs enquêtes auprès d'échantillons probabilistes d'adultes du sud de l'Ontario. La figure montre le pourcentage d'adultes ayant choisi chaque valeur comme étant la plus importante pour eux. Avoir des relations chaleureuses avec les autres est de loin la valeur la plus populaire, suivie du respect de soi.

7.3.3 Comment les valeurs se reflètent dans les activités et les intérêts

Il est bon de rappeler que les valeurs d'un individu lui servent de ligne de conduite et que l'importance relative qu'il attribue à chacune de ces valeurs révèle ce qui compte pour lui, ce qui vaut la peine d'être recherché, d'être atteint, d'être encouragé et d'être protégé. Habituellement, l'individu organise les valeurs en lesquelles il croit de façon hiérarchique, selon l'importance qu'il accorde à chacune. Ce système de valeurs détermine d'une manière générale ce que l'individu cherchera à avoir ou à acquérir, les activités qu'il privilégiera, les intérêts qu'il poursuivra et les sources d'information qu'il consultera.

De ce fait, la connaissance des systèmes de valeurs des consommateurs permet de classer ces derniers en des segments de marché utiles, c'est-à-dire en différents segments de valeurs. Dans une étude effectuée auprès d'Américains visitant Toronto, on a classé ces touristes en segments distinctifs, sur la base de leurs systèmes de valeurs. D'après les résultats, chaque segment de touristes possédait des préférences différentes au regard des choses à voir et des expériences à vivre durant la visite, et également face à ce qui devait être évité. De plus, ce sont les valeurs d'un segment donné qui déterminaient quels

Tableau 7.1   *Classification des 18 valeurs terminales par ordre d'importance d'après une enquête effectuée auprès d'échantillons d'étudiants de sexe masculin du Canada, des États-Unis, de l'Australie et d'Israël*

	Canada	États-Unis	Australie	Israël
Nombre d'étudiants composant l'échantillon	**125**	**169**	**279**	**71**
Valeurs terminales				
Liberté (indépendance, libre choix)	1	1	3	4
Bonheur (contentement)	2	2	7	3
Amour adulte (intimité sexuelle et spirituelle)	3	6	5	5
Dignité personnelle (estime de soi)	4	4	6	11
Amitié véritable (étroite camaraderie)	5	8	2	12
Harmonie intérieure (absence de conflit interne)	6	9	8	13
Sécurité familiale (en prenant soin de ceux que l'on aime)	7	7	12	8
Sagesse (une bonne compréhension de la vie)	8	3	1	6
Sentiment d'avoir réussi (contribution durable)	9	5	4	7
Égalité (des chances égales pour tous)	10	13	10	10
Stimulation (une vie active et excitante)	11	12	11	9
Paix dans le monde (un monde exempt de guerres et de conflits)	12	10	9	1
Confort (une vie prospère et confortable)	13	11	13	15
Plaisir (une vie plaisante, remplie de loisirs)	14	15	14	14
Beauté dans le monde (beauté de la nature et des arts)	15	18	15	17
Reconnaissance sociale (respect et admiration)	16	14	16	16
Sécurité nationale (défense)	17	17	17	2
Salut (vie éternelle)	18	16	18	18

Source   M. Rokeach, *The Nature of Human Values*, New York, Free Press, 1973, p. 89, tableau 3.18. © 1973, The Free Press. Traduit et adapté avec la permission de The Free Press, une filiale de Simon & Schuster.

Tableau 7.2

Classification des 18 valeurs instrumentales par ordre d'importance d'après une enquête effectuée auprès d'échantillons d'étudiants de sexe masculin du Canada, des États-Unis, de l'Australie et d'Israël

	Canada	États-Unis	Australie	Israël
Nombre d'étudiants composant l'échantillon	**125**	**169**	**279**	**71**
Valeurs instrumentales				
Honnête (sincère, vrai)	1	1	1	1
Responsable (fiable, digne de confiance)	2	2	3	2
Affectueux (tendre, aimant)	3	11	4	8
Large d'esprit (d'esprit ouvert)	4	4	2	9
Indépendant (autonome)	5	6	7	13
Enjoué (joyeux, gai)	6	15	9	14
Intellectuel (intelligent, réfléchi)	7	9	14	6
Courageux (défend ses idées)	8	8	10	12
Serviable (travaille au bien-être des autres)	9	14	13	10
Clément (prêt à pardonner aux autres)	10	12	11	18
Ambitieux (travailleur, désire aller plus loin)	11	3	6	7
Capable (compétent, efficace)	12	5	8	4
Maître de soi (a de la retenue, de la discipline personnelle)	13	10	5	5
Logique (rationnel)	14	7	12	3
Imaginatif (créatif, ambitieux)	15	13	15	16
Poli (courtois, a de belles manières)	16	16	16	11
Propre (net, soigné)	17	17	17	15
Obéissant (respectueux, soumis)	18	18	18	17

Source M. Rokeach, *The Nature of Human Values,* New York, Free Press, 1973, p. 90, tableau 3.19. © 1973, The Free Press. Traduit et adapté avec la permission de The Free Press, une filiale de Simon & Schuster.

attributs de la ville (propreté, sécurité dans les rues, occasions d'achat, vie nocturne, etc.) contribuaient le plus au plaisir du touriste pendant son séjour à Toronto[26]. L'exemple qui suit vous aidera à mieux comprendre comment le système de valeurs se reflète dans les activités et les intérêts d'un consommateur.

Dans le cadre d'une étude devenue célèbre effectuée auprès de 1 331 adultes, on a constaté que l'on pouvait regrouper les consommateurs en quatre segments en se fondant sur leurs systèmes de valeurs[27]. Dans ce sondage, on demandait aux répondants de désigner les deux valeurs LOV qu'ils estimaient les plus importantes et d'évaluer l'importance de chacune des neuf valeurs sur une échelle en neuf points. En combinant les données d'ordonnance et d'importance, on a pu mesurer l'importance relative de chacune des valeurs pour chaque

segment et identifier la priorité accordée par un segment donné à chacune des neuf valeurs LOV – c'est-à-dire mettre au jour le système de valeurs d'un segment. Les diagrammes de la figure 7.16 indiquent le profil des valeurs (ou le système de valeurs) pour chaque segment.

On voit dans le premier diagramme que le segment A est fortement motivé par des questions de sécurité, et cette valeur domine les autres valeurs en importance. Les individus chez qui la sécurité en tant que valeur est prépondérante sont portés à accorder peu d'importance aux valeurs de type accomplissement, actualisation et respect de soi, et cette tendance est manifeste chez les consommateurs du segment A. Le segment B donne la priorité aux relations chaleureuses avec les autres (dans ce segment, interprétées comme des relations à long

Figure 7.15 *Distribution en pourcentage des valeurs LOV les plus importantes chez 358 adultes de l'Ontario*

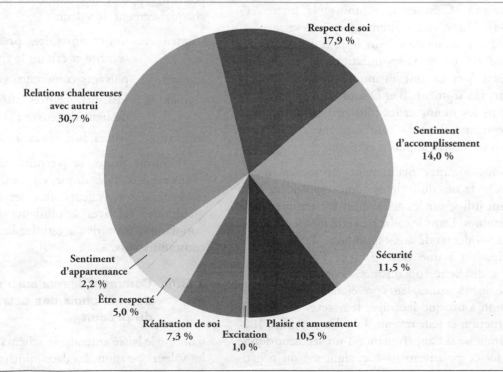

Source T.E. Muller, « A crystal ball for the third millennium : Personal value changes and their economic impacts », présentation faite dans le contexte de la série des séminaires de marketing 1991-1992. Queen's University School of Business, Kingston (Ont.), 7 février 1992.

terme, durables et à fort contenu émotif) et au respect de soi ; il accorde aussi une plus grande importance au sentiment d'appartenance que tout autre segment – mais il rejette fermement l'amusement et le plaisir ainsi que l'excitation en tant que valeurs centrales. Le segment C est motivé par les valeurs d'accomplissement, d'actualisation et de respect de soi, comme le révèle l'importance relative accordée au sentiment d'accomplissement, au respect de soi et à la réalisation de soi, situant la sécurité au sixième rang. Finalement, le segment D est clairement motivé par des valeurs de plaisir (amusement et plaisir dans la vie, excitation) et par la grande importance qu'il accorde aux relations chaleureuses avec autrui, lesquelles sont interprétées comme le fait d'avoir de bons amis avec qui partager le plaisir dans la vie ou d'avoir des relations sexuelles.

On peut obtenir un portrait plus global des systèmes de valeurs de ces segments en construisant la carte des quatre segments et de leurs priorités de valeurs à partir de concepts plus abstraits et de plus grande portée, comme la réussite, l'empathie et l'hédonisme. C'est ce que montre la figure 7.17 (p. 184). On y voit clairement que le segment C possède le système de valeurs le plus orienté vers la réussite de toute la population, alors que les segments A et D sont les moins préoccupés par la réussite. Les segments B et D sont respectivement les segments les moins et les plus hédonistes de tous. Les segments B et D sont également ceux dans lesquels on trouve le plus d'empathie[28].

Nous sommes maintenant en mesure d'examiner la façon dont le système de valeurs d'un segment influe sur les activités et sur les intérêts de ses membres. Dans le cadre de cette même étude, on avait aussi demandé aux répondants de décrire leur participation à une vaste gamme d'activités, leurs dons à différents organismes, leurs habitudes de lecture de magazines, leurs préférences d'écoute de la télévision ainsi que leur âge, leur sexe, leur niveau d'instruction et leur revenu. Le tableau 7.3 (p. 182-183) indique si l'appartenance à un segment donné est associée positivement (un signe +) ou négativement (un signe –) à l'activité ou au comportement en question. L'absence de signe indique qu'il

n'y a pas d'association entre le segment et l'activité. Par exemple, les consommateurs des segments A et B ne sont pas portés à consommer du vin alors que les consommateurs des segments C et D sont portés à en boire. En examinant les informations concernant le segment A, nous constatons que ces consommateurs, qui valorisent énormément la sécurité, ont tendance à éviter le risque. Ils sont moins portés à participer aux activités où l'on observe des écarts entre les segments, à deux exceptions près – manger du pain blanc et regarder des jeux et des émissions enregistrés devant un auditoire.

L'étude des activités et des champs d'intérêt de chacun des segments nous permet de relever les grandes cohérences à l'intérieur des systèmes de valeurs respectifs. Nous voyons déjà se profiler le style de vie du consommateur, lequel est déterminé par les valeurs. Si nous ajoutons les informations sur les activités, les champs d'intérêt et les profils démographiques du tableau 7.3 aux profils de systèmes de valeurs de chaque segment (figure 7.16), nous pouvons apposer des étiquettes de style de vie à chaque segment de valeurs :

segment A : moins instruits, préoccupés par la sécurité et évitant le risque ;

segment B : plus âgés, conservateurs et empathiques ;

segment C : instruits, centrés sur eux-mêmes et désireux de réussir ;

segment D : jeunes, hédonistes, à plus faible revenu.

Comme nous le verrons dans la section consacrée aux styles de vie, en combinant les profils de systèmes de valeurs avec les données démographiques relatives à plusieurs segments de la population, on arrive à estimer le style de vie des consommateurs.

7.3.4 Comment les valeurs se reflètent dans le choix des attributs du produit

Comme le laisse entendre le schéma de la figure 7.1, les valeurs personnelles déterminent, indirectement, les attributs du produit recherchés par le consommateur. Ces attributs témoignent de l'état souhaité

Figure 7.16 *L'importance relative des neuf valeurs LOV pour chacun des quatre segments de valeurs*

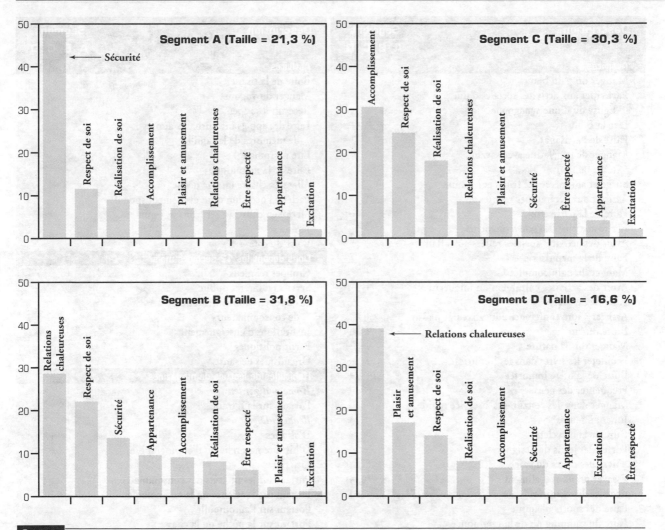

Source W.A. Kamakura et T.P. Novak, « Value-system segmentation : Exploring the meaning of LOV », *Journal of Consumer Research,* vol. 19, juin 1992, p. 124, figure 1. © 1992, The University of Chicago Press.

par la personne et sont censés satisfaire les besoins perçus. Or le fait qu'un consommateur recherche certains attributs est révélateur de ses valeurs et, par conséquent, des vraies raisons pour lesquelles il consomme un produit.

Ce lien entre valeurs et attributs a été mis en évidence par une enquête commerciale effectuée dans le but de déterminer les relations existant entre les attributs du produit, les avantages recherchés et

les valeurs des adultes qui consomment des produits destinés à rafraîchir l'haleine, tels que bonbons, dentifrice et rince-bouche[29]. Au cours d'entrevues en tête à tête réalisées avec des utilisateurs de ces produits, on a recouru à 13 marques en guise de stimuli : Binaca, Certs, Close Up, Crest, Dentyne, Double Mint, Life Savers, Listerine, Listermint, Scope, Trident, Ultra Brite et Velamints. On demandait aux répondants d'indiquer les attributs

Tableau 7.3 — *Les relations entre l'appartenance à un segment, la participation à différentes activités et les habitudes par rapport aux médias*

Description	A	B	C	D
Activités*				
Manger du pain blanc	+			
Participer aux activités sociales d'une Église ou d'une synagogue		+		
Lire la Bible	–	+	+	–
Faire de l'artisanat		+	–	
Manger de la gélatine avec saveur (ex. : JELL-O)		+	–	
Surgeler soi-même ses fruits et légumes		+	–	
Assister aux cérémonies religieuses		+	–	
Faire de la pâtisserie		+	–	
Écrire aux élus des gouvernements				
Avoir des activités sociales reliées aux affaires	–	+		
Faire de la menuiserie		+		
Manger du pain complet		+		
Avoir des activités culturelles ou intellectuelles		+		
Faire de l'exercice	–	+		
Assister à une conférence éducative par plaisir	–	+		
Boire du vin	–	–	+	+
Manger du riz nature	–		+	+
Feuilleter les livres dans les librairies	–		+	+
Boire de la bière importée	–		+	+
Fréquenter des gens			+	
Manger dans des restaurants à service rapide			+	
Jouer au tennis			+	
Faire de la bicyclette			+	
Porter des jeans de designer			–	+
Suivre des cours du soir	–	–		+
Essayer un nouvel aliment	–	–		+
Écouter des disques			–	+
Faire des sports d'équipe			+	
Faire du camping ou de la randonnée			+	
Pratiquer des sports à risque			–	+
Boire de la bière domestique			–	+
Boire des boissons alcooliques mélangées à d'autres boissons			–	+
Jouer aux quilles			–	+
Aller au cinéma			–	+
Boire une boisson alcoolique après le dîner			–	+
Se faire masser le dos			–	+
Jouer au poker			–	+
Utiliser un sauna ou un bain à remous			–	+

Description	A	B	C	D
Activités*				
Boire de la tisane	–			
Manger du yogourt	–			
Recevoir à souper	–			
Faire des appels interurbains auprès de membres de la famille	–			
Lire un roman	–			–
Faire de la mécanique	–			–
Aller à la chasse ou à la pêche	–			–
Parier à l'occasion d'un événement sportif	–			
Mettre en conserve ses fruits et légumes				
Jardiner				
Boire du café				
Dons durant les 12 derniers mois**				
Groupes religieux			+	–
Services d'intérêt public			+	–
Groupes environnementaux ou de consommateurs			–	+
Institutions d'enseignement			–	
Partis politiques				–
Organismes de santé				–
Habitudes de lecture de magazines***				
Home and garden			+	–
Portant sur la retraite			+	–
Reader's Digest			+	
D'affaires				+
D'histoire naturelle ou d'ethnographie				+
Littéraires				+
Portant sur les intérêts des consommateurs			+	+
Portant sur la science ou la technologie			–	+
Portant sur l'automobile			–	
Portant sur la pêche ou la chasse			–	
Portant sur les sports en général			–	
Portant sur un sport en particulier			–	
Portant sur la mécanique			–	
Pour hommes			–	–
Portant sur la motocyclette			–	
Habitudes d'écoute de la télévision****				
Jeux et émissions enregistrés devant un auditoire	+	–		
Émissions religieuses	+	–		
Golden Girls	+			
Télévision éducative			+	–
Cheers				+

▼

Tableau 7.3	*Les relations entre l'appartenance à un segment, la participation à différentes activités et les habitudes par rapport aux médias (suite)*

Description	Segment A B C D	Description	Segment A B C D
Habitudes d'écoute de la télévision****		**Habitudes d'écoute de la télévision******	
Family Ties	+	*Murder, She Wrote*	−
Moonlighting	+	*60 Minutes*	−
Night Court	+		
St. Elsewhere	+	**Caractéristiques démographiques**	
Who's the Boss	−	Âge (années)	+ −
Nouvelles du réseau en soirée	−	Sexe (féminin)	+ −
Émissions sur les affaires publiques	−	Instruction (années)	− +
Meet the Press	−	Revenu (1 000 $)	−

    *   Codifié de la façon suivante : 1 = jamais ; 5 = tous les jours.
   **   Codifié de la façon suivante : 1 = non ; 2 = oui.
 ***   Codifié de la façon suivante : 1 = jamais ; 3 = habituellement.
****   Codifié de la façon suivante : 1 = jamais ; 4 = plus que 2 fois par semaine.

Source   Adapté de W.A. Kamakura et T.P. Novak, « Value-system segmentation : Exploring the meaning of LOV », *Journal of Consumer Research*, vol. 19, juin 1992, p. 127, tableau 4. © 1992, The University of Chicago Press.

ou les aspects d'une marque qu'ils préféraient, puis on leur demandait *pourquoi* tel aspect avait de l'importance à leurs yeux. L'enquêteur allait ensuite plus loin en posant des questions portant sur le pourquoi, afin de déterminer les avantages et les conséquences notables découlant de la consommation du produit. Ce procédé, dit technique de l'échelle, était répété jusqu'à ce que le répondant devienne incapable de répondre à la question « Pourquoi ? ».

Les résultats de toutes ces entrevues sont schématisés dans la figure 7.18 (p. 185). Celle-ci montre, à partir des attributs du produit recherchés, l'association des attributs avec les avantages retirés ; les questions portant sur les avantages retirés donnent lieu à leur tour à des réponses se rapprochant de plus en plus du niveau des valeurs, jusqu'à ce que l'on puisse dégager quelques valeurs clés. Notons, par exemple, les types de réponses qui conduisent des attributs du produit « fluor » et « sans sucre » aux avantages « belle apparence » et « bon pour la santé ». Ces derniers, à leur tour, mènent à la valeur « se sentir bien ». De la même façon, les traits partant des attributs du produit « goût de menthe fraîche » et « goût de médicament »

mènent à l'avantage « haleine fraîche ». Si l'on pousse un peu plus loin, il devient clair que les avantages « haleine fraîche » et « belle apparence » sont jugés souhaitables parce que le consommateur désire éviter l'embarras ou le rejet lorsqu'il se rapproche d'autres personnes. Si l'on pousse encore plus loin, on découvre que le désir du consommateur d'être accepté et de ne pas offenser les autres est dicté par les valeurs que sont la sécurité, la confiance en soi et le respect de soi-même.

L'étude dont nous venons de donner un aperçu est une excellente illustration de la théorie selon laquelle les valeurs personnelles conduisent à rechercher certains attributs offerts par un bien et, en conséquence, à consommer le produit. Si l'on n'a pas fait une telle recherche, on ne sait pas vraiment *pourquoi*, par exemple, une personne achète du parfum, s'abonne à la série *Time-Life* sur la cuisine internationale, amène sa famille au Walt Disney's Epcot Center ou travaille comme bénévole pour un organisme caritatif. Si les mercaticiens ne connaissent pas les valeurs qui motivent de tels comportements et conduisent à adopter un certain style de vie, il leur est très difficile de créer des produits, d'offrir des

Figure 7.17

Une carte des quatre segments de valeurs en fonction de la réussite, de l'empathie et de l'hédonisme

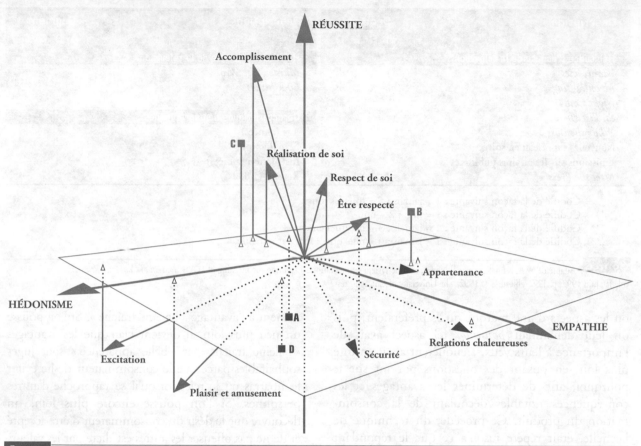

Source W.A. Kamakura et T.P. Novak, « Value-system segmentation : Exploring the meaning of LOV », *Journal of Consumer Research,* vol. 19, juin 1992, p. 126, figure 2. © 1992, The University of Chicago Press.

services, de mettre au point des réseaux de distribution efficaces et de prendre des décisions promotionnelles pertinentes.

7.3.5 Les valeurs et le marketing multiculturel

Les échelles de valeurs constituent un outil d'un grand intérêt dans le contexte de la mondialisation des marchés et du marketing multiculturel. LOV a été administrée à des consommateurs de plusieurs pays[30]. Le système de valeurs facilite les comparaisons entre pays et entre cultures. L'hypothèse repose sur l'universalité de ces mêmes valeurs. Le

tableau 7.4 montre que certaines valeurs sont davantage privilégiées dans certaines sociétés. Le sentiment d'appartenance est mentionné plus fréquemment comme la valeur la plus importante par les Allemands, les Norvégiens et les Russes. Le respect de soi se retrouve plus facilement au haut de la liste chez les Américains, les Vénézuéliens et les Danois. La réalisation de soi revient plus fréquemment chez les Japonais et les Français. Enfin, les Allemands sont plus nombreux à souligner l'importance de la sécurité.

Les variations observées dans les systèmes de valeurs ne suivent pas les frontières géographiques.

Figure 7.18   *Résultats d'une étude visant à déceler les valeurs qui poussent le consommateur à rechercher certains attributs dans les produits destinés à rafraîchir l'haleine (bonbons, dentifrices et rince-bouche)*

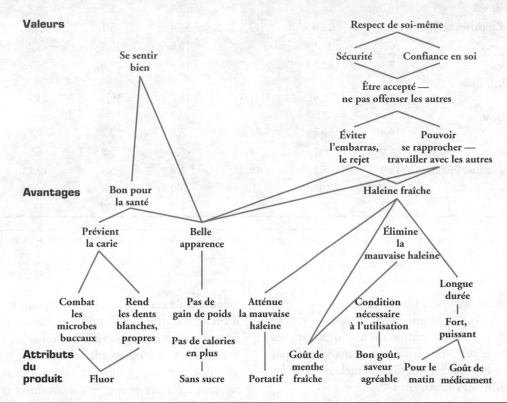

Comme le soulignent Kahle, Rose et Shoham[31], on serait mal avisé de segmenter les marchés sur une base strictement géographique. Toutefois, il y a des systèmes de valeurs qui ressortent plus clairement dans certains marchés nationaux que dans d'autres. Par exemple, quatre valeurs sont mentionnées comme prioritaires par au moins 15 % des Français et des Américains. Chez les premiers, on s'attache à la réalisation de soi, aux relations chaleureuses avec autrui, aux plaisirs de la vie et à l'excitation et, enfin, au sentiment d'accomplissement. Chez les Américains, la priorité va au respect de soi, aux relations chaleureuses avec autrui, au sentiment d'accomplissement et à la sécurité.

Dans les sociétés où un pourcentage élevé de consommateurs favorisent le sentiment d'appartenance ou les relations chaleureuses avec autrui, le positionnement des produits, la publicité et la promotion pourraient miser sur le contexte social. L'Allemagne, la Norvège, l'ancienne URSS et le Japon, par exemple, seraient des pays tout désignés pour ce type de positionnement. Les consommateurs qui privilégient la réalisation de soi seraient de bons candidats pour les entreprises de services comme les agences de voyages[32]. Les individus qui accordent de l'importance au sentiment d'appartenance, aux relations chaleureuses avec autrui et au fait d'être respectés seraient nettement plus sensibles à l'influence sociale[33].

Tableau 7.4   *Les valeurs LOV les plus importantes dans quelques pays*

	France	Allemagne	Danemark	Norvège	États-Unis	Ex-URSS	Japon
Réalisation de soi	30,9 %	4,8 %	7,1 %	7,7 %	6,5 %	8,8 %	36,7 %
Sentiment d'appartenance	1,7	28,6	13,0	33,4	5,1	23,9	2,3
Sécurité	6,3	24,1	6,3	10,0	16,5	5,7	10,9
Respect de soi	7,4	12,9	29,7	16,6	23,0	10,1	4,7
Relations chaleureuses avec autrui	17,7	7,9	11,3	13,4	19,9	23,3	27,6
Plaisir, amusement et excitation	16,6	10,1	16,8	3,6	7,2	9,7	7,5
Être respecté	4,0	6,1	5,0	8,4	5,9	8,5	2,1
Sentiment d'accomplissement	15,4	5,4	10,9	6,8	15,9	10,1	8,3
Total	100 %	100 %	100 %	100 %	100 %	100 %	100 %
N	175	1 008	239	413	997	321	387

Source   L.R. Kahle, G. Rose et A. Shoham, « Findings of LOV throughout the world, and other evidence of cross-national consumer psychographics : Introduction », *Journal of Euromarketing*, vol. 8, nos 1-2, 1999, p. 1-13.

Par ailleurs, les systèmes de valeurs ne sont pas homogènes à l'intérieur même des marchés multiculturels. Il y a des « nations » à l'intérieur des nations. On a noté des différences marquées, par exemple, entre Juifs et Druzes en Israël, et entre les diverses régions des États-Unis[34].

Le même phénomène existe au Canada, notamment entre les consommateurs ontariens et québécois, selon une étude menée au début des années 1990[35]. Les consommateurs du Québec de l'échantillon accordent plus d'importance à la réalisation de soi, au besoin d'être respecté et aux relations chaleureuses avec autrui que les consommateurs ontariens. L'étude, dont les résultats sommaires apparaissent à la figure 7.19, conclut à un lien significatif entre les systèmes de valeurs et les profils de consommation au Québec. Toutefois, elle ne parvient pas à la même conclusion en ce qui a trait au groupe anglophone.

7.4   Les styles de vie et la recherche psychographique

Comme nous l'avons mentionné au chapitre 3, le style de vie d'une personne est l'extériorisation de ses valeurs et de ses besoins. En disséquant le style de vie d'un consommateur, nous mettons en lumière comment cette personne vit selon ses valeurs et les exprime, et comment elle satisfait ses besoins. Ces manifestations des besoins et des valeurs apparaissent à travers ce que le consommateur achète ou n'achète pas, ce qu'il fait ou ne fait pas, ce qui l'intéresse ou ne l'intéresse pas ainsi qu'à travers les opinions et les attitudes qu'il adopte à l'égard de divers sujets. Ces multiples dimensions de la pensée et du comportement constituent le style de vie d'un consommateur. Le *style de vie* se définit donc comme *le type d'activités, d'intérêts et d'opinions qu'adopte une personne en accord avec ses besoins et ses valeurs.*

Le mot important de cette définition est « type », étant donné que les comportements et les intérêts qu'une personne adopte afin de satisfaire ses besoins et d'être en accord avec ses valeurs sont remarquablement cohérents. Si l'on ne pouvait prévoir les comportements adoptés, le concept de style de vie ne serait pas d'une grande utilité pour les mercaticiens. En fait, nous pouvons considérer le style de vie d'un consommateur comme *la tendance à consommer et à répondre aux efforts de marketing d'une manière prévisible.* Vu sous cet angle, le concept de style de vie, lorsqu'il est correctement utilisé, devient un outil de marketing exceptionnellement puissant, vu qu'il existe de vastes segments de consommateurs qui ont le même style de vie.

Le style de vie d'un consommateur peut changer avec le temps. Cela n'implique pas que les besoins fondamentaux changent – ceux-ci demeurent les mêmes tout au long de la vie adulte –, mais plutôt que les valeurs se modifient. En d'autres mots, le style de vie change parce que les valeurs, et non les besoins, ont changé. Rappelons que les valeurs d'une personne changent parce que, tout au long de sa vie, cette personne subit l'influence de l'environnement,

c'est-à-dire l'influence de la culture, des groupes de référence, de la classe sociale, de la famille, des variables économiques et des sources d'information, dimensions dont nous avons parlé au chapitre 3.

7.4.1 L'importance du concept de style de vie pour le marketing

La tâche qui incombe aux mercaticiens n'est pas exempte de difficultés. Certaines toutefois peuvent être résolues par une analyse du style de vie. D'une part, le spécialiste de marketing doit avoir une *bonne description* du consommateur cible ou de l'utilisateur potentiel d'un produit ou d'un service donné. Qui achète actuellement ce genre de produit ? Qui est le

---

Figure 7.19   *Comparaison de l'importance des valeurs LOV au Québec (294) et en Ontario (200)*

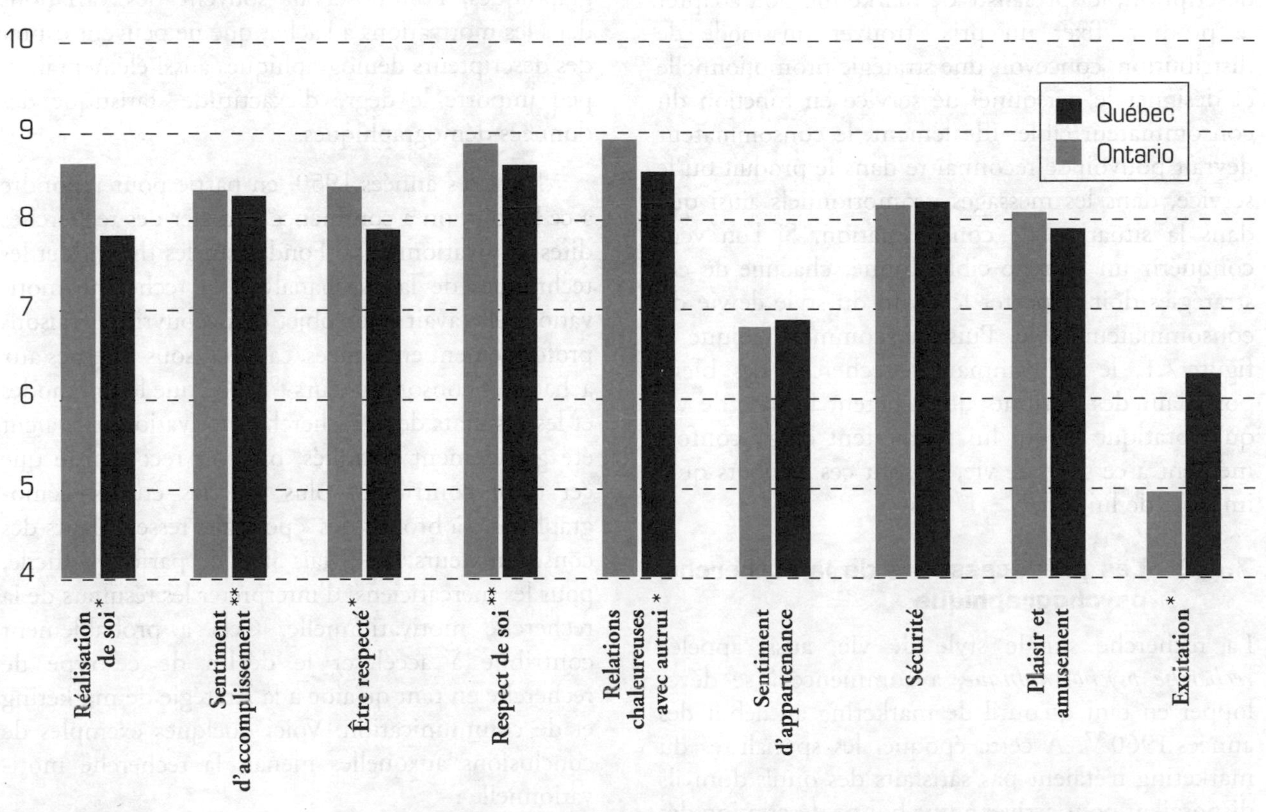

* P = 0,05 ** P = 0,01   Valeurs mesurées sur une échelle de 1 à 10, où 1 = pas important et 10 = extrêmement important.

Source   E.J. Chéron et T.E. Muller, « Relative importance of values as determinants of ownership patterns : Comparisons between the Canadian provinces of Ontario and Quebec », *Journal of International Consumer Marketing*, vol. 5, n° 3, 1993, p. 37-53.

plus susceptible de l'acheter ? Mais aussi, qui est le moins susceptible d'acheter ce produit ? Le *qui* est au cœur de ces questions. Le spécialiste de marketing doit avoir du consommateur une description qui va au-delà des profils démographiques standards et qui fournit un portrait réaliste de l'utilisateur potentiel (ou du non-utilisateur). Cette description doit inclure la personnalité, les valeurs, les intérêts, les opinions, les attitudes et les priorités personnelles. Essentiellement, les mercaticiens ont besoin d'une description du style de vie du consommateur cible, et celle-ci peut être obtenue par des recherches sur les socio-styles. Comme le mentionne Joseph Plummer, un des pionniers de la recherche sur le style de vie, les profils de style de vie constituent un outil créateur qui permet de mieux « sentir » les gens que nous ne connaissons pas personnellement[36].

D'autre part, une fois qu'il a obtenu une telle description, le spécialiste de marketing doit adapter le produit, fixer un prix, trouver un mode de distribution, concevoir une stratégie promotionnelle et désigner le personnel de service en fonction du consommateur cible. Idéalement, le consommateur devrait pouvoir se reconnaître dans le produit ou le service, dans les messages promotionnels ainsi que dans la situation de consommation. Si l'on veut conquérir un marché cible donné, chacune de ces stratégies doit respecter le profil du style de vie du consommateur cible. Puisque, comme l'indique la figure 7.1, le consommateur recherche des biens possédant des attributs qui reflètent le style de vie qu'il pratique et qui lui permettent d'agir conformément à ce style de vie, ce sont ces attributs qu'il importe de lui offrir.

7.4.2 Les prédécesseurs de la recherche psychographique

La recherche sur le style de vie, aussi appelée *recherche psychographique*, a commencé à se développer en tant qu'outil de marketing au début des années 1960[37]. À cette époque, les spécialistes du marketing n'étaient pas satisfaits des outils dont ils disposaient pour arriver à une bonne description des consommateurs d'un marché cible, ce qui explique les efforts pour étendre ce type de recherche. En effet, on avait recours à l'analyse démographique

standard, qui permettait seulement d'associer les utilisateurs du produit à des critères globaux, du genre : « Ce produit attire les célibataires aisés », « Ce produit est pour les femmes d'âge mûr de descendance italienne », « Ce produit est destiné aux propriétaires de la classe moyenne avec enfants âgés de moins de huit ans[38] ». On incorporait ensuite de tels profils aux stratégies de marketing pour atteindre les consommateurs visés, en faisant correspondre ces profils avec les utilisations connues du produit, le pouvoir d'achat et les habitudes quant aux médias de ces groupes démographiques. Or ces données démographiques ne procuraient pas aux gestionnaires du marketing, aux créateurs publicitaires ou aux planificateurs médias l'information dont ils avaient besoin pour imaginer des consommateurs véritables qu'il serait possible d'attirer avec ce qui les intéresse. À l'intérieur des groupes démographiques, l'on observait souvent des variations dans les motivations à l'achat que ne peuvent capter des descripteurs démographiques aussi élémentaires, peu importe le degré d'exactitude statistique des données démographiques.

Dans les années 1950, en partie pour répondre à ce besoin, on a commencé à mener des recherches dites motivationnelles. Fondée sur les théories et les techniques de la psychanalyse, la recherche motivationnelle avait pour objet de découvrir les raisons profondément enracinées, cachées, sous-jacentes aux achats des consommateurs[39]. Bien que les méthodes et les résultats de la recherche motivationnelle aient été grandement critiqués, on doit reconnaître que cet outil contribuait plus que les études démographiques à brosser des « portraits ressemblants des consommateurs[40] ». Mais il était parfois difficile, pour les mercaticiens, d'interpréter les résultats de la recherche motivationnelle. Cela a probablement contribué à accélérer le déclin de ce type de recherche en tant qu'aide à la stratégie de marketing et de communication. Voici quelques exemples de conclusions auxquelles menait la recherche motivationnelle :

- un homme ayant contracté une assurance-vie élevée a un sentiment accru de sa puissance sexuelle ;

- les hommes décident de porter des bretelles à cause d'un complexe de castration non résolu ;

- les jeunes filles qui prennent un bain avant une sortie amoureuse perçoivent cette action comme un rituel purificateur à connotation sexuelle ; de plus, elles ne font pas que simplement se laver, elles se débarrassent de leurs péchés, comme s'il s'agissait d'un baptême ;

- la crème glacée représente, inconsciemment, le lait maternel, l'enfance et la volupté orale ;

- les gens qui mâchent de la gomme sont des personnes frustrées sur le plan de l'allaitement maternel[41].

La recherche psychographique a tenté de créer des ponts entre la pauvreté des données démographiques et les conclusions parfois bizarres et non applicables issues de la recherche motivationnelle. En combinant les besoins psychologiques et les valeurs personnelles aux analyses quantitatives obtenues au moyen d'un échantillonnage statistique (de là découle le terme psychographique), on obtient une analyse ayant la richesse qui manquait dans les outils auparavant disponibles pour la recherche sur les consommateurs.

7.4.3 Les apports de la recherche psychographique

Avant de présenter un exemple concret, il est bon de signaler les principaux apports des recherches portant sur le style de vie. Pour tous ceux qui « doivent créer des produits, des services ou des messages pour des consommateurs qu'ils ne peuvent rencontrer en personne[42] », la recherche psychographique

- fournit, pour chaque segment de marché donné, un portrait ressemblant des consommateurs qui fait ressortir clairement l'élément humain du profil psychographique des consommateurs cibles. Ce portrait comprend les valeurs, les idéaux, les goûts, les préoccupations, les inquiétudes, les préjugés, les peurs et les problèmes des consommateurs[43], les activités qu'ils aiment et celles qu'ils n'aiment pas, leurs orientations et leurs intérêts quotidiens, leurs opinions sur

diverses questions personnelles et sociales et leurs sentiments par rapport aux autres ;

- permet, grâce à cette description riche et réaliste, de créer des produits, des services et des communications qui correspondent aux exigences et aux besoins d'un segment de style de vie donné. Par exemple, cette recherche doit permettre de découvrir quels sont les mots ou les images à employer dans les publicités et les efforts promotionnels destinés à ce segment, quel type d'information les représentants des ventes devraient communiquer aux acheteurs potentiels, quels sont les messages à lancer dans les publicités diffusées à la radio et à la télévision, quels sont les médias à utiliser pour les messages promotionnels et quels sont les canaux de distribution et les stratégies de prix à employer.

7.4.4 Une application de la recherche psychographique

L'exemple qui suit n'est pas récent, mais constitue néanmoins un classique dans la littérature. Il aidera à comprendre le concept de style de vie et son application à un problème de marketing. Il renseigne également sur le type d'information que fournit la recherche psychographique.

La grande utilisatrice de maquillage pour les yeux à côté de la grande utilisatrice de graisse végétale

Les données qui proviennent de la recherche sur le style de vie (recherche psychographique) sont souvent obtenues par des sondages portant sur le style de vie en général, effectués auprès d'un grand échantillon permanent (panel). Ces sondages utilisent de longs questionnaires que l'on envoie par la poste aux membres de l'échantillon permanent de consommateurs constitué par une entreprise de recherche commerciale. Pour l'étude à laquelle nous nous intéressons ici, 1 000 questionnaires avaient été expédiés à un tel groupe de femmes au foyer, dont la grande majorité était mariée. L'échantillon comprenait des femmes travaillant à l'extérieur et des femmes au foyer à temps plein[44]. Le questionnaire contenait 300 énoncés concernant une large gamme d'activités, d'intérêts et d'opinions (on appelle ce genre de questions *énoncés AIO, pour Activités, Intérêts et Opinions*) ; les répondantes devaient indiquer si elles souscrivaient ou non à chaque énoncé au moyen d'échelles allant de 1 (je rejette totalement l'énoncé) à 6 (j'acquiesce totalement à l'énoncé). Le tableau 7.5 fournit des exemples de certains de ces énoncés AIO. Étant donné que les énoncés AIO des questionnaires portant sur le style de vie traitent généralement de problèmes de la vie courante ainsi que des aspirations, des intérêts et des activités préférées des répondants, ils intéressent généralement beaucoup ces derniers. Par conséquent, un questionnaire d'une longueur de 25 pages, posté aux membres d'un échantillon permanent, peut obtenir un taux de réponse de 75 % à 80 %, et même de 90 % s'il est accompagné d'un petit cadeau destiné à récompenser les gens de leur coopération[45]. En plus de tous ces énoncés, l'étude évoquée ici comportait des questions sur les habitudes d'utilisation des médias électroniques et de lecture des médias imprimés, sur l'utilisation de divers autres produits et sur les variables démographiques habituelles. Un des produits sur lesquels portait le questionnaire était le maquillage pour les yeux ; on demandait à la participante d'indiquer sur une échelle à sept degrés, allant de « jamais » à « plus d'une fois par jour », sa fréquence d'utilisation de ce genre de produit.

Le tableau 7.5 présente les résultats obtenus auprès des grandes utilisatrices de produits de maquillage pour les yeux par opposition à ceux qui ont été obtenus auprès des non-utilisatrices. On observe que les grandes utilisatrices diffèrent des non-utilisatrices quant à plusieurs des énoncés. Notons la vivacité du portrait de l'utilisatrice de maquillage pour les yeux qui ressort de ce profil psychographique. Le fait que les utilisatrices de maquillage pour les yeux consomment d'autres produits en grande quantité suggère aux responsables de la stratégie de marketing que les méthodes élaborées pour joindre et persuader cette catégorie de consommatrices peuvent aussi être utilisées pour le marketing d'autres produits cosmétiques, de cigarettes et de produits et services reliés aux trajets

quotidiens et aux déplacements en voiture. Les préférences quant aux médias des utilisatrices de maquillage pour les yeux ainsi que leurs intérêts indiquent au responsable de la communication marketing comment dépenser le plus efficacement possible les sommes allouées à la publicité.

Mieux encore, la tendance de ces consommatrices à souscrire aux énoncés AIO présentés dans la colonne de gauche du tableau suggère au concepteur de produits le type de conditionnement et d'appellation à utiliser pour la commercialisation d'un cosmétique susceptible de plaire à ce genre de consommatrices. Elle donne aux rédacteurs de messages publicitaires des idées utiles pour la création d'annonces, de messages et de symboles de communication susceptibles de toucher ce genre de personnes.

Le profil du style de vie de la grande utilisatrice de maquillage pour les yeux qui se dégage de cette étude révèle une personnalité dynamique qui fait preuve d'une remarquable cohérence dans ses goûts, ses valeurs et ses comportements. Les caractéristiques de cette consommatrice en ce qui a trait au style de vie la distinguent nettement de la grande utilisatrice de graisse végétale.

Cette même étude a aussi identifié des femmes qui sont de grandes utilisatrices de graisse végétale. Le profil psychographique typique d'une grande utilisatrice de graisse végétale est présenté dans la colonne de droite du tableau 7.5. D'un point de vue démographique, ces consommatrices diffèrent des utilisatrices de maquillage pour les yeux. Elles n'utilisent pas beaucoup le maquillage pour les yeux ni les autres cosmétiques. Inversement, elles utilisent beaucoup les produits alimentaires destinés aux familles nombreuses. Elles s'intéressent au *Reader's Digest* plutôt qu'aux revues de mode et aux revues sur l'actualité. Quant à l'écoute de la télévision, elles préfèrent les mélodrames aux émissions et aux films d'aventures. Le tableau 7.5 énumère aussi les énoncés AIO distinguant la grande utilisatrice de graisse végétale de la personne qui utilise peu ce produit.

Le portrait du style de vie qui s'en dégage diffère radicalement de celui qui décrit l'utilisatrice de

Tableau 7.5	*Profil du style de vie de la grande utilisatrice typique de maquillage pour les yeux et de la grande utilisatrice de graisse végétale*

Grande utilisatrice de maquillage pour les yeux	Grande utilisatrice de graisse végétale
Caractéristiques démographiques	**Caractéristiques démographiques**
Jeune, instruite, vit dans une grande agglomération.	D'âge moyen, de famille moyenne à large, ne vit pas dans une grande agglomération.
Utilisation de produits	**Utilisation de produits**
Est aussi une grande utilisatrice de fond de teint liquide, de rouge à lèvres, de fixatif pour les cheveux, de parfum, de cigarettes et d'essence.	Est aussi une grande utilisatrice de farine, de sucre, de viande en conserve, de desserts cuisinés et de ketchup.
Préférences par rapport aux médias	**Préférences par rapport aux médias**
Magazines de mode, *Life, Look,* émissions d'aventures, *Tonight Show.*	*Reader's Digest,* mélodrames télévisés, comédies télévisées représentant des situations familiales.
Activités, intérêts et opinions	**Activités, intérêts et opinions**
Acquiesce plus souvent que la moyenne aux énoncés suivants :	*Acquiesce plus souvent que la moyenne aux énoncés suivants :*
J'essaie souvent les nouvelles coiffures à la mode.	J'aime faire de la pâtisserie et j'en fais souvent.
J'ai habituellement un ou plusieurs ensembles à la dernière mode.	Je découpe les recettes dans les revues et les journaux.
L'habillement est une partie importante de ma vie et de mes activités.	La cuisine est ma pièce préférée.
J'aime me sentir attrayante auprès des hommes.	J'adore manger.
Je veux paraître un peu différente des autres.	J'aime faire la plupart des travaux domestiques.
Il est important d'avoir une belle apparence pour garder son mari.	D'habitude, j'ai des journées assignées au lavage, au ménage, etc.
J'aime ce que je vois lorsque je me regarde dans le miroir.	Ça me dérange lorsque la maison n'est pas complètement propre.
La première chose que je fais le matin est de me peigner et de mettre du rouge à lèvres.	Je fais souvent moi-même mes vêtements et ceux de mes enfants.
Je prends bien soin de ma peau.	J'aime coudre et je le fais souvent.
Les gens négligés ont l'air affreux.	J'essaie d'organiser ma maison en fonction de mes enfants.
J'aimerais faire un voyage autour du monde.	Les membres de notre famille sont très proches les uns des autres.
J'aimerais passer une année à Londres ou à Paris.	Il y a beaucoup d'amour dans notre famille.
J'aime le ballet.	Je passe beaucoup de temps avec mes enfants à parler de leurs activités, de leurs amis et de leurs problèmes.
J'aime les réceptions où il y a beaucoup de musique et de discussions.	Tous devraient faire des marches, jardiner, aller à bicyclette ou effectuer toute autre forme d'exercice plusieurs fois par semaine.
J'aime les choses brillantes, joyeuses et excitantes.	Les vêtements devraient sécher à l'air frais, à l'extérieur.
J'ai une vie sociale plus active que celle de la plupart de mes amis.	Il est important de se laver les mains avant chaque repas.
J'aimerais avoir une domestique pour faire le travail de maison.	On devrait passer un examen médical au moins une fois l'an.
J'aime servir des repas qui sortent de l'ordinaire.	Je préfère passer une soirée tranquille à la maison plutôt que d'aller à une réception.
Je m'intéresse aux épices et aux assaisonnements.	Je préfère aller à une manifestation sportive plutôt qu'à une danse.
Si j'avais à choisir, je préférerais avoir un téléviseur couleur plutôt qu'un nouveau réfrigérateur.	
J'aime les couleurs brillantes et éblouissantes.	
Je crois sincèrement que les blondes ont plus de plaisir.	

▼

Tableau 7.5	Profil du style de vie de la grande utilisatrice typique de maquillage pour les yeux et de la grande utilisatrice de graisse végétale (suite)

Grande utilisatrice de maquillage pour les yeux	Grande utilisatrice de graisse végétale
Activités, intérêts et opinions	**Activités, intérêts et opinions**
Rejette plus souvent que la moyenne les énoncés suivants : Je suis casanière. J'aime faire l'épicerie. J'aime accomplir la plupart des tâches domestiques. Je meuble ma maison pour le confort, et non pour le style. J'essaie d'organiser ma maison en fonction de mes enfants. Il est plus important d'avoir de bons appareils ménagers dans la maison que de bons meubles. Les femmes ne devraient pas fumer en public. De nos jours, on accorde trop d'importance au sexe. Les valeurs spirituelles sont plus importantes que les choses matérielles. Si c'était assez bon pour ma mère, c'est assez bon pour moi.	*Rejette plus souvent que la moyenne les énoncés suivants :* J'aimerais avoir une domestique pour faire le travail ménager. Mon idée du travail domestique est « de passer une fois rapidement ». La musique classique est plus intéressante que la musique populaire. J'aime le ballet. J'aimerais vivre un an à Londres ou à Paris.

Source W.D. Wells et A.D. Beard, « Personality and consumer behavior », dans S. Ward et T.S. Robertson (sous la dir. de), *Consumer Behavior : Theoretical Sources,* Englewood Cliffs (N.J.), Prentice-Hall, 1973, tableau 4, © 1973, Prentice-Hall Inc., Englewood Cliffs.

maquillage pour les yeux. La grande utilisatrice de graisse végétale semble très attachée à son foyer et à sa famille, extrêmement préoccupée par la propreté et très intéressée par la santé. Elle ne semble pas être attirée par les réceptions et paraît très peu ouverte aux étrangers[46]. Il est clair que les messages promotionnels les plus susceptibles d'être efficaces auprès des grandes utilisatrices de graisse végétale ne sont pas du tout les mêmes que ceux qui peuvent toucher les utilisatrices de maquillage pour les yeux. Ces résultats permettent aux responsables de la commercialisation de produits tels que la graisse végétale, les ingrédients requis pour faire de la pâtisserie, les aliments en conserve et les détersifs pour la lessive d'avoir une meilleure idée de ce qu'ils doivent faire pour attirer les consommatrices de ce segment de style de vie.

La création d'un message à partir des résultats de la recherche psychographique

La description du style de vie de l'utilisatrice de maquillage pour les yeux, présentée au tableau 7.5,

peut être utilisée pour élaborer une campagne de marketing destinée à promouvoir un parfum. La figure 7.20 montre une annonce faisant partie de la campagne promotionnelle destinée à promouvoir le parfum *Opium* d'Yves Saint-Laurent. La mise en scène, le choix du modèle féminin en vedette ainsi que le nom même du parfum pourraient très bien avoir été choisis pour correspondre aux énoncés AIO du tableau 7.5 qui caractérisent l'utilisatrice de maquillage pour les yeux. Notez le nom de la marque, *Opium,* un nom qui évoque les voyages, l'exotisme et l'interdit. Le choix des couleurs (fond violet, kimono rouge et or, chaussures mauve et or), la pose du modèle et son sourire mystérieux donnent l'image d'une personne excitante, ouverte et aimant le plaisir. Cette image correspond très bien au style de vie de l'utilisatrice de maquillage pour les yeux.

De la même façon, on pourrait se servir des informations sur le profil de style de vie très différent de la grande utilisatrice de graisse végétale pour la mise en marché de plusieurs produits, par exemple des produits destinés à la cuisine. La figure 7.21 (p. 194) présente une annonce publicitaire pour un

Source Yves Saint-Laurent.

produit de recouvrement de plancher. Le choix des images, des objets montrés et des mots devrait attirer l'attention des consommatrices adoptant un tel style de vie.

Le style de vie et les attributs du produit

Bien entendu, le profil psychographique de l'utilisatrice de maquillage pour les yeux peut servir de référence pour la promotion de plusieurs produits autres que le parfum. Si la recherche laisse entendre que cette utilisatrice est aussi représentative d'un marché substantiel en ce qui concerne les appartements à deux chambres en copropriété, les voyages outre-mer, les restaurants gastronomiques,

les vins européens, les livres sur la décoration ou les valises de cuir, le même profil peut également être exploité par des efforts de marketing destinés à promouvoir de tels produits. Ce n'est pas le produit qui importe ici ; c'est plutôt la consommatrice qui achète le produit et qui, par son achat, exprime son style de vie. La figure 7.22 (p. 194) une publicité pour les bas Filodoro, constitue un autre bon exemple d'une stratégie fondée sur la description d'un style de vie pour concevoir le message et communiquer les attraits du produit pour une consommatrice jeune, sophistiquée et relativement à l'aise sur le plan pécuniaire.

Ayant déterminé que l'utilisatrice de maquillage pour les yeux est une personne qui souscrit à des énoncés tels que « J'aime le ballet », « J'aime servir des repas qui sortent de l'ordinaire », « J'aimerais faire un voyage autour du monde », « Je veux paraître un peu différente des autres » et « J'essaie souvent les nouvelles coiffures à la mode », et qui rejette des énoncés tels que « Je suis casanière », « Si c'était assez bon pour ma mère, c'est assez bon pour moi » et « Les femmes ne devraient pas fumer en public », le spécialiste de marketing commence à avoir une bonne idée des attributs du produit que cette personne considérera sans doute comme les plus importants. Par exemple, certains des attributs que cette consommatrice recherchera en évaluant différents produits pourraient être la nouveauté du produit ou le fait qu'il est à la mode (« Est-ce le dernier modèle ? » « Est-ce la technologie de pointe ou la dernière mode ? »), son caractère exclusif (« Le produit sera-t-il suffisamment différent ou peu commun pour accentuer mon individualité et attirer l'attention des autres ? »), sa capacité de stimuler (« Ce choix peut-il satisfaire, mieux que les autres, ma soif de connaître, ma nature ouverte, mon besoin d'expériences variées ? ») tout en procurant un plaisir esthétique (« Comparativement aux autres produits offerts sur le marché, celui-ci est-il plus élégant, plus agréable à l'œil et plus harmonieux ? »).

L'information portant sur le style de vie d'un segment de consommateurs donne au concepteur de produits et au responsable de la promotion une idée des attributs du produit qu'ils ont avantage à mettre

Figure 7.21   *Une publicité pour un produit de recouvrement de plancher qui fait appel à un style de vie*

Figure 7.22   *Une stratégie fondée sur le style de vie pour annoncer des bas-culottes*

en évidence. Nous l'avons vu au tableau 7.5, l'utilisation de maquillage pour les yeux n'est pas un comportement isolé ; ce profil est également associé à une grande consommation de fixatif pour les cheveux, de parfum, de cigarettes, d'essence, de revues de mode et d'émissions d'aventures. C'est peut-être cette consommatrice peu conventionnelle que voulait atteindre Philip Morris Inc., promoteur des cigarettes Virginia Slims, en concevant une campagne promotionnelle autour du slogan « Tu as fait du chemin, ma belle ».

7.5 Les schémas de segmentation fondée sur le style de vie

7.5.1 Les neuf segments Goldfarb

Pour mieux comprendre et mieux communiquer avec les consommateurs de leur marché cible, les gestionnaires du marketing disposent de plusieurs schémas – ou typologies –, construits par des agences spécialisées. Par exemple, en ce qui concerne la population canadienne, les conseillers et chercheurs en marketing de Goldfarb ont établi neuf « segments psychographiques Goldfarb » sur la base des réponses de consommateurs à des questionnaires portant sur le style de vie. Voici quelques exemples d'énoncés utilisés dans les échelles de mesure de Goldfarb[47] :

■ Il n'y a pas de place pour la nudité à la télévision.

■ Je suis habile à faire les réparations autour de la maison.

■ On peut faire confiance au gouvernement fédéral pour faire ce qui est souhaitable.

■ Sans la religion, la moralité disparaîtrait.

■ Quelle importance accordez-vous à la liberté de presse ?

Les neuf segments définis par Goldfarb (voir la figure 7.23, à la page 196) sont brièvement décrits ci-dessous :

1. Les *Exclus dépassés* (6 % de la population). Ils sont peu impliqués dans leur communauté. Ils sont généralement indifférents aux problèmes sociaux. Ils font preuve de peu d'empathie envers les autres ou démontrent peu d'intérêt à l'extérieur de leur vie immédiate. Ils ne sont pas ambitieux et travaillent uniquement pour payer les factures. **Autres caractéristiques :** Ils sont prêts à contourner les règles et l'éthique. Ils ne sont pas intellectuellement curieux. Ils abandonnent facilement. Ils sont moins à l'aise que les autres avec l'informatique et la technologie. Ils regardent beaucoup les sports et les talk-shows à la télévision. Ils ne font pas attention à leur santé. Enfin, ils sont relativement matérialistes.

2. Les *Granolas* (9 % de la population). Ils ont des attitudes libérales à l'endroit des drogues, des libertés civiles et du rôle des femmes dans la société. Ces attitudes sont des reliquats de l'époque « hippie » à la fin des années 1960. Ils sont moins matérialistes que les autres. Ils accordent moins d'importance au mariage et aux enfants que la plupart des Canadiens. Ils aiment la solitude et les activités calmes tout en demeurant sociaux. Ils sont toutefois moins enclins à courir les parties. **Autres caracté-**

ristiques : On note une ouverture d'esprit aux questions morales (avortement, homosexualité et prostitution). Ils s'intéressent à la politique et aux affaires internationales. Ils sont méfiants à l'endroit de l'éthique des entreprises. Ils sont sensibilisés aux questions environnementales. Ils ne sont pas très à l'aise avec l'informatique et la technologie. Ils aiment les émissions d'affaires publiques et les documentaires à la télévision. Ils aiment également assister à des événements culturels comme le théâtre et les concerts. Ils se considèrent comme plus indépendants que les autres.

3. Les *Travailleurs frugaux* (11 % de la population). Ils travaillent fort, valorisent l'initiative personnelle et prennent leurs responsabilités familiales au sérieux. Ils peuvent subir des pressions financières et, conséquemment, accordent beaucoup d'importance à l'argent. Ils s'inquiètent de leurs capacités à faire face aux augmentations du coût de la vie. Ils ne sont pas prêts à s'impliquer en politique, dans l'action sociale ou dans le bénévolat. **Autres caractéristiques :** Ils ont peu confiance dans les gouvernements et les politiciens. Ce sont des consommateurs sensibles aux prix. Ils sont en faveur de peines plus sévères pour les criminels. Fiers de leurs réalisations, ils n'aiment pas la critique. Ils aiment les activités à l'extérieur, comme le golf, la pêche, la chasse et le jardinage. Ils lisent moins que la plupart des autres.

4. Les *Matérialistes optimistes* (13 % de la population). Ils sont actifs et n'aiment pas être seuls. Ils sont matérialistes et hédonistes. Ils aiment les derniers gadgets et les objets de luxe. Ce sont des gens conformistes qui n'aiment pas se démarquer des autres. Il serait vraisemblable que ces individus accordent une certaine importance à la religion ou à une vie spirituelle. **Autres caractéristiques :** Ils sont optimistes quant à leur avenir personnel. Ils ont de l'ambition et recherchent la richesse et le pouvoir. Ils sont un peu centrés sur eux-mêmes. Ils ont des valeurs morales traditionnelles. Ils ne sont pas à l'aise face à des questions comme l'homosexualité, l'union libre et les nouvelles technologies telles que la fécon-

Figure 7.23   *Les neufs segments Goldfarb*

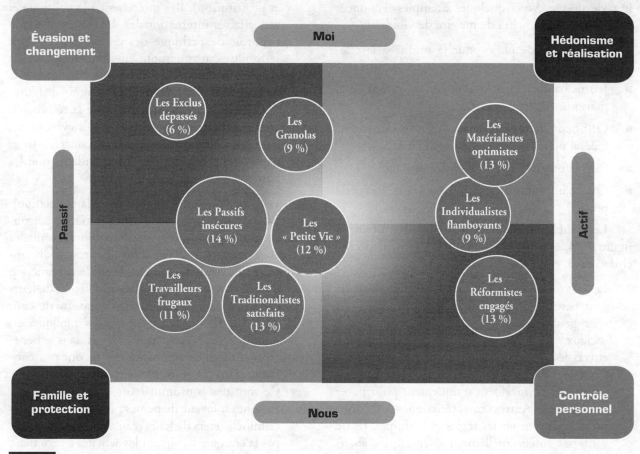

Source   Goldfarb Consultants.

dation *in vitro* et le clonage. Ils ne sont pas portés à faire du bénévolat ou à faire des dons de charité. Ils aiment les comédies et les jeux télévisés. Ils ne sont pas portés à surveiller leur alimentation ni à prendre des suppléments vitaminés.

5. Les « *Petite Vie* » (12 % de la population). Ils ne sont pas à l'aise face au rythme trépidant de la vie moderne. Ils préfèrent faire les choses calmement, sans se presser. Les amis et la famille sont de la plus haute importance pour ces individus. Ils sont très actifs sur le plan social, mais seulement à l'intérieur du cercle restreint des personnes qu'ils connaissent bien. Ils ne se

considèrent pas comme des gens indépendants ou des leaders. Ils ont un haut niveau de confiance et de respect pour les chefs de file du monde des affaires. Ils sont plus enclins que les autres à soutenir l'intervention des gouvernements dans l'économie. **Autres caractéristiques :** Ces individus sont peu portés à essayer de nouvelles marques avant leurs amis. Ils sont très préoccupés par le crime et la violence dans la société. Ils s'inquiètent pour certaines questions sociales, notamment le sida et la violence familiale, mais ne sont pas disposés à faire du bénévolat ou des dons de charité. Ils sont ouverts d'esprit sur les questions sexuelles. Ils sont méfiants à l'endroit des étrangers et des nouveaux venus. Ils regardent beaucoup la télévision.

6. Les *Individualistes flamboyants* (9 % de la population). Ils ont une grande foi dans les droits individuels et sont hostiles aux interventions gouvernementales dans la vie des citoyens. Ils ont confiance en eux et sont autonomes. Ils préfèrent résoudre leurs problèmes seuls plutôt que de demander l'aide des autres. Ils sont sans prétention et ne se préoccupent pas de ce que les autres pensent de leur apparence. Ils sont enclins à s'engager dans des activités dangereuses par goût du risque et par esprit d'aventure. **Autres caractéristiques :** Ils sont prêts à dépenser de l'argent dans le but d'économiser du temps. Ce sont des leaders naturels, à l'aise quand il s'agit de donner des directives. Ils aiment les défis et travaillent bien sous pression. Ils recherchent le pouvoir. Ils sont quelque peu insatisfaits de leur emploi actuel et de leur vie à la maison. Ils sont à l'aise avec l'informatique. Ils ont des opinions conservatrices sur l'homosexualité et les femmes au travail. Par contre, ils sont plus ouverts aux technologies modernes comme les greffes animales et le clonage. Enfin, ils s'intéressent à la politique.

7. Les *Traditionalistes satisfaits* (13 % de la population). Ce sont des individus bien adaptés et heureux. Ils ont atteint un équilibre de vie qui fait l'envie des autres. Ils accordent beaucoup d'importance à la famille, et plus particulièrement aux enfants. Ils placent le bien-être de leur famille au-dessus de leurs objectifs personnels. Ils sont très loyaux envers leurs amis et ils font confiance aux autres. Ils ont une propension à s'impliquer dans la communauté, tant par le bénévolat que par les dons de charité. **Autres caractéristiques :** Ces individus ont de fortes croyances religieuses. Ils ont des valeurs conservatrices, notamment sur les questions sexuelles. Ils ont une forte éthique du travail. Ils respectent les symboles de l'autorité. Ils sont bien organisés. Ils ne se considèrent pas comme matérialistes. Enfin, ils ne sont pas portés sur les choses mécaniques.

8. Les *Réformistes engagés* (13 % de la population). Ils sont curieux sur le plan intellectuel. Ils valorisent l'instruction et la réalisation de soi. Ils se donnent à leur métier. Ils trouvent beaucoup de satisfaction au travail et dans les défis que leur réserve la vie. Ils ont des attitudes sociales libérales sur l'homosexualité, l'avortement et l'immigration. Ils sont contre l'adoption de lois plus sévères en matière de crime et l'augmentation des pouvoirs accordés aux policiers. Ils sont impliqués sur les plans politique et communautaire. Ils sont prêts à passer à l'action pour corriger des injustices. **Autres caractéristiques :** On observe qu'ils sont optimistes quant à l'avenir. Ils sont déjà financièrement à l'aise. Ils soutiennent la cause des femmes au travail et le féminisme. Ils ne sont pas religieux. Ils sont réceptifs aux besoins des autres. Ils ont confiance dans les gouvernements et les fonctionnaires. Sensibles à l'environnement, ils participent au recyclage et au compostage. Ils préfèrent les émissions d'affaires publiques, les documentaires et les émissions éducatives à la télévision. Ils font attention à leur santé. Enfin, ils apprécient les activités culturelles comme le théâtre et les expositions.

9. Les *Passifs insécures* (14 % de la population). Ils sont généralement malheureux de la vie de tous les jours. Ils sont moins satisfaits que les autres quant à leur travail, leur vie familiale et leur vie sociale. Ils accordent beaucoup d'importance à la loi et à l'ordre, et sont en faveur de peines plus sévères pour les criminels et de pouvoirs accrus pour la police. Ils sont moins portés à planifier l'avenir. Ils ne font pas d'efforts pour changer leur vie et atteindre leurs buts. **Autres caractéristiques :** Ces individus sont patriotiques. Ils manquent de confiance en soi. Ils aiment les activités tranquilles et solitaires plutôt que les rencontres sociales et les parties. Ils font confiance aux autres et aux gouvernements. Ils regardent probablement plus la télévision qu'ils ne sont prêts à l'admettre. Ils sont moins portés sur l'exercice physique et ne font pas très attention à leur santé.

7.5.2 Le système VALS

VALS (pour *Values and Lifestyles*) constitue un autre système de segmentation psychographique plus général, applicable aux populations canadienne et américaine[48]. Mis au point à l'origine en 1978, VALS est offert par SRI International, une entreprise située à Menlo Park, en Californie. En 1989, VALS était remplacé par une nouvelle typologie en huit segments appelée VALS 2 [49].

VALS 2 fonctionne de la façon suivante : le consommateur répond à un questionnaire contenant 39 questions sur les attitudes et 4 questions d'ordre démographique (sexe, âge, instruction, revenu). Les questions attitudinales couvrent 5 concepts psychologiques ainsi que les ressources psychologiques (niveau d'énergie, confiance en soi, connaissance des produits et des médias et propension à l'achat) et prennent la forme d'énoncés autodescriptifs auxquels on peut répondre de la façon suivante : « plutôt en accord », « un peu en accord », « un peu en désaccord », « plutôt en désaccord ». Voici des exemples d'énoncés :

- Je m'intéresse souvent aux théories.
- J'aime les gens et les choses de nature scandaleuse.
- Je m'intéresse vraiment à seulement quelques sujets.
- Je fais souvent des choses sans raison particulière.
- J'aimerais passer une année dans un pays étranger.
- Ce sont les luxes de la vie qui font que celle-ci vaut la peine d'être vécue.
- Je serais capable d'écorcher un animal mort.
- Je ressens souvent un grand besoin d'excitation.
- Je déteste avoir les mains graisseuses ou huileuses.
- J'aime savoir ce que les jours me réservent.
- Je dois admettre que j'aime en mettre plein la vue[50].

D'après les réponses du consommateur, le programme VALS peut dire si ce dernier est un *Réalisateur,* un *Accompli,* un *Croyant,* un *Bâtisseur,* un *Méritant,* un *Aventurier,* un *Faiseur* ou un *Débrouillard*[51]. Le système de segmentation VALS est fondé sur les motivations plutôt que sur les échelles AIO.

En gros, les *Accomplis* et les *Croyants* sont mus par les idées et les principes, par opposition aux impulsions. Les *Bâtisseurs* et les *Méritants* recherchent avant tout l'affirmation de soi. Les *Aventuriers* et les *Faiseurs* aiment l'action et les sensations. Les *Réalisateurs,* les *Accomplis,* les *Bâtisseurs* et les *Aventuriers* disposent de ressources financières et personnelles pour atteindre leurs objectifs. Les *Croyants,* les *Méritants,* les *Faiseurs* et les *Débrouillards* sont moins bien nantis à tous points de vue que les autres. Les *Réalisateurs* dominent la hiérarchie de ceux qui possèdent les ressources matérielles, personnelles et psychologiques. Les *Débrouillards,* quant à eux, sont au bas de l'échelle en ce qui a trait aux ressources financières et personnelles (voir la figure 7.24). Une description sommaire de chacun de ces huit segments de style de vie est donnée ci-dessous[52] :

1. Les *Réalisateurs* (11 % de la population adulte en 1999). Des ressources abondantes et de la confiance en soi leur permettent de se prêter à des activités visant l'actualisation de soi. Des gens qui réussissent, qui assument des responsabilités, les *Réalisateurs* s'intéressent à la croissance et à l'exploration personnelles. Ils sont parfois motivés par des principes et par un désir de changement. Bien qu'elle soit importante pour eux, leur image est plus l'expression de leurs goûts cultivés et de leur caractère personnel qu'un symbole de prestige. En dépit du fait qu'ils sont des meneurs établis ou en émergence dans la structure du pouvoir, ils continuent de rechercher de nouveaux défis. Ils s'intéressent à beaucoup de choses. Les questions sociales les préoccupent, mais ils aiment également savourer les plaisirs les plus raffinés de la vie. **Caractéristiques démographiques :** L'âge médian est de 43 ans ; c'est le segment qui a le revenu le plus élevé ; 95 % ont au moins une instruction de niveau collégial ; 68 % occupent des emplois de col blanc ; 72 % sont mariés ; 59 % sont de sexe masculin.

2. Les *Accomplis* (12 %). Matures, satisfaits, à l'aise, ce sont des gens réfléchis qui valorisent l'ordre, la connaissance et la responsabilité. Bien instruits et informés, la plupart sont des professionnels ou des retraités récents intéressés à élargir leurs connaissances. Ils sont satisfaits de leur famille, de leurs carrières et de leur position dans la vie, et leurs activités de loisirs sont centrées sur leur foyer. Ils sont modérément respectueux du *statu quo,* des institutions qui personnifient l'autorité et du décorum social, mais ils gardent un esprit ouvert. Les *Accomplis* fondent leurs décisions sur des principes auxquels ils tiennent beaucoup et, par conséquent, semblent calmes et sûrs d'eux. Leurs revenus

leur permettent de la flexibilité en matière de consommation, mais, en général, ils exigent des produits fonctionnels, durables et à valeur élevée. **Caractéristiques démographiques :** L'âge médian est de 50 ans ; la plupart ont un diplôme de niveau collégial ou universitaire ; plusieurs ont atteint le sommet de leur carrière professionnelle ; 20 % sont à la retraite ; les membres de ce groupe sont les plus susceptibles d'être mariés.

3. Les *Croyants* (17 %). Il s'agit d'individus conservateurs, conventionnels, qui ont des croyances concrètes fondées sur des codes traditionnels et reconnus – la famille, la religion, la communauté et la nation. Leurs codes moraux sont

| **Figure 7.24** | *Les segments VALS* |

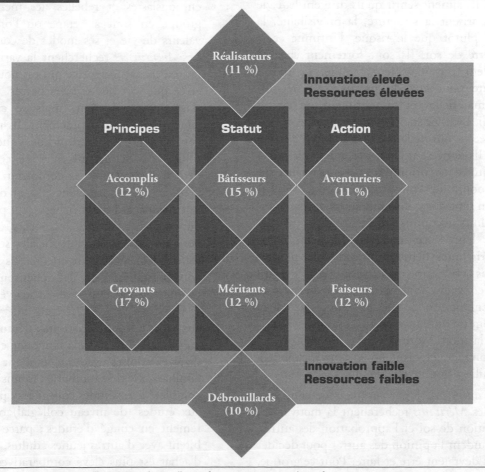

Source SRI Consulting Business Intelligence. Pour les appellations françaises : <www.e-marketing.fr.>.

souvent fermement ancrés et interprétés au pied de la lettre. Ils vivent suivant des habitudes établies, centrées sur leur foyer, leur famille et sur les organisations sociales et religieuses. Bien que modestes, leurs niveaux d'instruction, de revenu et d'énergie suffisent à leurs besoins. En tant que consommateurs, ils préfèrent les marques reconnues. **Caractéristiques démographiques :** Près de 75 % d'entre eux sont mariés ; la plupart ont des enfants d'âge adulte ; moins de 10 % ont un niveau d'instruction qui dépasse le secondaire ; la moitié n'ont pas terminé leurs études secondaires ; plus du tiers sont à la retraite, la plupart occupent des emplois de col bleu ; 20 % sont des ménagères.

4. Les *Bâtisseurs* (15 %). Ils se définissent en majeure partie en fonction du succès dans leur carrière. Ils aiment sentir qu'ils dirigent leur vie et ils valorisent la structure, la prévisibilité, la stabilité plutôt que le risque, l'intimité et la découverte de soi. Ils sont fortement engagés envers leur travail et leur famille. Le travail représente pour eux du prestige, des récompenses matérielles et le sentiment du devoir accompli. Leur vie sociale reflète cet aspect et est structurée autour de la famille, de l'Église et des affaires. Ils respectent l'autorité et le *statu quo* et sont plutôt conventionnels et conservateurs sur le plan politique. Pour eux, l'image est importante. En tant que consommateurs, ils préfèrent les produits reconnus qui permettent de démontrer leur succès aux yeux de leurs pairs. **Caractéristiques démographiques :** La plupart sont dans la trentaine ou au début de l'âge mûr ; 75 % d'entre eux sont mariés ; plusieurs ont de jeunes enfants ou des adolescents ; près de la moitié ont un diplôme collégial ou universitaire ; près de la moitié sont des gestionnaires ou des professionnels ; environ 45 % appartiennent à une famille à double revenu.

5. Les *Méritants* (12 %). Manquant de confiance en soi, les *Méritants* recherchent la motivation, la définition de soi et l'approbation des autres. Ils demandent l'opinion des autres pour décider ce qu'ils devraient être et faire. Pour ce groupe, le succès se mesure en argent et ils se sentent souvent trahis en raison de leurs ressources financières limitées. Dans leur poursuite de la sécurité, ils sont profondément préoccupés par l'opinion des autres. Ils aiment ce qui a du style, sont impulsifs et souffrent facilement d'ennui. Ils essaient d'égaler ceux qui ont des possessions impressionnantes, mais, en général, sans y arriver. **Caractéristiques démographiques :** La plupart sont dans la trentaine ; 25 % ont plus qu'un diplôme d'études secondaires ; la moitié ont un emploi de col bleu, dans la vente ou dans le secteur des services ; 25 % sont sans emploi ; plus de la moitié sont mariés ; près du quart vivent avec d'autres membres de la famille ; ce sont les moins susceptibles d'avoir dépassé le niveau de vie de leurs parents.

6. Les *Aventuriers* (11 %). Jeunes, pleins d'énergie, enthousiastes et rebelles, les membres de ce groupe en sont à l'étape où l'on définit ses valeurs de vie et ses modes de comportement. Les *Aventuriers* recherchent la variété et l'excitation, ils apprécient ce qui est nouveau, risqué et ce qui sort des sentiers battus. Ils s'enthousiasment rapidement, mais se calment également tout aussi rapidement. Ils ressentent de l'ambivalence à l'endroit des questions politiques et sont mal informés. Ils combinent un dédain abstrait pour la conformité et l'autorité avec la crainte révérencielle qu'ont les non-initiés à l'égard de la richesse, du prestige et du pouvoir. Les sports, les loisirs à l'extérieur, l'exercice et les activités sociales servent d'exutoires à leur abondante énergie. Ils sont d'avides consommateurs et ils dépensent de larges proportions de leurs revenus aux vêtements, à la restauration rapide, à la musique, aux films et aux vidéos. **Caractéristiques démographiques :** La plupart sont dans la vingtaine et vivent avec d'autres adultes avec qui ils n'ont pas de liens familiaux ; le tiers est marié ; moins de 20 % ont complété leurs études collégiales ; plusieurs sont aux études (de niveau collégial) ou temporairement en congé d'études ; parce qu'ils cohabitent avec d'autres jeunes adultes, leur pouvoir d'achat est plus élevé comparativement à ceux qui habitent seuls.

7. Les *Faiseurs* (12 %). Ce sont les artisans et les bricoleurs de ce monde. Ce sont des gens pratiques qui valorisent l'autosuffisance et qui possèdent les habiletés constructives nécessaires pour y arriver. Leur vie est centrée sur leur famille, le travail pratique et les loisirs physiques, et ils démontrent peu d'intérêt pour le monde extérieur. Les *Faiseurs* font l'expérience du monde par le biais du travail – en construisant une maison, en élevant des enfants, en réparant une automobile ou en mettant des légumes en conserve – et ils ont suffisamment d'énergie, d'habiletés et de revenus pour mener leurs projets à terme. Conservateurs et respectueux de l'autorité gouvernementale et de la main-d'œuvre syndiquée, les *Faiseurs* se méfient des idées nouvelles, mais ils éprouvent du ressentiment à l'égard de l'ingérence du gouvernement dans les droits individuels. Ils ne se laissent pas impressionner par les possessions matérielles, sauf celles qui ont une fonction pratique (par exemple, les outils, les camionnettes ou l'équipement pour la pêche). **Caractéristiques démographiques :** L'âge médian est de 30 ans ; les deux tiers sont mariés, plusieurs ont des enfants ; les trois quarts ont seulement une instruction de niveau secondaire ou moins ; la plupart des autres ont des diplômes d'écoles d'arts et métiers ou d'établissements collégiaux avec une spécialisation technique ; la plupart gagnent leur vie dans un emploi de col bleu ou dans le secteur des services.

8. Les *Débrouillards* (10 %). Ils vivent des vies contraignantes. Dans une pauvreté chronique, sans instruction, avec peu d'habiletés, sans relations étroites, vieillissants et préoccupés de leur santé, ils sont passifs et éprouvent souvent du désespoir. Parce qu'ils sont tellement limités, ils ne font pas preuve d'un fort désir d'actualisation de soi, mettant l'accent sur la satisfaction de besoins urgents ressentis au jour le jour. Leurs principales préoccupations ont trait à la sécurité et à la sûreté. Les *Débrouillards* sont des consommateurs prudents. Ils représentent un marché très limité pour la plupart des biens et services, mais ils sont fidèles à leurs marques préférées. **Caractéristiques démographiques :** Les deux tiers sont des femmes ; moins de la moitié sont mariés ; presque aucun n'a dépassé les études secondaires ; plus de la moitié ont plus de 60 ans ; plusieurs ont des problèmes de santé reliés à leur âge ; les deux tiers ont des revenus en dessous du seuil de pauvreté.

Bien entendu, ce qui importe, c'est de découvrir quels comportements de consommation sont corrélés à l'appartenance à l'un ou l'autre des segments de la typologie VALS 2. Ainsi, les clients qui utilisent VALS 2 ajouteront leur propre batterie de questions concernant l'utilisation du produit, les préférences à l'égard des marques, les habitudes quant aux médias, et tout autre aspect de la consommation qu'ils souhaitent mesurer. Une fois les données de l'enquête recueillies, elles sont envoyées à SRI International qui classera chaque répondant (au moyen d'un algorithme informatisé appartenant à SRI et jalousement gardé) dans l'un des huit segments de style de vie VALS 2. Le client peut par la suite analyser les informations plus en profondeur, sachant à quel segment VALS 2 appartient le répondant. Il est désormais possible de répondre à des questions telles que : « Est-ce que les *Bâtisseurs* aiment notre produit ? » « Qu'est-ce que les *Débrouillards* aiment dans la marque du concurrent ? » « Comment pouvons-nous inciter davantage d'*Accomplis* et de *Croyants* à voter pour le candidat libéral ? » « Pourquoi n'y a-t-il pas plus d'*Aventuriers* qui écoutent notre station de radio ? » « Si nous voulons toucher le cœur et l'esprit des *Faiseurs,* quelle approche promotionnelle devrions-nous adopter ? »

En réponse à ces questions, le tableau 7.6 (p. 203) présente quelques mots et quelques images qui devraient attirer, ou repousser, trois des segments VALS 2. Notez que certains mots et images sont communs à plus d'un segment, rendant ainsi possible l'élaboration de stratégies intelligentes qui attirent, séduisent et auxquelles peuvent s'identifier deux ou plusieurs groupes simultanément.

Le schéma de segmentation VALS a été appliqué à des situations de marketing très diversifiées. Celles-ci vont du repositionnement d'une marque de bière à Pittsburgh à des façons de mieux utiliser les installations aéroportuaires du Canada, comme le révèle l'encadré 7.1 (p. 204).

7.5.3 La géosegmentation

La segmentation du continent sur la base des styles de vie régionaux

L'idée que la distribution des styles de vie épouse les régions géographiques n'est pas surprenante. En effet, si les valeurs qui dominent chez les individus diffèrent en fonction de la région du pays où ils habitent et où ils passent la majeure partie de leur vie, alors les styles de vie régionaux devraient, en toute logique, également être différents. Le journaliste Joël Garreau a été le premier à proposer une telle idée pour le continent nord-américain, en 1981[53].

Selon Garreau, les divisions classiques de l'Amérique du Nord, c'est-à-dire les 12 provinces et territoires du Canada et les 50 États américains, ne sont plus valables comme variables de segmentation géographique, car les particularités régionales l'emportent sur les frontières politiques traditionnelles. Au Canada, par exemple, nous faisons souvent la distinction entre les provinces de l'Ouest (Colombie-Britannique et Alberta), du centre (Saskatchewan et Manitoba), de l'Est (Ontario et Québec) et les provinces de l'Atlantique. Aux États-Unis, les mercaticiens prennent habituellement des décisions stratégiques en se fondant sur le découpage de régions comme le Midwest, la côte du Pacifique, le Sud-Ouest, le Sud-Est et la Nouvelle-Angleterre. Garreau soutient que cette façon de distinguer les différentes régions de l'Amérique du Nord est dépassée et que les particularités que l'on peut observer sont déterminées non pas par les frontières politiques, mais par de nombreux facteurs économiques, sociaux, culturels et topographiques ainsi que par des facteurs reliés aux ressources naturelles. Ces divers facteurs modulent les valeurs des habitants d'une région beaucoup plus fortement que ne le font les frontières politiques. L'effet combiné de tels facteurs crée des différences entre les régions quant au style de vie.

En se basant sur ses observations et sur des entretiens avec des gens venant des quatre coins du continent, Garreau a redessiné la carte de l'Amérique du Nord (voir la figure 7.25, à la page 206) en délimitant neuf régions distinctes, qu'il a appelées : 1) *Ecotopia* ; 2) *Le Grand Vide* ; 3) *Grenier* ; 4) *Fonderie* ; 5) *Québec* ; 6) *Nouvelle-Angleterre* ; 7) *Dixie* ; 8) *MexAmerica* ; 9) *Les Îles*. Les habitants de ces neuf régions se distingueraient les uns des autres par leurs styles de vie particuliers.

Cette carte de l'Amérique du Nord trace des frontières nettement différentes de celles qui nous sont familières sur le plan politique. Sur cette carte, le *Québec* est la seule région dont les frontières demeurent inchangées. Selon la théorie de Garreau, l'Ontario serait englobée dans les trois régions appelées *La Fonderie, Le Grenier* et *Le Grand Vide* ; la ville d'Ottawa se retrouve dans *La Fonderie* ; l'Alberta ferait partie de la vaste région dénommée *Le Grand Vide*. Il n'est pas surprenant que « le royaume du pétrole de l'Alberta mette Ottawa au défi », note Garreau. « Sur les plans économique et philosophique, dit-il, la ville de Calgary est beaucoup plus proche de Fairbanks, de Salt Lake City ou de Denver qu'elle ne l'est d'Ottawa[54]. » En ce qui concerne les valeurs et les styles de vie, Ottawa aurait plus en commun avec Toronto, Windsor, Detroit, Cleveland, Pittsburgh et Buffalo qu'avec Edmonton ou Calgary.

Les typologies de style de vie fondées sur les régions pourraient avoir du mérite et être intéressantes pour la segmentation marketing régionale. Par exemple, il est généralement reconnu que les habitants de Vancouver ont un style de vie plus détendu que ceux de Toronto. On a reproché à la typologie de Garreau de trop se baser sur des informations de type anecdotique et pas assez sur des données de recherche objectives. Deux autres études arrivaient à la conclusion que les valeurs des gens ne différaient pas en fonction des neuf catégories de Garreau, mais plutôt en fonction des divisions de recensement[55], un découpage plus conventionnel, et des divisions culturelles en Amérique du Nord[56]. Cependant, pour être équitable envers Garreau, il faut reconnaître que ces deux études ont tiré leurs conclusions uniquement à partir de mesures de

Tableau 7.6

Des mots et des images susceptibles d'accrocher ou de rebuter les membres des segments Réalisateurs, Accomplis et Aventuriers, selon la classification du style de vie VALS 2

Réalisateurs

Mots	Ce qui les accroche	Ce qui les rebute
variété	les gens au pouvoir	l'impuissance
excellence	les gens heureux, actifs, ayant réussi	la mauvaise qualité
changement	les citoyens responsables	le travail de piètre qualité
intelligent	les rôles non traditionnels	la religion formalisée
liberté personnelle	les gens qui s'impliquent	les pouvoirs établis
responsabilité environnementale	les questions mondiales	les ultra-conservateurs

Accomplis

Mots	Ce qui les accroche	Ce qui les rebute
confiant	les couples matures, mariés	tout ce qui est radical
responsable	leurs enfants adultes	les extravertis extrémistes
organisé	leurs petits-enfants	le genre vendeur tapageur
intelligent	leur cercle d'amis intimes	la musique rock ou *heavy metal*
fiable	les hommes de carrière ayant réussi	les gens mal informés
raisonnable	ceux qui font figure d'autorité	l'étroitesse d'esprit
		les situations civiques

Aventuriers

Mots	Ce qui les accroche	Ce qui les rebute
excitation	l'exotisme	être en mauvaise santé
sens/sensuel	forcer ses limites	l'inactivité
nouveau	l'hédonisme	la religion formalisée
innovateur	la découverte de soi	les personnes qui font de l'embonpoint
réussite	l'environnement	les personnes et les situations ennuyeuses
intelligent	les sports actifs	et conventionnelles

Source R. Piirto, *Beyond Mind Games : The Marketing Power of Psychographics*, Ithaca (N.Y.), American Demographics Books, 1991, p. 90-99. Reproduit avec permission.

valeurs et qu'elles n'ont pas comparé la gamme complète des caractéristiques de style de vie des gens vivant dans les neuf régions.

Les paragraphes suivants donnent une esquisse des régions, d'après les descriptions qu'en a faites Garreau. À la lecture de ces descriptions, on peut réfléchir sur la façon dont les attitudes et les visions de la vie qui caractérisent les consommateurs de chaque région pourraient influencer leurs réponses à des efforts de marketing nationaux et façonner leurs comportements sur le marché. Étant donné que, selon Garreau, seulement six des neuf régions composent le Canada, nous nous limiterons à décrire ces six régions, en commençant par la côte ouest du Canada pour finir par les régions situées à l'est.

◆ *Ecotopia.* La région appelée *Ecotopia* est une bande de terre relativement étroite qui s'étend le long de la côte du Pacifique, depuis le sud de l'Alaska jusqu'au sud de San Francisco et englobant Prince Rupert, Vancouver, Seattle et Portland. Pour chaque région, Garreau a choisi une capitale qui la représente. La région nommée *Ecotopia* a pour capitale San Francisco. Cette région est favorisée sur le plan économique, car on y trouve beaucoup d'eau et des ressources renouvelables. Pour ce qui est du

VALS : une deuxième ronde

Demandez à 10 chercheurs ce qu'ils pensent du programme initial de SRI International appelé *Values and Lifestyles* (VALS) et vous obtiendrez des opinions très claires. Posez-leur la même question au sujet de VALS 2, et les réponses seront plus vagues. Plusieurs chercheurs ne se sont pas encore formé une idée très précise de VALS 2.

Les huit segments de style de vie définis par VALS 2 vont des *Réalisateurs* (des intellectuels indépendants issus des classes aisées) aux *Débrouillards* (essentiellement des femmes nostalgiques, âgées et issues des classes moins favorisées). Entre ces deux extrêmes, on retrouve deux groupes qui agissent en fonction de principes (*Accomplis* et *Croyants*), deux groupes qui se préoccupent de leur statut social (*Bâtisseurs* et *Méritants*) et deux groupes orientés vers l'action (*Aventuriers* et *Faiseurs*).

L'agence de publicité Della Femina, à Pittsburgh, a fait appel à VALS 2 pour redorer l'image de la bière Iron City, dit John Mather, directeur de la recherche de l'agence. Cette marque était bien connue à Pittsburgh, mais ses ventes étaient en perte de vitesse. Les consommateurs des principaux marchés – des *Faiseurs* et des *Croyants* – vieillissaient et buvaient moins de bière, et les hommes plus jeunes boudaient cette marque.

Della Femina a effectué une recherche préliminaire et a découvert que les *Aventuriers* étaient les consommateurs qui buvaient le plus grand volume de bière, suivi par les *Méritants*. Mather a ensuite interrogé des hommes qui appartenaient à ces deux segments VALS 2. En se servant d'une technique appelée « classification d'images » pour cerner les problèmes d'image d'Iron City, il a demandé à des groupes d'*Aventuriers* et de *Méritants* de regarder un ensemble de cartes montrant différents types d'individus et d'identifier les usagers de la marque ainsi que les gens qui leur ressemblaient le plus. Les répondants ont décrit les buveurs d'Iron City comme des « travailleurs cols bleus œuvrant dans l'industrie de l'acier et s'arrêtant à un bar local », dit Mather. Ils se sont décrits eux-mêmes comme de bons travailleurs qui aimaient aussi s'amuser. Comme la ville de Pittsburgh, ils gagnaient de la puissance sur le plan économique, mais rejetaient l'image de l'industrie lourde.

Della Femina a conçu des annonces qui associaient la bière Iron City à l'image de soi changeante du groupe cible. Les annonces juxtaposaient des images du vieux Pittsburgh et des images de la nouvelle et vibrante cité et montraient des jeunes *Aventuriers* et *Méritants* s'employant à s'amuser. La bande sonore retenue était la chanson *Working in a Coal Mine* dont on avait changé les paroles – « working on a cold Iron ». Les annonces ont été diffusées à la radio et durant des émissions télévisées populaires auprès des *Méritants* et des *Aventuriers*. Durant le premier mois de la campagne, les ventes d'Iron City ont grimpé de 26 %.

Transports Canada, qui, à l'époque, possédait et gérait environ 140 aéroports, a aussi obtenu du succès à l'aide de VALS 2. Cette agence avait essayé d'utiliser VALS trois ans auparavant, mais plusieurs des vieilles questions (« Voteriez-vous pour un communiste comme maire de votre ville ? ») n'étaient pas pertinentes pour les Canadiens, dit Mara Lee McLaren, directrice du marketing pour le Airports Group. « Nous aurions obtenu beaucoup de critiques si nous avions posé des questions de ce genre », dit McLaren. Mais après avoir pris connaissance de VALS 2, Transports Canada a décidé d'y recourir. « Il peut sembler étrange qu'un employé de la fonction publique demande : "Vous sentez-vous capable d'écorcher un animal mort ?", mais cela n'avait pas de connotation politique », dit-elle.

▼

▼

En 1990, le Airports Group a effectué une enquête VALS 2 auprès de 850 voyageurs qui passaient par l'aéroport de Vancouver. La plus grande partie des répondants étaient des *Réalisateurs* (37 %) et des *Aventuriers* (20 %). Cette prépondérance marquée des *Réalisateurs* chez les voyageurs donne à penser que des magasins comme Sharper Image ou Nature Company pourraient avoir du succès dans les aéroports, suggère McLaren. « Les *Réalisateurs* constituent un bon marché pour des objets d'art et d'artisanat de qualité », croit-elle.

McLaren soutient que VALS 2 a apporté beaucoup d'informations sur les voyageurs au Canada. Mais cette connaissance ne pourra servir que lorsque les marchands, les gestionnaires d'aéroport et les membres d'autres services gouvernementaux concernés seront au courant des utilisations possibles de cette information. « Comprendre le système VALS 2 n'est pas chose facile, dit-elle. Cela prend du temps. »

« Vous devez vivre avec les segments VALS, dit Mather. Vous devez vous engager pour au moins deux ans. » VALS 2, comme tout outil de recherche, est créateur à condition que la personne qui s'en sert le soit aussi.

Source Adapté de R. Piirto, « VALS the second time », *Beyond Mind Games : The Marketing Power of Psychographics,* Ithaca (N.Y.), American Demographics Books, 1991, p. 6, 14-17. Reproduit avec permission.

style de vie, la qualité de vie est une valeur primordiale chez ses habitants, ceux-ci ayant adopté la philosophie du *Small is beautiful*. Les *Ecotopiens*, qui attachent beaucoup d'importance à l'environnement, sont fortement antinucléaires et en faveur d'une « technologie appropriée » pour leur région. Au lieu d'industries lourdes, ils désirent des industries propres, de haute technologie, suivant l'exemple de la Silicon Valley, qui ne sont pas susceptibles d'endommager l'environnement. Ils luttent pour la préservation de l'énergie et le recyclage, et ils comptent sur les pays situés le long du Pacifique ainsi que sur l'Asie pour assurer leur avenir.

◆ *Le Grand Vide.* La région appelée *Le Grand Vide* est la plus grande de toutes en ce qui a trait à la superficie, mais la plus petite pour ce qui est de la population. Comprenant l'Alaska, le Yukon, les Territoires du Nord-Ouest, la majeure partie de la Colombie-Britannique, la totalité de l'Alberta, la majeure partie de la Saskatchewan et du Manitoba et le nord de l'Ontario, cette région s'étend vers le sud, où se trouve sa capitale, Denver. Les vastes espaces de cette région ainsi que son environnement encore à l'état naturel créent certains problèmes aux consommateurs. Garreau note qu'il n'est pas inhabituel pour les habitants de cette région de parcourir une

distance de 300 kilomètres simplement pour voir un film au cinéma ! La campagne, sèche et élevée, est située au sommet d'énormes réserves encore intactes de minéraux et de pétrole. Les valeurs des habitants sont influencées par une telle réalité physique et topographique. Ainsi, lorsque le gouvernement fédéral américain a imposé aux automobilistes circulant sur les autoroutes américaines une limite de vitesse de 90 kilomètres à l'heure afin de conserver l'énergie, il a beaucoup frustré les habitants de cette région, qui se sont opposés à cette mesure par des slogans tels que : « *Let the Yankees freeze in the dark. Drive 100 !* » Ces habitants continuent de vivre selon une éthique de « frontière » dans une région qui constitue probablement l'Ouest véritable, tel qu'il est présenté dans les annonces du cow-boy Marlboro.

◆ *Le Grenier.* Le Grenier renferme les Grandes Plaines de l'Amérique du Nord. Cette région évoque les images du film *Il danse avec les loups.* Au Canada, cette région comprend la partie sud-est de la Saskatchewan, le sud du Manitoba et la partie de l'Ontario située juste au nord du lac Supérieur. Elle s'étend vers le sud, englobant le Minnesota, le Wisconsin, certaines parties de l'Illinois, l'Iowa, le nord du Missouri, le Dakota du Nord et le Dakota

Figure 7.25 *Une carte des neuf régions d'Amérique du Nord selon Joël Garreau*

du Sud, le Nebraska, le Kansas, l'Oklahoma et la moitié nord du Texas. Sa capitale est Kansas City. Selon Garreau, les habitants de cette région ont tendance à être conservateurs, religieux et travailleurs. Ils sont stables et en paix avec eux-mêmes. Ils ne font rien pour promouvoir le changement social et sont les derniers à l'approuver. Ils dépendent aussi fortement de l'agriculture ainsi que des économies et des industries qui y sont rattachées. Par conséquent, les fluctuations que subissent les prix des aliments sur la scène mondiale peuvent rendre cette région très prospère ou, au contraire, entraîner son appauvrissement sur le plan économique.

◆ *La Fonderie.* À l'est du *Grenier* se trouve *La Fonderie*, une région très populeuse qui englobe le sud-est de l'Ontario et le cœur de l'Amérique industrielle – ses frontières s'étirent de l'État de New York à l'est, à Chicago à l'ouest, et couvrent, au sud, le Maryland et le Delaware. La capitale, Detroit, est représentative de cette région, dont la valeur primordiale est le travail. Comme le dit Garreau, « nul n'a jamais vécu à Buffalo pour son climat ni à Gary (Indiana) pour ses vues panoramiques. Le travail est tellement au centre de l'expérience de cette région que lorsque les gens en sortent, ils deviennent littéralement fous ». Bien que le travail façonne les valeurs et les perspectives des 90 millions d'habitants de cette région, le portrait qu'en fait Garreau n'est pas reluisant. Il parle « de camps de prisonniers urbains », d'infrastructures qui se détériorent, de syndicats à la poigne de fer, de technologies de production dépassées, de tensions raciales et d'une région en perte de population, d'emplois et de capital.

◆ *Le Québec.* Le *Québec* est la seule des neuf régions à être entièrement située au Canada. Les racines historiques de cette région sont anciennes, remontant à 1608, année où Samuel de Champlain fonda Québec, en Nouvelle-France, jetant ainsi les bases du Canada actuel. Sans Champlain, il est peu probable que le Canada français existerait aujourd'hui. Il n'est donc pas surprenant que les Québécois soient très fiers de leurs traditions et de leur culture et qu'ils aient le sentiment d'être différents, non seulement du reste du Canada, mais aussi du reste du monde.

Leur forte indépendance d'esprit est résumée dans le populaire slogan « Maîtres chez nous » ; elle se reflète aussi dans cette conviction québécoise que si le Québec désirait vraiment se séparer du Canada, il pourrait réussir par lui-même. En majeure partie catholiques, les Québécois de langue française perçoivent la France comme leur mère patrie. La culture québécoise a une grande influence sur le comportement de consommation des habitants de cette région, tel que nous le montrerons au chapitre 10.

◆ *La Nouvelle-Angleterre.* Plus à l'est se situe la région que Garreau a appelée la *Nouvelle-Angleterre*, un secteur qui couvre les quatre provinces de l'Atlantique et les États du Maine, du New Hampshire, du Vermont, du Massachusetts et du Rhode Island ainsi que l'est du Connecticut. Ce territoire, dont la capitale est Boston, est la région anglaise la plus ancienne et la plus civilisée de l'Amérique du Nord. Ses habitants sont soucieux de la qualité de l'environnement, tolérants, intelligents, vigilants sur le plan politique et quelque peu élitistes. Cette région est aussi la plus pauvre des neuf ; elle possède en propre très peu d'énergie, très peu de matières premières, peu de terres cultivées et peu d'industries de base. Elle doit faire face à des taxes et à des coûts d'énergie élevés, car elle doit importer de l'énergie hydroélectrique, l'acheter de la région voisine, le *Québec*. Garreau souligne que ses habitants considèrent comme chic le fait d'être pauvre. Cette région revêt un certain charme historique et met l'accent sur la qualité de vie ; ses habitants aiment leurs villes et en sont fiers.

Les systèmes de la géosegmentation

S'inspirant de l'approche générale de Garreau et du principe de « qui se ressemble s'assemble », la géosegmentation permet de regrouper les consommateurs sur la base à la fois de la géographie et des styles de vie. Il existe plusieurs systèmes de géosegmentation en Amérique du Nord. Aux États-Unis, on trouve, entre autres, *Acorn* (ESRI), *PRIZM* (Claritas), *Micro Vision* (Consumer Targeting) et *Psyte USA* (MapInfo). Au Canada, il y a *Psyte Canada* (MapInfo) et *Mosaic* (Generation 5). Tous les systèmes de géosegmentation sont construits à partir de données sociodémographiques tirées des recensements de la population et des grandes enquêtes de consommation. Ce sont des outils précieux pour les études de localisation commerciale, pour la segmentation régionale sur la base des styles de vie et pour le ciblage des clients potentiels en marketing direct. Les systèmes de segmentation géodémographiques ont des liens étroits avec les codes postaux, les données de recensement, les enquêtes sur les dépenses des familles, les déclarations de revenu (*Taxfiler*) et avec les diverses bases de données sur les habitudes quant aux médias (Nadbank, BBM, PMB, etc.). À titre d'exemple, Generation 5 a développé *Mosaic* pour l'ensemble des marchés canadiens. Il existe également des systèmes de segmentation plus spécifiques, dédiés aux marchés de l'assurance, des services financiers, du commerce de détail, des produits préemballés et des dons de charité.

Les groupes Mosaic

Mosaic compte 20 grands groupes de style de vie qui se subdivisent à leur tour en quelque 150 types. Il reflète le style de vie prédominant dans chacun des codes postaux. Il y a entre 10 et 15 ménages (soit environ un pâté de maisons) dans chacun des codes postaux urbains au Canada.

Voici une brève description des 20 grands groupes Mosaic[57]. Ces descriptions donnent un profil socioéconomique des ménages composant chacun des types à l'intérieur d'un groupe *Mosaic*. Elles sont utilisées pour comprendre qui sont ces ménages.

◆ ***Professionnels aimant labeur et divertissement.*** Les membres de ce groupe, qui contient la proportion la plus élevée de diplômés universitaires, occupent de hauts postes dans la gestion, l'administration et l'enseignement (plusieurs sont des travailleurs autonomes). Âgés de 45 à 49 ans, et parents d'adolescents de 15 à 19 ans à la maison, ils ont un revenu annuel moyen combiné de 109 000 $. En moyenne, 16 % de ce revenu annuel provient d'autres sources que d'un emploi (par exemple, REER, intérêts, dividendes et gains en capital). Ces ménages habitent dans des demeures onéreuses, au cœur de grands centres urbains ou en banlieue. Ils

dépensent plus que tous les autres groupes au chapitre de l'éducation (plus de cinq fois la moyenne) et ont les moyens financiers d'acheter ou de louer des véhicules de prestige. Ils dépensent également beaucoup en activités récréatives, ainsi que pour les soins oculaires, dentaires ou médicaux, et pour des régimes privés ou publics de santé.

◆ ***La bourgeoisie du baby-boom.*** Très soucieux de leur image, ces gestionnaires et administrateurs demeurent en majorité dans des maisons qui ont un certain âge. Le fardeau hypothécaire et les impôts fonciers de ces ménages sont les plus élevés parmi les différents groupes. Ils dépensent également davantage en matière de rénovation résidentielle, soit neuf fois plus que la moyenne, et d'ameublement, et trois fois plus que la moyenne en ce qui concerne les annexes à leur demeure. Avec un revenu annuel de 89 000 $, ces gens du *baby-boom*, âgés de 45 à 54 ans, dépensent beaucoup pour les soins aux enfants, qui ont de 5 à 19 ans. Ils consacrent aussi des sommes importantes aux soins personnels et aux vêtements féminins.

◆ ***Famille avec hypothèque.*** Ce groupe compte la plus forte proportion de personnes mariées et se caractérise par son fort pourcentage de membres issus des minorités ethniques, avec 30 % d'immigrants. On trouve dans ce groupe une forte concentration de gestionnaires, d'administrateurs, de scientifiques et d'ingénieurs. Âgés de 40 ans, les gens de ces ménages demeurent, plus que les autres, dans des habitations neuves. Ces familles ont des enfants de tous les âges. Leur revenu de 86 000 $ sert à rembourser l'hypothèque, à payer les impôts fonciers élevés et, dans une bonne mesure, à pourvoir aux besoins des enfants. Ces ménages ont un budget équilibré et les dépenses pour les activités récréatives sont légèrement supérieures à la moyenne par rapport au revenu.

◆ ***L'accès au rêve.*** Les ménages de ce groupe, fortement influencés par leur statut professionnel et social (on y trouve une grande proportion de diplômés universitaires), présentent un mode de dépenses semblable à celui des groupes à revenu élevé, notamment en ce qui a trait à l'emplacement et à la valeur de la résidence familiale, aux soins personnels et aux dépenses de divertissement. Ces ménages, composés surtout de cols blancs, demeurent dans des habitations individuelles en banlieue ou aux abords des grands centres. Leurs dépenses sont cinq fois plus élevées que la moyenne au chapitre des rénovations, et deux fois plus élevées pour la construction d'annexes. Âgées de 35 à 44 ans, les personnes de ces ménages ont des enfants de moins de 14 ans et touchent un revenu annuel de 76 000 $. Ils engagent des dépenses importantes pour les soins aux enfants et les soins oculaires.

◆ *Animaux domestiques et informatique.* Résidant en banlieue dans des habitations neuves de valeur moyenne, ces ménages sont formés de cols blancs et de diplômés universitaires. Avec un revenu de 70 000 $, ce groupe comprend la proportion la plus élevée de francophones à revenu élevé. Âgés de 40 à 54 ans, les gens de ces ménages dépensent 75 % de plus que la moyenne pour les soins à leurs enfants, qui sont âgés de 10 à 19 ans. Malgré leur lourd fardeau hypothécaire et d'importantes dépenses consacrées aux enfants, ils sont les plus grands acheteurs d'ordinateurs au Canada et dépensent beaucoup pour les équipements audio, les animaux domestiques, les vêtements pour enfants, les jouets et les passe-temps.

◆ *Train de vie actif.* On trouve parmi les ménages de cette catégorie une bonne proportion de diplômés universitaires (16 % de plus que la moyenne nationale) qui occupent d'ailleurs des postes de cols blancs et des emplois de bureau. Âgés de 35 à 44 ans et disposant d'un revenu de 67 000 $, les gens de ces ménages ont des enfants de tous les âges. Ils demeurent dans des habitations individuelles en milieu urbain. Ce groupe a l'habitude de dépenser deux fois plus que la moyenne pour assister à des événements sportifs et appartenir à des clubs (sur abonnement) qu'ils fréquentent avec les ménages du groupe des « professionnels aimant labeur et divertissement ». Ils arrivent au deuxième rang en matière de dépenses reliées à l'achat d'un véhicule, y consacrant 16 % de plus que la moyenne.

◆ *Les mains vertes.* Les ménages de ce groupe sont composés de cols blancs possédant un diplôme universitaire et résidant dans des habitations individuelles avec leurs enfants. Ce sont les ménages les plus portés au jardinage, enregistrant des dépenses de sept fois supérieures à la moyenne pour les produits et les services reliés à l'horticulture. Cela s'explique aisément par le fait que ce groupe vient au deuxième rang pour ce qui est de la proportion de fermiers. Disposant d'un revenu de 62 000 $, les gens de ces ménages sont âgés de 35 à 44 ans. Ils dépensent aussi plus que tout autre groupe en produits du tabac. Parmi les autres catégories de dépenses importantes, on relève les boissons alcooliques, la lecture, les animaux domestiques et les régimes d'hospitalisation.

◆ *Penchant pour la campagne.* Ce groupe est composé de personnes qui ont fait des études collégiales, professionnelles ou techniques. Habitant dans des maisons individuelles nouvellement construites dans de petites localités, ces personnes sont âgées de 30 à 39 ans et sont majoritairement d'expression française (50 %). Elles ont des enfants de tous les âges, avec une plus forte proportion de jeunes de 5 à 14 ans, et disposent d'un revenu de 60 000 $. Ce groupe dépense quatre fois plus que la moyenne à la construction d'annexes à la maison et à l'achat d'ameublement et sont également d'importants acheteurs d'équipements audio. Leur fardeau hypothécaire est deux fois plus lourd que pour la moyenne, de sorte qu'il est vraisemblable de croire que les annexes sont hypothéquées, comme la maison. Ce sont toutefois les ménages qui dépensent le moins pour leur véhicule.

◆ *Citadins voyageurs.* Avec des membres âgés de 65 à 74 ans et disposant d'un revenu de 55 000 $, ce groupe comprend la plus forte concentration de gens fortunés du troisième âge. Ceux et celles qui ne sont pas déjà retraités occupent des postes de cols blancs et sont diplômés universitaires. Peu présents au Québec, ils demeurent dans des habitations d'un certain âge. Parmi leurs principales dépenses figurent les appareils ménagers et les frais d'appels interurbains (respectivement de 69 % et 68 % supérieurs à la moyenne). Ce groupe est notamment composé de retraités migrateurs et de vacanciers à la retraite qui dépensent beaucoup en frais de transport aérien, de transport interurbain et d'hébergement, de même qu'au chapitre de la résidence secondaire.

◆ *La classe ouvrière.* Ce groupe est largement composé de personnes possédant un diplôme du niveau secondaire et occupant, pour la plupart, des postes de cols bleus dans les domaines de la construction, de la manutention et du transport. Majoritairement âgés de 25 à 39 ans, les gens de ces ménages se distinguent des autres par leurs dépenses au chapitre des vêtements masculins. Avec un revenu de 51 000 $ et des enfants de tous les âges, ces familles dépensent également plus que la moyenne nationale pour vêtir leurs enfants.

◆ *Familles urbaines éclatées.* Ce groupe comprend la proportion la plus élevée de personnes divorcées ou séparées qui disposent d'un revenu élevé, soit 51 000 $. Ces personnes sont jeunes, de 25 à 29 ans, et ont des enfants. Selon toute vraisemblance, elles n'ont pas terminé leurs études secondaires, travaillent dans les secteurs reliés à la santé, à la vente et aux services. Plus de la moitié de ces personnes sont d'expression française. Elles dépensent beaucoup, notamment en produits du tabac, en équipement audio et en location de vidéos.

◆ *Petites localités en activité.* Âgées de 45 à 54 ans et disposant d'un revenu de 46 000 $, les personnes de ce groupe ont un niveau d'instruction inférieur à la 9e année. La plupart d'entre elles occupent des postes de cols bleus dans les industries de la machinerie, de la fabrication et dans le secteur des mines. Elles demeurent dans des logements de valeur peu élevée et de type individuel et se regroupent principalement dans de petites municipalités ou localités présentant une forte concentration de francophones (près de 70 %, soit trois fois la moyenne nationale). Elles dépensent cinq fois plus que la moyenne nationale au chapitre des véhicules de récréation et trois fois plus que la moyenne pour les produits pharmaceutiques, y compris les médicaments sur ordonnance.

◆ *Cols bleus avec bébé.* C'est dans ce groupe que l'on trouve la plus forte proportion de parents ayant des enfants de moins de quatre ans. Ces gens dépensent plus que les autres au rayon des appareils ménagers (deux fois la moyenne). Âgés de 25 à 29 ans, ils ont un revenu de 45 000 $ et une scolarité de niveau secondaire ou collégial. La majorité d'entre eux occupent un emploi dans le secteur des services, dans les industries de la construction, de la machinerie, des mines et du transport.

◆ *Valeurs traditionnelles.* Ce groupe est composé de personnes possédant une scolarité de niveau secondaire ; il compte le plus grand nombre d'employés dans les secteurs primaires de l'élevage, des pêches et des forêts (quatre fois la moyenne). Ces gens possèdent une habitation ayant un certain âge, de valeur peu élevée et située dans de petites municipalités ou localités. Ils investissent deux fois plus que la moyenne nationale dans les annexes à leur résidence. Les gens de ces ménages ont plus de 70 ans et disposent d'un revenu de 43 000 $. On trouve parmi eux la plus forte proportion de travailleurs à domicile (deux fois la moyenne) et la plus grande homogénéité sur le plan ethnique. Enregistrant le niveau de dépenses le plus élevé pour les produits reliés à la santé et les médicaments sur ordonnance, ce groupe se classe au deuxième rang au point de vue des dépenses liées aux véhicules de récréation et aux produits pharmaceutiques.

◆ *Fort loyer, haut foyer.* Les personnes de ce groupe ont fait des études universitaires et travaillent dans plusieurs domaines, en particulier dans les secteurs de la santé et des services. On y relève une forte proportion de personnes célibataires (non mariées, qui n'ont jamais été mariées ou qui sont soit séparées, soit divorcées) ; elles se répartissent dans deux classes d'âge : les 25 à 29 ans et les plus de 70 ans. Leur revenu est de 43 000 $. De tous les groupes, celui-ci dépense davantage pour le loyer (deux fois la moyenne) et montre une propension de trois fois supérieure à la moyenne à demeurer dans des immeubles de cinq étages et plus. Parmi les groupes à faible revenu, ce groupe compte les acheteurs les plus importants de voyages organisés, de soins dentaires, de produits pharmaceutiques, de médicaments et de produits reliés à la santé.

◆ *Les casaniers.* Ce groupe se caractérise par une proportion supérieure de personnes ayant moins de neuf années de scolarité. Ces personnes occupent des postes de cols bleus dans le secteur primaire. Les ménages de ce groupe disposent d'un revenu de 42 000 $, dont 20 % proviennent d'allocations ou de prestations gouvernementales. Leurs principales dépenses vont à l'achat de médicaments sur ordonnance et de produits pharmaceutiques, mais ils contribuent un peu moins que la moyenne aux régimes de santé, qu'ils soient publics ou privés. Ils consacrent beaucoup d'argent aux produits du tabac et aux combustibles autres que l'huile et le gaz pour le chauffage de leur résidence.

◆ *Locataires cherchant soins.* La moitié de ce groupe se compose de personnes d'expression française qui sont surtout locataires de vieux logements, principalement d'appartements. Elles sont âgées de 60 ans et plus et travaillent dans des secteurs variés. Avec un revenu de 40 000 $, leurs dépenses sont plutôt modestes, exception faite des sommes qu'elles consacrent aux produits du tabac et à l'ameublement. Typiquement, ce groupe a la réputation de dépenser plus que tout autre au chapitre des soins de santé et de l'hospitalisation : droits d'usage, programmes pour maigrir et cesser de fumer, services de chiropraticiens, d'infirmières, de thérapeutes et d'ostéopathes.

◆ *Dépenses fixes sans superflu.* Avec un revenu de 36 000 $ et une scolarité inférieure à la 9e année, les personnes appartenant à ce groupe travaillent surtout dans le secteur des services. Âgées de 25 à 29 ans ou de 65 ans et plus, elles sont majoritairement locataires d'appartements. Parmi ces ménages, on trouve de fortes proportions d'immigrants et de personnes veuves. Une bonne partie de leur revenu va au loyer, ce qui laisse très peu de marge pour des dépenses liées aux activités récréatives.

◆ *Seuls et mobiles.* Âgées de 20 à 29 ans ou de plus de 70 ans, et ayant peu d'enfants à la maison, les personnes de ce groupe disposent d'un revenu de 28 000 $. On y compte une proportion plus élevée que la moyenne de personnes ayant une scolarité inférieure à la 9e année ainsi que de gens travaillant dans les bureaux ou dans le secteur des services. Ils sont locataires dans des habitations urbaines. Près de un ménage sur quatre a déménagé au cours de la dernière année. On note de forts pourcentages de personnes célibataires, divorcées ou séparées et de personnes de 20 à 29 ans. Ce groupe dépense plus que les autres dans les buanderies.

◆ *Troisième âge mobile.* Ce segment est composé de personnes du troisième âge, les plus de 60 ans, ayant un revenu de 10 000 $. Il s'agit non seulement du groupe dans lequel on trouve le moins d'enfants, mais aussi de celui qui reçoit la plus forte proportion d'allocations et de prestations gouvernementales. Plus de 4 personnes sur 10 (42 %) sont âgées de plus de 65 ans ; on y compte par conséquent un pourcentage élevé de personnes veuves ou retirées de la vie active. Près de la moitié de ces ménages sont locataires dans des immeubles de cinq étages et plus. Malgré un faible revenu et un loyer élevé, ils dépensent presque autant au restaurant que les groupes disposant d'un revenu trois fois plus élevé. Les autres postes de dépenses importants sont les loisirs à la maison (téléviseurs, magnétoscopes, caméras vidéo et pièces) ainsi que les transports (avion et transport interurbain).

RÉSUMÉ

Ce chapitre a exploré les principes qui sous-tendent l'étude des besoins et des valeurs et a répondu à deux importantes questions : 1) Pourquoi les gens désirent-ils acquérir certains biens ? 2) Comment les mercaticiens peuvent-ils utiliser leur connaissance des motifs d'achat pour résoudre les problèmes de marketing ? Cette deuxième question a conduit à relier les besoins et les valeurs des consommateurs au style de vie, un concept permettant aux spécialistes du marketing de déterminer leurs marchés cibles et de communiquer efficacement avec eux. Nous avons commencé par examiner le déclenchement en tant que première étape du processus décisionnel que suit le consommateur en vue de se procurer un bien ou un service. Nous nous sommes ensuite penché sur les « causes » du déclenchement en considérant les besoins humains fondamentaux, lesquels, à leur tour, ont été reliés aux valeurs personnelles. Le déclenchement est le mécanisme qui pousse le consommateur à s'engager dans le processus décisionnel devant mener à la consommation et à la satisfaction d'un besoin. Ce mécanisme est relié au fait que le consommateur perçoit un écart entre ce qu'il désire et ce qu'il a présentement. En d'autres mots, pour que se produise le déclenchement, le consommateur doit percevoir une différence entre l'état souhaité et l'état présent relativement à un bien donné.

En tant que consommateurs, nous savons si un bien que nous consommons satisfait nos besoins. Lorsque nous avons le sentiment que ce n'est pas le cas, un écart apparaît entre l'état présent et l'état souhaité. L'acte de consommation entraîne la perception d'un écart lorsque le bien vient à manquer, qu'il s'use, qu'il devient démodé ou désuet, qu'il se brise, qu'il n'est plus disponible, qu'il est perdu ou volé ou qu'il n'a plus la même capacité de nous satisfaire.

La perception d'un écart entre l'état présent et l'état souhaité peut engendrer une tension. Dès que cette tension dépasse le seuil de tolérance du consommateur, celui-ci est amené à agir de façon à la réduire. Lorsque cela se produit, nous disons que le processus décisionnel a été déclenché. Le consommateur adoptera un comportement orienté vers l'atteinte d'un but, se mettant à la recherche d'un bien qui lui permettra d'atteindre l'état souhaité. Le consommateur fera ensuite l'acquisition du bien, de façon à satisfaire son besoin et à réduire la tension.

L'état souhaité par le consommateur par rapport à un bien ou à un besoin donné peut être redéfini ou modifié. Différents facteurs entrent ici en jeu. Par exemple, le consommateur peut avoir reçu de l'environnement une nouvelle information lui indiquant une « meilleure » solution pour satisfaire le besoin ressenti. Par ailleurs, il peut se produire des changements dans le style de vie du consommateur, car les influences environnementales modifient les valeurs de l'individu. Cette situation peut être due à des changements provoqués par le groupe de référence, à des changements survenus dans les variables socioéconomiques, dans les normes de la société ou dans le cycle de vie de la famille, ainsi qu'à des changements dans l'environnement culturel. Enfin, l'innovation de produit est aussi un facteur qui donne lieu à une redéfinition de l'état souhaité.

On parvient à l'état souhaité lorsque certains besoins sont satisfaits. Les besoins d'une personne sont à la base de sa personnalité et constituent les racines de son comportement. Comme ils sont intériorisés, ils sont difficiles à observer. Les besoins sont définis comme une expression des caractéristiques psychologiques et physiologiques relativement permanentes d'une personne au moyen de stratégies généralement observables visant à produire du plaisir ou à réduire la douleur. Ils poussent une personne à adopter des manières d'agir qui sont souvent prévisibles. Parmi les nombreuses tentatives faites dans le but de déceler et de systématiser les besoins humains, la mieux connue est celle d'Abraham Maslow. Ce chercheur a proposé une hiérarchie des besoins comportant cinq niveaux. Les besoins d'ordre supérieur ne se font pas sentir tant que les besoins d'ordre inférieur n'ont pas été largement satisfaits.

Tandis que les besoins sont relativement permanents, les valeurs peuvent changer et changent dans les faits. Les valeurs sont des représentations mentales de nos besoins fondamentaux qui tiennent compte des exigences de la société. Elles se forment et se modifient par l'apprentissage environnemental, et elles constituent des façons socialement approuvées d'exprimer et de justifier nos besoins fondamentaux. Le système de valeurs d'une personne est organisé selon un certain ordre de priorités ou d'importance et il s'exprime par le style de vie pratiqué.

Le style de vie se définit comme le type d'activités, d'intérêts et d'opinions qu'adopte une personne en accord avec ses besoins et ses valeurs. Ce que nous achetons ou n'achetons pas, ce que nous faisons ou ne faisons pas, les activités que nous exerçons ou n'exerçons pas, ce qui nous intéresse ou ne nous intéresse pas, les opinions et les attitudes que nous avons à l'égard de différents sujets témoignent de notre style de vie.

La recherche sur le style de vie ou recherche psychographique rapproche les mercaticiens des consommateurs d'un marché cible donné. La recherche psychographique sert à deux choses : 1) elle permet au chercheur de brosser un portrait fidèle du consommateur typique dans un segment de marché, de telle sorte que le profil psychographique qui émerge de cette recherche mette en évidence les activités, les intérêts et les opinions des consommateurs de ce segment ; 2) elle permet au spécialiste de marketing, qui se reporte à cette description riche et réaliste, de concevoir des stratégies de produit, de communication, de distribution et de prix appropriées aux exigences et aux besoins du style de vie adopté par les consommateurs d'un segment de marché donné.

QUESTIONS ET THÈMES DE DISCUSSION

1. Si les valeurs peuvent être définies comme l'expression de besoins humains et si les besoins humains sont organisés selon une hiérarchie ou un certain ordre de priorités, cela veut-il dire que les valeurs ont aussi un ordre de priorités, qu'il existe des valeurs d'ordre inférieur et des valeurs d'ordre supérieur ? Illustrez votre point de vue à l'aide d'exemples concrets.

2. Le déclenchement peut être défini comme un processus qui s'amorce dès qu'une personne perçoit un écart intolérable entre un état présent et un état souhaité. Cet écart cause une tension qui amène la personne à prendre la décision de faire quelque chose pour la réduire. Dites quelles sont les implications du concept de déclenchement pour :

   a) les formateurs en comportement du consommateur, c'est-à-dire les personnes qui essaient d'éduquer les consommateurs de façon qu'ils soient plus avertis, mieux informés et plus rationnels ;

   b) les parents qui veulent éduquer leurs enfants en matière de consommation ;

   c) les stratégies et les tactiques de marketing sur le marché ;

   d) les responsables de la planification, c'est-à-dire les gestionnaires qui planifient les niveaux de production, les besoins en distribution et les stocks de matièress premières.

3. Les spécialistes du marketing peuvent-ils réellement amener un consommateur à percevoir un écart entre l'état présent et l'état souhaité là où il ne percevait auparavant aucun écart ? Donnez des exemples pour illustrer votre point de vue.

4. Discutez des avantages et des inconvénients possibles de la recherche sur le style de vie et comparez ceux-ci avec :

   a) la recherche fondée sur une analyse démographique traditionnelle ;

   b) la recherche motivationnelle des années 1950.

5. Un spécialiste de marketing projette de lancer et de promouvoir une nouvelle gamme de vêtements sport à la mode. Quels aspects du style de vie des consommateurs d'un segment cible donné devrait-il considérer afin d'élaborer un marketing-mix approprié ?

6. À partir de la théorie des neuf régions d'Amérique du Nord proposée par Garreau, quelles conclusions peuvent tirer les chercheurs et les spécialistes en comportement du consommateur et les mercaticiens ?

7. Certains chercheurs en comportement du consommateur soutiennent que la façon la plus facile de créer des écarts dans l'esprit des consommateurs est d'effectuer des recherches et des études et de lancer de nouveaux produits qui amènent les consommateurs visés à redéfinir l'état souhaité. D'autres, au contraire, croient que la meilleure stratégie est de trouver et de desservir des consommateurs qui ont déjà perçu un écart entre l'état présent et l'état souhaité et qui cherchent à faire disparaître cet écart. Quels sont les arguments à l'appui et à l'encontre de chacun de ces deux points de vue ?

8. Compte tenu des profils de style de vie de la grande utilisatrice de maquillage pour les yeux et de la grande utilisatrice de graisse végétale présentés dans le tableau 7.5, expliquez comment un spécialiste de marketing pourrait élaborer un projet pour une série de livres de cuisine visant les utilisatrices de maquillage pour les yeux et en faire la promotion. Faites des recommandations précises quant à un marketing-mix approprié à ce segment de consommatrices.

9. Étant donné que les valeurs et les systèmes de valeurs diffèrent selon les cultures, les spécialistes du marketing international ne peuvent utiliser efficacement les stratégies fondées sur le style de vie qu'ils ont élaborées en fonction du marché local pour conquérir les marchés des autres pays. Êtes-vous d'accord avec cet énoncé ? Justifiez votre opinion.

10. Si le style de vie d'un consommateur peut changer avec le temps, comme le donne à penser la typologie du style de vie VALS 2, cela veut-il dire que les résultats de la recherche psychographique possèdent seulement une valeur à court terme et qu'ils deviennent rapidement désuets ? Illustrez votre position à l'aide d'exemples.

NOTES

1. A.C. Michalos, « Multiple discrepancies theory (MDT) », *Social Indicators Research,* vol. 16, 1985, p. 348.

2. *Ibid.,* p. 347-413.

3. A.C. Michalos, *Global Report of Student Well-Being.* Vol. 1 : *Life Satisfaction and Happiness,* New York, Springer-Verlag, 1991.

4. *Ibid.*

5. « An anthropology of happiness, out of misery, some extraordinary lessons », *The Economist,* vol. 361, nº 8253, 22 décembre 2001, p. 42.

6. Conference Board of Canada, *The Index of Consumer Attitudes,* hiver 2001.

7. A.H. Maslow, *Motivations and Personality,* New York, Harper & Row, 1954.

8. *Ibid.*

9. L. Schiffman et L. Kanuk, *Consumer Behavior,* 5e éd., Englewood Cliffs (N.J.), Prentice-Hall, 1994.

10. L. Kahle, D. Boush et P. Homer, « Broken rungs in Abraham's ladder : Is Maslow's hierarchy hierarchical ? » dans D. Schumann (sous la dir. de), *Proceedings of the Society for Consumer Psychology,* 1988.

11. R. Yalch et F. Brunel, « Need hierarchies in consumer judgements of product designs : Is it time to reconsider Maslow's theory ? », *Advances in Consumer Research,* vol. 23, 1996, p. 405-410.

12. *Ibid.*

13. R. Bagozzi et U. Dholakia, « Goal setting and goal striving in consumer behavior », *Journal of Marketing,* vol. 63 (numéro spécial, 1999), p. 19-32.

14. L. von Bertalanffy, *General System Theory : Foundations, Development, Applications,* éd. rév., New York, George Braziller, 1968, p. 191.

15. *Ibid.*, p. 209-210.

16. M. Rokeach, *The Nature of Human Values,* New York, Free Press, 1973, p. 5-6.

17. M. Rokeach, *Understanding Human Values : Individual and Societal,* New York, Free Press, 1979, p. 48.

18. *Ibid.*

19. L.A. Crosby, J.D. Gill et R.E. Lee, « Life status and age as predictors of value orientation », dans R.E. Pitts, Jr., et A.G. Woodside (sous la dir. de), *Personal Values and Consumer Psychology,* Lexington (Mass.), Lexington Books et D.C. Heath and Company, 1984, p. 202.

20. M. Rokeach, *The Nature of Human Values,* ouvr. cité, p. 20.

21. *Ibid.*, p. 7-9.

22. *Ibid.*, p. 11-12.

23. *Ibid.*, p. 89, 358.

24. L.R. Kahle (sous la dir. de), *Social Values and Social Change : Adaptation to Life in America,* New York, Praeger, 1983.

25. S.E. Beatty et autres, « Alternative measurement approaches to consumer values : The list of values and the Rokeach value survey », *Psychology and Marketing,* vol. 2, automne 1985, p. 181-200.

26. T.E. Muller, « Using personal values to define segments in an international tourism market », *International Marketing Review,* vol. 8, n° 1, 1991, p. 57-70.

27. W.A. Kamakura et T.P. Novak, « Value-system segmentation : Exploring the meaning of LOV », *Journal of Consumer Research,* vol. 19, juin 1992, p. 119-132.

28. *Ibid.*, p. 125-126.

29. Cette étude est décrite dans T.J. Reynolds et J. Gutman, « Laddering : Extending the repertory grid methodology to construct attribute-consequence-value hierarchies », dans R.E. Pitts, Jr., et A.G. Woodside (sous la dir. de), ouvr. cité, p. 155-167.

30. L.R. Kahle, G. Rose et A. Shoham, « Findings of LOV throughout the world, and other evidence of cross-national consumer psychographics : Introduction », *Journal of Euromarketing,* vol. 8, n°s 1-2, 1999, p. 1-13.

31. *Ibid.*

32. *Ibid.*

33. F. Kropp et autres, « Group identities : A cross-cultural comparison of values and group influences », *Journal of Euromarketing,* vol. 8, n°s 1-2, 1999, p. 117-131.

34. L. Kahle, G. Rose et A. Shoham, art. cité.

35. E.J. Chéron et T.E. Muller, « Relative importance of values as determinants of ownership patterns : comparisons between the canadian provinces of Ontario and Quebec », *Journal of International Consumer Marketing,* vol 5, n° 3, 1993, p. 37-53.

36. R. Piirto, *Beyond Mind Games : The Marketing Power of Psychographics,* Ithaca (N.Y.), American Demographics Books, 1991, p. 18.

37. J.T. Plummer, « The concept and application of life style segmentation », *Journal of Marketing,* vol. 38, janvier 1974, p. 33-37.

38. W.D. Wells et A.D. Beard, « Personality and consumer behavior », dans S. Ward et T.S. Robertson (sous la dir. de), *Consumer Behavior : Theoretical Sources,* Englewood Cliffs (N.J.), Prentice-Hall, 1973, p. 193.

39. Le regretté Ernest Dichter était un leader de la recherche motivationnelle en Amérique du Nord. Voir *Handbook of Consumer Motivations,* New York, McGraw-Hill, 1964.

40. W.D. Wells et D.J. Tigert, « Activities, interests, and opinions », dans H.H. Kassarjian et T.S. Robertson (sous la dir. de), *Perspectives in Consumer Behavior,* éd. rév., Glenview (Ill.), Scott, Foresman and Company, 1973, p. 162-163.

41. Ces exemples sont tirés de R. Piirto, ouvr. cité, p. 6-17.

42. W.D. Wells, « Psychographics : A critical review », *Journal of Marketing Research,* vol. 12, mai 1975, p. 197.

43. W.D. Wells et A.D. Beard, art. cité, p. 194.

44. Les détails de cette étude sont rapportés dans W.D. Wells et D.J. Tigert, art. cité, p. 162-176.

45. *Ibid.*, p. 168 ; voir aussi R.H. Holman, « A values and lifestyles perspective on human behavior », dans R.E. Pitts, Jr., et A.G. Woodside (sous la dir. de), ouvr. cité, p. 35-54 ; et F.D. Reynolds, M.R. Crask et W.D. Wells, « The modern feminine life style », *Journal of Marketing,* vol. 41, juillet 1977, p. 38-39.

46. W.D. Wells et D.J. Tigert, art. cité, p. 166.

47. Voir <http ://www.goldfarbreport.com>.

48. Pour une comparaison entre VALS et LOV, voir T.P. Novak et B. MacEvoy, « On comparing alternative segmentation schemes : The List of Values

(LOV) and Values and Life Styles (VALS) », *Journal of Consumer Research,* vol. 17, juin 1990, p. 105-109.

49. R. Piirto, ouvr. cité, p. 32-36, 92.

50. *Ibid.,* p. 76.

51. Les appellations françaises pour la typologie de VALS proviennent de <www.e-marketing.fr>, un site pour les professionnels du marketing.

52. R. Piirto, ouvr. cité, p. 81-83.

53. J. Garreau, *The Nine Nations of North America,* New York, Avon Books, 1981.

54. *Ibid.,* p. 6.

55. L.R. Kahle, « The Nine Nations of North America and the value basis of geographic segmentation », *Journal of Marketing,* vol. 50, avril 1986, p. 37-47.

56. T.E. Muller, « The Two Nations of Canada vs. The Nine Nations of North America : A cross-cultural analysis of consumers' personal values », *Journal of International Consumer Marketing,* vol. 1, nº 4, p. 57-79.

57. Voir <http://www.generation5.net>.

Chapitre 8

La culture et l'ethnicité

INTRODUCTION

La culture découle de la sagesse collective d'une société et de ses règles de conduite, qui reflètent les normes et les valeurs de cette société. C'est sa culture qui dicte au consommateur s'il doit être ponctuel et porter un costume et une cravate, être souriant et poli ou respectueux, travailler ou se détendre. La culture nord-américaine encourage ces valeurs ; c'est ce qui pousse les consommateurs canadiens à acheter des montres, des costumes et des cravates, des téléviseurs, des lecteurs de disques compacts et des téléphones cellulaires. C'est seulement en comparant sa culture avec d'autres que le consommateur canadien se rend compte que les personnes appartenant à d'autres cultures ont des habitudes de consommation différentes.

▼

Ce chapitre explore les effets de la culture sur le comportement des consommateurs vivant dans une société comme le Canada. Étant donné que les individus sont façonnés dès leur naissance par la culture dans laquelle ils vivent, celle-ci exerce sur leur comportement une influence qui, tout en étant subtile, se fait sentir un peu partout. Toutefois, à moins de pouvoir comparer plusieurs cultures, les gens ne sont pas conscients du rôle que joue la culture dans leur vie. Dans ce chapitre, nous aborderons les fonctions de la culture, puis traiterons du processus de socialisation par lequel un individu acquiert et assimile sa propre culture. Tout au long du chapitre, nous ferons ressortir l'importance pour le mercaticien de bien connaître la culture des consommateurs auxquels il s'adresse, et cela d'autant plus dans le contexte de la mondialisation des marchés. Nous examinerons six dimensions de la culture, à savoir les valeurs, les idées, les attitudes, les traditions, les artefacts et les symboles, en donnant des exemples liés à des groupes culturels en particulier par comparaison avec les consommateurs canadiens. Pour finir, nous décrirons les principales tâches pour un marketing efficace dans les cultures étrangères.

8.1 Les fonctions de la culture

Tout simplement, la culture guide le comportement. Les coutumes, les traditions, les usages, les valeurs et les idées propres à une culture sont le résultat de l'expérience acquise par une société[1]. Dans chaque société, la culture assure la cohésion, la survie et la croissance du groupe grâce à quatre fonctions principales[2] :

1. *Définir des règles de conduite précises.* La culture définit, par exemple, quelle est la façon convenable de s'habiller pour aller à la messe, comment réagir quand on reçoit un cadeau, comment se tenir à table et quand prendre la parole dans un groupe.

2. *Définir des critères de réussite.* La culture définit, par exemple, ce qu'il faut faire pour être admis à une bonne université et obtenir un diplôme, ou encore comment avoir une promotion.

3. *Définir des façons d'interpréter son environnement.* La culture définit, par exemple, comment une personne doit interpréter un cadeau, un silence dans une conversation, une main tendue ou un bâillement. La culture fournit la signification à donner aux communications verbales et non verbales, autrement dit fournit un code pour interpréter le comportement des autres, ce qui permet d'éviter des malentendus[3].

4. *Fournir des modes de résolution de problèmes récurrents.* La culture définit, par exemple, les étapes à suivre pour faire la cour à quelqu'un, faire une proposition de mariage, planifier les cérémonies de mariage, ou encore indique comment s'occuper de ses parents âgés.

Ces fonctions de la culture permettent de réduire l'incertitude ou d'augmenter la prévisibilité des comportements, ce qui aide une société à survivre, à évoluer et à prospérer. Plusieurs spécialistes du marketing international ont, dans le passé, commis des erreurs à l'étranger parce que les règles de conduite, les critères de réussite, l'interprétation de l'environnement et les modes de résolution de problèmes peuvent différer d'une culture à l'autre. La connaissance des règles de conduite propres à une culture étrangère est essentielle pour ceux qui doivent travailler avec les personnes qui appartiennent à la culture en question, s'assurer la collaboration d'organismes locaux et d'agences gouvernementales et comprendre les habitudes des consommations, locales. Comprendre les critères de réussite locaux est important pour celui qui doit lancer des projets qui dépendent de la formation des employés, de leurs attitudes à l'égard du temps et des loisirs, du contrôle de la qualité et des modes de distribution. Enfin, la culture donne des significations différentes à l'environnement. Ceux qui travaillent dans un contexte de culture étrangère doivent interpréter ces significations s'ils veulent réussir. Cela est particulièrement vrai pour ceux qui font des ventes personnalisées et qui négocient avec une clientèle en particulier afin de développer le marché étranger[4].

8.2 Le processus de socialisation

La socialisation est le processus par lequel un individu fait l'apprentissage de sa propre culture. Chaque individu est socialisé à sa culture locale par ses parents, ses enseignants, les médias de masse comme la télévision et ses groupes de référence. Ces agents de socialisation transmettent les normes culturelles qui favorisent les liens entre les individus appartenant à une culture donnée : il est, par exemple, « impoli » d'interrompre quelqu'un qui parle ou de parler la bouche pleine, « indigne » de manquer de respect aux professeurs et « malhonnête » de faire du vol à l'étalage. Les agents de socialisation nous inculquent des valeurs sociales telles que, par exemple, aider ceux qui sont sans défense ou démunis ou récolter les justes fruits de son travail.

La société en vient à reconnaître que certains comportements et certaines valeurs adoptés par ses membres sont conformes aux buts qu'elle poursuit et l'aident à survivre et à croître, tandis que d'autres types de comportements et les valeurs qui les soustendent ne sont pas aussi appropriés et peuvent même nuire à la structure sociale. Lorsque des membres d'une société se comportent d'une manière positive, utile ou appropriée, on dit qu'ils se conforment aux normes culturelles de cette société. De tels comportements et de telles valeurs sont encouragés, récompensés ou imités par les autres membres de cette société.

À l'inverse, on dit des individus qui se comportent d'une manière non appropriée, qui agissent de façon à déstabiliser la société ou à la faire s'effondrer, qu'ils dévient des normes culturelles. De tels actes sont découragés – ou du moins ne sont pas encouragés – ou punis. Mentir aux douaniers à la frontière canadienne, mentir dans sa déclaration de revenus, gonfler son compte de dépenses, violer l'intimité des autres ou faire des commentaires racistes constituent des comportements qui tendent à défaire le tissu social de la société canadienne, si patiemment tissé par les générations antérieures.

Les comportements qui sont encouragés et récompensés ainsi que les valeurs qui sont partagées par une société deviennent institutionnalisés en tant que normes et valeurs socioculturelles ; ils sont transmis de génération en génération et appris par les consommateurs appartenant à cette culture. Par exemple, une société moderne a besoin d'omnipraticiens et de chirurgiens afin de survivre et de prospérer. Mais l'acquisition des habiletés nécessaires pour exercer la médecine générale ou la chirurgie requiert d'un individu, avant qu'il devienne utile à la société, qu'il consacre de longues années à un apprentissage ardu et à un travail relativement peu productif. Pour encourager des individus à entreprendre ce travail difficile, la société a institutionnalisé des récompenses matérielles et sociales pour ceux qui terminent leur apprentissage : des revenus élevés et beaucoup de prestige et de respect. Ainsi, lorsqu'un comportement, un ensemble de comportements ou une valeur sont institutionnalisés, cela signifie qu'ils sont soutenus officiellement et généralement acceptés comme partie intégrante de la culture. Les valeurs et les comportements souhaitables sont ainsi transmis d'une génération à l'autre. C'est le rôle des parents, des écoles et des institutions religieuses de voir à ce que chaque génération assimile les valeurs de la culture. De nos jours, les médias de masse, en particulier la télévision, constituent des véhicules privilégiés pour transmettre les valeurs socioculturelles aux membres de notre société, alors que l'influence de la religion, et notamment sa présence dans les écoles publiques du pays, a sensiblement diminué en l'espace de quelques décennies.

Cependant, il arrive que les valeurs et les comportements socialement souhaitables changent avec le temps. Une valeur sociale qui a changé de façon spectaculaire dans un laps de temps relativement court est celle des rôles attribués à l'homme et à la femme dans un ménage, la femme étant traditionnellement ménagère et l'homme, soutien de famille.

Enfin, les valeurs qui sont partagées par les membres d'une société ainsi que les comportements qui sont encouragés et soutenus sont intériorisés par les consommateurs appartenant à cette culture. Cela constitue le résultat final du processus de socialisation. Les consommateurs qui ont été convenablement socialisés savent distinguer ce qui est « bon » de ce qui est « mauvais » et savent reconnaître ce qui sera approuvé et ce qui sera désapprouvé ; ils ont une bonne idée du degré de déviance que la société tolère par rapport aux normes socioculturelles avant que des mécanismes correctifs soient mis en œuvre. Au Canada, par exemple, l'achat d'une tondeuse à gazon est partiellement fondé sur la perception suivante : le propriétaire d'une maison devant laquelle s'étend une pelouse ne peut pas se permettre de négliger celle-ci trop longtemps, car il risque de devenir la cible des plaisanteries des voisins, de voir s'établir des relations peu chaleureuses avec ces derniers, qui peuvent éventuellement lui refuser leur collaboration parce qu'ils s'attendent à ce que chaque citoyen fasse sa part pour conserver une belle allure au quartier. Par ailleurs, les consommateurs canadiens sont relativement libres d'essayer les nouvelles modes, en ce qui a trait aux vêtements et à l'apparence personnelle, sans avoir à subir la désapprobation des autres. Par exemple, dans une banque, il semble qu'il soit jugé acceptable qu'un caissier porte un tee-shirt pour servir la clientèle ; dans plusieurs autres cultures, une telle tenue ne serait pas tolérée.

Les normes et les valeurs socioculturelles sont souvent si bien intériorisées par les consommateurs d'une culture donnée que certains en viennent à les tenir pour acquises. Les produits comme le beurre d'arachide, la bière, les épis de maïs, le sirop d'érable, le lapin et la sauce aux canneberges font tellement partie de notre culture que la plupart des personnes nées au Canada n'imaginent pas que ces aliments puissent être inconnus, ou même rejetés, dans d'autres cultures. De la même façon, en France les consommateurs ne voient rien d'inhabituel dans le fait de faire cuire et de servir de la cervelle de veau ou encore de la tête ou des pieds de porc.

De tels constats indiquent qu'il est nécessaire, pour les spécialistes du marketing, de reconnaître

que les attitudes et les valeurs prônées dans leurs pays respectifs ne sont pas des guides fiables lorsqu'ils planifient de conquérir des marchés étrangers. Chaque produit ou service doit être évalué en fonction de sa compatibilité potentielle avec les normes et les valeurs des consommateurs d'un milieu donné. Pour les gestionnaires canadiens désireux de créer une stratégie de marketing et de l'adapter aux besoins des consommateurs appartenant à une culture étrangère, cela implique souvent qu'ils doivent se familiariser avec cette culture par l'intermédiaire du processus d'acculturation.

8.3 L'acculturation

Tandis que la socialisation est le processus par lequel les individus font l'apprentissage des valeurs et des règles de leur propre culture, *l'acculturation est le processus par lequel une personne apprend les normes et les valeurs d'un autre groupe culturel.* Les consommateurs qui déménagent à l'étranger et même les touristes qui se trouvent dans une culture étrangère vivent habituellement un « choc culturel » dont ils subissent l'effet jusqu'à ce qu'ils apprennent et acceptent les normes, les comportements et les règles de cette culture. Cela est vrai même lorsqu'une personne est plongée dans une culture qui est très semblable, sous plusieurs aspects, à la sienne propre, pour ne pas parler des cultures qui sont diamétralement opposées.

Le contact avec une culture étrangère est une expérience qui peut parfois se révéler déroutante, surtout si les règles, les mœurs et les normes sont très différentes. Cette expérience peut aussi se révéler très stressante et causer une « fatigue culturelle » (certains symptômes étant la dépression, l'anxiété et l'insomnie[5]), jusqu'à ce que la personne devienne suffisamment acculturée, par le biais de l'apprentissage environnemental, pour ne plus commettre d'erreurs de nature culturelle.

8.4 Les six dimensions principales d'une culture

La rapidité des changements technologiques et l'intensité de la concurrence internationale constituent des réalités auxquelles les spécialistes canadiens de marketing ne peuvent échapper. Plusieurs entreprises canadiennes considèrent que les marchés de consommation d'outre-mer offrent des débouchés rentables, qu'il s'agisse d'exporter des produits fabriqués au Canada ou de lancer des activités de production à l'étranger. Toutefois, il est primordial d'éviter des erreurs culturelles coûteuses lors de l'implantation de ces projets de marketing inter-national. Pour comprendre les consommateurs appartenant à une culture étrangère, les gestion-naires ont besoin d'un cadre de référence comme point de départ, comprenant les six dimensions sui-vantes : 1) les valeurs ; 2) les idées ; 3) les attitudes ; 4) les traditions ou coutumes ; 5) les artefacts ; et 6) les symboles.

Le tableau 8.1 (p. 6) présente les six aspects ou dimensions d'une culture et donne des exemples de différences interculturelles concernant chacune de ces dimensions. La troisième colonne du tableau indique certaines implications de ces différences, qui sont susceptibles d'intéresser les mercaticiens. Chaque dimension culturelle est examinée de façon plus approfondie dans les paragraphes qui suivent.

8.4.1 Les valeurs

Chaque personne acquiert ses valeurs personnelles sous l'action de la culture dans laquelle elle vit. Ainsi, elle délimite un ensemble de valeurs qui sont importantes pour elle et qui déterminent ce qu'elle estime souhaitable, ce qui vaut la peine d'être fait, ce qui mérite des efforts, ce qui vaut la peine d'être soutenu et ce qui mérite qu'elle y consacre sa vie. Les valeurs sociales, quant à elles, sont celles qui prédo-minent dans une société donnée. Ces valeurs font l'objet d'un consensus général parmi les membres de cette société, c'est-à-dire que l'on s'entend sur le fait que des qualités humaines, des traits, des objectifs et des réalisations sont acceptables, désirables ou utiles et que l'on doit les nourrir et les encourager. En somme, la culture et le « caractère national » d'une société sont déterminés par l'importance accordée à certaines valeurs et par la façon dont ces valeurs sont définies et exprimées par les membres de la société. Par exemple, le culte de la beauté féminine serait une

valeur humaine quasi universelle ; cependant, la définition de la beauté féminine et les moyens permettant de réaliser cet idéal sont différents d'une culture à l'autre.

L'obsession, chez les Nord-Américains, de la minceur et du contrôle du poids est un exemple frappant du culte de la beauté féminine (même si les Américains ont les plus grands problèmes d'obésité au monde). Cette obsession témoigne du fait que, pour les Canadiens et les Américains, la minceur est en relation avec l'importance que revêtent la beauté, l'attrait et l'estime de soi. Les consommateurs nord-américains valorisent la minceur à un point tel qu'ils font vivre toute une industrie. Comparez la per-ception nord-américaine du poids corporel et de l'obésité avec celle qui a cours dans quelques cultures polynésiennes du Pacifique Sud où « être gras est prestigieux ». L'embonpoint signifie, pour les membres de ces collectivités, que la personne est riche, qu'elle a réussi et qu'elle est haut placée dans la hiérarchie sociale ; les personnes minces sont perçues comme pauvres et en mauvaise santé. Entre ces deux extrêmes se situent des cultures qui n'ac-cordent pas beaucoup d'importance à la minceur ou au poids corporel. De toute évidence, le spécialiste canadien de marketing désireux d'introduire sur des marchés étrangers des produits et des services destinés à faire perdre du poids devrait d'abord déterminer la valeur qu'associent les consommateurs au fait d'être mince.

La valeur que prennent la réussite et l'accom-plissement dans différentes cultures constitue un autre exemple révélateur. Dans une société qui valorise fortement – et récompense continuellement – la multiplication des activités quotidiennes et la réussite, le temps devient un bien précieux pour les individus. La culture canadienne, contrairement à la plupart des cultures non occidentales, accorde beaucoup d'importance au concept de temps : « Le temps, c'est de l'argent ! » Nos artefacts culturels traduisent cette valeur : nous achetons et utilisons des téléphones cellulaires pour discuter en marchant ou en conduisant, des répondeurs afin de pouvoir rappeler rapidement, des agendas pour programmer des rendez-vous d'affaires rapprochés les uns des

Tableau 8.1   *Les six dimensions d'une culture, des exemples de différences interculturelles ayant trait à ces dimensions ainsi que certaines implications de ces différences*

Dimensions	Différences	Implications quant au comportement du consommateur
Valeurs	Au Canada et aux États-Unis, la minceur est considérée comme désirable. La minceur est indésirable chez les insulaires polynésiens.	La demande de produits diététiques et de programmes d'amaigrissement a créé une industrie de un milliard de dollars par an.
Idées	On chante les louanges de la silhouette féminine chez les Canadiens, les Américains et les Français.	Le sexe fait vendre les produits. Le corps et les attributs de la femme sont utilisés dans la promotion.
	La silhouette féminine et la nudité sont taboues chez les Arabes traditionnels.	La polygamie est permise, mais les hommes et les femmes ne se mêlent pas en public. La photo instantanée a un attrait spécial.
Attitudes	Au Canada, on est fortement préoccupé par la jeunesse.	Les produits promettant vitalité et apparence jeune ont un marché très vaste.
	En Asie, le fait d'être jeune est considéré comme secondaire, par égard pour les personnes âgées.	Le rôle des enfants dans la prise de décision des consommateurs est minime ; les parents sont la cible promotionnelle.
Traditions	La semaine de travail s'étend du lundi au vendredi pour les Canadiens esclaves de leur horaire.	La plupart des achats d'épicerie se font les jeudis, vendredis ou samedis.
	Les ménagères mexicaines vivant à la campagne ont l'habitude de rencontrer des gens tous les jours.	Les achats d'épicerie se font quotidiennement.
Artefacts	Bottes de cow-boy, stetson, selle, lasso, chariot chez les Canadiens vivant dans l'Ouest.	Représentent la vie des éleveurs de bétail et des cow-boys ; font partie du Stampede annuel de Calgary, des rodéos et des courses de chariots.
	Stations thermales et stations d'eau minérale européennes.	Cure thermale pour se reposer et recevoir des traitements.
Symboles	Geste signifiant « O.K. » au Canada.	Peut être utilisé dans les communications promotionnelles pour symboliser l'accord.
	Geste obscène en Iran, en Australie et au Nigeria.	Ne peut être utilisé comme symbole.
	Geste signifiant « parfait » ou « excellent » au Canada.	Peut être utilisé pour symboliser la qualité dans les marques de commerce, les étiquettes et le matériel promotionnel.
	Geste signifiant « zéro » en France ; geste vulgaire en Amérique du Sud.	Ne peut être utilisé comme symbole d'excellence dans les communications de marketing.
	« Défense de jeter des ordures ; amende de 200 $ », panneau utilisé le long des routes, au Québec.	En Amérique du Nord, des signes sont utilisés pour donner aux automobilistes circulant sur les routes des instructions se lisant rapidement.

Source   T.E. Muller, Université Hagomoro (Japon).

autres, et nous n'hésitons pas à faire comprendre aux gens que le temps que nous pouvons leur accorder est limité et même épuisé ; nous ajustons nos montres au quartz et nos horloges ; nous mettons de l'argent dans les parcomètres situés le long des rues du centre-ville et nous écopons d'une amende si nous dépassons la limite de temps allouée. Nous achetons des fours à micro-ondes, des cafetières automatiques et des lave-vaisselle pour économiser du temps, de sorte que nous puissions ensuite suivre des cours du soir sur des sujets tels que la gestion du temps.

Pour les touristes et les mercaticiens canadiens non acculturés, l'approche plutôt désinvolte des populations de l'Amérique latine, du Moyen-Orient et de l'Asie à l'égard du temps est source de frustrations et de problèmes. Dans ces pays, il n'y a pas d'heure précise pour faire des affaires, recevoir, manger ou s'occuper de ses affaires personnelles, comme c'est le cas au Canada. Plusieurs contrats d'affaires potentiellement lucratifs ont été perdus par des spécialistes impatients qui, durant les négociations, ont essayé d'imposer leur horaire et leurs échéances aux gens d'affaires ou aux fonctionnaires locaux[6]. Les Canadiens fixent des échéances pour indiquer le degré d'urgence ou de priorité assigné à une tâche. D'autres cultures peuvent percevoir les échéances comme un signe d'impatience et d'agressivité et réagir en ralentissant ou en arrêtant le travail.

La ponctualité consiste dans le respect du temps, qui est perçu comme un bien précieux dans certaines cultures. En Occident, ce respect nous est inculqué dès notre jeune âge. Nos parents nous demandent d'être à la maison à une certaine heure, de prendre nos repas à des moments précis, de ne pas faire attendre les gens parce que leur temps est précieux et de ne pas arriver en retard à l'école. Les trains, les autobus et les avions n'attendent pas les retardataires comme c'est le cas dans d'autres cultures.

Dans le contexte de la valeur attachée au temps, les appareils destinés à épargner du temps et du travail, qui s'intègrent si bien à la culture canadienne, ne seront probablement pas facilement

acceptés dans certaines cultures étrangères. Il s'agit de sociétés où les consommateurs n'accordent pas la même importance aux biens matériels, au progrès et à la réussite personnelle, qui rendent si précieux le temps des Canadiens. On accorde une plus grande valeur aux loisirs, la patience est une façon de vivre, et les gens ont une existence pondérée. De plus, dans ces pays, les travaux manuels de la vie quotidienne constituent souvent pour le consommateur une source de plaisir, d'esprit communautaire et de relations interpersonnelles. Enfin, les mieux nantis de ces sociétés ont à leur disposition une main-d'œuvre à bon marché, et des serviteurs effectuent le travail manuel à leur place. Dans certaines cultures, le travail manuel est même considéré comme dégradant et les consommateurs désireux de conserver leur prestige social ne veulent pas se faire surprendre en train de s'y livrer.

C'est la culture qui détermine l'importance relative accordée à l'attrait physique, à l'accomplissement, à l'amour de son prochain et aux loisirs, ainsi que la façon de définir chacune de ces valeurs. L'économie, la générosité et la conscience écologique constituent d'autres exemples de valeurs sociales. Les annonces des figures 8.1 à 8.3 montrent des communications marketing qui font appel à ces trois dernières valeurs chez les Canadiens. La figure 8.1 (p. 224), une annonce pour les tomates broyées Pastene, fait intervenir la valeur « économie de temps et d'argent ». La figure 8.2 (p. 225) montre un message d'un organisme d'aide, la Fondation québécoise du cancer, qui fait appel à la valeur « générosité ». Finalement, dans la figure 8.3 (p. 225), l'annonce d'Environnement Canada met l'accent sur la défense de l'environnement et vise à faire connaître l'éco-logo, un moyen de reconnaître un produit sans danger pour l'environnement.

Les valeurs que les parents veulent inculquer à leurs enfants peuvent beaucoup différer d'une culture à l'autre. Le tableau 8.2 (p. 224) indique quelles qualités les parents valorisent chez les enfants dans deux cultures radicalement différentes l'une de l'autre, le Japon et les États-Unis. Les données proviennent d'un échantillon de 2 100 hommes et femmes de la génération du baby-boom habitant les

Figure 8.1   *Une annonce qui fait appel à une valeur sociale : l'économie*

Tableau 8.2   *Les qualités préférées par les parents japonais et américains pour leurs jeunes*

	Pourcentage des répondants qui ont choisi cette qualité	
	Japon	**États-Unis**
Gentillesse	65 %	23 %
Connaissance, instruction	49 %	76 %
Créativité	35 %	57 %
Esprit de coopération	34 %	26 %
Indépendance	29 %	59 %
Force spirituelle	25 %	34 %
Perspective internationale	25 %	6 %
Esprit religieux	5 %	13 %
Patriotisme	2 %	6 %

villes de Tokyo, New York et Los Angeles. On demandait aux répondants quelles qualités ils voulaient que leurs enfants possèdent, et les réponses révèlent de larges différences dans les valeurs.

Les Américains valorisent la connaissance et l'instruction, la créativité et l'indépendance beaucoup plus que les Japonais. « Mais les véritables valeurs "japonaises" sont la gentillesse, l'esprit de coopération et une perspective internationale, des caractéristiques qui accordent beaucoup de poids à la capacité de l'individu à bien travailler en groupe, à surmonter les difficultés de la vie quotidienne sans trop de frustrations et à reconnaître comment le Japon s'intègre dans un monde plus large, distant et dangereux[7]. »

Figure 8.2   *Une annonce qui fait appel à une valeur sociale : la générosité*

8.4.2 Les idées

Certaines idées sont admises et institutionnalisées dans une culture donnée et ne sont presque jamais remises en question par les membres de cette société, même si elles sont radicalement différentes de celles qui prévalent dans une autre culture. Par conséquent, les idées reliées à une culture peuvent être considérées comme des institutions. Examinons quelques idées culturelles par rapport aux relations entre les hommes et les femmes : la monogamie dans les cultures occidentales et la polygamie dans le monde islamique, les fréquentations, la glorification de la beauté féminine et l'utilisation de la sexualité dans les annonces.

Figure 8.3   *Une annonce qui fait appel à une valeur sociale : la conscience écologique*

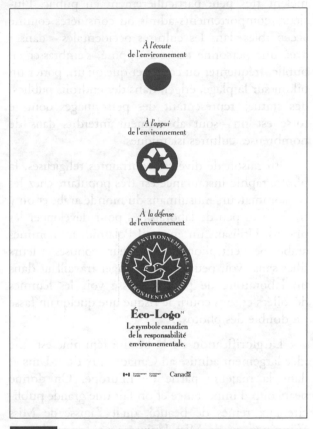

Au Canada, un homme ne peut être l'époux que d'une seule femme – une règle fondée sur le principe de l'égalité sociale entre les sexes. Selon la loi islamique, cependant, un homme peut avoir simultanément jusqu'à quatre épouses, ainsi qu'un nombre illimité de concubines. La loi islamique est fondée sur le Coran, l'équivalent du Nouveau Testament dans le christianisme ou de la Torah dans le judaïsme. Comme peu d'hommes, dans les pays islamiques, peuvent se permettre de faire vivre deux ou trois épouses (habituellement, les épouses ne travaillent pas à l'extérieur pour rapporter un revenu additionnel), l'idée de la polygamie fournit surtout un exutoire culturellement accepté dans une société où les interactions entre les sexes sont extrêmement restreintes, tout au long de la vie. En dehors du mariage, les hommes et les femmes musulmans se mêlent très peu, particulièrement en public. Plusieurs comportements admis ou considérés comme acceptables dans les cultures occidentales – danser avec une personne du sexe opposé, s'embrasser en public, fréquenter ou courtiser quelqu'un, porter un bikini sur la plage, ériger, dans des endroits publics, des statues représentant des personnages dont le torse est nu – sont absolument interdits dans de nombreuses cultures islamiques.

En raison de diverses contraintes religieuses, la photographie instantanée est très populaire chez les consommateurs musulmans du monde arabe et on y trouve très peu de laboratoires pour développer les photos. Utilisant un appareil Polaroid, les hommes arabes peuvent photographier leurs épouses et leurs filles sans avoir peur qu'un étranger travaillant dans un laboratoire de photos puisse voir les femmes dévoilées et sans courir le risque que quelqu'un fasse un double des photos[8].

La glorification de la beauté féminine est une idée largement admise au Canada, aux États-Unis et dans la majeure partie de l'Europe. On donne beaucoup d'importance et on fait une grande publicité aux reines de beauté, qu'il s'agisse de Miss Winnipeg ou de Miss Univers ; on les comble de contrats lucratifs pour faire de la publicité, pour servir de modèles dans la haute couture, pour jouer dans des films, pour figurer en maillot de bain dans des chars allégoriques à des défilés et pour montrer leurs photos sur la page couverture de magazines. Par la suite, d'autres femmes essaient de ressembler à ces modèles de beauté. Le corps humain – masculin et féminin – est couramment représenté dans les publicités occidentales pour annoncer les produits de beauté et de santé, les parfums, les sous-vêtements et la lingerie. En France, les annonces publicitaires qui montrent une grande partie du corps humain masculin et féminin sont bien acceptées. Les publicitaires français utilisent des thèmes sexuels pour promouvoir des produits aussi disparates que les pâtes alimentaires Rivoire & Carret, la bière Kronenbourg, les systèmes de

communication pour bureaux Rank Xerox et l'eau minérale Perrier. Cependant, l'utilisation du corps humain, nu ou vêtu d'une façon suggestive, choque les membres de plusieurs autres cultures un peu partout dans le monde.

8.4.3 Les attitudes

Les attitudes, qui occupent une place prépondérante dans l'esprit des gens, constituent une troisième dimension culturelle. L'attitude envers les jeunes ou envers la jeunesse peut servir d'exemple. Au Canada, les gens sont préoccupés par la jeunesse ainsi que par la vigueur et la beauté des jeunes. Cette attitude signale l'importance d'être jeune de cœur, d'apparence et de comportement ; elle reflète aussi la crainte de perdre la vitalité de la jeunesse et de devenir vieux. Le culte de la jeunesse existe indéniablement au Canada, mais l'âge moyen de la population canadienne continue d'augmenter et l'espérance de vie des Canadiens est passée à environ 75 ans.

Au Canada, les spécialistes du marketing ont tiré parti de cette préoccupation à l'égard de la jeunesse en faisant la promotion de produits et de services qui donnent aux consommateurs le sentiment et l'apparence de la jeunesse, quel que soit leur âge réel. Il faut dire que, dans plusieurs cultures d'Asie, d'Afrique et d'Europe, les consommateurs ne connaissent pas cet asservissement au culte de la jeunesse. Les jeunes sont relégués à un rôle secondaire, par égard pour la sagesse et l'expérience des aînés. Les enfants jouent un moins grand rôle dans la prise de décision, et c'est le membre le plus âgé de la famille nucléaire ou élargie qui a droit aux plus grandes marques de respect de la part des autres membres. L'anthropologue Margaret Mead a dit un jour que le plus grand péché que puisse commettre un enfant américain est de mentir, un enfant britannique, de faire du mal aux animaux, et un enfant japonais, de manquer de respect à un aîné.

S'ils ne tiennent pas compte des différences culturelles en ce qui concerne les attitudes envers les jeunes, les mercaticiens risquent de commettre de coûteuses erreurs. Il y a de cela plusieurs années, General Mills a connu des problèmes avec ses annonces de céréales destinées au marché britannique, lesquelles étaient construites selon le modèle des annonces présentées aux États-Unis. Ces annonces mettaient en vedette des enfants et elles s'adressaient à eux ; la boîte de céréales montrait le visage plein de taches de rousseur d'un enfant américain typique. Les consommateurs britanniques adultes étaient contre l'idée d'avoir recours à des enfants pour la publicité et n'admettaient pas que l'on essaie d'influencer les plus jeunes d'une manière directe. La compagnie fut obligée de créer des messages publicitaires entièrement nouveaux, s'adressant aux adultes[9].

Cependant, l'attitude culturelle des Canadiens à l'égard du vieillissement semble être en voie de changement – peut-être parce que la population de Canadiens plus âgés a beaucoup augmenté, faisant du Canada une nation plus âgée sur le plan collectif.

8.4.4 Les traditions ou coutumes

Les traditions ou coutumes sont des comportements hérités du passé faisant office de lois ou de règles tacites. Elles sont souvent fonction de l'époque et sont maintenues par la majorité des membres d'une culture pour des raisons qui peuvent être oubliées depuis longtemps ; elles servent à resserrer les liens entre les membres d'une société et à leur rappeler leur parenté culturelle.

Quand on connaît les traditions de la culture canadienne, il n'est pas difficile de deviner ce que font les gens après le travail au cours des deux semaines qui précèdent le 25 décembre, la dernière journée d'octobre, le dimanche matin, les quelques heures avant la fin de l'année, les quelques jours précédant la date limite du 30 avril pour l'envoi de la déclaration des revenus. Font aussi partie des traditions canadiennes les nombreux carnavals d'hiver du Québec, les défilés du Victoria Day au Canada anglais, les Stampedes de Calgary, les Caribanas de Toronto et les Oktoberfests de Kitchener.

Le Canadien se rend au travail du lundi au vendredi, prend des vacances durant l'été et agite un drapeau le 1er juillet. Toujours selon la tradition, la

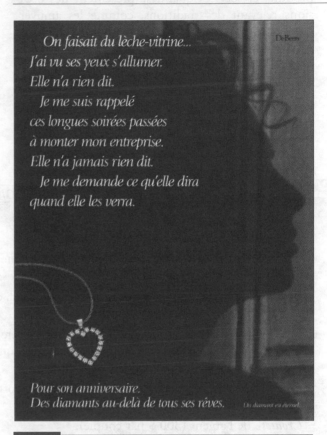

Figure 8.4 *Une publicité pour des diamants à l'occasion de moments spéciaux*

mariée canadienne est accompagnée de demoiselles d'honneur et le marié, d'un garçon d'honneur, et le ministre des Finances du Canada porte des chaussures neuves la journée qu'il rend public le nouveau budget, au Parlement. L'industrie canadienne des cartes de vœux fait d'excellentes affaires à Noël, à la Hanoukka et à Pâques, alors que les fleuristes ont le même succès le jour de la fête des Mères et à la Saint-Valentin. Au Canada, les hommes d'affaires portent un complet à leur travail et les femmes d'affaires, un tailleur. À part le fait qu'il s'agit d'une coutume, il n'y a aucune raison pouvant justifier que l'on porte un tel habillement plutôt que, par exemple, la robe plus confortable de l'homme d'affaires arabe ou la tunique de l'homme d'affaires hindou.

Les traditions permettent aux spécialistes du marketing de promouvoir la consommation de leurs produits et services quand se présentent des occasions relevant des traditions, comme les anniversaires et les mariages. La publicité pour des diamants en pendentif reproduite à la figure 8.4 (page précédente), rappelle aux consommateurs qu'un bijou de diamants constitue un cadeau apprécié pour souligner un événement marquant de la vie, tel un anniversaire. L'encadré 8.1 indique le type de cadeau de mariage à offrir selon l'origine ethnique du couple.

Les consommateurs adoptent souvent des comportements d'achat prévisibles fondés sur des traditions. Ainsi, au Canada, les consommateurs font leur marché le jeudi, le vendredi ou le samedi. Au Mexique, les ménagères habitant la campagne font leurs courses tous les jours. Cette habitude a du sens pour les Mexicaines rurales, car elle leur donne une excuse pour sortir chaque jour de la maison, pour satisfaire leur besoin de rencontrer d'autres membres de leur communauté à l'aller ou au retour ; cela leur permet aussi d'acheter à chaque voyage de très petites quantités avec le peu d'argent qu'elles portent

Encadré 8.1   *PLEINS FEUX SUR LES CONSOMMATEURS*

Quel cadeau de mariage doit-on offrir ?

Arméniens : des verres en cristal ou de la porcelaine ; de l'argent (300 $ par couple invité) ; apporter de l'argent liquide pour lancer sur les mariés qui dansent.

Britanniques (Irlandais, Écossais, Anglais) : du cristal, de la porcelaine, de l'argenterie (jamais d'argent ou de biens utilitaires comme un grille-pain).

Chinois : de l'argent (120 $ ou 150 $ dans une enveloppe spéciale rouge et or que l'on trouve dans le quartier chinois) ou un bijou pour la mariée, que l'on envoie chez la mariée ou que l'on dépose dans une corbeille à cette fin pendant la réception.

Colombiens : de l'argent (150 $ par couple) ; apporter des billets de banque pour agrafer sur les mariés lorsqu'ils dansent.

Croates : de l'argent (300 $ par couple).

Grecs : de l'argent (200 $ ou 300 $ par couple) ; apporter de l'argent liquide pour lancer sur les mariés qui dansent le *zebekiko*.

Indiens : des bijoux en or, de la verrerie ou de l'argenterie ; de l'argent (100 $ ou 150 $ par couple ; si les mariés sont des hindous, offrir 101 $ ou 151 $, jamais de chiffres ronds, car ils portent malheur).

Italiens : de l'argent (200 $ ou 250 $ par couple, plus 60 $ ou 75 $ par enfant qui assiste au mariage) ; une plante ou une machine à café expresso à apporter, car les cadeaux sont exposés.

Juifs : de l'argent (250 $ ou 300 $ par couple), du cristal, de l'argenterie ou de la porcelaine. La plupart auront déposé une liste de mariage dans un grand magasin et le cadeau se fait par cet intermédiaire.

Libanais : de l'argent (200 $ ou 250 $ par couple) ou des cadeaux (souvent une liste de mariage aura été déposée dans un grand magasin).

Portugais : de l'argent (300 $ par couple). Seuls les proches donnent des objets.

Ukrainiens : de l'argent (200 $ par couple) ou un cadeau à présenter pendant une cérémonie appelée *darovanya* où le marié trinque avec chaque invité.

Source Traduit de S. Semenak, « Marrying the gift to the wedding », *The Montreal Gazette*, 9 juin 2001 ; dans Internet : www.themontrealgazette.com. Traduit avec la permission de *The Gazette*.

sur elles. Un fabricant de réfrigérateurs américain a essayé de conquérir le marché rural mexicain avec des modèles américains standards ; il a connu un succès limité. Par contre, une entreprise allemande a obtenu un très grand succès sur le même marché avec ses réfrigérateurs, car ceux-ci avaient à peu près le tiers de la taille des modèles américains. Non seulement le plus petit appareil était-il moins cher, mais sa taille correspondait à la tradition mexicaine de la campagne d'acheter tous les jours de petites quantités de nourriture périssable[10].

8.4.5 Les artefacts

Les artefacts témoignent de façon tangible de ce que fait une culture donnée, de ce qu'elle a accompli, des attitudes qu'elle privilégie, de ce qui est jugé important par les individus appartenant à cette culture ainsi que des moyens que ceux-ci ont mis en œuvre pour organiser leurs activités quotidiennes, pour résoudre leurs problèmes et pour mener leur vie.

Un grand nombre d'artefacts sont communs à plusieurs cultures parce que les cultures n'existent pas en vase clos ; elles ont tendance à s'emprunter ou à copier certaines idées ou certains objets matériels jugés utiles. Les bicyclettes, les livres, les bancs, les couvertures, les banques, les stylos à bille, les paniers et les édifices sont des artefacts communs à presque toutes les cultures du monde civilisé. Par contre, d'autres artefacts sont propres à une culture donnée. Un phénomène semblable se manifeste au chapitre des traditions culinaires. Par exemple, les consommateurs libanais ne sauraient pas quoi faire avec du beurre d'arachide et des bâtons de réglisse, tandis que les cuisiniers canadiens seraient perplexes si on leur proposait d'utiliser pour une recette du sirop de grenade ou de la confiture de coings.

Les artefacts d'une culture reflètent habituellement les idées et les traditions adoptées par la société. Les stations thermales européennes en sont un bon exemple. À travers les siècles, les Européens ont construit des sanatoriums près des sources thermales et des sources d'eau sulfureuse. Ils aiment faire une cure et vont régulièrement aux stations thermales pour récupérer, relaxer ou suivre un traitement médical. Les Américains regardent souvent d'un œil amusé les pèlerinages que font les Européens dans le but de prendre des bains de boue, de se faire faire des massages thermaux ou de boire des eaux sulfureuses. Pour les Européens qui prennent les cures thermales au sérieux, ces visites sont des traditions aussi valables que, pour les Américains, les pompons, les *cheerleaders* et les orchestres d'étudiants agrémentant l'ambiance des parties de football.

Lorsque les spécialistes du marketing élaborent leurs campagnes promotionnelles, ils se servent presque toujours des artefacts culturels pour faire passer leurs messages et pour différencier une marque des autres dans l'esprit des consommateurs. Ils introduisent dans leurs annonces des artefacts qui ont une signification spéciale pour les consommateurs du marché ciblé, de façon à transmettre cette signification au produit annoncé. Cette pratique est particulièrement utile dans le cas de produits qu'il serait difficile de différencier de manière explicite, soit parce qu'il y a peu de différences entre les marques ou parce que les différences peuvent difficilement être évaluées. Les boissons alcooliques et les parfums en sont de bons exemples.

McCracken a décrit la démarche consistant à rechercher, dans le « monde culturellement constitué », des artefacts susceptibles d'être utilisés dans la publicité, afin de transmettre leur signification au produit annoncé. Cette démarche comprend quatre étapes principales[11] :

1. Le mercaticien précise au directeur de création d'une agence de publicité les caractéristiques de l'image que le produit devra avoir, ce qui revient à définir l'image de marque précise que l'on veut créer (pour une nouvelle marque) ou maintenir (pour une marque déjà sur le marché). Cette image doit être très claire pour le directeur de création.

2. Le directeur de création doit se demander où il pourra trouver, dans l'environnement culturel, les artefacts capables de transmettre l'image et la signification souhaitées. Cela exige que l'on décide d'abord si l'on utilisera dans l'annonce

un thème réaliste ou un thème fantastique. Si l'on choisit un thème réaliste, le directeur de création doit opter entre un site extérieur et un site intérieur, un paysage urbain et un paysage rural, un environnement cultivé et un environnement sauvage ; il doit aussi spécifier le moment de la journée et de l'année. Si des gens doivent figurer dans l'annonce, ils doivent être choisis en fonction de la signification culturelle particulière qu'ils peuvent transmettre par l'entremise de leur âge, de leur sexe, de leur rang, de leur classe sociale, de leur occupation ainsi que par des artefacts propres à la personne tels que les vêtements, les accessoires de mode et les possessions. Finalement, le directeur de création doit choisir les activités et les postures par lesquelles les modèles de l'annonce sont susceptibles de refléter, dans l'annonce du produit, la signification recherchée.

3. Le directeur de création décide ensuite de la façon dont on présentera les artefacts culturels accompagnant le produit annoncé, se fiant souvent à la compétence du directeur artistique de l'agence et à celle du personnel de la photographie. On doit veiller à bien agencer les différents éléments de l'annonce, qu'il s'agisse des artefacts culturels, des modèles ou de la mise en scène, toujours dans le but d'amener le consommateur visé à établir un lien entre la signification culturelle des artefacts et le produit annoncé.

4. Enfin, le rédacteur publicitaire crée un texte ayant pour objectif d'aider à interpréter les images présentées dans l'annonce et de les renforcer : les mots dirigent l'attention du consommateur ciblé vers les principaux artefacts de l'image, de sorte que son interprétation soit compatible avec l'image de marque souhaitée.

En Amérique du Nord et en Europe occidentale, on fait souvent la promotion des liqueurs et des spiritueux à l'aide d'une annonce imprimée comportant seulement quelques mots choisis avec soin. On entoure le produit d'artefacts symbolisant le luxe, la qualité, la rareté ou la richesse — un yacht,

la cour d'une villa spacieuse, un site exotique montrant les artefacts d'une culture étrangère, des tenues de soirée ou encore une table ornée d'une verrerie de cristal ou entourée d'antiquités et d'autres objets évoquant un style de vie aristocratique. Dans ces annonces, on utilise souvent le noir comme couleur de fond parce que, dans notre culture, le noir représente l'élégance, la dignité, le prestige et la classe.

Cette tentative par laquelle on vise à reporter la signification d'artefacts culturels sur le produit annoncé suppose que l'annonceur et le consommateur ont une compréhension commune de ce que chaque artefact est censé représenter. L'annonce ne peut pas produire l'effet recherché si le directeur de création a utilisé des artefacts dont la signification n'est pas appropriée par rapport au consommateur ciblé. L'équipe de création d'une agence de publicité a été socialisée dans la même culture que celle du consommateur visé par le message, ce qui facilite les choses. Le problème surgit généralement lorsqu'une agence de publicité doit produire du matériel promotionnel destiné à une clientèle étrangère.

À l'occasion, certains artefacts pittoresques et dignes d'intérêt appartenant à une culture donnée — qu'ils soient matériels ou abstraits — offrent des possibilités de marketing dans d'autres cultures, à condition que ces artefacts soient mondialement reconnus ou suffisamment célèbres.

De toute évidence, l'équipe de création qui prépare du matériel publicitaire et promotionnel destiné à des marchés étrangers doit savoir quels artefacts peuvent ou ne peuvent pas susciter l'image, les émotions et les pensées souhaitées chez la clientèle visée. Chaque nouveau marché étranger exige que l'annonceur utilise un éventail d'artefacts dont les significations culturelles sont adaptées à cette culture, pour réussir à créer une image de marque propre. Heureusement, les spécialistes du marketing peuvent généralement utiliser les services des agences de publicité locales, qui sont soit des entreprises du pays, soit des succursales locales d'une agence multinationale, et qui sont, par conséquent, familiarisées avec la culture locale.

8.4.6 Les symboles

À part leur utilité pratique, plusieurs artefacts jouent aussi un rôle symbolique et peuvent, par conséquent, transmettre des idées, des émotions et des pensées qui vont bien au-delà de l'artefact lui-même. Bien souvent, ce rôle symbolique est propre à une culture donnée. De la même manière, les différentes cultures revêtent d'un sens symbolique particulier divers objets inanimés ou animés. Par exemple, en Angleterre, le chat noir symbolise la chance. En Inde, le hibou symbolise la malchance.

Les nombres

Dans le symbolisme des nombres, les Nord-Américains considèrent le trèfle à quatre feuilles ainsi que le chiffre 7 comme des symboles de chance (c'est pourquoi la compagnie Bœing a donné à ses modèles d'avion les nombres 707, 727, 737 et 747), tandis que le chiffre 13 est perçu comme un symbole de malchance (plusieurs hôtels et immeubles locatifs n'ont pas de treizième étage). Aux yeux des consommateurs chinois, le chiffre 8 apporte la prospérité. Au Japon, le chiffre 4 évoque quelque chose d'indésirable parce que, phonétiquement, il ressemble au mot japonais qui signifie « la mort ». Les produits emballés en ensembles de quatre sont donc difficiles à vendre au Japon, comme l'a découvert un fabricant de balles de golf américain. Par ailleurs, la brasserie danoise Carlsberg desservant un certain marché africain a dû ajouter un troisième éléphant blanc à sa marque de fabrique sur les emballages de bière, parce que, dans cette culture, le chiffre 2 est synonyme de malchance.

Les couleurs

Le symbolisme des couleurs diffère lui aussi grandement d'une culture à l'autre. Par exemple, en Malaisie ainsi que dans d'autres pays asiatiques où l'on trouve des jungles denses, le vert est associé à la maladie ; dans le Moyen-Orient musulman, cette couleur est populaire, car elle symbolise l'islam. Au Canada, en plus de ses connotations d'élégance, de dignité, de prestige et de classe, le noir symbolise le deuil, les funérailles et la mort, ces derniers étant au contraire symbolisés par le blanc dans la culture japonaise et dans d'autres cultures asiatiques, et par le mauve en Amérique latine. Au Royaume-Uni et en France, le rouge est employé plus souvent que le bleu comme symbole de masculinité, un renversement du symbolisme de ces deux couleurs dans la plupart des autres pays. Pour les Nord-Américains, le rose est la couleur qui symbolise le plus la féminité ; cependant, c'est le jaune qui remplit cette fonction dans la plupart des autres cultures. Selon la partie du monde où on l'utilise, la couleur rouge ou rouge foncé peut symboliser la passion, le blasphème, le deuil, le luxe, la richesse ou la virilité.

Les signes

Le symbolisme des signes révèle d'autres différences de signification d'une culture à une autre. Comme on l'a vu dans le tableau 8.1, pour les Occidentaux, le signe du pouce en l'air est considéré comme positif et veut dire « tout va bien », « continuez », « O.K. » ou « allez-y ». En Iran, en Australie et au Nigeria, par contre, ce signe est considéré comme obscène. De même, le signe du pouce et de l'index réunis pour former un cercle, souvent utilisé au Canada pour dénoter l'excellence ou la perfection, signifie zéro (sans valeur, rien) en France, alors que les Japonais s'en servent pour représenter la petite monnaie. De plus, dans certaines régions de l'Amérique du Sud, ce signe est jugé vulgaire. Parmi les autres signes couramment utilisés, mentionnons la marque √, utilisée pour cocher une case, la lettre X, qui, dans notre culture, signifie qu'une chose est correcte ou incorrecte, l'étoile de David et la croix, symbolisant la foi judaïque et la foi chrétienne, les hochements de tête ou les gestes de la main ou d'un doigt pour exprimer l'accord ou le désaccord, selon les cultures.

Les êtres animés

Le symbolisme des êtres animés est aussi défini par la culture. Au Canada, nous reconnaissons aisément le symbolisme lié à certains animaux ; mentionnons, par exemple, la rapidité du lièvre, la mémoire de l'éléphant, la loyauté du chien, la ruse du renard, la liberté de l'oiseau, la douceur du chaton, la diligence de l'abeille, l'entêtement de la mule, la sagesse du hibou, l'esprit constructeur du castor et la stupidité de la dinde. On peut dire d'une personne qu'elle est un peu ours ou qu'elle fonce comme un taureau ; on traite certains politiciens de vautours. Au Canada, on appelle cochons les policiers tandis qu'en France on les appelle les poulets.

Les mercaticiens canadiens ont régulièrement recours à des images d'animaux pour faire passer certaines idées dans les annonces de leurs produits (voir les publicités de la figure 8.5). Or, en Thaïlande, les animaux sont considérés comme une forme de vie de bas niveau ; les utiliser pour annoncer quelque chose qui sera consommé par des humains y serait perçu comme un manque de respect. En dépit de cela, un spécialiste du marketing quelque peu naïf en matière culturelle, espérant vendre des lunettes sur le marché thaïlandais, a mené une campagne promotionnelle dans laquelle on montrait des animaux portant les lunettes annoncées. Vous pouvez imaginer le succès obtenu par cette campagne ! Le tigre, cependant, a une image positive : en Thaïlande, comme dans plusieurs autres pays, c'est un symbole de puissance et de force. La compagnie Exxon a utilisé ce symbole partout dans le monde dans une campagne publicitaire très réussie ayant pour slogan : « Mettez du tigre dans votre moteur. » L'usage de ce thème sur le marché thaïlandais a permis à Exxon d'aller chercher une part importante de ce marché[12]. »

L'utilisation d'un thème associé à la conquête du Far West et l'environnement particulier de type *western* des annonces Marlboro (articulées autour du symbolisme de l'être animé donné par les chevaux et le cow-boy) constitue un exemple rare du symbolisme de l'être animé ayant obtenu une reconnaissance presque universelle et une signification unique à travers les cultures.

Certes, un spécialiste du marketing qui désire pénétrer un marché étranger en se servant d'animaux pour symboliser certaines qualités d'un produit doit le faire avec beaucoup de précaution et veiller à consulter les agents locaux et à faire une campagne d'essai. En effet, l'évocation de certains animaux doit être évitée en raison, par exemple,

d'interdits religieux ou de tabous (les chiens et les porcs sont tabous dans les cultures islamiques), ou, à tout le moins, ils doivent être présentés différemment parce qu'ils symbolisent des qualités autres selon les marchés (en Iran, l'éléphant symbolise la solidité et l'endurance plutôt qu'une mémoire exceptionnelle).

Les objets inanimés

Le symbolisme des objets inanimés peut aussi aider le publicitaire à communiquer avec son marché cible. Par exemple, un gratte-ciel ou l'horizon d'une ville dénotent un certain cosmopolitisme ; un col relâché, une cravate dénouée et une corbeille à papier débordante symbolisent l'épuisement, la frustration ou une intense activité ; l'envol d'un planeur indique la liberté individuelle ; une autoroute bloquée symbolise des options limitées ; un passeport et un billet d'avion évoquent une perspective mondiale ; la chambre forte d'une banque suggère un sentiment de sécurité ; la porte d'une cellule de pénitencier peut symboliser une punition ; et un sentier ombragé au milieu d'une forêt symbolise la tranquillité ou la conscience écologique.

Regardez le panneau indicateur reproduit au bas du tableau 8.1. Ce panneau, que l'on trouve le long des routes au Québec, a pour objet de communiquer le message suivant : « Il est interdit de jeter des déchets le long des routes, sous peine d'une amende de 200 $. » Pour communiquer ce message, on fait appel au symbolisme des objets inanimés, chacune des images évoquant un aspect particulier à notre culture. La boîte de conserve vide symbolise les déchets ; la diagonale placée sur la boîte de conserve, à l'intérieur du cercle, symbolise une interdiction ; le maillet du juge symbolise une instance juridictionnelle, le tribunal ; enfin, le signe de dollar symbolise l'argent. (Signalons en passant que le signe du dollar a été emprunté à la culture américaine ; il a été créé par la superposition des lettres majuscules U et S et l'effacement de la courbe de la lettre U). Interprétant ces signes, le citoyen comprend que, s'il jette des déchets en tout endroit non réservé à cette fin, il est passible d'une amende de 200 $.

8.5 La classification d'Hofstede

À la suite d'une étude sur les employés d'IBM à travers le monde, Geert Hofstede a établi une classification des valeurs culturelles selon cinq dimensions qui est très utile à la compréhension des variations entre les différentes cultures[13]. Ces dimensions sont :

- individualisme/collectivisme ;
- étendue du pouvoir ;
- tolérance de l'incertitude ;
- masculinité/féminité ;
- caractère abstrait/associatif.

8.5.1 Individualisme/collectivisme

La dimension individualisme/collectivisme reflète la valeur que les membres d'une culture donnée attachent à leur intérêt propre par opposition à l'intérêt du groupe auquel ils appartiennent.

Les cultures individualistes sont caractérisées par la recherche de l'intérêt personnel par leurs membres, des liens faibles entre eux, une grande liberté d'action et la philosophie du « meilleur gagne ». Parmi les pays qui obtiennent un score élevé pour la dimension individualiste, mentionnons les États-Unis, l'Australie, la Grande-Bretagne, le Canada, les Pays-Bas, la Nouvelle-Zélande, l'Italie, la Belgique et le Danemark.

| Figure 8.5 | *Trois exemples de publicité autour du symbolisme des animaux* |

Source Mazda, Kombi sports et Carter-Horner Corp.

Trois exemples de publicité autour du symbolisme des animaux (suite)

Dans les cultures collectivistes, au contraire, les liens entre les membres sont plus forts, l'intérêt et la réussite du groupe sont mis au premier plan, la liberté d'action est limitée et la protection du groupe prime celle de ses membres. Le Guatemala, le Panama, le Venezuela, l'Indonésie, le Pakistan, le Costa Rica, le Pérou, Taïwan et la Corée du Sud comptent parmi les pays qui ont un score élevé pour la dimension collectiviste. Le tableau 8.3 donne quelques caractéristiques des deux groupes.

En publicité, on peut exploiter de telles tendances chez les consommateurs. Une recherche empirique a testé des slogans construits de façon à refléter des valeurs propres à l'individualisme ou au collectivisme[14] :

1. Appareil photo : « Venez apprécier la joie d'exprimer votre personnalité » (individualiste)

et « Partagez des moments de joie et de bonheur avec vos amis et votre famille » (collectiviste).

2. Brosse à dents : « Recherchez le plaisir de brosser vos dents » (individualiste) et « Tout le monde aime la marque Flexbrush » (collectiviste).

L'étude a montré clairement que les répondants individualistes aimaient mieux les slogans à caractère individualiste surtout pour un produit de grande visibilité sociale comme l'appareil photo, et que les répondants collectivistes préféraient les slogans à caractère collectiviste.

8.5.2 Étendue du pouvoir

L'étendue du pouvoir a trait au degré d'inégalité sociale et à la soumission des membres de la société face aux supérieurs et au fait que ces membres peuvent entretenir des relations avec ceux qui appartiennent à d'autres niveaux de pouvoir ou d'autorité. Selon le cas, on parlera de grande étendue de pouvoir ou de faible étendue de pouvoir.

Dans les cultures à grande étendue de pouvoir, les membres doivent maintenir une certaine distance par rapport aux supérieurs sociaux ou hiérarchiques (y compris les parents) et leur témoigner un grand respect. Les décisions sont prises au plus haut niveau, sans consultation avec les subordonnés. Des exemples de pays caractérisés par une grande étendue de pouvoir sont la Malaisie, le Guatemala, le Panama, les Philippines et les pays arabes.

Dans les cultures à faible étendue de pouvoir, les membres des différents niveaux sociaux ou hiérarchiques peuvent communiquer entre eux, la société est plus égalitaire et les décisions sont prises de façon plus démocratique (voir le tableau 8.4). Parmi les pays qui se caractérisent par une faible étendue de pouvoir, citons l'Autriche, Israël, le Danemark, la Nouvelle-Zélande, l'Irlande et les autres pays nordiques. Le Canada et les États-Unis ont aussi une faible étendue de pouvoir.

8.5.3 Tolérance de l'incertitude

La dimension qu'est la tolérance de l'incertitude reflète le degré de tolérance des membres d'une société

| Tableau 8.3 | *Quelques différences entre les collectivistes et les individualistes* |

Collectivistes	Individualistes
L'identité de la personne est fondée sur ses propres réseaux sociaux.	L'identité de la personne est fondée sur l'individu même.
Les enfants apprennent à penser « nous... ».	Les enfants apprennent à penser « je... ».
L'harmonie doit toujours être maintenue et les conflits, évités.	Exprimer ses propres pensées est la caractéristique d'une personne honnête.
La communication est dite de fort contexte.	La communication est dite de faible contexte.
L'éducation a pour objet d'apprendre à l'enfant comment faire.	L'éducation a pour objet d'apprendre à l'enfant comment apprendre.
La gestion de groupe est la norme.	La gestion des individus est la norme.
Les relations sont plus importantes que les tâches.	Les tâches à accomplir sont plus importantes que les relations.

| Tableau 8.4 | *Quelques différences entre les cultures à grande étendue de pouvoir et les cultures à faible étendue de pouvoir* |

Grande étendue de pouvoir	Faible étendue de pouvoir
Les inégalités entre les gens sont acceptées et sont la norme.	Les inégalités entre les gens doivent être réduites au minimum.
Les parents apprennent à leurs enfants à être obéissants.	Les parents traitent leurs enfants comme des égaux.
Les enfants traitent leurs parents avec respect.	Les enfants traitent leurs parents comme des égaux.
Il est entendu que les initiatives en classe viennent des enseignants.	Il est entendu que les initiatives en classe viennent des élèves.
Les élèves traitent les enseignants avec respect.	Les élèves traitent les enseignants comme des égaux.
La centralisation du pouvoir est la norme.	La décentralisation du pouvoir est la norme.
Les employés sont dirigés par les patrons qui leur disent quoi faire.	Les employés doivent être consultés par les patrons.

Source D'après G. Hofstede, *Culture and Organizations : Software of the Mind*, London (Ont.), McGraw-Hill, 1997.

Tableau 8.5	*Quelques différences entre les cultures selon la tolérance de l'incertitude*

Faible tolérance de l'incertitude	Grande tolérance de l'incertitude
Stress élevé ; sentiment subjectif d'anxiété.	Faible stress ; sentiment d'être bien dans sa peau.
Règles sévères à l'égard des enfants pour ce qui est sale et tabou.	Indulgence à l'égard des enfants pour ce qui est sale et tabou.
Ce qui est différent est dangereux.	Ce qui est différent est curieux.
Les enseignants ont les réponses à tout.	Les enseignants peuvent dire : « Je ne sais pas. »
Le temps, c'est de l'argent.	Le temps est un cadre d'orientation.
Fort besoin d'être occupé ; besoin de travailler fort.	Être paresseux est agréable ; travailler fort quand c'est nécessaire.
Les idées et les comportements bizarres et innovateurs sont réprimés.	Les idées et les comportements bizarres et innovateurs sont tolérés.

Source D'après G. Hofstede, *Culture and Organizations : Software of the Mind*, London (Ont.), McGraw-Hill, 1997.

à l'égard des situations ambiguës, la présence de règles et de règlements formels et explicites, le rejet de nouvelles idées et l'acceptation de vérités absolues.

Dans les cultures ayant une grande tolérance de l'incertitude, les membres ont tendance à vivre un jour à la fois et se préoccupent peu du futur. Appartiennent à cette catégorie, entre autres, la Grèce, le Portugal, le Guatemala, la Belgique, le Japon, le Pérou, la France et l'Espagne.

À l'inverse, les membres des cultures ayant une faible tolérance de l'incertitude ont tendance à s'inquiéter du futur, à être plus agressifs, anxieux et émotionnels. Parmi les pays caractérisés par une faible tolérance de l'incertitude, mentionnons Singapour, la Jamaïque, le Danemark, la Suède, l'Irlande, la Grande-Bretagne, la Malaisie, l'Inde, les États-Unis et le Canada. Le tableau 8.5 donne quelques différences entre ces deux catégories.

8.5.4 Masculinité/féminité

Cette dimension reflète le degré de séparation des rôles entre les hommes et les femmes et le degré de supériorité des hommes (culture dite masculine) ou le degré de supériorité des femmes (culture dite féminine). Elle rend aussi compte du degré de dominance de valeurs comme la recherche de succès, sur le plan financier, le prestige et la possession de produits de luxe.

Dans les cultures masculines, les rôles des hommes et des femmes sont clairement définis, stéréotypés et compris de tous. Les valeurs dominantes sont le succès, l'argent et les possessions. Des exemples de pays caractérisés par une culture masculine sont le Japon, l'Autriche, le Venezuela, l'Italie, la Suisse et le Mexique. Les États-Unis et le Canada obtiennent aussi un score élevé pour cette dimension.

Dans les cultures féminines, les rôles des hommes et des femmes sont plus égalitaires. Les valeurs dominantes sont la qualité de vie, la protection de l'environnement et des plus démunis, et l'on place les relations sociales harmonieuses au-dessus du succès ou de la fortune (voir le tableau 8.6). Les pays nordiques, les Pays-Bas, le Costa Rica, le Chili, le Portugal, la Thaïlande et la

Tableau 8.6	Quelques différences entre les cultures masculines et les cultures féminines

Culture masculine	Culture féminine
Les valeurs dominantes sont le succès matériel et le progrès.	Les valeurs dominantes sont le souci des autres et la protection de l'environnement.
L'argent et les objets sont importants.	Les gens et les relations chaleureuses sont importants.
Dans une famille, le père compose avec les faits et la mère, avec les sentiments.	Dans une famille, les deux parents composent avec les faits et les sentiments.
Les filles peuvent pleurer, mais pas les garçons; les garçons doivent riposter aux attaques, mais les filles ne doivent pas se battre.	Les garçons et les filles peuvent pleurer, mais ne doivent pas se battre.
Il existe une sympathie pour les forts.	Il existe une sympathie pour les faibles.
L'intelligence chez les enseignants est appréciée.	La bienveillance chez les enseignants est appréciée.
Les garçons et les filles étudient des matières différentes.	Les garçons et les filles étudient les mêmes matières.
Il faut vivre pour travailler.	Il faut travailler pour vivre.

Source D'après G. Hofstede, *Culture and Organizations : Software of the Mind*, London (Ont.), McGraw-Hill, 1997.

Corée du Sud figurent parmi les pays qui se caractérisent par une culture féminine.

8.5.5 Caractère abstrait/associatif

Cette dimension reflète le raisonnement lié à la création de valeurs associées aux produits et aux services. Certaines valeurs peuvent être comprises dans la conception et la fabrication des produits ou elles peuvent être ajoutées par une forme externe d'association, par exemple l'utilisation d'une source crédible qui recommande le produit.

Dans les sociétés à caractère abstrait, la mise en évidence des relations de cause à effet, le raisonnement logique, les communications interpersonnelles, le changement et l'innovation sont encouragés et dominants. Les États-Unis, le Canada et les pays d'Europe de l'Ouest, entre autres, présentent ce trait.

Dans les sociétés à caractère associatif, le raisonnement et les formes de communication n'ont pas de base logique et découlent du contexte, de l'influence d'un être surnaturel ou de celle d'une source crédible sur les produits et les services. Dans ces sociétés, les médias de masse sont importants pour créer les associations entre le contexte et l'information ou la communication. Ces sociétés sont réfractaires au changement. La Chine, le Japon et l'Asie du Sud-Est sont au nombre des sociétés à caractère associatif.

8.6 Le concept d'ethnicité

Peu d'études portant sur l'ethnicité du consommateur ont tenté de définir clairement ce concept ou d'analyser d'une manière approfondie ce que l'ethnicité signifie pour les membres de toute communauté. Or l'ethnicité en tant que facteur influant sur le comportement du consommateur intéresse de plus en plus les chercheurs en marketing et l'on s'attend à ce qu'il y ait de plus en plus d'études portant sur ce sujet dans l'avenir[15].

8.6.1 Quelques définitions

L'ethnicité

L'ethnicité donne lieu à « des comportements conscients et inconscients qui répondent à un besoin psychologique profond d'identité et de continuité historique[16] ». L'ethnicité est donc plus qu'une question de race, plus qu'une question de liens fondamentaux avec la langue parlée et la religion. Aucun de ces traits – race, langue, religion – ne peut, à lui seul, décrire un groupe ethnique. Globalement, la plupart des théoriciens s'entendent sur l'idée que l'ethnicité se rattache à l'assignation d'individus à des regroupements particuliers ou, plus clairement, au classement des gens comme étant semblables à « eux » ou à « nous ». Plus spécifiquement, les diverses définitions présentent des différences en ce qui a trait aux critères utilisés pour délimiter les groupes. Parmi les critères les plus courants, on trouve les coutumes communes, une même langue, une même religion et une même origine ancestrale, chacun de ces critères pouvant être considéré, d'une façon générale, comme une caractéristique culturelle.

Le fait d'avoir en commun un ensemble de caractéristiques culturelles sert d'assise au concept d'ethnicité, mais il n'en est pas la seule dimension. Deux autres s'y ajoutent, reliées l'une à l'autre : une adhésion à un groupe qui s'identifie lui-même, et que les autres reconnaissent de la même façon, en tant que catégorie distincte et un champ commun sur les plans de l'interaction et de la communication.

Ces éléments dérivent d'une vision selon laquelle un groupe ethnique correspond à une forme d'organisation sociale engendrée par des barrières culturelles[17]. En reconnaissant leur appartenance à une culture particulière, les individus ont tendance à se catégoriser eux-mêmes et à catégoriser les autres dans le but d'interagir et, conséquemment, d'aménager des formes sociales dans le contexte d'un isolement relatif. L'affirmation de son appartenance ou le « désir de n'appartenir à aucun autre groupe » est un aspect critique de la définition de l'ethnicité. De plus, cette distanciation entre soi et autrui en tant que membre d'un même groupe mène à la supposition que les deux personnes « jouent fonda-mentalement le même jeu ». C'est ce sentiment d'une appartenance commune qui aboutit à la diversification et à l'intensification de leurs relations sociales de façon, éventuellement, à couvrir tous les autres secteurs d'activité. Ces façons de voir donnent à penser que l'identification ethnique, définie par soi-même ou par autrui, et le mode d'interaction sociale pourraient également constituer d'importantes dimensions de l'ethnicité.

Le groupe ethnique

Un groupe ethnique est constitué d'individus qui partagent un même sentiment au regard de certaines caractéristiques culturelles communes et un même champ de communication et d'interaction, qui s'identifient eux-mêmes et qui sont identifiés par les autres en tant que catégorie distincte[18]. Cette vision du groupe ethnique comme cellule porteuse de culture a des répercussions importantes. Dans l'environnement multiculturel qui caractérise le Canada, où plusieurs cultures entrent en contact les unes avec les autres, il apparaît clair que les cultures sont toujours « en devenir », c'est-à-dire qu'elles ne constituent pas des structures suprêmes ou préexistantes[19]. Pour ce qui est de l'interaction entre différentes cultures et de ses conséquences, la tendance théorique est d'examiner, à la lumière de la culture d'accueil tenue pour acquise, les dimensions de l'adaptation réalisée par les nouveaux venus par rapport à la structure préexistante. Cependant, cette approche unidimensionnelle des changements culturels est plutôt simpliste et ne prend pas en considération l'influence relative des deux cultures dominantes au Canada.

L'acculturation et l'assimilation

Le concept d'acculturation est plus approprié que ne l'est celui d'assimilation (c'est-à-dire le *melting pot* du modèle américain) pour décrire les contacts et les changements interculturels. Le concept d'accultu-ration désigne le processus par lequel une personne apprend les valeurs et les normes d'un autre groupe culturel[20]. Cette définition permet de tenir compte des caractéristiques contextuelles qui modifient et façonnent la culture d'origine et la culture d'accueil dans laquelle se retrouvent les nouveaux arrivants.

L'assimilation est définie comme « un processus d'interpénétration et de fusion par lequel des individus ou des groupes acquièrent les souvenirs, les sentiments et les attitudes d'autres personnes ou d'autres groupes et, en partageant leur expérience et leur histoire, sont incorporés à ces personnes ou à ces groupes en une vie culturelle commune [21] ». L'assimilation constitue donc le plus haut degré possible d'acculturation et est le produit ultime de l'interaction entre les cultures. Comme conséquence de l'assimilation, il se produit souvent, chez l'individu, un changement de son identification ethnique à sa culture d'origine au profit de la culture dans laquelle il a été assimilé.

8.6.2 Les dimensions de l'ethnicité

Comme on vient de le voir, le concept d'ethnicité comprend de multiples dimensions. Nous nous intéresserons, dans les prochains paragraphes, à quelques-unes des dimensions de l'ethnicité, souvent traitées dans la littérature, sans faire référence à un groupe ethnique particulier. Ces dimensions sont utiles pour comprendre le comportement de sous-groupes spécifiques. Au chapitre 9, nous étudierons de manière approfondie deux communautés, les Italiens et les Grecs du Canada, en nous reportant à des études récentes à leur sujet.

La langue

La langue est souvent considérée comme un facteur important du maintien de l'identité ethnique, étant donné que ce qui importe, ce n'est pas l'usage de la langue en soi, mais plutôt l'effet unificateur des imprimés et des autres médias [22]. La langue et la communication ne sont pas perçues comme un simple reflet de l'organisation sociale, mais comme des facteurs qui contribuent aux processus de l'organisation sociale. De plus, la langue est étroitement liée à l'organisation de la mémoire en ce qui concerne les dimensions de la culture d'origine et de la culture apprise en deux réseaux distincts [23].

◆ **La transmission de la langue.** La ou les langues parlées par les parents, et spécialement leurs langues maternelles, déterminent dans une large mesure la ou les langues des enfants. Si la mère parle l'anglais, les enfants seront en général unilingues anglais, peu importe la langue maternelle du père. Si la mère est francophone, la plupart des enfants seront unilingues français, sauf si le père est anglophone, auquel cas 59 % des enfants seront unilingues anglais. Si la mère est bilingue, la plupart des enfants parleront la langue du père, sauf s'il parle une langue non officielle (dans ce cas, l'anglais sera la langue dominante chez les enfants). Finalement, si la mère parle une langue non officielle, la tendance est la suivante : si le père est anglophone ou bilingue, les enfants seront surtout unilingues anglais ; s'il est francophone, à peu près 40 % des enfants parleront soit uniquement l'anglais, soit uniquement le français ; s'il parle une langue non officielle, la majorité des enfants parleront aussi une langue non officielle [24].

◆ **La langue et l'acculturation.** Par définition, la communication appelle une interaction de l'individu avec l'environnement. En interagissant avec des gens appartenant à la culture d'accueil, les étrangers acquièrent des aptitudes adaptatives qui touchent leurs processus décisionnels. Plusieurs études ont démontré que l'engagement dans la communication sociale influence d'une manière positive l'adaptation au nouvel environnement, alors que la communication intra-ethnique a l'effet contraire [25]. Une importante conclusion de cela est que le degré d'utilisation de plusieurs langues (la langue propre à la minorité ethnique et celles des groupes dominants avec lesquels l'individu interagit) constitue un puissant indicateur du niveau d'acculturation atteint par l'individu [26].

Les interactions sociales

Par interactions sociales, on entend les contacts qu'a l'individu avec ses amis, ses collègues de travail, les liens qu'il tisse avec ses voisins et les réseaux dont il est membre et qui incluent d'autres membres du groupe dont il fait partie, ainsi que son adhésion à des associations et à des institutions ethniques. L'environnement immédiat constitue un important facteur de la création d'alliances ethniques ; les quartiers ethniques contribuent souvent d'une manière puissante à l'articulation de l'identité (le « soi ») du groupe [27]. D'un autre côté, les minorités ethniques peuvent former des ghettos, c'est-à-dire habiter à l'écart du groupe principal de la société, comme c'est le cas pour les Noirs dans certaines grandes villes des États-Unis. Or un système social fondé sur des enclaves ethniques contribue à renforcer les liens du groupe tout en ralentissant le processus d'assimilation[28]. De plus, la mise sur pied de diverses organisations ethniques telles que les institutions religieuses, éducatives et économiques favorise l'aménagement d'un système social propre au groupe. Ainsi, alors que plusieurs organismes ethniques cherchent à aider les immigrants à opérer la transition de leur culture d'origine à la culture d'accueil, ces institutions peuvent parfois freiner l'intégration de la communauté à la société dans son ensemble[29]. En définitive, le degré d'acculturation et les interactions sociales de l'individu avec une autre culture constituent d'importants indicateurs de l'ethnicité.

La religion

La religion représente une autre dimension dans la formation et le maintien de l'ethnicité, en ce qu'elle procure des symboles qui créent un sentiment de continuité avec le passé et un sentiment plus fort d'appartenance à un groupe particulier[30]. L'importance de la religion dans la définition de l'ethnicité dépend du groupe en question et varie en fonction d'autres facteurs tels que la classe sociale et la situation socioprofessionnelle. Des études ont révélé que la religion pouvait influer sur certains aspects du comportement d'achat. Cependant, les études empiriques ne permettent pas d'affirmer que la religion exerce une grande influence dans la formation de l'ethnicité[31].

Les antécédents et l'éducation

Les antécédents et l'éducation constituent une autre importante dimension de l'ethnicité. Dans le cadre de la famille, cela signifie la reconnaissance des antécédents ethniques par les deux parents. La famille est l'endroit où se forme et se maintient l'identité ethnique[32]. En dehors de la famille immédiate, le quartier et la communauté dans lesquels l'individu est élevé, peut-être autant que ceux dans lesquels il vit en ce moment, constituent

d'importantes sources d'influence quant au façonnement de l'identité ethnique d'un individu. C'est au cours de la petite enfance que commence à se forger, chez les individus, la notion de l'identité de soi, qui aura un effet durable tout au long des différentes étapes de leur vie[33].

L'appartenance ethnique du conjoint

Parallèlement aux autres dimensions présentées, le choix d'un conjoint appartenant à la même communauté ethnique contribue au maintien de l'identité ethnique. L'intermariage (mariage entre membres d'une même communauté) est une pratique courante, dans laquelle interviennent d'autres facteurs tels que la religion, la classe sociale, la durée du séjour et la situation socioprofessionnelle. Les taux d'intermariage varient selon le groupe, avec une plus grande latitude accordée à la génération la plus jeune, et cette pratique peut se perpétuer principalement à cause de la ségrégation résidentielle. Se marier avec quelqu'un de son propre groupe permet une stabilité relative dans la socialisation des enfants à l'intérieur de la culture[34].

8.7 Les principales tâches pour un marketing efficace dans les cultures étrangères

Comment le mercaticien, à qui un groupe culturel cible n'est pas familier, peut-il comprendre ce que met en jeu, au chapitre des stratégies de marketing, chacune des dimensions culturelles de ce marché ? Trois voies s'offrent à lui. Une première est d'envoyer vivre dans la culture étrangère en question les personnes qui seront responsables du marketing, en leur allouant le temps nécessaire pour s'acculturer. Une deuxième voie consiste à embaucher des personnes compétentes qui appartiennent à la culture étrangère et qui, par conséquent, sont suffisamment familiarisées avec les normes et les valeurs de cette culture pour pouvoir diriger d'une façon appropriée les activités de marketing de l'entreprise. Comme troisième option, le spécialiste du marketing peut améliorer le système d'information marketing local en effectuant des recherches commerciales relativement au produit ou en utilisant des sources bien informées, les données locales sur le marché et les statistiques de consommation.

La planification d'un programme de marketing distinct destiné à un marché étranger comporte quatre tâches pour un marketing efficace. Les sections qui suivent sont consacrées à une brève description de chacune de ces tâches que nous illustrons par des exemples.

8.7.1 S'assurer que le produit est compatible avec les valeurs du groupe culturel ciblé

Les spécialistes du marketing doivent vérifier si le produit et son conditionnement présentent des caractéristiques qui risquent de susciter une résistance chez le consommateur, à la lumière des valeurs dominantes de la culture étrangère, des goûts locaux, des conditions de vie différentes ou des exigences de l'utilisateur. Il arrive souvent qu'un produit déjà commercialisé dans un pays doive subir des modifications quant à son design, à ses qualités, à son fonctionnement ou à son conditionnement avant de pouvoir être vendu sur un autre marché. Par exemple, le moteur des réfrigérateurs vendus par Sears sur le marché japonais est plus silencieux, parce que les murs des maisons japonaises sont très minces. Les restaurants Poulet Frit Kentucky établis

au Japon ont dû adapter leur cuisine aux attentes des consommateurs au chapitre de la variété de la nourriture et ajouter au menu du poisson frit, du poulet fumé et du yogourt. Parce que le fromage est pour ainsi dire inconnu dans la cuisine asiatique, Pizza Hut offre une version de pizza sans fromage aux clients de la République populaire de Chine et une version cachère en Israël. Les fabricants de plats cuisinés américains ont dû modifier la composition et la saveur de leurs produits dans plusieurs pays afin de satisfaire les goûts des consommateurs. Coca-Cola a eu de la difficulté à introduire ses bouteilles de deux litres en Espagne, car peu d'Espagnols possèdent des réfrigérateurs dont les tablettes peuvent loger une si grosse bouteille.

La couleur constitue un attribut du produit particulièrement difficile à exploiter lorsque l'on vend à plusieurs groupes culturels. Comme nous l'avons vu précédemment, les couleurs revêtent différentes significations selon les cultures ; de la même façon, les préférences de couleurs semblent avoir une base culturelle. Le texte de l'encadré 8.2 souligne l'existence de différences culturelles en ce qui a trait à la popularité des couleurs, différences dont doivent tenir compte les spécialistes du marketing désireux de pénétrer le marché européen, faute de quoi ils apprendront à leurs dépens que la notion d'un vaste marché paneuropéen ne correspond pas à une réalité solide.

Encadré 8.2   *PLEINS FEUX SUR LES CONSOMMATEURS*

Si c'est en Belgique, ça doit être bleu

Tout allait bien pour l'analyste en couleurs William Dunning qui effectuait, pour le compte d'un fabricant américain, un test de marché pour une nouvelle gamme de vaisselle, en Europe. En fait, tout alla bien jusqu'au lancement du produit en France.

Les assiettes que les ménagères allemandes et britanniques avaient jugées acceptables ont eu pour effet de faire pouffer de rire les Françaises. Le problème ? Elles étaient de couleur brune, et la vaisselle brune, tout simplement, ne se vend pas bien en France. Les raisons sous-jacentes à ce phénomène constituent toujours un mystère pour M. Dunning. Mystère aussi les raisons de la préférence des Français pour les pilules mauves, comme l'a découvert M. Dunning, ayant si possible la forme d'un cœur, alors que les Anglais et les Hollandais préfèrent les pilules blanches. Tous trois rejettent les capsules couleur cerise tant aimées des Américains.

▼

▼

M. Dunning, dont l'agence, Scantel Research, est spécialisée dans les recherches permettant de conseiller les entreprises quant au succès qu'auront, ou n'auront pas, différentes couleurs sur un marché donné, signale que la préférence sur le plan des couleurs ne constitue qu'une de plusieurs différences qui continuent de diviser les Européens. « Je ne crois pas que l'on puisse dire qu'il existe un consommateur européen type », affirme ce spécialiste de la recherche sur les consommateurs de Manchester.

Cette nouvelle pourrait ne pas être appréciée des gens d'affaires, tant européens qu'étrangers, qui salivaient à l'idée d'un marché unique de 330 millions de consommateurs (380 millions si vous incluez les sept pays de l'association du European Free Trade). Les campagnes de marketing et de distribution paneuropéennes qui captivaient leur imagination au même titre que la fée des dents pourraient prendre un bon moment à se réaliser.

Contrairement aux 250 millions de consommateurs qui composent le lucratif marché des États-Unis, la population de l'Europe est divisée par les langues, les lois et les traditions. Les valeurs sociales ont tendance à être différentes entre le Sud, catholique romain, et le Nord, protestant. La géographie et le climat constituent des facteurs de séparation additionnels…

L'analyste en couleurs Dunning note que les différences portées par la géographie ou le climat ne sont pas susceptibles de changer. Par exemple, dans les contrées du Sud où le climat ne varie pas, comme en Espagne au moment des chaleurs torrides de l'été, les consommateurs montrent souvent une préférence pour les couleurs vives, alors que les habitants du Nord pourraient préférer des tons plus mats. Cela dépend de la lumière et de l'environnement.

Vous est-il déjà arrivé d'acheter une robe ou une chemise très colorée au Mexique et de la porter à votre retour chez vous ? Ce qui semblait joyeux au Mexique peut paraître de mauvais goût de retour à la maison. C'est une question d'environnement, dit M. Dunning…

Source Extraits de M. Drohan, « If it's Belgium, it must be blue », *The Globe and Mail*, 31 octobre 1991, p. A1, A15. Traduit avec la permission du *Globe and Mail*.

Par ailleurs, certains produits peuvent être difficiles à vendre à l'étranger parce que le concept lui-même est culturellement inapproprié. Ainsi, la compagnie Sunbeam a peu de succès en Italie avec ses rasoirs électriques pour dames parce que les Italiens préfèrent les femmes aux jambes poilues. Le bidet, un appareil sanitaire très répandu en Europe, a peu de succès au Canada et aux États-Unis, où la vente de ce produit est parfois même considérée comme un peu risquée ; en fait, plusieurs Canadiens ignorent même ce que le mot signifie.

En outre, lorsque l'on veut vendre un produit à l'étranger, on doit s'assurer que le nom de la marque ne pose pas de problème de prononciation et qu'il n'a aucune signification péjorative sur le plan culturel. Voici des exemples de bévues commises ou ayant failli l'être. Après que la compagnie Ford eut introduit dans les pays de langue espagnole un camion bon marché nommé Fiera, elle a découvert que ce mot y signifiait « vieille femme laide ». Pendant que la compagnie Coca-Cola effectuait un test de marché à Mexico pour la boisson Fresca, elle a découvert que ce nom signifiait « lesbienne » en langage populaire. Après avoir introduit la Pinto au Brésil, Ford a très rapidement changé le nom de cette voiture pour Corcel (cheval) parce que, dans le langage de la rue, au Brésil, le mot *pinto* signifie « petit appendice mâle ».

Il faut aussi tenir compte du fait que certains noms de marques dans une langue donnée ne peuvent pas être prononcés correctement dans une autre langue et doivent donc être changés pour ces marchés. C'est pourquoi le café Maxwell House de General Foods est vendu sous les noms de Maxwell

Kaffee en Allemagne, de Légal en France et de Monky en Espagne. La compagnie Vicks doit nommer ses produits Wicks sur le marché allemand (parce que *vick,* en allemand, est un mot vulgaire signifiant « rapport sexuel »). Le même principe s'applique aux noms d'entreprises. Visa et Exxon sont de bons exemples de noms d'entreprises adoptés à la suite de recherches commerciales approfondies ; ces noms se prononcent facilement partout dans le monde et n'ont aucune connotation négative, quelle que soit la langue.

8.7.2 Comprendre les processus décisionnels, les modes d'achat et d'utilisation typiques

Il s'agit de savoir comment un produit donné sera acheté et consommé et qui sont les décideurs les plus susceptibles d'acheter ce produit. À cette fin, on peut étudier comment, dans cette culture, les consommateurs s'y prennent pour choisir, acquérir, payer et utiliser des produits similaires. S'il n'y a aucun produit comparable sur le marché local, on pourra d'abord faire un test de marché, après quoi on pourra effectuer une recherche commerciale et des sondages auprès des consommateurs. On peut aussi prendre le risque de lancer d'abord le produit sur le marché, puis tâcher de cerner, le plus rapidement possible, les problèmes éventuels reliés au marketing-mix choisi. Plusieurs exemples peuvent aider à comprendre l'importance de cette deuxième tâche.

Les spécialistes du marketing chargés de faire la promotion de l'automobile Volvo ont compris que, selon les cultures, les consommateurs recherchent des attributs différents en matière de voitures. Ainsi, aux États-Unis, la compagnie Volvo fait la promotion de la voiture en insistant sur son caractère économique, sa durabilité et son caractère sécuritaire, alors qu'en France on parle de prestige et de loisirs, en Allemagne, de performance, et en Suisse, de sécurité. Au Mexique, le prix est considéré comme un facteur crucial, tandis qu'au Venezuela les consommateurs accordent plus d'importance à la qualité.

Côté habitudes alimentaires, prenons le cas des consommateurs japonais. Ceux-ci veulent voir ce qu'ils mangeront avant de commander au restaurant. Par conséquent, les entreprises engagées dans le domaine de la restauration au Japon doivent installer devant leurs établissements des présentoirs renfermant des modèles réalistes, fabriqués en cire ou en silicone, de tous les plats composant le menu. Dans ce pays, il existe donc des entreprises de reproduction qui fabriquent des moules imitant des aliments véritables ; ces entreprises peuvent fournir aux restaurants des moulages simulant n'importe quel plat. Cette pratique évite aux consommateurs les surprises désagréables.

Il importe aussi de prévoir l'usage que peuvent faire les consommateurs d'un produit donné, prévision que l'on peut faire en considérant, par exemple, les habitudes culturelles. Ainsi, un nouveau détersif à lessive aux enzymes introduit au Pérou connut d'abord un grand succès, puis les ventes s'arrêtèrent. La compagnie découvrit que les Péruviennes avaient l'habitude de faire bouillir les vêtements pour tuer les microbes. En faisant bouillir le détersif, les ménagères détruisaient les enzymes, si efficaces pour éliminer les taches, de sorte que le détersif ne donnait pas les résultats annoncés ; par conséquent, les Péruviennes ne rachetaient pas le détersif une seconde fois.

La possibilité de vendre à crédit peut être un facteur crucial en ce qui concerne les efforts de marketing réalisés à l'étranger. Le cas suivant en est un exemple. Une multinationale a effectué des tests de marketing pour ses machines à laver, lesquelles avaient été spécialement modifiées pour le marché de l'Amérique latine, et a découvert que les réactions des consommateurs étaient très positives. Mais une fois ses machines introduites sur ce marché, elle a été très désappointée par le niveau des ventes. En effet, la pratique locale, en affaires, était d'offrir aux consommateurs des conditions de crédit avantageuses. Comme cette multinationale n'offrait pas de crédit aux acheteurs éventuels, elle perdit des ventes au profit des concurrents locaux.

8.7.3 Identifier des structures de marketing appropriées au produit

Il est très important de déterminer quel système de marketing doit utiliser une entreprise désireuse de pénétrer et d'exploiter un marché de consommation étranger pour y distribuer son produit. Ce sont la disponibilité et l'efficacité des médias et des services promotionnels, des représentants, des canaux de distribution, ainsi que des équipements et des personnes-ressources nécessaires pour effectuer la recherche commerciale qui détermineront comment le produit pourra être commercialisé avec succès dans la culture étrangère. Par exemple, le système et les structures de marketing qui existent actuellement dans les pays du tiers-monde et dans les pays d'Europe de l'Est ne peuvent atteindre le niveau de variété, de sophistication et de professionnalisme qui caractérise la publicité, le commerce de détail, la recherche commerciale, la vente personnalisée ainsi que les outils de promotion des ventes que l'on trouve dans des économies développées comme celle du Canada. Souvent, les gestionnaires canadiens qui projettent d'internationaliser leur programme de marketing ne peuvent transposer les pratiques de marketing canadiennes sur les marchés étrangers ; ils doivent adapter le programme à ce qui est disponible dans chaque pays et utiliser les méthodes établies pour amener le produit au consommateur.

Pensons à l'élément promotionnel du marketing-mix. Les exemples suivants illustrent les problèmes auxquels pourrait faire face l'éventuel gestionnaire canadien dans une culture étrangère. Souvent, la télévision n'est pas disponible en tant que média publicitaire, et dans les pays où elle est disponible, la qualité des annonces publicitaires produites localement est souvent médiocre. Dans certains pays, le publipostage est considéré comme une ingérence dans la vie privée et le télémarketing ainsi que les sondages sont très peu populaires. Le média traditionnel en Afrique est le panneau d'affichage extérieur, lequel se prête bien aux messages simples (rendus nécessaires par un taux élevé d'analphabétisme) ; cependant, ces messages sont rapidement détruits par un environnement difficile : soleil décolorant, humidité corrosive et tempêtes de sable au pouvoir décapant. De telles conditions mettent les spécialistes du marketing étrangers au défi de produire des panneaux d'affichage plus durables et plus souples. Au Koweït, où le taux d'alphabétisme est élevé, les journaux et les magazines féminins constituent des médias plus efficaces.

Une autre structure de marketing à considérer consiste dans les canaux de distribution disponibles. Il se peut que les intermédiaires auxquels on a habituellement recours sur les marchés canadiens n'existent pas ou ne puissent être utilisés à l'étranger. Par exemple, en tentant de diffuser ses produits en France par le biais d'un circuit de détail local, un fabricant de cosmétiques américain est allé à l'encontre de la pratique traditionnelle, laquelle veut que l'on fasse appel à des parfumeries locales (de petites boutiques indépendantes vendant des cosmétiques) pour vendre les produits. On accorde généralement à ces magasins spécialisés une exclusivité limitée pour la vente de la gamme de cosmétiques du fabricant, et ces magasins sont reconnus par le public acheteur comme des chefs de file. La compagnie américaine essayait d'atteindre une distribution maximale tout en réduisant ses coûts de distribution au minimum, mais cette pratique a provoqué la colère des parfumeurs, de sorte que ces derniers ont utilisé leur influence pour discréditer la gamme de cosmétiques et ternir la réputation de cette compagnie en France.

Parfois, les entrevues et le recrutement de la force de vente d'une compagnie active à l'étranger peuvent occasionner des problèmes exceptionnels. L'embauche de représentants pour les marchés étrangers doit parfois être fondée sur des critères passablement différents de ceux que l'on applique pour embaucher les représentants au Canada. La plupart des spécialistes du marketing ne songeraient pas sérieusement à évaluer la classe sociale d'un représentant dans la procédure de sélection. Cependant, au Japon, c'est ce qu'a dû faire la compagnie Simmons, fabricant de lits et de matelas de qualité, étant donné que la société japonaise est hautement stratifiée et qu'il existe des différences de langage subtiles mais évidentes entre les classes. Les représentants sont plus efficaces lorsque leur classe sociale correspond à celle du client. De plus, la reconnaissance individuelle des représentants des ventes – un concept si populaire en Amérique du Nord – et les programmes de rémunération basés sur la performance individuelle entrent en contradiction avec l'approche japonaise, qui valorise le travail d'équipe[35].

8.7.4 Bien choisir les symboles pour communiquer avec le groupe culturel ciblé

En dernier lieu, il s'agit d'élaborer une stratégie promotionnelle qui communique d'une manière efficace au public cible dans la culture étrangère l'image de marque souhaitée, l'information sur le produit ainsi que les principales qualités de la marque. Cette dernière tâche est la plus délicate, la plus difficile, et elle présente beaucoup de risques d'erreurs de marketing. On peut limiter les bévues culturelles en tenant compte de trois composantes des communications marketing qu'on adaptera à chaque marché culturel : 1) les symboles et les artefacts ; 2) le ton ; et 3) le langage.

Les symboles et les artefacts

Il est important que le responsable de marketing choisisse des symboles et des artefacts en tenant compte de la signification qu'ils revêtent pour les consommateurs. Les artefacts, les nombres, les couleurs, les signes et les objets – utilisés d'une manière symbolique – peuvent véhiculer différentes significations selon les cultures. En conséquence, il faut vérifier avec beaucoup d'attention, auprès des spécialistes du marketing locaux et le personnel des agences et des intermédiaires (qui possèdent les connaissances culturelles) si les symboles et les artefacts choisis transmettent la signification espérée et évoquent les images appropriées au thème de la campagne. Par exemple, le son associé à une bouteille de champagne que l'on débouche symbolise une célébration presque partout en Amérique, et Citibank s'est servie de cet artefact dans une annonce destinée au grand public américain. Mais lorsque Citibank a décidé de viser les Américains d'origine chinoise, elle a été informée, par ses conseillers de marketing, que les bouchons de liège ne seraient pas appropriés pour les annonces s'adressant à ce groupe culturel. La solution était simple : on a modifié l'annonce pour y introduire un dragon, un symbole de la célébration reconnu par la communauté chinoise.

Le ton

Le ton des annonces composant une campagne de communication doit être en harmonie avec la façon de penser et le tempérament de la nation à laquelle on s'adresse. Au Japon, le ton général de certaines publicités canadiennes télévisées utilisant une approche très directe, où l'on vante les avantages du produit d'une façon systématique, ou encore où l'on compare ouvertement des marques concurrentes, ne réussirait pas à stimuler les ventes. Indépendamment du produit annoncé, de telles publicités seraient jugées impolies et trop directes. Dans le titre persuasif d'une annonce pour la brosse à dents Precision de Colgate, publiée dans le magazine *Châtelaine*, on fait une comparaison directe avec Oral-B et Reach : « Plus efficace que Oral-B et Reach. C'est prouvé. Déloge jusqu'à deux fois plus de plaque que ses concurrentes. » Alors que ce ton est parfaitement acceptable au Canada et adapté à notre approche ouvertement concurrentielle en affaires, on ne pourrait pas l'employer au Japon. Peu importe le produit que l'on essaierait de vendre, une annonce conçue sur ce ton y serait perçue trop abrupte, impolie et agressante. En fait, on atteint la corde sensible du consommateur japonais en jouant doucement sur ses émotions et en essayant de lui plaire. On y arrive souvent à l'aide d'une courte histoire accompagnée d'images de fond exceptionnelles ou attrayantes, ou encore par la poésie et l'harmonie verbales et visuelles, ce qui suscite certaines émotions chez les consommateurs : un appel à l'hémisphère droit, émotif, du cerveau plutôt qu'à l'hémisphère gauche, logique.

L'anecdote suivante illustre bien à quel point l'approche japonaise se démarque de l'approche nord-américaine. Dans le cadre d'une campagne publicitaire pour la chaîne de restaurants Poulet Frit Kentucky au Japon, un responsable de budget de l'agence publicitaire japonaise de la chaîne, McCann-Ericson Hakuhodo, présentait un jour le texte d'une des nombreuses versions d'une annonce télévisée de 30 secondes à Loy Weston, le président de Poulet Frit Kentucky au Japon. Avec comme fond musical un chœur chantant les louanges du poulet frit à la Kentucky en japonais, l'annonce racontait par la voix d'un narrateur hors champ combinée à une succession d'images, l'histoire du colonel Sanders qui, alors qu'il était un petit garçon de sept ans à l'air angélique et habitait une vieille maison du Kentucky, avait cuisiné une miche de pain de farine de seigle tellement parfaite qu'« il aurait pu faire tomber sa mère à l'aide d'une plume… ». Ensuite, après l'image d'une marmite à pression et un produit venant d'être frit, la scène se remplissait d'Américains vêtus de vêtements sport, se léchant les doigts après avoir mangé du poulet et chantant : « La joie du colonel atteint son paroxysme 50 ans plus tard sur des visages souriants partout dans le monde ! » Après avoir écouté la présentation, Weston, un Américain possédant plusieurs années d'expérience au Japon, fut perplexe ; s'interrogeant sur la pertinence de l'annonce, il la compara avec les publicités télévisées de la chaîne aux États-Unis et se dit déçu de ce qu'elle ne faisait clairement ressortir aucun des avantages du produit. « Où sont les avantages pour le consommateur ? demanda-t-il. Où est la proposition de vente ? » Le vice-président japonais, qui était resté en étroit contact avec l'agence publicitaire, lui rappela que l'objectif de la campagne était de renforcer trois images associées au poulet frit à la Kentucky : son authenticité, son caractère américain ainsi que son élégance aristocratique. Le responsable de budget ajouta que l'on avait testé cette annonce auprès d'un public japonais et qu'elle avait obtenu des taux de notoriété plus élevés que toutes les autres annonces que l'agence avait créées. Finalement, Weston dut se rendre à l'évidence : les exigences du public japonais en matière de publicité sont différentes de celles du public américain, et il fallait s'y plier[36].

Le langage

Le spécialiste du marketing doit s'intéresser à la question du langage : les mots et les phrases – comme les artefacts et les symboles – ont souvent des connotations propres à la culture. De nombreuses annonces publicitaires canadiennes et américaines reposent sur un slogan accrocheur qui fonctionne bien au Canada et aux États-Unis. Il est dès lors tentant de traduire le slogan pour l'utiliser à l'étranger. Mais la traduction est une tâche délicate ;

il est impossible de traduire mot à mot, car plusieurs locutions et expressions anglaises ou françaises constituent un langage symbolique qui se traduit mal ou qui n'a pas la même signification dans d'autres langues. Pensez au populaire slogan des annonces de Pepsi-Cola : *Come alive with Pepsi !* (« Soyez plein de vie avec Pepsi »). Lorsque la compagnie a exporté ce slogan en Allemagne, les annonces disaient aux consommateurs : « Sortez de votre tombe ! » Le même slogan traduit en chinois devint : « Ramenez vos ancêtres du monde des morts avec Pepsi ! »

La compagnie Parker Pen a vécu une expérience semblable. L'entreprise fut une pionnière dans son domaine en créant un stylo qui ne coule pas et que l'on peut transporter dans la poche de sa chemise sans courir le risque de faire des taches d'encre. Aux États-Unis, on mena avec beaucoup de succès une campagne publicitaire autour du slogan suivant : « Évitez l'embarras – utilisez les stylos Parker. » Quelques années plus tard, lorsque la compagnie pénétra le marché de l'Amérique latine, elle utilisa simplement une traduction de ce slogan pour tout son matériel promotionnel, y compris les enseignes de métal sur les devantures des magasins où les stylos devaient être en vente. Malheureusement, le mot « embarras » possède, en espagnol, plusieurs significations, l'une d'elles étant « grossesse ». Sans le savoir, la compagnie Parker Pen faisait la promotion de ses stylos comme moyen contraceptif.

Une bonne façon de détecter de tels problèmes de langage avant de s'engager dans la campagne promotionnelle comme telle et d'y investir de l'argent est d'effectuer une traduction en sens inverse[37]. Après avoir traduit dans une autre langue un message ou un texte promotionnel français, on demande à un autre traducteur de le remettre en français. On compare ensuite le message de départ avec la version traduite pour identifier tout écart par rapport à la signification recherchée.

Un fabricant australien de boissons gazeuses avait l'intention de vendre son produit à Hong-Kong à l'aide du slogan qu'il avait utilisé avec succès sur le marché de son pays : *Baby, it's cold inside* (« Ma belle, il fait froid à l'intérieur »). Le slogan fut traduit en chinois, mais, avant de lancer sa campagne, la compagnie décida de vérifier la traduction en retraduisant le slogan en sens inverse. Le slogan revint en anglais sous la forme *Small mosquito, on the inside it is very cold* (« Petit moustique, à l'intérieur, il fait très froid »). L'expression « petit moustique » est une expression familière signifiant « petit enfant » ; on était très loin du mot anglais désignant une femme en slang (*Baby*). Le slogan fut immédiatement abandonné[38].

* * *

Les quatre tâches que nous venons de décrire sont suffisamment vastes pour englober la majeure partie des activités auxquelles doit se livrer un spécialiste du marketing canadien dans une culture étrangère. Néanmoins, elles constituent simplement des lignes de conduite et ne dispensent pas de travailler en étroite collaboration avec les personnes qui connaissent bien les consommateurs et la culture du marché étranger visé, à savoir le personnel de l'agence publicitaire locale, les agents d'importation, les représentants du fabricant, d'autres intermédiaires des canaux de distribution, les fonctionnaires locaux, les personnes à même de fournir des données locales sur le consommateur et les gens d'affaires travaillant avec d'autres entreprises multinationales implantées sur le marché étranger.

Enfin, le spécialiste du marketing qui désire établir une relation à long terme avec les consommateurs d'un marché étranger devra tenir compte de certains avertissements résumés avec beaucoup d'à-propos par le directeur de la création d'une agence de publicité internationale : « Il devra faire attention aux détails complexes relevant des coutumes, des habitudes et des traditions, ne rien tenir pour acquis et traiter le marché avec respect dans sa façon de penser ainsi que dans la présentation de ses annonces[39]. »

RÉSUMÉ

La culture constitue l'élément le plus vaste et le plus englobant de l'environnement d'un consommateur. Elle est intégrée à sa personnalité par le processus de socialisation. De toutes les influences environnementales s'exerçant sur les décisions de consommation, c'est celle qui passe la plus inaperçue. La culture résulte de la sagesse collective et de modes de comportement institutionnalisés, lesquels sont appris tôt dans l'enfance, adoptés, et rarement remis en question. Ces modes de comportement représentent les normes et les valeurs socioculturelles.

On peut considérer que la culture remplit quatre grandes fonctions :

1) définir des règles de conduite ;

2) définir des critères de réussite ;

3) définir des façons d'interpréter l'environnement ;

4) fournir des modes de résolution de problèmes récurrents.

Ces fonctions de la culture contribuent à réduire l'incertitude ou à augmenter la prévisibilité d'un comportement, ce qui aide une société à survivre, à évoluer et à prospérer.

Alors que la socialisation est le processus par lequel on fait l'apprentissage de sa propre culture, l'acculturation est le processus par lequel on apprend les normes et les valeurs d'une culture différente de la sienne. Le fait de vivre dans une culture étrangère peut engendrer du stress et causer une « fatigue culturelle », jusqu'à ce que la personne se soit suffisamment acculturée pour éviter de commettre des erreurs culturelles.

▼

Pour comprendre les consommateurs appartenant à des cultures étrangères, les gestionnaires ont besoin d'un cadre d'analyse leur permettant de cerner les problèmes de marketing interculturels. Comme point de départ, on suggère aux gestionnaires d'identifier et d'évaluer les implications, pour le marketing, d'importantes différences interculturelles relativement à six dimensions culturelles : 1) les valeurs ; 2) les idées ; 3) les attitudes ; 4) les traditions ; 5) les artefacts ; et 6) les symboles.

Hofstede a établi une classification des valeurs culturelles selon cinq dimensions, qui est très utile pour comprendre les variations entre les différentes cultures. Ces dimensions sont : 1) l'individualisme ou le collectivisme ; 2) l'étendue du pouvoir ; 3) la tolérance de l'incertitude ; 4) la masculinité ou la féminité ; et 5) le caractère abstrait ou associatif.

L'ethnicité donne lieu à « des comportements conscients et inconscients qui répondent à un besoin psychologique profond d'identité et de continuité historique ». Les dimensions principales de l'ethnicité sont : 1) la langue ; 2) les interactions sociales ; 3) la religion ; 4) les antécédents et l'éducation ; et 5) l'appartenance ethnique du conjoint.

Utilisant ce vaste cadre d'analyse pour comprendre une culture étrangère, le spécialiste du marketing doit accomplir, lors de la planification et du lancement d'un programme de marketing destiné au marché étranger, quatre tâches distinctes : 1) s'assurer que le produit est compatible avec les principales valeurs du groupe culturel ciblé ; 2) comprendre les modes d'achat et d'utilisation typiques ainsi que les modes de prise de décision des consommateurs visés pour ce type de produit ; 3) identifier les structures de marketing appropriées au produit ; et 4) bien choisir les symboles adéquats pour communiquer avec le groupe culturel ciblé.

Ces quatre tâches englobent la plupart des activités que doit accomplir un spécialiste du marketing canadien dans une culture étrangère. Mais elles constituent seulement des lignes de conduite et ne dispensent pas de travailler en étroite collaboration avec des personnes qui connaissent bien les consommateurs et la culture du marché étranger.

QUESTIONS ET THÈMES DE DISCUSSION

1. Existe-t-il certaines valeurs communes à plusieurs cultures ? Si oui, expliquez comment certaines normes sociales diffèrent d'une culture à l'autre.

2. La culture constitue l'élément le plus vaste et le plus englobant de l'environnement d'un consommateur. Elle est intégrée à sa personnalité par le processus de socialisation. De toutes les influences environnementales s'exerçant sur les décisions de consommation, c'est celle qui passe la plus inaperçue. Expliquez comment cette réalité peut amener à :

a) des modes de comportement de consommation prévisibles ;

b) des pratiques d'affaires et des stratégies de marketing standardisées ;

c) des bévues culturelles dans le marketing effectué sur des marchés étrangers.

3. Quelles sont les différentes étapes que doit suivre une entreprise qui diffuse sur le marché canadien des vins canadiens (comme les *ice-wines* de l'Ontario) et qui désire conquérir : 1) le marché américain ; 2) le marché japonais ; et 3) les marchés européens ?

▼

▼

4. En vous reportant aux quatre tâches qu'un spécialiste du marketing qui veut conquérir un marché étranger doit accomplir, donnez quatre raisons expliquant qu'un produit ayant du succès dans une culture peut être rejeté dans une autre.

5. Supposez qu'un fabricant d'appareils électroménagers canadien cherche à augmenter la taille de son marché en exportant en Chine, un marché en expansion. Donnez un ensemble de recommandations destinées à préparer le terrain pour un tel projet.

6. Vous êtes le directeur adjoint de l'exportation de la compagnie Canadian General Electric et vous devez créer un plan de marketing destiné à introduire des réfrigérateurs au Mexique, surtout en milieu rural. Votre recherche démontre que les Mexicains de la campagne font leurs achats de nourriture tous les jours et qu'ils ont un revenu se situant généralement au-dessous du revenu moyen de la population mexicaine. Décrivez les grandes lignes de la stratégie de produit qui vous permettra d'obtenir du succès sur ce marché.

7. Discutez des implications stratégiques que chacune des valeurs ou des attitudes suivantes pourrait avoir pour une entreprise devant créer un programme de marketing pour vendre ses produits sur un marché de consommation étranger :

   a) L'affirmation de la supériorité masculine ou de la virilité constitue un puissant facteur de motivation masculine dans tous les aspects de la vie.

   b) On a tendance à considérer les gens comme plus importants que les choses ; même si l'on est préoccupé, dans une certaine mesure, par les choses matérielles, les relations sociales sont considérées comme plus importantes que la richesse matérielle.

   c) Le temps a moins de valeur qu'au Canada ; les gens ne sont pas aussi préoccupés par la ponctualité et par le désir de faire le plus de choses possible en une journée.

8. La culture ayant quatre fonctions principales, montrez comment le comportement des consommateurs est influencé d'une manière particulière par chacune de ces fonctions.

9. En vous reportant aux six dimensions d'une culture, expliquez pourquoi certaines campagnes publicitaires, et même certaines annonces particulières, ont eu beaucoup de succès dans plusieurs cultures différentes, tandis que d'autres annonces ont eu du succès seulement sur le marché de consommation où elles ont été créées.

10. Expliquez brièvement chacune des cinq dimensions de la classification d'Hofstede et, pour chacune, trouvez un exemple (une annonce, un slogan ou un article décrivant une situation donnée) qui l'illustre bien. Expliquez votre choix.

11. Quelles différences y a-t-il entre les concepts suivants : 1) ethnicité et identité ethnique ; 2) acculturation et assimilation ?

N O T E S

1. J.F. Sherry, Jr., « The cultural perspective in consumer research », dans R.J. Lutz (sous la dir. de), *Advances in Consumer research,* vol. 13, Provo (Ut.) : Association for Consumer Research, 1985, p. 573-575.

2. C. Geertz, *The Interpretation of Cultures,* New York : Basic Books, 1973 ; la quatrième fonction a été proposée par T.E. Muller, Griffith University.

3. E.T. Hall, *The Hidden Dimension,* New York, Anchor Books, 1969, p. 131.

4. E.T. Hall, « The silent language in overseas business », *Harvard Business Review,* vol. 38, mai-juin 1960, p. 87-96.

5. M. McGoldrick, J.K. Pierce et J. Giordano (sous la dir. de), *Ethnicity and Family Therapy,* New York, Guilford Press, 1982.

6. E.T. Hall, art. cité.

7. A.M. Webber, « A new separation », *Harvard Business Review,* vol. 68, janvier-février 1990, p. 210.

8. T. Harper, « Polaroid clicks instantly in Moslem market », *Advertising Age,* 30 janvier 1986, p. 12.

9. D.A. Ricks, ouvr. cité, p. 67.

10. J.K. Kerby, *Consumer Behavior,* New York, Dun-Donnelley, 1975, p. 565.

11. G. McCracken, « Culture and consumption : A theoretical account of the structure and movement of the cultural meaning of consumer goods », *Journal of Consumer Research,* vol. 13, juin 1986, p. 71-84.

12. D.A. Ricks, ouvr. cité, p. 65, 144-145.

13. G. Hofstede, *Culture and Organizations : Software of the Mind,* London (Ont.), McGraw-Hill, 1997.

14. Y. Zhang et B.D. Gelb, « Matching advertising appeals to culture : The influence of products' use conditions », *Journal of Advertising,* vol. 25, n° 3, 1996, p. 29-46.

15. W. Isajiw, « Definitions of ethnicity », *Ethnicity,* vol. 1, n° 2, juillet 1974, p. 111-124 ; R.M. MacGregor et S.J. McKelvie, « Effects of ethnic imagery on recall of brand names », *Canadian Journal of Administrative Sciences,* vol. 7, septembre 1990, p. 1-9 ; M. Hui et autres, « Differences in lifestyles among four major subcultures in a bicultural environment », dans N. Synodinos et autres (sous la dir. de), *Proceedings of the Third Symposium on Cross-Cultural Consumer and Business Studies,* Honolulu, University of Hawaii, 1990, p. 139-150 ; M. Laroche et autres, « An examination of ethnicity measures : Convergent validity and cross-cultural equivalence »,

dans R.H. Holman et M.R. Solomon (sous la dir. de), *Advances in Consumer Research,* vol. 18, Provo (Ut:), Association for Consumer Research, 1991, p. 150-157 ; A. Joy, C. Kim et M. Laroche, « Ethnicity as a factor influencing use of financial services », *International Journal of Bank Marketing,* vol. 9, n° 4, 1991, p. 10-16 ; M. Hui et autres, « Acculturation as a multidimensional process : Empirical evidence and implications for consumer researchers », dans C.T. Allen et autres (sous la dir. de), *AMA Winter Educators' Proceedings,* vol. 3, Chicago, American Marketing Association, 1992, p. 466-473 ; A. d'Astous et N. Dagfous, « The effects of acculturation and length of residency on consumption-related behaviours and orientations of Arab-Muslim immigrants », dans T. Schellinck (sous la dir. de), *Marketing,* vol. 12, Montréal, Association des sciences administratives du Canada, 1991, p. 91-101.

16. J. Giordano et G.P. Giordano, *The Ethno-Cultural Factor in Mental Health,* New York, Institute on Pluralism and Group Identity, 1977.

17. F. Barth, *Ethnic Groups and Boundaries : The Social Organization of Culture Difference,* Londres, Allen and Unwin, 1969.

18. *Ibid.* ; M.J. Yinger, « Ethnicity », *Annual Review of Sociology,* vol. 11, 1985, p. 159.

19. P. Bourdieu, *Outline of a Theory of Practise,* Cambridge, Cambridge University Press, 1977 ; A. Touraine, *The Self Production of Society,* Chicago, University of Chicago Press, 1977.

20. W.N. Lee, « Acculturation and consumption-related adjustments : The chinese subculture », dans D.W. Schumann (sous la dir. de), *Proceedings of the Society for Consumer Psychology,* Washington, D.C., American Psychological Association, 1989, p. 127-134 ; A.M. Padilla (sous la dir. de), *Acculturation : Theory, Models and Some New Findings,* Boulder (Conn.), Westview, 1980.

21. R.E. Park et E. Burgess, *Introduction to the Science of Sociology,* Chicago, University of Chicago Press, 1969, p. 360.

22. L. Tzu, « Strangers' adaptation to new cultures », dans W.B. Gudykunst et Y.Y. Kim (sous la dir. de), *Communicating with Strangers : An Approach to Intercultural Communication,* Reading (Mass.), Addison-Wesley, 1984, p. 205-222 ; Y.Y. Kim, « Communication and acculturation », dans L.A. Samovar et R.E. Porter (sous la dir. de), *Intercultural Communication : A Reader,* Belmont

▼

(Ca.), Wadsworth Publishing, 1985, p. 379-386 ;
G. De Vos, « Ethnic pluralism : Conflict and accommodation », dans G. De Vos et L. Romanucci (sous la dir. de), *Ethnic Identity*, Chicago, University of Chicago Press, 1982 ; B. Anderson, *Imagined Communities : Reflections on the Origin and Spread of Nationalism*, Londres, Verso, 1983.

23. Y.Y. Hong et autres, « Multicultural minds : a dynamic constructivist approach to culture and cognition », *American Psychologist*, juillet 2000, p. 709-720.

24. Statistique Canada, *Recensement 1991 : langue maternelle*, cat. 93-313, septembre 1992, tableau 5, p. 144-145.

25. *Ibid.*

26. C. Kim, M. Laroche et A. Joy, « An empirical study of ethnicity on consumption patterns in a bi-cultural environment », dans M.E. Goldberg, G. Gorn et R.W. Pollay (sous la dir. de), *Advances in Consumer Research*, vol. 17, Provo (Ut.), Association for Consumer Research, 1990, p. 839-846.

27. L. Driedger, « In search of cultural identity factors : A comparison of ethnic students », *Canadian Review of Sociology and Anthropology*, vol. 12, nº 2, 1975, p. 150-162 ; R.J. Joy, *Languages in Conflict*, Toronto, McClelland & Stewart, 1972 ; L. Driedger (sous la dir. de), *The Canadian Ethnic Mosaic : A Quest for Identity*, Toronto, McClelland & Stewart, 1978 ; J.A. Hostetler et J.E. Huntington, *The Hutterites in North America*, New York, Holt, Rinehart and Winston, 1967 ; A. Richmond, *Ethnic Residential Segregation in Metropolitan Toronto*, Toronto, Institute for Behavioural Research, York University, 1972.

28. H. Aldrich et R. Waldinger, « Ethnicity and entrepreneurship », *Annual Review of Sociology*, vol. 16, 1990, p. 111-135.

29. R. Breton, « Stratification and conflict between ethnolinguistic communities with different social structures », *Canadian Review of Sociology and Anthropology*, vol. 15, nº 2, 1978, p. 148-157 ; C.J. Jansen, « Community organizations of Italians in Toronto », dans L. Driedger (sous la dir. de), ouvr. cité, p. 310-326.

30. C. Geertz, ouvr. cité, p. 87-125.

31. A. Dashevsky, *Ethnic Identity in Society*, Chicago, Rand McNally College Publishing, 1976 ; G. De Vos, art. cité ; A.M. Greely, *Ethnicity, Denomination, and Inequality*, Beverly Hills (Ca.), Sage, 1976 ; M. Hui et autres, « Equivalence of lifestyle dimensions across four major subcultures in Canada », *Journal of International Consumer Marketing*, vol. 5, nº 3, 1993, p. 15-35 ; M.C. Smith et K.D. Frankenberger, « The effects of religiosity on selected aspects of consumer behaviour », dans T. Schellinck (sous la dir. de), ouvr. cité, p. 274-283.

32. L. Perez, « Immigrant economic adjustment and family organization : The Cuban success story reexamined », *International Migration Review*, vol. 20, nº 1, printemps 1986, p. 4-20.

33. A. Joy, *Ethnicity in Canada*, New York, AMS Press, 1989.

34. R.D. Alba et R.C. Kessler, « Patterns of interethnic marriage among American catholics », *Social Forces*, vol. 57, nº 4, 1979, p. 1120-1140 ; P.M. Blau, T.C. Blum et J.E. Schwartz, « Heterogeneity and intermarriage », *American Sociological Review*, vol. 47, novembre 1982, p. 45-62 ; C. Peach, « Which triple melting pot ? A re-examination of ethnic intermarriage in New Haven, 1900-1950 », *Ethnic and Racial Studies*, vol. 3, nº 1, janvier 1980, p. 1-16.

35. « Native sales staffs pose problems for U.S. firms », *Marketing News*, 8 mai 1986, p. 7.

36. « The Colonel comes to Japan », *Entreprise*, émission de télévision écrite, produite et dirigée par J. Nathan, Boston, WGBH Educational Foundation et NHK Japan, 1981.

37. R.W. Brislin, « Back-translation for cross-cultural research », Journal of Cross-Cultural Psychology, vol. 1, septembre 1970.

38. Cet exemple nous a été fourni par le professeur T.E. Muller, de l'Université Griffith.

39. P. Donnelly, « Passing the test of good advertising », *Advertising Age*, 30 janvier 1986, p. 11.

Chapitre 9

Les groupes ethniques du Canada

INTRODUCTION

Comme on l'a vu au chapitre 8, la culture est une importante dimension de l'étude du comportement du consommateur, et cela est encore plus vrai si l'on veut bien comprendre les marchés canadiens. Le caractère multiculturel de la société canadienne a d'importantes implications pour les mercaticiens qui doivent composer simultanément avec les deux phénomènes que sont la mondialisation des marchés et la microsegmentation (c'est-à-dire la division d'un marché en toutes petites niches). Dans ce chapitre, nous tâcherons de brosser un portrait des principaux groupes culturels du Canada en tirant profit de toute l'information dont nous disposons. Une

▼

partie de cette information provient d'observations et des recensements de Statistique Canada, une autre partie, d'études de marché effectuées par des entreprises canadiennes essayant de comprendre ces marchés, et le reste, d'études empiriques dont la rigueur scientifique est variable. Néanmoins, c'est la meilleure information que nous possédons sur ces marchés, et notre but est d'essayer de la présenter le plus objectivement possible. Cette information forme une base utile pour comprendre ces marchés canadiens et se préparer à conquérir les marchés internationaux, y compris celui des États-Unis.

Dans un premier temps, nous nous intéresserons au Canada en tant que société multiculturelle (la « mosaïque » canadienne), puis nous enchaînerons avec une brève description des deux groupes culturels majeurs. La troisième section est consacrée aux principaux marchés ethniques. Finalement, nous étudierons avec attention deux communautés culturelles qui ont fait l'objet d'études approfondies ces dernières années.

Pour saisir les principales caractéristiques des marchés culturels canadiens, nous devons comprendre certaines réalités fondamentales concernant les groupes culturels majeurs de la société canadienne, c'est-à-dire les deux peuples fondateurs ainsi que les principales minorités ethniques.

9.1 Le Canada, une société multiculturelle

Comme les États-Unis, le Canada a été profondément marqué par l'arrivée de plusieurs groupes culturels. Pourtant, les Canadiens n'ont jamais souscrit à la notion de *melting pot,* qui a caractérisé les États-Unis dans le passé et qui continue de le faire encore aujourd'hui, dans une moindre mesure cependant. La société canadienne a plutôt été décrite comme une *mosaïque*[1] de groupes culturels qui cohabitent.

9.1.1 La mosaïque canadienne

On peut considérer la société canadienne comme une mosaïque, c'est-à-dire un assemblage dans lequel chaque groupe culturel est explicitement encouragé à conserver sa propre identité tout en se mêlant aux autres. Cette diversité pourrait avoir été favorisée par les politiques gouvernementales officielles telles que la création du ministère d'État au multiculturalisme et à la citoyenneté et la politique des langues officielles dans la fonction publique, mais elle est aussi profondément enracinée dans la réalité canadienne. Une enquête d'Angus Reid a révélé que 82 % des Canadiens vivent dans des quartiers dont la population est composée de membres de différentes communautés et que 73 % des Canadiens entretiennent des relations d'amitié avec des personnes appartenant à ces communautés ; finalement, 40 % des Canadiens ont dans leur famille des membres dont les antécédents ethniques ou raciaux sont différents[2].

9.1.2 Un portrait statistique des groupes ethniques canadiens

Les origines ethniques

Les principaux groupes ethniques canadiens sont les Amérindiens, les Inuits ainsi que les personnes d'origine française, britannique, chinoise, italienne, allemande, du sud de l'Asie, ukrainienne, et hollandaise. Le tableau 9.1, qui reprend les données du recensement canadien de 1996, montre que 44 % des Canadiens sont d'origine britannique, 26 % d'origine française, 3 % d'origine chinoise, 3 % d'origine italienne, 3 % d'origine allemande, et que les Canadiens d'origine sud-asiatique ainsi que les Autochtones forment des groupes qui, chacun, représentent près de 2 % de la population ; les Canadiens d'origine ukrainienne et hollandaise représentent ensemble un peu plus de 2 % des Canadiens. Le reste (11 %) est partagé entre plusieurs autres groupes de plus petites tailles[3].

| Tableau 9.1 | *L'origine ethnique des Canadiens, 1996 (en pourcentage)* |

	Canada	Provinces atlantiques	Québec	Ontario	Prairies	Ouest*
Origine simple	**76,1**	**79,6**	**90,3**	**74,5**	**62,5**	**68,6**
Britannique	30,1	61,3	7,6	37,3	29,4	35,0
Française	21,3	13,9	69,8	5,4	4,0	2,3
Chinoise	2,8	0,2	0,7	3,4	2,2	7,4
Italienne	2,6	0,1	2,4	4,5	0,7	1,2
Allemande	2,5	1,0	0,3	2,2	6,6	3,5
Sud de l'Asie	2,1	0,2	0,6	3,2	1,3	3,8
Autochtone	1,7	1,0	0,8	0,7	4,6	3,0
Ukrainienne	1,2	0,1	0,1	0,8	4,0	1,1
Hollandaise	1,1	0,4	0,1	1,6	1,5	1,6
Autre	10,5	1,4	8,0	15,3	8,5	9,8
Origine multiple	**23,9**	**20,4**	**9,7**	**25,5**	**37,5**	**31,4**
Avec l'origine britannique	9,9	7,0	1,1	10,6	17,5	16,2
Avec l'origine française	2,0	0,9	2,1	1,6	3,2	1,7
Avec les deux	5,8	10,2	3,7	6,5	5,6	5,3
Autres	6,3	2,2	2,7	6,7	11,2	8,2

* L'Ouest comprend la Colombie-Britannique, le Yukon et les Territoires du Nord-Ouest.

Note : En tenant compte tant des origines simples que des origines multiples, on peut estimer le pourcentage des Canadiens qui se disent surtout :
- d'origine britannique : 30,3 % + 9,9 % + 3,4 % = 43,6 %,
- d'origine française : 21,3 % + 2,0 % + 2,4 % = 25,7 %,

où 3,4 % = 5,8 % × 58,7 % et 2,4 % = 5,8 % × 41,3 %.

Au Québec, ces proportions sont 9,1 % et 75,2 %.

Source Adapté de Statistique Canada, « Population totale selon l'origine ethnique (187B) et le sexe (3), par certaines combinaisons d'origines multiples, Canada, provinces, territoires et régions métropolitaines de recensement, recensement de 1996 — Données-échantillon (20 %) (produits de données : Le pays : recensement de la population de 1996) », numéro 93F0026 au Catalogue, Recensement 1996, février 1998. Adapté avec la permission de Statistique Canada.

Plus des trois quarts des Canadiens vivant dans les Provinces atlantiques sont d'origine britannique, tandis que plus de 75 % des Québécois sont d'origine française. La plus grande concentration de Canadiens d'origine allemande ou ukrainienne, de même que la plus grande concentration d'Autochtones, se trouve dans les Prairies. Les Canadiens d'origine italienne, pour leur part, sont en plus grand nombre en Ontario.

La langue maternelle

En plus de s'intéresser à l'origine ethnique des Canadiens, les mercaticiens ont avantage à considérer la langue maternelle. Dans toutes les provinces, à l'exception du Québec, l'anglais est la langue maternelle dominante (voir la figure 9.1, à la page 256). À Terre-Neuve, 99 % des habitants ont l'anglais comme langue maternelle, comparativement à 8 % au Québec. Quant au français, il est la langue maternelle de

Figure 9.1   *Langue maternelle dominante et autres langues maternelles importantes par province, Canada, 1996 (réponses uniques)*

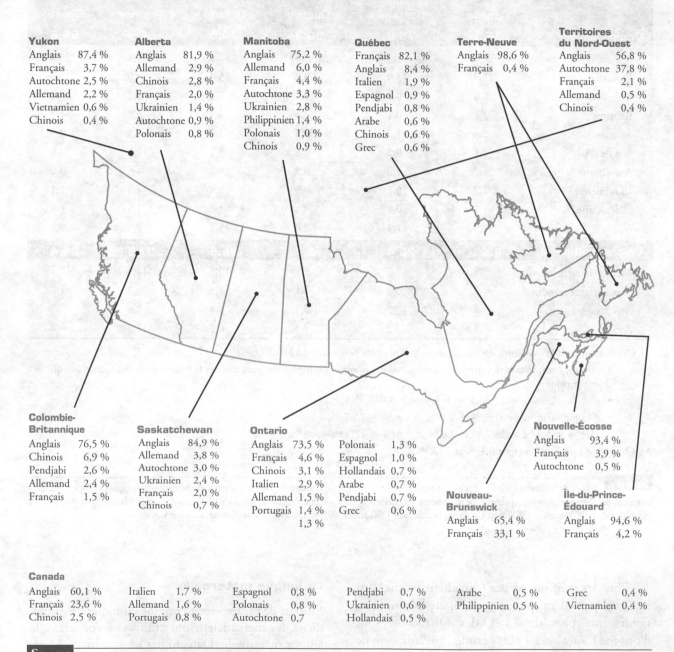

Yukon
Anglais	87,4 %
Français	3,7 %
Autochtone	2,5 %
Allemand	2,2 %
Vietnamien	0,6 %
Chinois	0,4 %

Alberta
Anglais	81,9 %
Allemand	2,9 %
Chinois	2,8 %
Français	2,0 %
Ukrainien	1,4 %
Autochtone	0,9 %
Polonais	0,8 %

Manitoba
Anglais	75,2 %
Allemand	6,0 %
Français	4,4 %
Autochtone	3,3 %
Ukrainien	2,8 %
Philippinien	1,4 %
Polonais	1,0 %
Chinois	0,9 %

Québec
Français	82,1 %
Anglais	8,4 %
Italien	1,9 %
Espagnol	0,9 %
Pendjabi	0,8 %
Arabe	0,6 %
Chinois	0,6 %
Grec	0,6 %

Terre-Neuve
Anglais	98,6 %
Français	0,4 %

Territoires du Nord-Ouest
Anglais	56,8 %
Autochtone	37,8 %
Français	2,1 %
Allemand	0,5 %
Chinois	0,4 %

Colombie-Britannique
Anglais	76,5 %
Chinois	6,9 %
Pendjabi	2,6 %
Allemand	2,4 %
Français	1,5 %

Saskatchewan
Anglais	84,9 %
Allemand	3,8 %
Autochtone	3,0 %
Ukrainien	2,4 %
Français	2,0 %
Chinois	0,7 %

Ontario
Anglais	73,5 %	Polonais	1,3 %
Français	4,6 %	Espagnol	1,0 %
Chinois	3,1 %	Hollandais	0,7 %
Italien	2,9 %	Arabe	0,7 %
Allemand	1,5 %	Pendjabi	0,7 %
Portugais	1,4 %	Grec	0,6 %
	1,3 %		

Nouvelle-Écosse
Anglais	93,4 %
Français	3,9 %
Autochtone	0,5 %

Nouveau-Brunswick
Anglais	65,4 %
Français	33,1 %

Île-du-Prince-Édouard
Anglais	94,6 %
Français	4,2 %

Canada
Anglais	60,1 %	Italien	1,7 %	Espagnol	0,8 %	Pendjabi	0,7 %
Français	23,6 %	Allemand	1,6 %	Polonais	0,8 %	Ukrainien	0,6 %
Chinois	2,5 %	Portugais	0,8 %	Autochtone	0,7	Hollandais	0,5 %

Arabe	0,5 %	Grec	0,4 %
Philippinien	0,5 %	Vietnamien	0,4 %

Source   Adapté de Statistique Canada, « Familles époux-épouses : répartition selon la langue maternelle de l'épouse (8) et le groupe d'âge de l'épouse (7), par langue maternelle de l'époux (8), Canada, provinces, territoires et régions métropolitaines de recensement, recensements de 1991 et 1996 — Données-échantillon (20 %) (produits de données : Le pays : recensement de la population de 1996) », numéro 93F0024 au Catalogue, Recensement 1996, décembre 1997. Adapté avec la permission de Statistique Canada. Dans cet ouvrage, l'information provenant de Statistique Canada est utilisée en vertu d'une permission du ministre de l'Industrie, à titre de ministre responsable de Statistique Canada. On peut obtenir de l'information sur la disponibilité de la vaste gamme de données de Statistique Canada par l'entremise des bureaux régionaux de Statistique Canada, de son site Internet <http://www.statcan.ca>, et de son numéro d'appels sans frais au 1-800-263-1136.

82 % des Québécois et de 33 % des habitants du Nouveau-Brunswick (c'est-à-dire les Acadiens). Le Manitoba accueille le plus grand nombre de personnes ayant pour langue maternelle l'allemand (6 %) et l'ukrainien (3 %). En Ontario, l'italien est la langue maternelle de 3 % de la population, tandis qu'en Colombie-Britannique 7 % des habitants affirment avoir été élevés dans la langue chinoise. On trouve ceux dont la langue maternelle est une langue autochtone surtout dans les Territoires du Nord-Ouest, au Manitoba et en Saskatchewan[4].

Le Canada apparaît donc comme une société multiculturelle dans laquelle évoluent deux groupes importants en nombre, soit les Canadiens anglais et les Canadiens français, qui se distinguent par une culture et une langue propres et une distribution géographique particulière.

9.2 Les deux peuples fondateurs

Les descendants des deux peuples fondateurs, soit les Français et les Britanniques, constituent aujourd'hui les marchés canadiens les plus importants en nombre – si l'on tient compte des origines multiples, on recense plus de 7,3 millions de Canadiens français et 12,4 millions de Canadiens anglais (si l'on tient seulement compte des origines simples, ces chiffres tombent à 6,1 et 8,6 millions de personnes, respectivement).

Cependant, comme on le voit dans le tableau 9.2, la distribution géographique de ces deux groupes est plutôt inégale. La proportion de Canadiens anglais (origine simple) dans la population varie de 8 % au Québec à 85 % à Terre-Neuve. En tenant compte des origines multiples, ces pourcentages augmentent à 9 % et 94 % respectivement. La concentration de

---

Tableau 9.2

Distribution géographique des Canadiens français et des Canadiens anglais (origine simple seulement*) Canada, 1996

Province	Origine britannique	% population	Origine française	% population
Terre-Neuve	468 601	85,6	10 859	2,0
Île-du-Prince-Édouard	85 123	64,1	12 857	9,7
Nouvelle-Écosse	525 319	58,4	69 151	7,7
Nouveau-Brunswick	336 821	46,2	229 324	31,4
Québec	535 808	7,6	4 918 232	69,8
Ontario	3 974 555	37,3	571 645	5,4
Manitoba	286 641	26,1	57 719	5,2
Saskatchewan	255 125	26,1	34 490	3,5
Alberta	851 502	31,9	95 378	3,6
Colombie-Britannique	1 302 519	35,3	83 366	2,3
Yukon	10 606	34,6	1 574	5,1
Territoires du Nord-Ouest	11 158	17,4	1 812	2,8
Canada	**8 643 778**	**30,3**	**6 086 407**	**21,3**

* Voir le tableau 9.1 pour la distribution des Canadiens d'origine multiple.

Source Adapté de Statistique Canada, « Population totale selon l'origine ethnique (187B) et le sexe (3), par certaines combinaisons d'origines multiples, Canada, provinces, territoires et régions métropolitaines de recensement, recensement de 1996 — Données-échantillon (20 %) (produits de données : Le pays : recensement de la population de 1996) », numéro 93F0026 au Catalogue, Recensement 1996, février 1998). Adapté avec la permission de Statistique Canada.

ce groupe est aussi très élevée dans les régions métropolitaines de recensement (RMR), à l'exception de celles du Québec, Montréal mis à part (6 %). De la même façon, la proportion de Canadiens français (origine simple) varie de 2 % à Terre-Neuve à 70 % au Québec. Dans les RMR, les plus importantes concentrations de ce groupe (origines multiples) en dehors du Québec se trouvent à Sudbury (26 %), à Ottawa-Hull (23 %) et à Windsor (12 %[5]).

9.2.1 Un marché « français » unique ?

Contrairement aux Canadiens anglais, qui se distribuent de façon plus équilibrée dans les provinces, les Canadiens français sont plus concentrés, composant presque 75 % de la population du Québec, 37 % de celle du Nouveau-Brunswick et 8 % de celle de l'Ontario (si l'on tient compte des origines multiples). Par conséquent, il n'est pas surprenant que la plupart des études sur les marchés canadiens-français se rapportent au Québec ou établissent une comparaison entre le Québec et l'Ontario. Malheureusement, on a très peu d'information sur les habitudes de consommation des francophones hors Québec : les Acadiens du Nouveau-Brunswick et de la Nouvelle-Écosse, les Franco-Ontariens, les Franco-Manitobains, les Franco-Albertains et les francophones de la Colombie-Britannique. Il est probable que ces consommateurs sont différents des consommateurs québécois, bien qu'ayant en commun certaines valeurs et certains styles de vie. Dans le prochain chapitre, nous étudierons les connaissances actuelles relativement à ces marchés francophones, mais l'analyse des habitudes de consommation au Canada français repose presque entièrement sur des données recueillies au Québec.

9.2.2 Un marché « britannique » unique ?

En plus des différences régionales qui peuvent exister dans les styles de vie des membres de la communauté canadienne-anglaise, il y a sans doute de grandes différences entre les divers groupes composant cette communauté. À partir des données du recensement, on peut estimer qu'au moins 0,6 million de Canadiens anglais sont d'origine écossaise et 0,5 million, d'origine irlandaise (origine simple). De plus, les immigrants

récemment arrivés d'Angleterre peuvent avoir des habitudes de consommation très différentes de celles des descendants des pionniers britanniques du XVIIIe siècle ou d'avant, y compris les loyalistes britanniques s'étant installés au Canada après la révolution américaine. Encore là, nous avons peu d'information sur les différences dans les modes de consommation entre ces groupes[6]. Cela nous amène à nous poser d'intéressantes questions telles que : Existe-t-il des différences régionales (par exemple, entre Terre-Neuve et l'Alberta) reliées à ces sous-groupes ou à d'autres variables comme la géographie ou le climat ? Quelle est l'influence des sous-cultures régionales américaines, puisque les États-Unis sont situés tellement près du Canada ?

9.3 Les marchés ethniques au Canada

La population néo-canadienne (dont l'origine n'est ni anglaise ni française) augmente rapidement, notamment en raison d'une intensification de l'immigration découlant des nouvelles politiques canadiennes en cette matière. Collectivement, les divers groupes néo-canadiens représentent environ 31 % de la population du Canada, sans compter un autre 18 % ayant une origine multiple qui inclut des racines britanniques, françaises ou les deux. De plus, on s'attend à ce que ces proportions continuent de croître au cours des prochaines années.

Parce que ces groupes représentent des marchés potentiels et que leurs membres ont probablement des comportements de consommation particuliers, il est important de connaître leurs caractéristiques. Mais avant d'examiner les caractéristiques de quelques minorités culturelles (nous ne considérerons que les origines simples), voyons ce qu'il en est de la distribution géographique des principales minorités ethniques, des sources de l'immigration et des implications marketing liées à ces facteurs, des questions qui intéressent tout mercaticien qui veut s'adresser à l'une ou l'autre de ces minorités.

◆ *La distribution géographique des principales minorités ethniques.* Certaines entreprises, dont les commerçants, pourraient s'intéresser à des groupes qui représentent des segments de marché

| Tableau 9.3 | La distribution des sept principales minorités ethniques (origine simple seulement*) Canada, 1996 |

	Chinois	%	Italiens	%	Allemands	%	Asiatiques du Sud**	%	Autochtones	%	Ukrainiens	%	Hollandais	%
Canada	800 470	2,8	729 455	2,6	726 145	2,5	590 145	2,1	477 630	1,7	331 680	1,2	313 880	1,1
Provinces atlantiques	4 945	0,2	3 065	0,1	22 945	1,0	4 510	0,2	22 745	1,0	1 555	0,1	10 190	0,4
Halifax	2 015	0,6	970	0,3	4 445	1,3	2 090	0,6	730	0,2	425	0,1	1 795	0,5
Québec	47 095	0,7	165 675	2,4	23 730	0,3	41 485	0,6	55 070	0,8	9 400	0,1	5 050	0,1
Montréal	43 865	1,3	158 495	4,8	14 660	0,4	40 665	1,2	6 715	0,2	8 325	0,3	3 135	0,1
Ontario	365 420	3,4	482 830	4,5	234 585	2,2	342 375	3,2	69 385	0,7	90 230	0,8	168 215	1,6
Toronto	317 205	7,4	310 680	7,3	54 885	1,3	291 520	6,8	5 555	0,1	38 840	0,9	27 690	0,6
Prairies	102 095	2,2	31 155	0,7	312 840	6,6	59 680	1,3	217 620	4,6	189 210	4,0	69 125	1,5
Calgary	41 270	5,0	9 630	1,2	31 065	3,8	23 050	2,8	5 430	0,7	12 440	1,5	10 620	1,3
Colombie-Britannique	280 585	7,6	46 525	1,3	130 330	3,5	141 750	3,8	76 430	2,1	40 650	1,1	60 765	1,6
Vancouver	264 220	14,4	30 175	1,6	47 320	2,6	107 565	5,9	12 725	0,7	17 975	1,0	22 045	1,2

* Voir le tableau 9.1 pour ce qui a trait à l'origine multiple.

** Les Asiatiques du Sud comprennent : Bangladais, Bengalais, Indiens de l'Est, personnes originaires de Goa, Gujarati, Pakistanais, Pendjabi, Cinghalais, Sri Lankais et Tamoul.

Source Adapté de Statistique Canada, « Population totale selon l'origine ethnique (187B) et le sexe (3), par certaines combinaisons d'origines multiples, Canada, provinces, territoires et régions métropolitaines de recensement, recensement de 1996 — Données-échantillon (20 %) (produits de données : Le pays : recensement de la population de 1996) », numéro 93F0026 au Catalogue, Recensement 1996, février 1998. Adapté avec la permission de Statistique Canada.

d'une taille suffisante et que l'on peut facilement distinguer. Ces conditions sont remplies pour plusieurs minorités ethniques. Le tableau 9.3 présente la distribution, dans les provinces et dans les régions métropolitaines de recensement, des sept principales minorités ethniques. Les régions métropolitaines de recensement sont des plus importantes, parce qu'elles tendent à attirer certaines communautés en nombre suffisamment grand pour qu'elles constituent des segments de marché rentables pour différents produits, par exemple l'immobilier, les produits durables et les produits alimentaires spécialisés, ainsi que pour les magasins spécialisés ou les rayons spécialisés des magasins. En fait, les immigrants sont portés à s'établir dans les régions métropolitaines où ils disposent d'un réseau de soutien et de boutiques spécialisées et où ils ont de meilleures chances de se trouver un emploi.

◆ *Les sources d'immigration.* La taille et la composition des marchés ethniques dépendra des sources de l'immigration au Canada. Le tableau 9.4 donne la liste des 10 pays ayant fourni le plus d'immigrants en 1970, 1980, 1990 et 1999. Une immigration continue en provenance de Hong-Kong et de la Chine, au moins jusqu'en 1999, a ajouté un grand nombre de personnes au marché chinois et l'on prévoit que ce marché continuera à s'accroître. Selon le recensement de 1996, les personnes appartenant à une minorité visible (les personnes qui ne sont ni blanches, ni caucasiennes, ni aborigènes) représentent 32 % de la population de Toronto, 31 % de celle de Vancouver, 16 % de celle de Calgary, 14 % à Edmonton, 12 % à Montréal et à Ottawa-Hull, 11 % à Winnipeg et 10 % à Windsor (voir la figure 9.2, à la page 260).

Figure 9.2

*Pourcentage des minorités visibles selon le recensement de 1996
dans certaines régions métropolitaines de recensement (RMR)*

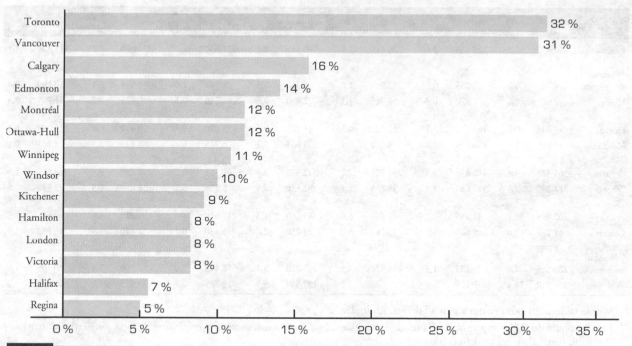

Source Adapté de Statistique Canada, « Population totale selon l'origine ethnique (187B) et le sexe (3), par certaines combinaisons d'origines multiples, Canada, provinces, territoires et régions métropolitaines de recensement, recensement de 1996 — Données-échantillon (20 %) (produits de données : Le pays : recensement de la population de 1996) », numéro 93F0026 au Catalogue, Recensement 1996, février 1998. Adapté avec la permission de Statistique Canada.

Tableau 9.4

Les 10 pays ayant le plus contribué à l'immigration au Canada depuis 30 ans

1970		1980		1990		1999	
Grande-Bretagne	26 490	Vietnam	25 541	Hong-Kong	29 261	Chine	29 095
États-Unis	26 423	Grande-Bretagne	18 245	Pologne	16 579	Inde	17 415
Portugal	7 902	États-Unis	9 926	Liban	12 462	Pakistan	9 285
Yougoslavie	7 670	Inde	8 483	Philippines	12 042	Philippines	9 160
Grèce	6 324	Hong-Kong	6 309	Inde	10 624	Corée	7 212
Inde	5 649	Laos	6 266	Vietnam	9 081	Iran	5 903
Trinité-et-Tobago	4 829	Philippines	6 051	Grande-Bretagne	8 217	États-Unis	5 514
Hong-Kong	4 508	Chine	4 936	Chine	7 989	Taïwan	5 461
Jamaïque	4 418	Portugal	4 104	Portugal	7 917	Sri Lanka	4 719
France	4 402	Kampuchéa	3 265	États-Unis	6 084	Grande-Bretagne	4 476

Source Adapté en partie de Statistique Canada, « Annuaire du Canada », numéro 11-402 au Catalogue, 1972. Adapté avec la permission de Statistique Canada.

Il est sans doute impossible de rejoindre au moyen d'un marketing-mix unique les multiples communautés qui composent la population néo-canadienne. Cependant, l'importance grandissante de ces minorités culturelles sur les plans de la taille, de la concentration géographique et du pouvoir d'achat a été soulignée par certains mercaticiens et des recherches commerciales ont été effectuées qui peuvent servir de référence au mercaticien désireux de conquérir un marché ethnique précis.

◆ *Les implications marketing.* L'une des principales questions que se posent les fabricants et les distributeurs est de savoir si une minorité ethnique donnée représente une occasion de marketing sur les plans de la taille, de la concentration géographique (pas toujours nécessaire) et du pouvoir d'achat. Si c'est le cas, alors on peut appliquer l'approche marketing classique, soit l'analyse des besoins suivie de la conception du produit et du programme de communication, de la fixation du prix et des décisions relatives à la distribution. Un autre aspect important est alors de vérifier s'il existe des médias ethniques pour communiquer avec les groupes qui représentent des marchés jugés profitables. Il existe un grand nombre

de médias ethniques, dont plus de 189 périodiques ou magazines – le tableau 9.5 (p. 263) en présente une liste – ainsi que quelques stations de radio (par exemple, CHIN diffuse en plus de 30 langues sur les bandes AM et FM), des chaînes de télévision (par exemple, la chaîne 47 émet en 15 langues[7]), des panneaux d'affichage et d'autres supports situés à l'extérieur du foyer. (Pour une liste complète des médias ethniques, on peut se reporter au *Ethnic Media and Markets,* publié par The Media Information Network, Rogers Media, à Toronto.)

Un second point important pour les mercaticiens est de savoir si les minorités culturelles ont été assimilées sur le plan linguistique à l'une des deux cultures fondatrices ou si l'on doit joindre leurs membres dans leur langue maternelle. L'encadré 9.1 fait état de quelques exemples de communications ayant eu du succès auprès des consommateurs des marchés ethniques.

9.3.1 Les Allemands[8]

Au Canada, on compte plus de 700 000 Allemands, surtout concentrés à l'ouest de l'Ontario. Ils représentent 9 % de la population de Regina et de

---

| Encadré 9.1 | *PLEINS FEUX SUR LES CONSOMMATEURS* |

Des exemples de communications destinées aux marchés ethniques

Pour joindre les acheteurs des minorités ethniques, certaines entreprises diffusent des annonces en langue étrangère sur les panneaux d'affichage et dans les journaux, à la radio et à la télévision, et dans les promotions aux points de vente. En dépit des coûts additionnels qu'engendre la création de campagnes de publicité particulières ou la traduction d'annonces déjà existantes, les cadres du milieu de la publicité affirment que ces mesures permettent souvent de diminuer les coûts parce que les consommateurs apprécient que l'on communique avec eux dans leur langue et pourraient préférer traiter avec les entreprises qui s'efforcent de s'adapter. Voici quelques exemples :

■ Burger King a étendu sa campagne publicitaire du BK Veggie Burger à la communauté de l'Inde de l'Est. Comme le BK Veggie est fait de légumes et ne contient pas de viande, il convient non seulement aux consommateurs soucieux de leur santé, mais aussi aux Indiens de l'Est qui, en raison de leurs croyances religieuses, ne consomment pas de viande. Pour cibler ce marché, Burger King a fait diffuser des publicités au cours d'émissions destinées aux Indiens de l'Est à Toronto et à Surrey (Colombie-Britannique). Le script, la musique et les acteurs des messages publicitaires étaient en relation avec cette culture.

▼

▼

■ Lorsque la compagnie Air Canada a inauguré le vol Toronto-Nagoya, elle a centré ses publicités sur l'art japonais de l'origami, mais au lieu de montrer les images traditionnelles d'oiseaux ou de fleurs généralement associées à cet ancien art de plier le papier, la compagnie a plutôt choisi de montrer des avions de papier plié (art origami). « C'était l'expression d'un art traditionnel avec une touche occidentale », explique Sonny Wong, de l'agence de publicité Hamazaki Wong, de Vancouver.

■ Durant les quatre années qui ont suivi le lancement de sa stratégie de marketing multiculturel, le Mount Pleasant Group of Cemeteries (MPGC), situé à Toronto, une organisation sans but lucratif, a vu son volume d'affaires avec les marchés ethniques augmenter de 80 %, ceux-ci représentant maintenant près de 25 % de son chiffre d'affaires total. Le premier programme multiculturel cibla les communautés chinoises, italiennes et grecques. Des réunions de groupe avec des membres de chacune des communautés visées furent organisées, qui fournirent des informations relatives à l'imagerie, aux icônes et au langage reliés à ce sujet délicat dans chaque culture. Par l'intermédiaire de messages publicitaires dans des médias ethniques et de brochures destinées à chaque marché cible, dans sa propre langue, le MPGC a essayé de démystifier le sujet et d'éduquer les gens quant à l'importance de planifier des arrangements mortuaires. Son site Internet <www.mountpleasantgroupofcemeteries. com> offre de l'information en chinois, en italien et en grec.

Certaines entreprises produisent une version dans plusieurs langues au moment où elles produisent la version anglaise. Par exemple, la Ontario Lottery Corporation a filmé une publicité pour son jeu Pick 3, le même jour, en anglais, en italien, en chinois, en portugais et en grec. De la même façon, pour une publicité qui mettait en scène de véritables consommateurs effectuant un essai d'automobiles Pontiac, fabriquées par General Motors, on a produit des versions où les vedettes sont des conducteurs qui parlent italien et chinois. D'autres entreprises pourront concevoir leurs messages publicitaires seulement dans une langue autre que les langues officielles, telle la Banque Royale qui a fait diffuser sur les ondes des messages produits seulement en chinois, conçus spécialement pour les marchés chinois.

La traduction dans une langue étrangère comporte des risques d'erreurs grossières ou peut donner lieu à des problèmes insolubles. Par exemple, la formule *Save for a rainy day* (« Économisez en vue de jours moins fastes »), une fois traduite en espagnol, signifiait *Save for the day when it is raining* (« Économisez pour les journées où il pleut »). Une annonce anglaise pour une bière, dont le slogan était *The inspired taste* (« Le goût inspiré »), se lisait, une fois traduite en italien : *Get an axe and axe yourself* (« Allez chercher une hache et hachez-vous »). Lorsque la compagnie Air Canada a voulu cibler le marché chinois, elle s'est aperçue qu'il était impossible de transposer le nom Air Canada en caractères chinois, le nom a alors été traduit pour devenir à peu près Maple Leaf Airlines, nom qui, après la fusion de la compagnie avec Canadian Airlines a été changé pour Canada Airlines. Lorsque la compagnie Sun Life Assurance a visé le marché chinois, on a apporté beaucoup de soin à la traduction du nom en caractères chinois dans le but d'obtenir le sens suivant : *Forever bright* (« Qui brille pour l'éternité »). Pour les Italiens, le nom est devenu *Raggio Solare* (« *Ray of the Sun* », « Rayon de soleil »). Cette campagne de publicité employait aussi le slogan *Become a member of the Sun Life Family* (« Devenez membre de la famille Sun Life »), peu susceptible d'attirer les consommateurs des marchés anglais, mais qui est très bien adapté à la culture chinoise où la famille (élargie pour englober au moins trois générations) est très importante. On a conçu des messages publicitaires qui devaient être corrects sous tous les aspects, avec des chiffres chanceux (par exemple, le 13 et le 8) et des couleurs positives, telles que le rouge et l'or.

Sources   Adapté de P. Lejtenyi, « Call in the specialists », *Marketing Magazine, Multicultural Marketing Report,* 4 juin 2001 ; W. Cuthbert, « Asian routes lead Air Canada to Asian ads », *Strategy Magazine,* 12 février 2001, p. B6 ; L. Saddleton, « All the comforts of home », *Strategy Magazine,* 13 août 2001, p. A17 ; B. Wickens, « Cultural cross talk », *Maclean's,* 28 octobre 1991, p. 42 ; D. Hogarth, « Marketers set sights on Asian-Canadians », *The Financial Post,* 16 septembre 1991, p. 2 ; G. Pritchard, « Polyglot profits », *Canadian Business,* février 1988, p. 47-55 ; N. Lopez-Rizza di Sardi, « Reaching a unique market », *Marketing,* 17 juin 1991, p. 23, 26.

Tableau 9.5	*Les publications ethniques au Canada*

Marché cible	Quantité	Exemple (tirage)
Allemand	7	*Deutsche Presse*
Arabe	11	*El-Masri Newspaper* (13 000)
Arménien	2	*Horizon* (2 000)
Autochtone	18	*Windspeaker* (18 000)
Caraïbéen	5	*Equality News* (37 000)
Celtique	2	*Celtic Heritage*
Chinois	10	*Sing Tao Chinese Daily* (90 639)
Communauté noire	1	*World Magazine*
Coréen	2	*The Korea Times Daily* (12 181)
Croate, macédonien, serbe, tchèque, bulgare, russe	15	*Russian Canadian Info* (12 000)
Estonien, letton, lituanien	5	*Teviskes Ziburiai* (3 800)
Scandinave (finlandais, islandais, suédois)	5	*Swedish Press* (6 800)
Grec	9	*Greek Canadian Action* (44 300)
Gujarati, hindi, indien de l'Est, pakistanais, pendjabi, ourdou	23	*The Weekly Voice Newspaper*
Hollandais	4	*The Windmill Herald* (9 922)
Hongrois	2	*Kanadai Magyarssag*
Iranien	3	*Shahrvand* (19 500)
Italien	16	*Il Cittadino Canadese* (45 300)
Japonais	2	*Nikkei Voice* (3 048)
Juif	11	*The Jewish Tribune* (75 000)
Multiculturel	2	*Community Digest* (25 000)
Philippinien	4	*The North American Filipino Star* (5 000)
Polonais	6	*Polish Business Directory* (35 000)
Portugais, espagnol	13	*El Expreso* (25 000)
Roumain	1	*Romanian Voice*
Ukrainien	8	*Progress Ukranian Catholic News* (8 000)
Vietnamien	2	*Thoi Bao* (14 400)
Total	**189**	

Source *Ethnic Media and Markets*, Toronto, The Media Information Network, Rogers Media, été-automne 2001. Données reproduites avec la permission de *Ethnic Media and Markets*, Rogers Publishing Ltd.

Saskatoon, 8 % de celle de Kitchener, 6 % de celle de Winnipeg et 5 % de celle d'Edmonton. Comme les autres groupes d'Europe du Nord, les Allemands ont rejeté la notion d'assimilation totale (particulière au *melting pot*) et ont conservé leurs caractéristiques ethniques au moyen de rituels et de festivités. Cependant, même si 62 % des membres de ce groupe ont l'allemand pour langue maternelle, seulement 16 % le parlent à la maison. Ce groupe est desservi par au moins sept publications allemandes, la plus importante étant la *Deutsche Presse,* ainsi que par plusieurs stations de radio (par exemple, CKJS-AM à Winnipeg et CJVB-AM à Vancouver).

L'une des principales caractéristiques culturelles des familles allemandes a trait à leur recherche du *Lebensraum* (espace pour vivre), laquelle mène à des frontières et à des structures bien définies entre la cellule familiale et la société qui l'entoure, notamment en matière de comportements liés à l'amitié (il existe une distinction très claire entre les amis intimes et les connaissances). Une autre caractéristique se rapporte à une polarité entre des contraintes émotives (par exemple, ne pas montrer ses émotions ouvertement ni montrer des signes d'affection, de peine ou de colère en public) et la sentimentalité (*Gemütlichkeit*, qui s'exprime par une balade en famille le dimanche, la convivialité et la cordialité à l'occasion des visites de la famille et par le plaisir de boire un verre de vin ou de bière en groupe[9]).

Les quatre valeurs principales de la communauté allemande sont[10] :

1) un sens de la famille très développé ; on valorise énormément la vie de famille, y compris la famille élargie ; les membres du groupe tirent leur force des liens familiaux dans les périodes de crise, ainsi que leur soutien dans la vie ;

2) une éthique de travail très forte, qui se manifeste par la minutie, une excellente connaissance de son métier et une attention aux détails, des habiletés techniques et la fierté dans son travail. Au Canada, les Allemands ont apporté d'importantes contributions dans les secteurs de l'agriculture et du développement industriel ;

3) une grande importance accordée à l'instruction. Les parents sont prêts à se sacrifier pour donner à leurs enfants une bonne instruction et l'on valorise énormément la réussite scolaire ;

4) un fort sens de l'équité. La contribution de chaque membre à la famille (et, par extension, à la société) est notée et évaluée par les autres.

9.3.2 Les Italiens

Plus de 700 000 Italiens vivent au Canada, dont 89 % habitent le Québec et l'Ontario et 91 %, les régions métropolitaines de recensement. Ce groupe représente 7 % de la population de Toronto, 6 % des populations de St. Catharines-Niagara, de Thunder Bay et de Windsor et 5 % de la population de Montréal. Environ 66 % des membres de cette communauté ont l'italien pour langue maternelle et 29 % le parlent à la maison. Une étude auprès des Italiens de Toronto indique que ceux-ci préservent leur culture en limitant leurs contacts avec les autres groupes. Leurs relations les plus importantes se vivent principalement avec des gens ayant les mêmes antécédents[11]. Ce groupe possède ses propres magasins, cinémas, stations de radio, émissions de télévision et manifestations sociales. Par exemple, il existe au moins 16 publications en italien (avec ou sans anglais ou français), *Il Cittadino Canadese* étant une des plus importantes sur le plan du tirage, et la chaîne 47 (CFMT) diffuse 19 heures de programmation en italien par semaine, atteignant un grand nombre d'Italiens habitant le sud de l'Ontario[12].

Au fur et à mesure qu'augmentent leurs ressources financières, les Italiens deviennent plus soucieux de leur statut social ; ils cherchent à posséder leur propre maison, ils achètent des voitures neuves et ils envoient leurs enfants étudier à l'université. Chez les Italiens de Montréal, 51 % boivent du vin fabriqué à la maison, 72 % font leurs achats dans un supermarché et 39 % fréquentent un magasin à rayons une ou deux fois par semaine.[13] Nous reparlerons de ce groupe d'une manière approfondie plus loin dans ce chapitre.

9.3.3 Les Chinois

Le Canada compte plus de 800 000 Chinois, dont 46 % vivent en Ontario, 35 % en Colombie-Britannique et 10 % en Alberta. Environ 96 % des membres de la communauté chinoise habitent dans les régions métropolitaines de recensement, composant 14 % de la population de Vancouver, 7 % de la population de Toronto, 4 % de la population d'Edmonton et 5 % de celle de Calgary. Environ 89 % d'entre eux déclarent que le chinois est leur langue maternelle et 73 % le parlent à la maison. Environ 74 % des membres de ce groupe sont nés à l'extérieur du Canada.

Le profil socioéconomique de la communauté chinoise est particulier. À cause de l'arrivée massive d'immigrants venant de Hong-Kong et de leur concentration dans les régions urbaines, les Canadiens chinois sont généralement plus jeunes et plus instruits et ils ont des revenus plus élevés que le Canadien moyen. De plus, les immigrants récemment arrivés fondent en général une nouvelle famille et ils ont besoin de maisons, de gros appareils électroménagers et d'automobiles. Ils préfèrent être propriétaires de leur maison plutôt que locataires, payer comptant, et ils sont soucieux de leur statut, préférant les marques prestigieuses aux marques inconnues[14].

Pour ce qui est des valeurs que l'on observe chez les Chinois, elles relèvent du système de valeurs oriental, très différent du système de valeurs occidental. Le tableau 9.6 rend compte de quelques-unes de ces différences. On doit comprendre les Chinois en vertu d'une vision holistique de trois systèmes : le système individuel, le système familial (l'unité de base de la société chinoise) et le système communautaire. En particulier, la communauté (souvent connue sous le nom de « Chinatown ») procure aux familles chinoises un réseau de soutien et un mécanisme favorisant la survie et l'adaptation au sein de la société d'accueil[15].

La communauté chinoise se distingue sur le plan de la consommation, ce qui a des implications pour le marketing. Une étude auprès des Chinois de Toronto signale qu'en tant que communauté ce groupe devient plus indépendant et plus autonome. Un pourcentage important de cette population n'utilise pas l'anglais au travail et plusieurs membres sont en contact avec des médias chinois seulement : la télévision (70 %), la radio (14 %) et les journaux (78 %). Il existe au moins dix publications en chinois, la plus importante étant le *Sing Tao Chinese Daily*, ainsi que plusieurs stations de radio émettant en chinois (par exemple, CHIN-AM/FM), des chaînes de télévision (par exemple, Fairchild Television diffuse 19 heures de programmation en anglais, en cantonais et en mandarin par semaine, joignant plus de 400 000 Chinois au Canada[16]). Lorsqu'ils parlent avec des amis, 64 % disent employer le chinois. Environ 70 % des membres de cette communauté affirment que, pour faire plus d'affaires avec leur groupe, les entreprises ont avantage à réaliser de la publicité en chinois. Si on leur laisse le choix entre des étiquettes ou des instructions en chinois ou en anglais, 67 % d'entre

Tableau 9.6	*Des différences culturelles entre les Orientaux et les Occidentaux*

Dimension	Orient	Occident
Civilisation	Agricole	Industrielle
Religion	Confucianiste, bouddhiste, taoïste	Chrétienne
Philosophie	Logique du cœur	Logique de l'esprit
	Suppression de l'individualité	Individualisme, égoïsme
	Dépendance mutuelle, responsabilité collective des membres de la famille	Indépendance, autonomie
	Conformité, harmonie	Compétition
	Valorisation du passé (vénération des ancêtres)	Valorisation de l'avenir
	Dépendance financière	Indépendance financière
	Fatalisme	Maître de sa propre destinée
	Préserver est une vertu	Changer est une vertu
	Suppression des émotions	Expression des émotions
	Rigidité du rôle et du statut	Flexibilité du rôle et du statut

Source Traduit de E. Lee, « A Social systems approach to assessment and treatment for Chinese American families », dans M. McGoldrick, J.K. Pierce et J. Giordano (sous la dir. de), *Ethnicity and Family Therapy*, New York, Guilford Press, 1982, p. 541. Traduit avec la permission de The Guilford Press. © 1982, The Guilford Press. Tous droits réservés.

eux disent préférer la version chinoise et 21 %, la version anglaise. Au fur et à mesure que le niveau d'instruction augmente, on voit poindre des différences significatives : les Chinois possédant une instruction de niveau universitaire parlent davantage l'anglais et moins le chinois. Mais seulement 10 % des Chinois de Toronto se considèrent comme vraiment bilingues[17].

La communauté chinoise de Vancouver est la deuxième en importance au pays avec presque 300 000 personnes. À Vancouver, les chaînes chinoises sont regardées par 74 % de la population, avec environ 17 heures par semaine (plus 8 heures d'écoute d'émissions de radio chinoises par semaine). Les quotidiens chinois sont lus par 82 % de cette population. Environ 60 % des familles chinoises sont propriétaires de leur maison et possèdent un ordinateur à domicile. Quatre autos sur cinq sont payées en espèces[18].

Une étude effectuée à Montréal révèle que, comparativement à Toronto et à Vancouver où la communauté est plus nombreuse et bien implantée, les Chinois habitant Montréal font un plus grand usage de la langue anglaise avec leurs amis ou à la maison. De plus, 64 % des Chinois ne boivent pas de spiritueux, dont 49 % ne boivent pas de bière[19].

Comme l'indiquent ces résultats, et comme le laissent entendre les exemples de l'encadré 9.2, le marché sino-canadien est suffisamment distinct, et dans plusieurs cas suffisamment rentable, pour justifier une stratégie de marketing différente par les entreprises canadiennes.

9.3.4 Les Autochtones

On dénombre au Canada 477 000 Autochtones, répartis de façon égale dans les provinces et territoires, du Québec aux Territoires du Nord-Ouest. Dans les Territoires du Nord-Ouest, ils représentent 51 % de la population. Cette catégorie inclut divers groupes : 74 % des Autochtones ont le statut d'Indien, tandis que 13 % sont des Métis et 8 %, des Inuits. Environ 25 % des Autochtones parlent leur langue maternelle à la maison.

Encadré 9.2 | *PLEINS FEUX SUR LES CONSOMMATEURS*

Vendre aux Canadiens d'origine chinoise est différent

Les exemples qui suivent montrent en quoi une connaissance approfondie de la culture chinoise est essentielle pour les mercaticiens qui souhaitent percer ce lucratif marché en croissance rapide avec plusieurs produits et services.

■   Il y a 10 ans, la majorité des immigrants chinois venaient de Hong-Kong et parlaient le cantonais, mais aujourd'hui, la majorité des immigrants chinois viennent de Taïwan ou de la Chine et parlent le mandarin. Par conséquent, concevoir des annonces publicitaires à l'intention des Canadiens chinois exige plus qu'une simple traduction en chinois, ainsi que Loretta Lam, de Focus Communications, une agence située à Markham, en Ontario, l'affirme. Les Canadiens chinois originaires de Taïwan et de la Chine sont différents de ceux qui viennent de Hong-Kong, et, de la même manière, les Canadiens chinois originaires de Taïwan sont différents de ceux qui viennent de la Chine, car ils ont vécu dans des environnements politiques et sociaux distincts et ont des croyances, des modes de vie, des dialectes et des valeurs différents. Par exemple, lorsque la compagnie Air Canada a ajouté à ses routes asiatiques les vols à destination de Taipei, capitale de Taïwan, elle a dû créer de nouveaux messages publicitaires à la radio en mandarin, différents quant à la forme et au contenu de ceux qui étaient déjà diffusés en cantonais.

▼

▼

■ Selon le chercheur Juli Lui, les Chinois sont superstitieux et, pour eux, plusieurs chiffres, symboles et couleurs peuvent porter chance ou malheur. Les mercaticiens canadiens doivent savoir que le rouge et l'or sont de bonnes couleurs, car elles représentent la célébration et la prospérité. Le chiffre 8 symbolise aussi la prospérité et il apparaît d'une manière très visible dans plusieurs publicités chinoises. Dans une publicité destinée au marché asiatique du Toronto métropolitain, la Banque Royale a d'ailleurs utilisé le numéro de téléphone 273-8888. Un autre chiffre chanceux est le 3 et le chiffre 9 signifie une longue vie, tandis que le chiffre 4 est associé à la mort.

■ Dans les annonces publicitaires de Midas destinées au marché chinois de Toronto, la compagnie a utilisé un personnage populaire de bande dessinée de Hong-Kong. Dans la communauté chinoise, Mo Dixie est le nom chinois pour Midas Canada, qui veut aussi dire « pas de concurrent ». La campagne s'est révélée un succès et a été étendue à Vancouver, à Calgary et à Edmonton en l'espace de un an.

■ Lorsque Heinz Canada a décidé de cibler le marché chinois des produits alimentaires pour bébés, elle a dû développer un produit complètement nouveau adapté aux goûts des Chinois. La compagnie a dû non seulement perfectionner le goût et l'apparence du produit, mais elle a dû aussi éviter d'utiliser certains ingrédients, parce que les Chinois leur reconnaissent des propriétés curatives et qu'ils ne sont pas recommandés pour les bébés. L'entreprise créa Heinz Congee, un produit à base de congee, un aliment de base en Asie consistant en un épais gruau de riz. Le nouveau produit était offert nature ou mélangé avec des légumes, du porc, du poulet ou du bœuf. Il a été recommandé pour les bébés de huit mois et plus (8 étant un numéro chanceux pour les Chinois) et la couleur rouge a été utilisée pour l'emballage (le rouge étant une couleur favorable pour les Chinois) sur lequel le texte apparaissait en anglais, en français et en chinois. La campagne de publicité pour le nouveau produit comprenait des annonces dans les journaux chinois et dans les émissions de télévision destinées à cette communauté, ainsi que des événements visant le marché asiatique en particulier.

■ La Banque Canadienne Impériale de Commerce du Canada a mis sur pied un groupe bancaire spécialisé dans les marchés asiatiques, il y a quelques années. Plusieurs succursales de la Banque, situées à Vancouver, à Calgary, à Toronto et à Montréal, emploient du personnel parlant chinois et possèdent des endroits séparés où les clients asiatiques peuvent faire leurs transactions bancaires en privé et recevoir le genre d'excellent service qu'ils étaient habitués de recevoir à Hong-Kong. On peut noter aussi que, dans son site Internet destiné aux clients asiatiques (www.cibcasianbanking.com), la banque utilise les couleurs rouge et or qui symbolisent la prospérité.

Sources Adapté de W. Cuthbert, « Heinz Congee developed for Asian-Canadian tastes », *Strategy Magazine,* 15 septembre 1997, p. 6 ; W. Cuthbert, « Asian routes lead Air Canada to Asian ads », *Strategy Magazine,* 12 février 2001, p. B6 ; L. Lam, « Multicultural marketing : Face of Chinese market is changing », *Strategy Magazine,* 14 février 2000, p. 30 ; J. Pollock, « "Pitching inside" to ethnic markets ». *Marketing,* 13-20 juillet 1992, p. 17, 31 ; B. Wickens, « Cultural cross talk », *Maclean's,* 28 octobre 1991, p. 42 ; E.M. Adams, « The Big Piece of the Mosaic », *Marketing,* 21 juin 1999, p. 16.

Les valeurs qui caractérisent les Autochtones sont[20] :

■ une perception temporelle axée sur le présent, cyclique plutôt que linéaire (qui s'accorde au rythme des saisons et à celui de la personne) ;

■ l'importance de comprendre les forces de la nature et de vivre en harmonie avec elles plutôt que d'essayer de dominer la nature ;

■ la primauté du groupe ou de la collectivité sur l'individu, ce qui entraîne un partage des biens matériels et des biens essentiels ;

- la perception de la personne comme étant un « être en devenir », c'est-à-dire qui progresse continuellement dans le contexte de son évolution naturelle ;
- une vision de la nature humaine comme étant bonne en général, parfois confuse, et, en dernier lieu, diabolique.

Cette liste de valeurs permet de comprendre un peu mieux le comportement des Autochtones. Mais leurs habitudes de consommation restent très peu connues.

9.3.5 Les Asiatiques du Sud

Le groupe des Asiatiques du Sud compte plus de 590 000 personnes, dont la majorité vit à Toronto (49 %) et à Vancouver (18 %). Cette catégorie inclut plusieurs groupes linguistiques, dont ceux qui parlent le bengali, le pendjabi, le gujarati, le cinghalais et le tamil.

Pour 73 % d'entre eux, la langue maternelle est une langue indo-aryenne. Près de 52 % disent qu'ils parlent leur langue maternelle à la maison et 80 % regardent régulièrement à la télévision de la programmation du sud de l'Asie. L'usage de l'anglais comme langue seconde est très élevé chez les groupes vivant à Toronto (84 %) et 63 % disent qu'ils parlent le plus souvent l'anglais avec leurs amis. Cependant, 55 % disent préférer lire dans leur langue première et 70 % aiment mieux regarder une émission de télévision dans leur propre langue plutôt qu'en anglais[21]. Ils sont desservis par plusieurs publications (par exemple, *Indo-Canadian Voice*) ainsi que par des stations de radio (entre autres, CFMB, à Montréal, et CJVB, à Vancouver).

9.3.6 Les Ukrainiens

Les quelque 332 000 Ukrainiens qui vivent au Canada sont concentrés à l'ouest de l'Ontario. Ils représentent 6 % de la population de Winnipeg, 5 % des populations de Saskatoon et d'Edmonton et 4 % de la population de Thunder Bay. L'ukrainien est la langue maternelle de 49 % d'entre eux, mais il est parlé à la maison par seulement 10 % des membres de ce groupe. La chaîne 47 (CFMT) de

Toronto diffuse trois heures de programmation en ukrainien par semaine et il existe au moins huit publications en langue ukrainienne.

Une étude de la communauté ukrainienne réalisée dans les zones rurales de la Saskatchewan a révélé que ce groupe possédait une alimentation, un artisanat, une façon de se vêtir, des techniques pour construire et décorer les maisons et des activités de loisirs distincts, mais que ces particularités devenaient moins importantes pour la troisième génération d'Ukrainiens[22].

9.3.7 Les Hollandais

Les Hollandais, dont le nombre dépasse les 310 000, vivent pour la plupart en Ontario (54 %), en Alberta et en Colombie-Britannique (34 %). Seulement 49 % des Hollandais habitent dans les 25 régions métropolitaines de recensement, les plus grandes concentrations se trouvant à Toronto, à Vancouver, à Edmonton et à Hamilton. Plus de 40 % des membres de ce groupe sont nés à l'extérieur du Canada et seulement 4 % parlent le hollandais à la maison, bien que 43 % des personnes de ce groupe affirment que cette langue est leur langue maternelle. Les Hollandais sont desservis par quatre publications, la plus importante étant *The Windmill Herald,* ainsi que par des stations de radio (notamment, CJMR-AM, à Toronto, et CJVB-AM, à Vancouver).

9.3.8 Les Noirs

Le Canada compte à peu près 574 000 Canadiens de race noire. Ce groupe est le troisième en importance parmi les minorités visibles, après les Chinois et les Asiatiques du Sud, et forme 2 % de la population canadienne. Les Noirs représentent environ 18 % des personnes appartenant aux minorités visibles et 30 % de la population minoritaire habitant Montréal. La communauté noire est desservie par plusieurs publications, dont *Share*[23].

Cette communauté est passablement hétérogène, non seulement en ce qui a trait à la langue parlée, mais également en ce qui a trait aux origines, lesquelles influent sur les coutumes, les modes de consommation et les styles de vie. Ainsi, un grand nombre de Noirs viennent de la région des Caraïbes et des Antilles, où la langue dominante est l'anglais (par exemple, en Jamaïque et à la Barbade) ou le français (par exemple, Haïti). Selon une étude réalisée auprès d'individus originaires d'Haïti et habitant Montréal, 76 % d'entre eux ne fument pas et ne consomment aucun produit du tabac, 42 % ne boivent pas de vin, la boisson qu'ils préfèrent est le 7-Up et 47 % font des achats dans des magasins spécialisés en aliments importés au moins une fois par semaine[24].

D'autres Noirs sont originaires des pays africains où les langues officielles sont soit l'anglais (par exemple, au Nigeria), soit le français et l'anglais (par exemple, au Cameroun).

Un dernier groupe se compose des Noirs installés en Amérique du Nord depuis plusieurs générations et dont on peut penser que leurs valeurs, leurs coutumes et leurs styles de vie sont dérivés de ceux des Américains d'origine africaine, un groupe ethnique important aux États-Unis. Le comportement des Noirs américains a été beaucoup étudié, mais le sujet, bien qu'il soit d'intérêt, dépasse le cadre de ce manuel[25].

Il est important, pour les mercaticiens, de comprendre les valeurs, les styles de vie, les besoins et les préoccupations de ce groupe culturel, étant donné qu'il constitue un marché important et en croissance pour plusieurs produits et services. Même si la langue ne pose pas de problème concernant cette population, les publicitaires devraient tenir compte des différences culturelles et concevoir des campagnes de publicité qui s'articulent autour des valeurs et des préoccupations de ce groupe, par exemple en faisant appel à des modèles ou à des acteurs noirs dans les messages imprimés ou télédiffusés.

9.3.9 Les Polonais

Environ 266 000 Canadiens sont d'origine polonaise. Près de 82 % d'entre eux vivent dans les grandes régions métropolitaines de recensement, particulièrement à Toronto, à Montréal, à Winnipeg, à Edmonton, à Hamilton et à Vancouver. Pour 80 % des membres de ce groupe, le polonais est la langue maternelle et 45 % le parlent à la maison. On peut les joindre par l'intermédiaire d'au moins six publications et de stations de radio et de télévision (entre autres, CFMT). Les Polonais ont contribué à la richesse culinaire de la société canadienne, surtout grâce à un mets de plus en plus populaire, le *pirohy*, une sorte de boulette de pâte (un mets que l'on trouve également dans la cuisine ukrainienne) comportant, à l'intérieur, différentes préparations d'aliments. Des franchises de restauration rapide ayant le *pirohy* pour plat principal sont en voie d'implantation dans différentes parties du Canada à la suite du succès obtenu aux États-Unis, où habitent un grand nombre de Polonais.

Au nombre des valeurs de la communauté polonaise, mentionnons l'importance de la famille. Les familles polonaises sont liées par le respect mutuel, le soutien et la collaboration, l'aide financière et spirituelle, la vie en commun et le sacrifice. Le mari est, traditionnellement, le membre dominant, mais l'épouse a un statut plus élevé et contribue plus au revenu familial que chez les autres groupes. On s'attend en outre à ce qu'elle puisse se défendre elle-même. On élève les enfants dans une discipline stricte et l'on s'attend à ce qu'ils fassent preuve de respect et d'obéissance à l'égard de leurs pères, deviennent autonomes rapidement et apprennent par essais et erreurs. Lorsque les enfants ont passé un certain âge, les parents ne leur donnent plus de marques d'affection, mais ils les féliciteront pour leurs réussites et leur maîtrise de soi[26].

Côté marketing, ces valeurs entraînent certaines implications. Ainsi, on peut prévoir que, dans les familles polonaises, plusieurs personnes gagnent leur vie et que les décisions de consommation sont prises individuellement et indépendamment des autres. La publicité doit mettre l'accent sur les consommateurs individuels et montrer des scènes qui valorisent le respect mutuel plutôt que de faire appel aux émotions.

9.3.10 Les Portugais

On dénombre environ 253 000 Canadiens d'origine portugaise. La plupart vivent à Toronto (51 %) ou à Montréal (12 %). À Toronto, 59 % déclarent parler le plus souvent le portugais à la maison. Lorsqu'ils parlent avec leurs amis ou leurs collègues de travail, 57 % disent qu'ils utilisent le portugais. Environ 64 % écoutent régulièrement des émissions portugaises à la radio et 80 % regardent des émissions de télévision qui leur sont destinées (64 % disent que, s'ils avaient le choix, ils préféreraient regarder des émissions en portugais). La chaîne 47 (CFMT) émet cinq heures de programmation portugaise par semaine, joignant des Portugais habitant le sud de l'Ontario, et l'on produit des messages publicitaires en langue portugaise[27].

Lorsqu'on leur a demandé s'ils encourageraient une entreprise qui s'adresserait à eux par de la publicité en portugais, le tiers ont dit oui et 17 % ont dit non. Finalement, 64 % ont indiqué qu'ils préféraient lire en portugais et que l'on s'adresse à eux, par l'imprimé ou en personne, dans cette langue.

Pour ce qui est des valeurs, la suprématie de la cellule familiale constitue l'une des principales valeurs chez les Portugais. L'autorité s'exerce d'une manière verticale, des parents à l'aîné (fille ou garçon) au cadet, et chacun doit contribuer, sur le plan financier, au bien-être de la famille, surtout en ce qui a trait à l'achat d'une maison. La vie des Portugais s'organise dans le cadre de la famille élargie, qui englobe même les parrains et marraines. L'épouse est souvent la principale gestionnaire des affaires familiales, tant à l'intérieur de la famille qu'à l'extérieur, auprès d'individus ou d'organisations et, par conséquent, il est probable qu'elle est la principale personne à prendre des décisions concernant les achats importants tels qu'une maison et les principaux biens durables. On s'attend à ce que les adolescents travaillent, et les enfants mariés habitent généralement près de leurs parents. Les Portugais ont une attitude fataliste à l'égard de la vie et, en matière de religion, ils adhèrent fortement aux principes de l'Église catholique romaine[28].

9.3.11 Les Juifs

On dénombre au Canada quelque 196 000 Juifs ; 98 % vivent dans les régions métropolitaines de recensement, dont 79 % à Montréal et à Toronto. Ce groupe est assez hétérogène et l'on y trouve des différences culturelles fondées sur l'appartenance religieuse ainsi que sur les pratiques et les origines qui y sont associées.

Le judaïsme compte trois grands groupes : les orthodoxes, les conservateurs et les réformistes, nommés par ordre d'adhésion aux pratiques traditionnelles. L'une de ces pratiques consiste à manger de la nourriture cachère, laquelle est offerte un peu partout au Canada, même dans les supermarchés ordinaires. La figure 9.3 montre une réclame typique annonçant des produits cachers. Même lorsqu'ils n'observent pas à la lettre les règles de leur religion, les membres de ce groupe sont portés à éviter certains types d'aliments (ou à les consommer en plus petite quantité), par exemple le porc et les fruits de mer.

Figure 9.3 *Exemple d'une annonce destinée à la communauté juive*

Source Reproduit avec la permission de Métro inc.

Les habitudes de consommation, les valeurs et les styles de vie devraient varier considérablement entre les Juifs ashkénazes (venant pour la plupart de l'Europe de l'Est) et les Juifs séfarades (venant surtout de l'Afrique du Nord). Les membres du premier groupe sont portés à parler surtout l'anglais et, dans une moindre mesure, le yiddish, alors que les membres du second groupe seraient portés à préférer le français, ensuite l'anglais et, dans une moindre mesure, l'espagnol. Neuf périodiques juifs sont publiés exclusivement en anglais, un comprend de l'anglais et du français, et un autre est publié en français. De la même façon, CFMB-AM, à Montréal, diffuse des émissions destinées à la population juive. Les familles juives de l'Europe de l'Est partagent pour la plupart les valeurs suivantes : la centralité de la famille, la souffrance en tant que valeur partagée, la réussite intellectuelle et le succès financier, et l'expression verbale de ses sentiments. Par conséquent, on pourrait s'attendre à trouver, chez les membres de ce groupe, comparativement aux consommateurs non juifs, une plus grande exposition à l'information dans l'enfance, une recherche d'information accrue à l'âge adulte, plus d'innovation et de transfert d'information reliée à la consommation et une mémoire plus active. De plus, les consommateurs juifs sont plus susceptibles de ressentir du plaisir et une stimulation des sens que les consommateurs non juifs[29].

9.3.12   Les Scandinaves

Le groupe des Scandinaves, qui sont au nombre de 134 000, est composé de Norvégiens (38 %), de Suédois (25 %), de Danois (28 %) et d'Islandais (9 %). Environ 2 % des Scandinaves parlent leur langue maternelle à la maison et 38 % sont nés à l'extérieur du Canada. Ils sont desservis par cinq publications et plusieurs stations de radio (dont CJVB-AM, à Vancouver).

On a décrit le tempérament des Norvégiens (et, dans une certaine mesure, celui des Suédois et des Danois) comme dualiste sur les plans de la culture, de la religion et du folklore : la bonté contre les forces diaboliques, la tendance à la rébellion et l'amour de la liberté contre la conformité et l'obéissance à l'autorité. Dans la famille, l'homme est celui

qui prend les décisions importantes, l'épouse est au cœur de la communication avec la famille élargie et les réunions familiales constituent un aspect important de la vie de la famille. Le travail acharné est très valorisé et l'oisiveté est évitée. Les repas représentent un moment privilégié, et la préparation des aliments, leur choix et leur consommation sont gouvernés par la tradition familiale et revêtent une valeur symbolique[30]. À part cela, on sait peu de choses sur le comportement de consommation de ce groupe.

9.3.13   Les Grecs

Il y a environ 145 000 Canadiens d'origine grecque. La plupart vivent à Toronto (43 %) ou à Montréal (31 %). On peut les joindre par le biais d'au moins neuf publications grecques, la plus importante étant *Greek Canadian Action,* des stations de radio (notamment CHIR-FM, à Toronto) et de télévision (par exemple, CFMT, qui émet trois heures de programmation grecque par semaine).

Selon une étude effectuée à Montréal, près de la moitié des Grecs ne consomment pas de boissons alcooliques, 26 % n'achètent pas de parfums et 66 % ne sont abonnés à aucun magazine[31]. Plus loin dans ce chapitre, nous reviendrons sur ce groupe d'une manière plus approfondie.

* * *

Comme le laisse entendre ce survol, les minorités ethniques constituent des marchés divers et souvent hétérogènes, représentant à la fois des défis et des possibilités pour les mercaticiens. Lorsque ces communautés sont grandes et concentrées en certains endroits, comme c'est le cas dans les plus grandes régions métropolitaines de recensement, et une fois que l'on a pu mettre au jour des modes de comportement stables, on peut élaborer des stratégies de marketing originales, adaptées à chacun de ces groupes. Bien que notre connaissance de ces marchés soit encore fragmentaire, on peut prédire, sans risquer de se tromper, qu'à l'avenir les minorités ethniques les plus susceptibles de connaître une forte croissance (comme les Chinois) se verront consacrer plus d'attention et d'efforts de recherche.

Il est donc essentiel de mieux comprendre ce qui constitue l'ethnicité et comment tant la culture d'origine que la nouvelle culture (apprise) interagissent pour orienter le comportement de consommation de ces groupes importants, lesquels constituent au moins le tiers des marchés canadiens (et beaucoup plus dans les régions métropolitaines de recensement).

9.4   Les marchés italo-canadiens

Au Canada, les 730 000 Canadiens d'origine italienne ont une longue histoire, un grand nombre d'individus ayant émigré au Canada il y a de cela plusieurs générations. Dans les années 1950, les immigrants arrivaient surtout du nord de l'Italie, dans les années 1960, du centre de l'Italie, et, au cours de la décennie suivante, du sud de l'Italie. Ces distinctions géographiques sont renforcées par l'usage de divers dialectes, des habitudes alimentaires et des coutumes différentes. Les différences régionales, pas toujours évidentes aux yeux de l'observateur extérieur, et les caractéristiques de la communauté italienne sont très importantes en ce qui concerne le marketing.

9.4.1   Les principales caractéristiques des Italo-Canadiens

Les principaux traits qui distinguent cette communauté des autres minorités ethniques du Canada sont la famille, le quartier et les croyances et pratiques religieuses[32].

◆ **La famille italienne.** Traditionnellement, la famille est la principale institution de la culture italienne, et cela au point que la pire chose qui puisse arriver à un individu est la perte de sa famille. Pour les Italiens, la famille ne se limite pas à la famille nucléaire, mais est élargie pour inclure les membres de la famille plus éloignée et même les parrains et les marraines. Les Italiens s'en remettent à leurs familles pour agir comme bouclier contre les forces extérieures. Déshonorer la famille et apporter de la honte sur elle est un manquement grave. Il n'est donc pas surprenant que les enfants soient élevés à l'intérieur du cercle serré de la famille et que l'on s'attende à ce qu'ils demeurent loyaux et dépendants des parents et des frères et sœurs. L'instruction, du moins aux yeux

de ceux qui n'en ont pas beaucoup, est perçue comme une menace pour le caractère sacré du foyer et de la famille. On encourage le soutien mutuel chez les membres de la famille et l'on évalue le travail par rapport à la capacité de subvenir adéquatement aux besoins des membres de la famille. Le départ des enfants, particulièrement avant le mariage, n'est pas encouragé, et même après le mariage, les enfants vivent soit dans la même maison que leurs parents, soit dans le même quartier. On mesure le succès dans la société non pas au regard de l'individu, mais au regard de la famille. Par conséquent, les entreprises familiales sont préférées et l'on n'encourage pas la réussite orientée vers l'extérieur du contexte familial.

◆ **Le quartier et le foyer.** Dès le début de leur arrivée au Canada, les Italiens ont eu tendance à se regrouper et à former des ghettos – on se rappellera le quartier Saint-Michel, à Montréal. Ces regroupements contribuent au maintien de leurs valeurs et de leurs modes de comportement et représentent un cadre rassurant à l'intérieur duquel peuvent s'effectuer des changements. Une fois qu'ils se sont installés dans un quartier en particulier, les Italiens ne sont pas portés à déménager. Même les deuxième et troisième générations d'Italiens ne changent pas de quartier. Ces enclaves ethniques ne constituent pas tant un « lieu » qu'un contexte favorisant l'adhésion à des normes établies et acceptées, l'établissement de relations amicales et la consommation d'aliments correspondant aux habitudes et aux goûts. Pour renforcer leurs liens, les Canadiens d'origine italienne valorisent fortement le foyer et la possession d'une maison. Cela est au cœur des notions italiennes de stabilité, de respectabilité et d'indépendance[33]. Les Italiens sont très fiers de leur maison et ils préfèrent être propriétaires plutôt que locataires. La maison est le symbole de la famille et la table de la cuisine en est le centre. Même lorsqu'ils habitent des maisons cossues, la table autour de laquelle la famille se réunit est sacrée.

◆ **La religion catholique.** Les Italiens sont pour la plupart catholiques romains et ils croient en la sainteté de l'Église et aux prêtres en tant que symboles de la communauté et de la tradition. L'institution religieuse est appréciée dans la mesure où elle concourt au renforcement des valeurs liées à la famille et au foyer. Tout comme d'autres organisations ethniques, l'Église a joué un rôle important dans l'adaptation des immigrants au milieu canadien[34]. Les Italiens aiment particulièrement la pompe et les rituels associés à l'Église catholique et ne voient pas celle-ci seulement comme une source d'autorité.

◆ *La consommation générale.* Les festivals et les rituels sont célébrés dans le contexte familial. La nourriture est un symbole majeur de plaisir qui dérive de la valorisation de la famille. Manger est une activité sérieuse, surtout à l'occasion des célébrations, par exemple celles de Noël. La consommation d'alcool, lequel est perçu comme une simple boisson pour accompagner la nourriture, est encouragée seulement dans le contexte familial.

9.4.2 Les styles de vie et les valeurs des Italo-Canadiens

Dans une recherche, on a évalué les styles de vie des Canadiens d'origine italienne et on les a comparés avec ceux des Canadiens français et des Canadiens anglais[35]. Les résultats de cette étude sont présentés à la figure 9.4, où ils sont ordonnés à partir des réponses du groupe des Canadiens anglais. Les principales différences observées sont :

■ une plus grande inclination pour les travaux ménagers et une préoccupation plus marquée à l'égard des enfants comparativement aux deux autres groupes. La valeur que les Italiens attachent à la famille peut expliquer cette tendance ;

■ un grand manque de popularité du crédit, qui peut être expliqué par les croyances religieuses fortes des Canadiens d'origine italienne en tant que groupe. Ce résultat a été confirmé par une autre étude selon laquelle 92 % des Italiens de Toronto préfèrent payer comptant[36] ;

■ une préférence pour les aliments frais par opposition aux aliments en conserve (81 % des Italiens vivant à Toronto disent que les aliments frais sont importants). Les Italiens sont en cette matière plus près des Canadiens français que des Canadiens anglais, tout comme en ce qui a trait

à l'innovation (53 % essaieront les nouveaux produits), au souci de la mode (73 % aiment être à la dernière mode), au leadership d'opinion, au manque de popularité des marques génériques et à l'attention qu'ils portent au prix.

Au chapitre d'autres valeurs, une étude menée à Toronto a révélé que 94 % des répondants aiment les valeurs des vieux pays, 86 % disent que les valeurs et les traditions sont importantes, 91 % disent qu'il est important d'aller de l'avant, 57 % préfèrent effectuer leurs achats dans des magasins italiens et 34 % font confiance aux marchands italiens[37].

9.4.3 La segmentation des marchés italo-canadiens

Parce qu'ils subissent l'influence des forces « acculturantes » des deux cultures canadiennes dominantes, les Italiens se sont adaptés de différentes façons. C'est pourquoi il est probable qu'il existe différents groupes ou segments de Canadiens d'origine italienne. Étant donné que Montréal possède l'environnement biculturel le plus complexe, nous étudierons la situation de cette communauté à Montréal dans les paragraphes qui suivent. Pour ce qui est des autres régions urbaines (où vivent la plupart des Italiens), il est permis de croire que le processus d'acculturation s'oriente exclusivement vers la culture anglaise.

Les langues employées

Une étude de l'acculturation des Canadiens d'origine italienne de Montréal a révélé l'existence de quatre segments de marché définis en fonction de la langue la plus couramment employée, soit les Canadiens très italiens, les Canadiens italiens anglophones, les Canadiens italiens triculturels et les Canadiens italiens francophones[38]. Les figures 9.5 et 9.6 (p. 276-277) rendent compte des caractéristiques de ces quatre groupes, qui sont décrits ci-dessous.

◆ *Canadiens très italiens.* Dans ce groupe (31 % de l'échantillon), l'italien est la langue la plus souvent employée à la maison, avec les amis, pour tous les médias de masse et pour 45 % du temps passé au travail, ce qui donne à penser que les membres de ce groupe travaillent dans un environnement très italien. Ils sont pour la plupart des Canadiens de première génération, sont plus âgés que les membres des autres groupes et ont des niveaux d'instruction et de revenus inférieurs.

◆ **Canadiens italiens anglophones.** La majorité des Italiens (56 % de l'échantillon) appartient à ce groupe. L'anglais est la langue de communication dominante, sauf avec les membres de la famille. Comme pour les membres du groupe suivant, les Italiens anglophones sont généralement plus jeunes et ils ont les plus hauts niveaux d'instruction et de revenus. Ils sont pour la plupart des Canadiens de deuxième ou troisième génération, ou plus éloignée encore.

◆ **Canadiens italiens triculturels.** Ce groupe est relativement petit (8 % de l'échantillon) et a connu une acculturation à la fois par la culture anglaise et par la culture française. Les membres parlent les trois langues mais l'italien est employé le plus souvent à la maison ; ils ont fait leurs études surtout en anglais et ils sont portés à parler anglais avec leurs enfants (38 %). Dans les autres contextes, on voit une légère préférence pour l'anglais dans les médias de masse et au travail (42 %) et le français pour les achats (37 %).

◆ **Canadiens italiens francophones.** Il s'agit du plus petit groupe (5 % de l'échantillon). L'acculturation des membres de ce groupe semble s'être réalisée davantage du côté de la culture française : le français est la langue la plus souvent parlée au travail (51 %), la plus populaire pour l'écoute de la télévision et la lecture de livres ou de magazines (46 %), pour l'écoute de la radio (55 %) et pour les achats (66 %). Ils ont fait leurs études surtout en italien et ils parlent l'italien à la maison et avec leurs amis et

Figure 9.4   *Différences dans les styles de vie entre les Canadiens italiens, français et anglais*

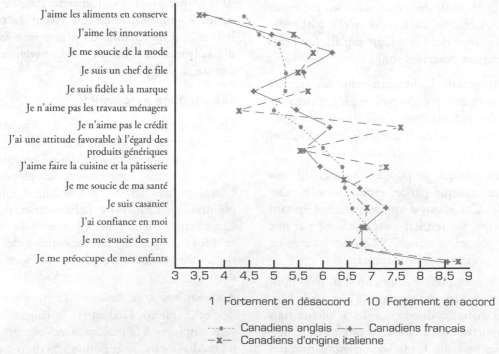

Dimensions*

J'aime les aliments en conserve
J'aime les innovations
Je me soucie de la mode
Je suis un chef de file
Je suis fidèle à la marque
Je n'aime pas les travaux ménagers
Je n'aime pas le crédit
J'ai une attitude favorable à l'égard des produits génériques
J'aime faire la cuisine et la pâtisserie
Je me soucie de ma santé
Je suis casanier
J'ai confiance en moi
Je me soucie des prix
Je me préoccupe de mes enfants

3 3,5 4 4,5 5 5,5 6 6,5 7 7,5 8 8,5 9

1 Fortement en désaccord   10 Fortement en accord

- - • - - Canadiens anglais   — + — Canadiens français
— x — Canadiens d'origine italienne

* Ordonnées en fonction des Canadiens anglais.

les membres de leur famille. Ils sont majoritairement des Canadiens de première génération et leur profil démographique se rapproche de celui des membres du premier groupe.

Le profil psychographique et les différences de consommation des Italo-Canadiens

Une analyse des styles de vie apporte de l'information additionnelle sur les effets de l'acculturation. Ainsi, pour 11 des 14 dimensions du style de vie (concernant ces dimensions, voir la figure 9.4), les Italiens anglophones ont un score moyen qui se situe entre celui des Canadiens très italiens et celui des Canadiens anglais. On peut supposer, d'après cette observation, qu'au fur et à mesure que la culture canadienne-anglaise les a acculturés, ils ont adopté certains des styles de vie de ce groupe : par exemple, ils sont moins préoccupés par leurs enfants, ils aiment moins faire la cuisine et la pâtisserie et apprécient un peu plus les aliments en conserve et le crédit et un peu moins le travail domestique. D'un autre côté, ils se soucient davantage de la mode et ils sont plus loyaux à la marque que les Canadiens très italiens ou les Canadiens anglais et ils aiment moins les produits génériques que les membres de ces deux groupes.

Cependant, cette tendance comportementale ne semble pas être vraie pour ce qui est de l'acculturation par la culture canadienne-française, à trois exceptions près : les Canadiens italiens francophones sont plus soucieux de la mode, ils se préoccupent de leur santé et ils aiment moins faire la cuisine et la pâtisserie. Cela pourrait être dû au fait que leur acculturation est récente, étant donné que ce groupe est en majorité constitué de Canadiens de première génération. On pourrait s'attendre à ce que des modes de comportement plus clairs émergent dans l'avenir.

Une analyse des modes de consommation (fréquence d'utilisation de divers produits) permet de tirer une conclusion semblable : au fur et à mesure qu'augmente l'acculturation des Italiens, leur mode de consommation pour certains produits tend à changer dans le sens de celui de la culture dominante

avec laquelle ils ont d'abord établi des relations privilégiées : par exemple, les Italiens anglophones mangent plus de céréales et de beurre d'arachide et ils boivent moins de vin que les autres, alors que les Italiens francophones mangent moins de céréales que les autres. Les Canadiens très italiens boivent plus de vin et moins de lait et ils mangent plus de fromages importés et moins de beurre d'arachide que tous les autres groupes.

* * *

Comme l'indique cette brève description des marchés italo-canadiens, il existe des différences de comportement découlant à la fois de la culture d'origine et de la nouvelle culture (ou des nouvelles cultures) qui exercent une poussée « acculturante ». Cette influence, en retour, détermine le style de vie et le comportement de consommation des membres de la communauté italo-canadienne. Ces comportements ne sont pas homogènes, et l'on a vu que quatre segments d'Italiens coexistent à Montréal et probablement deux ou trois segments dans d'autres zones urbaines, ce qui pourrait justifier l'adoption d'une stratégie de marketing différenciée. L'encadré 9.3 présente des exemples de marketing destiné aux Italiens (on trouve aussi d'autres exemples dans l'encadré 9.1, à la page 278).

9.5 Les marchés gréco-canadiens

La grande majorité des immigrants grecs est arrivée au Canada après 1950. Le climat politique en Grèce à ce moment et une situation économique globale mauvaise sont deux des facteurs qui peuvent expliquer ce mouvement migratoire des travailleurs grecs. Entre 1959 et 1963, près de 315 000 Grecs ont quitté leur pays. Selon Statistique Canada, il y avait plus de 145 000 Grecs au Canada en 1996 ; environ 47 000 d'entre eux étaient installés au Québec, dont 97 % dans les zones urbaines. Les Grecs du Canada ont essayé de préserver les institutions culturelles qu'ils valorisent le plus tout en s'adaptant à la société canadienne.

Figure 9.5

*La langue employée par les Italiens de Montréal appartenant
à quatre sous-groupes*

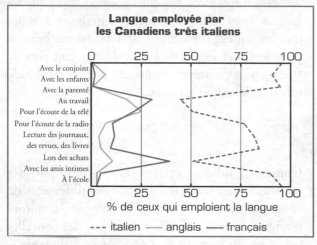

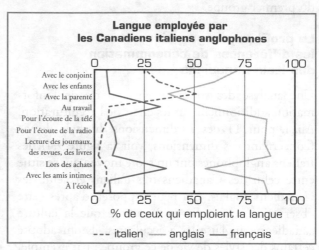

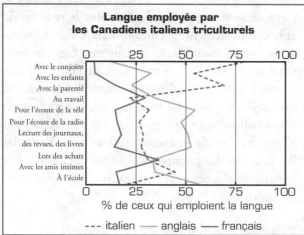

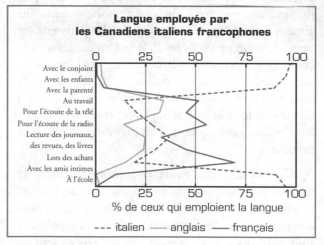

9.5.1 Les principales caractéristiques des Gréco-Canadiens

Les principaux traits distinctifs des Canadiens d'origine grecque se rapportent à la religion, à leurs attitudes à l'égard de la famille et à l'instruction[39].

◆ *La religion orthodoxe.* L'une des dimensions majeures de l'identité grecque est la religion. L'Église orthodoxe grecque a joué un rôle tellement important dans l'histoire et la culture grecques qu'elle est presque synonyme du mot « grec ». L'Église a contribué à préserver la foi, la culture et la langue grecques. Non seulement elle est au cœur de la vie spirituelle, mais elle est également au cœur de la vie sociale ; plusieurs Grecs perçoivent l'église comme un lieu de rencontres avec d'autres Grecs où ils peuvent bavarder avec leurs amis. Bien que peu de Grecs de troisième génération fréquentent l'église de façon régulière, la plupart acceptent toujours la religion comme un symbole de l'identité grecque[40]. L'Église a largement contribué au maintien de la langue par l'entremise de services religieux et de classes en langue grecque destinées aux enfants d'immigrants.

Figure 9.6 *Les modes d'acculturation des Italiens de Montréal*

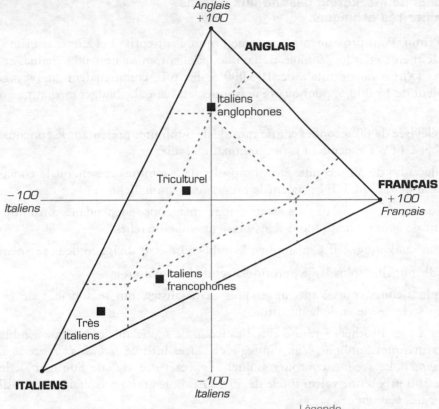

Légende

- Groupes complètement uniculturels
- ■ Centre des quatre groupes
- ---- Frontières des aires uniculturelles, biculturelles et triculturelles

◆ *La famille grecque.* Une autre caractéristique de la culture grecque est une forte valorisation de la famille. Traditionnellement, le père est le maître de la maisonnée et la mère doit rester à la maison et prendre soin des enfants. Dans le pays d'origine, les femmes possèdent un statut social de second rang et les mariages sont arrangés par la famille. Même si les normes et les valeurs sociales des Canadiens d'origine grecque se sont quelque peu modifiées pour s'adapter aux normes canadiennes, cette structure patriarcale marquée existe toujours chez les Grecs moins instruits. Les femmes grecques habitant le Canada disposent d'une plus grande liberté économique; elles travaillent souvent à l'extérieur du foyer (parfois dans la petite entreprise de leur mari) pour augmenter le revenu familial. Néanmoins, elles continuent d'assumer la responsabilité de l'éducation des enfants et des corvées ménagères.

Même aujourd'hui, une famille grecque n'est pas complète sans la présence d'enfants; la maternité est exigée de toutes les femmes grecques mariées. La famille grecque typique au Canada est en général peu nombreuse, probablement pour des raisons économiques. La communauté grecque est étroitement

Quelques exemples de marketing destiné aux Italiens et aux autres minorités ethniques

Les aliments Primo. Pour promouvoir sa marque Primo, l'entreprise Les aliments Primo a organisé un concours dont le thème était les réunions de famille, par l'entremise de 1 000 chaînes et supermarchés indépendants. D'une valeur totale de 100 000 $, les prix comprenaient un voyage de deux semaines, d'une valeur de 15 000 $, pour quatre personnes, en Italie. Le budget médiatique de 100 000 $ incluait :

■ une annonce télévisée de 60 secondes et une capsule de 3 minutes présentant le concours, diffusées sur Global TV et CITY-TV pendant la programmation italienne ;

■ des annonces de radio de 30 secondes et des capsules de 5 minutes présentant le concours, diffusées par la station de radio CHIN pendant la programmation italienne ;

■ des étalages en italien et en anglais dans les principaux magasins indépendants ainsi que des comptoirs permettant de goûter aux produits dans plusieurs supermarchés.

Selon le directeur du marketing, Jeff Christopher, le public visé était divisé en deux segments :

■ les familles traditionnelles, plus larges, propriétaires de leur maison ;

■ les acheteurs plus jeunes, plus astucieux et plus matérialistes, qui se soucient de la valeur du produit, de leur style de vie et de la nutrition.

Lever Brothers. Lever Brothers a réalisé avec beaucoup de succès une campagne semblable à celle de Primo, pour ses marques Sunlight, Vim, Snuggle et Dove. Intitulé *Il secondo concorso sunlight fa' risplendere la tua vita* (« Le second concours annuel "Égayez votre vie" de Sunlight »), le concours comportait plus de 100 prix d'une valeur totale de 30 000 $, et le grand prix était une croisière Regent Holidays sur la mer des Caraïbes.

Labatt. L'engagement de Labatt auprès des Italiens remonte à 1976, alors que l'entreprise a fait la promotion de la Labatt 50 auprès des Italiens de Toronto. La campagne eut un tel succès qu'elle fut répétée auprès de plusieurs minorités ethniques dont les Grecs, les Portugais, les Allemands, les Hollandais et les Ukrainiens. En 1982, la Labatt 50 avait conquis 16 % du marché global de la bière en Ontario. Par la suite, l'entreprise a fait la promotion de sa marque Labatt Bleue auprès de plusieurs minorités ethniques. L'approche créative adoptée consistait à montrer un ballon dirigeable bleu traversant les quatre saisons, et la chansonnette, en quatre langues, était une variation sur le thème de la chanson *When You're Smiling*. Par la suite, des campagnes ont mis en scène un individu néo-canadien ayant adopté un style de vie « mixte » – la personne était en transition entre son groupe d'origine et le monde anglophone. À chaque groupe correspondait une approche publicitaire propre (c'est-à-dire des médias, des personnages, de la musique et des effets spéciaux).

Sun Life. À la suite d'une campagne ayant eu beaucoup de succès, destinée au marché chinois, Sun Life Assurance a décidé de percer le marché italien de Toronto avec des annonces en langue italienne dans le journal *Corriere Canadese*. Le nom de l'entreprise est même devenu Raggio Solare (« Rayon de soleil »), étant donné qu'il était impossible de traduire correctement Sun Life en italien.

Source   K. Riddell, « Latest Primo promo targets ethnic market », *Marketing*, 11 mars 1991, p. 7 ; G. Pritchard, « Polyglot profits », *Canadian Business*, février 1988, p. 47-55 ; N. Lopez-Rizza di Sardi, « Reaching a unique market », *Marketing*, 17 juin 1991, p. 23, 26.

liée ; on s'attend à ce que les hommes s'entraident sur les plans moral et économique. Les enfants et les personnes âgées sont la responsabilité de la famille immédiate ou élargie[41]. Une étude menée auprès de Canadiennes d'origine grecque a conduit à la constatation qu'il n'y avait pas d'équivalent grec pour le terme « gardienne d'enfant[42] ». Les femmes grecques qui doivent travailler à l'extérieur et celles qui n'ont pas de famille pour s'occuper de leurs enfants doivent souvent les envoyer vivre en Grèce, avec leurs grands-parents, jusqu'à ce qu'ils aient l'âge de fréquenter l'école.

L'exogamie n'est pas acceptée de la plupart des Grecs. Dans une étude auprès d'immigrants grecs, 83 % des répondants ont déclaré être absolument opposés à l'exogamie[43]. D'autres groupes étudiés étaient beaucoup plus favorables aux mariages interethniques[44].

◆ **L'instruction.** La plupart des Canadiens d'origine grecque de première génération ont un statut socioéconomique relativement faible et se rendent compte à quel point est importante l'instruction de leurs enfants pour améliorer la situation sociale de la famille au Canada. En fait, plusieurs Grecs mentionnent l'instruction comme une des principales raisons de leur venue au Canada. Jusqu'à récemment, les enfants grecs ont fréquenté les écoles anglaises à Montréal, mais l'inscription aux écoles françaises est à la hausse depuis l'adoption de la Charte de la langue française (projet de loi 101), en 1977. Une étude auprès de 76 parents habitant Toronto a révélé que 75 % d'entre eux appuyaient le bilinguisme (l'anglais et le grec) chez leurs enfants. Environ 77 % des répondants grecs souhaitaient plus d'écoles grecques comme moyen, pour leurs enfants, de préserver la langue et la culture grecques[45].

9.5.2 Les styles de vie et les valeurs des Gréco-Canadiens

Les styles de vie des Canadiens d'origine grecque ont été étudiés et comparés à ceux des Canadiens français et anglais (comme cela fut fait pour le groupe italien que l'on a vu précédemment). Les résultats de cette étude sont présentés à la figure 9.7, où ils sont ordonnés par rapport aux réponses du groupe des Canadiens anglais[46]. Il en ressort que la plupart des réponses données par les Grecs sont les mêmes que celles des Italiens, d'où des modes de comportement plutôt semblables entre ces deux groupes (bien que les résultats des Grecs semblent moins extrêmes). On relève toutefois deux exceptions : pour ce qui est des attitudes à l'égard des produits génériques et du fait d'être casanier, les réponses des Grecs ressemblent davantage à celles des Canadiens anglais.

9.5.3 La segmentation des marchés gréco-canadiens

Les langues employées

Une étude de l'acculturation des Canadiens d'origine grecque de Montréal a mis en lumière l'existence de quatre principaux segments définis en fonction de la langue employée[47]. Les figures 9.8 et 9.9 présentent certaines des caractéristiques de ces quatre segments – les Canadiens très grecs, les Canadiens grecs anglophones, les Canadiens mi-grecs anglophones et les Canadiens grecs francophones – dont nous donnons une brève description ci-dessous.

◆ **Canadiens très grecs.** Pour ce groupe (14 % de l'échantillon), le grec est la langue préférée dans tous les cas, sauf pour l'écoute de la télévision et les achats (55 % préfèrent l'anglais, 34 % le grec). Les membres de ce segment sont pour la plupart des Canadiens de première génération et ils ont des niveaux d'instruction et de revenu inférieurs à ceux des autres groupes.

◆ **Canadiens grecs anglophones.** La majorité (58 % de l'échantillon) appartient à ce groupe. L'anglais est la langue de communication préférée, sauf à la maison et avec les amis. Ces Canadiens grecs sont généralement plus jeunes et ils ont les niveaux d'instruction et de revenu les plus élevés. Ils sont dans l'ensemble des Canadiens de deuxième génération ou plus. Il s'agit du groupe le plus acculturé de tous.

◆ **Canadiens mi-grecs anglophones.** Ce large groupe (26 % de l'échantillon) semble avoir été partiellement acculturé par la culture anglaise. Il se compose d'individus plus âgés ayant des niveaux d'instruction et de revenu assez bas ; ceux-ci sont pour la plupart des Canadiens de première génération (en tant que premier groupe). Ils parlent surtout l'anglais au travail (63 %).

◆ **Canadiens grecs francophones.** Ce très petit groupe (3 % de l'échantillon) a été acculturé par la culture française ; 80 % des membres parlent le français au travail et 53 % le parlent aussi au cours des achats. Comme pour le premier groupe, des pressions du milieu de travail entrent sans doute ici en jeu. Ils sont également en majorité des Canadiens de première génération, mais leurs niveaux d'instruction et de revenu sont plus élevés, c'est-à-dire qu'ils sont issus d'un milieu socioéconomique plus aisé dans leur pays natal.

Le profil psychographique et les différences de consommation des Gréco-Canadiens

Une analyse des styles de vie donne de l'information additionnelle, mais peu de preuves des effets de l'acculturation. On constate que, pour 10 des 14 dimensions du style de vie (concernant ces dimensions, voir la figure 9.7), les Grecs anglophones ont un score moyen qui se situe entre celui des Canadiens très grecs et celui des Canadiens anglais. Il est permis de croire que, au fur et à mesure que la culture canadienne-anglaise les acculture, les Grecs adoptent certains des styles de vie de ce groupe : par exemple, ils sont moins préoccupés par leurs enfants, aiment moins cuisiner, apprécient un peu moins les corvées ménagères et un peu plus le crédit, se soucient moins de leur santé et sont moins casaniers. D'un autre côté, ils se soucient davantage de la mode et sont plus fidèles à la marque que les Canadiens très grecs ou les Canadiens anglais et ils aiment moins les marques génériques.

On remarque que cette tendance ne se manifeste pas dans le processus d'acculturation orienté vers la culture française, sauf pour trois exceptions : les Grecs francophones sont plus susceptibles d'être des

---

Figure 9.7   *Différences entre les styles de vie de quatre groupes culturels du Canada*

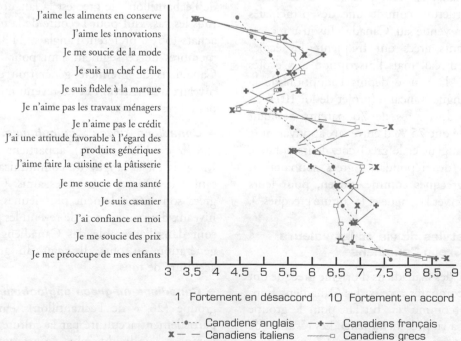

Dimensions*

J'aime les aliments en conserve
J'aime les innovations
Je me soucie de la mode
Je suis un chef de file
Je suis fidèle à la marque
Je n'aime pas les travaux ménagers
Je n'aime pas le crédit
J'ai une attitude favorable à l'égard des produits génériques
J'aime faire la cuisine et la pâtisserie
Je me soucie de ma santé
Je suis casanier
J'ai confiance en moi
Je me soucie des prix
Je me préoccupe de mes enfants

3   3,5   4   4,5   5   5,5   6   6,5   7   7,5   8   8,5   9

1 Fortement en désaccord   10 Fortement en accord

····•···· Canadiens anglais   —+— Canadiens français
x — — Canadiens italiens   ——□ Canadiens grecs

* Ordonnées en fonction des Canadiens anglais.

Figure 9.8 — *La langue employée par les Grecs de Montréal appartenant à quatre sous-groupes*

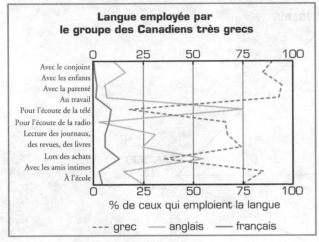

Langue employée par le groupe des Canadiens très grecs

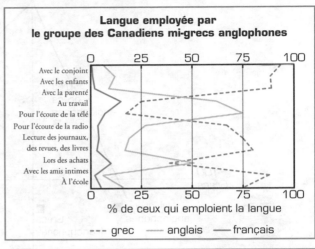

Langue employée par le groupe des Canadiens mi-grecs anglophones

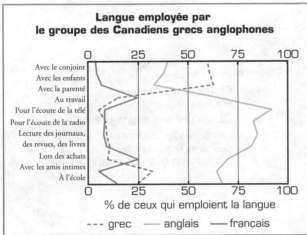

Langue employée par le groupe des Canadiens grecs anglophones

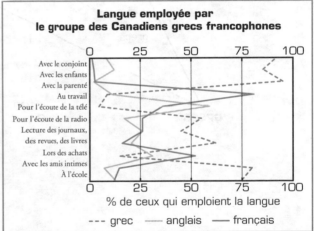

Langue employée par le groupe des Canadiens grecs francophones

leaders d'opinion et ils aiment moins les corvées ménagères, faire la cuisine et la pâtisserie. Cela pourrait être dû au fait que leur acculturation est plus récente étant donné que ce groupe est dans l'ensemble surtout constitué de Canadiens de première génération. On pourrait s'attendre à ce que des tendances plus claires émergent dans l'avenir.

Une analyse des modes de consommation (la fréquence d'utilisation de divers produits) mène à une conclusion semblable : au fur et à mesure qu'augmente leur acculturation, les Grecs ont un mode de consommation pour certains produits qui tend à ressembler de plus en plus à celui de la culture dominante avec laquelle ils ont établi des relations privilégiées : par exemple, les Grecs anglophones mangent plus de fromage cheddar et de poisson surgelé et moins de fromages importés, de gâteaux maison et d'agneau que les Canadiens mi-grecs anglophones et les Canadiens très grecs (dans cet ordre) et se rapprochent des modes de consommation des Canadiens anglais. Une tendance semblable se dessine chez les Grecs francophones comparativement aux Canadiens très grecs et aux Canadiens français.

* * *

Figure 9.9   *Les modes d'acculturation des Grecs de Montréal*

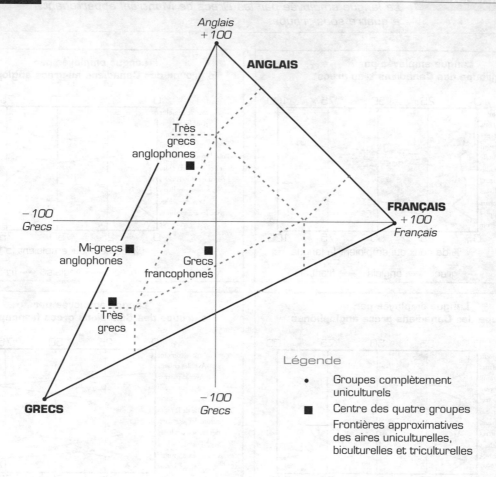

Comme pour les Canadiens d'origine italienne, on pourrait conclure qu'il existe des différences de comportement provenant de la culture d'origine et de la nouvelle culture (ou les nouvelles cultures), qui exercent certaines poussées « acculturantes ». En retour, cette influence détermine le style de vie et le comportement de consommation des membres de ce groupe. Les comportements des Canadiens d'origine grecque ne sont pas homogènes et varient

en fonction de la date (plus ou moins récente) de leur arrivée au Canada. On a montré l'existence de quatre segments à Montréal (il est à noter que l'on n'a pas relevé de groupe triculturel) et il existe probablement deux ou trois segments dans les autres régions urbaines, ce qui pourrait justifier l'adoption d'une stratégie de marketing différenciée (plusieurs des exemples donnés dans le texte s'appliquent également aux Canadiens d'origine grecque).

RÉSUMÉ

Le Canada est devenu une société multiculturelle. Les deux cultures dominantes, les cultures française et anglaise, constituent toujours les marchés les plus importants, mais certains groupes ethniques présentent des défis et des occasions sur le plan du marketing. Dans les marchés où les minorités ethniques sont larges et concentrées, celles-ci peuvent former des segments de marché rentables pour certains produits et services. Environ 31 % des Canadiens ne sont d'origine ni française ni anglaise, et l'on s'attend à une augmentation de ce pourcentage dans l'avenir. Nous avons tracé le portrait des minorités ethniques les plus importantes à partir de l'information dont nous disposons.

Chaque groupe, pris séparément, n'est pas homogène et ses membres répondent de différentes façons aux pressions de l'acculturation, d'où l'on peut conclure à l'existence de différents segments à l'intérieur de chaque groupe. Cela a été démontré par un examen de deux communautés culturelles pour lesquelles il existe de l'information provenant d'études empiriques à Montréal : les Canadiens d'origine italienne, qui sont arrivés au Canada il y a plus de 50 ans, et les Canadiens d'origine grecque, dont l'arrivée au Canada est plus récente. Cela explique pourquoi le degré d'acculturation par les cultures française et anglaise est plus fort chez les Canadiens d'origine italienne que chez les Canadiens d'origine grecque.

Dans ce chapitre, nous avons aussi montré que les marchés ethniques du Canada sont variés, qu'ils ont une importance relative pour les mercaticiens et que l'établissement de segments additionnels pourrait être nécessaire en ce qui concerne les minorités ethniques les plus importantes.

QUESTIONS ET THÈMES DE DISCUSSION

1. Peut-on parler d'un marché « britannique » unique au Canada ? Expliquez votre réponse.

2. Le marché allemand constitue un des plus grands marchés ethniques au Canada. Quelles sont les implications marketing de ce que l'on sait actuellement sur ce marché ?

3. Quelles sont les implications marketing de ce que l'on connaît actuellement au sujet des cultures autochtones du Canada ?

4. On s'attend à une augmentation des immigrants chinois dans l'avenir et à une croissance rapide de ce groupe. Sur la base de cette information, quels conseils donneriez-vous au propriétaire d'une grande chaîne de magasins d'alimentation ?

5. Les mercaticiens devraient-ils tenter de rejoindre le marché des Scandinaves d'une façon différente de celle qu'ils appliquent pour le marché global ? Expliquez votre réponse.

6. En tant que groupe ethnique, les Canadiens d'origine italienne justifient-ils l'adoption d'une stratégie de marketing différenciée ? Expliquez votre réponse à l'aide d'exemples.

7. Comment un gestionnaire de marketing devrait-il utiliser la segmentation du marché des Canadiens d'origine italienne présentée dans ce chapitre ? Répondez en fonction d'une région urbaine de votre choix.

8. En tant que groupe ethnique, les Canadiens d'origine grecque justifient-ils l'adoption d'une stratégie de marketing différenciée ? Expliquez votre réponse à l'aide d'exemples.

9. Comment un gestionnaire de marketing devrait-il utiliser la segmentation du marché des Canadiens d'origine grecque présentée dans ce chapitre ? Répondez en fonction d'une région urbaine de votre choix.

NOTES

1. J. Porter, *The Vertical Mosaic,* Toronto, University of Toronto Press, 1965.

2. « Canada's family tree », *The Royal Bank Reporter,* printemps 1992, p. 4.

3. Statistique Canada, *Recensement 1996 : origine ethnique,* série « Le pays », Ottawa, ministère de l'Industrie, cat. 93F0026XDB96002, 1996.

4. Statistique Canada, *Recensement 1996 : langue maternelle,* série « Le pays », Ottawa, ministère de l'Industrie, cat. 93F0024XDB96001, 1996.

5. Statistique Canada, *Recensement 1996 : origine ethnique,* ouvr. cité ; voir aussi C. Lawrence, S.J. Shapiro et S. Lalji, « Ethnic markets – A Canadian perspective », *Journal of the Academy of Marketing Science,* été 1986, p. 7-16.

6. C. Lawrence, S.J. Shapiro et S. Lalji, art. cité.

7. Ethnic Media and Markets, The Media Information Network, Rogers Media, Toronto, été-automne 2001.

8. Les données sur la population mentionnées dans les sections qui suivent proviennent pour la plupart de Statistique Canada, *Recensement 1996 : origine ethnique,* ouvr. cité.

9. H. Winaker-Steiner et N.A. Wetzel, « German families », dans M. McGoldrick, J.K. Pierce et J. Giordano (sous la dir. de), *Ethnicity and Family Therapy,* New York, Guilford Press, 1982, p. 247-268.

10. *Ibid.*

11. C. Jansen, « The Italian community in Toronto », dans J.L. Elliott (sous la dir. de), *Minority Canadians,* vol. 2 : *Immigrant Groups,* Toronto, Prentice-Hall, 1971, p. 207-215.

12. *Ethnic Media and Markets,* ouvr. cité.

13. « Montreal ethnics focus of new study », *Marketing,* 5 mars 1984, p. 12-13.

14. D. Hogarth, « Marketers set sights on Asian-Canadians », *The Financial Post,* 16 septembre 1991, p. 2.

15. E. Lee, « A social systems approach to assessment and treatment for Chinese American families », dans M. McGoldrick, J.K. Pierce et J. Giordano (sous la dir. de), ouvr. cité, p. 527-551.

16. *Ethnic Media and Markets,* ouvr. cité.

17. S. Sutter, « Advertisers missing out », *Marketing,* 20 octobre 1986, p. 22-23.

18. O. Schmouker, « ACNielsen analyse le comportement des Canadiens chinois de

Vancouver », en ligne à <Infopresse.com>, 30 mai 2001, p. 1 ; E.M. Adams, « The big piece of the mosaic », *Marketing,* n° 21, juin 1999, p. 16.

19. « Montreal ethnics focus of new study », art. cité.

20. C. Attneave, « American Indians and Alaska native families : Emigrants in their own homeland », dans M. McGoldrick, J.K. Pierce et J. Giordano (sous la dir. de), ouvr. cité, p. 55-83.

21. « Montreal ethnics focus of new study », art. cité.

22. A. Anderson, « Ukrainian ethnicity », dans J.L. Elliott (sous la dir. de), *Two Nations, Many Cultures,* Toronto, Prentice-Hall, 1979, p. 250-269.

23. L. Medcalf, « Black community papers struggle to keep going », *Marketing,* 13-20 juillet 1992, p. 20.

24. « Montreal ethnics focus of new study », art. cité.

25. Voir, par exemple, G.P. Moschis, *Consumer Socialization,* Lexington (Mass.), Lexington Books, 1987, p. 247-258 ; H.P. McAdoo (sous la dir. de), *Black Families,* Newbury Park (Calif.), Sage, 1988.

26. S.M. Mondykowski, « Polish families », dans M. McGoldrick, J.K. Pierce et J. Giordano (sous la dir. de), ouvr. cité, p. 393-411.

27. *Ethnic Media and Markets,* ouvr. cité.

28. E. Moitoza, « Portuguese families », dans M. McGoldrick, J.K. Pierce et J. Giordano (sous la dir. de), ouvr. cité, p. 412-437.

29. E.C. Hirschman, « American Jewish ethnicity : Its relationship to some selected aspects of consumer behaviour », *Journal of Marketing,* vol. 45, été 1981, p. 102-109 ; F.M. Herz et E.J. Rosen, « Jewish families », dans M. McGoldrick, J.K. Pierce et J. Giordano (sous la dir. de), ouvr. cité, p. 364-392.

30. C.F. Midelfort et H.C. Midelfort, « Norwegian families », dans M. McGoldrick, J.K. Pierce et J. Giordano (sous la dir. de), ouvr. cité, p. 438-456.

31. S. Sutter, « Ethnic advertising is where it's at », *Marketing,* 2 février 1987, p. 13.

32. M. Rotunno et M. McGoldrick, « Italian families », dans M. McGoldrick, J.K. Pierce et J. Giordano (sous la dir. de), ouvr. cité, p. 340-363 ; M. Laroche et autres, « Acculturation of Italians toward French and English cultures and its effect on life-styles », dans G.J. Bamossy et W.F. van Raaij (sous la dir. de), *European Advances in Consumer Research,* Association for Consumer Research, 1993, p. 269-277.

33. C. Jansen, *Italians in a Multicultural Canada,* Queenston, Edwin Mellin Press, 1988 ; J. Lopreato, *Italian Americans,* Toronto, Random House, 1970.

34. L. Driedger, « In search of cultural identity factors : A comparison of ethnic students », *Canadian Review of Sociology and Anthropology,* vol. 12, n⁰ 2, 1975, p. 150-162 ; T. Grygier, *Sounds Canadian,* Toronto, Lazard Publishers, 1979.

35. M. Hui et autres, « Equivalence of lifestyle dimensions accross four major subcultures in Canada », *Journal of International Consumer Marketing,* vol. 5, n⁰ 3, 1993, p. 15-35.

36. J. Marney, « CARF addresses customer concerns », *Marketing,* 8 avril 1991, p. 12.

37. *Ibid.*

38. M. Laroche et autres, art. cité.

39. P. Chimbos, *The Canadian Odyssey : The Greek Experience in Canada*, Toronto, McClelland & Stewart, 1980 ; C.L. Bombas (sous la dir. de), *Montreal's Hellenism 1843-1985,* Montréal, Hellenic Psychological and Pedagogical Institute of Montreal, 1985 ; G. Thomas, « Women in the Greek community in Nova Scotia », *Canadian Ethnic Studies,* vol. 20, n⁰ 3, 1988, p. 84-93.

40. F. Katma, *The Role of the Greek Orthodox Church in Montreal,* thèse en sociologie et anthropologie, Université Concordia, 1985 ; A. Scourby, « Three generations of Greek Americans : A study in ethnicity », *International Migration Review,* vol. 14, n⁰ 1, 1978 ; J.P Clarini, *Determinants of Language Assimilation in Three Ethnic Groups in Canada,* mémoire de maîtrise en sociologie, Université Concordia, 1987.

41. P. Chimbos et C. Agocs, « Kin and hometown networks : A support system for the immigration and settlement of Greek Canadians », *Canadian Ethnic Studies,* vol. 15, n⁰ 2, 1983, p. 42-56.

42. P. Chimos, ouvr. cité.

43. G. Thomas, art. cité.

44. M. Laroche et autres, art. cité.

45. J.P. Clarini, ouvr. cité.

46. M. Hui et autres, art. cité.

47. M. Laroche et autres, « Patterns of acculturation toward two dominant cultures and their relationship to lifestyles », dans A. Carson (sous la dir. de), *Marketing,* vol. 14, Montréal, Association des sciences administratives du Canada, 1993, p. 132-141.

Chapitre 10

Le marché canadien-français

INTRODUCTION

Ce chapitre traite d'un sujet qui intéresse beaucoup les mercaticiens, à savoir le marché canadien-français, en mettant l'accent sur le plus grand, celui du Québec. Au chapitre 9, nous avons parlé de la « mosaïque » canadienne, des deux cultures dominantes et des marchés ethniques en croissance. Cependant, le marché canadien-français continue d'être le plus grand marché, après le marché canadien-anglais, et c'est pourquoi nous lui accordons autant d'attention.

Nous résumerons d'abord les principales connaissances relatives au marché canadien-français, notamment la position du Québec en Amérique du Nord et l'histoire qui a façonné le peuple de cette province. Nous nous intéresserons ensuite à deux grands courants de recherche dans le

▼

champ du comportement du consommateur, soit la méthode comparative, qui vise à définir les francophones par rapport aux autres groupes principaux tels que les anglophones, et la méthode structurelle, qui vise plutôt à l'établissement de catégories types de consommateurs. Trois grandes typologies de Canadiens français ont d'ailleurs été proposées, à partir de données provenant d'enquêtes structurelles. Finalement, nous traiterons des principaux problèmes méthodologiques que pose l'étude du comportement des consommateurs canadiens-français.

10.1 La définition du marché canadien-français

Comme on l'a vu dans le chapitre précédent, il y a des Canadiens français dans chacune des provinces et chacun des territoires du Canada, mais environ 81 % d'entre eux sont concentrés au Québec. Les mercaticiens doivent définir le marché canadien-français de façon à faciliter la promotion et la distribution efficaces de produits particuliers auprès de ce groupe. Selon la mesure de Lefrançois et Chatel, le marché canadien-français comprend, en plus du Québec, huit comtés adjacents de l'Ontario et sept comtés du Nouveau-Brunswick[1]. Cette mesure englobe environ 93 % de l'ensemble des Canadiens français. D'autres auteurs s'appuient sur des critères linguistiques, tels que la langue parlée à la maison, la langue du questionnaire retourné ou la langue maternelle, pour définir ce marché. Nous examinerons et évaluerons ces définitions un peu plus loin dans le chapitre.

Pour notre part, dans un souci de clarté, nous entendons par « marché canadien-français » le débouché économique constitué par l'ensemble des clients canadiens de langue ou de culture françaises qui achètent ou sont susceptibles d'acheter un produit ou un service. Cette définition englobe aussi bien le marché canadien-français du Québec que celui du reste du Canada.

10.2 L'importance du marché canadien-français

Le marché canadien-français mérite une attention spéciale de la part des mercaticiens, et ce pour deux raisons : il est de très grande taille et il est très différent du marché traditionnel anglophone.

10.2.1 Un marché de grande taille

Le marché francophone est le deuxième en importance au Canada, comptant, en 1996, plus de sept millions de consommateurs (origines simples et multiples). Cette même année, le total des ventes au détail atteignait environ 60 milliards de dollars, représentant près d'un quart des ventes au détail au Canada.

10.2.2 Une culture et une langue propres

Étant donné les particularités culturelles et linguistiques de ce marché, toute erreur par rapport à l'un ou l'autre des éléments du marketing-mix (par exemple, le nom de marque, le conditionnement ou le prix) peut sauter aux yeux et peut même être amplifiée, ce qui risque d'entraîner le rejet du produit par un grand nombre de consommateurs potentiels. Pour illustrer cette idée, voyons quelques exemples :

- *Les noms de marques.* Le lait Pet et le dentifrice Cue possèdent en français des connotations péjoratives. Face à un problème semblable, Procter & Gamble a trouvé une solution intelligente, donnant à une marque de shampooing un nom français légèrement différent du nom anglais (voir la figure 10.1).

- *Le conditionnement.* Les consommateurs francophones préfèrent les soupes et les préparations pour gâteaux en sachets aux soupes en conserve et aux gâteaux prêts à manger.

- *Les produits génériques.* Depuis qu'ils ont été introduits au Canada, en 1978, les produits génériques (produits sans nom vendus moins cher) se sont bien vendus chez les Canadiens anglais, mais ils ont eu moins de succès chez les Canadiens français.

Figure 10.1 — *Des noms de marque différents en français et en anglais*

Étant donné que le nom de marque *Pert* a une connotation négative en français, il a été légèrement modifié pour *Prêt*, acquérant ainsi une connotation positive.

Source — Reproduit avec la permission de Procter & Gamble Inc.

10.2.3 Le besoin d'une stratégie différente pour rejoindre le marché canadien-français

Pour plusieurs produits, le marché canadien-français peut être rentable, mais ce marché est suffisamment différent des autres marchés du Canada pour qu'on l'approche prudemment, par le moyen d'une stratégie de marketing différenciée. Cela peut nécessiter d'importantes adaptations ou des approches originales en ce qui a trait à la publicité (voir l'encadré 10.1), à la stratégie de marque ou au conditionnement du produit.

Par exemple, le cinéma représente une si grande industrie que les erreurs peuvent coûter des millions de dollars en revenus perdus. Ainsi, les titres de films jouent un rôle important lorsqu'il s'agit d'attirer des clients au cinéma ; les responsables du marketing des films se sont en effet aperçus qu'une bonne adaptation du titre peut faire une énorme différence sur le marché francophone lorsque l'on présente la version française d'un film en langue anglaise. Le tableau 10.1 (p. 292) fournit des exemples d'adaptation de l'anglais au français. On peut faire un exercice semblable avec les devises et les slogans des entreprises.

Encadré 10.1 — *PLEINS FEUX SUR LES CONSOMMATEURS*

Pourquoi la publicité doit-elle être différente au Québec ?

Ça peut arriver pendant que vous circulez sur le trottoir, même si vous essayez de l'éviter : votre regard va des lignes du trottoir aux vitrines des magasins pour finalement se poser sur un panneau d'affichage ; vous apercevez alors une paire de pieds qui, absurdement, reposent dans deux assiettes de plastique avec le message suivant : « Pour éviter ça... consultez votre avocat ! » (Voir l'illustration de la page suivante.) Pour éviter quoi ? Pour un Anglais, même un Anglais bilingue, ce message prête à confusion. Les pieds dans les plats ? Consultez un avocat ?

Et c'est à ce moment que cela vous frappe : « Mettre les pieds dans les plats » signifie commettre une gaffe. Si jamais quelque chose pouvait symboliser une société distincte, c'est bien ça. Cela va au-delà du simple langage, il s'agit de gestes, d'expressions, de tout ! De plus en plus, au Québec, la publicité est faite sur mesure pour le marché qu'elle dessert. Elle exploite le type d'humour populaire dans cette province, les expressions du Québec français, le goût et le style des habitants de cette province.

▼

Une approche créative unique

Pour éviter ça

consultez votre avocat!

Source Léon Bédard, Barreau du Québec, Montréal. Reproduit avec la permission du Barreau du Québec.

Les agences de publicité ont de la difficulté à préciser en quoi le Québec diffère du reste du pays. Mais elles savent vraiment de quoi il ressort quand elles voient de la publicité produite à l'extérieur du Québec. Prenez, par exemple, une annonce télévisée réalisée à Toronto, montrant une mère et ses deux enfants dans une cuisine. « Je vais remarquer que les cheveux des enfants sont blonds ou roux », dit Daniel Melchers de JWT (Montréal). « La mère aura probablement une coiffure qui ne collera pas. Un des enfants portera un imperméable jaune qui ne serait jamais, mais jamais, porté par un enfant francophone. Et la maison n'aura pas l'air comme il faut. » Jean-Jacques Stréliski (Cossette) dit que même l'approche doit être différente : « En anglais, acheter est un acte rationnel. En français, nous sommes plus émotifs, nous imaginons ce que nous pourrions faire avec le produit. Nous devons répondre à cela dans nos annonces. »

Plusieurs grandes entreprises font de leur mieux pour rejoindre l'auditoire distinct du Québec. Chrysler s'est servi, dans ses annonces de voitures diffusées sur les ondes, de la très célèbre star de la chanson, Céline Dion. Lipton a inauguré sa propre campagne pour vendre de la soupe au Québec. Les brasseries n'osent même pas penser à se servir des mêmes annonces pour leur publicité en français et en anglais à la télévision. Ça n'a pas toujours été le cas. GM n'a finalement produit une campagne exclusive pour le Québec qu'en 1983, et elle a été une des premières entreprises de l'industrie de l'automobile à se convertir. L'entreprise a retiré ses adaptations usées d'annonces produites à Toronto et les a remplacées par des annonces mettant en vedette des célébrités, comme André-Philippe Gagnon, pour leur donner une couleur plus québécoise.

Les agences publicitaires et les entreprises qui ont admis l'idée que le Québec est une société distincte sont irritées par la priorité donnée à la synchronisation des lèvres dans les messages télévisés et par toutes les autres tactiques exploitées au fil des ans pour esquiver le problème de la publicité au Québec. D'ailleurs, plusieurs de ces tactiques sont encore populaires de nos jours. Il est difficile de comprendre pourquoi de tels monstres continuent d'être diffusés alors qu'il existe tant de bons exemples de campagnes de marketing à succès bien adaptées aux réalités québécoises.

Le meilleur exemple pourrait bien être Pepsi. La campagne, qui a débuté en 1983, s'appuyait sur des annonces télévisées produites par la succursale montréalaise de JWT, mettant en vedette l'humoriste Claude

Meunier. Les annonces étaient différentes de tout ce qui avait jamais été vu au Québec. Le langage et l'humour étaient typiquement québécois. Les anglophones devaient se forcer pour comprendre le message, les francophones ont beaucoup ri et se sont souvenus d'à peu près tout ce qu'ils avaient vu et entendu. L'une des annonces montrait Meunier déguisé en joueur de hockey se faisant interviewer par un commentateur sportif nommé Lionel et expliquant que la rondelle avait été « jammée » et « confiturée » sur son bâton, un jeu de mots construit à partir du mot anglais *jam*.

Melchers dit que l'idée a jailli lorsque l'on a compris que l'approche nord-américaine de Pepsi serait un échec au Québec : en montrant de grands amuseurs américains buvant du Pepsi, on voulait véhiculer l'idée que Pepsi était la boisson de la nouvelle génération. Mais le rock n'était pas la forme de divertissement la plus populaire au Québec alors que l'humour l'était. L'idée a demandé des efforts de persuasion, mais Pepsi a décidé d'adopter la stratégie proposée, et les annonces mettant en vedette Meunier sont devenues de grands succès.

Stréliski dit qu'une bonne annonce doit être fidèle au produit, à ce qu'il peut faire et à ce qu'il ne peut pas faire. Mais elle doit aussi refléter la société dans laquelle elle paraît. Sur ce point, le Québec reçoit un traitement de faveur de la part des annonceurs américains, mais ce n'est pas le cas pour le Canada anglais. « Lorsque les Américains font affaire avec le reste du Canada, ils se disent : "Ils parlent anglais, alors nous leur donnerons ce que nous donnons aux Américains." Ils ne voient pas qu'il existe une frontière. Mais pour ce qui est du Québec, la différence est telle qu'ils comprennent qu'il s'agit d'un pays différent. »

Source   Traduit de C. Adolph, « Advertising in the distinct society : How ad agencies tailor their message », *The Gazette*, 22 octobre 1990, p. B8-B9. Traduit avec la permission de l'auteur et du journal *The Gazette*.

De plus, un grand nombre de francophones sont en contact avec les médias de langue anglaise. Or on a prouvé que certains messages publicitaires sont très mal compris. Ainsi, deux études portant sur la compréhension d'annonces télévisées en langue anglaise ont montré que, comparativement aux téléspectateurs anglophones, les téléspectateurs francophones comprenaient moins de 50 % du contenu du message écrit compris par les anglophones, de 42 % à 45 % du contenu du message parlé, de 29 % à 33 % des mots chantés (par exemple, les ritournelles), et de 45 % à 56 % du message total, 45 % du type de produit ou de service annoncé, et 36 % du nom de l'annonceur[2].

Finalement, les mauvaises traductions ou les traductions littérales peuvent grandement diminuer l'efficacité de la communication marketing. Le tableau 10.2 (p. 293) donne des exemples de violations des règles linguistiques ; on remarque que les traductions mot à mot de l'anglais au français ou vice versa entraînent des écarts de sens. C'est que les traducteurs qui travaillent de cette façon ne tiennent pas compte des complexités ou des subtilités des langues fondées sur la culture.

10.3 Un survol historique de la situation linguistique au Québec

Il est opportun de considérer les événements historiques qui ont conduit à la présente situation linguistique au Québec. Pour les mercaticiens, la langue est un élément important de la communication ; pour les gens politisés, elle peut représenter une question cruciale liée à la défense de leurs droits. De plus, la langue sert de véhicule pour la plupart des dimensions de la culture décrites dans le chapitre 8. Les mercaticiens doivent donc être attentifs à l'influence que peuvent exercer ces réalités sur le marketing-mix. Les paragraphes qui suivent passent en revue les circonstances historiques qui ont mené à l'utilisation du français dans le monde des affaires au Québec.

Avant la mort du premier ministre Maurice Duplessis, en 1959, les Canadiens français et les

Tableau 10.1 | *Des exemples d'adaptations de l'anglais au français*

Titres de films		Devises ou slogans	
Anglais	**Français**	**Anglais**	**Français**
A Boy and His Dog	*Apocalypse 2024*	Answering your call	Bell, des gens de parole
A View to a Kill	*Dangereusement vôtre*	Built for the human race (Nissan)	Le moteur d'une génération
Fried Green Tomatoes	*Le secret est dans la sauce*	Cadillac style	Cadillac sait se faire désirer
Ghostbusters	*S.O.S. fantômes*	Get us working for you (CIBC)	On y met du cœur en plus
Ladyhawke	*Femme de la nuit*	It just feels right (Mazda)	Je me sens bien
Moving Violations	*Les zéros de conduite*	Making today better for you (Cantel)	Le pouvoir du réseau
Naughty Victorians, Part 2	*La prisonnière du château*	The move is on	Ça bouge avec Shell
Radio Flyer	*Le rêve de Bobby*	Technology the world calls on (Northern Telecom)	Notre technologie relie le monde
Rumblefish	*Rusty James*		
Runaway	*L'évadé du futur*		
Single White Female	*Jeune femme cherche locataire*		
Terms of Endearment	*Tendres passions*		
The Cutting Edge	*Flamme sur glace*		
The Dog Who Stopped the War	*La guerre des tuques*		
The Falcon and the Snowman	*Le jeu du faucon*		
The Flamingo Kid	*Le kid de la plage*		
The Killing Fields	*La déchirure*		
The Lawnmower Man	*Le cobaye*		
The People Under the Stairs	*Le sous-sol de la peur*		
Vertigo	*Sueurs froides*		

Source | B. Bailey, « What's in a title ? Beaucoup ! » *The Gazette*, 10 août 1985, p. D2. Traduit avec la permission de l'auteur et du journal *The Gazette*. Également tiré de diverses annonces publicitaires.

Canadiens anglais vivaient pour ainsi dire comme en vase clos : les deux groupes culturels évoluaient dans des champs psychologiques distincts, ayant peu de contacts entre eux. Les Canadiens français avaient acquis une forte identité culturelle, fondée sur la religion, la tradition et des liens familiaux solides. Cependant, ils se sentaient menacés par la prédominance de la langue anglaise dans la plupart des communications. Même si, à l'article 133, l'Acte de l'Amérique du Nord britannique de 1867 garantissait l'égalité de la langue française et de la langue anglaise, dans la réalité, on percevait que seul l'anglais était utilisé pour les noms de comtés, les annonces, les catalogues et les autres formes de communication s'adressant aux consommateurs canadiens-français[3].

La Ligue des droits du français a été créée en 1913 pour encourager le monde des affaires à utiliser

Tableau 10.2	Des exemples de mauvaises traductions françaises et anglaises en marketing

Traduction littérale de l'anglais au français	Traduction littérale du français à l'anglais
Big John : « Gros Jos » (Le grand Jo)	Ça, ça marche : « That – that walks » (That really works)
Car wash : « Lavement d'auto » (Lave-auto)	C'est tout un numéro : « That's all a number » (Hc's a hell of a guy)
Chicken to take out : « Poulet pour sortir » (Poulet pour emporter)	Lui y connaît ça : « He there knows that » (He really knows what he's talking about)
Fresh milk used : « Lait frais usagé » (Lait frais utilisé)	Une chance sur treize : « One chance out of thirteen » (Thirteen to one)
They are terrific : « Elles sont terrifiantes » (Elles sont épatantes)	Y en a dedans : « There is in it » (There's a lot to it)

Source Traduit de M. Saint-Jacques et B. Mallen, « The French market under the microscope », *Marketing*, 11 mai 1981, p. 14. Traduit avec permission.

un français correct dans ses communications, particulièrement avec les consommateurs canadiens-français. Une étude effectuée au Québec a indiqué que, depuis 1943, on traduisait le plus souvent les annonces directement de l'anglais au français, sans aucun souci des particularités culturelles[4]. À preuve, cet exemple, rapporté par Jacques Bouchard : Abbey's, une marque de sel médicinal, a vu son slogan *Abbey's every morning* devenir « Abbey's tous les matins », ce qui, phonétiquement, sonnait comme : « A baise tous les matins[5]. » L'une des premières campagnes conçues originalement en français a été réalisée en 1939 pour le ministère de la Défense nationale, dans le but de recruter des candidats pour la Marine royale[6].

En 1960, la prise du pouvoir par Jean Lesage marqua le début d'une nouvelle période appelée la Révolution tranquille. L'optimisme et la modernisation étaient à l'ordre du jour, particulièrement dans les domaines de l'éducation et de l'industrie. Ce mouvement permit de se rendre compte que l'on pouvait utiliser des outils de communication plus efficaces auprès du marché canadien-français. Pourtant, les études montraient que la plupart des annonces continuaient d'être des traductions directes de l'anglais et que des déséquilibres existaient entre les types de produits annoncés, ou encore par rapport à l'occupation de l'espace, au style du langage et à l'image du consommateur francophone. Du côté positif, plusieurs agences publicitaires de langue française furent créées (dont Cossette, actuellement une des plus grandes agences canadiennes) et un certain nombre de talents du monde publicitaire français devinrent connus et recherchés. La fondation du Club de la publicité donna de l'élan à ce mouvement. En 1963, l'agence de publicité BCP lançait la formule « deux agences » : une agence de langue anglaise et une agence de langue française pour chaque annonceur national[7]. Malgré tout, dans l'ensemble, l'anglais restait la langue principale du marketing. Par exemple, une étude effectuée en 1972 pour le compte de la commission Gendron a indiqué que 42 % des répondants francophones avaient acheté un produit dont le guide d'entretien était écrit seulement en anglais ; de plus, presque le tiers de ces mêmes répondants affirmaient qu'au cours de l'année précédente ils s'étaient sentis lésés dans leurs droits linguistiques à au moins cinq reprises[8].

Le Parti québécois, élu en 1976, adopta l'année suivante la Charte de la langue française (aussi appelée « loi 101 »). L'objectif de cette loi était de faire du français la langue officielle du Québec et d'en établir l'usage dans tous les aspects de la vie socioéconomique. Cette charte entraîna une amélioration de la confiance en soi des Québécois francophones et, corollairement, un accroissement constant de leur richesse et de leur pouvoir économique. Simultanément, les Québécois anglophones durent traverser une période d'adaptation difficile. Certains quittèrent le Québec, mais ceux qui y demeurèrent s'adaptèrent finalement pour la plupart à la nouvelle situation et développèrent une expertise précieuse dans les deux langues officielles. Selon les résultats d'une étude menée cinq ans après l'entrée en vigueur de la loi 101, ces changements se reflètent dans les pratiques de marketing, qui accordent beaucoup d'attention au marché québécois[9].

Au fil des années, de larges sections de la Charte de la langue française ont été invalidées par des décisions de la Cour suprême du Canada. Bien que celle-ci ait déclaré illégal l'unilinguisme français dans l'affichage commercial, le gouvernement du Québec, poussé par la pression populaire, déposait, en 1988, le projet de loi 178 qui confirmait le français comme seule langue d'affichage à l'extérieur des commerces, mais qui autorisait le bilinguisme à l'intérieur. Cette demi-mesure a soulevé la controverse parmi les deux parties en présence, tant au Québec que dans le reste du Canada, et a donné lieu à de sérieuses difficultés politiques. En 1993, une nouvelle loi était adoptée (loi 86), qui modifiait la loi 178 et permettait l'affichage bilingue tant à l'extérieur qu'à l'intérieur, à condition que le français prime l'anglais.

Aujourd'hui, plusieurs grandes entreprises élaborent des stratégies de marketing particulières pour le marché canadien-français et font appel à des agences francophones, lesquelles se sont développées au point de pouvoir rivaliser avec les agences anglophones en ce qui a trait à la taille et à la qualité. Par exemple, Cossette Communication-Marketing, qui a démarré en tant que toute petite agence dans la ville de Québec, est devenue, en 2001, la plus grande agence de publicité canadienne en importance, ayant des revenus bruts d'environ 110 millions de dollars et des bureaux à Québec, à Montréal, à Toronto et à Vancouver[10]. Cependant, examinant la situation cinq ans après la promulgation de la Charte de la langue française, Robert M. MacGregor concluait :

Le principe de l'égalité des langues et des cultures, en ce qui a trait aux collectivités anglophones et francophones, n'est pas encore respecté. Les pièces à conviction reliées aux violations des règles linguistiques indiquent clairement que d'importants abus de langage continuent d'exister. Ces irrégularités sont commises par les plus grandes entreprises canadiennes, telles que Simpsons, par la Galerie nationale et par les petits distributeurs comme Emery[11].

En définitive, le débat sur la question de la langue est loin d'être clos, mais la compréhension du marché canadien-français s'est précisée, ce qui favorise la communication. Cette expérience devrait servir d'exemple aux mercaticiens qui visent d'autres groupes culturels au Canada, aux États-Unis ou sur d'autres marchés internationaux.

10.4 Le profil économique du marché québécois

Le comportement de consommation est influencé autant par les conditions économiques que par les facteurs psychologiques et sociaux. De ce fait, il est important de connaître les principales différences économiques qui existent entre les Canadiens français et les autres habitants du Canada. Ces différences pourraient expliquer certains contrastes observés dans le comportement de consommation. Étant donné qu'il n'existe pas de statistiques fondées sur le regroupement culturel, nous comparerons le Québec, majoritairement francophone, aux autres provinces.

En 1998, le revenu moyen des familles québécoises était inférieur à celui des familles de l'Ontario, des Prairies et de la Colombie-Britannique, comme on le voit dans le tableau 10.3. Environ 37 % des familles du Québec avaient des revenus inférieurs à 25 000 $, comparativement à 26 % en Ontario, et 32 % des familles du Québec avaient un revenu de 50 000 $ et plus, comparativement à 46 % en Ontario. Par conséquent, une comparaison des dépenses et de la consommation entre les familles du Québec et de l'Ontario peut cacher le rôle de la culture, car les différences en ces matières peuvent aussi être attribuées aux disparités quant au revenu.

Tableau 10.3	*Distribution du revenu pour 10 groupes de revenu, 1998*

	Distribution du pourcentage des familles et des célibataires					
Groupes de revenu (en $)	Canada	Provinces atlantiques	Québec	Ontario	Prairies	Colombie-Britannique
Moins de 10 000	7,3 %	8,1 %	9,4 %	5,6 %	6,9 %	7,8 %
10 000 - 19 999	16,3	21,1	19,2	13,5	17,1	14,6
20 000 - 29 999	14,4	17,2	16,0	13,4	14,7	12,8
30 000 - 39 999	12,5	12,8	13,1	11,7	13,2	12,6
40 000 - 49 999	10,4	10,8	10,1	10,1	10,5	11,2
50 000 - 59 999	9,2	9,2	8,5	9,6	8,7	10,0
60 000 - 69 999	7,3	6,1	6,7	7,8	7,2	7,5
70 000 - 79 999	6,1	5,1	5,0	6,9	6,2	6,3
80 000 - 99 999	7,3	5,0	6,3	8,0	7,5	8,3
100 000 et plus	9,2	4,6	5,7	13,4	8,0	8,9
Total	100,0	100,0	100,0	100,0	100,0	100,0
Revenu moyen ($)	49 797	40 677	43 340	56 794	48 207	50 147
Moins de 25 000	30,9	37,4	36,6	25,8	31,9	28,9
25 000 - 49 999	30,1	32,6	31,2	28,6	30,6	30,2
50 000 et plus	39,0	30,0	32,2	45,6	37,5	40,9

Source Adapté de Statistique Canada, *Tendances du revenu au Canada*, numéro 13F0022 au Catalogue, février 2001. Adapté avec la permission de Statistique Canada.

Cet aperçu de la situation économique des familles québécoises met en lumière certaines différences pouvant expliquer le comportement de consommation. Mais d'autres facteurs interviennent, psychologiques et sociaux, que plusieurs études ont dégagés et qu'il importe également de connaître.

10.5 Les approches pour l'étude du comportement du consommateur canadien-français

La plupart des études portant sur le comportement de consommation des Canadiens français peuvent être distinguées selon qu'elles utilisent la méthode comparative ou la méthode structurelle. Dans la méthode comparative, qui s'articule fortement autour de la description, le chercheur distribue des questionnaires identiques aux Canadiens français et aux Canadiens anglais (dans la langue appropriée) et il compare ensuite les réponses des deux groupes en effectuant des calculs statistiques simples ou complexes. Dans la méthode structurelle, le chercheur s'emploie à construire un profil du marché concerné qui permette d'expliquer le comportement des consommateurs. Deux voies s'offrent à la recherche structurelle : la première se fonde sur les traits communs et la seconde, sur une typologie des consommateurs, les Canadiens français dans le cas qui nous occupe ici. Selon la perspective des traits communs, les chercheurs établissent un profil du marché sur lequel ils peuvent s'appuyer pour expliquer les comportements de consommation. Dans la perspective typologique, il s'agit d'établir une typologie du groupe de consommateurs étudié en fonction de tendances comportementales.

Dans les prochaines sections, nous présentons de la manière la plus objective possible les résultats de recherches effectuées sur le marché canadien-français selon ces méthodes. Nous examinerons pour terminer les principaux problèmes méthodologiques liés à ces recherches, afin de marquer les limites des résultats.

10.5.1 La méthode comparative

La plupart des études déjà publiées ont été menées suivant la méthode comparative, c'est-à-dire qu'elles sont surtout descriptives, s'attachant à comparer les comportements de consommation des Canadiens français et des Canadiens anglais et à interpréter les résultats en se fondant sur la culture et d'autres dimensions.

L'hypothèse socioéconomique

P.C. Lefrançois et G. Chatel attribuent les différences de comportement entre les Canadiens français et les Canadiens anglais à des facteurs socioéconomiques, notamment à des inégalités concernant le niveau de revenu, le niveau d'instruction, le taux d'urbanisation et le profil d'emploi. Les auteurs concluent :

> Le revenu et l'instruction étant deux importants déterminants de la classe sociale, nous pouvons conclure qu'en moyenne les Canadiens français appartiennent à une classe sociale inférieure à celle des Canadiens anglais. [...] Selon nous, une grande part des différences d'attitude qui ont été décelées entre les Canadiens français et les Canadiens anglais peut être attribuée à des différences de statut social[12].

Poursuivant ce raisonnement, on pourrait penser que l'élimination de ces différences conduirait à une similarité de comportement d'achat chez les Canadiens français et les Canadiens anglais. Or deux études destinées à comparer le comportement de consommation de familles de même taille et de même revenu au Québec et en Ontario n'ont pas permis de confirmer cette hypothèse. De fait, ces études ont plutôt indiqué que les habitudes de consommation différaient sensiblement selon que les familles habitaient le Québec ou l'Ontario, et ce,

même après l'élimination des différences démographiques et économiques[13].

Il faut dire que ces recherches ont été réalisées à la fin des années 1960 et que, depuis, les différences entre les Canadiens anglais et les Canadiens français en ce qui a trait à la démographie, à la situation économique et au statut social ont passablement diminué. On pourrait donc se demander si, actuellement, les comportements de ces deux groupes se ressemblent davantage, comme le prédisait l'hypothèse socioéconomique. Une étude portant sur l'attitude et le comportement à l'égard des cartes de crédit conclut à l'opposé : l'attitude des répondants francophones à revenu plus élevé différait davantage de celle des répondants anglophones de la même catégorie de revenu qu'elle ne différait de celle des francophones et des anglophones à revenu plus faible[14].

Deux autres études ont confirmé cette conclusion[15] : la première a indiqué, après avoir tenu compte de l'influence du revenu et de la classe sociale, qu'il existe des différences significatives entre les familles francophones, les familles bilingues et les familles anglophones par rapport à une large variété de produits, à la fréquentation des magasins et aux médias. L'élimination de l'effet des variables que constituent la classe sociale et le revenu a fait que certaines de ces différences sont devenues encore plus significatives. La seconde a montré l'existence de différences significatives selon un continuum allant des Canadiens anglais aux Canadiens français (pour tenir compte de l'acculturation), par rapport à huit instruments financiers, une fois neutralisé l'effet dû au revenu, à l'étape du cycle de vie et à la taille de la famille.

La recherche de type descriptif

Plusieurs études se contentent de mettre en parallèle les différences de consommation entre les anglophones et les francophones[16]. Bien que la plupart de ces études soient peu récentes, nous présentons un échantillon des résultats obtenus, afin d'illustrer la nature de ces recherches (voir aussi l'encadré 10.2 pour des résultats intéressants).

Encadré 10.2 — PLEINS FEUX SUR LES CONSOMMATEURS

Différences entre les Provinces atlantiques, le Québec et l'Ontario dans la consommation de certains aliments

Les consommateurs québécois diffèrent, pour ce qui est de la consommation de certains aliments, d'avec les consommateurs de l'Ontario et des Provinces atlantiques. Ces différences témoignent d'habitudes alimentaires, voire de culture distinctes, mais aussi de caratéristiques et de conditions socioéconomiques non homogèncs.

	Québec	Provinces atlantiques
Dindon		106 % de plus
Navets		2 à 3 fois de plus
Rutabagas		2 à 3 fois de plus
Thé		2 à 3 fois de plus
Bœuf	25 % de plus	
Veau	60 % de plus	
Porc	40 % de plus	
Yogourt frais ou congelé	58 % de plus	
Pâtes alimentaires		Env. 50 % de moins
Riz, mélanges de riz		Env. 50 % de moins
Fruits frais		Env. 50 % de moins
Huiles de table		Env. 50 % de moins
Eau embouteillée	73 % de plus	
Collations à base de céréales		50 % de plus
Repas précuits congelés		130 % de plus

	Québec	Ontario
Collations à base de céréales		89 % de plus
Riz, mélanges de riz		1,5 fois de plus
Croquettes de poulet congelées		1,5 fois de plus
Croquettes de poisson congelées		1,5 fois de plus
Quiches congelées		1,5 fois de plus
Pizzas congelées		1,5 fois de plus
Bœuf	25 % de plus	
Veau	60 % de plus	
Légumes frais, congelés ou en conserve		Moins de 50 %
Eau embouteillée	62 % de plus	
Dindon		23 % de plus
Repas précuits congelés		76 % de plus
Yogourt frais ou congelé	34 % de plus	

Source Données provenant d'une étude réalisée par Pauline Brassard, de la Direction de la recherche économique et scientifique au ministère de l'Agriculture, des Pêcheries et de l'Alimentation du Québec.

La recherche de type descriptif a fait ressortir des variations importantes dans les comportements entre consommateurs francophones et consommateurs anglophones quant à certains produits ; par exemple, 95 % de la bière consommée au Québec est de type ale, comparativement à 55 % en Ontario. De la même manière, les Québécois consomment plus de 60 % du genièvre (*gin*) vendu au Canada. Les francophones seraient aussi plus introspectifs, plus humanistes, plus émotifs, moins matérialistes et moins pragmatiques que les anglophones. Ils sont portés à associer le prix à la qualité du produit, achètent moins souvent à crédit et sont prêts à payer plus cher en retour de la qualité et de la commodité. Ils sont portés à fréquenter davantage les magasins de type dépanneur et ceux qui sont spécialisés dans les aliments de santé et moins les entrepôts d'alimentation[17].

Ces caractéristiques ont permis aux chercheurs de mettre en relief des habitudes de consommation particulières. Par exemple, les consommateurs du Québec sont ceux qui font la plus grande consommation par tête de boissons gazeuses, de vins, de sirop d'érable et de sucreries, et ceux qui écoutent le plus la radio et regardent le plus la télévision ; mais ce sont également ceux qui consomment le moins de thé, de boissons gazeuses diététiques, de confiture, de thon, de biscuits et d'œufs. Chez les francophones, les dépenses de vêtements sont élevées, et les Québécoises sont plus exigeantes que les autres Canadiennes sur la qualité de leur habillement ; elles préfèrent également fréquenter les boutiques de vêtements spécialisées. Elles sont aussi de grandes consommatrices de fragrances pour le corps en vaporisateur, d'eau de toilette, de rouge à lèvres, de bas-culottes et de produits colorants pour les cheveux.

Pour ce qui est d'autres activités (loisirs et services), les francophones sont moins enclins à jouer au golf, à faire de la course à pied, à jardiner, à voyager, à aller au cinéma ou à donner des réceptions à la maison, mais ils sont plus portés à se promener à bicyclette, à faire du ski, à faire de la menuiserie, à coudre, à aller au théâtre, à acheter des billets de loterie et à contracter des polices d'assurance-vie[18].

La recherche descriptive a aussi indiqué que les francophones n'ont pas cru à la crise de l'énergie et qu'ils sont moins préoccupés par les questions écologiques que ne le sont les anglophones. Ils ont aussi déclaré être moins satisfaits de la qualité des réparations ou des services professionnels[19]. Pour l'achat d'une voiture, les Canadiens français évaluent un moins grand nombre de modèles, consacrent moins de temps à la recherche d'information et essaient moins souvent la voiture que ne le font les Canadiens anglais[20]. Finalement, les Canadiens français sont plus sensibles à la source de l'annonce (y compris le porte-parole), tandis que les Canadiens anglais sont plus sensibles au contenu du message[21].

Une autre étude a cherché à déterminer, d'une manière scientifique, si certains de ces résultats pouvaient être attribués à des variables autres que les facteurs socioéconomiques[22]. Après avoir contrôlé l'effet du revenu et de la classe sociale, on a trouvé que, comparativement aux Canadiens anglais, les Canadiens français consommaient plus d'aliments de base, de boissons gazeuses, de boissons sucrées à préparation rapide, de bière, de vin et de genièvre (*gin*), et moins de spiritueux, de légumes surgelés et de boissons diététiques. Les francophones achètent des ameublements de salon et de salle à manger de moindre valeur ainsi que des automobiles principales plus récentes et plus grosses. Par ailleurs, ils achètent des appareils possédant plus de caractéristiques particulières, font leurs achats à un moins grand nombre d'épiceries (préférant les commerces indépendants aux chaînes), lisent moins de journaux et regardent plus la télévision. D'autre part, on a constaté que, contrairement aux résultats obtenus antérieurement, les Canadiens français n'utilisaient pas moins d'aliments à préparation rapide, en conserve ou surgelés, qu'ils ne possédaient pas plus

d'appareils et qu'ils ne semblaient pas être plus sensibles aux soldes ou aux prix. Enfin, la différence entre les deux groupes quant aux vêtements et au maquillage n'était pas concluante. On a aussi étudié les familles bilingues et on a découvert que même si les modes de consommation de ces familles tendaient à justifier la thèse de l'assimilation, ces modes de consommation ne s'inséraient pas toujours entre celui des familles canadiennes-françaises et celui des familles canadiennes-anglaises. Ces résultats laissent donc entendre que, du moins pour certains produits, la culture influerait sur les modes de consommation de certains groupes.

10.5.2 La méthode structurelle fondée sur les traits communs

Se reportant à l'histoire et utilisant les nombreux résultats d'études privées ou publiques sur le comportement de consommation des francophones, des spécialistes ont élaboré leurs propres théories au sujet des traits particuliers des Canadiens français. Bien que l'on puisse critiquer cette façon de construire des théories, il demeure que ces modèles constituent des tentatives uniques en leur genre pour comprendre les traits des Canadiens français. Trois chercheurs sont ainsi arrivés à établir des profils de traits culturels. Voyons les modèles qu'ils ont proposés.

La typologie de Hénault

Georges Hénault, qui fut l'un des premiers à établir, au début des années 1970, un profil culturel du Canadien français à des fins de marketing, relève 10 caractéristiques culturelles par lesquelles les Canadiens français et les Canadiens anglais diffèrent de façon marquée[23]. Le tableau 10.4 présente ces 10 traits culturels.

Selon Hénault, les francophones forment un groupe à part parce qu'ils possèdent plusieurs caractéristiques culturelles distinctes, dont la langue, la religion et l'esprit de famille. Même si beaucoup de choses ont changé à la suite de la Révolution tranquille, l'influence de ces caractéristiques culturelles est probablement toujours forte, bien qu'elle s'exerce différemment. La langue est une question importante,

Tableau 10.4	Différences culturelles entre les Canadiens anglais et les Canadiens français	
Trait culturel	**Canadiens anglais**	**Canadiens français**
Origine ethnique	anglo-saxonne	latine
Religion	protestante	catholique
Langue parlée	anglais	français
Attitude intellectuelle	pragmatique	théorique
Famille	matriarcat	patriarcat
Loisirs	fonction du milieu professionnel	fonction du milieu familial
L'individu face à son milieu	plus social	plus individualiste
Gestion des affaires	administrateur	innovateur
Tendance politique	conservatrice	libérale
Attitude de consommation	tendance à l'épargne ; conformiste ; financier plus que financé	jouisseur ; innovateur, financé plus que financier

Source G. Hénault, « Les conséquences du biculturalisme sur la consommation », *Commerce*, vol. 73, nº 9, septembre 1971. Reproduit avec la permission de la revue *Commerce*.

non pas en tant que trait opposant les deux groupes linguistiques, mais en ce qui touche sa fonction à la fois comme outil de communication et comme outil économique. D'une part, l'anglais devient graduellement la langue universelle du monde des affaires alors que, d'autre part, la maîtrise du français devient une nécessité pour le gestionnaire adoptant une perspective de marketing aussi bien mondiale que nationale.

Avant la Révolution tranquille, l'autorité de l'Église catholique romaine était suprême, et le curé était l'âme dirigeante d'une communauté à prédominance rurale. Aujourd'hui, comme cela s'est produit plus tôt dans d'autres pays dont la population était en majorité catholique romaine, l'autorité de l'Église a diminué. Certaines valeurs religieuses ont été remises en question, par suite de l'industrialisation, de l'urbanisation et d'un plus grand accès à l'éducation. De plus en plus de jeunes Canadiens français suivent une carrière dans le monde des affaires au lieu de s'engager dans des carrières plus traditionnelles, comme le droit, la médecine ou les ordres religieux.

En outre, chez les Canadiens français, le rôle de la famille change plus rapidement que chez les Canadiens anglais, avec un taux de natalité très faible (en dessous du niveau de remplacement).

Cependant, les liens de parenté continuent sans doute d'être solides et ne devraient pas être sous-estimés. Dans une large mesure, le temps de loisir des Canadiens français continue d'être fonction du cercle familial (au sens large). L'attitude des Canadiens français à l'égard de l'environnement est encore largement individualiste (c'est-à-dire que les francophones se préoccupent plus du bien-être individuel que de celui du groupe[24]).

Le modèle de Mallen

Bruce Mallen a proposé, à la fin des années 1970, un modèle selon lequel trois grands traits sont sous-jacents au comportement de consommation des francophones : l'importance accordée à la sensation, le conservatisme et une certaine indifférence à l'égard du prix[25].

L'importance accordée à la sensation

Ce trait, qui fait référence aux sens – le toucher, le goût, la vue, l'odorat et l'ouïe – englobe également l'hédonisme. La plupart des études empiriques indiquent très clairement l'importance primordiale du goût chez les Canadiens français. Ceux-ci n'aiment pas les boissons et les aliments amers (les produits aromatisés au citron ne se vendent pas bien au Québec). En revanche, ils aiment les aliments sucrés et sont de grands consommateurs de boissons gazeuses, de sirops, de mélasse, de boissons sucrées à préparation rapide, de chocolat et d'autres sucreries, mais n'aiment pas beaucoup les succédanés de sucre ni les produits diététiques[26]. Au Québec, Pepsi-Cola s'est toujours mieux vendu que son rival Coca-Cola, parce qu'il a un goût plus sucré. Cela pourrait aussi expliquer pourquoi les Québécois consomment 70 % du porto vendu au Canada[27].

En outre, les Canadiens français sont plus sensibles à la présence d'une senteur agréable dans divers produits (aliments, désodorisants pour la maison et papier hygiénique), ainsi qu'à l'apparence du produit et à la sensation qu'il crée.

Enfin, chez les Canadiens français, l'hédonisme, qui consiste en la recherche de plaisirs, joue un rôle important. On qualifie souvent les Canadiens français de bons vivants ; leur conception de la vie les porte à rechercher les bonnes choses de la vie – par exemple, la bonne chère, le divertissement, les appareils et les voitures de fantaisie – et à s'amuser avec des amis, des membres de la famille. Cela explique pourquoi Montréal compte plus de restaurants gastronomiques, de pâtisseries et de chocolateries que Toronto.

Le conservatisme

Ce trait se rapporte à l'habitude de prendre peu de risques ainsi qu'à l'existence d'un fort esprit de famille.

Bien qu'elle ait commencé à décroître, l'importance que les Canadiens français attachent à la vie familiale continue d'être prononcée. La plupart des études montrent que les Canadiens français utilisent plus d'aliments de base associés à la cuisine « faite à la maison », qu'il s'agisse de préparations pour la soupe, de condiments pour hamburger, de crêpes et de gaufres ou de gâteaux et de glace. À l'inverse, ils consomment peu de viandes préemballées, de soupes en conserve, de légumes surgelés et de préparations pour gâteaux.

La plupart des études montrent aussi que les Canadiens français sont très fidèles à une marque commerciale. Dans plusieurs cas, la part de marché d'une marque très populaire auprès de Canadiens français est plus grande que celle de la marque vedette chez les Canadiens anglais. Pour le thé, par exemple, les parts de marché les plus grandes sont de 73 % et de 38 % respectivement, les marques vedettes n'étant pas les mêmes dans ces deux segments de marché[28].

Une certaine indifférence à l'égard du prix

Ce trait est une conséquence des deux traits précédents. En effet, si un produit est aimé des francophones (importance de la sensation), il sera régulièrement acheté (conservatisme), de telle sorte que le prix (à l'intérieur d'une fourchette donnée) ne constituera pas un obstacle à l'achat. Ce trait explique pourquoi, en 1978, les marques génériques (les marques sans nom) ont essuyé un échec chez les francophones alors qu'elles ont eu beaucoup de succès chez les anglophones[29].

Le modèle de Bouchard

Jacques Bouchard présente son modèle lui aussi à la fin des années 1970. Selon cet auteur, les francophones ont six racines historiques et culturelles en commun : les racines terrienne, minoritaire, nord-américaine, catholique, latine et française[30]. Chaque racine produit 6 cordes sensibles, pour un total de 36 cordes (voir la figure 10.2), ce qui peut aider à expliquer plusieurs comportements de consommation chez les francophones.

◆ *La racine terrienne.* La racine terrienne est associée à l'histoire récente du Québec ainsi qu'à des traditions bien ancrées qui n'ont été touchées que faiblement par l'industrialisation et par l'urbanisation. Ce n'est qu'à l'époque de la Révolution tranquille que le Québec est passé d'une société rurale à une société urbaine – beaucoup plus tard que le reste du Canada. De la racine terrienne dérivent six cordes sensibles : le bon sens, l'amour de la nature, la simplicité, la fidélité au patrimoine, la finasserie et l'habileté manuelle. Comme exemple de cette dernière corde, mentionnons que les Canadiens français sont plus portés que les Canadiens anglais à effectuer eux-mêmes la rénovation de leur maison[31].

Figure 10.2   *Les 36 cordes sensibles des Québécois*

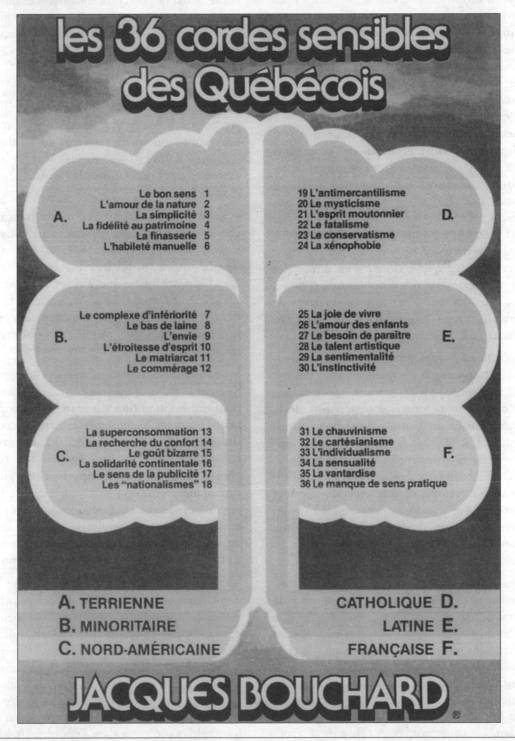

Source   J. Bouchard, *Les 36 cordes sensibles des Québécois*, Montréal, Éditions Héritage, 1978. Reproduit avec la permission de Les éditions Héritage inc.

◆ *La racine minoritaire.* La racine minoritaire caractérise la position des Canadiens français en Amérique du Nord en tant que petit groupe enclavé dans une masse qui parle l'anglais (de la même manière que les Canadiens par rapport aux Américains, et que les Canadiens francophones par rapport aux Canadiens anglophones). Les Canadiens français constituent également une minorité par rapport au reste du monde francophone. Cette racine est particulièrement sensible et elle explique que l'on observe chez les Canadiens français des sentiments d'insécurité et d'envie ainsi qu'un complexe d'infériorité. Comme mécanisme de défense, les Canadiens français ont tendance à se tourner plus vers eux-mêmes, à se fier davantage à la famille et, par conséquent, à être plus étroits d'esprit. Cela explique pourquoi les vedettes d'origine québécoise (par exemple, les comédiens, les chanteurs, les auteurs, les joueurs de hockey) sont très importantes pour les Québécois, car elles leur transmettent un reflet de leur culture au moyen de modèles à suivre et renforcent le sens de leur identité[32].

◆ *La racine nord-américaine.* La racine nord-américaine se rapporte à l'influence de la culture américaine intériorisée au fil des ans, spécialement en ce qui concerne la poursuite matérialiste de la surconsommation et du confort ainsi que l'attrait exercé par la publicité. Cela favorise l'achat des modèles d'automobiles et des appareils électroménagers les plus récents et les plus modernes, mais aussi un goût douteux, par exemple dans le choix des meubles de salon et de salle à manger. Environ 13 % des propriétaires de maison du Québec possèdent une piscine, comparativement à 6,6 % dans le reste du Canada[33].

◆ *La racine catholique.* La racine catholique continue d'être forte en dépit d'un déclin prononcé de la fréquentation des églises. Des attitudes telles que l'antimercantilisme, le mysticisme, l'esprit grégaire (le comportement moutonnier), le fatalisme, le conservatisme (une aversion pour le risque) et la xénophobie continuent d'exister, bien qu'elles deviennent graduellement moins répandues. Ces attitudes expliquent la forte fidélité à une marque commerciale observée dans plusieurs études. À cause de la structure fortement hiérarchique de l'Église catholique,

les Québécois sont très individualistes et ont un faible sens de la communauté, ce qui explique pourquoi ils sont membres de moins de clubs sociaux ou d'associations de bénévoles et qu'ils donnent moins aux œuvres de charité que les Canadiens anglais[34].

◆ *La racine latine.* La racine latine explique pourquoi les approches créatives exploitant les émotions et l'ambiance sont assez efficaces, tandis que les arguments froids et rationnels le sont moins. Ces adaptations jouent sur plusieurs des cordes issues de la racine latine. L'encadré 10.3 fournit un bon exemple de l'utilisation de la racine latine en publicité.

◆ *La racine française.* La racine française se rattache non seulement à la langue, mais aussi à l'héritage transmis par l'histoire et la littérature. Cela signifie qu'en publicité il vaut mieux évoquer Napoléon et Molière que Wellington ct Shakespeare. De la même façon, il est souhaitable de faire appel à des célébrités locales (acteurs, chanteurs ou vedettes sportives) dans les publicités fondées sur des témoignages.

Soulignons, pour conclure, que les gestionnaires désireux d'élaborer une stratégie de marketing ou de publicité à l'intention du marché francophone auraient avantage à connaître la liste des cordes sensibles présentée dans la figure 10.2. Par exemple, les consommateurs canadiens-français ont tendance à choisir des produits qui apportent une gratification instantanée, satisfont leur sens esthétique et atténuent leur complexe d'infériorité. Si un produit est aimé au cours des prétests, on aura tendance à attacher une moindre importance au prix, de telle sorte que la stratégie de prix pourrait reposer sur un rapport qualité-prix plus élevé.

À la lumière du modèle de Bouchard, on peut mieux comprendre les résultats de plusieurs études, par exemple pourquoi les francophones ont tendance à être plus sensibles à la source de la communication qu'au contenu du message[35], pourquoi ils n'ont pas cru à la crise de l'énergie et se montrent moins préoccupés que les anglophones par les questions écologiques[36]. Pouvez-vous expliquer les résultats présentés dans l'encadré 10.4 (p. 304) à partir des traits que nous venons de voir ?

L'importance accordée à la sensation à l'œuvre : l'exemple d'Ultra Plus

Dans sa campagne pour inaugurer sa nouvelle essence Ultra Plus, Ultramar a conçu une stratégie créative complètement différente pour le Québec et pour les provinces de l'Atlantique. Le directeur de marketing Tony Di Gennaro explique : « Nous sommes conscients qu'il existe d'importantes différences, non seulement entre les marchés français et anglais, mais également entre les divers marchés anglais. Le Québécois anglais est différent de l'Anglais des Maritimes, et il y a des différences également pour le marché de Terre-Neuve. Nous concentrons en ce moment nos efforts sur notre nouvelle essence à prix moyen, la positionnant comme l'essence ayant le meilleur rapport qualité-prix pour les gens qui souhaitent garder leur voiture plus longtemps. »

Pendant les quatre premières semaines de la campagne, l'essence Ultra Plus a été vendue au même prix que l'essence ordinaire d'Ultramar. « Nous croyons, déclare Di Gennaro, qu'une fois que les gens auront compris que leur voiture roule vraiment bien avec l'essence Ultra Plus, ils voudront continuer de l'utiliser, même au prix courant. »

Un exemple de créations française et anglaise pour la campagne Ultra Plus

Source Reproduit avec la permission d'Ultramar Canada, Montréal.

▼

À cette fin, on a défini un concept créatif général, qui a ensuite été adapté à chaque marché. « Même si nous avons inventé un concept unique, nous nous sommes rendu compte, au cours des tests, que les gens ne le percevaient pas toujours de la même façon. » On a testé le concept humoristique en français à Montréal, et en anglais à Montréal, à Halifax et à St. John's. L'annonce française mettait en scène un homme qui traitait sa voiture comme si elle était son père ; il la chatouillait et lui parlait.

Le marché anglais n'a pas réagi au personnage de la même façon positive. À St. John's, les membres du groupe de discussion avaient le sentiment que l'homme aimait trop sa voiture, qu'il lui montrait trop d'affection aux dépens des membres de sa famille. « Le premier essai a été rejeté et, alors que les consommateurs de Montréal et d'Halifax réagissaient de la même façon, il y avait une grande différence à St. John's. Alors, nous avons créé une ambiance et une apparence complètement différentes pour les versions française et anglaise de l'annonce. Dans la version française, il n'y avait pas d'enfants et la voiture s'appelait Cocette. Dans la version anglaise, on montrait moins d'affection et la maison était différente. (Voir l'illustration à la page précédente.)

Source Traduit de G. Chiasson, « Cultural differences shown in creative », *Marketing,* 19 novembre 1990, p. 15. Traduit avec permission.

| **Encadré 10.4** | ***PLEINS FEUX SUR LES CONSOMMATEURS*** |

Typologie du consommateur québécois moderne

Selon Alain Giguère, président de CROP/recherche marketing de Montréal, l'acte d'achat est un plaisir érotique relié à la consommation et « les Québécois recherchent actuellement une consommation qui offre du plaisir déculpabilisant… et l'érotisme sert d'exutoire ». Dans cette optique, il peint un portrait très diversifié des consommateurs québécois en les classifiant d'abord en trois groupes d'âge et en subdivisant ensuite chaque groupe en divers types de consommateurs.

Groupes	%	Caractéristiques
La génération d'avant les baby-boomers		
Les modernistes	49	Consommation ostentatoire
Les conservateurs	34	Moins progressistes que les modernistes
Les consommateurs engagés	18	Mettent l'accent sur les sujets d'ordre éthique
Les baby-boomers		
Les hédonistes	50	Recherchent la joie de vivre et les plaisirs « polysensoriels »
Les critiques	24	Recherchent la simplicité
Les matérialistes-conservateurs	17	Ressemblent aux modernistes
Les postmodernistes	8	Recherchent l'individualisme et rejettent les grosses entreprises
Les jeunes (15 à 37 ans)		
Les hédonistes doux	40	Mettent l'accent sur la famille, le sexe et la recherche du bonheur et des plaisirs
Les nihilistes	24	Groupe en croissance, se caractérisent par un sentiment d'exclusion, une vie dépourvue de sens et un faible revenu
Les hédonistes extrêmes	15	Semblables aux hédonistes doux, mais ont tendance à rechercher les sensations fortes
Les postmatérialistes	11	Attachent une grande importance à leurs positions idéologiques même lorsqu'ils magasinent
Les explorateurs	10	Désirent exprimer leur créativité et favorisent une consommation qui porte la griffe techno

Source Selon Alain Giguère, président de CROP/recherche marketing. Conférence prononcée dans le cadre des activités présentées par l'Association marketing de Montréal.

10.5.3 La méthode structurelle fondée sur une typologie des consommateurs canadiens-français

Selon certains auteurs, le marché canadien-français n'est pas homogène ; il est plutôt composé de plusieurs groupes qui se caractérisent par des comportements distincts. Le type d'approche qu'ils proposent est prometteur, car il pourrait permettre de cerner des sous-groupes plus homogènes que l'on pourrait joindre plus efficacement au moyen de stratégies ciblées. Trois typologies ont été proposées : celles de Cossette, de Lefebvre et de Laroche et ses collaborateurs.

La typologie de Cossette

Claude Cossette fonde sa typologie sur la capacité d'ouverture à l'innovation de l'individu. Il définit un modèle de comportement basé sur l'aptitude à réagir au changement et à l'innovation[37]. Quatre grandes valeurs morales dites traditionnelles sous-tendent ce modèle, soit la foi, la famille, la patrie et les attitudes envers l'autre sexe, auxquelles s'ajoute toute valeur qui revêt une grande importance pour l'individu. L'importance de ces valeurs est mesurée à l'aide d'une série d'énoncés d'attitudes qui sont combinés de façon à former un indice global d'ouverture à l'innovation.

À partir de cet indice, Cossette répartit les francophones du Québec en quatre grands groupes d'individus : les inertes (35 %), les amovibles (40 %), les mobiles (15 %) et les versatiles (10 %). Les tableaux 10.5 (p. 306) et 10.6 (p. 307) rendent compte de la typologie ainsi obtenue ; le tableau 10.5 présente les valeurs et les attitudes associées à chaque groupe et le tableau 10.6, les comportements particuliers de ces mêmes groupes. Voici une brève description de chacun de ces quatre groupes.

1. Les *inertes* ont des valeurs et des habitudes très traditionnelles. La foi, la famille, le travail ainsi que la morale sont pour eux des valeurs éternelles. La télévision constitue leur principale source d'information externe et leurs habitudes de consommation sont les mêmes que celles de leurs parents.

2. Les *amovibles* sont capables de changement si leur environnement les encourage fortement à évoluer. Ils espèrent monter dans l'échelle sociale ou, du moins, améliorer leur sort sur le plan économique. Ils lisent très peu et ils aiment manger à la maison et participer à des loisirs de groupe tels que les quilles et la motoneige.

3. Les *mobiles* ont une certaine ouverture d'esprit, mais celle-ci se manifeste surtout dans leurs comportements. Ils croient au progrès scientifique et recherchent en dehors du cercle familial des relations pouvant leur être utiles. Ils lisent les best-sellers, aiment à être à la page et espèrent pouvoir vivre un jour comme les mieux nantis : des vacances au soleil en hiver, des repas pris à l'extérieur, une grosse voiture et une belle maison.

4. Les *versatiles* sont ouverts d'esprit et réformistes et ils réfléchissent constamment sur leurs attitudes et sur leurs valeurs. Ils sont à la recherche de sources d'information nouvelles et essaient les nouveautés telles que les plats exotiques ou les destinations de vacances inhabituelles. Ils ont l'esprit critique et portent des jugements sur la société et sur leur environnement.

Pour ce qui est des implications marketing, l'approche de Cossette est une méthode simple et opérationnelle qui permet de segmenter le marché en fonction de divers degrés d'ouverture à l'innovation. Grâce à cette information, il devient possible de créer des messages de marketing plus efficaces qui sont compatibles avec des valeurs et des attitudes profondément ancrées. Les quatre segments sont clairement définis d'après des caractéristiques sociodémographiques (par exemple, l'instruction et la profession), des styles de vie et des valeurs. On peut donc utiliser cette information pour rejoindre les membres de chaque segment par le biais de médias appropriés.

La typologie de Lefebvre

D'après la typologie de Jean M. Lefebvre, les Canadiens français se divisent en quatre segments définis selon la vision qu'ils ont d'eux-mêmes par

Tableau 10.5 *Typologie de Cossette : A. Valeurs et attitudes des Québécois*

	Inertes (35 %)	Amovibles (40 %)	Mobiles (15 %)	Versatiles (10 %)
Valeurs morales traditionnelles				
Foi	« La foi du charbonnier. »	Se détachent de la foi sans crise.	Pratiquent sans conviction.	Se détachent rationnellement de la foi.
Famille	Les liens familiaux extensifs sont très importants.	Liens avec les proches parents.	Y croient comme valeur d'ordre.	Liens amicaux plus importants.
Patrie	Ils font confiance aux chefs du Canada (et ils font référence au Québec).	Ils se sentent un peu complexés (infériorité) comme Québécois.	Ils veulent freiner l'envahissement par les étrangers, mais considèrent que les Américains sont des modèles.	L'amitié n'a pas de frontière, mais ils ont le goût du Québec.
L'autre sexe	« Un homme est un homme, une femme est une femme. »	« Les hommes (ou les femmes) ne sont plus ce qu'ils étaient ! »	« Mon voilier, mon berger allemand et ma femme. »	« Un homme ou une femme, c'est un humain. »
Valeur morale la plus importante				
Interrelations	L'esprit de clan.	Le travail.	L'ordre.	L'authenticité.
Milieu d'origine	Même que celui de leurs parents.	Essaient d'améliorer leur sort.	Souvent issus de la classe la plus basse.	Ont « monté de classe » ou viennent de la classe moyenne.
Vie sociale	Pratiquement inexistante à l'extérieur de la parenté.	Quelques parents et amis.	Très active, mais « utilitariste ».	Assez bonne, participent à plusieurs organismes.
Vie politique	Ne les préoccupe pas tellement.	Optent pour les partis traditionnels.	Conformistes.	Réformistes.
Esprit critique	Esprit bougon, mais sans but.	Conscience sociale en gestation.	Quasi absent.	Assez incisif.
Mobilité-versatilité	Quasi nulle.	Surtout sur le plan social.	Surtout sur le plan professionnel, des comportements.	Surtout sur le plan des idées, des attitudes.

Source Adapté de C. Cossette, « Typologie du Québécois en quatre portraits », *Cahiers de communication graphique*, n° 4, Québec, Université Laval, 1976. Adapté avec la permission des Presses de l'Université Laval.

Tableau 10.6	*Typologie de Cossette : B. Comportements types des Québécois*

	Inertes (35 %)	Amovibles (40 %)	Mobiles (15 %)	Versatiles (10 %)
Loisirs				
Vacances	Pratiquement aucune, restent à la maison.	Se permettent une semaine ou deux, visite au chalet des parents ou des amis.	Plusieurs fois par année, lieux « classiques ».	Plusieurs semaines au Québec, en Amérique ou en Europe.
Déplacements	D'un quartier à l'autre.	D'une ville à l'autre.	L'Amérique.	D'un continent à l'autre.
Acquisition des connaissances				
Sources d'information	La télévision.	*Sélection.*	Livres *Time-Life* et les encyclopédies souvent pour le décor.	Le cinéma, *Nous, L'Express, Time*, et leur bibliothèque personnelle.
Cours de perfectionnement	Aucun.	Parfois.	Oui, car ça sert pour les relations et la valorisation sociale.	Souvent comme loisir.
Instruction				
Études	Primaires.	Secondaires.	Secondaircs ou collégiales.	Collégiales ou universitaires.
Emploi	Ouvriers non spécialisés.	Ouvriers spécialisés, cols blancs.	Commerce, professions traditionnelles.	Professions libérales.
Habitudes quotidiennes				
Alimentation	Saucisson de bologne.	Mets « canadiens ».	Steak.	Plats exotiques.
Boissons alcooliques	Genièvre (*gin*) à l'occasion.	Bière, parfois un genièvre (*gin*).	Rye, scotch.	Vins, alcools.
Automobile	Une vieille « minoune ».	Une moyenne américaine de quelques années.	Une grosse américaine.	Une voiture européenne.
Sports	Aucun.	Quilles, motoneige.	Golf, motoneige.	Camping, ski de fond.

Source Adapté de C. Cossette, « Typologie du Québécois en quatre portraits », *Cahiers de communication graphique*, nº 4, Québec, Université Laval, 1976. Adapté avec la permission des Presses de l'Université Laval.

Tableau 10.7 | *Classification des Canadiens français selon Lefebvre*

		Indentification avec les autres Canadiens français	
		Négative	**Positive**
Identification avec les Canadiens anglais	**Positive**	Assimilationnistes	Pluralistes culturels
	Négative	Aliénés	Séparatistes

Source Traduit et adapté de J.M. Lefebvre, « Ethnic identification as a criterion for segmenting the French-Canadian market : Some a priori considerations », dans R.C. Curhan (sous la dir. de), *Combined Proceedings,* Chicago, American Marketing Association, 1974, p. 683-688.

rapport aux cultures française et anglaise : les « assimilationnistes », les pluralistes culturels, les séparatistes et les aliénés[38]. Le tableau 10.7 présente ces quatre segments en fonction de l'identification avec les autres Canadiens français et de l'identification avec les Canadiens anglais. En gros, on peut caractériser ces segments de la façon suivante :

1. Les « *assimilationnistes* » veulent que le Canada français fusionne avec le Canada anglais, qu'il adopte les valeurs, les styles de vie et la langue des Canadiens anglais, ce qui entraînerait la perte de son identité propre.

2. Les *pluralistes culturels* souhaitent obtenir l'égalité avec le reste du Canada et des preuves de tolérance de la part des anglophones, de sorte que les principaux caractères distinctifs du Canada français soient préservés. Pour eux, l'appartenance ethnique n'est pas une question prioritaire et ils ne sont ni pour la séparation ni pour l'assimilation.

3. Les *séparatistes* désirent que le Québec se sépare du reste du Canada afin de préserver leur identité française. Ils ont des sentiments très forts par rapport à leur appartenance ethnique.

4. Les *aliénés* rejettent aussi bien l'identité française que l'identité anglaise, une attitude particulièrement éprouvante du point de vue psychologique.

Lefebvre a élaboré une longue liste de propositions concernant les consommateurs de chaque catégorie et a souligné les implications de ces propositions pour les gestionnaires. Malheureusement, cette classification n'a été testée d'une manière empirique qu'auprès d'un échantillon d'étudiants et les résultats indiquent la présence de seulement deux groupes principaux, soit les « assimilationnistes » et les séparatistes.

La typologie de Laroche et de ses collaborateurs

Michel Laroche et ses collaborateurs ont établi une typologie à partir de six dimensions comportementales, mesurées auprès d'un large échantillon aléatoire de Canadiens français[39]. Ces dimensions sont :

1) les interactions sociales, évaluées d'après l'utilisation du français et de l'anglais pour lire, pour écouter la radio, pour regarder la télévision, lors des achats, au travail et avec les amis et la parenté ;

2) l'identification familiale et l'utilisation de la langue avec le conjoint et les enfants ;

3) le sentiment d'appartenance (au groupe des Canadiens français), y compris le sentiment d'appartenance des parents ;

4) l'attachement à la culture anglaise ;

5) l'attachement à la culture française ;

6) les attitudes à l'égard des échanges culturels.

À partir de ces six dimensions, ils ont pu identifier trois grands groupes, tous trois très attachés à la culture française : les traditionalistes, les pluralistes et les puristes (voir la figure 10.3). Nous présentons brièvement leurs caractéristiques.

Figure 10.3

Localisation des trois groupes de Canadiens français définis par Laroche et ses collaborateurs

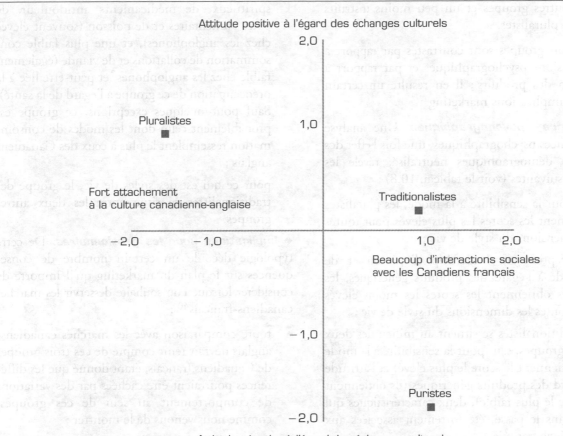

Attitude positive à l'égard des échanges culturels

Fort attachement
à la culture canadienne-anglaise

Beaucoup d'interactions sociales
avec les Canadiens français

Attitude négative à l'égard des échanges culturels

1. Les *traditionalistes* montrent un niveau élevé d'interactions sociales avec les Canadiens français, une forte identification familiale et un fort sentiment d'appartenance ethnique. Ils expriment un faible attachement à la culture anglaise, tout en faisant preuve de tolérance à l'égard des échanges culturels. Ils sont portés à être surtout unilingues et ont un niveau d'instruction légèrement inférieur à celui des deux autres groupes.

2. Les *pluralistes* sont très attachés à la culture anglaise et, quoique dans une moindre mesure, à la culture française et ils ont l'attitude la plus positive à l'égard des échanges culturels avec les Canadiens anglais. On relève parmi eux un niveau moindre d'interactions avec les Canadiens

français, une plus faible identification familiale et un sentiment d'appartenance ethnique moins marqué. Ils ne rejettent pas l'acculturation ou sont déjà acculturés par la culture canadienne-anglaise. Ils sont surtout bilingues, un peu plus âgés et ont les niveaux d'instruction les plus élevés.

3. Les *puristes* ont le plus faible niveau d'attachement à la culture anglaise et une attitude négative à l'égard des échanges culturels. Ils ont aussi le niveau le plus élevé d'interactions sociales avec les Canadiens français, font preuve d'une solide identification familiale et d'un fort sentiment d'appartenance ethnique. Ils sont surtout unilingues et leurs activités s'inscrivent dans un

milieu canadien-français ; ils résistent consciemment à l'influence culturelle des Canadiens anglais. Ils sont plus jeunes que les membres des deux autres groupes et un peu moins instruits que les pluralistes.

Ces trois groupes sont contrastés par rapport à des dimensions psychographiques et par rapport à l'utilisation des produits ; il en résulte un certain nombre d'implications marketing.

◆ *Différences psychographiques.* Une analyse des différences psychographiques, une fois l'effet des différences démographiques neutralisé, révèle les tendances suivantes (voir le tableau 10.8) :

■ sauf pour la sensibilité à la mode, les pluralistes obtiennent les scores les plus élevés pour toutes les dimensions du style de vie ;

■ à l'exception du leadership d'opinion et de l'attitude à l'égard des produits génériques, les puristes obtiennent les scores les moins élevés pour toutes les dimensions du style de vie ;

■ les traditionalistes se situent au milieu des deux autres groupes, sauf pour la sensibilité à la mode (ils obtiennent le score le plus élevé) et l'attitude à l'égard des produits génériques (ils obtiennent le score le plus faible), deux caractéristiques qui ont, dans le passé, été fortement associées aux Canadiens français.

◆ *Différences quant à l'utilisation des produits.* Le tableau 10.8 présente une liste partielle des catégories de produits consommés par les trois groupes canadiens-français. Même si certaines différences ne sont pas très grandes, ces résultats suggèrent les tendances suivantes :

■ les puristes sont plus susceptibles de se situer aux extrémités de l'échelle, avec soit le score le plus élevé (par exemple, pour la consommation de collations, de desserts et de tartinades), soit le score le moins élevé (par exemple, l'utilisation d'aliments à préparation rapide ou la consommation de pâtes alimentaires), ce qui laisse entrevoir un mode de consommation particulier (comparativement aux Canadiens anglais, probablement le groupe le plus éloigné de ceux-ci) ;

■ les pluralistes font une plus grande consommation de vins et de fromages importés (souvent associée aux francophones), mais également de spiritueux, de médicaments antidouleur, de pâtes alimentaires et de poisson (souvent élevée chez les anglophones), et une plus faible consommation de collations et de viande (également faible chez les anglophones, et peut-être liée à la préoccupation de ce groupe à l'égard de la santé). Sauf pour quelques exceptions, ce groupe est probablement celui dont les modes de consommation ressemblent le plus à ceux des Canadiens anglais ;

■ pour ce qui est des styles de vie, le groupe des traditionalistes se situe entre les deux autres groupes.

◆ *Implications pour les gestionnaires.* De cette typologie découle un certain nombre de conséquences sur le plan du marketing qu'il importe de considérer lorsque l'on souhaite desservir les marchés canadiens-français[40] :

■ toute comparaison avec les marchés canadiens-anglais devrait tenir compte de ces trois groupes de Canadiens français, étant donné que les différences pourraient être cachées par des variations de comportement au sein de ces groupes, comme nous venons de le montrer ;

■ comme les traditionalistes et les puristes sont surtout unilingues, toute forme de communication marketing doit être conçue en français ;

■ les contenus des programmes marketing destinés aux puristes devraient fortement refléter les dimensions (valeurs, artefacts, attitudes, symboles, etc.) de la culture canadienne-française. Les consommateurs des groupes traditionaliste et puriste seront portés à préférer les produits fabriqués au Québec, les noms de marques français et les annonces publicitaires en français, ainsi que les emballages montrant des symboles canadiens-français ;

■ les pluralistes sont plus sensibles aux utilisations symboliques du langage sur les emballages et dans les promotions canadiennes-anglaises, pourvu que ne soit pas remis en question leur

Tableau 10.8

Différences entre les trois groupes des Canadiens français de la typologie de Laroche

A. Différences psychographiques

Dimension psychographique*	Traditionalistes	Pluralistes	Puristes
Leadership d'opinion	5,05	**5,84**	5,52
Confiance en soi	6,93	**7,24**	6,67
Innovation	5,81	**5,97**	5,36
Sensibilité à la mode	**6,62**	6,47	5,93
Sensibilité au prix	7,02	**7,47**	6,79
Attitude à l'égard des produits génériques	6,49	**6,61**	6,58
Amour de la cuisine	6,80	**7,30**	6,78
Attitude à l'égard des enfants	8,01	**8,37**	7,90
Paiement comptant	6,26	**6,72**	6,24
Amour des sports	5,23	**5,29**	4,09
Souci de la santé	7,69	**8,11**	7,58

B. Utilisation du produit

Catégorie de produit **	Traditionalistes	Pluralistes	Puristes
Vins et fromages importés	1,87	**2,01**	1,90
Collations	1,77	1,67	**1,78**
Spiritueux	0,31	**0,47**	0,31
Viandes	2,81	2,70	**2,92**
Aliments à préparation rapide	**0,78**	0,75	0,68
Médicaments antidouleur	0,57	**0,66**	0,51
Desserts	1,58	1,64	**1,70**
Pâtes alimentaires	1,29	**1,30**	1,19
Poisson	1,08	**1,31**	1,20
Tartinades	2,69	2,81	**3,23**
Café	**1,63**	1,55	1,45
Petit-déjeuner	2,10	2,09	**2,21**

* Ces dimensions ont été mesurées à l'aide de plusieurs énoncés au moyen d'une échelle de 1 à 10 correspondant au degré d'acquiescement.

** Plus le chiffre est élevé, plus la fréquence d'utilisation est élevée (sur une échelle de 0 à 5).

Note : Les chiffres en caractères gras désignent le groupe ayant obtenu le score le plus élevé pour cette dimension ou cette catégorie de produit.

Source   Traduit de M. Laroche et autres, « A multidimensional typology of acculturation patterns : Empirical evidence and marketing implications », Cahier de recherche 92-01-01, Montréal, Université Concordia, 1992, p. 22-23. Traduit avec permission.

grand attachement à la culture canadienne-française ; ils accepteront des produits fabriqués en dehors du Québec, les noms de marques et les messages publicitaires en anglais, ainsi que les emballages présentant des symboles canadiens-anglais ;

■ pour les traditionalistes, la langue de communication doit être le français, mais les mercaticiens peuvent créer une image non québécoise, du moins pour certains produits.

10.6 Quelques problèmes méthodologiques liés à l'étude du comportement des consommateurs canadiens-français

Il est difficile d'évaluer l'influence de la culture et de l'appartenance ethnique sur le comportement du consommateur, d'autant plus que les instruments de mesure ne sont pas toujours précis et fiables. Par conséquent, les recherches sur ce sujet sont susceptibles d'être critiquées, notamment quant à la méthodologie employée, la sincérité des opinions exprimées ou le manque d'objectivité du chercheur. Ce domaine de recherche pose donc de nombreux problèmes méthodologiques, les principaux ayant trait aux définitions opérationnelles, à l'hétérogénéité des groupes étudiés et au contrôle de différentes variables, problèmes que nous examinons ici.

10.6.1 L'inconsistance des définitions opérationnelles

Un important problème posé par la recherche sur les Canadiens français est le manque de consistance des définitions opérationnelles de ce groupe culturel. La plupart des études empiriques utilisent l'une des cinq définitions opérationnelles suivantes[41] :

■ le français est la langue dominante, c'est-à-dire la langue parlée à la maison ou celle qui est le plus souvent parlée par les adultes ;

■ le français est la langue maternelle, c'est-à-dire la première langue apprise dans l'enfance ;

■ le français est la langue du questionnaire retourné ;

■ les caractéristiques ethnoculturelles, c'est-à-dire la religion catholique, l'origine française et la valeur attachée à la famille ;

■ le lieu de résidence, par exemple le Québec ou l'Ontario.

Dans une étude utilisant simultanément plusieurs de ces définitions, on a trouvé de graves erreurs de classification selon les différentes définitions opérationnelles utilisées. En d'autres mots, selon que l'on applique l'une ou l'autre des définitions, on classe les répondants dans des groupes différents. Selon la définition employée, le taux d'erreur de classification varie de 12 % à 37 %, ce qui pourrait fausser d'une manière importante les résultats de l'étude.

On a critiqué le critère de la langue maternelle du répondant comme élément de classification en recherche commerciale pour déterminer si un consommateur est francophone ou anglophone[42]. À la place, on suggère de déterminer le degré d'appartenance au groupe culturel au moyen de questions portant sur les préférences du répondant quant aux médias et sur son sentiment d'appartenance ethnique, ainsi que par des mesures plus traditionnelles fondées sur la langue, par exemple la langue maternelle, la langue employée principalement et la langue du questionnaire.

Dans une étude utilisant des techniques statistiques avancées, deux groupes, un groupe de Canadiens français et un groupe de Canadiens anglais, ont été formés et ont servi à tester la validité prédictive de diverses mesures d'identification à un groupe culturel[43]. La figure 10.4 montre les différences entre les deux groupes par rapport à diverses situations. Il ressort de ces profils que l'usage de la langue pour l'écoute de la télévision et de la radio, la langue parlée au magasin ainsi que la langue parlée à la maison ne distinguent pas ces deux groupes aussi bien que le font d'autres variables.

Le tableau 10.9 (p. 314) présente 12 mesures d'identification à un groupe culturel pour les villes de Montréal et de Toronto selon leur validité prédictive. En général, les meilleurs critères simples pour mesurer le degré d'identification au groupe sont la langue parlée à la maison (avec les enfants et le conjoint), la langue parlée avec la parenté et les amis, la langue apprise à l'école et la langue du questionnaire retourné. Il est à noter que, pour Toronto, la langue parlée avec le conjoint peut créer des problèmes dans le cas de couples mixtes. Les pires critères simples pour mesurer le degré d'identification au groupe sont la langue parlée dans les magasins, la langue parlée au travail, la langue choisie pour l'écoute de la radio et de la télévision et pour la lecture.

Ces résultats laissent entendre que la langue employée le plus souvent ou la langue du questionnaire retourné constituent de bonnes mesures de l'appartenance au groupe culturel. Cependant, les taux relativement faibles de validité des mesures simples montrent qu'il est préférable de recourir à des mesures multiples.

Une question a été soulevée à propos des deux millions d'individus qui ont affirmé avoir une origine ethnique multiple : Doit-on les classer comme francophones, comme anglophones ou comme membres d'un autre groupe ethnique ou doit-on les traiter comme un groupe à part[44] ? Pour les mercaticiens, la réponse à cette question est d'une grande importance, étant donné que ce groupe est très nombreux.

10.6.2 L'hétérogénéité des Canadiens français et des Canadiens anglais

Le problème de l'hétérogénéité, tant chez les Canadiens français que chez les Canadiens anglais, se fait particulièrement sentir lorsque l'on compare des échantillons de ces deux populations, ni l'un ni l'autre de ces groupes n'étant homogènes.

On sait qu'il existe de très grandes différences régionales au Canada[45], comme l'illustre le modèle des neuf nations d'Amérique du Nord de Joël Garreau, présenté au chapitre 7. Selon Garreau, les frontières constituées par l'État ou la province sont

---

Figure 10.4   *Différences entre les Canadiens anglais et français en ce qui a trait à l'usage de la langue*

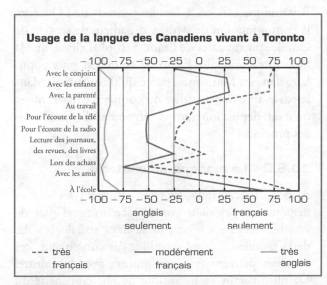

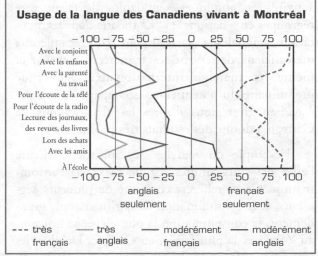

Note   On a mesuré la langue utilisée en soustrayant le pourcentage des gens qui ont répondu « anglais » du pourcentage de ceux qui ont répondu « français », de telle sorte que 100 signifie que seul le français est utilisé et −100 signifie que seul l'anglais est utilisé. Zéro – le point du milieu – signifie un usage moitié-moitié de sorte qu'un score à droite du milieu signifie un usage plus grand du français alors qu'un score à gauche signifie un usage plus grand de l'anglais. Cela permet de résumer les modes d'usage de tous les groupes, pour les deux langues. Cela permet également de voir les changements dans l'usage de la langue à la suite de l'acculturation et le rôle joué par les situations d'utilisation, par exemple le milieu du travail, les achats et l'écoute de la télévision.

Tableau 10.9   *Validité prédictive de 12 mesures d'identification à un groupe culturel**

Usage de la langue	Total (%)	Montréal (%)	Rang	Toronto (%)	Rang
À la maison avec les enfants	86,2	87,8	3	84,6	1
À la maison avec le conjoint	85,4	88,8	1	81,0	5
Avec la parenté	85,1	86,1	4	84,2	2
Avec les amis	84,9	88,2	2	81,7	4
Lorsque j'allais à l'école	83,2	84,4	6	82,1	3
Questionnaire retourné	81,6	85,5	5	77,8	6
Livres et revues	78,6	82,6	8	74,6	8
Télévision	78,0	80,4	9	75,7	7
Journaux	77,8	83,7	7	71,9	10
Radio	74,9	80,4	10	69,5	11
Au travail	74,6	77,0	12	72,3	9
Lors des achats	74,0	79,5	11	68,5	12

*   Ces chiffres représentent les moyennes du pourcentage des individus correctement classés pour deux groupes (Montréal et Toronto : français et anglais), trois groupes (Toronto : un groupe bilingue français a été ajouté) et quatre groupes (Montréal : ajout de groupes bilingues français et anglais). Des résultats semblables ont été obtenus pour deux groupes seulement.

artificielles, et les consommateurs ayant des styles de vie, des comportements de consommation, des réactions à l'égard de l'environnement et des activités économiques semblables devraient être regroupés en « nations[46] ». La théorie de la segmentation régionale de Garreau peut être très utile aux mercaticiens desservant les marchés canadiens, et même les marchés internationaux. Une étude préliminaire du potentiel du découpage du marché canadien en régions d'après les classifications de Garreau a donné des résultats très prometteurs[47].

L'exemple du marché des spiritueux illustre l'effet des sous-cultures régionales sur la consommation. Ce marché est constitué de plusieurs segments, et la consommation de spiritueux varie grandement, la consommation la plus élevée se trouvant au Yukon et la plus faible, au Québec. De plus, les Canadiens français boivent plus de 60 % du genièvre (*gin*) consommé au Canada, 36 % du cognac, mais seulement 9 % du whisky canadien, ce qui est moins que les Américains (12 %) et bien moins que la moyenne canadienne de 40 %. De la

même façon, les Canadiens français boivent moins de vodka (8 %) que les habitants de la Colombie-Britannique (16 %). Chez les buveurs de l'Ontario, la consommation de whisky canadien, de scotch, de gin, de spiritueux et de brandy est plus élevée que la moyenne nationale. Enfin, le rhum est plus populaire dans les Maritimes, parce qu'il constituait, dans le passé, une marchandise du commerce maritime et qu'il est, depuis longtemps, largement distribué dans ces provinces[48].

10.6.3   Le manque de contrôle

À peu d'exceptions près, la plupart des études disponibles n'essaient pas de déterminer l'effet de variables telles que le revenu, la classe sociale, la taille de la famille ou la géographie. Par conséquent, ces variables peuvent être confondues avec la culture. De plus, il faut tenir compte de l'hétérogénéité du marché canadien-français, tel qu'on l'a déjà vu, étant donné que c'est là que les forces de l'assimilation sont les plus importantes, depuis des années. La même remarque peut être faite pour les autres groupes culturels du Canada. Cette question est étroitement liée à la nécessité du contrôle dans la recherche interculturelle en général

10.7 Les implications stratégiques

Comme nous l'avons montré dans ce chapitre, la plupart des mercaticiens canadiens doivent acquérir une connaissance approfondie des complexités du marché canadien-français et évaluer si un changement de stratégie de marketing serait justifié et rentable. Parmi les domaines à étudier, mentionnons :

■ les stratégies en matière de produits : Quels produits ont du succès au Canada français ? Doit-on les modifier pour améliorer leur attrait aux yeux des Canadiens français, et si oui, comment ? Le nom de la marque est-il efficace dans les deux langues ? Devrait-on changer le conditionnement de façon à solliciter davantage les sens ?

■ les stratégies en matière de promotion : Quels types de messages produisent le plus d'effet chez les Canadiens français ? Devrait-on employer une source promotionnelle crédible pour le marché canadien-français ? Quels sont les meilleurs médias pour rejoindre ces consommateurs ? Quelle est l'efficacité des techniques de promotion des ventes chez les Canadiens français ?

■ les stratégies en matière de prix : Les Canadiens français sont-ils sensibles au prix ? Le rapport qualité-prix est-il un critère important pour les Canadiens français ? Sur ce marché, les garanties à long terme sont-elles importantes ?

■ les stratégies en matière de distribution : Quels sont les canaux de distribution les plus efficaces sur ce marché ? Les magasins spécialisés sont-ils plus populaires que les magasins à rayons ? Les centres commerciaux sont-ils plus populaires qu'au Canada anglais ?

De bonnes réponses à ces questions peuvent déboucher, pour les mercaticiens, sur une augmentation des ventes et de la part de marché. Par exemple, Clamato de Mott's a vu ses ventes augmenter de 40 %, en 1989, après la conception d'une campagne publicitaire spécialement destinée au Québec faisant appel à des célébrités québécoises[49]. Le fait que la plupart des grandes entreprises élaborent maintenant des campagnes distinctes pour le marché canadien-français, comme celles de Pepsi avec Claude Meunier, est une autre preuve de la rentabilité de cette stratégie[50]. Certaines entreprises plus avisées (et plus expérimentées) vont encore plus loin et prennent en considération les différents segments au sein du marché canadien-français, tel que nous l'avons déjà vu.

RÉSUMÉ

Notre survol de plus de 30 ans de recherche sur le comportement du consommateur canadien-français montre que les mercaticiens, autant que les chercheurs, doivent être plus systématiques et plus consciencieux, afin de pouvoir déterminer correctement l'influence de la culture sur les processus décisionnels des consommateurs.

Il existe des différences entre les Canadiens français et les Canadiens anglais, mais ces différences sont mal comprises. Hénault, Mallen et Bouchard ont dégagé un ensemble de traits chez les Canadiens français très importants et très utiles en ce qu'ils ont permis aux mercaticiens de comprendre certaines des caractéristiques uniques du marché canadien-français, par exemple le goût pour les aliments sucrés (l'importance accordée à la sensation), la sensibilité à la mode, la primauté de la famille et l'aversion pour les produits génériques.

▼

▼

De leur côté, Lefebvre, Cossette et Laroche et ses collaborateurs ont établi des typologies de Canadiens français, lesquelles pourraient procurer aux mercaticiens des descriptions plus précises de chaque groupe ainsi défini. En retour, cela devrait les aider à se centrer sur le groupe qui est plus sensible à la mode, qui est le plus indifférent à l'égard du prix, le plus innovateur, etc.

Dans le futur, la recherche devrait utiliser les méthodes structurelles décrites dans ce chapitre pour circonscrire des populations homogènes. Il importe d'effectuer des études qui mettent en lumière et analysent les effets de la culture sur la perception, sur la recherche d'information, sur la formation d'attitudes, sur la confiance, sur l'intention ainsi que sur le mode d'achat. Le marché canadien-français est un marché que les mercaticiens ont intérêt à comprendre.

QUESTIONS ET THÈMES DE DISCUSSION

1. Énumérez des noms de marques qui, selon vous, devraient être aussi efficaces en anglais qu'en français.

2. Pourquoi le marché canadien-français est-il un marché important pour les fabricants canadiens ? Comment le fait d'avoir de l'expérience sur ce marché pourrait-il être utile dans les opérations de marketing international ?

3. « La meilleure chose à faire pour vendre au Québec est de traduire les annonces et les étiquettes de l'anglais au français. Ce qui est efficace au Canada anglais devrait l'être aussi au Québec. » Êtes-vous d'accord avec cet énoncé ? Justifiez votre réponse.

4. Un animateur de radio qui est très populaire à Toronto sera-t-il aussi populaire à Vancouver, à Winnipeg ou à Halifax ? Et au Canada français ?

5. Exposez l'hypothèse socioéconomique. Admettez-vous cette hypothèse ? Justifiez votre réponse.

6. Pourquoi les mercaticiens devraient-ils tenir compte de l'importance que les Canadiens français accordent à la sensation ? Quels spécialistes et pourquoi ?

7. Une certaine indifférence à l'égard du prix est-il un trait favorable pour les mercaticiens ? Expliquez votre réponse et donnez des exemples.

8. Choisissez l'une des six racines culturelles des Québécois du modèle de Bouchard et expliquez en détail comment cette racine peut influer sur le comportement de ces consommateurs.

9. Choisissez une catégorie de Canadiens français dans la classification de Cossette ou dans celle de Lefebvre et expliquez en détail les implications découlant de cette catégorie pour le directeur de marketing :

   a) d'une compagnie de distribution de films ;

   b) d'un fabricant de tablettes de chocolat ;

   c) des restaurants McDonald's.

NOTES

1. P.C. Lefrançois et G. Chatel, « The French Canadian consumer : Fact and fancy », *The Canadian Marketer,* vol. 2, n° 2, printemps 1967, p. 4-7.

2. « Study shows many Quebec viewers are missing the message », *Marketing,* 27 mai 1985, p. 27 ; G. Chiasson, « Are English commercials getting across to French speakers ? », *Marketing,* 5 janvier 1987, p. 11.

3. R.M. MacGregor, « Le principe de l'égalité entre les deux peuples fondateurs : A market reality ? », dans M. Laroche (sous la dir. de), *Marketing,* vol. 3, Montréal, Association des sciences administratives du Canada, 1982, p. 127-136.

4. *Ibid.*

5. J. Bouchard, « The French evolution », *Marketing,* 26 septembre 1983, p. 60.

6. *Ibid.*

7. *Ibid.,* p. 69.

8. F. Elkin et M.B. Hill, « Bicultural and bilingual adaptations in French Canada : The example of retail advertising », *Canadian Review of Sociology and Anthropology,* vol. 2, n° 3, août 1965, p. 132-148 ; F. Elkin, *Rebels and Colleagues : Advertising and Social Change in French Canada,* Montréal, McGill-Queen's University Press, 1973 ; R.M. MacGregor, art. cité, p. 129.

9. R. Calantone et J. Picard, « Bilingual advertising revisited », dans M. Laroche (sous la dir. de), ouvr. cité p. 31-38.

10. « Ranking of Canadian Advertising Agencies », numéro spécial, *Marketing Magazine,* 25 juin 2001, p. 13.

11. R.M. MacGregor, art. cité, p. 135.

12. P.C. Lefrançois et G. Chatel, art. cité.

13. K.S. Palda, « A comparison of consumers' expenditures in Quebec and Ontario », *Canadian Journal of Economics and Political Science,* vol. 33, février 1967, p. 26.

14. J.-C. Chebat, M. Laroche et H. Malette, « A cross-cultural comparison of attitudes towards and usage of credit cards », *International Journal of Bank Marketing,* vol. 6, n° 4, 1988, p. 42-54.

15. C.M. Schaninger, J. Bourgeois et W.C. Buss, « French-English Canadian subcultural consumption differences », *Journal of Marketing,* vol. 49, n° 2, printemps 1985, p. 90 ; A. Joy, C. Kim et M. Laroche, « Ethnicity as a factor influencing use of financial services », *International Journal of Bank Marketing,* vol. 9, n° 4, 1991, p. 10-16.

16. En plus des études auxquelles on se reporte dans ce qui suit, voir les sources suivantes : M.J. Bergier, B.Z. Gidengil et R. Blydt-Hansen, « A cross-cultural investigation of behavioural responses and attitudes towards life insurance protection », dans V.J. Jones (sous la dir. de), *Marketing,* vol. 1, Montréal, Association des sciences administratives du Canada, 1980, p. 31-38 ; M.J. Bergier, J. Rosenblatt et M. Laroche, « Cultural differences in attitudes and intended behaviour towards house brands and national brands », dans V.J. Jones (sous la dir. de), ouvr. cité, p. 49-57 ; E. Kaynak, U. Yucelt et R.M. MacGregor, « Attitudinal and behavioural characteristics of American and Canadian credit card holders », dans J.-C. Chebat (sous la dir. de), *Marketing,* vol. 6, Montréal, Association des sciences administratives du Canada, 1985, p. 189-202.

17. F. Vary, « Quebec consumer has unique buying habits », *Marketing,* 23 mars 1992, p. 28 ; E. Héon, « Excess means success in the Quebec market », *Marketing,* 20 août 1990, p. 6.

18. F. Vary, art. cité, p. 6.

19. S.A. Ahmed, R. de Camprieu et P. Hope, « A comparison of English and French Canadian attitudes toward energy and the environment », dans R.G. Wyckham (sous la dir. de), *Marketing,* vol. 2, Montréal, Association des sciences administratives du Canada, 1981, p. 1-10 ; S.B. Ash, C. Duhaime et J. Quelch, « Consumer satisfaction : A comparison of English- and French-Speaking Canadians », dans V.J. Jones (sous la dir. de), ouvr. cité, p. 11-20.

20. T.E. Muller et C. Bolger, « Search behaviour of French and English Canadians in automobile purchase », *International Marketing Review,* hiver 1985, p. 21-30.

21. R.D. Tamilia, « A cross-cultural study of source effects in a Canadian advertising situation », dans J.M. Boisvert et R. Savitt (sous la dir. de), *Marketing,* Montréal, Association des sciences administratives du Canada, 1978, p. 250-256.

22. C.M. Schaninger, J. Bourgeois et W.C. Buss, art. cité, p. 90-91.

23. G. Hénault, « Les conséquences du biculturalisme sur la consommation », *Commerce,* vol. 73, n° 9, septembre 1971, p. 78-80.

24. S.A. Ahmed, R. de Camprieu et P. Hope, art. cité.

25. B. Mallen, *French Canadian Consumer Behaviour,* Montréal, Advertising and Sales Executive Club of Montreal, octobre 1977, p. 13-27.

26. *Ibid.,* p. 6-7 ; C.M. Schaninger, J. Bourgeois et W.C. Buss, art. cité, p. 90.

27. A. Hustak, « Savouring the sweet success of Port », *The Gazette,* 1ᵉʳ novembre 2001, p. A4.

28. B. Mallen, ouvr. cité, p. 25-26.

29. R.Y. Darmon, M. Laroche et J.V. Petrof, *Marketing in Canada : A Management Perspective,* Toronto, McGraw-Hill, 1989, chap. 3.

30. J. Bouchard, *Différences,* Montréal, Héritage, 1980.

31. « Buying habits of Quebec consumers – Points to ponder », *Marketing,* 27 mai 1985, p. 33-34.

32. E. Héon, art. cité, p. 6.

33. C.M. Schaninger, J. Bourgeois et W.C. Buss, art. cité ; « Buying habits of Quebec consumers », art. cité, p. 33-34.

34. T.T. Ha, « Most Quebec teens have religion, want to learn about others : Survey », *The Montreal Gazette,* 23 juin 1992, p. A1 ; E. Héon, art. cité, p. 6.

35. R.D. Tamilia, art. cité.

36. S.A. Ahmed, R. de Camprieu et P. Hope, art. cité.

37. C. Cossette, « Typologie du Québécois en quatre portraits », *Cahiers de communication graphique,* nº 4, Québec, Université Laval, 1976.

38. J.M. Lefebvre, « Ethnic identification as a criterion for segmenting the French-Canadian market : Some a priori considerations », dans R.C. Curhan (sous la dir. de), *Combined Proceedings,* Chicago, American Marketing Association, 1974, p. 683-688 ; J.M. Lefebvre, « Preferences of nationalists and assimilationists for ethnic goods : An experiment with French-Canadians », dans M. Wallendorf et P. Anderson (sous la dir. de), *Advances in Consumer Research,* vol. 14, Provo (Ut.), Association for Consumer Research, 1987, p. 497-501.

39. M. Laroche et autres, « A multidimensional typology of acculturation patterns : Empirical evidence and marketing implications », Cahier de recherche 92-01-01, Montréal, Université Concordia, 1992 ; M. Laroche et autres, « An empirical study of multidimensional ethnic change : The case of the French Canadians in Quebec », *Journal of Cross-Cultural Psychology,* vol. 27, nº 1, janvier 1996, p. 114-131.

40. M. Laroche et autres, art. cité ; J.M. Lefebvre, « Preferences of nationalists and assimilationists for ethnic goods », art. cité.

41. M. Bergier et J. Rosenblatt, « A critical review of past and current methodologies used for classifying English and French consumers », dans M. Laroche (sous la dir. de), ouvr. cité, p. 11-20.

42. R.D. Tamilia, « Cultural market segmentation in a bilingual and bicultural setting », *European Journal of Marketing,* vol. 14, nº 4, 1980, p. 223-231.

43. C. Kim, M. Laroche et B. Lee, « A taxonomy of French and English Canadians based on communication patterns », *Canadian Journal of Administrative Sciences,* vol. 7, nº 2, juin 1990, p. 1-11 ; C. Kim, M. Laroche et A. Joy, « Differences in consumption patterns among groups of varying degrees of acculturation », dans H. Mülhbacher et C. Jochum (sous la dir. de), *Proceeding,* Innsbruck, European Marketing Academy, 1990, p. 33-50.

44. C. Lawrence, S.J. Shapiro et S. Lalji, « Ethnic markets – A Canadian perspective », *Journal of the Academy of Marketing Science,* été 1986, p. 15.

45. R.Y. Darmon, M. Laroche et J.V. Petrof, ouvr. cité, chap. 3 et 4.

46. J. Garreau, *The Nine Nations of North America,* New York, Avon Books, 1981 ; H. Vredenberg et P. Thirkell, « Canadian regionalism : A marketplace reality ? », dans J.D. Forbes (sous la dir. de), *Marketing,* vol. 4, Montréal, Association des sciences administratives du Canada, 1983, p. 360-370.

47. H. Vredenberg et P. Thirkell, art. cité.

48. F. Vary, art. cité.

49. M. Seto, « Marketing in multiple languages is becoming common », *Marketing,* 13-20 juillet 1992, p. 22.

50. P. Diekmeyer, « Ad campaigns take two-track approaches », *The Montreal Gazette,* 26 janvier 1999.

Chapitre 11

Les groupes de référence

INTRODUCTION

Les groupes ou les personnes de référence constituent pour le consommateur une base de comparaison ou de référence dans l'apprentissage des valeurs, des croyances, des attitudes ou des modes de consommation. Ce chapitre est consacré à l'analyse de l'effet exercé sur la consommation par cette importante source d'influence externe que sont les groupes de référence. En effet, les groupes de référence jouent un rôle majeur dans la socialisation de l'individu et dans la transmission des normes et des valeurs sociales. Dans ce chapitre, nous nous intéresserons aux types de groupes de référence et aux types de personnes de référence. Nous présenterons ensuite les fonctions remplies par les groupes de référence, puis nous verrons quels facteurs déterminent l'influence du groupe de référence.

11.1 Une introduction au concept de groupe de référence

Sans doute ne seriez-vous pas surpris de voir de nombreuses annonces publicitaires pour les cigarettes Marlboro aux États-Unis. Mais seriez-vous surpris d'apprendre que le cow-boy de Marlboro se trouve dans la publicité de nombreux pays d'Asie, d'Afrique et d'Europe de l'Est ? Seriez-vous surpris d'apprendre que, sur la place principale de Varsovie, en 2002, se trouvait un panneau de 30 mètres sur 20 mètres sur lequel figurait le cow-boy de Marlboro ? Quelles images ces annonces évoquent-elles ? Le cow-boy indépendant parcourant sur son cheval les grands espaces de l'Ouest américain, attrapant le bétail au lasso ou traversant des rivières ? Le rude aventurier amoureux de liberté ? L'homme viril, endurci par le terrain et la nature ? Pour beaucoup, c'est l'Amérique idéalisée, utopique ; c'est le rêve d'un bonheur accessible. Lorsque l'on a demandé à des étudiants de décrire certaines images qui leur venaient en tête par rapport à l'« homme Marlboro »,

ils ont mentionné des choses telles que « rude », « en santé », « amateur de plein air » et « un homme qui sait où il s'en va ». Et l'on se réfère à ce bonheur possible, accessible.

Le texte de l'encadré 11.1, qui date de plus d'une décennie, décrit toujours bien la philosophie de marketing qui a donné naissance à l'homme de Marlboro. Cette philosophie exploite le rêve de la frontière que plusieurs consommateurs cultivent et qu'ils concrétisent par des décisions de consommation telles que l'achat d'un livre ayant pour héros un cow-boy de l'Ouest américain, le visionnage d'un film dont le principal protagoniste est un pionnier s'établissant dans la zone frontière (comme *Il danse avec les loups*) ou l'adoption d'une marque de cigarettes fortement associée au cow-boy Marlboro, un homme qui incarne un mode de vie rude, indépendant et viril, un homme heureux. Comme le révèle également cet encadré, même de vieux jeans usés et déchirés associés d'une manière forte à la frontière peuvent générer d'importants profits lorsqu'ils sont destinés au marché des consommateurs

| Encadré 11.1 | *PLEINS FEUX SUR LES CONSOMMATEURS* |

Le marketing du rêve de la frontière

De nombreux individus dans le monde ont le même fantasme. Dans ce rêve, ils montent à cheval, portent un chapeau de cow-boy et chevauchent vers l'Ouest sous un coucher de soleil flamboyant.

Plus de 225 millions d'exemplaires des livres de l'écrivain de l'Ouest Louis L'Amour ont été vendus « à des hommes et à des femmes qui ont grandi avec le désir d'être des cow-boys », dit Stuart Applebaum, responsable de la publication des livres de Louis L'Amour chez Bantam Books, qui ajoute que L'Amour offre aux lecteurs du monde entier « une façon de vivre leurs rêves et leurs désirs les plus chers ».

Des millions de citadins à l'aise s'identifient aussi au lieutenant John Dunbar, qui part à la recherche des frontières américaines en train de s'effondrer dans le film *Il danse avec les loups*. Ce rêve sur le thème des frontières a gagné sept Academy Awards, y compris le prix du meilleur film pour 1990, et a généré des recettes de près de 200 millions de dollars.

Ces rêves puissants sur le thème des frontières sont aussi le moteur d'une des marques ayant eu le plus de succès dans le monde. Le visage endurci et les manières de cow-boy de l'homme Marlboro sont attrayants autant pour les lecteurs de magazines à la mode de la ville de New York que pour les téléspectateurs de Buenos Aires et ceux qui regardent les panneaux d'affichage à Taipei. Le siège social de Marlboro, Philip Morris, détient à peu près 60 % du marché de l'exportation de cigarettes, selon le magazine *Adweek's Marketing Week*. En 1988, on a estimé que la marque Marlboro générait des profits d'environ trois milliards de dollars par année.

▼

▼

« Lorsque vous vivez dans une grande ville, un magnifique ciel ouvert ou un paysage spectaculaire attireront votre attention », dit Stephen Jacoby, directeur de marketing pour le magazine *Vanity Fair*. « L'homme Marlboro fait appel au sens de l'aventure, de l'amour et de la liberté. »

Philip Morris embauche de véritables cow-boys pour ses annonces de Marlboro. Pendant une séance de photographie à Wallowa County (Oregon), en 1990, le propriétaire de ranch Dave Yost a été impressionné par le soin qu'accordaient les photographes et les coordinateurs de production de Marlboro à l'authenticité. « Lorsqu'on travaille avec des chevaux et du bétail, on est porté à regarder s'il s'agit du bon équipement pour faire le travail, dit-il. C'est le cas. »

Avant la découverte du thème du cow-boy, en 1956, Marlboro était une marque terne. Aujourd'hui, elle symbolise, partout dans le monde, la masculinité et la liberté personnelle. « C'est une image très puissante », dit Laura Froelich, de Philip Morris. « L'homme Marlboro est utilisé pour transmettre l'image d'une cigarette à forte saveur. »

Cent ans après la fermeture officielle de la frontière, de jeunes hommes continuent d'aller vers l'Ouest en choisissant de fumer la Marlboro. Près de deux tiers (65 %) des fumeurs de Marlboro sont des hommes, et 70 % ont de 18 à 34 ans. Les fumeurs de Marlboro sont aussi plus susceptibles d'avoir fait des études de niveau secondaire ou moins (70 %) et d'être de race blanche (92 %). Leur revenu n'est pas assez élevé pour leur permettre d'aller en vacances dans le Montana, alors ils doivent se contenter d'une frontière faite de fumée.

Yost et ses pairs ne sont peut-être pas au courant, mais ils aident un autre habitant de la frontière à gagner sa vie seulement par le port de pantalons. À Manhattan (Montana), une ville située juste au nord-est de la région d'Owyhee-Bitterroot, Judy MacFarlane achète pour 5 $ chacun les vieux jeans usés « portés par ceux qui montent et domptent des chevaux sauvages, par les propriétaires et les employés de ranch habitant dans l'État du Montana ». Elle vend ensuite ces jeans à des magasins de vêtements à la mode de San Francisco ou de New York sous la marque Montana Broke Jeans. Les consommateurs déboursent jusqu'à 65 $ pour l'achat d'un de ces jeans.

Chaque jean Montana Broke est accompagné d'un dépliant qui explique l'origine probable des diverses déchirures, taches et usures. Par exemple, les déchirures en forme de L sont causées par des barbelés, des chutes à dos de taureau ou des brosses, alors qu'une usure de forme circulaire sur la poche arrière est attribuable à un contenant de tabac à priser.

Source Extrait de B. Edmondson et D. Fost, « The frontier is still here », *American Demographics,* vol. 13, nº 7, juillet 1991, p. 50-52. Reproduit avec permission.

« affamés par le rêve de la frontière », peu importe le pays.

L'homme de Marlboro, ce héros de l'Ouest, et le pionnier indépendant représentent chacun une *personne de référence* – quelqu'un à qui le consommateur peut s'identifier, une personne qu'il peut admirer et qu'il peut même chercher à imiter.

Un autre symbole intéressant est celui de Betty Crocker. En effet, depuis fort longtemps, Betty Crocker, ménagère, sert de symbole pour General Mills et pour le Betty Crocker Food & Publications Center au siège social de la compagnie, situé à Minneapolis. Même si Betty est un personnage fictif, General Mills a soigneusement cultivé l'image de cette ménagère auprès des consommateurs. En 1996, Betty Crocker en était à son septième rajeunissement – ces transformations sont illustrées à la figure 11.1. Celle de 1986 possédait l'allure assurée d'une citadine

| Figure 11.1 | *L'évolution du visage de Betty Crocker au fil des ans* |

1955

1965

1972

Le premier visage de Betty
Crocker tel qu'il apparaissait en
1936

1980   **1986**

La version modernisée
apparaissant en
1996

On a conservé l'efficacité de Betty Crocker comme personne de référence en modernisant continuellement le portrait de cette femme.

| **Source** | Reproduit avec la permission de General Mills Inc. |

engagée dans une carrière. General Mills a investi des sommes importantes pour ce rajeunissement, afin de « créer une femme qui soit contemporaine, compétente et un leader[1] » ; de fait, cette Betty semble pouvoir être aussi à l'aise dans la salle d'un conseil d'administration que dans la cuisine. Étant donné que jusqu'à 30 % des hommes participent, du moins en partie, aux tâches de la cuisine, General Mills voulait que Betty Crocker « ressemble aux femmes avec lesquelles travaillent les hommes d'affaires. On voulait représenter quelqu'un à qui ils

puissent faire confiance pour répondre à leurs questions culinaires[2] ». L'encadré 11.2 explique la philosophie sur laquelle repose la création de la plus récente image de Betty Crocker. On espère que, mieux adaptée au contexte social, cette nouvelle image fera en sorte qu'encore plus de consommateurs se reconnaîtront en elle. Il reste que, même si Betty Crocker est une ménagère fictive, elle sert de personne de référence à plusieurs femmes et plusieurs hommes qui sont restés fidèles aux produits de General Mills. Pour ces personnes, Betty Crocker

| Encadré 11.2 | *PLEINS FEUX SUR LES CONSOMMATEURS* |

Betty Crocker se fait faire un *lifting*

Pendant 75 ans, le visage le plus connu dans les épiceries des États-Unis a été ce modèle de vertu de la classe moyenne, blanche, américaine : une ménagère réconfortante aux yeux bleus, à la peau crémeuse et aux traits à la June Cleaver. Sa physionomie a subi de légères modifications de temps à autre, mais elle est demeurée essentiellement la même, mis à part le style de sa robe rouge et blanche et sa coiffure de brunette. Cependant, Betty Crocker subira sous peu le *lifting* le plus extravagant de toute l'histoire du marketing américain. Et il est clair que, lorsque naîtra la nouvelle Betty, son « père » – General Mills Inc. – ne nous servira pas le même vieux pain blanc.

▼

▼

Pour marquer son 75ᵉ anniversaire, General Mills choisira 75 photographies de femmes des quatre coins des États-Unis et les amalgamera numériquement pour en faire une nouvelle super-Betty. Comme le concours est ouvert aux Betty de toutes races et de tous âges, de 18 à 118 ans, la ménagère hybride qui émergera de tout cela aura vraisemblablement des traits plus corrects sur le plan politique. « Nous espérons de la diversité sur le plan ethnique, ce qui constitue la réalité en ce qui concerne les ménagères et la société dans son ensemble », dit Craig Shulstad, porte-parole pour General Mills.

Bien entendu, la diversité ethnique constitue le Saint-Graal avidement convoité par les spécialistes du marketing un peu partout dans cette décennie difficile. Mais amalgamer les visages de 75 femmes diversifiées sur le plan ethnique en un seul visage constitue un virage nouveau.

Russell Adams, président des études afro-américaines à la Howard University de Washington, pense que la Betty haute technologie de General Mills sera conçue de façon à n'offenser personne. Elle ressemblera davantage au marché en croissance des Noirs et des Hispaniques – mais sans être trop ethnique. « Cela permettra de chevaucher leur marché principal, conservateur, et leur nouveau marché en émergence », dit M. Adams. Celui-ci croit que Betty aura l'allure suivante : un léger bronzage, les yeux légèrement bridés ainsi, peut-être, qu'un nez à la base légèrement élargie. « Elle sera moins pain blanc et davantage pain complet. »

Le nouveau visage commencera à apparaître au début de 1996 sur les produits Betty Crocker, lesquels comprennent une vaste gamme de produits emballés dont des carrés au chocolat, des préparations pour gâteau et Hamburger Helper.

Dans son nouveau concours, General Mills est à la recherche de photographies de femmes qui correspondent à sa recette de la perfection style années 1990 : un penchant pour la cuisine, un engagement envers sa famille et ses amis, de la débrouillardise et de la créativité dans les tâches de tous les jours, et une histoire de service communautaire. « La nouvelle image sera cohérente avec les styles adoptés dans le passé mais elle sera plus contemporaine », dit Mᵐᵉ Guettler, responsable des événements entourant l'anniversaire de Betty Crocker.

Mais tout le monde n'apprécie pas la saveur de la recette du concours pour une nouvelle Betty. « Oh, mon Dieu, cela coïncide avec l'idéal des années 1950 ! », s'écrie Debra Michals, directrice adjointe du programme des études féminines à la New York University, parlant des critères du concours. « Où la femme qui travaille à l'extérieur peut-elle s'insérer ? » Mᵐᵉ Michals pense que cette omission est particulièrement grossière étant donné que les femmes actives sont probablement les acheteuses potentielles du genre de cuisine rapide qu'offrent les produits Betty Crocker.

D'autres disent que General Mills pourrait offenser son auditoire cible – les femmes qui travaillent à l'extérieur du foyer – avec cette image idéalisée de Betty Crocker. Rechercher des femmes qui aiment faire la cuisine n'est peut-être pas la meilleure stratégie. « C'est tellement absurde. Cela n'est pas vraiment de la vraie cuisine, dit l'auteure Susan Faludi. Combien de débrouillardise faut-il pour ouvrir une boîte et ajouter 75 ml d'eau ? »

General Mills dit que la nouvelle Betty ne sera pas nécessairement une femme au travail, mais elle ne sera pas non plus nécessairement une femme qui ne travaille pas à l'extérieur. « Les femmes qui travaillent sont tout autant portées à aimer faire la cuisine que celles qui demeurent à la maison, dit M. Shulstad. Elle [Betty] sera d'un grand secours tant dans la cuisine qu'à l'extérieur. »

symbolise la continuité, la qualité de la nourriture ainsi que l'expertise culinaire d'une personne réelle.

Nous avons présenté l'homme de Marlboro et Betty Crocker parce que ce sont des exemples d'applications classiques du concept de groupe de référence en matière de marketing de produit. Au Québec, on utilise souvent cette approche en faisant appel à des vedettes, comme Céline Dion pour La Baie, Véronique Cloutier pour Suzuki, Jacques Villeneuve pour Honda ou Benoît Brière pour Bell. La tâche consiste à choisir ou à créer une personne ou un groupe de référence qui soit approprié au produit et auquel le public cible puisse s'identifier. Au moyen de formes d'association créatives, le spécialiste du marketing doit ensuite établir un lien entre ce *référent* et le produit à promouvoir.

Voyons maintenant ce que signifie ce concept du point de vue du comportement du consommateur.

Une personne ou un groupe de référence *sert de base de comparaison ou de référence à l'individu dans la formation de valeurs, de croyances ou d'attitudes générales ou particulières, ou dans l'apprentissage des modes de comportement.*

Les groupes et les personnes de référence jouent un rôle primordial dans la socialisation de l'individu et dans la transmission des normes et des valeurs de la société. Leur influence sur le consommateur s'exerce aussi dans un sens plus étroit. En effet, c'est en observant et en suivant les exemples fournis par les groupes de référence que le consommateur forme ses croyances et ses attitudes à l'égard des produits et des marques, détermine quels attributs du produit sont importants et quels styles de vie sont souhaitables. Les jeunes en particulier sont fortement influencés par les groupes auxquels ils appartiennent ou aimeraient appartenir ou par les personnes qu'ils admirent et qui sont des modèles qu'ils aiment imiter : une vedette du sport ou du cinéma, une chanteuse, une équipe sportive de l'école ou, de façon plus problématique, les gangs de rue… Cela donne à penser que les groupes de référence exercent un certain pouvoir sur l'individu du fait qu'ils sont attirants, qu'ils peuvent permettre ou refuser l'adhésion

au groupe, qu'ils peuvent accorder des récompenses ou imposer des punitions à des individus membres du groupe, qu'ils peuvent augmenter ou réduire la confiance en soi de l'individu et, enfin, qu'ils peuvent rassurer celui-ci dans ses doutes.

Toute personne ou tout groupe ayant ce genre d'emprise sur un individu devient une source d'influence. Afin de mieux illustrer l'étendue de l'influence du groupe de référence et de déceler sa présence dans la vie quotidienne, plusieurs types de groupes et de personnes susceptibles d'exercer une influence sur le consommateur seront présentés dans les prochaines sections. En fait, n'importe quel groupe constitue un groupe de référence *s'il influence les valeurs, les attitudes et les comportements d'un individu.* Les consommateurs peuvent appartenir à plusieurs groupes, dont certains ne sont pas des groupes de référence étant donné qu'ils ne satisfont pas à cette condition. Cependant, il est probable que les groupes qui sont présentés ci-après constituent des groupes de référence pour les consommateurs et qu'ils posent des défis pour le spécialiste du marketing, qui devrait essayer de faire appel à eux de façon créative dans ses communications et dans ses stratégies de persuasion.

11.2 Les types de groupes de référence

11.2.1 La famille

La famille du consommateur, nucléaire ou élargie, exerce sur celui-ci une influence qui dépasse de loin celle de chacun de ses membres. D'une part, le consommateur voit sa famille comme une unité ou un groupe ayant établi certaines préférences, certaines règles et certaines normes. Cela s'applique autant aux familles d'orientation qu'aux familles de procréation. Il existe chez chaque membre de la famille des attentes influençant le comportement de consommation : nous passons nos vacances annuelles ensemble ; nous servons aussi souvent que possible des repas familiaux qui plaisent à chaque membre de la famille ; nous essayons de respecter les préférences des autres membres de la famille lorsqu'il s'agit de choisir une émission à la télévision ; nous pensons souvent à la famille quand il faut prendre une décision concernant une voiture, un sport ou un loisir familial, un ordinateur pour la maison ou des invitations sociales qui créent des situations conflictuelles. Vous pouvez imaginer sans peine la pression qui s'exerce sur un membre de la famille exprimant le désir de ne pas assister à un mariage ou à un enterrement dans la famille immédiate, sous prétexte de vaquer à une occupation personnelle.

D'autre part, plusieurs décisions de consommation sont prises conjointement par les époux et les épouses, et par les parents et les enfants. Cela signifie que les attributs d'un produit ou d'un service, le choix du moment pour effectuer l'achat ainsi que le budget peuvent être considérés par toute personne participant au processus de décision. Le chapitre 13 explore plus en détail ces aspects de l'influence de la famille sur le comportement d'achat. Ce qu'il importe de retenir ici, c'est que la famille, tant dans ses formes traditionnelles que dans ses formes non traditionnelles, constitue pour la plupart des consommateurs un groupe de référence fondamental, peu importe la culture ou la sous-culture.

11.2.2 Les groupe de pairs

Les adolescents délaissent souvent leur famille pour se tourner vers leurs pairs à l'école et dans le voisinage en vue d'obtenir des conseils, des avis, et d'une manière toute spéciale, afin de se faire accepter. Cela est normal dans leur évolution vers l'âge adulte et leur cheminement pour se forger une identité qui leur soit propre. Les pairs sont des personnes qui se trouvent à peu près sur le même pied que l'individu, qui sont semblables à lui quant à la situation sociale : on compte souvent sur les pairs pour améliorer son estime de soi et pour s'aider à s'auto-évaluer. Par exemple, la pression des pairs constitue une des principales raisons pour lesquelles les adolescents et les adolescentes ont des relations sexuelles. Ce phénomène représente un défi intéressant pour les éducateurs, les parents et les législateurs qui souhaitent diminuer le nombre de grossesses chez les adolescentes, ainsi que l'incidence des maladies transmises sexuellement.

Au moment où les adolescents entrent au collège, ils sont tout autant soumis à l'influence de leurs pairs. Un cégepien, ou une cégepienne, évaluera sa conduite, son apparence ainsi que ses résultats scolaires en se référant à la façon d'être, aux vues ainsi qu'aux normes du groupe formé par ses pairs, c'est-à-dire les autres élèves du cégep, en général, et plus précisément des groupes auxquels il ou elle appartient ou désire appartenir. Tel que peut le remarquer tout observateur dans un établissement d'enseignement supérieur, les étudiants sont parfois très réticents à exprimer une opinion personnelle en classe (même lorsque leurs notes dépendent de leur participation en classe !), non pas à cause de ce que le professeur va penser, mais plutôt à cause de ce que les autres étudiants vont penser, parce qu'ils seront évalués par ceux-ci à partir de ce qu'ils diront en classe. Par conséquent, en tant que consommateurs d'études supérieures, ils se lèsent souvent eux-mêmes, préférant se priver d'une expérience valable plutôt que de risquer de susciter une réaction négative chez leurs pairs.

11.2.3 Les groupes d'amis

Les groupes d'amis peuvent être peu structurés ou relativement structurés. Ainsi, ils peuvent prendre une forme peu structurée comme un groupe composé de copains du quartier, de collègues de travail, de partenaires de golf, de tennis ou de pêche, ou encore d'amis ou d'amies qui font du conditionnement physique ensemble. D'autres groupes sont relativement plus structurés : pensons, par exemple, aux amitiés qui se nouent et se maintiennent dans les groupes à caractère religieux, les clubs de service public (le club Kiwanis, le club Lions, le club Rotary), les groupes sportifs, les clubs fermés ainsi que les sociétés secrètes (la franc-maçonnerie et l'ordre des Chevaliers de Colomb). Le principal trait distinguant les groupes d'amis des autres groupes de référence est que l'individu se trouve en présence de gens avec qui il a volontairement choisi de s'associer et qui l'ont accepté pour lui-même plutôt que pour ce qu'il représente sur un plan plus formel ou officiel. Les regroupements de nature amicale se font par choix et non par hasard ni par obligation, et des influences réciproques s'exercent sur chacun des membres. Ainsi, lorsqu'il aura à prendre des décisions de consommation, l'individu sera sensible à l'opinion de ses amis, il tiendra compte de ce qui est acceptable à leurs yeux, de façon à ne pas être rejeté du groupe et à maintenir des relations agréables. Mais surtout, étant donné que les individus sont portés à se rassembler en raison d'affinités et dans l'intention de partager des valeurs et des intérêts semblables, le groupe d'amis constitue une source d'information et d'opinions qui exerce une grande influence sur le choix des produits et des marques effectué par le consommateur faisant partie d'un tel groupe ; en effet, il est probable que ce consommateur tiendra compte des opinions et des avis des amis dans sa prise de décision.

11.2.4 Les associations et les organisations officielles

Les associations et les organisations sont les plus structurés des quatre groupes de référence décrits. Dans ce genre de groupe, chaque membre assume un rôle particulier et occupe une position clairement définie. Un bon exemple est l'American Marketing Association (AMA), qui, avec ses 50 000 membres, constitue l'association professionnelle en marketing la plus grande au monde. Fondée en 1937, l'AMA possède plusieurs sections locales au Canada, dont la section de Montréal, appelée Association marketing de Montréal (AMM). Celle-ci permet aux mercaticiens et mercaticiennes de se rencontrer à l'occasion de diverses activités et conférences, elle publie également, pour ses membres, des bulletins électroniques d'information, dont des offres d'emploi. L'adhésion à ce groupe structuré peut prendre plusieurs formes : on peut être « étudiant », « associé », « professionnel » (cela inclut les professeurs et les érudits en marketing), « cadre » et « émérite[3] ». La réputation et le professionnalisme de l'AMA étant reconnus dans le monde entier, plusieurs membres de cette association respectent et reconnaissent cette dernière comme « *l'autorité* en matière de marketing[4] » et s'y fient pour savoir ce qui est important en marketing et la direction que devrait prendre le développement des connaissances en marketing et dans les disciplines connexes, pour savoir quelles

sont les activités de marketing qui devraient être améliorées, quels livres il serait utile de lire ou d'acheter et quelles sont les conférences et les rencontres auxquelles il vaut la peine d'assister. L'association diffuse son information par une publication bimensuelle intitulée *Marketing News,* par des revues trimestrielles, dont le *Journal of Marketing,* le *Journal of Marketing Research,* le *Journal of Healthcare Marketing* et le *Journal of Public Policy and Marketing,* ainsi que par des livres qui représentent, pour plusieurs membres, la voix de leur profession et qui influencent leurs croyances, leurs attitudes, leurs valeurs et leurs comportements de consommation. De plus, parce que les membres de cette association sont réunis par un intérêt commun à l'égard du marketing, le fichier d'adresses des membres de l'AMA est utilisé par d'autres associations ou groupes en tant qu'outil leur permettant de joindre de tels consommateurs. Les membres de l'AMA reçoivent donc assez souvent du matériel promotionnel et des communications provenant d'autres spécialistes du marketing concernant des livres, des périodiques, des séminaires, des conférences, des produits ainsi que des services, ce qui les influence souvent. C'est un cas unique où des spécialistes du marketing mettent sur le marché du matériel relatif au marketing pour d'autres spécialistes du marketing.

11.3 Les types de personnes de référence

Comme nous l'avons mentionné précédemment, des personnes seules peuvent aussi servir de base de comparaison et influencer les valeurs, les attitudes et les comportements d'un autre individu. Les gestionnaires doivent se rappeler que des personnes aussi peuvent influencer un consommateur, et ce de la même manière que le fait le groupe de référence. Les paragraphes qui suivent décrivent différents types de personnes de référence.

11.3.1 Les parents

Plus que la famille prise dans son ensemble, certains membres de la famille d'un consommateur peuvent posséder des qualités ou une compétence que celui-ci admire ou valorise. Sur les sujets qui appellent une décision de consommation, ces parents peuvent influer sur le choix du consommateur en donnant des opinions, des avis ou de l'information sur le produit. Ainsi, certains grands enfants peuvent consulter leur père ou leur mère avant d'acheter une automobile, surtout s'il s'agit d'un premier achat. On pourrait chercher conseil auprès d'un cousin ou d'une nièce qui travaille en informatique ou qui est bien informé en technologie pour l'achat d'un ordinateur ou d'une caméra numérique. De même, les préférences d'un consommateur quant à une marque de bière peuvent lui venir d'un oncle favori ou, dans le cas d'un produit de beauté, d'une bonne amie.

11.3.2 Les mentors

À un moment donné de leur vie, certaines personnes ont un mentor. Dans une telle relation, l'individu devient le protégé d'une personne influente qui peut faire avancer sa carrière, lui offrir des possibilités, prendre fait et cause pour lui auprès d'autres personnes influentes ou avoir à cœur ses intérêts, de plusieurs autres façons. Généralement, le mentor est plus âgé, plus expérimenté et plus influent ; il s'agit d'une personne qui peut « ouvrir des portes » pour son protégé. Par exemple, en sciences de la gestion, un étudiant peut faire la connaissance d'un professeur ou d'un administrateur qu'il admire particulièrement et sur qui il peut compter au point que cette personne devienne son mentor. Dans le monde des affaires, ce sera généralement un patron ou un cadre supérieur qui a décelé chez un subordonné un potentiel évident ou une nature sympathique et qui devient le guide de cet employé. Plusieurs carrières ont été lancées ou facilitées par un mentor ; en tant que conseillers ou guides fiables, les mentors exercent une grande influence sur les attitudes, les aspirations et le comportement de consommation éventuel du protégé.

11.3.3 Les amis intimes

Les consommateurs se fient souvent à leurs amis intimes pour prendre les décisions les plus difficiles ou les plus personnelles (Devrais-je me faire avorter ?

Est-ce que je devrais quitter la maison et vivre seul pendant un certain temps ? Penses-tu que je consomme trop d'alcool ? Quelle sorte de cadeau devrais-je offrir ?). Parce que les amis sont très fiables, ils possèdent un grand pouvoir pour ce qui est des sujets personnels et ils exercent une grande influence, surtout sur la prise de décision. Cette situation de fait a souvent été exploitée dans des publicités et des annonces mettant en scène un consommateur potentiel qui a de la difficulté à se décider et qui demande conseil à un ami possédant la réponse.

Ainsi, une enquête effectuée en Ontario dans le but de connaître les habitudes d'achat et les attitudes à l'égard des produits pour le soin de la peau a révélé l'influence relative des amis dans le façonnement des préférences quant à des produits très personnels[5]. On a demandé aux répondants s'ils avaient quelqu'un en particulier auprès de qui s'informer ou à qui demander un avis sur les produits pour le soin de la peau ; voici les résultats :

- Ami   30,2 %
- Médecin (spécialiste)   22,1 %
- Coiffeur, esthéticienne   18,6 %
- Autre   14,0 %
- Pharmacien   8,1 %
- Conjoint   7,0 %

L'enquête a aussi révélé la capacité de persuasion relative des amis parmi les différentes raisons pour essayer un nouveau produit pour le soin de la peau dont les consommateurs n'avaient encore jamais entendu parler. On a ensuite calculé les rangs moyens de l'importance accordée à cinq facteurs incitatifs (où 1 était le facteur incitatif le plus important et 5, le facteur le moins important pour le répondant). Comme l'indiquent les résultats présentés à la page suivante, le facteur « recommandé par des amis » arrive au deuxième rang, suivant de près le facteur « recommandé par un médecin ou un pharmacien » ; le facteur jugé le moins important est la publicité dans les médias.

- Recommandé par un médecin
  ou un pharmacien   2,1
- Recommandé par des amis   2,3
- Prix spécial de lancement   3,2
- Étalages en magasins   3,7
- Publicité dans les médias   3,8

11.3.4 Les leaders d'opinion

Les leaders d'opinion sont *des individus dont l'opinion sur certains produits est recherchée par les consommateurs moins informés.* Ils jouent un rôle de premier plan dans les communications de bouche à oreille. Les leaders d'opinion peuvent être des personnes travaillant dans des boutiques spécialisées, par exemple les propriétaires et les vendeurs dans les magasins de cosmétiques et de parfums ou de produits électroniques ; ils peuvent être aussi des personnes très en vue qui utilisent un produit, par exemple des animateurs de radio présentant de nouveaux disques ou des animateurs de télévision comme Nathalie Petrowski et René Homier-Roy faisant la critique d'un nouveau film ; ce peut être aussi des auteurs, tel Jacques Duval, qui publie un livre fort consulté sur les automobiles. Font encore figure de leaders d'opinion les chroniqueurs de journaux dont la compétence est reconnue quant à une catégorie de produits particulière, qui exercent une influence majeure sur les consommateurs, comme c'est le cas pour Françoise Kayler, critique gastronomique pour le journal *La Presse,* ou Jacques Benoit, qui exprime ses opinions sur les vins dans le même quotidien. Lorsque Françoise Kayler émet une opinion favorable sur un restaurant, le propriétaire s'empressera de faire laminer l'article et l'affichera bien en vue à la porte de son restaurant. Et les recommandations de Jacques Benoit ont un tel poids qu'un vin fortement recommandé ne sera déjà plus disponible dans les succursales de la Société des alcools du Québec, la semaine suivante. Les spécialistes du marketing s'adressent souvent à de tels leaders d'opinion et essaient de les influencer en leur offrant des échantillons gratuits, une période d'utilisation à l'essai, des communiqués de presse et

des rapports sur les tests effectués, dans le but d'obtenir d'eux des évaluations favorables sur le produit ou le service offert.

Les leaders d'opinion exercent souvent leur influence à l'échelle de la communauté, du quartier ou du village. Certains consommateurs sont mieux informés que les autres sur des catégories de produits particulières, plus tolérants au risque, plus portés à essayer les nouveaux produits ou les idées nouvelles, plus soucieux de la mode ou plus actifs sur le plan social, de telle sorte qu'ils deviennent pour les gens avec qui ils sont en contact une source privilégiée d'information et d'opinions sur les produits. Ces leaders d'opinion sont beaucoup plus difficiles à identifier, et il peut être coûteux d'essayer de les joindre par un marketing direct. À l'occasion, le spécialiste du marketing peut obtenir des listes de consommateurs ou de ménages qui ont été, dans le passé, parmi les premiers à adopter une innovation, un nouveau modèle ou une nouvelle marque et qui peuvent probablement être intéressés par d'autres innovations du même genre. Les listes de personnes ayant demandé et utilisé de l'information sur le produit (par exemple celles qui ont envoyé leur coupon pour demander des échantillons gratuits ou des informations additionnelles) peuvent aussi constituer une source potentielle de leaders d'opinion.

11.3.5 Les célébrités

De nombreux consommateurs sont fascinés par les célébrités. Il y a quelque chose de magique et d'attirant chez les vedettes et les gens riches, chez ceux qui ont beaucoup de succès et chez ceux qui sont célèbres, sinon seulement connus. On les admire et l'on va même jusqu'à adopter leurs comportements, leurs opinions et leurs attitudes. Qu'elles le veuillent ou non, les célébrités influencent leurs admirateurs en ce qui a trait à ce qu'ils pensent, achètent, regardent, utilisent, mangent, boivent, écoutent et font. Cela est vrai, quel que soit le domaine dans lequel évolue la célébrité : spectacle, sport, cinéma, science, art, etc. Les spécialistes du marketing sont bien au courant de l'influence des célébrités sur les consommateurs ; ils acceptent souvent de payer une fortune pour obtenir qu'une telle personne contribue à promouvoir leur produit. On rapporte que l'acteur Paul Newman a reçu entre 2,4 et 6 millions de dollars pour paraître dans une annonce d'American Express et que Visa et Paul McCartney auraient conclu un contrat de 10,2 millions de dollars[6]. Tiger Woods a signé un contrat important pour faire la promotion du véhicule utilitaire Rendez-vous de Buick, et une carte de crédit à son nom a été créée par American Express.

On se sert des célébrités pour faire valoir l'image d'un nouveau produit ou pour changer l'image d'un produit déjà sur le marché. Par exemple, Meryl Streep et Paul Newman, gagnants d'oscars, sont bien connus pour leur travail en tant que bénévoles pour des causes charitables et ils ont une grande crédibilité auprès des consommateurs ; ils pourraient donc constituer un excellent choix comme porte-parole pour une nouvelle cause charitable ou pour promouvoir la protection de l'environnement[7]. Céline Dion, par exemple, agit depuis des années à titre de porte-parole de l'Association québécoise de la fibrose kystique et de la Fondation de l'Hôpital Sainte-Justine pour enfants de Montréal. Et le ministère du Tourisme du Québec a utilisé les services de Céline Dion pour une campagne publicitaire majeure aux États-Unis à l'hiver 2002, pour contrecarrer les effets négatifs des événements du 11 septembre 2001. Le ministère misait sur la très grande notoriété et sur la crédibilité de Céline Dion, qui revenait de son congé de maternité et qui commençait sa nouvelle carrière à Las Vegas. On peut encore recourir à des célébrités pour modifier des perceptions et favoriser un comportement donné. Par exemple, donner des fleurs à son père en cadeau pour la fête des Pères continue de sembler un peu bizarre aux yeux de plusieurs Nord-Américains. Pour changer l'image « cadeau pour femmes seulement » associée aux fleurs, une campagne de publicité pour le réseau mondial de fleuristes FTD a choisi pour porte-parole Merlin Olsen, un ancien joueur de défense (pesant 109 kilos) des Rams de Los Angeles, dans l'intention de démontrer que les « vrais hommes peuvent recevoir des fleurs[8] ».

11.3.6 Les vendeurs

En règle générale, les vendeurs en connaissent plus que le consommateur moyen sur un produit donné, de telle sorte qu'ils doivent avoir à l'esprit qu'ils représentent pour le consommateur des personnes de référence potentielles et, par le fait même, qu'ils sont très influents dans le processus de décision. Un vendeur peut accroître son influence en évaluant soigneusement les besoins de l'acheteur potentiel quant aux attributs du produit qu'il recherche particulièrement, ce qui permet de gagner la confiance du consommateur. Un client qui trouve la vendeuse crédible et sincère peut se laisser persuader, surtout s'il n'est pas certain de la performance ou de la qualité du produit, s'il est perplexe par rapport à certaines possibilités ou s'il manque de temps pour prendre sa décision. Lorsque les vendeurs concluent une vente dans ces circonstances, ils deviennent pour l'acheteur des personnes de référence. Mieux encore, si la vendeuse a réellement satisfait aux critères d'achat d'un consommateur lors d'une première vente, elle continuera de représenter pour lui une personne de référence pour une période d'une durée assez longue. Trop de vendeurs oublient qu'ils disposent d'une seule chance pour faire bonne impression auprès d'un consommateur et que la première impression est très importante pour créer une activité commerciale continue.

11.4 Les fonctions remplies par les groupes de référence

Partant de l'idée que les groupes et les personnes de référence influent sur les croyances, les attitudes, les valeurs et les comportements du consommateur, il s'agit maintenant de comprendre comment agit cette influence dans le processus de décision de l'individu. Les gestionnaires et les spécialistes du marketing peuvent exploiter l'influence du groupe de référence et doivent savoir tirer parti, d'une manière créative, du pouvoir exercé par les groupes de référence. Diverses stratégies ont à cet effet été mises en œuvre, tant par le gouvernement du Canada pour décourager les adolescents de fumer, par le gouvernement du Québec pour diminuer la fréquence de la conduite en état d'ébriété ou pour réduire les accidents du travail.

Les groupes de référence remplissent quatre grandes fonctions reliées aux rapports sociaux et aux relations humaines. Qu'ils en soient conscients ou non, les individus se servent des groupes de référence pour

■ obtenir l'estime d'autres personnes ;

■ s'identifier à une personne ou à un groupe qu'ils admirent ;

■ adhérer à un groupe ou y demeurer en se conformant à ses normes ;

■ reconnaître l'expertise des autres et s'y reporter.

Dans les paragraphes qui suivent, nous décrirons chacune de ces fonctions dans un contexte de consommation.

11.4.1 L'obtention de l'estime d'autres personnes

Le groupe de référence est un moyen dont se servent les consommateurs pour obtenir l'estime d'autres personnes, ce qui permet souvent d'améliorer leur image de soi. En d'autres mots, l'individu se comporte d'une certaine façon afin de susciter l'admiration de ceux ou celles qui comptent beaucoup pour lui. Le consommateur attache de l'importance aux compliments émanant de ces personnes, il essaie de se mettre en valeur auprès d'elles, considérant qu'elles ont le pouvoir d'approuver ou de désapprouver ses conduites. De telles personnes ou de tels groupes disposent donc d'un *pouvoir de récompense* : ils peuvent faire en sorte que le consommateur ait le sentiment que son estime de soi a augmenté. Voyons comment cela peut se passer.

La compagnie Josiah Wedgwood & Sons Ltd., qui fabrique de la vaisselle en porcelaine de Chine, exploite cette fonction du groupe de référence. Dans l'une de ses annonces (figure 11.2), on voit un couple attablé chez des amis jeter un coup d'œil sur le dessous d'une assiette, probablement pour chercher à savoir qui fabrique ce splendide service de porcelaine. L'hôtesse, à l'arrière-plan, vient de les surprendre dans ce moment inestimable, en train d'admirer discrètement son service de vaisselle – ce

Figure 11.2 *Une annonce fondée sur la fonction du groupe de référence associée à la recherche de l'estime des autres*

Source Waterford Wedgwood (Canada) Ltd.

qui est exactement le genre d'admiration qu'elle souhaite obtenir de la part d'invités qu'elle désire impressionner par son bon goût. La figure 11.3 schématise cette fonction particulière du groupe de référence. Les invités constituent le groupe de référence, c'est-à-dire des gens dont l'opinion compte et que l'hôtesse désire impressionner. Celle-ci, en tant que consommatrice, espère que l'étalage de son plus beau service en porcelaine rehaussera son image de soi en faisant en sorte que ses invités la considèrent admirativement comme une hôtesse sophistiquée, au goût raffiné.

Certaines mises en garde doivent cependant être faites pour bien utiliser le concept de groupe de référence. Premièrement, dans l'exemple de la vaisselle de prestige Wedgwood, le marché doit être bien

Figure 11.3 | *La fonction du groupe de référence associée à la recherche de l'estime des autres*

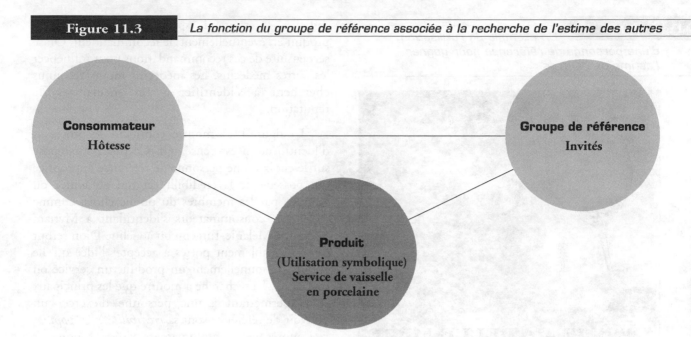

ciblé, les consommateurs appartiennent à une classe sociale supérieure et le magazine où est publiée la publicité doit être choisi en conséquence. Deuxièmement, le fait d'utiliser une porcelaine de qualité pour garnir la table doit être interprété de la même façon par le consommateur et son groupe de référence si l'on veut exercer l'effet souhaité sur le groupe de référence. En d'autres mots, les invités doivent se rendre compte que le choix du service de vaisselle dénote le goût raffiné de l'hôtesse. Sinon, l'utilisation de la porcelaine ne pourra rehausser son image à leurs yeux. La troisième remarque est que l'annonce décrit l'utilisation de la porcelaine d'une manière *symbolique* : il s'agit d'impressionner, par son goût raffiné, des personnes dont l'opinion compte. Mais, bien entendu, la porcelaine peut servir à d'autres fins : par exemple, on peut la posséder pour se faire plaisir à soi-même et l'utiliser seulement en des occasions très intimes.

D'autres produits, moins « frappants » que la vaisselle Wedgwood, peuvent également servir à gagner l'estime des autres, comme on peut le constater dans la figure 11.4 (p. 332). Ici, ce n'est pas tant la marque qui compte que son effet indirect : un jugement favorable de la belle-mère devant la verrerie étincelante.

11.4.2 L'identification à un groupe ou à une personne de référence

Une autre façon de rehausser son image de soi consiste à adopter les valeurs, les opinions et les comportements de ceux ou celles que l'on respecte ou que l'on admire. En s'identifiant à ce genre de personne ou de groupe, on peut, d'une certaine façon, avoir l'impression d'être comme le référent en question. Par conséquent, les groupes considérés comme attirants, les célébrités ainsi que les autres personnes dotées des qualités appréciées possèdent un certain degré de pouvoir de référence sur les consommateurs qui les admirent et sont donc souvent utilisés en marketing pour témoigner de la qualité d'un produit ou d'un service ou de la justesse d'une idée.

Ainsi, le gouvernement du Québec a utilisé les services de la championne de ski Mélanie Turgeon pour mettre en valeur diverses activités de plein air au Québec, comme la pêche. Tasco exploite, dans ses annonces, le pouvoir de référence d'une célébrité afin de promouvoir ses jumelles. Visant les amateurs de plein air et de photographie, une annonce met en vedette l'ex-championne olympique Myriam Bédard. Les consommateurs visés prendront probablement

Figure 11.4

Un exemple de l'utilisation d'une personne de référence pour gagner l'estime des autres

Source   Reckitt Benckiser.

ce message au sérieux, car cette porte-parole est respectée et reconnue pour sa compétence au biathlon, un sport qui exige des instruments d'observation de grande puissance et de précision.

Un autre exemple est l'utilisation que les grandes compagnies pharmaceutiques font des spécialistes leaders d'opinion pour le lancement de leurs nouveaux produits. On identifie en premier lieu les meilleurs spécialistes d'une discipline, puis on tente de cerner ceux qui sont des leaders d'opinion (ils sont réputés et respectés dans la profession, on reconnaît leur très grande compétence, on se réfère à eux et on les consulte pour les diagnostics plus

difficiles). Ces grands spécialistes font l'essai du produit et, éventuellement, le recommandent. On se sert ensuite de ces recommandations pour influencer les autres médecins. Les médecins moins reconnus cherchent à s'identifier à ces spécialistes de réputation.

La figure 11.5 montre comment le processus d'identification est censé agir. Ce processus repose sur le choix d'une personne de référence appropriée qui possède de la crédibilité et qui est aimée ou admirée par les membres du public choisi comme cible. Les consommateurs s'identifiant à Myriam Bédard, à Mélanie Turgeon ou à Céline Dion seront donc probablement portés à accepter l'idée qu'elle appuie personnellement un produit, un service ou une cause. La recherche a montré que les principaux traits permettant à une personne d'exercer un pouvoir de référence sont sa *crédibilité* et sa *popularité* auprès des consommateurs visés, et non pas nécessairement sa renommée ou le fait qu'elle soit bien connue[9].

Donc, le gestionnaire doit absolument connaître le public visé par la campagne promotionnelle afin de choisir la personne la plus crédible aux yeux des membres de ce public, compte tenu du produit ou de l'idée que celle-ci devra promouvoir, moyennant rétribution. La figure 11.6 (p. 334) indique qu'à des segments de consommateurs différents il faut faire correspondre des porte-parole différents si l'on veut exploiter l'influence de la personne de référence dans le but de promouvoir un produit. Les six segments montrés ont été établis à partir de ce que signifie la qualité pour le consommateur. Par exemple, le segment appelé « intellectuels » assimile la qualité à des marques chères, internationales et sophistiquées sur le plan technique, qui ont souvent une faible part de marché, comme Lexus, Volvo et Cuisinart. Les « conformistes », quant à eux, associent la qualité à des marques dominantes, traditionnelles et à large part de marché, telles que la soupe Campbell et les confiseries Hershey. La figure 11.6 donne un exemple de célébrités à l'égard desquelles chaque segment réagit d'une manière positive.

Il existe une autre forme d'identification au groupe ou à la personne de référence, exploitée par

Figure 11.5 | *La fonction du groupe de référence associée à l'identification à une personne de référence*

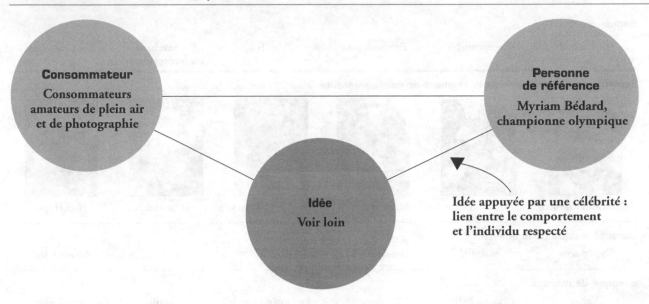

Consommateur
Consommateurs amateurs de plein air et de photographie

Personne de référence
Myriam Bédard, championne olympique

Idée
Voir loin

Idée appuyée par une célébrité : lien entre le comportement et l'individu respecté

les spécialistes du marketing. Il s'agit de ce que l'on pourrait appeler le « principe des gens ordinaires ». Ainsi, il n'est pas toujours nécessaire de faire appel à des célébrités pour déclencher cette fonction du groupe de référence dans l'esprit des consommateurs, car ils s'identifient parfois aussi à des personnes qui leur ressemblent et peuvent même être influencés par leur opinion. Le consommateur se dit : « Si des gens ordinaires ont une expérience positive avec ce produit, alors je pourrais moi aussi l'utiliser dans des circonstances semblables. » La figure 11.7 (p. 335) montre l'application de ce principe dans une annonce pour Nokia. Cette annonce devrait intéresser surtout les femmes qui s'identifient au style de vie de Cathy Johnson.

11.4.3 L'adhésion au groupe

La troisième fonction remplie par le groupe de référence se rapporte à l'adoption par l'individu des croyances, des attitudes, des valeurs ainsi que des comportements d'un groupe *auquel il désire appartenir* ou *dont il souhaite demeurer membre*. Dans le premier cas, le consommateur s'efforce d'adopter les normes du groupe dans l'espoir d'être admis dans ce

groupe, au lieu d'en être tenu à l'écart. Dans le deuxième cas, le consommateur se conforme aux normes du groupe de façon que celui-ci continue de le considérer comme un membre du groupe utile ou respecté, évitant d'en être exclu. La personne retire de son acceptation par le groupe un sentiment de respect de soi et l'impression d'être appréciée des autres. Par conséquent, on dit que de tels groupes possèdent un *pouvoir de coercition* ; en donnant des récompenses ou des punitions psychologiques et matérielles, le groupe peut influencer le comportement ou les pensées d'un individu désireux d'en faire partie.

La figure 11.8 (p. 336) montre cette fonction à l'œuvre de façon schématique. Un exemple classique est celui des premières machines à écrire électroniques sur le marché mondial. Les fabricants comme IBM, Xerox et Olivetti ont souvent utilisé les témoignages de secrétaires intimidées par l'ordinateur, qui se sentaient plus à l'aise avec une machine dont l'apparence et le fonctionnement rappelaient les machines à écrire électriques ordinaires, pour convaincre les patrons d'acheter une machine à écrire électronique. Dans leurs groupes d'amis non

Figure 11.6	*Des segments de consommateurs différents réagissent de manière différente à l'égard des célébrités*

Segment

Intellectuels	Conformistes	Pragmatiques	Actifs	Recherchent un soulagement	Sentimentaux

Exemple de célébrités selon le segment de consommateurs

Luciano Pavarotti	Mickey Mouse	Merle Haggard	Barbara Walters	Madonna	Bob Hope

Caractéristique de la qualité

Supériorité	Stabilité	Fonctionnalité	Utilité	Rêve	Accessibilité

Exemple de marque

Volvo	Campbell	Lee	American Express	Nyquill	One-A-Day

Exemple d'attribut symbolisant la qualité

Raffinement	Tradition	Goût du travail	Activité	Liberté	Amabilité

Exemple de média préféré

The Wall Street Journal	*Sports Illustrated*	*Prevention*	*Travel and Leisure*	HBO	*Family Circle*

Source D'après Morton, « Brand quality segments : Potent way to predict preferences », *Marketing News,* vol. 26, n° 19, 14 septembre 1992, p. IR-8. Tous droits réservés. Ces données ont été traduites aux seules fins de la présente publication. L'American Marketing Association ne saurait être tenue responsable de toute interprétation erronée attribuable à la traduction. Texte traduit et publié avec la permission du *Marketing News,* de l'American Marketing Association.

officiels (en réalité, les groupes formés par les pairs), les secrétaires parlent souvent des dernières acquisitions effectuées par le bureau, établissant ainsi certains critères quant à l'équipement de bureau jugé souhaitable. Ce contexte de groupe de référence a été et est toujours exploité par les spécialistes du marketing.

11.4.4 La reconnaissance de l'expertise

Pour diminuer le risque perçu ou pour compenser son manque d'habileté à évaluer les attributs importants du produit, le consommateur peut se reporter à l'opinion de gens ou de groupes reconnus pour leurs connaissances techniques ou leur expertise par rapport au produit, avant de tirer ses propres conclusions quant à la qualité ou à la performance de ce produit. Pensons, par exemple, à l'instructeur de ski qui recommande un certain type de lunettes de soleil, au mécanicien d'un garage de quartier qui conseille un propriétaire de voiture relativement aux réparations nécessaires ou à l'entretien de son véhicule, au pharmacien qui suggère un certain médicament, à l'Association dentaire canadienne qui approuve telle ou telle pâte dentifrice. Cela confère au groupe ou à la personne de

Figure 11.7 — *Une annonce fondée sur le principe des « gens ordinaires » pour l'identification à une personne de référence*

En optant pour Nokia, Cathy a frappé juste.

Source Nokia Products Ltd. Reproduit avec permission.

référence un *pouvoir d'expertise* dont le spécialiste du marketing peut tirer parti en demandant à un expert approprié de recommander le produit. Il faut dire, cependant, qu'il est parfois difficile de savoir si les consommateurs répondent favorablement au message de l'expert à cause de sa compétence dans le domaine concerné ou parce qu'il a du charisme et est aimé des membres de l'auditoire.

Le schéma de la figure 11.9 (p. 336) illustre l'action du pouvoir d'expertise d'une personne ou d'un groupe. C'est sur ce pouvoir qu'ont misé les promoteurs du dentifrice Colgate Total en utilisant le sceau d'approbation de l'Association dentaire canadienne (ADC) pour souligner que le produit peut assurer une protection de longue durée contre la carie, la plaque, le tartre et la gingivite. Les consommateurs soucieux de la santé de leurs dents n'ont ni l'habileté ni l'équipement nécessaires pour tester scientifiquement les affirmations concernant les problèmes dentaires ; seuls des tests cliniques peuvent prouver que le dentifrice possède ces quatre importants attributs. Par conséquent, les consommateurs se fient au témoignage de l'ADC pour s'assurer que Colgate possède bien les quatre attributs en question. Procter & Gamble a utilisé la même approche pour le Crest régulier et, plus récemment, pour le Crest Complete qui combat la carie, le tartre, la plaque et les bactéries et aide à aviver la blancheur des dents. L'endossement de l'ADC ne touche toutefois que l'action préventive du fluorure de sodium contre la carie. L'Association dentaire canadienne, agissant comme groupe de référence auprès de ces consommateurs, possède une expertise lui permettant d'attester l'efficacité d'un dentifrice et de donner de l'information sur le degré de fiabilité du produit.

Citons aussi à titre d'exemple, plus subtil celui-là, une annonce destinée à promouvoir le décongestionnant Actifed, qui affirmait que ce produit avait obtenu de bons résultats auprès des astronautes de la NASA qui, au cours d'une mission spatiale, l'avaient utilisé pour combattre les symptômes du rhume. Cette annonce laissait entendre que, puisque des experts spatiaux avaient testé Actifed et que le produit avait donné de bons résultats dans les conditions difficiles de l'apesanteur, les terriens souffrant de congestion nasale pouvaient compter sur ce produit pour obtenir un soulagement de leurs symptômes. Adoptant une approche semblable, Omega soutient, dans ses publicités récentes, que ses montres ont été homologuées par la NASA.

* * *

Nous venons de décrire les quatre principales fonctions remplies par le groupe de référence en ce qui a trait au comportement du consommateur et de montrer comment les spécialistes du marketing peuvent se servir de l'influence du groupe de référence comme outil de communication et de persuasion. Plusieurs études importantes concernant

Figure 11.8   *La fonction du groupe de référence reliée à l'adhésion aux normes*

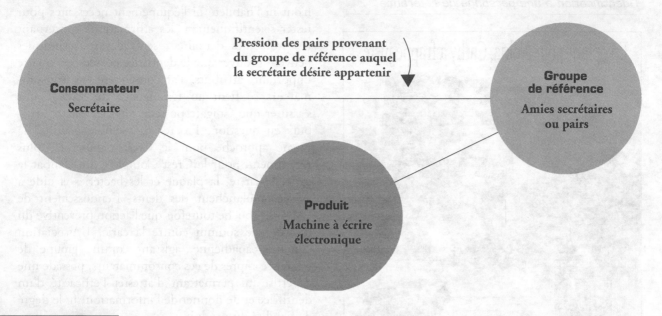

Figure 11.9   *La fonction du groupe de référence associée à la reconnaissance de l'expertise*

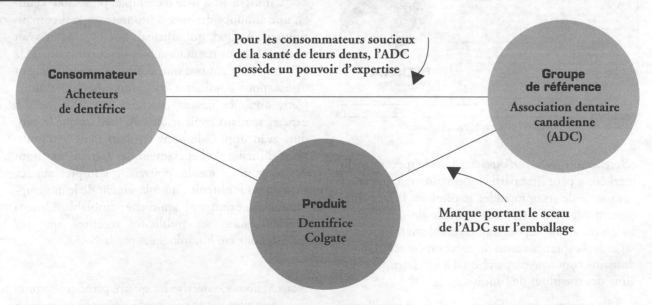

l'influence du groupe sur le comportement de l'individu ont été effectuées dans les années 1940 et au début des années 1950[10]. Depuis ce temps, les spécialistes du marketing de tous les secteurs de l'économie – public, privé et sans but lucratif – utilisent le concept de groupe de référence, l'appliquant dans plusieurs types de situations exigeant des communications persuasives auprès d'un public ou d'un marché cible. Mais pour qu'agisse l'influence du groupe de référence, plusieurs conditions sont requises. Un gestionnaire désirant appliquer le concept de groupe de référence à un problème de marketing particulier doit évaluer la situation à la lumière de ces facteurs. La section suivante est consacrée à l'étude des principaux facteurs de l'influence du groupe de référence.

11.5 Les facteurs déterminant l'influence du groupe de référence

11.5.1 Les connaissances et l'expérience quant à un produit ou à un service

Le degré de connaissances et d'expérience que les consommateurs ont d'un produit ou d'un service est un premier facteur de l'influence d'un groupe de référence. Le consommateur qui n'a pas fait l'expérience d'un produit ou d'un service ou qui n'a pas emmagasiné suffisamment d'informations sur la marque sera porté à consulter son groupe de référence. Par exemple, la recherche a indiqué que les jeunes, tout comme les moins jeunes, qui achètent une automobile neuve pour la première fois recherchaient de l'information sur les voitures auprès de sources personnelles dans une bien plus large mesure que les acheteurs plus âgés ou possédant plus d'expérience dans l'achat de voitures neuves[11].

De plus, l'influence des groupes de référence est généralement plus grande dans le cas de nouveaux produits ou de nouveaux services, lorsqu'il s'agit, pour le consommateur, d'envisager l'adoption d'une nouveauté sur le marché. L'influence des leaders d'opinion peut être très grande durant la période de lancement d'un produit ou d'un service innovateur, alors que la majorité des gens n'ont pas encore essayé la nouveauté. Conscients de ce fait, les gestionnaires tâchent souvent de s'assurer la collaboration des leaders d'opinion et d'exploiter leur influence dans le but d'accélérer le processus d'adoption d'un nouveau produit.

Bref, moins un consommateur en sait sur un produit, plus il est probable que des personnes ou des groupes influenceront la décision d'achat de ce consommateur. Inversement, le consommateur qui a confiance en ses connaissances sur le produit sera moins porté à consulter les autres ou sera moins influencé par les opinions du groupe de référence sur ce produit.

11.5.2 Le degré de risque perçu

Un deuxième facteur est le degré de risque perçu par le consommateur par rapport à un achat. Il existe une relation entre la perception du degré de risque associé à l'achat ou à l'utilisation du mauvais produit et la confiance accordée au groupe de référence. Les consommateurs ont plus tendance à se laisser influencer par les opinions du groupe de référence dans les situations où ils perçoivent un haut niveau de risque que dans les situations où ce n'est pas le cas. Tout consommateur appelé à choisir entre plusieurs possibilités doit faire face à trois grands types de risque, qu'il s'agisse d'un risque réel ou imaginaire : le risque économique, le risque social et le risque physique.

Le risque économique

Une décision de consommation peut être risquée sur le plan économique, car il est possible que la somme d'argent engagée à la suite de cette décision ou que le temps consacré à la prise de décision soient gaspillés. Le consommateur se demande : « Est-ce que j'en aurai pour mon argent ? » En effet, plusieurs décisions d'achat sont irrévocables ou coûteuses à corriger si elles se révèlent mauvaises. Selon le degré de risque perçu, les consommateurs achètent habituellement une « assurance » en recueillant les opinions des autres avant de prendre une décision, en se fiant aux « experts » quant au produit et en consultant des individus qui ont déjà pris une décision semblable dans le passé et qui consomment déjà le produit.

Le risque social

Un deuxième type de risque, qui peut être fort important selon les circonstances, est le risque social.

« Que penseront les gens de mon cadeau ? » « Serais-je habillé de la bonne façon pour le dîner où je suis invité chez le président ? » « Que penseront les gens si je m'achète une Lada ? Ou même une Mercedes ? » Une décision de consommation planifiée peut constituer une erreur sociale, en ce sens que la consommation du « mauvais » produit peut faire en sorte que le consommateur sera désapprouvé par les autres ou ridiculisé. Lorsqu'ils ont à faire des achats perçus comme risqués sur le plan social, les consommateurs sont portés à écouter les opinions et les avis du groupe de référence. Les gens se réfèrent aux groupes de référence pour éviter de prendre des risques. Ainsi, un propriétaire de maison qui désire redécorer son salon ou sa salle à manger, mais qui doute de son bon goût, peut adopter les styles d'ameublement, les couleurs ainsi que les matériaux aperçus chez ses amis et ses connaissances. Cela lui permet d'éviter le risque d'être évalué d'une manière négative par les futurs visiteurs. Cette perception d'un risque social est tellement forte que certains propriétaires sont terrifiés à l'idée d'utiliser, en décoration, des couleurs prononcées ou des matériaux d'avant-garde. Cela rend la tâche extrêmement difficile aux fabricants canadiens désireux de mettre en marché de meilleurs matériaux de décoration intérieure ainsi que des meubles qui soient modernes, fonctionnels, pratiques et sophistiqués sur le plan technologique. Les spécialistes du marketing œuvrant dans le domaine de la décoration intérieure et de l'architecture doivent compter sur la collaboration des leaders d'opinion dans ce domaine pour joindre un marché potentiellement très lucratif.

Ce type de risque a d'ailleurs été reconnu par les fabricants du store Levolor. En effet, les publicités télévisées destinées à promouvoir la marque Levolor montrent généralement quelqu'un qui, à l'occasion d'une visite, vérifie en douce la marque du store acheté par son hôte en soulevant la partie inférieure. Ces annonces laissent entendre que le consommateur peut diminuer le risque social en achetant la « bonne » marque de store, Levolor, bien sûr (voir la figure 11.10).

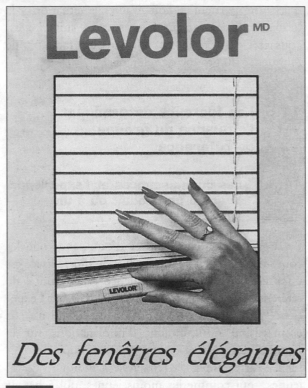

Figure 11.10   *Une annonce montrant que l'achat de la « bonne » marque diminue le risque social*

Source   Levolor. Reproduit avec permission.

Le risque physique

Il est probable que le consommateur qui perçoit une possibilité de blessures physiques dans l'utilisation d'un produit donné se référera à des groupes de référence avant de prendre une décision d'achat. Ainsi, les Canadiens qui préparent un voyage à Mexico et qui ont entendu parler de la prétendue « revanche de Montezuma » pourront s'informer de la nature de ce danger ainsi que des précautions à prendre en matière de santé auprès de leur agent de voyages ou auprès d'amis possédant une expérience récente par rapport à cette destination. De même, les consommateurs qui ont l'intention de passer des lunettes aux lentilles cornéennes s'informeront, auprès d'utilisateurs de verres de contact expérimentés, des problèmes susceptibles de se présenter, par exemple une irritation des yeux, ou leur demanderont conseil quant au type de lentilles, à la marque et aux magasins appropriés. À la suite de l'accident qui s'est produit à la station nucléaire de Tchernobyl, en Union soviétique, lequel a entraîné, à l'échelle mondiale, une augmentation d'éléments radioactifs dans l'eau de source, le bétail, le lait frais ainsi que dans les légumes à feuilles, les consommateurs du monde entier ont eu recours aux experts ainsi qu'aux organismes de santé locaux pour connaître les aliments qu'il était dangereux de consommer. En Allemagne de l'Ouest, l'accident a poussé presque 1 000 téléspectateurs à appeler un groupe d'experts afin d'apaiser leur peur de faire du jogging à l'extérieur, de jouer au tennis ou de promener leur chien[12].

11.5.3 Le caractère ostentatoire du produit ou du service

Un troisième facteur déterminant quant au degré d'influence du groupe de référence est le caractère ostentatoire du produit ou du service. Pour qu'un produit ait un caractère ostentatoire, *il doit être exclusif,* en ce sens qu'il ne doit pas être possédé par tout le monde, tout en étant remarqué et aisément reconnu par les autres[13]. La gamme d'accessoires pour hommes Porsche Design de Carrera (lunettes de soleil, chronomètres, serviettes de cuir, portefeuilles de cuir, pipes) est très ostentatoire, car elle est à la fois exclusive et très visible aux yeux du public. Il s'agit d'une gamme luxueuse, qui n'est pas à la portée de toutes les bourses, et la marque de commerce est placée bien en évidence sur chaque article de la gamme. Même sans la marque de commerce, cette gamme attire l'attention par son design européen noir mat. La figure 11.11 montre une annonce pour un autre produit hautement visible : la montre Omega, qui est portée par le quintuple champion du monde de Formule 1, Michael Schumacher. De son côté, TAG Heuer, membre du groupe de produits de luxe LVMH (Louis Vuitton, Moët Hennessy), s'est assuré la collaboration de Jacques Villeneuve comme porte-parole pour sa nouvelle gamme de lunettes, comme l'explique le texte de l'encadré 11.3 (p. 340).

Figure 11.11 *Une annonce pour un produit exclusif et visible*

Source Reproduit avec la permission d'Omega Ltd.

Francis S. Bourne a proposé une façon efficace d'utiliser le caractère ostentatoire d'un produit pour déterminer le degré d'influence du groupe de référence[14]. L'analyse de Bourne repose sur deux questions, à savoir si c'est la possession du produit générique ou si c'est le choix de la marque particulière du produit qui suscitera le respect, l'admiration, l'approbation ou la désapprobation du groupe de référence. Bourne a avancé que le degré d'influence du groupe de référence quant à la possession du produit

TAG Heuer s'associe à Villeneuve

Jacques Villeneuve est le seul pilote de Formule 1 à porter des lunettes. Ce n'est pas un hasard si TAG Heuer, le réputé fabricant de montres et de chronographes, s'est tourné vers lui pour sa première incursion dans l'industrie de la lunetterie. Jacques Villeneuve est depuis peu le porte-parole de la nouvelle collection Sport vision de TAG.

« Les contre-performances de Jacques Villeneuve ne vous ont pas refroidi ? » avons-nous demandé à Jean-Christophe Babin, pdg de TAG Heuer, joint en Suisse. « Pas du tout ! Jacques est reconnu comme un des meilleurs pilotes au monde. Personne ne doute de ce qu'il pourrait faire s'il avait une bonne voiture. »

Le petit côté rebelle du pilote québécois cadre bien aussi avec l'image de TAG. « Il est entier courageux et, comme ceux qui ont du caractère, il peut parfois paraître excessif », explique M. Babin, qui refuse de dévoiler la valeur et la durée du contrat de commandite.

Source Adapté de *Les Affaires*, 8 juin 2002, p. 8.

et au choix de la marque dépend du caractère ostentatoire du produit en relation avec sa visibilité et son exclusivité. Dans le paragraphe qui suit, nous présentons une généralisation de ces relations en utilisant des exemples tirés d'une étude de Bearden et Etzel qui ont déterminé la visibilité selon que le produit était *consommé en public ou dans le privé*, et l'exclusivité selon que le produit était *un luxe ou une nécessité*[15].

Si le produit est *un produit de luxe consommé en public* (par exemple, une raquette de tennis, des bâtons de golf, des skis alpins ou un bateau à voile), le choix de la marque aussi bien que la possession du produit générique subiront l'influence du groupe de référence, dans le premier cas en raison de la visibilité du produit, dans le second, en raison de son caractère exclusif. Si le produit est *un produit de luxe consommé dans le privé* (par exemple, un système de cinéma maison, une table de billard, un jeu vidéo, un broyeur à déchets, une machine automatique pour faire de la glace ou encore une piscine creusée), la possession de celui-ci donne des indications aux autres sur le propriétaire, mais le choix de la marque est moins susceptible de subir l'influence du groupe de référence. Si le produit est *une chose essentielle consommée en public* (un complet, une robe, une automobile ou une montre-bracelet), l'influence du groupe de référence sera à peu près nulle en ce qui a trait à la possession du produit générique, parce qu'à peu près tout le monde possède ce genre de produit, alors que le choix de la marque sera influencé par les autres, parce qu'un tel produit est visible socialement. Dans le cas des *choses essentielles consommées dans le privé* (réfrigérateur, couverture, matelas ou lampe), les groupes de référence n'ont généralement que peu d'influence, tant pour ce qui est de la possession du produit que pour ce qui est du choix de la marque ou du type de produit choisi.

11.5.4 Le pouvoir du groupe de référence

L'influence du groupe de référence est aussi fonction de sa crédibilité ainsi que de l'attrait et du pouvoir qu'il exerce sur le consommateur.

La crédibilité

L'influence du groupe de référence sur les décisions d'achat dépend de la crédibilité que possède le groupe ou la personne de référence (par exemple, le publicitaire du produit ou la célébrité, dans le cas de la publicité) lorsqu'il recommande un certain produit. À titre d'exemple, seuls les dentistes sont autorisés à vendre le système de blanchiment professionnel des dents Whitestrips de Crest.

L'efficacité de ce système de blanchiment de l'émail des dents est mise en évidence par l'utilisation de ce canal exceptionnel pour un produit destiné aux consommateurs. Procter & Gamble mise donc sur la crédibilité des dentistes pour tout ce qui touche à la santé et à l'esthétique dentaires.

Côté mode, il ne fait aucun doute que, grâce à leur expertise, les grands designers ont une forte crédibilité aux yeux des consommateurs soucieux de la mode. Lorsqu'on lui a demandé, au cours d'une émission télédiffusée, ce qu'il pensait du polyester, Calvin Klein s'est exclamé : « Uughh ! Je le déteste. Il est chaud et il colle à la peau. » Ralph Lauren a ajouté : « J'ai toujours cru en la qualité des fibres naturelles, des tissus naturels. » Ces opinions émises en public sont susceptibles de faire diminuer la demande pour les fibres synthétiques ; c'est en partie à l'opinion de ces experts que le coton doit sa popularité récente et extraordinaire en tant que fibre pour les vêtements et les tissus[16].

L'attrait

Si un groupe de référence semble très attirant à un consommateur, son influence sur les décisions d'achat sera grande. Par exemple, c'est le désir d'appartenir à la classe sociale supérieure et d'être invitée à des soirées de bridge qui a poussé une femme appartenant à la classe sociale moyenne à acheter une Cadillac d'occasion, même si elle pouvait à peine se la payer et même si cette voiture se révéla à la longue le mauvais symbole de statut social[17]. Cette consommatrice avait fait un achat qu'elle *croyait* susceptible de susciter l'approbation du groupe.

Les spécialistes du marketing qui se servent de modèles, d'acteurs ou de célébrités comme porte-parole pour leurs produits doivent continuellement évaluer l'attrait de la personnalité auprès du groupe cible. Au fur et à mesure que le temps passe, la personnalité choisie comme porte-parole pour un produit peut perdre de son attrait aux yeux des consommateurs visés, ce qui diminue le pouvoir du porte-parole en tant que personne de référence. C'est le risque que les entreprises prennent

lorsqu'elles choisissent des Woods, Dion, Bédard, Turgeon, Schumacher, Villeneuve et autres.

Le pouvoir

Le pouvoir de récompense ou de coercition du groupe de référence peut aussi déterminer le degré d'influence de celui-ci sur le consommateur. Cela dépend en grande partie de la personnalité du consommateur et de l'intensité de son désir d'être accepté et apprécié du groupe ou de la personne de référence ou de demeurer membre du groupe. Les individus qui manquent d'assurance sur le plan social ainsi que ceux chez qui l'estime de soi est faible s'en rapportent, dans une large mesure, aux normes du groupe pour guider leur conduite et augmenter leur respect d'eux-mêmes. Les consommateurs qui ont une plus grande confiance en eux, qui manifestent plus d'assurance et qui sont plus indépendants subissent moins l'influence des normes du groupe lors de leurs décisions d'achat et sont aussi moins portés à consommer dans le but de se conformer aux normes du groupe. Dans leur cheminement pour se forger une identité qui leur soit propre et pour devenir adultes, les adolescents du secondaire se fient généralement beaucoup à leurs pairs de l'école, lesquels établissent des normes concernant l'apparence physique, l'habillement, le goût, les sorties et la musique. L'une des facettes de la formation de l'identité et du développement du respect de soi-même est le besoin d'acceptation et de reconnaissance. Par conséquent, les adolescents sont très vulnérables à la pression exercée par les pairs. Ils sont portés à croire que « si tu ne te conformes pas aux normes du groupe, tu es perçu comme un drôle de type[18] ».

* * *

Un gestionnaire qui a l'intention d'appliquer les principes de l'influence du groupe de référence doit évaluer dans quelle mesure celui-ci peut orienter les décisions des consommateurs cibles quant au produit, au service ou à l'idée. Les trois facteurs présentés ci-dessus constituent des outils susceptibles d'aider dans cette évaluation et de guider les décisions stratégiques relativement à la campagne de communication. Si l'analyse révèle que les groupes de référence peuvent avoir de l'influence, il faudra ensuite déterminer le profil de la personne ou du groupe de référence le plus approprié au produit. Cette étape sera suivie du choix d'un porte-parole, d'une célébrité ou d'un « expert » correspondant à ce profil (dans le cas des recommandations ou des témoignages) ou de l'identification des leaders d'opinion efficaces que le spécialiste du marketing se doit d'approcher ou d'influencer dans une phase initiale de la campagne.

Si l'on s'aperçoit que l'influence du groupe de référence est trop faible en ce qui a trait à la catégorie du produit générique ou à la marque, on doit abandonner le thème du groupe de référence au profit de messages promotionnels mettant l'accent sur les attributs du produit, son offre étendue, les avantages concurrentiels ou le rapport qualité-prix.

RÉSUMÉ

Nous avons vu, dans ce chapitre, les effets du groupe de référence comme facteur externe influant sur la consommation : le groupe de référence peut exercer une grande influence sur les décisions d'achat des consommateurs. Agit comme personne ou groupe de référence toute personne ou tout groupe qui sert de base de comparaison ou de référence à l'individu dans la formation de valeurs, de croyances ou d'attitudes générales ou particulières, ou encore dans l'apprentissage de modes de comportement. Les personnes ou groupes de référence jouent un rôle majeur dans la socialisation du consommateur et la transmission des normes et des valeurs sociales. En un sens plus étroit, par les exemples qu'ils fournissent au consommateur, les personnes et les groupes de référence contribuent chez celui-ci à la formation de ses attitudes à l'égard de produits, de services et de marques donnés, ainsi qu'à la détermination des attributs importants du produit ou du service et des styles de vie souhaitables.

Tout groupe constitue un groupe de référence s'il influence les valeurs, les attitudes et les comportements d'un individu. Les groupes de référence que l'on utilise le plus souvent dans les communications et les stratégies de persuasion créatives de marketing sont la famille, les groupes de pairs, les groupes d'amis, les associations et les organisations officielles, et les personnes de référence sont les parents, les mentors, les amis, les leaders d'opinion, les célébrités et les vendeurs.

Les groupes de référence remplissent quatre grandes fonctions associées aux rapports sociaux et aux relations humaines. Qu'ils en soient conscients ou non, les gens se servent des groupes de référence pour

- obtenir l'estime d'autres personnes ;

- s'identifier à une personne ou à un groupe qu'ils admirent ;

- adhérer à un groupe ou y demeurer en se conformant à ses normes ;

- reconnaître l'expertise des autres et s'y reporter.

Plusieurs conditions sont requises pour qu'agisse l'influence du groupe de référence. Un gestionnaire qui a l'intention d'appliquer le concept de groupe de référence à un problème de marketing particulier doit évaluer la situation à la lumière de ces facteurs. En effet, c'est la présence ou l'absence de certains facteurs qui fait que les groupes de référence ont plus ou moins d'influence auprès des consommateurs dans le processus adopté pour satisfaire un besoin. Les facteurs les plus importants sont :

- l'étendue des connaissances ou de l'expérience que possède le consommateur par rapport au produit ;

- le degré de risque – économique, social ou physique – perçu par le consommateur songeant à acheter et à utiliser le produit ;

- le caractère ostentatoire du produit ou du service, ce caractère étant fonction de deux propriétés du produit ou du service, soit son exclusivité et sa visibilité pour les autres ;

- le pouvoir du groupe de référence, lequel est fonction de la crédibilité ainsi que de l'attrait ou du pouvoir (pouvoir de récompense ou de coercition) que le groupe possède aux yeux du consommateur.

QUESTIONS ET THÈMES DE DISCUSSION

1. Quels groupes ou personnes de référence particuliers sont capables d'influencer le comportement :

   a) d'un diplômé qui achète une première automobile ?

   b) d'un couple qui a besoin d'une hypothèque pour une première maison et qui choisit une institution financière ?

   c) d'un nouveau propriétaire qui projette de rénover sa maison avec les matériaux et accessoires les plus récents ?

   d) d'un étudiant qui souhaite acheter un ordinateur personnel pour la première fois ?

   e) d'une étudiante diplômée qui vient d'être embauchée pour occuper un poste permanent et qui désire s'acheter des vêtements de travail appropriés ?

   f) d'un jeune couple projetant de visiter l'Europe pendant un mois avec un budget limité ?

2. Supposez qu'un gestionnaire ait découvert une célébrité crédible et populaire pour recommander un produit ou un service et qu'il ait réussi à établir des liens fructueux entre le produit et la célébrité et entre la célébrité et le marché cible. Décrivez les autres facteurs reliés au témoignage de cette célébrité qui devront maintenant être examinés ; décrivez aussi la stratégie qu'il sera nécessaire d'adopter par la suite.

3. À partir de la théorie du groupe de référence, décrivez la fonction particulière à l'œuvre, ou sur laquelle le gestionnaire a pu se fier, dans chacun des cas suivants :

   a) Après que Marc-André Coallier s'est procuré une carte de bibliothèque, au cours d'une émission du *Club des 100 watts*, on a noté une augmentation de 500 % des demandes d'adhésion aux bibliothèques locales dans le groupe des téléspectateurs âgés de 7 à 12 ans.

   b) American Express a créé une carte de crédit Tiger Woods à l'intention des passionnés du golf, ce qui leur permet d'avoir accès à plusieurs cadeaux, activités et forfaits de golf.

   c) Vous allez dans le Sud cet hiver parce que les voyages élargissent les horizons ? Balivernes… Le psychiatre Frank Sommers vous connaît : « La personne qui revient bronzée fait une déclaration sans même ouvrir la bouche. Elle dit ceci : "Hé ! je suis suffisamment à l'aise financièrement pour pouvoir changer d'environnement au milieu de l'hiver." Cela lui confère un certain sentiment de puissance[19] ».

   d) « Avis aux membres : le port des culottes courtes n'est pas permis dans la salle à manger principale. Nous vous demandons de respecter ce code vestimentaire à tous les repas et à toutes les occasions sociales du club organisées dans cette salle à manger. La direction. »

4. Santé et Bien-être social Canada vous a demandé d'élaborer une campagne promotionnelle nationale pour encourager l'usage du condom chez les adolescents du pays sexuellement actifs. Vous savez que la plupart des adolescents ont une perception plutôt faible de leur identité propre, qu'ils subissent grandement l'influence de leurs pairs et de leurs idoles et qu'ils aspirent à être « à la mode » et populaires. Décrivez les principales caractéristiques d'une annonce ou d'une communication qui soit représentative de votre campagne et fondée sur les principes du groupe de référence. Expliquez (à l'aide d'un schéma) comment l'annonce pourra atteindre l'objectif fixé.

5. Lorsque les spécialistes du marketing recherchent une célébrité comme porte-parole pour une ligne de produits, ils peuvent choisir parmi plusieurs célébrités. De quelle information stratégique ont-ils besoin pour s'assurer que la célébrité qui signera le contrat aura un pouvoir de référence sur les consommateurs visés ?

6. Les leaders d'opinion peuvent constituer des personnes de référence puissantes auprès des consommateurs. Les spécialistes du marketing recherchent souvent les leaders d'opinion et ils essaient de les influencer lorsqu'ils introduisent un nouveau concept sur le marché. Proposez des moyens pratiques, efficaces et peu coûteux que pourrait employer une organisation souhaitant utiliser les stratégies de « bouche à oreille » pour introduire un nouveau produit, service ou concept. Illustrez vos suggestions à l'aide d'exemples.

NOTES

1. « Betty cooks up new look », *USA Today,* 23 mai 1986, p. 2B.

2. « Betty Crocker goes yuppie », *Time,* 2 juin 1986, p. 58.

3. *Inside AMA,* vol. 1, n° 1, été 1986, Chicago, American Marketing Association.

4. « President's column : A vision for the American Marketing Association », *Inside AMA,* vol. 1, n° 2, automne 1986, Chicago, American Marketing Association, p. 2.

5. C.-L. Kipp et autres, *A Marketing Research Study on « Eubos »,* rapport de recherche inédit d'un projet de recherche dirigé par le professeur T.E. Muller, School of Business, McMaster University, Hamilton (Ont.), décembre 1991, p. 22-23.

6. « Celluloid vs. vinyl », *Time,* 25 décembre 1989, p. 45.

7. *Ibid.*

8. J. Waldrop, *The Seasons of Business : The Marketer's Guide to Consumer Behavior,* Ithaca (N.Y.), American Demographics Books, 1992.

9. L.G. Schiffman et L.L. Kanuk, Consumer Behavior, 2e éd., Englewood Cliffs (N.J.), Prentice-Hall, 1983, p. 303-305.

10. Voir, par exemple, H.H. Hyman et E. Singer, *Readings in Reference Group Theory and Research,* New York, Free Press, 1968 ; E. Katz et P.F. Lazarsfeld, *Personal Influence,* New York, Free Press, 1955 ; P.F. Lazarsfeld, B. Berelson et H. Gaudet, *The People's Choice,* New York, Columbia University Press, 1948 ; H.H. Kelley, « Two functions of reference groups », dans G.E. Swanson, T.M. Newcomb et E.L. Hartley (sous la dir. de), *Readings in Social Psychology,* New York, Holt, Rinehart and Winston, 1947, p. 410-414 ; H.H. Hyman, « The psychology of status », *Archives of Psychology,* vol. 269, 1942, p. 94-102. C'est Hyman qui, le premier, a parlé du « groupe de référence ».

11. T.E. Muller et C. Bolger, « Search behaviour of French and English Canadians in automobile purchase », *International Marketing Review,* vol. 2, n° 4, 1985, p. 21-30.

12. « More fallout from Tchernobyl : A crippled reactor spreads disquiet and fear », *Time,* 19 mai 1986, p. 36-38.

13. F.S. Bourne, « Group influence in marketing and public relations », dans R. Likert et S.P. Hayes, Jr. (sous la dir. de), *Some Applications of Behavioural Research,* Paris, Unesco, 1957.

14. *Ibid.*

15. W.O. Bearden et M.J. Etzel, « Reference group influence on product and brand purchase decisions », *Journal of Consumer Research,* vol. 9, n° 2, septembre 1982, p. 183-194.

16. « Cotton : Picked again », *The Economist,* 28 juillet 1990, p. 59.

17. Voir W.B. Parson, « The wrong status symbol », dans W.T. Tucker (sous la dir. de), *Foundations for a Theory of Consumer Behaviour,* New York, Holt, Rinehart and Winston, 1967, p. 81-86.

18. I. Brown, « High school confidential : A day in the life of the kids at Bramalea Secondary », *The Globe and Mail,* 22 septembre 1984, p. 10.

19. Tiré de A. Rhodes, « The best values under the sun », *The Financial Post Magazine,* janvier 1982, p. 26.

Chapitre 12

Les classes sociales

INTRODUCTION

Les immeubles parisiens du XIXe siècle reflétaient la hiérarchie des classes sociales. Les étages inférieurs, plus accessibles, étaient occupés par les familles les plus riches, tandis que les mansardes des étages supérieurs, ce que l'on appelle encore les « chambres de bonne », étaient réservées aux employés de maison. Aux étages intermédiaires vivaient les familles de rang social intermédiaire. Les gens de différentes classes sociales se croisaient dans les escaliers et pouvaient savoir ce qu'il convenait de porter comme vêtement ou coiffure et ce dont il était bon de parler à chaque étage de l'immeuble, microcosme de la société. L'imitation des signes était un effet manifeste de cette interaction : l'imitation « verticale » d'une classe supérieure par une autre, l'imitation « horizontale » entre individus de même niveau social. La première forme d'imitation servait à réduire la distance sociale entre les individus de la classe supérieure, la seconde, à souligner la similitude de condition sociale.

▽

▼

Cette tension entre imitation et similitude est permanente : les consommateurs d'aujourd'hui expriment à la fois leurs désirs contradictoires de ressembler aux personnes de la classe immédiatement supérieure à la leur et de souligner leur appartenance à leur propre classe. Ces processus de communication entre classes et à l'intérieur d'une classe ne changent guère. Ils sont inhérents à toute société hiérarchisée. Le style de consommation d'un individu donné reflète ses valeurs de classe. L'acquisition de biens et de services sert à exprimer son appartenance à une certaine classe. Cependant, pour que cette communication ait un sens, il faut que le consommateur qui émet les signaux au moyen de biens ou de services et le consommateur qui reçoit ces signaux aient un code commun. Ces codes évoluent : les autos Cadillac, qui furent à une époque le signe suprême du succès social, ont perdu leur signification ; d'autres marques remplissent ce rôle aujourd'hui ; la Mercedes-Benz est talonnée par les BMW comme expression du prestige. Tant pis pour ceux qui ne suivent pas l'évolution de ces codes de communication : ils risquent de se retrouver possesseurs d'objets-signes dévalués !

Nous allons voir, dans ce chapitre, ce qu'il en est de ces processus de consommation et de communication entre consommateurs et comprendre d'où ils proviennent. Car les classes sociales tendent à mouler non seulement les comportements, mais aussi les valeurs des consommateurs, les processus cognitifs qui les caractérisent, leurs émotions, leur image d'eux-mêmes, leur façon d'exprimer leurs idées. C'est dire combien est important ce concept de classe sociale : c'est un élément clé de la segmentation des marchés dont découlent les stratégies de différenciation des produits ou des services et les stratégies de persuasion. Pour conclure, nous aborderons la question de la mesure des classes sociales.

12.1 Le concept de classe sociale dans l'étude du comportement du consommateur

Les sociologues nord-américains s'intéressent au concept de classe sociale depuis les années 1920[1] et proposent la définition suivante de ce concept : « La société est composée non seulement de différents groupes, mais de différentes strates, ce qui signifie que des groupes sont évalués comme "plus hauts" ou "plus bas" que d'autres groupes. » Ils ont établi une liste de *critères* pour déterminer la classe sociale, tels que « la richesse, la propriété ou le revenu ; la famille ou la parenté ; la localisation de la résidence ; la durée de résidence ; la profession ; le niveau d'instruction ; la religion ». La classe sociale est définie comme suit : « La classe sociale est un ordonnancement des gens à l'intérieur d'une culture donnée ; les classes sont fondées sur le revenu, la profession, l'instruction et le type de logement. Les classes sociales séparent la société en catégories de citoyens ayant des valeurs et des styles de vie semblables[2]. »

Wilkie ajoute à la définition du concept de classe sociale une dimension importante, le fait de se sentir à l'aise avec des gens de la même classe sociale : « [Les consommateurs de même classe] passent plus de temps de travail et de loisir ensemble et partagent les mêmes intérêts et activités[3]. »

La notion de classe est indissociable de celle de groupements de consommateurs qui ont *conscience* du fait que leur identité personnelle passe par celle de leur classe et de la présence de gens au-dessus et en dessous d'eux. La classe sociale a été identifiée comme une des variables les plus importantes de la recherche en sciences sociales selon Miller. En fait, ce concept explique un grand nombre de comportements humains[4], en particulier les comportements qui intéressent les entreprises commerciales. Ainsi, Evans et Berman soulignent que « chaque classe sociale peut représenter un marché cible[5] ». Dans un article bien connu en comportement du consommateur, Coleman conclut que « la classe sociale demeure une variable importante qui moule le comportement du consommateur[6] ». De même, Wilkie[7] remarque que la stratification sociale est la façon d'analyser la structure interne de la société et de prédire le comportement des consommateurs.

12.1.1 La classe sociale en sociologie

Il y a dans l'œuvre de Marx et Engels pas moins de six conceptions différentes de la classe sociale[8]. Ces conceptions correspondraient aux multiples facettes d'une réalité complexe. La réalité concrète des classes est liée d'abord aux conditions matérielles, socio-économiques, non pas intrinsèques, mais relatives : une classe n'est évidemment pas *supérieure* (ou *inférieure*) en soi, mais par rapport à une autre classe. Le concept de classe est donc affaire à la fois de contraste et de similitude : un individu est de la même classe qu'un autre parce qu'il y a entre eux plus d'éléments semblables que d'éléments qui les distinguent.

Ces caractéristiques des classes sont celles qui permettent d'établir des distances, qui sont à la fois faibles entre membres d'une même classe et grandes entre membres de classes différentes. Selon les théories marxistes, ces caractéristiques sont directement le produit des rapports de production : certaines classes possèdent les instruments de production, les autres les font fonctionner par leur travail. Dans les sociétés occidentales modernes, ces différences entre classes sont d'abord des rapports de pouvoir et de contre-pouvoir, car elles reflètent la répartition des fruits du travail entre ceux qui possèdent le capital et ceux qui fournissent leur travail.

Le revenu est un élément central de cette différenciation : les uns peuvent acheter le temps de travail des autres, c'est le fondement même de l'achat de services. Il est rationnel pour ceux dont le revenu est élevé d'acheter le temps des autres plutôt que de faire eux-mêmes un certain type de tâches.

Mais les rapports entre classes ne se limitent pas à la division du travail et à la production de biens ou de services. Selon certains sociologues[9], le concept de classe ne doit pas être réduit à celui des rapports de production. La classe sociale est le lieu social de *r*eproduction des rapports *autres* que strictement économiques. La reproduction non économique est d'abord la reproduction du tissu social : c'est ce qui fait que le fils d'un médecin a plus de chances d'être médecin que paysan et inversement. Bourdieu et Passeron ont décrit cette reproduction du tissu social de façon remarquable dans le cas de la société française dans leur célèbre livre *Les héritiers, les étudiants et la culture*[10].

Un autre effet marquant des classes sociales est la reproduction des idéologies : le fait qu'un individu se développe dans l'environnement d'une certaine classe sociale moule la vision qu'il a de son environnement, du rapport entre les individus, de sa propre place dans la société. En particulier, les valeurs auxquelles adhèrent les consommateurs diffèrent selon le milieu social dans lequel ils se sont développés : ce qui est moralement bon, ce qui est esthétiquement beau, les bonnes façons d'atteindre ses objectifs, etc. dépendent du milieu où s'est fait l'apprentissage, donc des récompenses, punitions et efforts liés aux expériences passées. Ainsi, comme on le verra plus loin, il est fréquent que les pères des familles ouvrières reproduisent avec leurs enfants des relations d'autorité semblables à celles qu'ils connaissent dans l'entreprise où ils travaillent et valorisent en soi l'autorité et la conformité[11].

En plus de ces valeurs éthiques qui ont un effet sur les comportements d'achat de biens, il faut ajouter la valeur économique du temps. En effet, le revenu par unité de temps est lié à la classe sociale du consommateur. Or les services sont essentiellement du temps que l'on achète d'un autre individu : en supposant que le plaisir d'aller au restaurant est nul, le fait de dîner au restaurant plutôt que chez soi est une décision économique, fondée sur les rapports de salaire horaire entre le client et les personnes servant dans le restaurant ; le client achète rationnellement le temps du cuisinier, des serveurs, parce que cela revient moins cher que de se faire à dîner lui-même.

L'achat de services reflète les rapports de classes sociales plus que l'achat de biens : le prix des services est moins sensible aux variations de productivité que le prix des produits, ce qui fait que les consommateurs ayant des revenus inférieurs y ont accès moins facilement. Ainsi, l'automobile a pu devenir accessible assez rapidement à l'ensemble de la population nord-américaine grâce aux progrès de la productivité en chaîne de montage ; par contre, les gains de productivité sont nettement moins évidents dans le domaine de l'hôtellerie, de la restauration, de la coiffure, etc. où, donc, l'accessibilité reflète plus les rapports de salaire horaire. Les gains de productivité permettent une « démocratisation » de la consommation, plus sensible dans le domaine des produits que dans celui des services.

Comment, par conséquent, marquer les signes de classe dans le domaine des produits ? Ces signes peuvent être des avantages technologiques : par exemple, longtemps les freins ABS ont été l'apanage des voitures de luxe. Or les gains de productivité ont été tels que ces freins se retrouvent aujourd'hui sur des Chevrolet Cavalier ! Même remarque pour les disques compacts, les climatiseurs et tous les éléments maintenant de série sur les autos de prix moyen ou même inférieur.

Les consommateurs de la même classe sociale sont exposés aux mêmes expériences quotidiennes qui mènent à des comportements semblables[12]. « Les consommateurs sont d'abord des créatures sociales et, en tant que telles, leurs pensées, attitudes, valeurs et comportements sont influencés par les personnes importantes de leur environnement [les *significant others*] et par leur communauté en général[13] » : le revenu influe sur la disponibilité des biens et la classe sociale influence le goût.

Par exemple, les différences technologiques intrinsèques entre deux 4 × 4, disons Jeep et Range Rover, sont faibles et pourtant le prix que les consommateurs acceptent de payer est très différent. Les marques sont littéralement des empreintes de classe sociale. Pour des membres des classes supérieures, la rareté d'un produit, plus que sa qualité, est une condition au moins nécessaire pour souligner la différence de classe : les voyages vers des destinations inhabituelles, les habits signés par des designers pas banals, les peintures rares, etc. permettent au consommateur de souligner la distance qui le sépare de la foule. De même, les produits (ou les services) servent de signes de reconnaissance entre consommateurs de même statut social. Le fait d'envoyer les enfants dans la même école, de vivre dans le même quartier, de fréquenter les mêmes restaurants établit des signes de communauté de styles de vie et de valeurs, rendant *a priori* la communication plus facile entre des individus qui ne se connaissent pas. Bien plus, tous ces signes de similitude confirment à l'individu sa place dans la société et contribuent à préciser son image de soi.

12.2   La structure de classe au Canada

Il n'existe pas de système universel pour partager une population donnée en classes sociales définies avec précision. En fait, quel que soit le système de classification adopté, chaque classe sociale ne constitue rien de plus qu'une *catégorie conceptuelle* dans une hiérarchie fondée sur le prestige et le statut social. Par conséquent, les définitions de chaque catégorie sont plus qualitatives que quantitatives, et les frontières entre des classes adjacentes (par exemple, les classes moyenne-inférieure et moyenne-supérieure) sont nécessairement floues.

Au cours des ans, on a établi des hiérarchies qui varient d'une division à deux catégories, opposant les cols blancs aux cols bleus (ou opposant la classe ouvrière à la classe des gens d'affaires), à des systèmes de stratification à neuf niveaux ; entre ces deux extrêmes se situent le système à trois classes (classe supérieure, classe moyenne et classe inférieure), le système à cinq classes de Hollingshead et Redlich[14], les structures à six classes de Warner, Meeker et Eells[15] et de Gilbert et Kahl[16] ainsi que la hiérarchie à sept classes de Coleman et Rainwater[17].

Le tableau 12.1 présente trois façons de diviser la société d'une nation en des classes sociales distinctes. Pour Coleman, il est utile de diviser les consommateurs en quatre grandes classes fondées sur le prestige et sur le statut social que donnent les différentes professions. En effet, la profession d'une personne est généralement perçue comme le meilleur indicateur *simple* dont dispose l'entreprise, même si la profession ne permet pas de prévoir d'une façon infaillible l'appartenance à une classe sociale.

Tableau 12.1	*Comparaison de trois structures de classe pour le Canada et les États-Unis*

La structure de classe canadienne obtenue à l'aide de la classification socioprofessionnelle de Pineo, Porter et McRoberts*		La structure de classe américaine selon Gilbert et Kahl		La structure de classe américaine selon Coleman et Rainwater	
Les classes supérieures • Membres de professions libérales travaillant à leur compte (1,0) • Membres de professions libérales employés par quelqu'un (7,3) • Cadres supérieurs (2,6)	**11 %**	**Les deux classes supérieures** • Classe capitaliste (1) • Classe moyenne-supérieure	**15 %**	**Les trois classes supérieures** • Classe supérieure-supérieure (0,3) • Classe supérieure-inférieure (1,2) • Classe moyenne-supérieure (12,5)	**14 %**
La classe moyenne • Membres de professions semi-libérales (4,8) • Techniciens (2,0) • Cadres intermédiaires (6,5) • Chefs de service (3,1) • Contremaîtres ou contremaîtresses (4,1) • Employés (bureau, vente, services) spécialisés (7,2)	**28 %**	**La classe moyenne**	**33 %**	**La classe moyenne**	**32 %**
La classe ouvrière • Métiers et commerces spécialisés (14,0) • Fermiers (2,5) • Employés (bureau, vente, services) semi-spécialisés (12,0) • Travailleurs manuels semi-spécialisés (12,2)	**41 %**	**La classe ouvrière**	**32 %**	**La classe ouvrière**	**38 %**
Les classes inférieures • Employés (bureau, vente, services) (3,7) • Travailleurs manuels non spécialisés (14,9) • Travailleurs agricoles (3,1)	**20 %**	**Les deux classes inférieures** • Classe des travailleurs pauvres (11-12) • Classe des sous-prolétaires (8-9)	**20 %**	**Les deux classes inférieures** • Classe inférieure mais non la plus basse (9) • Vraie classe inférieure-inférieure (7)	**16 %**
Force de travail totale au Canada en 1981 • Âge : 15 ans et plus • Femmes célibataires et hommes**	**100 %**	**Total**	**100 %**	**Total**	**100 %**

* Les chiffres de cette colonne correspondent aux pourcentages estimés de la population dans chaque classe sociale et dans chaque catégorie professionnelle. Les différentes catégories professionnelles sont énumérées de haut en bas, par ordre de prestige décroissant, selon la classification de P.C. Pineo, J. Porter et H.A. McRoberts, « The 1971 census and the socioeconomic classification of occupations », *Canadian Review of Sociology and Anthropology,* vol. 14, n° 1, février 1977, p. 91-102.

** Les « femmes célibataires » sont des femmes divorcées, veuves ou jamais mariées représentant, en 1971, 36,7 % de la force féminine de travail. Le total de 100 % représente 6 845 325 hommes + 0,367 (4 622 095) femmes = 8 541 634, ce qui constitue une estimation grossière, en 1981, des individus socioéconomiquement distincts composant la force de travail au Canada.

Sources P.C. Pineo, « Revisions of the Pineo-Porter-McRoberts socioeconomic classification of occupations for the 1981 census », *QSEP Research Report,* n° 125 ; Statistique Canada, *Labour Force Activity, 1981 Census of Canada,* cat. 92-915 ; Statistique Canada, *Classification type des professions,* cat. 12-565, 1980 ; R.P. Coleman, « The continuing significance of social class to marketing », *Journal of Consumer Research,* vol. 10, décembre 1983, p. 267, appendice A.

12.2.1 La classe comme reflet du prestige des professions

Les 16 catégories professionnelles de la colonne de gauche du tableau 12.1 sont classées, de haut en bas, par ordre de prestige décroissant, selon la classification socioprofessionnelle élaborée par Pineo, Porter et McRoberts[18]. Ces catégories de professions ont été regroupées en quatre grandes divisions correspondant aux classes sociales, appelées les *classes supérieures,* la *classe moyenne,* la *classe ouvrière* et les *classes inférieures.*

Les classes supérieures et inférieures sont en fait constituées de deux sous-classes ou plus, mais celles-ci ne sont pas présentées par catégories de professions. Cette division en quatre classes a été obtenue à partir de la classification des professions établie par Pineo, Porter et McRoberts : les catégories ont été réparties dans les quatre classes sociales.

La colonne de gauche présente aussi une estimation de l'importance de chaque catégorie professionnelle en pourcentage du marché du travail au Canada (femmes célibataires et hommes, âgés de 15 ans et plus[19]). Seules les femmes célibataires (divorcées, veuves ou jamais mariées) sont incluses dans ces calculs, parce qu'elles sont plus susceptibles de constituer des individus distincts sur le plan socio-économique. Les femmes mariées qui sont sur le marché du travail ont tendance à adopter la classe sociale correspondant à la profession de leur mari.

Les classes supérieures sont, par définition, en minorité, regroupant environ 11 % de la population ; la classe moyenne et la classe ouvrière constituent respectivement 28 % et 41 % de la population, formant ensemble une « majorité moyenne », et les classes inférieures représentent environ 20 % de l'ensemble des Canadiens. La présence d'une classe moyenne massive est une caractéristique majeure des sociétés occidentales postindustrielles.

Cette représentation de la structure de classe au Canada n'est certainement pas définitive, car elle repose uniquement sur la classification actuellement disponible des professions des femmes célibataires et des hommes, âgés de 15 ans et plus, se trouvant sur le marché du travail. Elle reste néanmoins utile pour

estimer la classe sociale de la personne et pour déterminer la taille de chacune des quatre grandes classes constituant l'ensemble du marché du travail. De plus, elle remplace avantageusement l'estimation maintenant désuète de la composition des classes sociales au Canada qui s'appuyait sur les données du recensement de 1961 et que l'on cite encore fréquemment dans plusieurs manuels canadiens traitant de marketing[20].

Le tableau 12.2 donne quelques exemples de professions pour chacune des 16 catégories professionnelles de Pineo, Porter et McRoberts[21] présentées dans le tableau 12.1. Ces catégories sont numérotées de 1 (le prestige le plus élevé) à 16 (le prestige le moins élevé). Les titres de professions listés dans ce tableau peuvent aider les chercheurs canadiens à estimer la classe sociale probable des individus participant à des sondages, à des panels ou à des tests de marché, dans les cas où est recueillie l'information sur la profession précise du répondant. La liste complète des types de professions énumérés par Statistique Canada, qui se répartissent dans les diverses catégories de la classification socioprofessionnelle de Pineo, Porter et McRoberts, est, évidemment, bien plus longue que celle que l'on trouve dans le tableau 12.2[22]. Celui-ci présente aussi, en regard de chaque catégorie professionnelle, le score moyen du groupe en ce qui concerne le niveau d'instruction de ses membres. Une note au bas du tableau 12.2 fournit les explications relativement à ces scores qui peuvent varier de 0 (pas d'instruction formelle) à 9 (M.A. ou Ph.D.). Par exemple, les membres de professions libérales travaillant à leur compte ont un niveau d'instruction moyen de 7,9, tandis que les travailleurs manuels non spécialisés ont un niveau d'instruction moyen de 2,5.

À des fins de comparaison, les colonnes du centre et de droite du tableau 12.1 présentent deux autres modèles de structure de classe, cette fois pour les États-Unis. Les grandes couches, soit *supérieure, moyenne, ouvrière* et *inférieure,* correspondent aux divisions de la structure de classe canadienne. La hiérarchie à six niveaux de Gilbert et Kahl[23] divise les classes supérieures en une classe capitaliste et une classe moyenne-supérieure et les classes inférieures

Tableau 12.2

Des exemples de professions pour chacune des 16 catégories socio-professionnelles de Pineo, Porter et McRoberts, et niveau moyen d'instruction pour chaque catégorie*

1. **Membres de professions libérales travaillant à leur compte** (7,9)
   Architectes
   Avocats et notaires
   Dentistes
   Médecins spécialistes
   Vétérinaires

2. **Membres de professions libérales employés par quelqu'un** (6,7)
   Vérificateurs et comptables
   Diététistes et nutritionnistes
   Instituteurs à la maternelle et au niveau primaire
   Ingénieurs
   Juges
   Bibliothécaires
   Archivistes
   Mathématiciens, statisticiens et actuaires
   Ministres du culte
   Officiers de direction des forces armées
   Pharmaciens
   Professeurs d'université

3. **Cadres supérieurs** (5,8)
   Cadres supérieurs de l'administration publique
   Directeurs de soins de santé
   Administrateurs de l'enseignement postsecondaire et de la formation professionnelle
   Cadres supérieurs des secteurs de services financiers, de la transmission des télécommunications et des services aux entreprises
   Directeurs d'école et administrateurs de programmes d'enseignement aux niveaux primaire et secondaire

4. **Membres de professions semi-libérales** (5,7)
   Acteurs
   Danseurs
   Musiciens et chanteurs
   Analystes de systèmes informatiques
   Photographes
   Athlètes
   Chefs d'orchestre, compositeurs et arrangeurs
   Designers d'intérieurs
   Auteurs, rédacteurs et écrivains
   Professeurs au niveau secondaire
   Infirmiers diplômés
   Pilotes, navigateurs et instructeurs de pilotage de transport aérien

5. **Techniciens** (4,7)
   Spécialistes du contrôle de la circulation aérienne
   Inspecteurs en construction
   Technologues
   Techniciens de laboratoire médical
   Officiers mécaniciens du transport par voies navigables

6. **Cadres intermédiaires** (4,7)
   Entrepreneurs de pompes funèbres et embaumeurs
   Entraîneurs
   Superviseurs, vente au détail
   Spécialistes des ressources humaines
   Gestionnaires d'exploitation agricole
   Agents aux achats

7. **Chefs de service** (3,9)
   Superviseurs des services postaux et de messageries
   Superviseurs des commis de bureau et de soutien administratif
   Superviseurs, vente aux détails

8. **Contremaîtres** (3,5)
   Capitaines de bateaux de pêche
   Entrepreneurs et contremaîtres des services de réparation et installation
   Entrepreneurs et contremaîtres des équipes de construction lourde

9. **Employés spécialisés (bureau, vente, services)** (4,2)
   Infirmiers auxiliaires autorisés
   Agents de gestion immobilière
   Annonceurs et personnel assimilé de la radio et de la télévision
   Commis à la comptabilité
   Agents en valeurs, agents en placements et courtiers
   Opérateurs d'ordinateurs
   Personnel technique du cinéma
   Spécialistes des ventes techniques
   Secrétaires

▼

10. Métiers et commerces spécialisés	**(3,1)**	

Bijoutiers
Ébénistes
Plombiers
Électriciens
Réparateurs de wagons
Mécaniciens, techniciens et réparateurs
de véhicules automobiles
Agents de police
Opérateurs de machines à scier dans les scieries
Installateurs et réparateurs de matériel
de télécommunication
Soudeurs et conducteurs de machines à souder
Opérateurs de machines à former et à finir
le verre et coupeurs de verre
Opérateurs de machines dans le traitement
des métaux et des minerais
Tailleurs, couturiers, fourreurs et modistes

11. Fermiers**

Exploitants agricoles
Surveillants d'exploitation agricole et
ouvriers spécialisés dans l'élevage du bétail

**12. Employés semi-spécialisés
(bureau, vente, services)** **(3,5)**

Commissaires et agents de bord
Coiffeurs et barbiers
Barmans
Caissiers
Vendeurs et commis, vente au détail
Assistants dentaires
Réceptionnistes d'hôtel
Téléphonistes

13. Travailleurs manuels semi-spécialisés **(2,7)**

Boulangers-pâtissiers
Chefs
Cuisiniers
Conducteurs d'autobus et opérateurs de métro et
d'autre matériel de transport en commun
Cordonniers et fabricants de chaussures
Machinistes et vérificateurs d'usinage et d'outillerie
Matelots de pont sur les bateaux de pêche

14. Employés non spécialisés **(3,7)**

Aides et auxiliaires médicaux
Commis au courrier et aux services postaux
Aides de soutien à domicile
Commis de travail général de bureau
Facteurs
Commis aux services de messagerie

15. Travailleurs manuels non spécialisés **(2,5)**

Nettoyeurs
Ouvriers à l'entretien de la voie ferrée
Concierges et concierges d'immeubles
Conducteurs de camions
Chauffeurs de taxi, chauffeurs de limousine
et chauffeurs
Débardeurs
Gardiens de sécurité
Préposés de stations-service

16. Travailleurs agricoles**

Manœuvres agricoles
Ouvriers agricoles
Ouvriers de pépinières et de serres

* Le score moyen du niveau d'instruction pour chaque catégorie professionnelle est donné entre parenthèses suivant l'échelle numérique suivante :

0 - pas d'instruction formelle	4 - études secondaires achevées ; quelques cours	6 - études collégiales achevées ; certains
1 - un peu d'études primaires	postsecondaires, en nursing ou en éducation, par exemple	cours universitaires
2 - études primaires achevées	5 - formation postsecondaire achevée ; certains cours	7 - 1er cycle universitaire achevé
3 - un peu d'études secondaires	de niveau collégial	8 - diplôme professionnel (M.D. ; L.L.D. ; D.M.D. ; D.M.V.)
		9 - maîtrise ou doctorat

** Les scores du niveau d'instruction ne sont pas disponibles pour les fermiers et les travailleurs agricoles.

Sources Les données sur le niveau d'instruction pour chaque catégorie professionnelle proviennent de F.E. Jones, « Educational and occupational attainment : Individual achievement », dans M. Boyd et autres, *Ascription and Achievement : Studies in Mobility and Status Attainment in Canada,* Ottawa, Carleton University Press, 1985, p. 105, tableau 4.8. Les catégories professionnelles et les types de professions en faisant partie proviennent de la classification de P.C. Pineo, « Revisions of the Pineo-Porter-McRoberts socioeconomic classification of occupations for the 1981 census », *QSEP Research Report,* n° 125, les titres des professions proviennent de Statistique Canada, *Classification type des professions,* cat. 12-565, 1980.

en une classe de travailleurs pauvres et une classe de sous-prolétaires. La structure de classe américaine de Coleman et Rainwater[24], présentée dans la troisième colonne, consiste en une hiérarchie à sept classes dans laquelle les classes supérieures sont constituées d'une classe supérieure-supérieure, d'une classe supérieure-inférieure et d'une classe moyenne-supérieure, tandis que les classes inférieures comprennent une « classe inférieure de personnes, mais non la classe la plus basse » et une « vraie classe inférieure-inférieure[25] ».

On notera que, dans la classification de Coleman et Rainwater, il n'y a qu'une seule classe supérieure alors que les deux autres sont subdivisées en deux sous-classes.

Ces deux colonnes indiquent aussi les pourcentages estimés de la population des États-Unis pour chaque classe, révélant une remarquable similarité entre les tailles relatives des quatre principaux groupes au Canada et aux États-Unis : les classes supérieures, la classe moyenne, la classe ouvrière et les classes inférieures.

12.3 Les effets de la classe sociale

Nous allons examiner, dans cette section, de quelle façon la classe sociale moule les valeurs des consommateurs, structure leurs attitudes et comportements. Les membres d'une même classe sociale n'ont pas besoin d'être organisés pour utiliser leur classe comme point de référence dans leur vie quotidienne[26]. En pratique, les membres d'une même classe s'identifient *par contraste avec* les membres d'autres classes, ce qui constitue un processus naturel, sans planification, car les membres d'une classe préfèrent l'hospitalité et l'amitié de leurs semblables, choisissent leurs maisons et leurs quartiers en fonction des goûts des gens dont ils se sentent proches et se plient aux mêmes conventions. En s'identifiant à une classe, les consommateurs « disent » quelque chose de façon symbolique à propos de leurs expériences, de leurs styles de vie et de leurs valeurs. La majorité des répondants s'identifient très fortement à leur classe et manifestent « une tendance marquée à préférer le contact social avec des personnes de leur propre classe », spécialement en matière de choix d'amis, de lieux de résidence et de conjoints[27]. Ces préférences se réalisent en pratique : le choix d'amis appartenant à la même classe[28], du lieu de résidence[29], du conjoint[30]. La classe sociale constitue clairement un repère en ce qui concerne les attitudes, les valeurs et les comportements de consommation.

12.3.1 Valeurs et classes sociales

Selon le sociologue américain M.L. Kohn, les comportements de classe sont transmis et reproduits par le biais des valeurs : « La classe sociale influe sur les valeurs des parents et ces valeurs déterminent leur comportement à l'égard de leurs enfants[31]. » Kohn a réalisé trois études transculturelles sur la relation classe-valeurs à Turin (Italie) et à Washington (États-Unis). Il relève les mêmes différences entre les classes dans les deux villes :

> Les mères des familles bourgeoises mettent l'accent sur les valeurs qui reflètent la *dynamique interne* du comportement de l'enfant vis-à-vis de lui-même et des autres. En particulier, elles insistent sur l'autocontrôle et la curiosité. Au contraire, les mères de la classe ouvrière donnent la priorité aux valeurs qui reflètent la *conformité* du comportement, obéissance et propreté.

La polarité autonomie-conformité semble être une constante dans les résultats de ces études sur les valeurs liées aux classes sociales. La conformité se double d'une intolérance à l'endroit de la non-conformité. Kohn montre que plus la classe sociale du père est basse, plus sa résistance à l'innovation, l'assimilation de l'obéissance et le conservatisme sont grands.

Les individus de la classe supérieure, par contre, « peuvent, s'ils le désirent, dévier d'une manière substantielle des normes de leur classe sans perdre leur prestige social[32] ». Les membres de cette classe sont ceux chez qui l'on a le plus de chances d'observer des comportements excentriques. Leurs moyens financiers leur permettent de se procurer des biens rares sans réel risque d'être ostracisés pour leur excentricité. Bien plus, cette excentricité est elle-même un signe distinctif de statut social.

Parallèlement, le travail n'est pas valorisé par les classes sociales par rapport aux mêmes dimensions : la classe ouvrière valorise les dimensions *extrinsèques* (salaire, bénéfices marginaux, nombre d'heures de travail, sécurité d'emploi, pression du contremaître), alors que la classe bourgeoise évalue le travail selon des critères *intrinsèques* (degré de liberté, opportunité d'épanouissement, opportunité d'aider les autres). L'accent mis sur le travail scolaire des enfants n'est pas motivé de la même façon : la qualité et le défi de la profession, d'un côté, le revenu et les conditions de travail, de l'autre.

La valorisation du matérialisme

Les consommateurs expriment leur identité, réelle ou désirée, non seulement de façon verbale, mais aussi par leurs modes de consommation. Ils signalent en particulier leur appartenance à une classe sociale (réelle ou désirée) par des symboles concrets, notamment les objets ou les services qu'ils consomment. La consommation des consommateurs dits « matérialistes » servirait à compenser « la privation psychologique que la structure de classe leur a imposée[33] » : lorsque les relations humaines sont insatisfaisantes, les consommateurs se tournent vers des objets pour exprimer leur identité.

La classe sociale du consommateur à l'époque où il était adolescent est un élément important du développement de ce matérialisme[34] : la télévision, à cet âge, fournit des modèles de consommation que le jeune essaiera d'imiter à l'âge adulte, une observation confirmée par Clapp[35] et, plus récemment, par O'Guinn et Shrum[36]. Le fait que les parents soient considérés comme des gestionnaires financiers incompétents provoque des conflits entre adolescents et parents, ce qui est un indicateur du développement futur de valeurs matérialistes à l'âge adulte[37]. Le matérialisme semble être plus présent chez les adolescents qui grandissent dans les familles véhiculant l'idée que le succès se mesure financièrement[38]. Aussi, dans les familles de statut inférieur, les mères semblent donner la priorité au succès financier et ont tendance à donner un soutien moral relativement faible à leurs adolescents[39].

12.3.2 Styles de consommation et classes sociales : au-delà de Veblen

Les biens achetés dépendent certes des revenus. Mais ils dépendent aussi des valeurs propres à la strate sociale dont fait partie le consommateur. Ainsi, à revenu égal, un entrepreneur en construction et un haut fonctionnaire se distinguent par leurs styles de consommation. Ces différences dans les styles de consommation sont le reflet de leurs valeurs. Les consommateurs acquièrent leurs goûts de façon inconsciente à travers la socialisation[40].

Selon Veblen, auteur de la célèbre *Theory of Leisure Class*[41] publiée en 1912, les modes de consommation se transmettent verticalement, processus que l'on appelle en anglais le *trickle down*. Les consommateurs reproduisent les modes de consommation d'autres individus situés plus haut dans la hiérarchie sociale. Les normes sociales qui sont à l'origine de cette imitation changent lorsque l'économie et le tissu social évoluent. Le modèle à imiter était celui de la grande bourgeoisie, la classe oisive dans le langage de Veblen. C'est sur ce modèle que se moulaient les comportements des bourgeois moins fortunés, qui en imitaient les signes extérieurs les plus visibles, *ostentatoires*. Ces consommateurs avaient donc leur version des signes ostentatoires, adaptée à leurs moyens financiers. Par exemple, les tissus dispendieux pouvaient être remplacés par des tissus moins chers, la fibre naturelle par la fibre synthétique, ce qui est fait à la main par ce qui est fait à la machine. Puis, ce modèle de la bourgeoisie pouvait lui-même devenir un modèle à imiter par les classes ouvrières. L'imitation se propageait donc verticalement, *une étape à la fois*.

Cette théorie a été remise en question empiriquement. Elle suppose évidemment que les membres de la classe sociale supérieure-supérieure sont ceux qui innovent et lancent les modes. Or cette classe sociale s'avère quelque peu conservatrice. Trois problèmes se posent. Tout d'abord, l'approche de Veblen est trop contraignante, car elle se limite à considérer les effets de la pyramide sociale du haut vers le bas. Or les gens qui font les modes, qui créent les signes de statut peuvent aussi se trouver au bas de cette hiérarchie[42]. Deuxièmement, les consommateurs ont bien moins tendance aujourd'hui à mettre leurs possessions en évidence de façon ostentatoire qu'au temps de Veblen[43]. Enfin, le comportement du consommateur est moins moulé par la classe sociale que par les styles de vie[44].

Si Veblen a cessé d'avoir raison, c'est que la société nord-américaine a changé radicalement avec les crises. Avec la grande crise des années 1930, comme le dit Mason, « les gens ayant de vieilles fortunes bien établies [...] qui avaient dépensé leur argent sans ostentation pendant la crise économique des années 1930, ont gardé un style de consommation plus réservé dans les années 1950[45] ». Ils avaient vu les difficultés de survie des gens des classes inférieures ; ils pensaient que c'était soit moralement, soit politiquement peu acceptable de mettre leurs richesses en valeur. Durant la période d'après-guerre, dans les années 1950, il devint plus difficile pour les riches de distinguer leur consommation de celle de la bourgeoisie moyenne en pleine expansion alors. En effet, comme le souligne le grand économiste Galbraith, « les excès de consommation pouvaient être le fait d'un trop grand nombre de personnes pour que cela soit un signe de distinction[46] ». En effet, « la classe moyenne pouvait imiter les riches en matière d'habits et même d'autos, d'autant que ceux-ci avaient eux-mêmes réduit leurs autos à la dimension des Volvo[47] ».

La relation entre classe sociale et consommation s'est-elle dissipée ? Certains chercheurs le pensent. Dans le capitalisme moderne, « le style de vie a pris de plus en plus d'importance comme indicateur d'appartenance au groupe social et ce sont les modes de consommation qui communiquent l'appartenance au groupe[48] ». Les classes sociales se sont « désagrégées en style de vie[49] », car les consommateurs se sont sentis *libres* de projeter leurs propres significations sur les objets de consommation ; les consommateurs ont senti que leur propre image était plus importante que l'ostentation et la compétition.

Quant à Coleman[50], dont nous partageons l'opinion, il pense que le concept de classe n'est pas dépassé mais, au contraire, sous-utilisé. Coleman a proposé une puissante théorie des classes sociales qui est sans doute, croyons-nous, la plus pertinente par rapport aux besoins des stratégies du marketing. Il a souligné que la classe sociale est importante en marketing, car elle permet de classer les motivations des consommateurs autant qu'elle permet de regrouper les niveaux de statuts.

Toutefois, les recherches empiriques sur les classes sociales et la consommation ne sont pas nombreuses. La dernière étude empirique majeure date de 1981[51]. Cette rareté semble être due, en partie au moins, aux outils de recherche inadéquats compte tenu de la complexité des mesures de classe sociale[52].

12.3.3 L'impact de la classe sociale sur le comportement du consommateur

La classe sociale permet de prévoir la consommation de loisirs, de biens et de services des individus, comme en témoignent les recherches présentées ci-dessous. Coleman et Rainwater[53] de même que Coleman[54] pensent que les classes sociales supérieures ne forment qu'une seule classe du point de vue des modes de consommation, car il est très difficile, en pratique, de les différencier sur le plan sociodémographique. De plus, si l'on met de côté les biens de luxe, leurs motivations de consommation pour les biens de consommation courante sont, selon eux, très semblables. Cette similitude a été confirmée empiriquement par une autre étude importante, celle de Sivadas et autres[55].

Dans cette remarquable étude, les auteurs montrent quelque chose d'essentiel : l'érosion des différences de consommation entre les classes moyenne et inférieure. En effet, cette recherche empirique souligne que l'on est passé à une économie où domine le secteur des services (et non plus le secteur manufacturier). Les auteurs de cette recherche soulignent que la télévision a aussi joué un rôle égalisateur dans les foyers nord-américains.

La consommation des médias

Levy[56] avait suggéré, dans les années 1960 et 1970, que la classe supérieure était intéressée par les actualités et les drames. Au fur et à mesure que l'on descend l'échelle sociale, on s'intéresse aux *soap operas*, aux *quiz* télévisés et aux *sitcoms*. Par ailleurs, Coleman établit qu'il n'existe pas de différences significatives entre les classes supérieures pour ce qui est du temps passé à l'écoute des médias[57]. Mais le type d'émission change selon les classes : les classes supérieures sont branchées sur les émissions de nouvelles, alors que la classe moyenne préfère la musique *country* et les classes inférieures, les programmes de musique *rap* urbaine.

Les magazines et les journaux attirent plus les classes supérieures que les classes moins élevées. Les médias influent sur la façon dont les classes sociales perçoivent la réalité[58]. Les magazines sont finement segmentés selon la classe sociale qu'ils visent. Lorsque l'usage d'une marque est lié aux achats d'un groupe spécifique, les codes postaux fournissent l'information sur ce groupe[59].

La consommation du tabac, de l'alcool et des drogues

Il existe une forte relation entre la consommation de cigarettes et deux variables de classe : le revenu et le niveau d'instruction. Le rapport Osberg[60] montre que plus le revenu est faible, plus la consommation de cigarettes *per capita* est élevée (41 % des femmes pour le niveau de revenu le plus bas comparativement à 18 % pour le plus haut). Il existe une relation semblable quand on considère le niveau d'instruction.

Plus troublant encore est le fait que cette tendance se manifeste non seulement dans la population en général, mais aussi parmi les adolescents. La tendance semble être universelle. Une étude réalisée par les Centers for Disease Control and Prevention[61] montre que la consommation de cigarettes augmente dans la population des États-Unis en général, mais plus particulièrement parmi les adolescents noirs, qui appartiennent pour la plupart à une strate sociale moins fortunée. Bref, plus le statut socioéconomique est bas, plus la consommation augmente : Blum et ses collaborateurs ont établi que « chez les adolescents les plus jeunes, plus le revenu [familial] est élevé, plus la consommation de cigarettes est faible[62] ». Il semble également que la structure familiale intervient dans cette relation ; ainsi, « le fait de vivre dans une famille monoparentale est associé à une consommation plus grande de cigarettes », ce qui n'a rien d'étonnant quand on sait que le revenu de ces familles est généralement assez bas. Goldberg et autres[63] ont mis en évidence l'existence d'une relation semblable au Canada.

La relation avec la classe sociale est plus complexe en ce qui concerne l'alcool. Dans la population en général, la consommation d'alcool est associée à l'identification avec la classe sociale de façon *curvilinéaire*[64] : les individus s'identifiant aux classes inférieure et supérieure sont les plus gros consommateurs d'alcool. Or cette relation curvilinéaire est aussi la caractéristique de l'usage de substances toxiques. En effet, la consommation de drogues (comme les hallucinogènes, les amphétamines et les barbituriques) suit aussi un modèle curvilinéaire tel que la classe moyenne est celle où la consommation de drogues par les jeunes est la plus faible[65]. Les hypothèses concernant la délinquance juvénile qui prévoient une relation négative (plus la classe est élevée, plus la consommation est faible) sont rarement vérifiées empiriquement. Les recherches empiriques indiquent plutôt une relation curvilinéaire, du moins parmi les adolescents[66] : c'est dans les classes extrêmes que l'on trouve les plus gros consommateurs de drogues.

La culture, les sports et les loisirs

Les choix de genre musical sont étroitement liés à la classe sociale[67]. Ce n'est pas tant une question de revenus qu'une question d'origine sociale ; en effet, une étude effectuée par Boone, Kurtz et Fleenor[68] auprès des présidents des 500 plus grandes entreprises américaines (c'est-à-dire des gens ayant tous des revenus très élevés) révèle que les goûts musicaux dépendent de la classe d'origine. Par ailleurs, à l'appui des prévisions de Levy, Sivadas et ses collaborateurs, dont nous avons parlé plus haut, montrent que les classes sociales supérieure et moyenne participent à plus d'activités à l'extérieur du foyer[69]. Mais la différence ne touche pas seulement le *nombre* d'activités, elle se rapporte aussi à la *nature* de ces loisirs, car les classes moyenne et supérieure n'ont pas le même genre d'activités. Les familles qui pratiquent des activités de plein air, par exemple, choisiront des activités en relation avec leur rapport à la nature, lequel dépend en bonne partie de leur classe sociale (par exemple, la voile par opposition au bateau à moteur). Coleman[70] avait déjà mis en évidence le goût de la classe supérieure pour le théâtre et celui de la classe moyenne pour les activités physiques. En fait les classes supérieures consomment plus de services de loisir comme les musées et le théâtre, alors que la classe moyenne va camper ou à la pêche[71]. Les classes inférieures pratiquent certes moins toutes ces activités, mais leur participation à des loisirs comme le théâtre, les musées ou le tennis n'est pas significativement inférieure à celle de la classe moyenne, autre indice de l'érosion des différences entre classes. Selon Fussell, « le tennis a perdu un peu de son prestige social depuis la prolifération des courts municipaux gratuits ; cependant, le prix élevé des vêtements, des leçons et des équipements le laisse peu accessible à la classe ouvrière[72] ».

Le choix du magasin et des vendeurs

À la suite des premiers travaux de Martineau[73], à la fin des années 1950, et de Weale[74], au début des années 1960, on a pensé que la classe sociale des consommateurs contribuait à mouler l'image des magasins qu'ils fréquentaient. Selon Martineau, les magasins attirent un type de clientèle définie d'après la classe sociale. Weale a pour sa part montré qu'aux magasins étaient associés des stéréotypes de classe. Un magasin peut être associé à une clientèle de professionnels, un autre, à une clientèle d'ouvriers. Cependant, des recherches ultérieures[75] ont mis au jour une nuance importante : le consommateur *évite* les magasins associés à une classe sociale différente de la sienne plus qu'il n'est *attiré* par ceux qui sont associés à sa classe. Le concept important ici est celui de distance sociale : selon la recherche dans ce domaine[76], les gens préfèrent interagir d'abord avec des personnes de la même classe sociale que la leur, puis, comme deuxième choix, avec des personnes d'une classe supérieure et, comme dernier choix, avec des personnes de classe inférieure. Comme le montrent Dickson et MacLachlan[77], la classe sociale joue un rôle capital dans la fréquence des visites du consommateur dans les magasins ; mais il s'agit non pas d'*attirance* vers un magasin associé à sa classe, mais bien d'*évitement* des magasins dont l'image n'est pas conforme à sa propre classe. De plus, les consommateurs appartenant à une classe sociale supérieure sont peu attirés par des magasins auxquels sont accolés des stéréotypes de classe inférieure (par exemple, K-Mart) ; au contraire, les consommateurs des classes inférieures sont plus attirés par des magasins auxquels sont associés des stéréotypes de classe supérieure (par exemple, Nordstrom). On comprend alors que ce n'est pas une bonne stratégie que d'essayer d'attirer toutes les classes sociales dans le même magasin, comme Sears a tenté de le faire dans les années 1970, ce qui lui a valu de perdre une partie de sa clientèle traditionnelle. De même, l'image d'un magasin en termes de classe sociale, telle qu'elle est véhiculée par la publicité, est tout aussi importante. Si l'on tente de donner du magasin une image trop élevée, cette stratégie peut avoir des conséquences négatives en éloignant une clientèle qui ne s'y reconnaît pas. Bien entendu, le quartier où le magasin est situé contribue beaucoup à l'image de ce dernier : une mauvaise localisation aura des conséquences négatives, car les consommateurs évitent les magasins situés dans des quartiers associés à des classes très différentes de la leur[78].

De la même façon, les consommateurs sont plus enclins à choisir des vendeurs qui leur sont semblables. Plus la similitude est grande, plus le vendeur a des chances de réaliser une vente. Un élément majeur de cette similitude est la classe sociale apparente du vendeur (que dénotent, par exemple, ses vêtements, son langage, ses opinions politiques), mais des éléments liés à la classe sociale comme le niveau d'instruction, le niveau de revenu ou les valeurs sont également importants[79].

Les consommateurs des classes sociales inférieures préfèrent les magasins qui leur offrent un service amical, un crédit facile et qui sont près de chez eux. Les consommateurs de classes sociales supérieures, qui ont plus confiance dans leur propre jugement, s'aventurent dans les magasins moins connus et cherchent dans le magasin jusqu'à ce qu'ils trouvent ce qu'ils veulent. Les magasins offrant des rabais attirent traditionnellement les consommateurs de la classe moyenne qui se préoccupent principalement des prix. À leur début, ces magasins ne vendaient pas de marques de prestige ou de designers ; avec la croissance des revenus de cette classe, des entreprises comme J.C. Penney, K-Mart et Target ont maintenant des marques de designers.

Les consommateurs ont une image stéréotypée de la classe à laquelle chaque magasin est destiné. Les consommateurs de classe plus élevée s'attendent à trouver dans le magasin une atmosphère agréable, des étalages attirants et un service excellent. Les classes inférieures insistent plus sur les marchandises pour la maison et l'habillement. Les membres des classes sociales supérieures tendent à magasiner plus fréquemment mais aussi différemment : ils utilisent des catalogues imprimés, des « catalogues » inter-actifs sur CD-ROM et Internet, ce qui s'explique par le fait que plus le revenu de la personne est élevé, plus elle accorde d'importance au coût d'oppor-tunité du temps et essaie d'économiser ce dernier facteur. Les consommateurs qui magasinent en famille viennent de milieux moyens-inférieurs. Ce sont aussi ceux qui fréquentent le plus les centres commerciaux régionaux. Pour ces familles, le maga-sinage constitue une sorte de distraction qui donne une valeur additionnelle à cette activité, alors que les consommateurs des classes sociales supérieures ont tendance à considérer le magasinage comme une corvée.

Les marques de magasin

Les produits vendus sous la marque de grands dé-taillants sont d'abord devenus populaires en Europe, chez Carrefour (France), Migros (Suisse), Esselunga (Italie) et Sainsbury's (Royaume-Uni), et ont atteint des parts de marché importantes. Les détaillants nord-américains ont graduellement été reconnus pour la valeur de la marque du magasin, ce qui a contribué au succès de Loblaws au Canada et de Kroger aux États-Unis. La consommation des marques de magasin semble reliée à la classe sociale. Frank et Boyd[80] ont montré que les acheteurs de marques de magasin sont plus instruits, plus âgés, mais ont des revenus inférieurs. D'autres recherches ont aussi trouvé qu'ils avaient un niveau d'ins-truction supérieur[81]. Les familles les plus riches sont moins enclines à acheter des produits portant la marque des magasins[82].

L'élasticité du revenu : le cas de l'habillement

Les vêtements sont un type de produit intéressant en matière d'étude des classes sociales. Ils auraient, en effet, une fonction de communication du statut de l'individu. Un jeune cadre frais émoulu de l'uni-versité voudra mettre en évidence son nouveau statut en s'achetant une garde-robe à la mesure de sa nouvelle situation. La question ici est la suivante : si le revenu augmente de, disons 10 %, quelle sera la proportion de l'accroissement des dépenses en vêtements ? La réponse de la littérature économique sur ce sujet est claire : les dépenses en vêtements s'avèrent élastiques par rapport au revenu[83]. Mais cette élasticité varie selon la profession du consom-mateur. Dardis, Derrick et Lehfeld[84] ont montré que, pour un cadre salarié, un employé de bureau ou un vendeur, le revenu était significativement et posi-tivement relié aux dépenses en vêtements, alors que, pour les non-travailleurs et les retraités, cette relation était négative. À revenu égal, les cols blancs dé-pensent plus que les cols bleus en vêtements[85]. Les dépenses en vêtements sont, de plus, fortement et positivement reliés au niveau d'instruction[86].

L'attitude à l'égard du crédit

Environ 35 % de la population nord-américaine a une attitude négative à l'égard du crédit[87]. L'attitude à l'égard du crédit est largement déterminée par des facteurs sociodémographiques. Certaines caracté-ristiques de classe sont liées à cette attitude, en parti-culier le fait de posséder une maison et le niveau d'instruction, mais le revenu réel et le niveau d'endet-tement ont peu d'effets sur l'attitude à l'égard du crédit. Hendricks, Youmans et Keller[88] expliquent cette relation comme suit : la relation entre l'attitude à l'égard du crédit et l'usage du crédit n'est pas la même chez les familles à faible revenu et chez les familles à revenu élevé. Évidemment, la capacité à emprunter intervient dans cette relation : pour les familles à faible revenu, la capacité à emprunter a bien plus d'effets que le désir d'emprunter, ce qui n'est pas le cas pour les familles à revenu élevé[89].

Les réseaux interpersonnels

Selon Levy[90], l'horizon social des classes inférieures est plus limité que celui des autres classes. Par exemple, les familles des classes inférieures prennent leurs vacances plus près, géographiquement parlant, de leur lieu de résidence et idolâtrent des héros du sport locaux. De même, d'après Coleman[91] il est plus probable de trouver de la parenté dans le voisinage des familles de classes sociales inférieures que dans le voisinage des familles des classes supérieures.

Les réseaux interpersonnels de relations des classes inférieures sont plus limités. On pourrait penser que ce phénomène est lié au revenu des familles. En fait, ce n'est pas le cas, car, à revenus égaux, la classe inférieure dépense le moins en frais d'appels interurbains. Les classes moyenne-supérieure et supérieure dépensent quelque 60 $ par mois en interurbains, comparativement à 16 $ pour les classes inférieure et moyenne[92]. Ces données tendent à confirmer l'hypothèse de Levy[93] selon laquelle les réseaux interpersonnels sont plus limités parmi les classes inférieures.

Le choix du conjoint

Dans de nombreuses cultures, les femmes sont perçues comme ayant moins de pouvoir que les hommes[94]. Elles choisissent leurs conjoints sur la base du pouvoir social qu'ils sont censés exercer de façon à accroître leur propre position sociale ; de leur côté, les hommes choisissent leurs conjointes sur la base de la séduction physique. C'est un échange : pouvoir social contre beauté[95]. Ce comportement a été mis en évidence par une étude sur la publicité qui indique que, dans les messages publicitaires, les hommes semblent promettre à leurs conjointes la sécurité financière, alors que les femmes offrent leur charme[96]. Il semble aussi que la beauté et le pouvoir d'attraction sont des facteurs qui exercent une plus grande influence chez les hommes que chez les femmes[97]. Ainsi, les récompenses sociales découlant de l'attraction physique sont plus grandes pour les filles que pour les garçons[98].

12.3.4 Interaction familiale et classes sociales

Interaction familiale

L'interaction mère-enfant est un sujet de recherche bien documenté. De nombreuses études[99] montrent que la mère de classe ouvrière n'explique pas les *raisons de son comportement* ; elle n'exprime pas le

sens de ses réactions face aux actions de ses enfants autant que la mère de classe bourgeoise. Les parents de classe ouvrière ont tendance à donner des punitions physiques en réaction aux actions considérées comme inacceptables de leurs enfants[100]. L'approche autoritaire entraîne des comportements de dépendance[101]. Cette dépendance expliquerait qu'il manque à l'enfant une « distance de rôles », c'est-à-dire la capacité de se distancier des normes imposées par la famille[102]. La compréhension (et la remise en question) des normes sociales permet de mieux affronter les tensions inhérentes à la maturation.

Le rôle familial et l'identité sont souvent confondus chez les membres de la classe ouvrière : on s'y définit d'après les fonctions prescrites par le rôle de père, de mère, d'enfants[103]. Au contraire, la socialisation souple permet une distanciation par rapport aux rôles, ce qui amène la personne à se définir d'après d'autres fonctions que celles de la famille. Elle pourra alors se définir par sa situation politique, sociale, syndicale, etc., bref par rapport à des milieux autres que la famille. Plus importante encore est la capacité de faire face aux conflits de rôles. Des recherches réalisées à Montréal sur les interactions familiales dans les discussions entre parents et adolescents[104] tendent à confirmer l'hypothèse que les familles interagissent différemment selon les classes sociales. Selon ces études, les parents de classe ouvrière ont des fonctions différentes de celles des parents des autres classes : ce sont eux qui prennent l'initiative des interactions avec leurs enfants.

Dans les familles bourgeoises, les interactions les plus fréquentes ont lieu entre père et fils et entre mère et fille, ce qui exprime un soutien entre personnes de même sexe et permet un apprentissage des comportements des adultes de même sexe. Ces familles ont aussi des styles de communication différents[105]. Par « style de communication » on entend ici l'utilisation de fonctions de communication, à savoir les fonctions de contrôle ou d'activation. En effet, dans une discussion, un individu peut contrôler la communication de différentes façons, par exemple en distribuant le tour de parole (« À toi, André, de nous dire ce que tu en penses ! »), en donnant des ordres (« Tais-toi donc, André ! »)

ou, plus subtilement, en contrôlant la signification de ce qui est dit par les autres (« Si je te comprends bien, André, tu veux dire que... »). Par ailleurs, un individu peut activer la communication soit en donnant de l'information (« Voici les données du problème »), soit en exprimant des émotions (« J'aime... »). Pour qu'une famille prenne une décision, par exemple, d'achat de biens ou de service destinés à un usage conjoint (logement, auto, vacances, etc.), il faut, comme le montre Chebat[106], que la famille produise des messages d'activation (information et émotions) dont le nombre est en équilibre avec les messages de contrôle : si l'activation ou le contrôle sont excessifs, la décision conjointe ne se produit pas.

Toutefois, chaque classe a son équilibre propre : parmi les familles engagées dans un processus décisionnel, les familles de la classe ouvrière ont un niveau d'activation plus faible comparativement aux familles bourgeoises. Cette différence s'explique comme suit : les familles ouvrières se caractérisent par une sous-utilisation des fonctions de contrôle de la signification ; en conséquence, les membres de familles ouvrières prennent nettement moins conscience de la distance qui les sépare des autres membres et ne s'assurent pas de réduire cette distance. Bernstein[107] explique ces différences d'interactions familiales par les codes de langage ; il souligne que, dans les sociétés industrielles, il existe deux codes linguistiques, l'un restreint, l'autre étendu, ce dont nous traitons ci-dessous.

Les deux codes linguistiques

Deutsh, qui a effectué une étude auprès de 2 800 enfants des quatre coins des États-Unis[108], a observé des différences de capacités langagières associées à l'origine sociale des enfants, les enfants issus des classes inférieures présentant les plus graves lacunes. Il attribue ces lacunes à l'absence de conversation entre parents et enfants lors des repas pris en famille. Une étude française[109] montre que les enfants de quatre à six ans de classe ouvrière ont un retard de parole sensible sur les enfants de classe bourgeoise, ce qui confirme les résultats d'une étude américaine selon lesquels : « les enfants issus de familles ayant de

hauts revenus parlent en phrases plus longues, d'une façon plus articulée avec un vocabulaire plus étendu que les enfants de classe inférieure[110] ». De même, on relève chez les enfants de milieux très pauvres un langage à prédominance descriptive, un faible niveau d'abstraction et une sémantique peu subtile et peu différenciée[111]. Une étude allemande[112] a aussi mis en évidence le fait que les enfants des familles économiquement favorisées emploient des mots plus abstraits. Quant à Bernstein[113], il a noté que les étudiants issus des milieux ouvriers formulent plus rarement des phrases avec proposition subordonnée et utilisent moins des adjectifs ou des verbes qui sortent de l'ordinaire. Cette pauvreté langagière rend les phrases imprécises et limite les individus à de faibles niveaux de généralisation. Cela a amené Bernstein à proposer la théorie des deux codes. L'usager du code dit « restreint » est contraint à une perception de l'environnement limitée à un plus petit nombre d'objets (« référents » en linguistique) ; il a une vision simplifiée, schématique de son environnement. De plus, ses phrases étant grammaticalement plus simples, l'usager de ce code restreint élabore une pensée moins complexe en mettant ensemble moins d'éléments. Le code dit « étendu » est un outil linguistique puissant. Non seulement il permet à ses usagers une plus grande capacité de traitement de l'information, mais il leur permet de réfléchir sur leur propre pensée et de la préciser, de l'affiner.

Durgee[114] a proposé une classification des caractéristiques des comportements associées aux usagers des deux codes (voir le tableau 12.3).

La conscience environnementale

La conscience environnementale est une variable de plus en plus importante dans le domaine de la consommation, car elle tend à expliquer environ 20 % de la variance des mesures d'achat[115]. Plusieurs recherches ont établi un lien entre la conscience environnementale des consommateurs et leur classe sociale[116], notamment parce que « le recyclage demande du temps, de l'espace et des ressources de la part des familles qui le pratiquent[117] ». Mais ce lien tend à s'affaiblir, les habitants des pays

Tableau 12.3	*Codes linguistiques et comportement*	

	Code restreint	**Code étendu**
Caractéristiques générales	Description des objets	Relations entre objets
	Significations implicites	Significations explicites
Langage	Moins d'adjectifs, d'adverbes	Riche en qualificatifs
Relations sociales	Accent mis sur les rôles	Accent mis sur l'individu
Temps	Focalisation sur le présent	Focalisation sur le futur
Espace physique de la maison	Définition par localisation	Définition par usage
Qualité du produit	Descripteurs simples	Descripteurs complexes
Texte promotionnel	Conformité avec le style de vie	Bénéfices instrumentaux

Source Traduit de J.F. Durgee, « How consumer sub-cultures code reality », dans R.J. Lutz (sous la dir. de), *Advances in Consumer Research,* vol. 13, Provo (Ut.), Association for Consumer Research, 1986. Traduit avec la permission de l'Association for Consumer Research.

industrialisés étant de plus en plus sensibilisés aux conséquences environnementales de la consommation.

12.3.5 Les processus cognitifs de traitement de l'information

Les personnes appartenant à la classe sociale inférieure utilisent moins de sources d'information que les membres des autres classes, ce qui les désavantage, car les consommateurs de cette classe ont moins de moyens pour s'opposer à la désinformation et aux fraudes. Les consommateurs de cette classe font en revanche beaucoup plus appel à des sources informelles, comme les parents et les amis. Ceux de la classe moyenne se fient plus aux médias et ont plus tendance à rechercher activement l'information des médias. En fait, plus la classe est élevée, plus l'usage des médias est grand.

Les consommateurs interprètent les messages des médias de façon différente selon leur classe, à travers un code culturel spécifique qui leur fournit un décryptage des symboles. Dès l'enfance, les individus acquièrent une connaissance, socialement approfondie, des images des médias de masse. Ainsi, en Amérique du Nord, les véhicules de type *pick-up* sont associés au transport rural et aux cols bleus, tandis que les limousines sont associées aux déplacements urbains et aux personnes très riches. La plupart des consommateurs savent décoder ces symboles et les associer à une classe, à un style de vie, qu'il s'agisse d'animaux domestiques (chat commun versus chat persan), de styles de coupes de cheveux, de loisirs, de nourriture (hot-dog versus caviar), de genres musicaux. L'interprétation des images des produits suit une logique claire qui est celle de la culture de classe[118].

Les six publicités reproduites à la figure 12.1 (p. 364-365) illustrent comment le même produit, un parfum ou une montre, est annoncé différemment selon la classe à laquelle il s'adresse.

Les trois premières annonces concernent des parfums pour femmes. La publicité A (Elizabeth Arden) situe une femme dans un processus de magasinage dans des magasins de luxe ; la publicité B (Candies) montre une femme dans l'intimité de sa salle de bains ; la publicité C (Betty Barclay) est intermédiaire au chapitre de la classe visée : le maintien est moins rigide, l'habillement, moins raffiné que dans la publicité A, mais plus que dans la publicité B.

Les trois autres publicité annoncent des montres pour hommes ou pour femmes. Dans la publicité D, le personnage est absent, la marque (Rolex) de la montre, le logo figurant sur le papier à lettres et le stylo de luxe contribuent à créer l'image de celui qui possède ces objets. Dans la publicité E (Lise Watier), le personnage est présent, mais moins explicitement

Figure 12.1 *Des exemples de publicités conçues en fonction de la classe sociale ciblée*

Source A. Elizabeth Arden (tiré des archives historiques de Elizabeth Arden, inc.) ; B. Perfume Emporium ; C. Betty Barclay parfums ; D. Rolex SA ; E. Lise Watier Cosmétiques inc. ; F. Swatch Canada.

que dans la publicité F (Swatch). Dans ces deux dernières publicités, les émotions sont claires et explicites, tout comme les personnages.

Le niveau de description du personnage qui est associé aux objets est d'autant plus grand que le produit véhicule une image plus faible. Les marques de luxe « parlent » d'elles-mêmes.

12.4 Les mesures de la classe sociale : au-delà du revenu

Hisrich et Peters[119] et surtout Schaninger[120] ont proposé que le revenu avait une plus grande valeur prédictive que la classe sociale en ce qui a trait aux comportements. Une telle hypothèse se justifie lorsque l'on se limite à analyser les données relatives à l'usage versus le non-usage de biens ou de services (par exemple, la consommation de loisirs par opposition à la non-consommation de loisirs). Cependant, elle ne peut guère expliquer les modes de consommation, le choix, par exemple, de telle auto plutôt que telle autre. Pour Coleman[121], au contraire, le revenu ne reflète que la capacité de payer, alors que la classe sociale moule la façon de dépenser ce revenu. C'est sur la classe sociale, par conséquent, qu'il faut concentrer les efforts de recherche, même si ce concept est évidemment plus complexe à mesurer que le seul revenu.

Dans cette dernière partie du chapitre, nous examinerons donc comment le chercheur en comportement du consommateur ou le mercaticien peut déterminer la classe sociale d'un ménage ou d'un individu afin de segmenter le marché et d'élaborer des stratégies de marketing appropriées.

Nous avons vu que l'appartenance à une classe sociale exerce une influence complexe sur le comportement humain et que le concept de classe sociale est multidimensionnel. Existe-t-il un outil pratique, économique et relativement simple pour déterminer d'une manière fiable à quelle classe sociale appartient un consommateur ou un ménage ?

Plusieurs méthodes permettent d'estimer l'appartenance à une classe sociale donnée, mais aucune d'entre elles n'est tout à fait fiable, car chacune fait appel à seulement quelques-unes des variables possibles, soit celles qui sont les plus objectives et les plus faciles à manipuler et à mesurer. Une chose reste certaine : quelle que soit la méthode de classification adoptée, les frontières définissant les diverses classes sont nécessairement floues, étant donné que la classe sociale est un concept qualitatif. De plus, même si l'on s'appuie sur des définitions du concept de classe extrêmement précises, aucun instrument de mesure du statut social ne peut constituer un parfait indicateur de l'appartenance à une classe s'il est construit à partir d'un nombre trop restreint de données objectives. À ce jour, il existe de 30 à 40 dimensions relatives au statut social sur lesquelles les sociologues se fondent pour « classer correctement », selon leur jugement, un individu donné. Aucun des questionnaires couramment employés dans les enquêtes pour estimer le statut social ne comporte autant de variables. Par conséquent, on doit considérer ces questionnaires comme des méthodes approximatives d'estimation de la classe sociale, ces estimations étant correctes dans à peu près 75 % des cas[122]. Il arrive donc que certains consommateurs soient mal classés, du fait que les systèmes de classification actuellement en usage en marketing n'incluent habituellement que de deux à quatre facteurs objectifs (par exemple, la profession, le niveau d'instruction, le quartier de résidence et le revenu familial total) pour estimer la classe sociale d'un individu ou d'un ménage.

Pour déterminer la classe sociale d'un individu ou d'un groupe d'individus, on peut avoir recours à diverses méthodes. Certaines sont dites *méthodes objectives* parce qu'elles s'appuient sur des données relativement objectives et simples que l'on peut facilement recueillir par des enquêtes effectuées auprès de consommateurs. Ces méthodes sont faciles d'application et économiques du point de vue du marketing. Elles diffèrent des méthodes beaucoup plus complexes et coûteuses appelées *méthodes sociométriques* et *méthodes fondées sur la réputation,* que les sociologues emploient pour élaborer leurs théories sur la classe sociale. De telles méthodes exigent le jugement d'experts qui analysent les données détaillées sur les comportements et les réseaux sociaux recueillies à l'échelle de la communauté en vue de déterminer la classe sociale des membres de cette communauté.

Les méthodes objectives s'appuient sur le fait que la société attribue différents niveaux de prestige selon que l'individu, par exemple, exerce une profession plutôt qu'une autre (variable socioéconomique) ou qu'il habite un certain quartier de la ville plutôt qu'un autre (variable sociogéographique). Par conséquent, de telles variables deviennent pertinentes en ce qui a trait au statut social et, par le fait même, elles sont stratifiables. Les variables les plus significatives sont la profession, le niveau d'instruction, le quartier de résidence, la source de revenu, le revenu familial total ainsi que le type de résidence ou la valeur de la maison (ou le coût du loyer). Par exemple, la *source* de revenu donne des indications bien précises concernant le statut social : la description qui vient d'être faite des diverses classes sociales a montré que, dans plusieurs cas, les membres de classes sociales différentes tirent leur revenu de sources différentes. Warner et ses collègues ont classé différentes sources de revenu selon le prestige que la société leur attribue, par ordre décroissant[123] :

- fortune reçue en héritage ;

- fortune gagnée par le travail ;

- profits et honoraires ;

- salaire ;

- gages ;

- aide privée ;

- aide publique et revenu de sources illégales.

Certaines méthodes objectives s'appuient sur une seule variable pour déterminer la classe sociale d'un consommateur ; d'autres méthodes objectives utilisent un indice dérivé de plusieurs variables combinées. À l'aide d'un exemple pour chaque cas, nous décrirons ces deux méthodes dans les paragraphes qui suivent.

12.4.1 La méthode de l'indice simple

Étant donné que la profession d'une personne constitue généralement le meilleur indicateur *simple* de la classe sociale à laquelle cette personne appartient, cette variable sert de base à plusieurs indices simples actuellement utilisés par les chercheurs. Par exemple, les catégories professionnelles peuvent servir en tant

qu'indices de la hiérarchie à quatre niveaux correspondant à la structure de classe au Canada. Les sujets interrogés indiquent le plus précisément possible le type d'emploi du principal pourvoyeur de leur ménage ; pour déterminer la catégorie à laquelle appartient cet emploi, l'enquêteur se reporte à la classification qu'ont établie Pineo, Porter et McRoberts de plusieurs centaines de types de professions provenant des données du recensement[124]. On doit cependant se rappeler que la profession est un indicateur approximatif de la classe sociale et non pas une véritable preuve de l'appartenance réelle d'une personne à une classe sociale donnée.

En tant qu'indicateur de classe, la profession est une variable plus fiable dans le cas où la personne dont on enregistre la profession constitue un ménage à une seule personne ou est le chef de famille (homme ou femme), c'est-à-dire le principal pourvoyeur d'un ménage formé soit par un couple marié ou non marié, soit par une famille traditionnelle, ou par une famille monoparentale. Il existe toutefois d'importantes exceptions à cette règle ; mentionnons, par exemple, le cas d'un jeune qui vient tout juste d'entrer sur le marché du travail et qui n'occupe pas encore le type d'emploi permanent pour lequel il a été formé ; dans ces stades initiaux du cycle de vie, une personne tend à demeurer dans la classe sociale à laquelle appartiennent ses parents ou son tuteur, et, dans un tel cas, la profession des parents ou du tuteur constitue généralement une mesure plus fiable. Par conséquent, *plus le répondant est âgé (et solidement établi dans son travail), plus la profession constitue un indicateur précis de la classe sociale.*

12.4.2 La méthode de l'indice multiple

À l'aide de mesures basées sur un ensemble de variables objectives auxquelles on attribue des poids différents, on peut calculer un score ou un indice indiquant l'appartenance probable d'un répondant à une certaine classe sociale. On emploie couramment quatre indicateurs pour déterminer la classe sociale d'une personne : le niveau d'instruction, la profession, le quartier de résidence et le revenu familial annuel total. Cela permet de recueillir des données pouvant être calculées, pondérées et additionnées de façon à former le *Coleman's Computerized Status Index (CSI)* – l'indice de statut social informatisé de Coleman[125]. On valide les résultats en confirmant la convergence des scores. On analyse si les scores attribués aux variables suivantes donnent un portrait cohérent des répondants : l'instruction du répondant et de son conjoint ou sa conjointe, la profession du chef de famille, les impressions de l'enquêteur sur le quartier où se trouve le domicile ainsi que le revenu familial annuel.

Pour calculer le score CSI d'un répondant, on accorde un double poids à la profession. De plus, si le répondant n'est pas marié, on accorde aussi un double poids à son niveau d'instruction. On peut donc constater, à la lumière du tableau 12.4, que le score CSI total peut varier entre 4 et 53.

Lorsqu'on l'utilise pour classer les couples mariés dont le chef de famille a de 35 à 64 ans, le score CSI total indique la classe sociale de la façon suivante :

■ score de 37 à 53 : classes supérieures ;

■ score de 24 à 36 : classe moyenne ;

■ score de 13 à 23 : classe ouvrière ;

■ score de 4 à 12 : classes inférieures.

Tableau 12.4

L'indice de statut social informatisé de Coleman, un indice multiple pour estimer la classe sociale d'un répondant

Un enquêteur encercle les chiffres codés (pour l'ordinateur) correspondant le mieux, selon lui, à la situation du répondant et de sa famille. Il demande des détails sur la profession et porte ensuite son jugement. Puis il demande au répondant de décrire son quartier dans ses propres mots. Enfin, l'enquêteur demande au répondant d'indiquer son revenu – il lui présente une carte où sont inscrites huit catégories de revenu – et note la réponse obtenue. Si l'enquêteur croit que le revenu a été surévalué ou sous-évalué, il fait les ajustements qu'il juge nécessaires, les accompagnant d'une explication.

Niveau d'instruction	Répondant	Conjoint du répondant
	Âge	Âge
Études primaires	−1	−1
Études secondaires non achevées	−2	−2
Études secondaires achevées	−3	−3
Études collégiales non achevées	−4	−4
Études collégiales achevées	−5	−5
1er cycle universitaire achevé (B.A., B.Sc.)	−6	−6
Maîtrise ou diplôme d'une association professionnelle	−7	−7
Doctorat	−8	−8

Niveau de prestige de la profession du chef de famille

Jugement de l'enquêteur sur le niveau de prestige attribué à la profession du chef de famille.
(Description selon la réponse du répondant — demander la profession précédente si le répondant est à la retraite.
Si le répondant est une veuve, demander la profession de l'époux : _____)

Chroniquement sans emploi — ouvriers « à la journée », non spécialisés, vivant de prestations sociales	−0
Employés travaillant sur une base régulière, mais dans des emplois marginaux semi-spécialisés ; gardiens, personnes qui travaillent en usine au salaire minimum ou dans les services (pompistes, etc.)	−1
Travailleurs semi-spécialisés travaillant sur une ligne de montage, conducteurs d'autobus et de camion, policiers et pompiers, livreurs sur la route, menuisiers, maçons	−2
Artisans spécialisés (électriciens), petits entrepreneurs, contremaîtres d'usine, commis peu payés, employés de bureau, employés des postes	−3
Propriétaires de petites entreprises (2-4 employés), techniciens, vendeurs, employés de bureau, fonctionnaires ayant un salaire moyen	−4
Cadres intermédiaires, enseignants, travailleurs sociaux, membres de professions libérales de statut social peu élevé	−5
Dirigeants d'entreprise de statut social peu élevé, propriétaires de moyennes entreprises (10-20 employés), membres de professions libérales ayant un succès modéré (dentistes, ingénieurs, etc.)	−7
Cadres supérieurs de haut statut social, membres de professions libérales ayant un grand succès (médecins et avocats réputés), « riches » propriétaires d'entreprises	−9

▼

▼

Quartier de résidence

L'impression de l'enquêteur sur le quartier où habite le répondant par rapport à la réputation du quartier aux yeux des membres de la communauté	−1
Quartier pauvre : familles vivant de prestations sociales, travailleurs ordinaires	−2
Quartier composé essentiellement de travailleurs : pas pauvre, mais comportant quelques habitations très pauvres	
Quartier composé en majorité de cols bleus avec quelques employés de bureau	−3
Quartier composé en majorité de cols blancs avec quelques cols bleus bien payés	−4
Le meilleur quartier de cols blancs : peu de cadres, mais aussi peu de cols bleus	−5
Excellent quartier : membres de professions libérales et cadres bien payés	−7
Quartier riche ou de type « haute société »	−9

Score total _____

Revenu familial total d'une année

Moins de 5 000 $	−1	20 000 $ à 24 999 $	−5
5 000 $ à 9 999 $	−2	25 000 $ à 34 999 $	−6
10 000 $ à 14 999 $	−3	35 000 $ à 49 999 $	−7
15 000 $ à 19 999 $	−4	50 000 $ et plus	−8

(Estimation de l'enquêteur : _____ , et explication : _____

Statut social estimé _____

État matrimonial du répondant

Marié _____   Divorcé ou séparé _____
Célibataire _____   Veuf _____   (Code : _____)

Source Adapté de R.P. Coleman, « The continuing significance of social class to marketing », *Journal of Consumer Research*, vol. 10, décembre 1983. Adapté avec la permission de la University of Chicago Press.

Il existe d'autres versions du CSI, dont une échelle de professions spécialement construite pour les femmes sur le marché du travail, qu'elles soient des épouses ou des chefs de famille, qui comporte une pondération quelque peu différente. On doit aussi ajuster l'interprétation des scores présentés ci-dessus lorsqu'il existe des inégalités entre les régions concernant le coût de la vie et les niveaux de revenu ; on fera aussi des ajustements si l'enquêteur semble avoir été trop généreux dans ses évaluations concernant le statut social relié à la profession ou à la réputation du quartier. De plus, l'échelle de revenu doit être périodiquement ajustée pour refléter les tendances inflationnistes.

Lorsque l'on compare le classement obtenu à l'aide de l'indice de statut social informatisé de Coleman au jugement d'experts concernant la classe sociale « correcte » d'une personne (qui s'appuie sur 10 fois plus de données relatives au statut social), on constate que le premier donne des résultats semblables dans 75 % à 90 % des cas pour l'échantillon d'une population, les résultats variant selon que l'on utilise seulement le score CSI ou que l'on introduit dans le programme des informations additionnelles concernant l'état matrimonial, la situation du ménage et les cas extrêmes en ce qui a trait à l'âge.

Certaines mesures multiples ont été créées afin d'identifier les membres d'une strate sociale particulière. L'encadré 12.1 décrit un tel programme appelé *Upper*. *Upper* a été conçu pour identifier les membres d'un échantillon permanent confidentiel comptant 800 ménages de la classe supérieure et pour donner de l'information sur les caprices et les fantaisies des membres de la classe huppée dans quatre pays d'Europe. Les tableaux 12.5 et 12.6 présentent la répartition de la population canadienne selon le niveau d'instruction et le revenu respectivement.

* * *

Avant de terminer ce chapitre, il est opportun de faire une mise en garde concernant la terminologie relative à la classe sociale. Il faut veiller à ne pas faire référence à la « classe supérieure », à la « classe moyenne », à la « classe ouvrière » ou à la « classe inférieure » en tant que termes génériques. Cela pourrait prêter à confusion, étant donné que ces étiquettes ont des significations différentes selon le système de classification utilisé. L'approche appropriée consiste à spécifier d'abord *de quel système* de classification il s'agit et, ensuite, à faire référence aux catégories de cette classification, en les désignant par les noms qui y correspondent dans ce système. La classe moyenne n'est probablement pas définie de la même façon d'un système de classification à l'autre, spécialement si le nombre de classes comprises dans chaque classification est différent. Par exemple, dans le système à cinq classes de Hollingshead et Redlich, la *classe inférieure-supérieure* n'est pas identique à la *classe inférieure* du système à sept classes de Coleman et Rainwater, où l'équivalent est la *classe ouvrière*. Mais, même alors, il ne peut y avoir une parfaite correspondance, car il est impossible d'établir une équivalence parfaite entre les éléments d'une hiérarchie à cinq classes et ceux d'une hiérarchie à sept classes. Par conséquent, une certaine couche définie dans un système donné peut se scinder en deux couches différentes dans un autre système, ou encore, deux classes d'une certaine hiérarchie peuvent être combinées pour ne former qu'une seule classe dans une autre hiérarchie.

Finalement, il est bon de noter que, de temps à autre, apparaissent de nouvelles classifications dites « des classes sociales », comme celle qui est décrite dans l'encadré 12.2, mais que ces classifications n'ont pas toujours la rigueur scientifique souhaitée. Fondées sur des enquêtes auprès de la population, ces classifications sont intéressantes sur les plans social, économique et même politique, mais elles ne correspondent pas aux classifications traditionnelles en ce sens qu'elles utilisent des indices qui combinent des variables socioéconomiques avec des variables psychographiques.

Encadré 12.1   *PLEINS FEUX SUR LES CONSOMMATEURS*

Enquête sur les gens chics

Ah ! les gens riches et célèbres, nous nous nourrissons de leurs exploits – ces financiers qui, ayant franchi le cap, passent dans l'illégalité, ces réalisateurs de films qui s'amourachent de la fille de leur maîtresse, ces membres de la famille royale qui se promènent les seins nus. Mais comment sont vraiment ces individus ? Qu'est-ce qu'ils aiment réellement ? La seule façon de le savoir serait de former un échantillon permanent choisi avec soin et ne comptant que les ménages les plus huppés et de leur demander, sur une base régulière, des informations sur leurs caprices et leurs fantaisies. Absurde, direz-vous, la crème de la crème n'acceptera jamais une intrusion d'aussi mauvais goût dans sa vie privée. Bien que cela puisse sembler incroyable, un tel échantillon existe cependant.

Connu sous le nom d'*Upper*, le programme touche un réseau de 800 ménages de la France, de la Grande-Bretagne, de l'Allemagne et de l'Italie. Créé par la stratège de marketing française Régine Lemoine-Darthois, *Upper* permet de se faufiler à l'intérieur des maisons des gens riches : on s'enquiert des vêtements qu'ils portent, des vins qu'ils boivent et du type de chaises sur lesquelles ils s'assoient. Les informations ainsi obtenues sont ensuite vendues aux pourvoyeurs de biens de luxe tels qu'Hermès, Christian Dior, Dunhill et Louis Vuitton.

Lorsqu'elle a créé cette tribune de gens huppés, en France, il y a six ans, Mme Lemoine-Darthois a décidé que l'argent ou un titre n'étaient pas une condition d'admissibilité suffisante. Être un coiffeur riche ne confère pas à la personne une prééminence sociale. De même qu'il ne suffit pas d'avoir du sang bleu. « On m'a dit que, parmi les descendants de Louis IV, il y avait un postier », dit cette observatrice du marché difficile en faisant la moue. Les réussites dans la carrière, a-t-elle décidé, sont le critère approprié en cette époque où les gens s'intéressent à ce que font les autres. Pour obtenir un échantillon représentatif des 2,5 % des membres les plus prestigieux des professions libérales de la France, elle a filtré 1 000 candidats, posant des questions sur les

▼

▼

maisons de campagne, les types de cartes de crédit et la possession d'actions, mais n'allant jamais jusqu'à s'informer du montant des revenus. On garde jalousement secrète la liste des membres de l'échantillon, mais, parmi les 200 personnes de la liste finale, on trouve des médecins, des avocats, des industriels, des propriétaires de terrain, des artistes et même des journalistes. Peu d'individus ont refusé la proposition de Mme Lemoine-Darthois. Une comtesse française que l'on n'avait pas sollicitée a même appelé pour protester contre le fait qu'elle n'avait pas été choisie.

Les mêmes règles s'appliquent dans chacun des quatre échantillons *Upper* qui existent présentement en Europe : les membres répondent à des questions sur tous les sujets sauf leur vie sexuelle, leur religion et leurs préférences politiques. Les résultats ont à maintes reprises démenti les vieux stéréotypes. Oubliez le portrait de l'héritier oisif portant une montre en or et conduisant une Ferrari rouge. En général, en cette époque de l'après-boom, on considère les voitures sport comme trop voyantes, les manteaux de fourrure et la haute couture comme des choses dépassées, et l'on possède des bijoux mais on les porte rarement. Cinq pour cent des participants sont tout simplement pingres, accumulant les savonnettes prises dans les chambres d'hôtel et les échantillons de parfum afin de ne pas avoir à en acheter.

Il y a des différences entre les pays. Les Allemandes sont de loin celles qui se soucient le plus des vêtements, achetant deux fois plus d'ensembles et de jupes que les Italiennes et trois fois plus que les Britanniques et même que les Françaises. Pour ce qui est des vêtements pour hommes, les Italiens sont les plus élégants. Chez les Français, un nombre surprenant vit à l'extérieur de Paris. Les représentants du gratin britannique consomment relativement peu en dehors de ce qui se rapporte à la maison et au jardin et, par conséquent, procurent les données sur le marché les moins prisées. Globalement, les membres de l'échantillon préféreraient passer leur temps libre à se consacrer à des œuvres de charité ou à rencontrer des scientifiques cinglés plutôt que de se dorer au soleil sur une plage de Bora Bora.

Les entreprises qui commandent les enquêtes *Upper* sont généralement satisfaites des résultats. Ceux-ci représentent un « compas intéressant et fiable », dit Ralph Toledano, président de la maison de couture parisienne Karl Lagerfeld S.A. L'agence d'assurance française SOCAPI a modifié son image depuis qu'elle a recours à *Upper*. « Notre compagnie n'était pas perçue comme suffisamment chic, dit Anne Pugnet, directrice générale, alors nous avons mis sur pied des services spéciaux pour répondre aux demandes de cette clientèle très exigeante. »

Quant à Mme Lemoine-Darthois, elle envisage d'étendre son programme à l'Espagne et au Japon. Est-ce qu'*Upper* est une réussite telle qu'elle-même se qualifie comme membre de l'échantillon ? « Je suppose que je réponds aux critères objectifs », répond-elle sur un ton distingué.

Source F. Nayeri, « Polling the posh », *Time*, 7 septembre 1992, p. 53. © 1992, Time Inc. Traduit avec permission.

Encadré 12.2 **PLEINS FEUX SUR LES CONSOMMATEURS**

On n'a plus la classe qu'on avait !

Vous avez toujours su que la population se segmentait en trois classes : supérieure, moyenne et pauvre ? Eh bien ! vous pouvez poser la question à tous les économistes et sociologues, aucun ne veut plus se risquer sur ce terrain-là. « Ce n'est sans doute pas politiquement correct », dit Jean Noiseux, vice-président de Sondagem.

▼

▼

De toute façon, vous pouvez déjà tout oublier. Dans *Repenser le gouvernement,* une étude publiée en juin, Les Associés de recherche Ekos, une firme de consultants d'Ottawa, ont mis au point une nouvelle segmentation en cinq classes de la population canadienne : les « initiés », la classe moyenne « confiante », la classe moyenne « inquiète », les « dépendants désengagés » et les « marginaux hostiles et décrochés ».

« La segmentation classique ne tient plus la route, dit le politicologue Benoît Gauthier, coresponsable de l'étude. Avant, c'était le revenu qui distinguait les classes sociales. Aujourd'hui, la vraie richesse et la ligne de partage, ce sont l'éducation, les connaissances. »

Selon Ekos, les « initiés » représentent 19 % de la population. Ce sont des professionnels majoritairement blancs, masculins, d'âge moyen et bien rémunérés. « Ce sont eux qui prennent les grandes décisions et dessinent l'avenir économique et social du pays. »

La classe moyenne a été scindée en deux groupes, les « confiants » et les « inquiets ». Ce qui les sépare, c'est moins le revenu que la confiance en leur avenir socioéconomique. Les « confiants » (24 % de la population) ont de bons revenus, une instruction supérieure, leur taux de chômage est bas et, surtout, ils ont une solide confiance en leur avenir. La nouvelle classe moyenne « inquiète » (16 %) a aussi des revenus moyens et un bon niveau d'instruction mais est soucieuse, elle, devant la conjoncture économique.

« Le groupe des inquiets grandit et modifie l'échiquier politique. » Car l'appartenance à l'une des cinq classes se reflète dans les choix politiques. Ekos voit un lien direct entre l'expansion de la classe moyenne « inquiète » et la vague de conservatisme qui a, par exemple, fait élire Ralph Klein en Alberta et Mike Harris en Ontario, et qui porte le *Reform Party.*

Ekos distingue aussi deux classes de pauvres (ils représentent 41 % de la population). D'abord les « dépendants désengagés » (22 %), qui sont les moins instruits, chez qui le taux de chômage est le plus élevé et qui attendent tout du gouvernement. On trouve là beaucoup de femmes, de personnes âgées, de minorités visibles et les provinces de l'Atlantique y sont surreprésentées. À côté, les « marginaux hostiles et décrochés », qui comptent pour 19 % de la population : leur niveau d'instruction est également faible, nombre d'entre eux sont en chômage, mais à la différence des « dépendants », ils rejettent en bloc tout ce que l'État leur propose.

Ce qui frappe le plus les analystes, c'est le fossé grandissant entre les « initiés » et le reste de la population canadienne. « Leur système de valeurs est à l'opposé de celui des autres Canadiens, dit Benoît Gauthier. Ils privilégient la compétitivité, la performance, la productivité pendant que les autres parlent de justice sociale. Même si leurs calculs sont réalistes – pour la réduction du déficit, par exemple –, ils collent mal à la réalité sociale du pays et donnent à bien des gens l'impression qu'en haut lieu, on ne s'occupe pas d'eux. Mais les Canadiens n'en sont pas encore au populisme américain. »

Dans cette étude nationale, les Québécois se détachent peu du lot. Les « initiés » et ceux qui appartiennent à la classe moyenne « inquiète » y sont légèrement plus nombreux et l'on y trouve moins de « marginaux hostiles et décrochés » qu'ailleurs. « Curieusement, c'est au Québec que l'on voit le mieux à quel point le Canada est différent des États-Unis, dit Benoît Gauthier. Les Québécois sont les plus interventionnistes. Ils restent attachés au modèle de l'État-entrepreneur, continuent de percevoir le gouvernement comme un partenaire et, de tous les Canadiens, ont la meilleure opinion de son influence sur la société. »

Source   Extrait de S. Halpern, « On n'a plus la classe qu'on avait ! », *L'actualité,* 15 octobre 1995, p. 68-69. Reproduit avec permission.

Tableau 12.5

Population canadienne de 15 ans et plus selon le plus haut niveau de scolarité atteint, 1996 – données-échantillon (20 %)

Total - Plus haut niveau de scolarité atteint	**22 628 925**
Études primaires ou secondaires seulement	**11 943 750**
Niveau inférieur à la 9e année	2 727 215
De la 9e à la 13e année	8 379 380
Certificat ou diplôme d'une école de métiers	837 155
Autres études non universitaires seulement	**5 487 505**
Sans certificat ou diplôme	1 474 920
Avec certificat ou diplôme d'une école de métiers	1 405 915
Avec certificat ou diplôme d'autres études non universitaires	2 606 665
Études universitaires	**5 197 665**
Sans grade, certificat ou diplôme	967 300
Avec certificat ou diplôme universitaire ou d'autres études non universitaires	1 229 585
Avec baccalauréat ou diplôme supérieur	3 000 780

Source D'après Banque de données E-stat, <http ://www.statcan.ca/francais/Estat/licence_f.htm>.

Tableau 12.6

Répartition de la population canadienne selon le revenu, 1996

▶

Sans revenu	**1 712 165**
Avec un revenu	**20 916 755**
Moins de 1 000 $	1 178 900
1 000 $ - 2 999 $	1 058 310
3 000 $ - 4 999 $	918 450
5 000 $ - 6 999 $	1 078 420
7 000 $ - 9 999 $	1 586 060
10 000 $ - 11 999 $	1 268 550
12 000 $ - 14 999 $	1 650 315
15 000 $ - 19 999 $	2 083 105
20 000 $ - 24 999 $	1 784 845
25 000 $ - 29 999 $	1 597 865
30 000 $ - 34 999 $	1 461 335
35 000 $ - 39 999 $	1 127 755
40 000 $ - 44 999 $	974 625
45 000 $ - 49 999 $	690 860
50 000 $ - 59 999 $	1 051 105
60 000 $ et plus	1 406 240
Revenu moyen	**25 196 $**

Source Banque de données E-stat,
<http ://www.statcan.ca/francais/Estat/licence_f.htm>.

RÉSUMÉ

Ce chapitre traite des classes sociales et de l'influence qu'elles exercent sur le consommateur. Les frontières délimitant chaque classe sociale sont difficilement identifiables. Toutefois, quelques indicateurs sont couramment utilisés pour déterminer la classe à laquelle appartient un individu, dont le niveau d'instruction, la profession, le quartier de résidence et le revenu familial annuel total. Une classe sociale est composée d'individus qui possèdent des caractéristiques socioéconomiques et sociogéographiques communes, qui ont des attitudes, des croyances, des valeurs et des comportements d'achat semblables.

QUESTIONS ET THÈMES DE DISCUSSION

1. Pourquoi est-il utile pour un mercaticien de tenir compte de la classe sociale dans le contexte d'une segmentation de marché ?

2. Comment pouvez-vous détecter physiquement la classe sociale d'une personne ? Pouvez-vous vous fier uniquement à des objets physiques pour déterminer la classe sociale à laquelle appartient une personne ? Quels autres éléments devez-vous prendre en considération ?

3. Comment expliquez-vous le fait que les individus appartenant à une même classe ont tendance à se regrouper dans un même quartier, dans les mêmes activités ou associations ?

4. Quelles sont les différences de consommation entre un individu appartenant à la classe sociale inférieure et un individu appartenant à la classe moyenne ?

5. Quels comportements caractérisent les membres de la classe supérieure ?

6. L'un de vos amis appartient à la classe supérieure. En vous reportant aux études présentées dans ce chapitre, explicitez son mode de vie, son revenu, son éducation scolaire et familiale. Quels sont ses magasins favoris ? Fait-il usage de tabac ou d'alcool ? Pourquoi ? Pratique-t-il un sport ? Lequel ?

7. En quoi la relation parents-enfants diffère-t-elle dans une famille de classe ouvrière et dans une famille de classe bourgeoise ? Comment pouvez-vous expliquer ces différences ? Comment ces différences affectent-elles les stratégies de communication aux familles selon leur classe ?

8. Pourquoi dit-on que les classes sociales sont faites à la fois de contrastes et de similitudes ?

9. Nommez des objets qui permettent d'identifier chacune des classes sociales. Sur quelles expériences vous basez-vous pour dire que tel objet est associé à telle classe ? Y a-t-il des services qui permettent d'identifier la classe du consommateur ? Si oui, citez-en quelques-uns.

N O T E S

1. R.S. Lynd et H.M. Lynd, *Middletown,* New York, Harcourt, Brace, 1929 ; R.S. Lynd et H.M. Lynd, *Middletown in Transition,* New York, Harcourt, Brace, 1973 ; R. Bierstedt, *The Social Order,* 3ᵉ éd., New York, McGraw-Hill, 1970.

2. J.R. Evans et B. Berman, *Marketing,* 4ᵉ éd. New York, Macmillan, 1990.

3. W.L. Wilkie, *Consumer Behaviour,* New York, Wiley, 1986, p. 656.

4. P. Fellin, « Perspectives on depression among Black Americans », *Health and Social Work,* vol. 14, 1989 ; p. 245-252 ; T.M. Killian et L.T. Killian, « Sociological investigations of mental illness : A review », *Hospital and Community Psychiatry,* vol. 41, 1990, p. 902-911 ; C.A. Grant et C.E. Sleeter, « Race, class, and gender in education research : An argument for integrative analysis », *Review of Educational Research,* vol. 56, 1986, p. 195-211.

5. R. Evans et B. Berman, ouvr. cité.

6. R.P. Coleman, « The continuing significance of social class to marketing », *Journal of Consumer Research,* vol. l0, nº 3, 1983, p. 278.

7. W.L. Wilkie, ouvr. cité.

8. M. Grenon, *Classe sociale, problèmes de définition et de mesure,* rapport 1972-1973 du Groupe de recherche sur la société montréalaise au XIXᵉ siècle, Montréal, 1973, texte miméographié.

9. N. Poulantzas, *Political Power and Social Classes,* Londres, New Left Books, 1975.

10. P. Bourdieu et J.-C. Passeron, *Les héritiers, les étudiants et la culture,* Paris, Minuit, 1964.

11. D.G. McKinley, *Family Life and Social Class,* New York, Free Press, 1964.

12. D.E. Allen et P.F. Anderson, « *Consumption and social stratification : Bourdieu's distinction* », dans C.T. Allen et D.J. Roedder (sous la dir. de), *Advances in Consumer Research,* vol. 21, 1994, p. 70-74.

13. M.E. Sobel, « *Life style differentiation and stratification in contemporary US society* », dans D.J. Trieman et R.V. Robinson (sous la dir. de), *Research in Social Stratification and Mobility,* vol. 2, 1983, p. 115-144.

14. A.B. Hollingshead et E.C. Redlich, *Social Class and Mental Illness : A Community Study,* New York, Wiley, 1958.

15. W.L. Warner, M. Meeker et K. Eells, *Social Class in America,* Chicago, Science Research Associates, 1949.

16. D. Gilbert et J.A. Kahl, *The American Class Synthesis,* Homewood (Ill.), Dorsey Press, 1982.

17. R.P. Coleman et L.P. Rainwater, *Social Standing in America : New Dimensions of Class,* New York, Basic Books, 1978.

18. P.C. Pineo, J. Porter et H.A. McRoberts, « The 1971 census and the socioeconomic classification of occupations », *Canadian Review of Sociology and Anthropology,* vol. 14, nº 1, février 1977, p. 91-102.

19. Calculé d'après les données de P.C. Pineo, « Revision of the Pineo-Porter-McRoberts Socioeconomic Classification of Occupations for the 1981 census », *QSEP Research Report,* nº 125, Hamilton (Ont.), Program for Quantitative Studies in Economics and Population, Faculty of Social Sciences, McMaster University, février 1985, p. 12, tableau 1, et p. 13, appendice ; Statistique Canada, *Activité, recensement du Canada de 1981,* cat. 92-915, Ottawa, ministère des Approvisionnements et Services, février 1984, tableau 1.

20. N.K. Dhalla, *These Canadians, A Sourcebook of Marketing and Socio-Economic Facts,* Toronto, McGraw-Hill, 1966, p. 197.

21. P.C. Pineo, J. Porter et H.A. McRoberts, art. cité.

22. Voir Statistique Canada, *Professions selon la classification type des professions, 1991,* Ottawa, ministère des Approvisionnements et Services, février 1991, cat. 92-344f ; P.C. Pineo, art. cité, p. 13-14, appendice. On peut se procurer des copies de la recodification de la classification sous une forme lisible par machine en écrivant au professeur P.C. Pineo, Department of Sociology, McMaster University, Hamilton (Ont.), Canada, L8S 4M4.

23. D. Gilbert et J.A. Kahl, ouvr. cité.

24. R.P. Coleman et L. Rainwater, ouvr. cité.

25. R.P. Coleman, art. cité, p. 267.

26. R. Bendix, « Inequality and social structure : A comparison of Marx and Weber », *American Sociological Review,* vol. 38, 1974, p. 149-161.

27. M.R. Jackman et R.W. Jackman, *Class Awareness in the United States,* Berkeley (Calif.), University of California Press, 1983 ; D.E. Larsen et B. Abu-Laban, « Norm qualities and drinking behavior », *Social Problems,* vol. 15, 1968, p. 441-450.

28. C. Fischer, *Networks and Places : Social Relations in Urban Settings,* New York, Free Press, 1977.

29. R. Farley, « Residential segregation in urbanized areas of the U.S. in 1970 : An analysis of social class and

▼

racial differences », *Demography,* vol. 14, 1977, p. 497-518.

30. J.R. Eshleman, « Sexual relationships in premarital and nonmarital contexts », dans *The Family,* Needham Heights (Mass.), Allyn and Bacon, 1988, p. 300-315.

31. M.L. Kohn, *Class and Conformity : A Study in Values,* Homewood (Ill.), Dorsey Press, 1969, p. viii.

32. J.F. Engel, D.T. Kollat et R.D. Blackwell, *Consumer behaviour,* 2ᵉ éd., New York, Holt, Rinehart and Winston, 1973, p. 136.

33. R.P. Claxton et J.B. Murray, « Object-subject interchangeability : A symbolic interactionist model of materialism », *Advances in Consumer Research,* vol. 21, 1994, p. 422-426.

34. G.A. Churchill, Jr. et G.P. Moschis, « Television and interpersonal influences on adolescent consumer learning », *Consumer Research,* vol. 6, 1979, p. 23-35.

35. G. Clapp, *Child Study Research: Current Perspectives and Applications,* Lexington (Mass.) Lexington Books, 1988.

36. T.C. O'Guinn et L.J. Shrum, « The role of television in the construction of consumer reality », *Journal of Consumer Research,* vol. 23, 1997, p. 278-294.

37. E.S. Moore-Shay et B.M. Berchmans, « The role of the family environment in the development of shared consumption values : An intergenerational study », *Advances in Consumer Research,* vol. 23, 1996, p. 484-490.

38. T. Kasser et autres, « The relations of maternal and social environments to late adolescents' materialistic and prosocial values », *Developmental Psychology,* vol. 31, 1995, p. 907-914.

39. R.W. Kilby, *The Study of Human Values,* Lanham (Md.), University Press of America, 1993.

40. D.E. Allen et P.F. Anderson, art. cité.

41. T. Veblen, *The Theory of Leisure Class,* New York, Macmillan, 1912.

42. B. Fine et E. Leopold, *The World of Consumption,* Londres, Routledge, 1993 ; T.J. Lears, « Beyond Veblen : Remapping consumer culture in twentieth century America », dans S.C. Hollander et K.M. Russell (sous la dir. de), *Marketing,* vol. 2, Aldershot, Edward Elgar, 1993, p. 27-40.

43. E.R. Canterbery, « The theory of the leisure class and the theory of demand », dans W.J. Samuel (sous la dir. de), *The Founding of Institutional Economics,* Londres, Routledge, 1998, p. 139-156 ; R. Mason, *The Economics of Conspicuous Consumption : Theory and Thought since 1700,* Aldershot, Edward Elgar, 1998.

44. M. Featherstone, *Consumer Culture and Postmodernism,* Londres, Sage, 1991 ; R. McIntyre, « Consumption in contemporary capitalism : Beyond Marx and Veblen », *Review of Social Economy,* vol. 50, printemps 1992, p. 50-57.

45. R. Mason, ouvr. cité, p. 107.

46. J.K. Galbraith, *The Affluent Society,* Bombay, Asia Publishing House, 1958, p. 72-73.

47. E.R. Canterbery, art. cité.

48. R. Mason, ouvr. cité

49. D. Slater, *Consumer Culture and Modernity,* Cambridge, Polity Press, 1997.

50. R.P. Coleman, art. cité, p. 265-280.

51. C.M. Schaninger, « Social class versus income revisited : An empirical investigation », *Journal of Marketing Research,* vol. 18, mai 1981, p. 192-208.

52. L.V. Dominquez et A.L. Page, « Stratification in consumer behavior research : A re-examination », *Journal of the Academy of Marketing Science,* vol. 9, été 1981, p. 250-271 ; T.A. Shimp et J.T. Yokum, « Extensions of the basic social class model employed in consumer research », dans K. Monroe (sous la dir. de), *Advances in Consumer Research,* vol. 8, Ann Arbor (Mich.), Association for *Consumer* Research, 1981.

53. R.P. Coleman et L.P. Rainwater, avec la collaboration de K.A. McClelland, *Social Standing in America : New Dimensions of Class,* New York, Basic Books, 1978.

54. R.P. Coleman, art. cité.

55. E. Sivadas et autres, « A preliminary examination of the continuing significance of social class marketing », *Journal of Consumer Marketing,* vol. 4, nᵒ 6, 1997, p. 463-480.

56. S.J. Levy, « Social class and consumer behaviour », dans J.W. Newman (sous la dir. de), *On Knowing the Consumer,* New York, John Wiley, 1966, p. 146-160 ; S.J. Levy, *Marketplace Behavior,* New York, Amacom, 1978.

57. R.P. Coleman, art. cité.

58. R.L. Allen et L. Waks, « The social reality construction of attitudes toward the social roles of women and African Americans », *Howard Journal of Communications,* printemps 1990, p. 170-191.

59. H.M. Canon et L. Gerald, « Beyond media imperatives : Geodemographic media selection », *Journal of Advertising Research,* vol. 22, juin 1982, p. 31-36.

60. L. Osberg, *Scolarité, alphabétisme et revenus personnels,* Statistique Canada, rapport nᵒ 89-552-MIF au catalogue, 2000, nᵒ 7.

61. Centers for Disease Control and Prevention, *State Tobacco Control Highlights,* Atlanta, Centers for Disease Control and Prevention, 1996.

62. R.W. Blum et autres, « The Effects of Race/Ethnicity, Income, and Family Structure on Adolescent Risk Behaviors », *American Journal of Public Health,* vol. 90, n° 12, 2000, p. 1879-1885.

63. M.E. Goldberg, J. Liefield, J. Madill-Marshall et H. Vredenburg, « Social marketing : Upstream and downstream » President Address : Society for Consumer Psychology, 1994.

64. L. Clarke et L. Beeghley, « Religiosity, social class, and alcohol use : An application of reference group theory », *Sociological Perspectives,* vol. 33, n° 2, 1990, p. 201-219.

65. L. Johnson, *Drug and American Youth,* Ann Arbor (Mich.), Institute for Social Research, 1973.

66. B. Lorch, « Social class and its relationship to youth substance use and other delinquent behaviors », *Social Work Research,* vol. 26, n° 1, 1990, p. 25-32.

67. G. Pronovost et J. Papillon, « Musique, culture de masse et culture de classe », *Loisir et société,* vol. 11, automne 1988, p. 325-349.

68. L.E. Boone, D.L. Kurtz et C.P. Fleenor, « Games CEOs play », *American Demographics,* vol. 11, janvier 1989, p. 431-445, 474.

69. Voir S.J. Levy, ouvr. cité ; E. Sivadas et autres, art. cité.

70. R.P. Coleman, art. cité.

71. E. Sivadas et autres, art. cité.

72. P. Fussell, *Class,* New York, Ballantine Books, 1983.

73. P. Martineau, « Personality of the retail store », *Harvard Business Review,* vol. 36, janvier-février 1958, p. 47-55.

74. W.B. Weale, « Measuring the Customer's Image of a Department Store », *Journal of Retailing,* vol. 37, été 1961, p. 40-48.

75. V.P. Lessig, « Consumer store image and store loyalty », *Journal of Marketing,* vol. 37, octobre 1982, p. 72-74 ; M.J. Sirgy, « Self concept in consumer behavior : A critical review », *Journal of Consumer Research,* vol. 9, n° 3, 1975, p. 287-300.

76. Lauman et Senter, « Subjective social distance, occupational stratification and forms of status and class consciousness : A cross national replication and extension », *American Journal of Sociology,* vol. 81, n° 6, 1975.

77. J.P. Dickson et D. MacLachlan, « Social Distance and Shopping Behavior », *Journal of the Academy of Marketing Science,* vol. 18, n° 2, printemps 1990, p. 153-161.

78. M.J. Sirgy et A.C. Samli, « A path analytic model of store loyalty involving self-concept, store image geographic loyalty and socio-economic status », *Journal of the Academy of Marketing Science,* vol. 13, n° 3, 1985, p. 265-291.

79. L.A. Crosby, K.R. Evans et D. Cowles, « Relationship quality in services selling : An interpersonal influence perspective », *Journal of Marketing,* vol. 54, juillet 1990, p. 68-81.

80. R.E. Frank et H.W. Boyd, « Are private-brand prone grocery customers really different ? », *Journal of Marketing Research,* vol. 2, n° 4, 1965, p. 27-35.

81. P.C. Burger et B. Schott, « Can private brand buyers be identified ? », *Journal of Marketing Research,* vol. 9, 1972, p. 219-222 ; I.C.M. Cunningham, A.P. Hardy et G. Imperia, « Generic brands versus national brands and store brands », *Journal of Advertising Research,* vol. 22, octobre-novembre 1982, p. 25-32.

82. P.S. Richardson, A.S. Dick et A.K. Jain, « Extrinsic and intrinsic cue effects on perceptions of store brand quality », *Journal of Marketing,* vol. 58, octobre 1994, p. 28-36 ; A.K. Jain et A.S. Dick, « Household store brand proneness : A framework », *Journal of Retailing,* vol. 72, n° 2, 1996, p. 159-185.

83. R. Dardis, F. Derrick et A. Lehfeld, « Clothing in the United States : A cross-sectional analysis », *Home Economics Research Journal,* vol. 10, 1981, p. 212-222 ; W.R. Frisbee, « Economic analysis of household clothing expenditures », *Canadian Home Economics Journal,* vol. 35, 1985, p. 201-206 ; C.J. Hager et W.K. Bryant, « Clothing expenditures of low income rural families », *Journal of Consumer Affairs,* vol. 11, 1977, p. 127-132.

84. R. Dardis, F. Derrick et A. Lehfeld, art. cité.

85. P.S. Norum, « Economics analysis of quarterly household expenditures on apparel », *Home Economics Research Journal,* vol. 17, 1989, p. 228-240.

86. R. Dardis, F. Derrick et A. Lehfeld, art. cité ; W.R. Frisbee, art. cité ; C.J. Hager et W.K. Bryant, art. cité ; P.S. Norum, art. cité ; S.E. Horton et J.L. Hafstrom, « Income elasticities for selected consumption categories : Comparison of single female headed and two-parent families », *Home Economics Research Journal,* vol. 13, 1985, p. 293-303.

87. F. Hayashi, « The effect of liquidity constraints on consumption : A cross-section analysis », *The Quarterly Journal of Economics,* vol. 100, 1985, p. 183-206 ; T. Jappelli, « Who is credit constrained in the U.S. economy ? », *The Quarterly Journal of Economics,* vol. 105, 1990.

88. G. Hendricks, K.C. Youmans et J. Keller, *Consumer Durables and Installment Debt : A Study of American Households,* Ann Arbor (Mich.), University of Michigan, 1973.

89. L.Y. Zhu et C.B. Meeks, « Effects of low income families' ability and willingness to use consumer credit on subsequent outstanding credit balances », *Journal of Consumer Affairs,* vol. 28, n° 2, 1994, p. 403-422.

90. S.J. Levy, ouvr. cité.

91. R.P. Coleman, art. cité.

92. E. Sivadas et autres, art. cité.

93. S.J. Levy, ouvr. cité.

94. L.A. Jackson, *Physical Appearance and Gender : Sociobiological and Sociocultural Perspectives,* Albany (N.Y.), State University of New York Press, 1992.

95. M.D. Buss et M. Barnes, « Preferences in human mate selection », *Journal of Personality and Social Psychology,* vol. 50, 1986, p. 559-570.

96. F. Willis et R. Carlson, « Gender, Social Class, and Time », *Sex Roles,* vol. 29, septembre 1993, p. 387-404.

97. L.A. Jackson, ouvr. cité.

98. *Ibid.*

99. R.D. Hess et V.C. Chipman, « Early experience and the socialization of cognitive modes in children », *Child Development,* vol. 36, 1965, p. 869-886 ; M. Whiteman, et M. Deutsch, « Social disadvantages as related to intellectual and language development », dans M. Deutsch, I. Katz et A. Jensen (sous la dir. de), *Social Class, Race and Psychological Development,* New York, Holt, Rinehart, 1968, p. 86-114.

100. Y. Jones, « Social class and the under-five », *New Society,* Id. 8, 221, 1966, p. 935-936.

101. H.A. Witkin et Y.Y Gallagher, « Productive thinking », dans M.L. Hoffman et L.W. Hoffman (sous la dir. de), *Review of Child Development Research,* New York, Russel Gage, 1964.

102. C. Mueller et H. Pope, « Marital instability : A study of its transmission between generations », *Journal of Marriage and the Family,* vol. 39, 1977, p. 83-92.

103. B. Bernstein, « A sociolinguistic approach to socialization, with some references to educability », dans F. Williams (sous la dir. de), *Language and Poverty,* Chicago, Markham, 1970.

104. J.-C. Chebat, « Sociosemiotic study of family communication : The case of French speaking families in Montréal », *Ars Semeiotica,* vol. 3, n° 2,

1980, p. 249-265 ; J.-C. Chebat, « Les apports de la cybernétique et de la socio-linguistique à la théorie de la décision », *Cybernetica,* vol. 20, n° 4, 1977, p. 24-35.

105. J.-C. Chebat, « Les règles de transformation de l'interaction familiale selon les classes sociales », *Cybernetica,* vol. 20, n° 4, 1977, p. 36-43.

106. *Ibid.*

107. B. Bernstein, art. cité.

108. M. Deutsch, « The disadvantaged child and the learning process », dans M. Deutsch et autres (sous la dir. de), *The Disadvantaged Child,* New York, Basic Books, 1967.

109. O. Brunet, « Le nouveau-né », *Bulletin de psychologie,* 1965, p. 19-44.

110. V.P. John et L.S. Goldstein, « The social context of language acquisition », dans M. Deutsch et autres (sous la dir. de), ouvr. cité.

111. R. Cohen, « The language of the hard-core poor », *Sociological Quarterly,* vol. 9, n° 1, 1968, p. 24-30.

112. P. Roeder, « Sprache, Sozialstatus und Bildungchancen », dans P.M. Roeder et autres (sous la dir. de), *Sozialstatus und Schulerfolg,* Heidelberg, 1965, cité dans C. Mueller, *The Politics of Communication,* New York, Oxford University Press, 1973.

113. B. Bernstein, art. cité.

114. J.F. Durgee, « How consumer sub-cultures code reality », dans R.J. Lutz (sous la dir. de), *Advances in Consumer Research,* vol. 13, Provo (Ut.), Association for Consumer Research, 1986.

115. S.C. Grunert, « Everybody seems concerned about the environment : But is this concern reflected in (Danish) *consumers'* food choice ? », papier préparé pour une séance spéciale à ACR Summer Conference, Amsterdam, juin 1991.

116. B.B. Schlegelmilch, A. Diamantopoulos et G.M. Bohlen, « The value of socio-demographic characteristics for predicting environmental consciousness », dans C.W. Park et D.C. Smith (sous la dir. de), *Marketing Theory and Applications : The Proceedings of the 1994 American Marketing Association's Winter Educator's Conference,* vol. 5, American Marketing Association, Chicago, 1994, p. 348-349 ; K.D. Van Liere et R.E. Dunlap, « The social bases of environmental concern : a review of hypotheses, explanations and empirical evidence », *Public Opinion Quarterly,* vol. 44, été 1980, p. 181-197.

117. J. Vining et A. Ebreo, « What makes a recycler ? A comparison of recyclers and non-recyclers »,

▼

Environment and Behavior, vol. 22, n° 1, janvier 1990, p. 55-73.

118. S. Hall, « Encoding/Decoding », dans S. Hall et autres (sous la dir. de), *Culture, Media, Language,* London, Hutchinson, 1980.

119. R.D. Hisrich et M.P. Peters, « Selecting the superior segmentation correlate », *Journal of Marketing,* vol. 38, juillet 1974, p. 60-63.

120. C.M. Schaninger, « Social class versus income revisited : An empirical investigation », *Journal of Marketing Research,* vol. 18, mai 1981, p. 192-208.

121. R.P. Coleman, art. cité, p. 273.

122. *Ibid.*

123. Cité dans A.A. Hunter, « Class and status in Canada », dans G.N. Ramu et S.D. Johnson (sous la dir. de), *Introduction to Canadian Society : Sociological Analysis,* Toronto, Macmillan, 1976, p. 131.

124. Voir P.C. Pineo, note 22 *supra,* pour des détails sur la classification des professions individuelles.

125. R.P. Coleman, art. cité, p. 276-277.

Chapitre 13

La famille

INTRODUCTION

Plusieurs produits sont destinés aux familles (voir la figure 13.1). Les études portant sur le comportement du consommateur attachent de plus en plus d'importance à la famille, car on a pris conscience de l'influence qu'elle exerce sur ses membres ainsi que de l'évolution des rôles joués par ces derniers. Ces changements ont pour effet de modifier les habitudes d'achat ainsi que les attitudes à l'égard des tâches ménagères traditionnelles. Les mercaticiens doivent donc arriver à comprendre comment les membres de la famille s'influencent mutuellement et comment les décisions se prennent selon la structure de la famille.

La composition de la famille canadienne subit aussi des changements du fait que de plus en plus de femmes travaillent à l'extérieur du foyer et du fait que les familles monoparentales ainsi que les ménages constitués d'une seule personne sont de plus en plus nombreux. Il faut donc réexaminer la classification traditionnelle des familles ainsi que leur cycle de vie. Ces changements démographiques, sociaux et économiques exigent également que les mercaticiens s'efforcent de mieux comprendre la façon dont les décisions se prennent au sein de la famille et, plus particulièrement, qu'ils prennent en considération le pouvoir et les rôles respectifs des conjoints ainsi que l'influence des enfants.

Étant donné que les familles comptent moins d'enfants qu'autrefois et deviennent plus à l'aise sur le plan pécuniaire, les enfants manifestent des attitudes et des attentes différentes et participent davantage aux décisions familiales. De la même façon, le rôle des femmes s'est modifié, conséquemment à leur participation sur le marché du travail.

Pour bien saisir combien il est important de comprendre le comportement d'achat de la famille, considérons l'exemple suivant : Jacques et Marie discutent avec leurs enfants du type de téléviseur à acheter pour la salle de séjour. Jacques veut un grand écran pour regarder les émissions de sport, alors que Marie préférerait un modèle doté de la fonction d'image en médaillon, pour le même prix. Julien, un adolescent, pense qu'ils devraient plutôt opter pour un modèle plus simple et, avec l'argent économisé, acheter un lecteur de DVD qui lui permettrait de regarder des vidéos lorsqu'il le désire, alors que sa sœur Claudia, une adolescente, aimerait avoir un appareil plus petit, pour regarder ses émissions préférées dans sa chambre. Ce qu'il faut savoir, c'est que le type de décision que prendra cette famille, ainsi que d'autres comme elle, influencera les ventes de modèles à grand écran, de modèles dotés de la fonction d'image en médaillon, d'appareils ordinaires de dimension standard, d'appareils de plus petite taille et de lecteurs de DVD. Les mercaticiens peuvent essayer d'influencer la décision au moyen de publicité, de promotion sur le lieu de vente ou par l'entremise des vendeurs qui entreront en contact avec les membres de la famille. Cependant, pour être en mesure d'influencer la décision

Figure 13.1   *Un produit destiné aux familles*

Source Honda Canada Inc.

▼

d'achat, le spécialiste du marketing doit d'abord comprendre comment sont prises ces décisions, le rôle que jouent la taille et la composition de la famille, la situation d'emploi des membres de la famille, les étapes du cycle de vie de la famille, l'influence respective des membres de la famille et comment sont résolus les conflits au sein de la famille. C'est ce que nous verrons dans ce chapitre.

13.1 Les familles au Canada

À cause des tendances sociales au cours des 30 dernières années, il est important de commencer par définir l'objet principal de ce chapitre, la famille, et d'examiner la situation actuelle au Canada.

13.1.1 Quelques définitions

L'individu naît dans une famille dite d'orientation ; lorsqu'il devient adulte et choisit un compagnon ou une compagne, il fonde une famille dite de procréation.

Statistique Canada définit la famille de recensement comme une entité constituée par un époux et une épouse avec ou sans enfants célibataires (peu importe leur âge) ou par l'un ou l'autre des parents (sans égard à l'état matrimonial) avec un ou plusieurs enfants célibataires (peu importe leur âge) vivant dans le même logement. Les personnes vivant en union libre sont considérées comme mariées et formant une famille époux-épouse. Ainsi, la famille époux-épouse (la majorité des familles) se compose d'un mari et de sa femme (avec ou sans enfants célibataires, peu importe leur âge) ou de deux personnes vivant en union libre (avec ou sans enfants célibataires, peu importe leur âge[1]). La différence entre ces deux définitions est que la seconde exclut les familles monoparentales, tandis que la première les inclut. Statistique Canada emploie le terme « célibataire » pour désigner les personnes qui ne sont pas actuellement mariées et qui ne l'ont jamais été. La famille élargie comprend la famille immédiate à laquelle s'ajoutent les autres membres de la parenté tels que les grands-parents, les oncles, les tantes et les cousins.

Le ménage comprend toutes les personnes vivant dans un même logement, qu'il s'agisse d'une maison, d'un appartement ou d'un ensemble de pièces considérées comme un logement séparé. Le ménage inclut tous les membres de la famille ainsi que toutes les personnes non liées par les liens du mariage partageant le même logement. La catégorie « ménages » inclut les célibataires vivant seuls ou avec d'autres personnes ne faisant pas partie de la famille, tandis que la catégorie « familles » les exclut. Suivant la définition utilisée, les statistiques peuvent induire le mercaticien en erreur, ce qui peut l'amener à sous-estimer ou à surestimer la demande concernant un produit donné.

13.1.2 Les unités familiales au Canada

Le recensement de 1996 atteste l'existence, au Canada, de 10,8 millions de ménages, de 8,2 millions de ménages comptant deux personnes ou plus, de 7,8 millions de familles et de 6,7 millions de familles époux-épouse. Le tableau 13.1 (p. 384) présente la distribution de ces unités pour cinq grandes régions du Canada. Pour ces diverses unités, la taille moyenne la plus importante se rencontre dans les Prairies et en Ontario ; viennent ensuite les provinces atlantiques, le Québec et la Colombie-Britannique. Au Canada, la taille moyenne de la famille époux-épouse est de 3,1 personnes, représentées par le père, la mère et un peu plus d'un enfant. La taille moyenne des ménages canadiens a diminué, passant de 5,0 en 1901 à 4,0 en 1951 et à 2,6 en 1996, tel que l'indique la figure 13.2 (p. 385).

Étant donné que les ménages, en particulier les familles, représentent généralement une unité de consommation, il est important de les considérer dans l'analyse et le calcul de la demande concernant certains produits. Si l'on désire obtenir plus de précision, il peut être utile de procéder à une analyse

Tableau 13.1

Nombre (en milliers) de ménages de caractère privé, de familles et de familles époux-épouse dans diverses régions du Canada et taille moyenne de ces groupes, 1996

	Ménages de caractère privé, comptant deux personnes ou plus		Familles		Familles époux-épouse	
	Nombre (en milliers)	Taille moyenne	Nombre (en milliers)	Taille moyenne	Nombre (en milliers)	Taille moyenne
Canada	8 198	3,1	7 838	3,1	6 700	3,1
Provinces atlantiques	679	3,1	653	3,0	558	3,1
Québec	2 052	3,1	1 950	3,0	1 641	3,1
Ontario	3 037	3,2	2 933	3,1	2 511	3,2
Provinces des Prairies	1 341	3,2	1 271	3,1	1 102	3,2
Colombie-Britannique	1 065	3,1	1 008	3,0	869	3,1

Source Adapté de Statistique Canada : i) « Familles de recensement dans les ménages de caractère privé selon le nombre de fils et/ou de filles jamais mariés à la maison (12), par structure de la famille (7), Canada, provinces, territoires et régions métropolitaines de recensement, recensement de 1996 — Données-échantillon (20 %) (produits de données : Le pays : recensement de la population de 1996) », numéro 93F0022 au Catalogue, 14 octobre, 1997 ; ii) « Ménages privés selon la taille (11), par nombre moyen de personnes par ménage, Canada, provinces, territoires et régions métropolitaines de recensement de 1996 — Données-échantillon (20 %) (produits de données : Le pays : recensement de la population de 1996) », numéro 93F0022 au Catalogue, 14 octobre, 1997 ; iii) « Logements privés occupés selon le type de construction résidentielle (5), par taille du ménage (13), Canada, provinces, territoires et régions métropolitaines de recensement, recensement de 1996 — Données-échantillon (20 %) (produits de données : Le pays : recensement de la population de 1996) », numéro 93F0022 au Catalogue, 14 octobre, 1997. Adapté avec la permission de Statistique Canada.

détaillée, c'est-à-dire examiner les différences relativement aux modes de consommation de divers produits en fonction de la taille de la famille. La famille a connu des changements importants : le pourcentage de familles sans enfants et de familles ayant un seul enfant est passé de 48 % en 1966 à 61,7 % en 1996. Les familles comptant trois ou quatre enfants représentent, au plus, 11,5 % de l'ensemble des familles d'aujourd'hui, comparativement à 22 % en 1966. On note aussi une diminution marquée du pourcentage de familles nombreuses, c'est-à-dire des familles ayant cinq enfants et plus, qui représentaient moins de 1 % de l'ensemble des familles en 1996[2].

Ces changements sont dus à une diminution importante du nombre moyen d'enfants par famille, ce nombre étant passé de 1,8 en 1971 à 1,2 en 1996. D'autres facteurs ont contribué à ces changements : un mariage plus tardif, un taux de divorce plus élevé ainsi qu'une plus grande proportion de femmes travaillant à temps plein à l'extérieur du foyer. Par ailleurs, le nombre de ménages formés d'un seul adulte a augmenté de 36 % au cours des 10 dernières années ; en 1996, comme l'indique le tableau 13.2, un peu plus de 24 % de tous les ménages canadiens étaient constitués d'un adulte vivant seul[3].

Ces tendances ont une implication du point de vue du marketing ; par exemple, en ce qui a trait à la stratégie de produit, les fabricants ont avantage à créer de plus petits emballages et les détaillants, à commander un moins grand nombre d'emballages de format familial. De plus, les besoins des familles diffèrent selon l'âge des parents et celui des enfants. Nous traitons de cette question dans la section qui suit.

13.2 Le cycle de vie de la famille

13.2.1 La conception classique du cycle de vie de la famille

Le concept de cycle de vie de la famille englobe cinq dimensions se rapportant aux membres de la famille : 1) l'âge des adultes ; 2) le fait que les adultes soient mariés ou non ; 3) le fait que le chef de famille

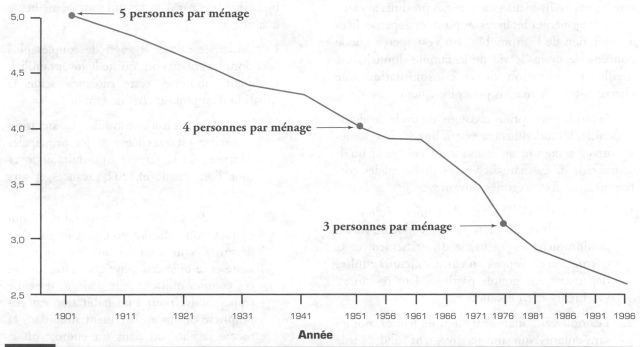

| Figure 13.2 | *Évolution de la taille moyenne des ménages canadiens pour la période s'étendant de 1901 à 1996* |

Nombre de personnes

(Graphique : courbe décroissante partant de 5,0 personnes par ménage en 1901, passant par 4 personnes par ménage vers 1951, 3 personnes par ménage vers 1976, et descendant jusqu'à environ 2,6 en 1996. Axe des abscisses : Année, de 1901 à 1996.)

- 5 personnes par ménage
- 4 personnes par ménage
- 3 personnes par ménage

Année

Source Créée à partir de données de recensements de Statistique Canada, diverses années.

| Tableau 13.2 | *Nombre de ménages de caractère privé au Canada, 1996 et 1991, par catégorie de taille* |

	1996 Nombre (en milliers)	%	1991 Nombre (en milliers)	%
Canada (total)	**10 822**	**100,0**	**10 018**	**100,0**
Ménages à 1 personne	2 622	24,2	2 297	22,9
Ménages à 2 personnes	3 421	31,6	3 144	31,4
Ménages à 3 personnes	1 829	16,9	1 744	17,4
Ménages à 4 personnes	1 838	17,0	1 769	17,7
Ménages à 5 personnes	759	7,0	731	7,3
Ménages à 6 personnes et plus	353	3,3	333	3,3

Source Adapté de Statistique Canada : i) « Logements privés occupés selon le type de construction résidentielle (5), par taille du ménage (13), Canada, provinces, territoires et régions métropolitaines de recensement, recensement de 1996 — Données-échantillon (20 %) (produits de données : Le pays : recensement de la population de 1996) », numéro 93F0022 au Catalogue, 14 octobre, 1997 ; ii) « Logements et ménages (produits de données : Le pays : recensement de la population de 1991) », numéro 93-311 au Catalogue, juillet 1992. Adapté avec la permission de Statistique Canada.

travaille ou non ; 4) le nombre d'enfants ; 5) l'âge des enfants. Indirectement, ce concept évoque aussi la situation financière de la famille et le fait que la femme ainsi qu'un ou plusieurs des enfants travaillent ou non. Pour plusieurs produits de base, tels que les appareils ménagers, certains produits alimentaires, les jouets et les livres, et pour les dépenses liées à l'entretien de l'automobile, on s'est aperçu que le concept de cycle de vie de la famille donnait une meilleure indication de la consommation que chacune des dimensions prises isolément.

Selon la conception classique du cycle de vie de la famille, les individus traversent une série de stades au fur et à mesure qu'ils avancent en âge et qu'ils acquièrent de la maturité[4] ; ces divers stades correspondent aux catégories suivantes :

1. Les célibataires. Il s'agit de jeunes adultes qui vivent seuls et qui pratiquent un style de vie où prédominent les loisirs, le divertissement et la décoration de l'appartement. Ces jeunes adultes dépensent une grande partie de leur revenu en vêtements et en vacances.

2. Les nouveaux mariés. Il s'agit de jeunes couples sans enfants, qui sont relativement solides sur le plan financier, mais qui doivent faire l'acquisition de plusieurs biens essentiels durables et non durables pour leur nouveau foyer.

3. La maisonnée bruyante. Il s'agit de jeunes couples qui ont des enfants à charge. Cette catégorie peut être subdivisée selon l'âge des enfants :

   a) au moins un des enfants est âgé de moins de six ans. En général, la femme demeure à la maison et le couple voit ses dépenses augmenter : maison, ameublement, produits pour enfants. Sur le plan financier, il s'agit d'une période difficile pour le jeune couple ;

   b) tous les enfants sont âgés de six ans et plus. La femme retourne travailler à l'extérieur du foyer et ce revenu additionnel allège le fardeau des dépenses, lesquelles continuent néanmoins d'être importantes et centrées sur les enfants.

4. La maisonnée active. Il s'agit de familles plus âgées où quelques-uns des enfants ainsi que la femme travaillent. Ces revenus additionnels aident à améliorer la situation financière de la famille et permettent de remplacer certains biens durables par d'autres qui sont de meilleure qualité.

5. La maisonnée calme. Il s'agit de couples plus âgés dont les enfants ont quitté le foyer familial. On peut subdiviser cette catégorie selon la situation d'emploi du chef de famille :

   a) le chef de famille travaille, la situation financière est excellente et les principales dépenses de la famille ont trait au foyer (que l'on améliore), aux vacances et aux loisirs ;

   b) le chef de famille est à la retraite, ce qui entraîne une diminution du revenu. Les dépenses sont centrées sur les loisirs, la santé et le bien-être physique. Plusieurs de ces couples quittent leur maison, devenue trop grande, pour une habitation en copropriété ou un appartement situé dans la même localité ou dans un endroit où le climat est plus doux, comme en Floride, en Arizona, au Texas, sur la côte du Pacifique ou à Hawaii.

6. Les survivants. Il s'agit de veufs ou de veuves ou de personnes célibataires plus âgées qui vivent seules. On peut aussi subdiviser cette catégorie de personnes selon la situation d'emploi :

   a) le survivant travaille et jouit d'une bonne situation financière. Plusieurs personnes appartenant à cette catégorie vendent leur maison et dépensent l'argent ainsi récupéré en vacances et en soins médicaux ;

   b) le survivant est à la retraite, ce qui entraîne une diminution du revenu. Les dépenses de cet individu sont du même type que celles des couples de la maisonnée calme dont le chef de famille est à la retraite.

Le tableau 13.3 (p. 388-389) présente les différences qui existent entre les consommateurs selon les divers stades, en ce qui a trait à trois aspects : 1) la situation financière ; 2) le comportement d'achat général ; 3) le comportement d'achat particulier (le tableau fournit des exemples de produits et services généralement achetés par ces consommateurs). Il est évident qu'en utilisant le concept de cycle de vie de la famille comme base de segmentation, le mercaticien peut tenir compte de l'effet combiné sur le comportement de consommation des cinq dimensions inhérentes à ce concept, cet effet combiné étant probablement différent de la somme des effets individuels. Cela permet aussi de tenir compte des relations qui existent entre ces dimensions, car chaque stade représente un style de vie particulier se manifestant par des comportements de consommation qui lui sont propres. Par exemple, le concept de cycle de vie de la famille est souvent utilisé pour identifier les grands consommateurs d'une catégorie de produits[5]. À la figure 13.3 (p. 392) sont présentés des exemples de publicités destinées à des familles étant à différentes étapes du cycle de vie de la famille.

13.2.2 Une conception renouvelée du cycle de vie de la famille

L'évolution qu'a connue la famille au cours des 30 dernières années exige une nouvelle conceptualisation du cycle de vie de la famille[6]. La figure 13.4 (p. 394) illustre une telle tentative de renouvellement. Le modèle classique est présenté au centre du diagramme, dans les cases ombragées.

Les principaux changements observés sont les suivants :

- Les personnes divorcées peuvent se comporter de façon différente des célibataires ou des couples mariés, particulièrement si elles ont des enfants. En 1996, on dénombrait 1,1 million de familles monoparentales au Canada, représentant 14,5 % de toutes les familles[7]. Plus de 83 % des familles monoparentales sont dirigées par une femme. Étant donné que c'est la femme qui obtient habituellement la garde des enfants et que le revenu de celle-ci est souvent peu élevé, le style de vie de ces familles ainsi que leur situation financière subissent des changements importants.

- Le fait de retarder le mariage pour poursuivre des études ou pour permettre à la femme de consolider sa carrière peut conduire un couple à demeurer sans enfants, de façon plus ou moins délibérée. En 1996, on recensait 2,7 millions de familles sans enfants au Canada, ce qui représentait 35 % de toutes les familles. Ces couples disposent généralement de deux revenus et sont souvent plus à l'aise financièrement que les autres couples du même âge ayant des enfants. Leur style de vie et leurs besoins sont différents et ils constituent un marché intéressant pour les meubles raffinés, les voyages et les biens de luxe. Les spécialistes de marketing ont donné le nom de *dinks* (*double income, no kids* – double revenu, pas d'enfants) à ces couples[8].

- Les grands mouvements démographiques, sociaux et économiques changent la composition des types de familles que les spécialistes de marketing doivent chercher à atteindre. La génération du *baby-boom*, née juste après la Deuxième Guerre mondiale, a un effet sur les divers groupes d'âge au fur et à mesure que ses membres traversent les stades du cycle de vie. Dans les années 1990, la plus grande augmentation a été décelée dans le groupe d'âge des 35 à 44 ans ; dans les 20 prochaines années, ce sont les groupes des 45 à 54 ans et des 55 à 64 ans qui verront augmenter leurs effectifs avec l'arrivée des *baby-boomers* vieillissants.

Plusieurs groupes sont d'un grand intérêt pour les mercaticiens en raison de leur haut niveau d'instruction et de revenu disponible[9] :

- les *yuppies* (*young urban professional people* – jeunes citadins professionnels), dont le revenu familial s'élève à plus de 50 000 $ et qui forment plus de 3 millions de ménages ;

- les *muppies* (*middle-aged urban professional people* – citadins d'âge mûr professionnels), dont le revenu familial s'élève à plus de 50 000 $. On s'attend à ce que ce groupe croisse rapidement dans les années à venir ;

- les *woopies* (*well-off older people* – personnes âgées, financièrement à l'aise), âgés de 65 ans et plus, qui ont atteint le stade de la maisonnée calme, ou celui des survivants, et dont les

Tableau 13.3

Situation financière et comportement d'achat à chacun des neuf stades du cycle de vie de la famille

	Célibataires	Jeunes couples mariés	
		Maisonnée bruyante	
	Jeunes, non mariés ne vivant pas avec leurs parents	**Nouveaux mariés sans enfants**	**avec au moins un enfant de moins de six ans**	**avec enfants de six ans et plus**
Situation financière				
	Ont un fardeau financier léger.	Sont plus à l'aise qu'ils ne le seront dans un avenir rapproché.	L'achat de maisons est à son sommet. Les liquidités sont faibles. Sont insatisfaits de leur situation financière et de l'épargne accumulée.	Ont une meilleure situation financière. Certaines femmes travaillent à l'extérieur.
Comportement général				
En général	Sont des leaders d'opinion concernant la mode. Sont orientés vers les loisirs.	Ont le plus haut niveau d'achat et la moyenne la plus élevée d'achat de biens durables.	S'intéressent aux nouveaux produits. Aiment les produits annoncés.	Sont moins influencés par la publicité. Achètent de plus grands formats et s'intéressent aux promotions à articles multiples.
Pour certains produits	Équipement de base pour la cuisine, meubles de base, voiture, équipement pour les rencontres sociales, vacances.	Voiture, réfrigérateur, cuisinière, meubles solides et pratiques, vacances.	Lave-linge, sèche-linge, téléviseur, nourriture pour bébés, médicaments contre la toux et pour frotter la poitrine, vitamines, poupées, camions, traîneaux, patins.	Beaucoup de nourriture, produits de nettoyage, bicyclettes, leçons de musique, piano.

revenus sont élevés. Ces consommateurs ont peu de besoins fondamentaux et représentent un marché intéressant pour les voyages ou les habitations en copropriété dans le Sud, près de la mer.

Ces dernières années, les mercaticiens ont porté une plus grande attention à ces derniers trois groupes particuliers financièrement à l'aise. Leur intérêt a donné lieu à une prolifération d'acronymes servant à les décrire, comme en témoigne la liste présentée dans l'encadré 13.1 (p. 390).

13.2.3 Les limites du concept de cycle de vie de la famille

Le recours au concept de cycle de vie de la famille comme variable de segmentation engendre au moins trois grands problèmes :

	Couples mariés plus âgés			Survivants	
		Maison calme sans enfants à la maison			
Maisonnée active avec enfants à charge	Chef de famille sur le marché du travail	Chef de famille à la retraite	Sur le marché du travail	À la retraite
Ont une situation financière encore meilleure. Plus de femmes travaillent à l'extérieur du foyer. Certains enfants trouvent du travail.	La propriété d'une maison est à son sommet. La plupart sont satisfaits de leur situation financière et de l'épargne accumulée.	Ont une diminution importante de revenu.	Ont un revenu encore bon mais songent à vendre leur maison.	Ont une diminution importante de revenu.
Sont difficiles à influencer par la publicité. Ont une moyenne élevée en ce qui a trait à l'achat de biens durables.	Sont intéressés par les voyages, les loisirs et l'instruction. Font des dons et des cadeaux. Ne sont pas intéressés par les nouveaux produits.			Ont un besoin spécial d'attention, d'affection et de sécurité.
Meubles neufs, plus raffinés, voiture, voyages, appareils ménagers non indispensables, bateaux, soins dentaires, magazines.	Vacances, produits de luxe, améliorations apportées à la maison.	Appareils médicaux, soins médicaux, produits destinés à améliorer la santé, le sommeil et la digestion.		Mêmes besoins médicaux et mêmes produits que les autres groupes à la retraite.

1. Il est difficile de comparer les résultats des diverses études, étant donné qu'il existe plusieurs façons de définir les stades du cycle de vie de la famille[10]. Cependant, il ne semble pas y avoir de différence entre la classification classique et la classification renouvelée des divers stades du cycle de vie en ce qui concerne la capacité de prévoir le comportement de consommation[11] ;

2. On a dit du concept de cycle de vie de la famille qu'il masquait les effets qu'exerce la composition de la famille sur les dépenses de

Encadré 13.1   *PLEINS FEUX SUR LES CONSOMMATEURS*

Le jeu de l'acronyme

Les mercaticiens semblent consacrer beaucoup de temps à inventer des acronymes dans le but de « nommer » des segments de marché ayant un potentiel élevé. Connaissez-vous ceux qui suivent ?

CHUMPs	CHildren of Upwardly Mobile Professionals (Enfants de professionnels ambitieux sur le plan social)
DICKs	Double Income, Couple of Kids (Double revenu, deux enfants)
DINKs (ou TINKs)	Double (ou Two) Income, No Kids (Double revenu, sans enfants)
GRUMPies (ou GRUMPs)	GRown-Up Mature Persons (over 50) [Personnes matures, 50 ans et plus]
HICs	Higher Inner-conscious Consumers (Consommateurs très introvertis)
MAFIA	Mature, Active, Free, Indulgent, Affluent people (Personnes matures, actives, libres, complaisantes, financièrement à l'aise)
MARPies	Middle-Aged Rural Professionals (Professionnels d'âge mûr, vivant en milieu rural)
MUPPies	Middle-aged Urban Professional People (Citadins d'âge mûr professionnels)
POSSLQ	Persons of Opposite Sex, Sharing Living Quarters (Personnes de sexe opposé, colocataires)
SICKies (ou SICKs)	Single Income, Couple of Kids (Revenu unique, deux enfants)
SKOTIES	Spoiled Kids Of The eightIES (Enfants gâtés des années 1980)
SWANKs	Single Woman And No Kids (Femme célibataire sans enfants)
WOOFies	Well-Off, Over Fifty (Personnes financièrement à l'aise, âgées de plus de 50 ans)
WOOPies	Well-Off, Older People (Personnes âgées, financièrement à l'aise)
WOPPies	Wise, Older, Professional People (Professionnels prudents, plus âgés)
YACS	Young Affluent Committed Suburbanites (Jeunes banlieusards, financièrement à l'aise, engagés)
YAPPies (ou YAPs)	Young Aspiring Professional People/Young Aspiring Professionals (Professionnels jeunes et ambitieux)
YUMMies	Young Upwardly Mobile Mummies (Jeunes mères ambitieuses sur le plan social)
YUMPies (ou YUMPs)	Young Upwardly Mobile Professionals (Jeunes professionnels, ambitieux sur le plan social)
YUPPies	Young Urban Professional People (Jeunes citadins professionnels)

Source   Traduit de J. Marney, « The baby boom brought on acronym boom », *Marketing*, 4 juin 1990, p. 11. Traduit avec permission.

consommation[12]. Il semble, en particulier, que ce concept ne tienne pas compte du taux de divorce élevé, de la décision très répandue de remettre le mariage à plus tard, de la diminution importante du taux des naissances ainsi que de la forte augmentation du nombre de familles monoparentales et de couples sans enfants. Cependant, deux études importantes ont montré que les stades du cycle de vie de la famille sont raisonnablement révélateurs des effets exercés par la composition de la famille[13].

3. Les stades du cycle de vie de la famille ne tiennent pas compte de l'effet exercé par les variables démographiques et socioéconomiques telles que le revenu[14]. Ces critiques ont été confirmées dans le cas des dépenses d'habillement[15]. Les sous-groupes de familles définis en fonction du revenu, surtout ceux que caractérise un haut revenu, ont beaucoup retenu l'attention des spécialistes de marketing.

Par ailleurs, certains chercheurs ont critiqué l'utilisation de l'âge du mari comme critère de classification et ont suggéré de se servir plutôt de l'âge de la femme pour distinguer les différents stades du cycle de vie de la famille. Toutefois, une étude récente a comparé les dépenses des familles en fonction des deux classifications et a conclu qu'il y avait peu de différences dans les modes de consommation[16]. Dans la même étude, on a aussi découvert que le principal facteur pouvant expliquer un changement important dans les modes de consommation était la présence de jeunes enfants.

Ces remarques donnent à penser que le concept de cycle de vie de la famille devrait être utilisé conjointement avec les informations sociodémographiques. Elles indiquent également qu'en dépit de quelques problèmes le concept de cycle de vie de la famille peut être utile au mercaticien, car il sert de cadre conceptuel pour décrire et expliquer les changements qui se produisent au fil des ans pour ce qui est des besoins, des ressources et du style de vie de la famille.

13.3 La répartition des dépenses selon les catégories de familles au Canada

Statistique Canada découpe les familles en catégories en fonction de trois critères principaux : 1) le type de ménage ; 2) l'âge de la personne de référence du ménage ; 3) la présence d'enfants[17]. Les résultats de son enquête de 1999 indiquent que les familles urbaines ont des comportements d'achat semblables à ceux qui sont énumérés dans le tableau 13.3, bien que le découpage des diverses situations familiales en fonction duquel Statistique Canada organise les résultats diffère de la conception classique du cycle de vie de la famille.

Le tableau 13.4 (p. 395) présente la distribution des dépenses totales de la famille canadienne, le revenu avant impôt ainsi que le pourcentage de familles propriétaires d'une maison selon les différentes catégories de familles. En ce qui a trait au revenu, les couples mariés où les conjoints ont moins de 65 ans semblent être plus à l'aise financièrement que les autres catégories de familles. Les personnes seules connaissent, en vieillissant, une diminution importante de leur revenu, cela à cause de la retraite, et consacrent une plus grande part de leur budget aux dépenses d'alimentation, de logement, de soins personnels et de santé et en dons et contributions.

Les paragraphes qui suivent sont consacrés à une analyse sommaire de la répartition des dépenses de la famille canadienne.

13.3.1 Les personnes seules

◆ *Les moins de 65 ans.* Les personnes de cette catégorie allouent une plus grande proportion des dépenses totales aux cigarettes et aux boissons alcooliques, aux loisirs, à la lecture et à l'éducation que les autres personnes seules. Elles dépensent aussi plus en sécurité et assurances, et légèrement plus en vêtements, mais moins en alimentation, en logement et en soins personnels et de santé. Un petit pourcentage d'entre elles (36 %) sont propriétaires d'une maison. Ce mode de consommation reflète les besoins et les styles de vie d'individus jeunes, célibataires ou divorcés : apparence, loisirs, tabac et boissons alcooliques.

Figure 13.3   *Des annonces destinées à des familles à différentes étapes du cycle de vie de la famille*

◆ **Les 65 ans et plus.** Les personnes de ce groupe connaissent une diminution importante de leur revenu et doivent donc faire attention à leurs dépenses. Environ 43 % des dépenses de ce groupe va à l'alimentation et au logement. Comparativement à toutes les autres catégories de familles, c'est dans ce groupe que l'on note la plus grande proportion des dépenses de logement et de soins personnels et de santé, et la plus petite proportion des dépenses d'habillement, de transport, de loisirs, lecture et éducation et d'assurances. Comparativement aux autres personnes seules, ce groupe consacre aussi la plus grande proportion de ses dépenses à l'alimentation, à l'entretien ménager, aux dons et contributions, et la plus petite proportion au tabac et aux boissons alcooliques et à la sécurité et aux assurances. Ce mode de consommation

reflète une diminution importante du standard de vie et de la santé. Environ 51 % des membres de ce groupe sont propriétaires d'une maison.

13.3.2 Les familles monoparentales

La plupart des familles monoparentales sont dirigées par une femme, et dans moins de la moitié de celles-ci un adulte travaille à temps plein. En moyenne, ce groupe dépense à peu près 2 100 $ de plus que le revenu qu'il gagne et presque 80 % des dépenses totales sont des dépenses de consommation courante. Les pourcentages des dépenses pour l'alimentation, le logement et l'habillement sont élevés, et la part des dépenses allant à l'entretien ménager est plus élevée que dans les autres ménages. Environ 44 % des personnes de ce groupe sont propriétaires

POUR SOULAGER LA DOULEUR ARTHRITIQUE, SOUVENT, UN SEUL ADVIL SUFFIT.

Un seul comprimé d'Advil à action rapide est si efficace que, souvent, un seul suffit pour soulager la douleur arthritique. D'ailleurs, médecins et pharmaciens le recommandent. De plus, Advil est maintenant offert dans une bouteille de 150 comprimés facile à ouvrir. Alors, n'oubliez pas : Advil. Pour ne pas perdre le rythme!

Advil

UN
SEUL ET VOUS SAUREZ SUR QUEL PIED DANSER...

WHITEHALL ROBINS

d'une maison, ce qui pourrait expliquer le niveau élevé de leur endettement. Le portrait qui ressort est celui d'un groupe aux prises avec des difficultés financières.

13.3.3 Les couples mariés où les conjoints ont moins de 65 ans

◆ *Les couples sans enfants.* Ces familles sont financièrement à l'aise, arrivant au deuxième rang pour ce qui est du revenu moyen et au premier rang pour l'épargne. De tous les ménages, ce sont eux qui consacrent la plus faible proportion des dépenses totales aux dépenses courantes (68 %), en particulier aux dépenses liées à l'alimentation, au logement et à l'entretien ménager. En revanche, la proportion des dépenses pour l'ameublement et l'équipement ménager est plus élevée dans ce groupe. Tout cela semble

indiquer qu'il s'agit de familles à deux revenus ; ces personnes auraient une vie sociale active facilitée par l'absence d'enfants.

◆ *Les couples avec enfants.* Ces familles ont le revenu moyen le plus élevé et dépensent plus que les autres, signe d'une bonne situation financière. Cela pourrait expliquer pourquoi elles enregistrent la proportion la plus élevée des dépenses relatives à la sécurité et aux assurances. Environ 80 % de ces familles sont propriétaires de leur maison et elles se classent au deuxième rang pour l'épargne. Les pourcentages élevés de dépenses liées à l'habillement, au transport, aux loisirs, à la lecture et à l'éducation portent à croire que l'on est en présence de familles traditionnelles qui doivent acheter des vêtements pour les enfants et supporter les coûts associés à leurs études et à leurs multiples activités (par exemple, le base-ball, le hockey, la danse classique, le cinéma). Ces ménages seraient aussi plus susceptibles de posséder des appareils électroniques, tels que lecteurs de disques compacts et ordinateurs personnels.

13.3.4 Les couples mariés où l'un des conjoints a 65 ans ou plus

Comparativement aux autres couples mariés, les couples où l'un des conjoints est âgé de 65 ans et plus ont un revenu plus faible. Néanmoins, on relève parmi eux le plus haut pourcentage de propriétaires (81,4 %). Ces couples allouent un pourcentage relativement élevé de leurs dépenses au logement (18 %), au transport (14,1 %) et à l'alimentation (13,9 %). Ils arrivent au deuxième rang pour ce qui est du pourcentage des dépenses consacrées aux soins personnels et de santé et aux dons et contributions. Ce groupe est celui qui consacre une part plus élevée de son revenu moyen aux dépenses courantes.

* * *

Comme le montre cette brève analyse, les statistiques concernant les habitudes de consommation procurent au mercaticien des informations sur les besoins des consommateurs selon leur situation familiale ainsi que des indications utiles en ce qui a trait à la commercialisation d'une grande variété de

Figure 13.4 | *Un modèle renouvelé du cycle de vie de la famille*

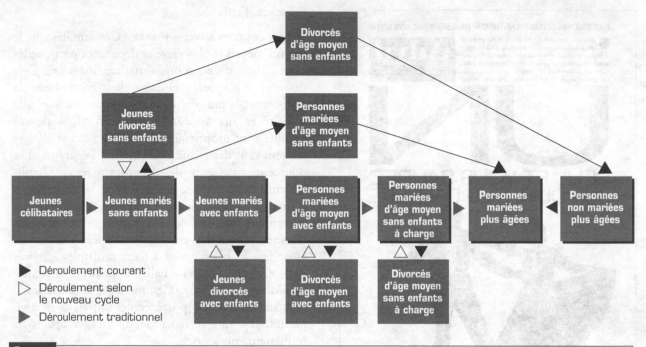

▶ Déroulement courant
▷ Déroulement selon le nouveau cycle
▶ Déroulement traditionnel

Source Traduit de P.E. Murphy et W.A. Staples, « A modernized family life cycle », *Journal of Consumer Research,* vol. 6, nº 1, juin 1979, p. 17. Traduit avec la permission de la University of Chicago Press.

produits tels que les meubles, les fours à micro-ondes, les lave-vaisselle, les vêtements, les bicyclettes et les croisières[18].

13.4 La famille et la prise de décision

La famille, au même titre que l'individu seul, voit se déclencher un processus de prise de décision aussitôt qu'un besoin est reconnu. Chaque membre de la famille peut alors être appelé à jouer un rôle particulier dans ce processus. C'est sur cette question que nous porterons ici notre attention.

13.4.1 La prise de décision et la structure de rôle au sein de la famille

Dans plusieurs sociétés, la famille constitue un groupe fondamental représentant une unité de revenu et de consommation. La famille est consi-dérée comme un filtre à travers lequel les normes de groupes plus larges, comme les classes sociales, et la culture sont perçues et interprétées. Elle exerce une influence touchant :

1) les attitudes, les valeurs, les motivations et la personnalité de chacun de ses membres. Ainsi, les besoins et les attitudes des membres d'une même famille sont généralement homogènes et différents de ceux des membres d'autres familles. Il est donc important que le spécialiste de marketing établisse une distinction entre les besoins et les attitudes autonomes et ceux qui sont interdé-pendants. Dans le premier cas, on dirigera la stratégie vers un individu particulier ; dans le second cas, il faudra que la stratégie soit plus complexe ;

2) le processus décisionnel menant à l'achat. Le mercaticien doit découvrir le rôle joué par chacun des membres de la famille à chaque étape

Tableau 13.4 *Distribution des dépenses des familles et des individus selon les catégories de familles*

| Catégories (%) | Personnes seules | | Familles mono-parentales | Couples mariés (les conjoints ont moins de 65 ans) | | Couples mariés (l'un des conjoints a 65 ans) |
	Moins de 65 ans	65 ans et plus		Sans enfants	Avec enfants	
Alimentation	10,3	13,9	13,4	10,7	11,3	13,9
Logement	22,3	28,6	23,2	17,8	18,0	18,0
Entretien ménager	4,0	5,7	6,0	3,9	4,6	4,7
Articles et accessoires d'ameublement	2,6	2,5	2,4	3,2	2,7	2,7
Habillement	3,6	3,5	4,7	4,0	4,6	3,6
Transport	10,2	9,3	11,8	13,7	13,0	14,1
Soins personnels et de santé	3,2	5,7	3,9	3,9	3,4	5,6
Loisirs, lecture, éducation	6,6	4,8	8,6	6,5	8,1	6,0
Tabac, boissons alcooliques	3,3	1,6	2,5	2,2	1,9	1,8
Divers	2,9	2,1	2,5	2,1	1,7	2,3
Dépenses totales de consommation courante (%)	**69,0**	**77,8**	**79,0**	**68,1**	**69,3**	**72,6**
Impôts personnels	21,2	13,5	15,1	23,2	23,4	16,8
Sécurité, assurances	5,1	0,6	4,3	5,5	5,9	4,0
Dons et contributions	4,7	8,1	1,6	3,3	1,4	6,6
Dépenses totales ($)	**33 555**	**20 678**	**38 437**	**53 202**	**72 093**	**40 053**
Autres caractéristiques						
Revenu avant impôt ($)	32 844	19, 908	36 346	55 482	73 418	39 726
Propriétaires de maison (%)	36,0	50,9	43,5	75,5	80,4	81,4

Source Adapté de Statistique Canada, *Les habitudes de dépenses du Canada, 1999*, Ottawa, ministère de l'Industrie, cat. 62-202-XIF, août 2001, tableaux 3, 4, 5.

du processus décisionnel et diriger la stratégie vers la bonne personne, au bon moment.

Prenons l'exemple de l'achat d'une automobile. Au début, la reconnaissance du problème, c'est-à-dire le besoin d'acheter une nouvelle voiture, pourrait émaner d'un enfant qui a été l'objet de remarques désobligeantes de la part de ses camarades concernant la voiture familiale (par exemple, le style est devenu vieillot, la voiture ayant maintenant sept ans). Une fois que la famille s'est entendue sur ce besoin, ses membres chercheront de l'information sur plusieurs modèles offerts sur le marché. Un membre de la famille pourra examiner les annonces des magazines et être attiré par l'apparence et les finitions intérieures d'une automobile ; un autre pourra lire des magazines spécialisés sur les voitures, discuter des divers modèles avec ses amis et avec des membres de la parenté et visiter le concessionnaire d'une marque d'automobiles. Lorsque l'on aura réduit les possibilités à quelques modèles (l'ensemble de considération), la famille entière pourra se rendre chez différents concessionnaires et faire l'essai d'un petit nombre de modèles. La décision finale sera prise par l'un des conjoints ou par les deux. Après que la famille aura pris possession de la nouvelle voiture, il se peut qu'un ou plusieurs de ses membres ressentent de la dissonance cognitive ou soient désappointés parce qu'ils auraient préféré un autre modèle. Ces sentiments disparaîtront rapidement s'il s'avère que le modèle acheté est une excellente voiture ou, au contraire, dureront plus longtemps si des problèmes surviennent peu après l'achat et persistent.

En définitive, à peu près tous les membres de la famille interviennent d'une façon ou d'une autre dans le processus décisionnel. Comme l'indique la figure 13.5, à chaque étape de ce processus, les membres de la famille sont amenés à jouer un rôle particulier, lequel a des répercussions sur l'aboutissement du processus. Il est utile pour le mercaticien de connaître ces rôles et d'en tenir compte dans l'élaboration de ses stratégies. On reconnaît sept rôles, qui sont décrits ci-dessous.

L'initiateur

On appelle *initiateur* le membre de la famille qui décèle le besoin (par exemple, le besoin d'une nouvelle automobile ou d'une nouvelle maison). L'initiateur intervient donc à l'étape de la reconnaissance du problème et est, comme son nom l'indique, celui qui fait que le processus décisionnel s'enclenche. Dans l'exemple donné plus haut, l'initiateur est l'enfant qui rapporte les remarques désobligeantes de ses amis sur la vieille voiture de ses parents. Le mari ou la femme qui se fatigue du vieux papier peint ou du vieux canapé est aussi un initiateur.

La source d'information

Les *sources d'information* sont les membres de la famille dont on attend l'information nécessaire. Une fois que la famille a reconnu le besoin concernant un bien, ses membres commenceront à s'informer sur les diverses possibilités en ayant recours à des sources commerciales ou non commerciales. Tous les membres de la famille pourront participer à cette tâche, selon leur compétence, leur intérêt et leur capacité à accéder à des sources d'information appropriées. Par exemple, s'il s'agit d'acheter une nouvelle voiture, tous les membres de la famille *peuvent* participer d'une certaine façon à la recherche d'information et devenir sources d'information. Pour l'achat d'une chaîne stéréo, un adolescent peut effectuer à lui seul l'entière recherche d'information.

L'influenceur

L'*influenceur* intervient à l'étape de l'évaluation de l'ensemble de considération. À cette étape, la famille définit les critères d'évaluation les plus importants et évalue les diverses possibilités qui ont été retenues à la lumière des informations recueillies. L'influenceur est le membre de la famille qui joue le plus grand rôle dans cette démarche, car il peut, en raison de sa compétence, de son autorité ou d'autres coinsidérations, orienter la décision finale. L'influenceur joue également un rôle déterminant dans la constitution de l'ensemble de considération. Par exemple, le membre de la famille qui réussit à convaincre les autres que la nouvelle voiture devrait avoir quatre portières, un toit ouvrant ainsi qu'un régulateur de vitesse peut exercer une grande influence en ce qui a trait à l'ensemble de considération, qui comprend les modèles parmi lesquels on choisira la voiture.

Le décideur

La décision finale quant à la marque à acheter est fondée sur les évaluations précédentes ainsi que sur des considérations budgétaires. Le *décideur* est la personne qui prend la décision finale et qui possède un certain pouvoir sur le plan budgétaire. Par exemple, le mari peut décider d'acheter le modèle constituant le deuxième ou le troisième choix des membres de la famille, parce que le premier choix est trop cher compte tenu du budget familial. De la même façon, en ce qui a trait au choix d'une marque de céréales, la mère peut décider d'acheter une marque plus nutritive que celle qu'a choisie son enfant[19].

Figure 13.5   *Rôles des membres de la famille à chaque étape du processus décisionnel*

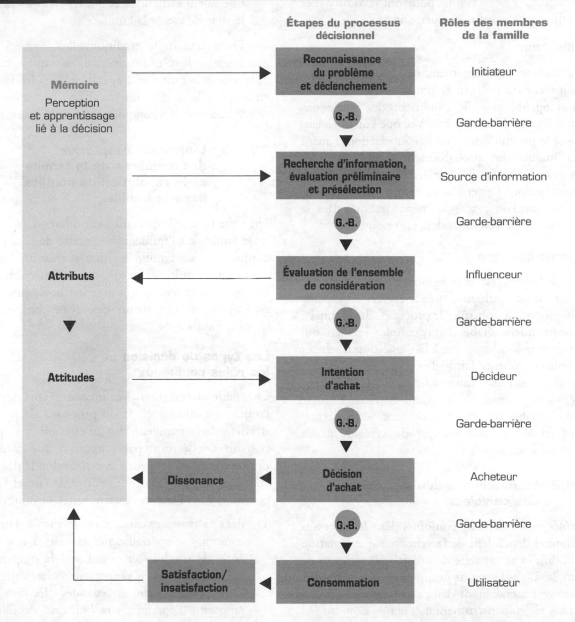

Étapes du processus décisionnel	Rôles des membres de la famille
Reconnaissance du problème et déclenchement	Initiateur
G.-B.	Garde-barrière
Recherche d'information, évaluation préliminaire et présélection	Source d'information
G.-B.	Garde-barrière
Évaluation de l'ensemble de considération	Influenceur
G.-B.	Garde-barrière
Intention d'achat	Décideur
G.-B.	Garde-barrière
Décision d'achat	Acheteur
G.-B.	Garde-barrière
Consommation	Utilisateur

Mémoire
Perception et apprentissage lié à la décision

Attributs

Attitudes

Dissonance

Satisfaction/ insatisfaction

L'acheteur

L'*acheteur* est le membre de la famille à qui est confié la tâche de l'achat du produit choisi. Celui-ci peut être libre ou non de faire un changement, de négocier une entente ou de choisir l'endroit de l'achat. Le rôle de l'acheteur peut parfois se limiter à acheter la marque de shampooing ou de dentifrice choisie par les autres membres de la famille. Dans

certains cas, le décideur et l'acheteur sont la même personne. Par exemple, une étude a révélé que le tiers des buveurs de bière laissaient à l'acheteur l'initiative du choix de la marque, celui-ci connaissant leurs préférences 9 fois sur 10[20].

Peu de temps après l'achat, certains membres de la famille peuvent ressentir de la dissonance. Si cette dissonance est réduite par un des moyens présentés au chapitre 6, la décision sera sans doute renforcée, et les membres de la famille pourront recommander le produit acheté à d'autres personnes.

L'utilisateur

Les *utilisateurs* sont les membres de la famille qui consomment ou utilisent le produit acheté. Ce sont eux qui jugent le produit et qui tirent des conclusions quant à savoir s'il est conforme à ce que l'on attendait. Lorsque le produit donne entière satisfaction, l'image de la marque est probablement renforcée et les membres de la famille peuvent recommander le produit. Lorsque l'inverse se produit, il devient moins probable que l'on achète la même marque dans le futur et on ne la recommandera sans doute pas.

Le garde-barrière

Le *garde-barrière* est la personne qui, en raison du pouvoir ou de l'influence qu'elle exerce, est capable de bloquer ou de contrôler le processus décisionnel à n'importe quelle étape. Par exemple, le mari qui oppose un non catégorique à la suggestion d'acheter une nouvelle voiture familiale ou qui est en mesure de contenir le flux d'information chez les membres de la famille joue un rôle de garde-barrière. La mère qui est capable de passer outre aux désirs de son enfant en achetant la marque de céréales qu'elle préfère joue le même rôle.

13.4.2 La différenciation des rôles des conjoints

Les rôles que jouent les conjoints dans le processus décisionnel dépendent de facteurs tels que la nature du produit et sa capacité de satisfaire les besoins de la famille. Dans les petits groupes comme la famille, on trouve généralement deux types de rôles fondamentaux : le rôle instrumental et le rôle expressif [21] :

1. Le *rôle instrumental* implique des comportements orientés vers l'atteinte d'un but ou l'accomplissement d'une tâche ; par exemple, il peut s'agir de prendre des décisions relatives au budget, aux attributs du produit qui ont une valeur fonctionnelle et à la négociation finale.

2. Le *rôle expressif* implique des comportements sociaux ou émotifs ; il peut s'agir de prendre des

décisions quant aux attributs du produit qui ont une valeur esthétique et qui reflètent le statut et le style de vie de la famille.

Dans la famille traditionnelle, le mari joue généralement le rôle instrumental, alors que la femme adopte le rôle expressif. Cependant, plus les femmes entrent sur le marché du travail, plus elles ont tendance à adopter des comportements instrumentaux.

13.4.3 L'influence respective des membres de la famille et la résolution de conflits dans la famille

Un autre facteur important à considérer dans l'étude de la famille est l'influence respective de chacun des conjoints. Une famille est dite *patriarcale* lorsque c'est le mari qui joue le rôle dominant, *matriarcale* lorsque c'est la femme qui joue le rôle dominant, et *égalitariste* lorsque aucun des deux conjoints ne domine l'autre.

Les types de décision et les rôles conjugaux

On peut déterminer l'influence respective des conjoints à chaque étape du processus de prise de décision de la famille. On a en effet observé que le pouvoir de décision par rapport à une catégorie donnée de produits peut s'inscrire, selon le degré de spécialisation et l'influence relative de l'un et l'autre conjoint, dans l'une des quatre zones suivantes [22] :

1) dans la *zone autonome* dans le cas où l'un des conjoints se spécialise par rapport à une catégorie de produits et prend seul la plupart des décisions d'achat se rapportant à cette catégorie. Cela pourrait être le cas des décisions par rapport à l'épargne, aux boissons alcooliques, aux drogues et aux vêtements du mari ;

2) dans la *zone dominée par la femme* dans le cas où celle-ci prend, la plupart du temps, les décisions concernant la catégorie de produits. Cela est généralement le cas pour les ustensiles de cuisine, les produits de nettoyage, la nourriture ainsi que les vêtements de la femme et des enfants ;

3) dans la *zone dominée par le mari* dans le cas où celui-ci prend, la plupart du temps, les décisions quant à ce produit. Cela est généralement le cas pour les articles de toilette, les outils et aussi un peu plus pour l'assurance-vie et les autres types d'assurances ;

4) dans la *zone commune* si la décision est prise conjointement par le mari et la femme. Cela est

généralement le cas pour les vacances, le choix d'une école, les meubles de salon, les jouets des enfants, les loisirs et le logement.

Les décisions de consommation peuvent aussi être classées par rapport à deux dimensions importantes : l'*influence respective* de chacun des conjoints (par exemple, dans la figure 13.6, on a situé cette influence sur une échelle de 1 à 3, où 1 signifie mari

---

Figure 13.6 | *Rôles des conjoints pour 25 types de décision*

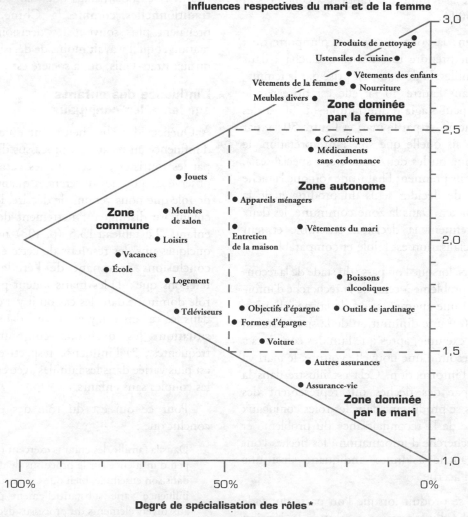

* Un degré de 100 % indique que toutes les décisions relatives au produit sont prises conjointement – il n'y a donc aucune spécialisation des rôles dans le couple par rapport au produit. Un degré de 0 % indique que les décisions sont prises par un seul individu et qu'il y a donc une grande spécialisation des rôles dans le couple par rapport à ces décisions.

Source H.L. Davis et B. Rigaux-Bricmont, « Perceptions of marital roles in decision processes », *Journal of Consumer Research,* vol. 1, n° 1, juin 1974, p. 54. Traduit avec la permission de la University of Chicago Press.

seulement, 3 signifie femme seulement et 2 signifie les deux également) et la *spécialisation des rôles* joués par la femme et le mari, mesurée par le pourcentage des familles qui disent avoir pris une décision conjointe.

La figure 13.6 représente les 4 zones de décision décrites ci-dessus et la spécialisation des rôles pour 25 types de décision[23]. La différence entre la zone autonome et la zone commune provient de la spécialisation des rôles, étant donné que, dans chaque cas, l'influence de la femme par rapport à celle de son mari est de 50 %.

Ainsi, dans la zone autonome, n'importe quel conjoint peut prendre une décision d'achat : dans 50 % des familles, la décision est prise par la femme, alors que, dans l'autre 50 %, elle est prise par le mari ; ou il peut s'agir d'une famille où 50 % des décisions sont prises par le mari et l'autre 50 %, par la femme. Mais quelle que soit l'interprétation, le mari, la femme ou les deux sont très « spécialisés », en ce sens qu'ils prennent l'habitude (ou que la tâche leur revient) de décider seuls du produit et de la marque à acheter. Dans la zone commune, les deux conjoints prennent la décision ensemble et leur degré de spécialisation est faible et comparable.

Par ailleurs, lorsque l'on passe du stade de la reconnaissance du problème à celui de la recherche d'information, il y a une augmentation de la spécialisation individuelle (ou une diminution de la spécialisation relative). Par exemple, après que l'un des conjoints a reconnu le besoin d'une nouvelle voiture, le mari va chercher de l'information. Cela est illustré dans la figure 13.7 par des flèches qui représentent des changements se produisant dans les rôles conjugaux entre le stade de la reconnaissance du problème et celui de la recherche d'information ; les flèches vont toutes de gauche à droite, indiquant ainsi une spécialisation accrue.

L'inverse se produit lorsque l'on passe du stade de la recherche d'information à celui de la décision finale, c'est-à-dire qu'il y a une moindre spécialisation. Dans le même exemple, la décision finale d'acheter une voiture est prise conjointement par le mari et la femme. Cela est illustré dans la figure 13.8

(p. 402) par des flèches qui représentent les changements se produisant dans les rôles conjugaux entre le stade de la recherche d'information et celui de la décision finale ; ces flèches vont toutes de droite à gauche, indiquant ainsi une diminution de la spécialisation.

Une étude a montré que cette tendance à la différenciation des rôles en fonction de l'étape du processus décisionnel était indépendante de la culture (dans ce cas, on a comparé des couples américains et chinois), mais que, dans les sociétés plus traditionnelles comme la Chine, les hommes prenaient plus souvent les décisions de consommation et qu'il y avait moins de décisions communes qu'aux États-Unis, où la société est plus libérale[24].

L'influence des enfants sur les rôles conjugaux

À Québec, des chercheurs ont étudié la structure d'influence au regard du processus de décision suivi par les touristes concernant les vacances[25]. Ils ont observé de grandes différences quant à la structure de rôle que nous venons de décrire, les familles avec enfants se distinguant nettement des couples sans enfants. Le tableau 13.5 (p. 403) rend compte de quelques-uns des résultats de cette étude. Parmi les conclusions provenant de l'étude en question, retenons que : 1) les maris jouent plus souvent un rôle dominant dans les cas où il y a des enfants que dans les cas où il n'y en a pas ; dans cette dernière situation, les décisions conjointes sont plus fréquentes ; 2) l'influence respective des conjoints est plus variée dans les familles avec enfants que chez les couples sans enfants.

Pour ce qui est du rôle des enfants, l'étude conclut que :

> Dans la famille, les enfants exercent relativement peu d'influence sur le processus de décision pris dans son ensemble, bien que l'importance de leur influence varie substantiellement par rapport aux divers éléments du processus décisionnel.

Néanmoins, les enfants peuvent influencer les décisions de la famille en formant une alliance avec l'un ou l'autre des conjoints, de façon à créer une position majoritaire[26].

Figure 13.7   *Évolution du rôle des conjoints entre l'étape de la reconnaissance du problème et celle de la recherche d'information*

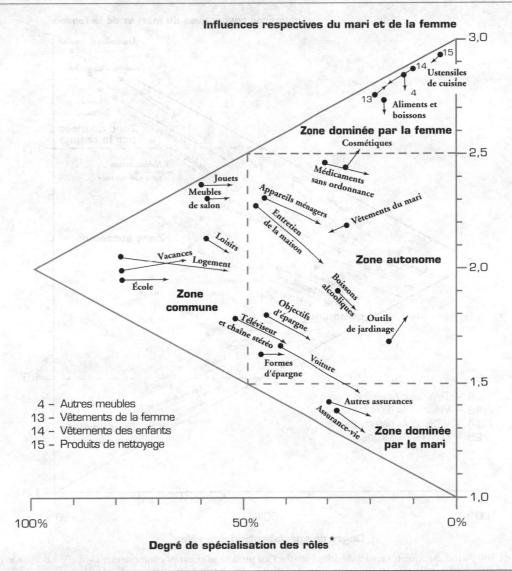

Influences respectives du mari et de la femme

Zone dominée par la femme

Zone autonome

Zone commune

Zone dominée par le mari

4 – Autres meubles
13 – Vêtements de la femme
14 – Vêtements des enfants
15 – Produits de nettoyage

Degré de spécialisation des rôles*

Source   H.L. Davis et B. Rigaux-Bricmont, « Perceptions of marital roles in decision processes », *Journal of Consumer Research,* vol. 1, nº 1, juin 1974, p. 54. Traduit avec la permission de la University of Chicago Press.

Les stratégies mises en œuvre pour éviter ou réduire les conflits au sein de la famille

Le tableau 13.6 (p. 404) présente la classification élaborée par H.L. Davis concernant les stratégies de prise de décision de la famille[27]. Selon Davis, il existe fondamentalement deux ensembles de stratégies, selon que les membres de la famille s'entendent ou non par rapport aux buts visés par la décision. Si tous sont d'accord, par exemple, pour dire qu'il est temps d'acheter une nouvelle voiture, la famille est en situation de *consensus*. Par contre, si

Figure 13.8

Évolution du rôle des conjoints entre l'étape de la recherche d'information et celle de la décision finale

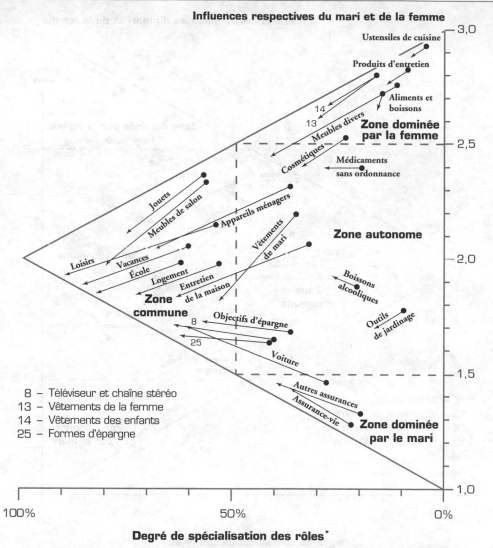

Influences respectives du mari et de la femme

Degré de spécialisation des rôles*

* Un degré de 100 % indique que toutes les décisions relatives au produit sont prises conjointement – il n'y a donc aucune spécialisation des rôles dans le couple par rapport au produit. Un degré de 0 % indique que les décisions sont prises par un seul individu et qu'il y a donc une grande spécialisation des rôles dans le couple par rapport à ces décisions.

Source H.L. Davis et B. Rigaux-Bricmont, « Perceptions of marital roles in decision processes », *Journal of Consumer Research,* vol. 1, n° 1, juin 1974, p. 57. Traduit avec la permission de la University of Chicago Press.

les membres de la famille ne s'entendent pas sur les buts, ils devront peut-être avoir recours au *compromis* pour résoudre le conflit, et il est possible qu'un ou plusieurs membres de la famille soient obligés de faire des concessions.

1. *Les stratégies de consensus.* D'après Davis, trois grandes stratégies permettent d'atteindre un consensus :

   ■ La stratégie de *structure de rôle.* La famille délègue la décision à l'un de ses membres,

Tableau 13.5

Détermination du processus décisionnel pour les vacances familiales et le logement selon la structure de rôle

Structure de rôle	Sous-décisions	
	Couples avec enfants	Couples sans enfants
Partage des rôles, décision commune, décision partagée au dire des deux conjoints	• Visiter la région • Visiter la ville • Demeurer en ville • Type de logement	• Prendre des vacances cette année • Visiter la région • Visiter la ville • Demeurer en ville • Type de logement • Réserver • Choix d'une chaîne d'hôtels • Type d'endroit de villégiature
Décision autonome, décision partagée au dire du mari, décision prise par le mari au dire de la femme	• Prendre des vacances cette année • Prendre des vacances cet été • Prendre des vacances ensemble • Type de vacances • Choix de la chambre	• Prendre des vacances cet été
Décision prise par le mari au dire du mari, décision partagée au dire de la femme	• Choix d'une chaîne d'hôtels • Choix de l'hôtel	
Spécialisation des rôles, décision prise par le mari au dire des deux conjoints	• Période des vacances • Durée des vacances • Budget pour les vacances • Réserver • Type d'endroit de villégiature • Fourchette de prix acceptable	• Période des vacances • Durée des vacances • Budget pour les vacances • Prendre des vacances ensemble • Type de vacances • Fourchette de prix acceptable • Choix de l'hôtel • Choix de la chambre

Source P. Filiatrault et J.R.B. Ritchie, « Joint purchasing decisions : A comparison of influence structure in family and couple decision-making units », *Journal of Consumer Research*, vol. 7, n° 2, septembre 1980, p. 135. Traduit avec la permission de la University of Chicago Press.

qui joue alors un rôle de « spécialiste ». La principale responsabilité du spécialiste est de prendre des décisions dans le domaine désigné ; ces décisions sont, par la suite, acceptées par les autres membres de la famille ;

■ La stratégie de *budget*. La famille établit des règles qui limitent le champ des décisions. Des conflits sont toujours possibles, mais les règles établies tendent à diriger l'attention vers un code de conduite opérationnel. Des

discussions régulières portant sur le budget peuvent être l'occasion de faire connaître ses divergences relatives aux besoins et de revoir les règles. Le budget joue donc un rôle de « contrôleur ». Par exemple, une fois que la famille s'est fixé un budget pour les loisirs, toute tentative faite par un membre de la famille pour dépasser la limite violerait la règle, de sorte que la frustration qui en découlerait serait attribuée à la règle plutôt qu'aux autres membres de la famille ;

| Tableau 13.6 | *Typologie des diverses stratégies de prise de décision, selon Davis* |

Situation recherchée (selon les buts visés)	Stratégies	Modes d'application
Le consensus (les membres de la famille s'entendent sur les buts)	• La structure de rôle • Le budget • La résolution de problèmes	• Le « spécialiste » • Le « contrôleur » • L'« expert » • La « meilleure solution » • Les « achats multiples »
Le compromis (les membres de la famille ne s'entendent pas sur les buts)	• La persuasion	• Le « critique non responsable » • L'« intuition » • Le « magasinage à deux » • La « coercition » • La « coalition »
	• La négociation	• Le « prochain achat » • L'« achat impulsif » • La « procrastination »

Source H.L. Davis, « Decision making within the household », *Journal of Consumer Research,* vol. 2, n° 4, mars 1976, p. 255. Traduit avec la permission de la University of Chicago Press.

■ La stratégie de *résolution de problèmes.* On peut résoudre les problèmes en consultant, pour faciliter le choix, un « expert » qui fait partie ou non de la famille. Une discussion entre les membres de la famille peut conduire à une « meilleure solution » que la solution proposée initialement. Enfin, on peut, par des « achats multiples », réduire ou éviter les conflits. Par exemple, on pourra décider d'acheter deux petits téléviseurs au lieu d'un gros appareil ou deux marques différentes de dentifrice au lieu d'une seule.

2. Les stratégies de *compromis.* Toujours selon Davis, pour obtenir un compromis, deux grandes stratégies s'offrent à nous :

■ La stratégie de *persuasion.* Le but ici est d'amener une personne à prendre une décision qu'elle n'aurait pas prise initialement. Le « critique non responsable » peut critiquer en toute liberté parce qu'il ne possède pas d'autorité pour prendre une décision. C'est le cas, par exemple, du conjoint qui ne cesse de faire des remarques, qui critique continuellement l'autre et qui s'écrie, lorsque la décision se révèle mauvaise : « Je te l'avais bien dit ! » L'« intuition » aide le consommateur à choisir le moment où son conjoint sera le plus réceptif à la persuasion et les arguments auxquels il sera le plus sensible. Cette tactique est employée autant par les hommes que par les femmes. En ce qui a trait au « magasinage à deux », un membre de la famille se fait accompagner d'un autre membre pour prendre de l'information sur les produits. Le membre accompagnateur, qui a accepté de venir, peut trouver plus difficile de faire obstacle au projet d'achat dans le futur. Lorsqu'il y a « coercition », un membre de la famille menace un autre membre dans le but de le forcer à approuver la décision. La coercition est surtout employée à l'égard des enfants. Enfin, il se peut qu'il se forme des « coalitions » dans la famille pour forcer la minorité à donner son accord à la majorité. Dans l'exemple des vacances, nous avons vu que les enfants pouvaient s'allier avec l'un des parents pour influencer la décision.

■ La stratégie de *négociation.* Elle appelle des concessions mutuelles ainsi que des considérations à plus long terme que la stratégie de persuasion. L'un des modes de négociation peut consister, pour un membre de la famille, à approuver une décision dans le but de parvenir à ses fins lors du « prochain achat ». C'est ainsi qu'une femme approuvera le choix de voiture de son mari pour autant que celui-ci s'engage à lui laisser choisir le prochain téléviseur. Dans le cas de l'« achat impulsif », un membre de la famille effectue d'abord l'achat pour négocier ensuite cet achat avec les autres membres de la famille. Enfin, dans la « procrastination », on remet l'achat à plus tard dans l'espoir que l'on pourra faire un nouveau choix à la lumière d'informations nouvelles ou à la suite d'un changement de situation. C'est ce qui se produit, par exemple, lorsque l'on entend une remarque telle que la suivante : « Lorsque j'ai appelé la compagnie aérienne, les sièges étaient tous vendus. »

Bien que la recherche sur ces diverses stratégies soit limitée, ces informations peuvent cependant être utiles aux spécialistes de marketing. Par exemple, le fait de savoir qui est la personne la plus susceptible de jouer le rôle de spécialiste pour certaines catégories de produits peut aider à adapter les thèmes publicitaires selon la cible visée. Certaines stratégies comme l'achat impulsif ou l'intuition peuvent être exploitées dans les publicités télévisées pour créer une image positive du produit. Les stratégies de la meilleure solution ou de la procrastination peuvent être exploitées dans les programmes promotionnels pour attirer l'attention sur un produit nouveau et meilleur. Enfin, les représentants doivent connaître ces stratégies pour comprendre la dynamique du processus de prise de décision au sein de la famille et pour répondre aux besoins de chaque membre de la famille.

13.4.4 D'autres facteurs influant sur la prise de décision au sein de la famille

D'autres facteurs peuvent influer sur la prise de décision de la famille, notamment la culture, les groupes de référence, la classe sociale, le cycle de vie de la famille, le travail de la femme mariée, le lieu de résidence (famille urbaine ou rurale) et la personnalité

des conjoints. Dans une étude de marché, on doit mesurer chacun de ces facteurs afin de déterminer leur influence respective sur le comportement d'achat de la famille. Nous examinons ci-dessous l'effet de ces facteurs.

◆ **La culture et le degré d'acculturation.** La prise de décision familiale peut changer d'une manière importante selon la culture ou la sous-culture des conjoints. Par exemple, dans les cultures musulmanes, la femme mariée mène une existence retirée, possède peu de droits et exerce peu de contrôle sur les décisions familiales. Au Japon, la femme mariée ne travaille habituellement pas à l'extérieur du foyer, mais elle exerce un contrôle total sur les finances familiales et c'est elle qui effectue la majorité des achats. Dans les cultures européennes et nord-américaines, les habitudes d'achat impliquent l'égalité et une prise de décision commune dans le cas des achats majeurs.

Sur le plan de l'acculturation et dans le cas de familles chinoises qui ont immigré au Canada, on constate que le phénomène de l'acculturation (tel qu'il a été décrit au chapitre 8) touche les époux différemment : 1) le mari ne change pas sa façon de se comporter à l'intérieur de la famille en fonction de son degré d'acculturation ; 2) la femme revendique, au fur et à mesure de son acculturation, l'égalité avec l'homme et le partage des tâches domestiques, ce qui peut conduire à un conflit[28].

◆ **Les groupes de référence.** Les membres des groupes de référence, tels les amis, les parents ou les collègues, peuvent modifier le processus décisionnel et l'influence respective des conjoints. Une étude a montré que le conjoint ayant le plus d'influence sur la prise de décision avait tendance à discuter plus volontiers du sujet avec ses parents, ses amis, les détaillants ou ses relations[29].

◆ **La classe sociale.** La prise de décision familiale est influencée par la classe sociale à laquelle appartiennent le mari et la femme. Les conjoints de la classe moyenne sont plus portés à prendre des décisions communes que ceux qui appartiennent aux classes supérieures ou inférieures. L'interaction de la classe sociale, de la culture et des styles de communication de la famille a été analysée avec beaucoup de soin dans une étude portant sur les familles francophones de Montréal[30].

◆ *Le cycle de vie de la famille.* Le concept de cycle de vie de la famille montre comment les besoins des familles varient au cours des diverses étapes de la vie. Ces besoins déterminent les obligations des conjoints au fur et à mesure que les enfants naissent, grandissent et quittent la maison. Cependant, les études indiquent que les décisions communes sont plus nombreuses aux étapes initiales du cycle de vie de la famille et que leur nombre diminue vers les derniers stades, les conjoints devenant plus spécialisés avec le temps. Cette spécialisation est due à une augmentation des pressions exercées par le temps et à un accroissement de la confiance dans la compétence de l'autre conjoint[31].

◆ *Le lieu de résidence.* Des recherches ont permis de découvrir des différences entre les familles urbaines et les familles rurales. Dans les familles rurales, l'influence relative de la femme n'est pas aussi forte, mais on prend cependant un plus grand nombre de décisions en commun[32].

◆ *La personnalité.* Les traits de personnalité des conjoints peuvent expliquer les rôles de chacun dans la prise de décision familiale. Deux des traits les plus importants sont l'empathie et la domination. L'empathie est l'aptitude à reconnaître et à partager les sentiments de l'autre. Une forte empathie contribue à réduire les conflits. La domination est liée au besoin de contrôler son environnement et d'influencer l'autre. Plus ce besoin est puissant, moins on trouve de décisions communes et plus il y a de conflits[33]. De plus, la personnalité des parents peut influencer la socialisation des enfants en tant que consommateurs. Une étude a montré que des mères ayant des styles différents en tant que parent (par exemple, autoritaire, permissif ou négligent) ne communiquaient pas de la même façon avec leurs enfants au sujet de la consommation, des buts poursuivis et de leurs visions de la publicité et n'imposaient pas les mêmes restrictions, par rapport à la consommation et à l'exposition aux médias[34].

13.5 Des questions d'actualité liées au comportement d'achat de la famille

Dans cette section, nous nous intéresserons à certaines questions d'actualité liées à la prise de décision familiale : l'influence des enfants et l'évolution des rôles des femmes et des hommes.

13.5.1 Les questions liées au rôle des enfants

L'influence des enfants sur les parents

On a peu étudié, en marketing, l'influence des enfants au sein de la famille. Nous avons fait état précédemment du fait que les enfants pouvaient influencer la distribution des rôles entre les conjoints et qu'ils pouvaient modifier le déroulement du processus décisionnel en s'alliant avec l'un des conjoints.

Les enfants exercent également des pressions sur leurs parents, ce qui pousse ces derniers à réagir. Une étude a démontré qu'il existait une faible corrélation entre les tentatives des enfants de 5 à 10 ans pour exercer une influence et le fait que les parents cèdent à cette pression, lorsque l'âge n'est pas pris en considération. Mais en tenant compte de l'âge, on a découvert que les tentatives pour exercer une pression sur les parents diminuaient avec l'âge des enfants et que le nombre de parents acquiesçant aux demandes de leurs enfants augmentait avec l'âge des enfants[35]. Cette observation laisse entendre que les parents sont plus portés à accepter l'opinion de leurs enfants au fur et à mesure que ceux-ci vieillissent. Une autre étude a indiqué que les parents acquiesçaient aux demandes de leurs enfants lorsqu'ils n'avaient pas de critères solides pour prendre leurs décisions[36]. Selon les résultats d'une étude portant sur l'influence des enfants dans le choix des céréales, les mères qui se montraient très préoccupées de la santé de leurs enfants avaient moins tendance que les autres à acheter la marque choisie par les enfants[37].

En général, il semble donc que les parents cèdent moins aux pressions exercées par leurs enfants et que ces pressions tendent à diminuer lorsque les enfants grandissent. Les parents jouent un rôle important en tant qu'éducateurs, particulièrement en façonnant les habitudes d'achat de leurs enfants. Cependant, l'enfant n'est pas toujours un sujet facile à duper, que le fabricant peut manipuler pour influencer les parents. L'enfant possède souvent un bon jugement et, selon une étude, les enfants prêtent attention aux publicités destinées aux adultes lorsqu'ils s'intéressent au produit ; de plus, les enfants se souviennent mieux de la marque que leurs parents[38].

Un enfant est non seulement un « être en devenir », mais aussi un consommateur disposant souvent d'un certain pouvoir d'achat. Pour se servir de ce pouvoir intelligemment, l'enfant a besoin de l'information que procure la publicité et il y a droit.

La publicité et le comportement de l'enfant

Une critique souvent faite à l'égard de la publicité est qu'elle encourage les enfants à demander à leurs parents des produits que ceux-ci ne peuvent pas se payer ou qu'ils ne veulent pas que leurs enfants possèdent. Ces arguments ont servi de fondement à des lois et à des codes de déontologie interdisant la publicité destinée aux enfants.

Une question importante est de savoir si les enfants sont vulnérables à la publicité. S'ils le sont, jusqu'à quel âge doit-on les en protéger ? On a suggéré de fixer cette limite à 13 ans. Mais les résultats des recherches sont peu convaincants ou incomplets. Une étude a démontré que la publicité relative aux jouets influençait le choix des enfants, surtout durant la période des achats de Noël[39]. Cependant, la même étude a aussi indiqué que la publicité avait un effet limité sur les enfants : le nombre de jouets et de jeux choisis par les enfants comme cadeaux de Noël augmentait de 5 %, cette augmentation n'étant pas corrélée avec l'âge des enfants. Une autre étude est arrivée aux mêmes conclusions, laissant entendre que les effets de la publicité sur les enfants ont été exagérés. On a découvert que les enfants adoptaient très jeunes un certain scepticisme et des mécanismes de défense à l'égard des messages publicitaires[40].

La formation de tels mécanismes a aussi été mise en évidence dans une étude où l'on a constaté que les enfants pouvaient déceler très jeunes l'intention persuasive de la publicité[41]. Lorsque l'enfant est capable de déceler cette influence, il réagit négativement au message. Selon les auteurs, « un enfant capable de déceler l'intention persuasive subit moins l'influence de la publicité parce qu'il a moins confiance en elle, qu'il aime moins l'annonce et qu'il est moins porté à demander le produit annoncé[42] ».

L'habileté à déceler l'intention persuasive est liée à l'âge de l'enfant. La même étude a révélé que cette habileté était présente chez 53 % des écoliers de première année, chez 87 % des écoliers de troisième année et chez 99 % des écoliers de cinquième année. Cela appelle deux remarques importantes pour le marketing. La première est que, étant donné que les enfants de cinquième année ne sont pas plus influençables que les adultes, la limite fixée à 13 ans est probablement trop élevée. La seconde se rapporte à l'habileté à déceler l'intention persuasive, laquelle est directement liée à l'âge ; or le célèbre psychologue pour enfants Jean Piaget soutient que l'âge est lié à deux facteurs, la maturité et l'expérience acquise[43]. Par conséquent, lorsque l'on empêche l'exposition de l'enfant à la publicité alors que le stade de développement qu'il a atteint le permettrait, on risque de retarder la formation des mécanismes de défense naturels de l'enfant, mécanismes dont celui-ci aura probablement besoin dans les premiers stades de l'adolescence.

Une autre étude a montré que le comportement et les attitudes de l'enfant sont influencés par la publicité, et que les enfants qui sont les plus susceptibles d'influencer leurs parents sont ceux qui sont le plus influencés[44]. Enfin, d'autres études ont révélé qu'à l'instar des adultes les enfants connaissent l'effet de saturation auquel peut donner lieu la publicité et qu'après un certain nombre de messages répétés les effets de la publicité tendent à devenir négatifs[45].

Nous pouvons donc conclure que l'effet de la publicité sur les enfants a été exagéré. Les enfants se rendent compte très jeunes de l'intention persuasive de la publicité, apprennent à s'en protéger, font l'expérience des mêmes effets de saturation que ceux que connaissent les adultes et se laissent plus influencer s'il y a de bonnes chances que leurs demandes soient exaucées.

L'importance des enfants pour le marketing

Les 5 millions d'enfants de 12 ans et moins qui habitent au Canada constituent un important marché pour plusieurs mercaticiens. Les enfants peuvent influencer le choix de leurs parents et disposent de leur propre pouvoir d'achat. Par exemple, c'est l'enfant qui détermine, dans 40 % des cas, le restaurant que la famille fréquentera ou qui influencera, dans 31 % des cas, la destination pour les vacances familiales[46]. Avec la diminution de la taille de la famille, les enfants deviennent plus importants.

Les enfants ont des façons de s'exprimer ainsi que des besoins qui leur sont propres, mais ceux-ci varient grandement selon l'âge et le sexe. Par exemple, les enfants de 4 à 8 ans sont curieux, mais ils ne peuvent se concentrer longtemps et ils aiment voir les produits en situation d'utilisation. Les enfants de 9 à 12 ans peuvent se concentrer plus longtemps et ont une meilleure compréhension des concepts abstraits. Les spécialistes des études de marché doivent exploiter différentes techniques pour intéresser les enfants[47]. Le plaisir semble cons-

tituer un facteur important pour les attirer, et l'on ne doit jamais l'oublier, qu'il s'agisse de l'emballage, du maniement du produit, de l'utilisation de porte-parole ou de personnages sympathiques, des formes, des textures, des couleurs ou des saveurs.

Le comportement des adolescents et le marketing[48]. Les 2,8 millions d'adolescents canadiens de 13 à 19 ans constituent un autre important marché pour le marketing. Selon une étude, les adolescents ont des attitudes qui diffèrent beaucoup de celles des adultes et considèrent ces derniers comme un peu hostiles. Les adolescents accordent beaucoup d'importance à l'amitié (91 %), à l'amour (86 %), à la liberté (85 %), au succès (78 %), à l'intimité (68 %), à la vie de famille (65 %), à l'excitation (58 %), à la reconnaissance (39 %) et à la popularité (21 %). Une autre étude a révélé que le revenu moyen hebdomadaire des adolescents était de 115 $ et que 60 % de ce revenu était dépensé en vêtements, en soins personnels, en divertissements, en disques, en collations et en passe-temps. L'encadré 13.2 donne de l'information additionnelle sur les habitudes de consommation des adolescents.

Encadré 13.2   *PLEINS FEUX SUR LES CONSOMMATEURS*

Les jeunes consommateurs d'aujourd'hui

Les tweens

Après la génération X, les *preppies* et les *DINKs,* voici les *tweens*. Les *tweens* sont les enfants âgés de 9 à 14 ans des *baby-boomers* et composent le groupe d'enfants le plus important dans ce groupe d'âge depuis les années 1960. Plus précoces que ceux de la génération précédente, ils sont de fins observateurs, choisissent avec soin les produits et consomment. Ils ont de l'argent à dépenser, possèdent leurs propres comptes de banque, suivent de près les nouvelles vagues et les marques à la mode, sont friands de la nouvelle technologie et exercent une grande influence sur les achats de leurs parents. De plus en plus de mercaticiens au Canada s'intéressent d'une façon particulière à ce segment du marché que constituent les jeunes. Par exemple, La Senza a récemment créé La Senza Girl, Jacob a lancé le Jacob Junior il y a quelques années et Le Château cible une clientèle plus jeune avec la collection Junior Girl, destinée aux filles de 8 à 10 ans.

Selon une enquête réalisée par YTV au Canada en 2000, les 2,5 millions de *tweens* avaient 1,8 milliard de dollars à dépenser, soit une augmentation de 12 % par rapport à 1999. L'enquête révèle que 59 % des *tweens* reçoivent de l'argent de poche de leurs parents. En 2000, les sommes hebdomadaires que les *tweens* ont reçu de leurs parents représentent la plus grosse part de leur argent, se chiffraient à :

▼

Âge	Montant
9-10	6,60 $
11-12	6,80 $
13-14	13,60 $

Les jeunes consommateurs d'aujourd'hui *(suite)*

Les *tweens* reçoivent aussi de l'argent en cadeau. Près de 84 % d'entre eux ont reçu en moyenne 90 $ en cadeau d'anniversaire et en des occasions spéciales, telles que la Hanoukka ou Noël. En outre, 28 % des *tweens* ont reçu chacun 188 $ de leurs parents pour les achats associés à la rentrée scolaire.

L'enquête s'est aussi penchée sur certains comportement des *tweens* et sur leurs habitudes de consommation. Il en ressort que :

- 20 % travaillent à temps partiel ;
- 79 % épargnent de l'argent « tout le temps » et « parfois » ;
- 92 % achètent seulement ce qu'ils peuvent se permettre ;
- 75 % planifient leurs achats à l'avance et magasinent pour trouver le meilleur achat.

Au chapitre des dépenses, les produits ou services les plus consommés par les *tweens* sont :

- les bonbons et les friandises (45 % des *tweens*) ;
- les vêtements et les chaussures (35 %) ;
- la musique (22 %) ;
- les jeux non électroniques (19 %) ;
- les aliments et les boissons (16 %) ;
- les jeux vidéos (16 %) ;
- les livres et les revues (15 %) ;
- le cinéma (13 %).

Les enfants de 6 à 8 ans

Le Canada compte environ 1,2 million d'enfants âgés de 6 à 8 ans, et 39 % d'entre eux ont reçu en moyenne 3,70 $ par semaine de leurs parents. La majorité (70 %) d'entre eux épargnent leur argent et, lorsqu'ils le dépensent, ils achètent :

- des bonbons et des friandises (57 % des enfants) ;
- des jeux non électroniques et des jouets (42 %) ;
- de la crème glacée (22 %) ;
- des croustilles (16 %) ;
- des cartes de collection (13 %).

Sources   Inspiré de YTV Kid & Tween Report 2000, <www.ytvpublicity.com> ; S. Semenak, « Tweens love latest fads », *The Gazette*, 13 mars 1999, p. A1, A6 ; V. Roy, « Les petits rois de la consommation », *La Presse*, 10 octobre 2000, p. B1.

Une très grande proportion d'adolescents préparent leurs repas (72 %) et font de la pâtisserie (60 %), et la moitié d'entre eux font beaucoup d'achats et exercent une grande influence sur le choix de la marque par le parent qui fait habituellement les courses. Les mères ont signalé que les adolescentes avaient beaucoup d'influence par rapport à plusieurs catégories de produits : les sodas diététiques (62 %), les céréales du déjeuner (80 %), les dentifrices (68 %), les savonnettes (55 %), les chaînes stéréo (47 %) et les valises (28 %). De plus, les adolescentes choisissent elles-mêmes la marque de shampooing qu'elles utilisent (67 %) et sont les plus grandes utilisatrices de parfums (99 %) et de vernis à ongles (90 %).

Enfin, les adolescents ont tendance à être plus critiques que les adultes à l'égard de la publicité, mais aussi plus attentifs aux annonces publicitaires ; on doit donc, pour les attirer, adopter une approche créative différente comportant un habile dosage d'information et de divertissement ; par exemple, Internet, grâce à ses qualités interactives et de divertissement, est devenu un moyen d'information très populaire parmi les adolescents : une enquête récente a révélé qu'environ deux tiers des adolescents canadiens de 15 à 19 ans utilisent Internet pour chercher de l'information sur des produits et des services. Les adolescents sont aussi très au courant des problèmes de l'environnement, des problèmes sociaux (tels que la conduite en état d'ébriété et le sida), connaissent la musique rock et divers produits (tels que les magnétoscopes) et ils sont portés à se soucier des marques et du statut.

13.5.2 L'évolution du rôle des femmes

Au cours des 30 dernières années, on a assisté à des changements importants en ce qui a trait à la conception du rôle des femmes, cela étant dû à des facteurs économiques, culturels et sociaux. Au Canada, on dénombre plus de 10 millions de femmes en âge de travailler, et environ les deux tiers d'entre elles sont professionnellement actives. Ces changements ont touché tant les femmes qui travaillent à l'extérieur du foyer que celles qui demeurent au foyer.

Les femmes au foyer

Les femmes qui ne travaillent pas à l'extérieur du foyer ont tendance à être moins actives, à avoir moins d'assurance et moins de confiance en soi et sont moins égocentriques que les femmes qui travaillent à l'extérieur. Cependant, les attitudes changent, particulièrement chez les femmes qui projettent de travailler dans le futur. Ces femmes allient les responsabilités familiales avec des activités à l'extérieur du foyer et elles accomplissent des tâches ménagères différentes de celles des ménagères d'autrefois[49].

Les femmes travaillant à l'extérieur du foyer

Au début, la plupart des femmes présentes sur le marché du travail travaillaient pour augmenter le revenu de la famille, mais, de nos jours, de plus en plus de femmes entrent sur le marché du travail afin de suivre une carrière. Une étude canadienne a révélé que deux femmes sur cinq se considéraient comme des femmes de carrière. Celles-ci ont tendance à lire plusieurs magazines et journaux, mais regardent peu la télévision[50]. Lorsque la femme mariée est orientée, de même que son mari, vers un travail à l'extérieur du foyer, on note d'importantes différences de comportement[51]. Le tableau 13.7 présente certaines des différences qui existent entre trois types de familles canadiennes : les familles à double revenu, les familles à double carrière et les familles traditionnelles.

Les mercaticiens doivent adapter leurs stratégies aux changements observés chez les femmes, particulièrement chez les femmes de carrière. Parmi les aspects auxquels il faut prêter une attention particulière, on trouve :

- la performance du produit : elle ne doit pas être considérée seulement en fonction de l'économie de temps, mais aussi en fonction du prestige, de l'efficacité et de la fiabilité ;

- le magasinage : celui-ci étant perçu comme une corvée, on devra mettre l'accent sur la commodité, par exemple l'emplacement, les heures d'ouverture et la possibilité de faire des achats le dimanche ;

Tableau 13.7	*Comparaison de trois types de familles selon l'orientation à l'égard du travail*		
	Familles à double carrière	**Familles à double revenu**	**Familles traditionnelles**
Achats de nourriture			
Qui les fait ?	Celui qui aime le mieux cela	Généralement la femme	La femme
À quelle fréquence ?	Une fois par mois ou une fois par semaine	Une fois par mois ou une fois par semaine	Une fois par semaine
Quand ?	Pas de moment fixe	Le même jour	Le même jour
Fidélité au magasin	Non	Oui	Oui
Corvées ménagères			
Préparation des repas	Les deux conjoints	Généralement la femme	La femme
Nettoyage et lessive	Les deux conjoints	Généralement la femme	La femme
Aide ménagère	Oui	Non	Non
Attitudes à l'égard des corvées	Travail de routine pendant la semaine pour libérer la fin de semaine	Travail régulier, mais au hasard	Travail régulier et organisé
Commodités ménagères			
Lave-vaisselle et four à micro-ondes	Oui	Non	Non
Congélateur	Pour les achats en vrac, les plats en surplus	Pour les achats en vrac	Pour la récolte du jardin
Attitude à l'égard des commodités	Pour épargner du temps	Pour économiser de l'argent	Pour économiser de l'argent
Soins des enfants			
Discipline	Les deux conjoints	La femme, appuyée par le mari	La femme ; le mari laisse faire
Préparation pour l'école	Les deux conjoints	La femme	La femme
Finances familiales			
Comptes	Chacun le sien et un compte en commun	En commun	Un seul compte
Qui tient les comptes ?	Pour le ménage : la femme	La femme	La femme
Dépenses majeures	Entente du couple à la suite de discussions (chacun contribue)	Priorités : les besoins de la famille	Priorités : les territoires de chacun
Budget	Non fixe, révision périodique	Plus fixe	Plus fixe
Attitude à l'égard de l'argent	On peut avoir ce que l'on veut ; « coussins »	On travaille pour gagner ce que l'on veut	On a ce dont on a besoin (certains loisirs)
Crédit	Commodité, consolidation des comptes	Commodité et achat à crédit	Perçu comme dangereux
Paiement	Complet chaque mois	Paiement d'intérêts	Paiement d'intérêts

Source Traduit de J.W. Hanson et R. Polegato, « Identifying dual career dual income and traditional family segments », dans J.D. Forbes, (sous la dir. de), Marketing, vol. 4, Montréal, Association des sciences administratives du Canada, 1983, p. 137-139. Traduit avec permission.

Tableau 13.7   *Comparaison de trois types de familles selon l'orientation à l'égard du travail (suite)*

	Familles à double carrière	Familles à double revenu	Familles traditionnelles
Restaurants			
À quelle fréquence ?	Deux fois par semaine	Deux fois par mois	Rarement
Où ?	De tous les genres	Où les groupes sont bienvenus	Restaurants à service rapide
Critères	Bonne nourriture, ambiance, goût	Espace, menu varié, service	
Voitures			
Combien ?	Deux	Une ou deux	Une
Neuve ou d'occasion ?	Neuve	Parfois d'occasion	Souvent d'occasion
Comptant ou à crédit ?	Comptant	À crédit	À crédit
Qui décide ?	Individuellement	Conjointement	Le mari
Critères	Sécurité, consommation d'essence, petite voiture, investissement, « expérience » (p. ex. : voiture sport)	Grande	Voiture familiale, grosse voiture
Vacances familiales			
Qui décide ?	Les parents avec les enfants	Les deux conjoints	Les deux conjoints
Qui y va ?	La famille ; parfois, vacances à part pour les enfants	La famille	La famille
Préparatifs	Les deux conjoints	La femme	La femme
Critères	Culture	Visite de parents et d'amis	Visite de la famille
Destination	Europe, Amérique du Nord	Amérique du Nord	Canada
Budget	Sans limites, ce qu'il faut	Limité, ce qui restreint les choix	Limité
Biens durables			
Qui décide ?	Les deux conjoints	Les deux conjoints	La femme
Qui achète ?	Les deux conjoints	La femme, parfois le mari	La femme
Critères	Économie de temps, style, indifférence à l'égard du prix, peu de magasinage, magasins de qualité	Importance du prix, comparaison, magasins de qualité moyenne	Importance du prix, comparaison, magasins bas de gamme
Style de vie			
	Intégration de la carrière et de la vie de famille par chacun des conjoints. L'aisance permet d'acquérir des commodités, ce qui rend possibles les loisirs individuels et en famille.	Les deux conjoints mettent l'accent sur la famille, même si la femme s'occupe généralement du foyer et des enfants. Les deux travaillent pour le bien-être de la famille.	La femme règne au foyer, le mari est roi au travail. La gamme des activités individuelles et familiales est déterminée par le sexe et le pouvoir de gain du mari.

■ la promotion : elle deviendra plus difficile en raison de la variété des médias, de l'augmentation du niveau d'instruction de la consommatrice, de son plus grand raffinement, et en raison de l'attention qu'elle accorde à la valeur du produit.

La situation d'emploi et la consommation de biens durables et d'aliments préparés

On a émis l'hypothèse que les familles où la femme travaille à l'extérieur du foyer posséderaient un plus grand nombre de biens durables permettant d'épargner du travail, comme les fours à micro-ondes, achèteraient plus de plats cuisinés, comme les repas surgelés, ou feraient plus d'achats par catalogue que les familles où la femme demeure au foyer. Une étude importante effectuée au Canada a révélé que le statut d'emploi de la femme augmentait d'une manière sensible la probabilité pour que la famille possède plusieurs appareils durables permettant d'économiser du temps ainsi que la fréquence de repas pris à l'extérieur de la maison, mais pas la consommation de plats cuisinés[52]. Par ailleurs, des études américaines ont observé qu'il n'y a pas de différences entre les deux types de familles lorsque le revenu familial total et la classe sociale sont les mêmes[53]. L'entrée sur le marché du travail peut avoir une incidence sur la consommation de produits durables et peut forcer la femme qui travaille à répartir différemment le temps alloué aux tâches domestiques et aux loisirs. Contrairement aux hypothèses antérieures, les familles ne traitent pas séparément les salaires des deux conjoints, ne considèrent pas le revenu de la femme comme temporaire et ne l'utilisent pas à des fins différentes de celles auxquelles est employé le revenu du mari.

Ces études laissent donc entendre que le fait que les femmes sont professionnellement actives situe ces familles dans des catégories de revenu et de classe sociale plus élevées, et que les femmes travaillant à l'extérieur du foyer emploient leur temps différemment, bien que leurs habitudes de consommation ne soient pas différentes de celles des femmes demeurant au foyer dont les niveaux de revenu et de classe sociale sont similaires.

Cependant, lorsque la classe sociale n'est pas la même, on observe alors des différences entre les femmes qui ont une situation d'emploi avantageuse et les autres, particulièrement en ce qui a trait aux aliments préparés, aux offres promotionnelles et au temps passé à regarder la télévision[54]. Cette situation est semblable à celle qui a été observée entre les femmes qui travaillent afin de disposer d'un deuxième revenu et les femmes de carrière.

13.5.3 L'évolution du rôle des hommes

Parallèlement à l'évolution qui caractérise les femmes, les hommes aussi changent, mais de façon moins marquée. Ces changements se reflètent dans les résultats d'une étude sur l'évolution du rôle des hommes dans la famille et qui a mis en évidence quatre types d'hommes[55] :

◆ *Les progressistes (13 %).* Ces hommes mariés sont jeunes et possèdent un niveau d'instruction élevé ainsi qu'un niveau de revenu au-dessus de la moyenne. Environ 90 % d'entre eux lavent la vaisselle, 70 % préparent les repas et les deux tiers font le marché. Ces hommes sont très tolérants à l'égard des femmes qui travaillent à l'extérieur du foyer.

◆ *Les grands diseurs, petits faiseurs (33 %).* Ces hommes mariés ont adopté certaines attitudes des progressistes, mais leur comportement réel ne coïncide pas avec ces attitudes. Seulement la moitié de ces hommes lavent la vaisselle et environ 20 % d'entre eux font le marché. On s'attend à ce que les pressions sociales qui s'exercent sur eux les transforment, tôt ou tard, en progressistes.

◆ *Les ambivalents (15 %).* Ces hommes préféreraient que les femmes demeurent à la maison, mais à cause de pressions économiques et sociales, ils acceptent à contrecœur que leurs femmes travaillent à l'extérieur. Environ 80 % de ces hommes lavent la vaisselle, 50 % préparent les repas et 60 % font le marché.

◆ *Les traditionalistes (39 %).* Ces hommes sont généralement plus âgés et moins instruits et croient que la place de la femme est à la maison. Environ un tiers de ces hommes lavent la vaisselle et 10 % préparent les repas.

Les mercaticiens doivent donc adapter leurs stratégies à ces changements survenus chez les hommes, surtout lorsqu'ils visent les hommes plus progressistes. Ils doivent porter une attention particulière aux aspects suivants :

- la fidélité à la marque : étant donné que les hommes participent à plusieurs décisions traditionnellement réservées à la femme, les mercaticiens doivent encourager la fidélité à la marque chez tous les membres de la famille, et non pas uniquement chez la ménagère traditionnelle ;

- le choix des produits : les décisions concernant les produits doivent tenir compte de l'émergence de nouveaux marchés, que ces décisions soient liées à l'emballage, aux formes, aux couleurs, etc. ;

- les habitudes de magasinage : les études indiquent une augmentation des achats de nourriture effectués par les hommes, et cela a des implications en ce qui a trait à l'aménagement du magasin, aux habitudes de circulation et à l'emplacement des articles plus susceptibles d'être achetés sous impulsion[56] ;

- la promotion : la publicité doit être attrayante autant pour l'homme moderne que pour la femme (au foyer ou au travail) et on doit donc choisir de nouveaux médias pour les joindre. De plus, la publicité et la promotion des ventes doivent refléter cette évolution des rôles et tenir compte des différences liées au sexe dans l'interprétation des informations[57].

RÉSUMÉ

Ce chapitre est consacré à la famille et à ses comportements d'achat. Les mercaticiens doivent comprendre le rôle que jouent les diverses unités familiales dans les décisions de consommation des membres de ces groupes.

Nous avons d'abord examiné la famille d'un point de vue démographique et expliqué le concept de cycle de vie de la famille. Les familles traversent plusieurs stades prévisibles. Au fur et à mesure qu'elles franchissent les divers stades de leur cycle de vie, des changements importants se produisent dans leurs modes de consommation. Le mercaticien doit comprendre ces étapes, car elles peuvent jouer un rôle important dans le façonnement du plan de marketing. Trois manières d'aborder la famille s'avèrent utiles comme outils de marketing : la conception classique du cycle de vie de la famille, sa conception renouvelée et la catégorisation de la famille utilisée par Statistique Canada.

Plusieurs facteurs psychosociaux influent sur les prises de décision au sein de la famille. Parmi ces facteurs, mentionnons la culture, les groupes de référence, la classe sociale, le stade du cycle de vie de la famille et le lieu de résidence. La famille elle-même influence les attitudes, les valeurs, les motifs et la personnalité de chacun de ses membres ainsi que le processus décisionnel menant à l'achat.

Le rôle de chaque membre de la famille varie selon le stade du processus décisionnel et selon l'objet de la prise de décision. Une décision peut être autonome, principalement influencée par la femme, principalement influencée par le mari ou commune (les deux conjoints participent également). Les enfants peuvent aussi jouer un rôle dans la prise de décision familiale, généralement en formant une alliance avec l'un des parents. Lorsque la décision est fondée sur les besoins d'un seul individu ou qu'on laisse à un membre de la famille toute latitude pour prendre une décision autonome, le mercaticien doit s'adresser à cet individu. Les décisions qui ont trait à des besoins interdépendants sont plus complexes, et le mercaticien doit alors découvrir le rôle de chaque membre de la famille à chaque étape du processus décisionnel. Il est crucial de diriger la stratégie vers la bonne personne, au bon moment.

▼

▼

La plupart des familles ont recours à diverses stratégies pour réduire ou éviter les conflits lorsqu'elles prennent des décisions de consommation. À cet égard, nous avons examiné les stratégies de consensus (la structure de rôle, le budget et la résolution de problèmes) et les stratégies de compromis (la persuasion et la négociation).

Finalement, nous nous sommes intéressés à certaines questions d'actualité concernant le comportement d'achat de la famille. L'influence des enfants sur les parents et l'influence de la publicité sur le comportement des enfants ont d'importantes répercussions pour les publicitaires et les mercaticiens. L'évolution du rôle des femmes et leur présence accrue sur le marché du travail ont des conséquences économiques et sociales, sans parler de leur effet sur le rôle des hommes. L'évolution de la structure de la famille présente à la fois des défis et des possibilités pour les mercaticiens.

QUESTIONS ET THÈMES DE DISCUSSION

1. Quand doit-on utiliser les statistiques sur les individus plutôt que le nombre de familles pour estimer la taille d'un segment de marché ? Expliquez votre réponse et donnez des exemples.

2. *a)* La connaissance des données concernant les épargnes de certaines familles peut-elle aider les mercaticiens à segmenter le marché ? Donnez des exemples.

   b) Il existe d'importantes différences régionales en ce qui a trait au revenu des familles. Comment le mercaticien peut-il exploiter cette information ?

3. *a)* Au cours des 10 dernières années, le revenu réel des familles canadiennes a été en baisse régulière. En quoi cette situation influence-t-elle le comportement d'achat des familles canadiennes ? Comment une entreprise pourrait-elle tirer profit de cette information dans l'élaboration d'une stratégie de marketing pour vendre : 1) des chaussures ; 2) des lecteurs de DVD ; 3) des forfaits-vacances ?

   b) Pour quelles catégories de produits le concept de cycle de vie de la famille peut-il être le plus utile dans l'estimation de la demande ? Donnez des exemples.

4. Choisissez un produit dans chacune des quatre zones de décision présentées dans la figure 13.6. Pour chacun, expliquez le type de processus décisionnel qui peut être adopté ainsi que les implications pour le chef de produit.

5. Trouvez une annonce ou une réclame qui a actuellement cours illustrant l'utilisation d'une stratégie de consensus. Expliquez votre choix.

6. Trouvez une annonce ou une réclame qui a actuellement cours illustrant l'utilisation d'une stratégie de compromis. Expliquez votre choix.

7. Expliquez le rôle du « garde-barrière » et dites comment celui-ci intervient dans le processus de décision au sein de la famille. Pouvez-vous trouver des exemples concrets de ce phénomène ?

8. Choisissez un produit visant les enfants âgés : *a)* de 4 à 8 ans ; *b)* de 9 à 12 ans. Pour chaque groupe, expliquez les types de décision que l'on doit prendre concernant le produit lui-même, son prix, sa promotion et sa distribution.

9. Donnez des exemples illustrant les effets de l'évolution du rôle des femmes sur les pratiques de marketing (produit, promotion, prix et distribution).

10. Décrivez l'« homme moderne » et expliquez en quoi le changement de rôle observé influe sur les décisions de marketing. Donnez des exemples.

NOTES

1. Statistique Canada, *Recensement 1996,* série « Le pays », Ottawa, ministère de l'Industrie, cat. 93F0022XDB96008.

2. *Ibid.*

3. Statistique Canada, *Recensement 1996,* série « Le pays », Ottawa, ministère de l'Industrie, cat. 93F0022XDB96012 et 93F0022XDB96013.

4. W.D. Wells et G. Gubar, « The life-cycle concept in marketing research », *Journal of Marketing Research,* vol. 3, nº 4, novembre 1966, p. 355-363.

5. J.B. Lansing et L. Kish, « Family life cycle as an independent variable », *American Sociological Review,* vol. 22, nº 5, octobre 1957, p. 512-519.

6. P.E. Murphy et W.A. Staples, « A modernized family life cycle », *Journal of Consumer Research,* vol. 6, nº 1, juin 1979, p. 12-22.

7. Statistique Canada, *Recensement 1996,* série « Le pays », Ottawa, ministère de l'Industrie, cat. 93F0022XDB96000 ; pour les différences de comportement, voir R. Fellerman et K. Bellevec, « Till death do we part : Family dissolution, transition and consumer behaviour », dans J.F. Sherry, Jr., et B. Sternthal (sous la dir. de), *Advances in Consumer Research,* vol. 19, Provo (Ut.), Association for Consumer Research, 1992, p. 514-521.

8. J. Marney, « Whoopies, muppies… the list grows », *Marketing,* 2 février 1987, p. 10-12.

9. *Ibid.*

10. W.D. Wells et G. Gubar, art. cité, p. 360-361.

11. J. Wagner et S. Hanna, « The effectiveness of family life cycle variables in consumer expenditure research », *Journal of Consumer Research,* vol. 10, nº 3, décembre 1983, p. 281-291.

12. P.E. Murphy et W.A. Staples, art. cité.

13. J. Wagner et S. Hanna, art. cité ; R.E. Wilkes, « Household life-cycle stages, transitions, and product expenditures », *Journal of Consumer Research,* vol. 22, nº 1, juin 1995, p. 27-42.

14. R. Ferber, « Comments on papers on life cycle analysis », dans W.L. Wilkie (sous la dir. de), *Advances in Consumer Research,* vol. 6, Ann Arbor (Mich.), Association for Consumer Research, 1979, p. 146-148.

15. J. Wagner et S. Hanna, « The effectiveness of family life cycle variables », art. cité.

16. R.E. Wilkes, art.cité.

17. Statistique Canada, *Les habitudes de dépenses au Canada,* 1999, Ottawa, ministère de l'Industrie, aôut 2001, p. 428, cat. 62-202XIF.

18. J. Arndt, « Family life cycle as a determinant of size and composition of household expenditures », dans W.L. Wilkie (sous la dir. de), ouvr. cité, p. 128-132.

19. T.F. Mangleburg, « Children's influence in purchase decisions : A review and critique », dans M.E. Goldberg, G. Gorn et R.W. Pollay (sous la dir. de), *Advances in Consumer Research,* vol. 17, Provo (Ut.), Association for Consumer Research, 1990, p. 813-825 ; L.A. Berey et R. Pollay, « The influencing role of the child in family decision making », *Journal of Marketing Research,* vol. 5, nº 1, février 1968, p. 70-72.

20. J.S. Coulson, « Buying decisions within the family and the consumer brand relationship », dans J.W. Newman (sous la dir. de), *Knowing the Consumer,* Rexdale (Ont.), Wiley, 1967, p. 60.

21. W. Kenkel, « Family interaction in decision making on spending », dans N.N. Foote (sous la dir. de), *Household Decision Making,* New York, New York University Press, 1961, p. 140-164.

22. P.G. Herbst, « Conceptual framework for studying the family », dans O.A. Oeser et S.B. Hammond (sous la dir. de), *Social Structure and Personality in a City,* Londres, Routledge, 1954, p. 126-137 ; K.P. Korfman, « Measures of relative influence in couples : A typology and predictions for accuracy », dans T. Srull (sous la dir. de), *Advances in Consumer Research,* vol. 16, Provo (Ut.), Association for Consumer Research, 1989, p. 659-664.

23. H.L. Davis et B. Rigaux-Bricmont, « Perceptions of marital roles in decision processes », *Journal of Consumer Research,* vol. 1, nº 1, juin 1974, p. 51-62 ; E.H. Bonfield, « Perceptions of marital roles in decision processes : Replication and extension », dans H.K. Hunt (sous la dir. de), *Advances in Consumer Research,* vol. 5, Ann Arbor (Mich.), Association for Consumer Research, 1978, p. 300-307 ; M. Elbeck, « Marketing vacations to elderly couples : Aspects of the marital role specialization in the decision process », dans A. d'Astous (sous la dir. de), *Marketing,* vol. 10, Montréal, Association des sciences administratives du Canada, 1989, p. 141-147.

24. J.B. Ford, M.S. LaTour et T.L. Henthorne, « Perception of marital roles in purchase decision processes : A cross-cultural study », *Journal of the*

Academy of Marketing Science, vol. 23, n° 2, printemps 1995, p. 120-131.

25. P. Filiatrault et J.R.B. Ritchie, « Joint purchasing decisions : A comparison of influence structure in family and couple decision-making units », *Journal of Consumer Research,* vol. 7, n° 2, septembre 1980, p. 131-140.

26. *Ibid.,* p. 139.

27. H.L. Davis, « Decision making within the household », *Journal of Consumer Research,* vol. 2, n° 4, mars 1976, p. 241-260 ; M.B. Menasco et D.J. Curry, « Utility and choice : An empirical study of wife/husband decision making », *Journal of Consumer Research,* vol. 16, n° 1, juin 1989, p. 87-97 ; E. Kirchler, « Diary reports on daily economic decisions of happy versus unhappy couples », *Journal of Economic Psychology,* vol. 9, 1988, p. 327-357 ; C. Kim et autres, « A study of the contents of husbands' and wives' evoked sets of vacation destinations », dans G.J. Avlonitis et autres, *1989 Proceedings,* vol. 1, Athènes, Athens School of Economics and Business Science-European Marketing Academy, avril 1989, p. 603-618 ; W.J. Qualls et F. Jaffe, « Measuring conflict in household decision behaviour : Read my lips and read my mind », dans J.F. Sherry, Jr., et B. Sternthal (sous la dir. de), ouvr. cité, p. 522-531.

28. C. Kim, M. Laroche et M.A. Tomiuk, « The Chinese in Canada : A study of ethnic change with emphasis on gender role », *Journal of Social Psychology,* à paraître (2003).

29. B. Rigaux-Bricmont, « Personal interaction in family economic decision-making », dans R.G. Wyckham (sous la dir. de), *Marketing,* vol. 2, Montréal, Association des sciences administratives du Canada, 1981, p. 256-266.

30. J.-C. Chebat, « Family communication styles and their pertinence to advertising », *Canadian Marketer,* vol. 11, n° 1, 1980, p. 3-7 ; J.-C. Chebat, « Sociosemiotic study of family communication : The case of French speaking families in Montréal », *Ars Semeiotica,* vol. 3, n° 2, 1980, p. 249-265.

31. R.L. Spiro, « Persuasion in family decision-making », *Journal of Consumer Research,* vol. 9, n° 4, mars 1983, p. 393-402 ; D.H. Granbois, « The role of communication in the family decision process », dans S.A. Greyser (sous la dir. de), *Toward Scientific Marketing,* Chicago, American Marketing Association, 1963, p. 44-57.

32. E.H. Wolgast, « Do husbands or wives make the purchasing decision ? », *Journal of Marketing,* octobre 1958, p. 151-158.

33. C. Kim, « A model of husband-wife decision making in a situation of preference discrepancy », dans J.C. Chebat (sous la dir. de), *Marketing,* vol. 6, Montréal, Association des sciences administratives du Canada, 1985, p. 62-72 ; A. Assar et G.S. Bobinski, « Financial decision-making of babyboomer couples », dans R.H. Holman et M.R. Solomon (sous la dir. de), *Advances in Consumer Research,* vol. 18, Provo (Ut.), Association for Consumer Research, 1991, p. 657-665 ; J.H. Park, P.S. Tansuhaj et R.H. Kolbe, « The role of love, affection, and intimacy in family decision research », dans R.H. Holman et M.R. Solomon (sous la dir. de), ouvr. cité, p. 651-656 ; C. Kim et H. Lee, « Sex role attitudes of spouses and task sharing behaviour », dans T. Srull (sous la dir. de), ouvr. cité, p. 671-679.

34. L. Carlson et S. Grossbar, « Parental style and consumer socialization of children », *Journal of Consumer Research,* vol. 15, n° 1, juin 1988, p. 77-94 ; L.A. Peracchio, « How do young children learn to be consumers ? A script-processing approach », *Journal of Consumer Research,* vol. 18, n° 4, mars 1992, p. 425-440.

35. S. Ward et D. Wackman, « Children's purchase influence attempts and parental yielding », *Journal of Marketing Research,* vol. 9, n° 3, août 1972, p. 316-319.

36. W.D. Wells, « Children as consumers », dans J.W. Newman (sous la dir. de), *On Knowing the Consumer,* New York, Wiley, 1966, p. 138-145.

37. L.A. Berey et R. Pollay, art. cité.

38. M. Lovell, « Advertising to children : An issue where emotion is getting in the way of objectivity », *Marketing,* 14 juin 1976, p. 16-20.

39. T.S. Robertson et J.R. Rossiter, « Short-Run advertising effects on children : A field study », *Journal of Marketing Research,* vol. 13, février 1976, p. 68-70.

40. M. Brucks, G.N. Armstrong et M.E. Goldberg, « Children's use of cognitive defenses against television advertising : A cognitive response approach », *Journal of Consumer Research,* vol. 14, n° 4, mars 1988, p. 471-482 ; S. Ward, D. Wackman et E. Wartella, *Children Learning to Buy : The Development of Consumer Information Processing Skills,* Cambridge (Mass.), Marketing Science Institute, 1975.

41. T.S. Robertson et J.R. Rossiter, « Children and commercial persuasion : An attribution theory analysis », *Journal of Consumer Research,* vol. 1, juin 1974, p. 13-20.

42. *Ibid.,* p. 19.

43. J. Piaget, *La Psychologie de l'enfant,* Paris, PUF, 1949.

44. M.E. Goldberg et G.J. Gorn, « Children's reactions to television advertising : An experimental approach », *Journal of Consumer Research,* vol. 1, septembre 1974, p. 69-75.

45. L.A. Peracchio, art. cité ; J. Gorn et M.E. Goldberg, « Children's television commercial : Do child viewers become satiated too ? », Montréal, Cahier de recherche de l'Université McGill, 1976.

46. J. Marney, « Advertising to children isn't kid stuff », *Marketing,* 31 octobre 1985, p. 19 ; J. Geary, « Childhood's end ? », *Time,* 2 août 1999, <www.time.com>.

47. J. Marney, « Marketers can't afford to ignore kids », *Marketing,* 17 juin 1991, p. 16.

48. Les données présentées dans cette section sont tirées de : J. Marney, « Youth culture is key to a huge market », *Marketing,* 15 août 1991, p. 16 ; *TG Magazine,* reproduit dans *Marketing,* 19 novembre 1990, cahier supplémentaire, p. 2 ; J. Marney, « Teenagers : Power in numbers », *Marketing,* 19 février 1990, p. 17 ; J. Marney, « Brand loyalty : A marketer's teen dream », *Marketing,* 9 décembre 1991, p. 14 ; E.R. Foxman, P.S. Tansuhaj et K.M. Ekstrom, « Family members' perceptions of adolescents' influence in family decision making », *Journal of Consumer Research,* vol. 15, mars 1989, p. 482-491 ; Statistique Canada, « Tendances sociales canadiennes : jeunes Canadiens branchés », Ottawa, ministère de l'Industrie, cat. 11008-XPF, no 63, hiver 2001 ; « Teen purchasing power », *Canadian Grocer,* vol. 115, no 7, 2001, p. G11.

49. J. Marney, « Feminine mystique still mystifying », *Marketing,* 30 avril 1990, p. 18 ; J. Marney, « Reaching the new woman of today », *Marketing,* 1er mars 1982, p. 9.

50. J. Marney, « Reaching the new woman of today », art. cité.

51. J.W. Hanson et R. Polegato, « Identifying dual career/dual income and traditional family segments », dans J.D. Forbes (sous la dir. de), *Marketing,* vol. 4, Montréal, Association des sciences administratives du Canada, 1983, p. 137-139.

52. C. Kim, « Working wives' time-saving tendencies : Durable ownership, convenience food consumption, and meal purchases », *Journal of Economic Psychology,* vol. 10, no 4, 1989, p. 391-409 ; W.K. Bryant, « Durables and wives' employment yet again », *Journal of Consumer Research,* vol. 15, juin 1988, p. 37-47.

53. M.H. Strober et C.B. Weinberg, « Working wives and major family expenditures », *Journal of Consumer Research,* vol. 4, décembre 1977, p. 141-147 ; M.H. Strober et C.B. Weinberg, « Strategies used by working and non-working wives to reduce time pressures », *Journal of Consumer Research,* vol. 6, mars 1980, p. 338-348.

54. C.J. Schaninger et C.T. Allen, « Wife's occupational status as a consumer behaviour construct », *Journal of Consumer Research,* vol. 8, septembre 1981, p. 189-196.

55. J. Marney, « A new masculine force is emerging in the marketplace », *Marketing,* 29 avril 1985, p. 12.

56. R. Neil Maddox, « The importance of males in supermarket traffic and sales », dans M. Laroche (sous la dir. de), *Marketing,* vol. 3, Montréal, Association des sciences administratives du Canada, 1982, p. 137-143.

57. J. Meyers-Levy et D. Maheswaran, « Exploring differences in males' and females' processing strategies », *Journal of Consumer Research,* vol. 18, juin 1991, p. 63-70.

Chapitre 14

La publicité et le comportement du consommateur

INTRODUCTION

Une bonne communication est essentielle à tout programme de marketing et constitue la base de l'élément promotionnel du marketing-mix. Dans ce chapitre, nous nous intéresserons d'abord au processus de la communication. Puis nous étudierons les mécanismes reliés au comportement qui rendent la publicité efficace comme outil de communication. Plusieurs des questions abordées ici ont déjà été examinées dans les chapitres 4 à 7, mais ce chapitre diffère en ce qu'il montre en quoi les divers aspects du comportement intéressent tout particulièrement la publicité.

▼

La publicité est un processus de communication mis en branle par une entreprise et dirigé vers les acheteurs potentiels des produits, des services et des marques de l'entreprise. Pour être efficace, le message publicitaire doit être compatible avec les caractéristiques du public cible. Cependant, parce que la publicité est un outil de communication de masse, la connaissance des consommateurs est une condition nécessaire mais non suffisante. En effet, si tous les consommateurs avaient les mêmes motivations et les mêmes attitudes à l'égard des produits, des marques ou des entreprises, on pourrait se contenter d'un seul message publicitaire, car celui-ci aurait un effet semblable sur tous les consommateurs. Or la réalité est telle que les consommateurs constituent des groupes très diversifiés. Certains désirent économiser ; d'autres achètent surtout des produits de luxe. Certains apprécient la musique classique ; d'autres préfèrent la musique western. Comme c'est le cas pour le programme de marketing dans son ensemble, une publicité qui se veut efficace doit être fondée sur une connaissance approfondie des consommateurs potentiels.

Nous étudierons donc en détail le processus de communication de masse, en examinant le rôle et la nature de l'émetteur, les médias et les différentes sources d'information, ainsi que diverses décisions relatives au message. Nous reverrons par la suite la question de la perception et nous examinerons les méthodes qu'utilisent les consommateurs pour faire face au problème de la surabondance de l'information, laquelle peut ou non répondre à leurs valeurs et à leurs besoins. Nous aborderons enfin le processus de la formation et du changement des attitudes.

14.1 Le modèle de la communication de masse

La publicité étant une forme de communication, on peut se reporter au modèle général de la théorie de la communication pour expliquer son fonctionnement. Ce modèle, présenté dans la figure 14.1, comporte six éléments : l'émetteur, le message, les canaux, l'auditoire, les effets et le retour d'information.

Dans la figure 14.1, les flèches indiquent le sens de la transmission de l'information. L'émetteur transforme l'information en message : il *code* l'information. Il choisit ensuite un certain canal de communication pour transmettre l'information à un auditoire cible. Les individus faisant partie de l'auditoire cible *décodent* le message, c'est-à-dire qu'ils lui donnent un sens et qu'ils interprètent l'information qu'il contient. L'émetteur doit s'assurer que le message permet d'atteindre l'objectif, c'est-à-dire qu'il est correctement codé, décodé, compris et interprété et qu'il génère la réponse attendue. On appelle *retour d'information* (ou encore, *feed-back* ou

rétroaction) cette seconde partie du processus de communication.

En publicité, le retour d'information reflète l'effet qu'a eu le message sur le consommateur. Cet effet se traduit soit par un changement dans la notoriété du produit et de la marque, soit par la formation d'une attitude ou un changement d'attitude à l'égard du produit, soit par un changement du comportement du consommateur donnant lieu à une augmentation des ventes. Notons cependant que ce dernier changement provient de l'effet produit par le programme de marketing *dans son ensemble*, étant donné que les ventes sont le résultat des décisions relatives au marketing-mix (c'est-à-dire le produit, le prix, la promotion et la distribution).

14.1.1 La théorie du champ psychologique

Selon le modèle de la communication publicitaire, pour qu'une communication soit efficace, l'émetteur et l'auditoire doivent être sur la même longueur d'onde. En d'autres mots, l'émetteur et l'auditoire doivent avoir une même compréhension de la

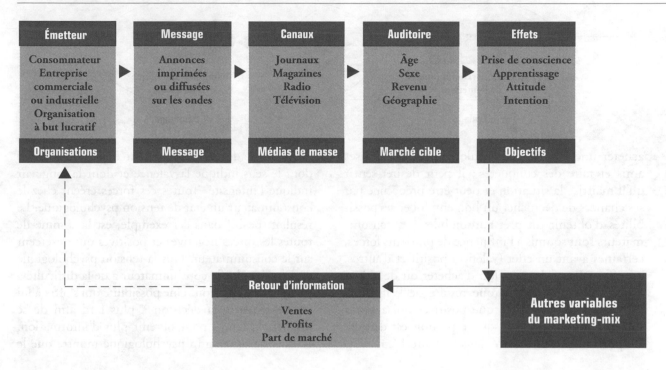

Figure 14.1   *Le modèle général de la théorie de la communication appliqué au domaine publicitaire*

plupart des composantes du message (soit les mots, les images, les symboles, la couleur et la musique). L'émetteur et l'auditoire doivent employer le même code[1]. La figure 14.2 (p. 422) illustre cette idée.

Dans ce schéma, les lignes courbes entourant l'émetteur et l'auditoire représentent le champ psychologique de chacun[2]. L'émetteur ne peut coder le message que d'après ses propres expériences, et le champ psychologique englobe toutes les sources d'influence qui déterminent le comportement de l'émetteur, par exemple la connaissance du champ psychologique de l'auditoire (acquise au moyen de la recherche commerciale), les expériences antérieures conservées en mémoire, les contraintes de temps et les facteurs économiques. La théorie du champ psychologique a des répercussions importantes sur la conception de la communication marketing.

Comme on le voit dans la figure 14.2, deux conditions sont requises pour que la communication soit efficace : 1) l'émetteur et l'auditoire doivent avoir en commun une partie de leurs champs psychologiques respectifs, c'est-à-dire qu'ils doivent parler et comprendre le même langage ; 2) le message doit être exprimé en fonction de l'expérience partagée par les deux parties, c'est-à-dire dans un langage commun à l'émetteur et à l'auditoire. La phrase suivante témoigne de l'échec d'une communication : « Je sais que vous croyez que vous comprenez ce que vous pensez que j'ai dit, mais je ne suis pas certain que vous vous rendiez compte que ce que vous avez compris n'est pas ce que je voulais dire » (vous devrez peut-être lire cette phrase lentement). Un autre exemple de la signification (partagée) des mots est donné dans l'encadré 14.1 (p. 423).

Il est essentiel de comprendre la composition et la structure du champ psychologique du consommateur. Le spécialiste du marketing doit connaître les moyens qui permettent de modifier ce champ de façon à obtenir le comportement souhaité, c'est-à-dire l'achat. Par exemple, l'étudiant qui souhaite

---

Figure 14.2 — *La théorie du champ psychologique*

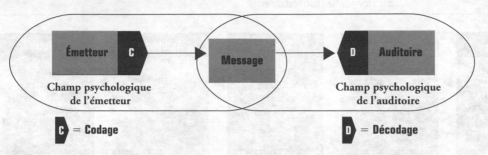

acheter une voiture peut vouloir impressionner ses amis et faire des conquêtes ; il peut désirer sentir qu'il maîtrise la situation et peut être préoccupé par ses chances de décrocher un bon emploi et ses possibilités d'obtenir un prêt automobile. Les consommateurs sont soumis à l'influence de plusieurs forces, certaines ayant un effet (valence) positif et d'autres, un effet négatif. La décision d'acheter ou de ne pas acheter une certaine marque résulte de l'ensemble des forces tant négatives que positives qui agissent sur les consommateurs à qui le produit est destiné. Ce phénomène est illustré dans la figure 14.3.

Chaque force est représentée par un vecteur dont le sens indique la valence et dont la longueur indique l'intensité. Toutes ces forces créent chez le consommateur un état de tension psychologique. Le résultat, positif dans cet exemple, est la somme de toutes les forces négatives et positives qui s'exercent sur le consommateur. Plus la tension psychologique est grande, plus le consommateur a de la difficulté à prendre une décision. Une possibilité qui s'offre à lui est de remettre la décision à plus tard afin de se donner du temps pour obtenir plus d'information. La théorie du champ psychologique montre que le

---

Figure 14.3 — *Les forces du champ psychologique qui agissent au cours du processus décisionnel*

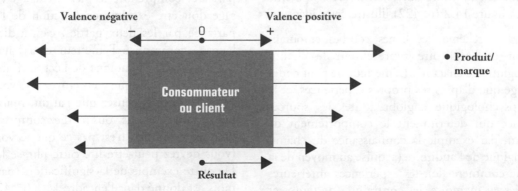

Exemples de forces intervenant dans la décision d'un étudiant d'acheter une voiture :

- Soucis concernant le financement
- Coûts de l'entretien
- Problèmes de stationnement
- Peur du vol
- Peur des accidents

- Commodité
- Désir d'impressionner les amis
- Désir de faire des conquêtes
- Prestige élevé
- Sentiments de réalisation de soi

Quel est le véritable sens des mots ?

Ce qui donne aux mots une valeur spéciale, ce sont les associations, les allusions et les connotations qu'ils contiennent. Il existe des mots visuels qui transmettent une image (affolant, glissant, tremblant ou secouant), des mots réconfortants (honnêtement, doucement), des mots émotionnels (amour, baiser, peur, colère, horreur), des mots négatifs qui suscitent le scepticisme ou le doute (soi-disant, rien), des épithètes que l'on emploie comme des mots hargneux ou ronronnants (caboche, salaud, bien-aimée, chéri) ; des mots yiddish (*kibitz, chutzpah, klutz, maven*) ; des mots figuratifs (battre le fer quand il est chaud, laver son linge sale en famille) et, bien sûr, des clichés colorés.

On se sert des noms des couleurs pour suggérer des émotions. Les gens établissent un rapport avec les couleurs : noir comme de l'encre, blanc comme un drap. Les gens réagissent par des couleurs : vert d'envie, rouge de colère. Les gens vivent en couleurs : avoir les bleus, être dans le rouge, regarder le monde à travers des lunettes roses.

Il est intéressant de constater que les vêtements semblent non seulement nous protéger physiquement, mais également faire office de bouclier pour cacher nos émotions et nos activités. Pensez aux clichés suivants : sous un voile de mystère, cacher dans son chapeau, une main de fer dans un gant de velours.

Les clichés qui se rapportent aux parties du corps décrivent la façon dont les gens réagissent les uns par rapport aux autres ou face à la vie en général. On peut mettre la main à la pâte, avoir quelqu'un dans le nez ou mettre de l'huile de coude. Les pensées peuvent nous trotter dans la tête, on peut être constamment sur le dos de quelqu'un, on peut s'en laver les mains, on peut avoir du cœur au ventre ou ne rien pouvoir avaler. On peut avoir du nez et dresser l'oreille. On garde son calme, on gonfle la poitrine ou on plie l'échine. Parfois, on a les jambes en coton ou on a l'estomac dans les talons.

Les animaux sont souvent associés à des traits déplaisants : gras comme un cochon, têtu comme une mule, malin comme un singe. On peut glisser comme une anguille et monter sur ses grands chevaux. Parfois, le seul nom de l'animal suffit à évoquer des traits négatifs : chien (méprisable), cochon (sale, glouton ou vulgaire), tigre (féroce, cruel), vautour (rapace), ver (méprisable, servile, vil) et vache (lascif). D'autres noms d'animaux sont utilisés pour suggérer la passivité (par exemple, l'agneau ou le chaton). Ou on peut être silencieux comme la souris, enjoué comme le chat, sage comme le hibou, fidèle comme le chien, fort comme le bœuf, rapide comme le lièvre ou travailleur comme le castor. On peut également être un oiseau de bon augure ou laisser sortir le chat du sac.

Source Adapté et traduit de J. Marney, « A good word can make a difference », *Marketing*, 20 novembre 1989, p. 19. Reproduit avec permission.

marketing constitue un jeu d'équilibre. Le rôle de la communication marketing est de modifier l'équilibre en faveur de la marque (ou du fournisseur), tout en essayant de diminuer la tension et d'augmenter la satisfaction.

Application aux stratégies de communication

La théorie du champ psychologique procure aux mercaticiens une façon utile d'aborder la stratégie de communication. Que peuvent-ils faire lorsque le résultat est négatif, c'est-à-dire lorsque l'achat est peu probable, comme dans la situation initiale de la figure 14.4 (p. 424) ? Trois stratégies permettent de modifier ce genre de situation :

1. *Augmenter l'intensité d'au moins une force positive.* Par exemple, la campagne de défi Pepsi a eu recours à des tests de goût pour augmenter l'intensité du facteur « goût et niveau de sucre »

Figure 14.4 — *Trois stratégies de communication fondées sur la théorie du champ psychologique*

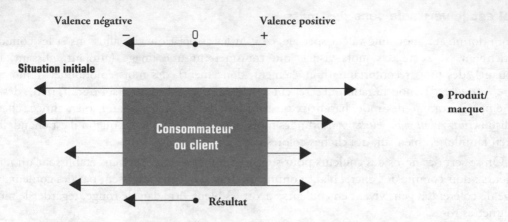

Situation initiale

Stratégies

1. Augmentation de l'intensité d'une force positive

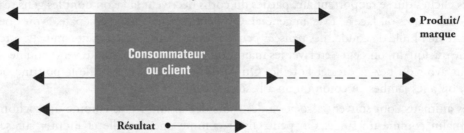

2. Diminution de l'intensité d'une force négative

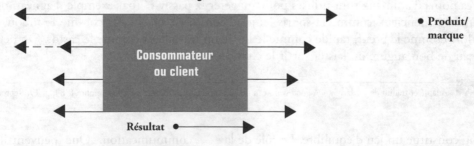

3. Ajout d'une nouvelle force positive

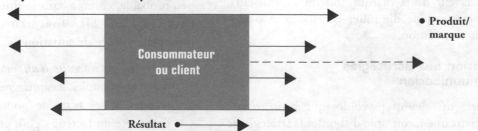

de la boisson à base de cola. On peut également utiliser des témoignages de clients satisfaits pour augmenter l'intensité du facteur « qualité ». Bien entendu, cette stratégie repose sur les qualités inhérentes au produit. La première annonce de la figure 14.5 affirme que le savon Dove est plus doux que les autres savons, et donc moins irritant pour la peau, augmentant ainsi l'intensité de la dimension « douceur ».

2. *Diminuer l'intensité d'au moins une force négative.* Par exemple, un fabricant d'automobiles peut divulguer les résultats d'études dans le but d'atténuer les craintes des consommateurs à l'égard des accidents. Notez qu'il est généralement plus difficile d'influencer les forces négatives que les forces positives. La deuxième publicité de la figure 14.5 montre que la carte de crédit enRoute accorde plus de temps pour payer sans frais de retard et tente ainsi de transformer une force négative (« carte de crédit signifie intérêts élevés à payer ») en une force positive (« carte de crédit signifie un prêt de 60 jours sans intérêt »).

3. *Ajouter une nouvelle force positive.* Par exemple, le lancement du lait UHT (*ultra high temperature* – température extrêmement élevée), un lait qui ne requiert pas de réfrigération et qui se conserve pendant trois mois, a ajouté un nouveau facteur positif : la durée de conservation.

Figure 14.5 | *Des exemples d'annonces illustrant les trois stratégies publicitaires possibles*

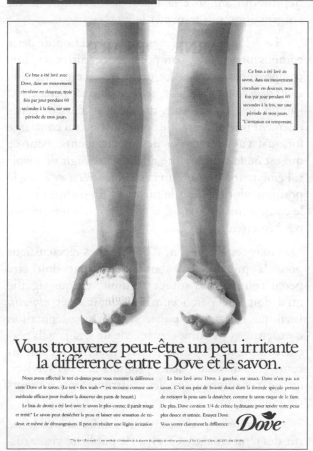

Sources Unilever Canada, Diners Club International / enRoute et Seiko Corporation of America. Reproduit avec permission.

Figure 14.5

Des exemples d'annonces illustrant les trois stratégies publicitaires possibles (suite)

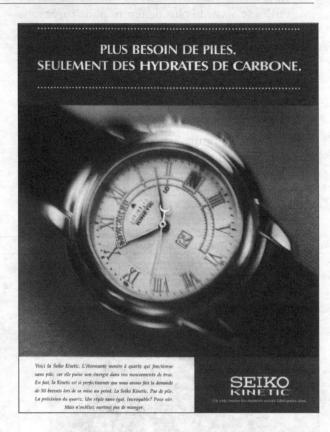

PLUS BESOIN DE PILES.
SEULEMENT DES HYDRATES DE CARBONE.

Voici la Seiko Kinetic. L'étonnante montre à quartz qui fonctionne sans pile, car elle puise son énergie dans vos mouvements de bras. En fait, la Kinetic est si perfectionnée que nous avons fait la demande de 50 brevets lors de sa mise au point. La Seiko Kinetic. Pas de pile. La précision du quartz. Un style sans égal. Incroyable? Pour sûr. Mais n'oubliez surtout pas de manger.

SEIKO
KINETIC

Un autre exemple est l'utilisation que font les spécialistes du marketing des techniques promotionnelles visant à ajouter au produit une nouvelle dimension ; par exemple : « Vous recevrez une montre à quartz gratuitement si vous vous abonnez au magazine *Châtelaine*. » La troisième annonce de la figure 14.5 montre qu'il est maintenant possible de se procurer une montre à quartz qui fonctionne sans pile (ajout d'une nouvelle dimension).

14.2 L'émetteur

L'*émetteur* est la personne ou l'organisation qui amorce la communication. En publicité, l'émetteur est l'organisation ou l'individu qui annonce le produit ou le service, ou qui incite à adopter l'idée ou le comportement.

Trois éléments concernant l'émetteur ont d'importantes implications en ce qui touche l'efficacité des messages publicitaires : la crédibilité, l'attrait et les affiliations de l'émetteur. Ces trois éléments président à un choix éclairé de l'émetteur.

14.2.1 La crédibilité de l'émetteur

Avant même que la communication ait lieu, l'émetteur est perçu par l'auditoire comme un transmetteur d'information et comme une source plus ou moins compétente et crédible[3]. La crédibilité de la source est un élément fondamental en publicité, parce qu'elle est associée au changement d'attitude ; c'est pourquoi certains annonceurs dépenseront une grosse somme d'argent pour que des célébrités ayant une forte crédibilité endossent leurs produits[4]. En publicité, on considère comme l'émetteur soit l'entreprise qui annonce la marque, soit l'individu ou l'organisation qui transmet le message.

La crédibilité de l'émetteur est fonction de deux composantes : une composante cognitive et une composante affective. La première se rapporte à la *compétence* de l'émetteur, telle qu'elle est perçue par l'auditoire ; par exemple, un médecin possède généralement une plus grande crédibilité qu'un concierge lorsqu'il s'agit de parler des médicaments. Pour ce qui est de la composante affective, il s'agit de savoir si l'émetteur a ou non un certain *intérêt à défendre* la position adoptée dans le message. En d'autres mots, le consommateur peut-il se fier à l'opinion exprimée par l'émetteur ?

Tous ces aspects ont d'importantes répercussions pour la publicité. D'abord, l'émetteur doit être perçu comme une source crédible, ce qui signifie qu'il doit être perçu comme *compétent* et *objectif*. Bien que l'entreprise puisse se bâtir une réputation d'expertise et de compétence, elle ne sera jamais perçue comme tout à fait objective. En effet, les annonceurs veulent vendre leurs produits et leurs services, et les consommateurs leur attribueront toujours cette intention[5].

L'entreprise peut essayer de fonder sa crédibilité sur des témoignages. Ce type de publicité vise à dissocier l'émetteur du message de l'entreprise elle-même. Cela peut se faire de deux manières. Le témoignage

Figure 14.6 *Un exemple de publicité faisant appel à un expert*

Source Bristol-Myers Squibb Canada Inc. Reproduit avec permission.

émetteur extrêmement crédible ; dans le second groupe, la communication provenait d'un émetteur moins crédible. Tout de suite après l'expérimentation, on a mesuré le niveau de changement d'attitude des sujets ; ceux qui avaient été exposés à l'émetteur très crédible ont manifesté des changements d'attitude plus importants (un changement d'attitude net d'environ 23 %) que ceux qui avaient été exposés à l'émetteur peu crédible (un changement d'attitude net d'environ 6 %). Ces résultats n'auraient surpris personne si on en était resté là. Cependant, après une période de quatre semaines, on a mesuré de nouveau le niveau de changement d'attitude des sujets. À ce moment, les résultats ont indiqué une diminution du niveau de changement d'attitude pour le groupe exposé à l'émetteur très crédible (de 23 % à 12 %), alors qu'ils ont montré une augmentation du niveau de changement d'attitude pour le groupe exposé à l'émetteur peu crédible (de 6 % à 14 %). Les psychologues appellent ce phénomène l'« effet du dormeur ». L'explication que l'on a proposée est que, avec le passage du temps, les individus qui ont été exposés à une communication persuasive ont tendance à dissocier le contenu de la communication de l'émetteur.

Ces résultats suggèrent que, si l'annonceur désire obtenir un effet immédiat, il a avantage à faire appel à une source crédible, par exemple un expert reconnu, car celui-ci produira des résultats plus positifs que si l'on n'employait pas d'expert. Mais s'il désire obtenir un effet à plus long terme, il ne devrait recourir à un expert crédible que s'il compte associer constamment cet émetteur au message, en répétant souvent celui-ci. Notez également que, selon d'autres expérimentations, le message transmis par un émetteur trop ou pas assez crédible produit généralement un taux de rappel moins élevé de la part de l'auditoire[7]. L'oubli peut être causé par des réactions affectives provoquées par l'émetteur lui-même.

14.2.2 L'attrait de l'émetteur

Un autre facteur influant sur le changement d'attitude est l'attrait exercé par l'émetteur. On a découvert que le changement d'attitude positif est lié à l'attrait qu'exerce l'émetteur sur l'auditoire[8].

d'un expert reconnu peut rehausser l'image de la compétence. L'annonce de la figure 14.6 repose sur cette approche. Ici, l'expert est la cosméticienne, une personne apte à renseigner le consommateur sur le traitement pour cheveux Infusium. Pour agir sur la composante affective, on peut faire appel, par exemple, à un consommateur « typique » décrivant son expérience positive avec le produit.

Un émetteur crédible génère habituellement un plus grand changement d'attitude qu'un émetteur perçu comme moins crédible. Au cours d'une expérimentation classique, on a transmis la même communication à deux groupes d'individus[6]. Dans le premier groupe, la communication était faite par un

Lorsque le message d'un communicateur attirant porte sur un sujet à l'égard duquel l'auditoire possède déjà une attitude positive, l'attitude envers l'émetteur devient encore plus positive. Cependant, lorsqu'un émetteur attirant critique un point de vue à l'égard duquel l'auditoire a une attitude positive (ou qu'il est en faveur d'un sujet à l'égard duquel l'auditoire a une attitude négative), l'attitude de l'auditoire envers l'émetteur devient moins positive.

Par ailleurs, l'attrait de l'émetteur est aussi fonction des sentiments que les consommateurs éprouvent à l'égard de la source d'information. Ces sentiments résultent de la perception qu'ont les consommateurs du comportement désirable ou non de l'émetteur. En effet, cette perception tend à être positive lorsque l'émetteur annonce des choses plaisantes[9].

En publicité, l'entreprise peut vouloir tirer profit de son image positive pour diminuer ou changer les réactions négatives du marché face à une de ses marques[10]. Cependant, elle doit comprendre que cela peut se produire au détriment de son image.

14.2.3 Les affiliations de l'émetteur

L'habileté de l'émetteur à provoquer un changement d'attitude dépend de la perception qu'a l'auditoire du statut social de cet émetteur. Les leaders d'opinion d'une communauté sont généralement membres de groupes sociaux sur lesquels ils exercent leur autorité[11]. Ainsi, au lieu d'engager des vedettes de cinéma prestigieuses pour leurs publicités, certains annonceurs mettent en scène des ménagères dont les caractéristiques sociales sont les mêmes que celles du marché cible. L'idée qui sous-tend cette approche est que les ménagères préfèrent s'identifier à un leader d'opinion appartenant à leur propre groupe social plutôt qu'à une vedette de cinéma ou qu'à une autre personnalité bien connue.

14.2.4 Le choix de l'émetteur

La nature du risque associé à l'achat peut servir de critère pour choisir le type d'émetteur à qui faire appel. Ainsi, si le risque associé à l'achat est de nature psychologique ou sociale, le témoignage

d'une célébrité sera généralement plus efficace (par exemple, une star de cinéma ou un mannequin célèbre pour annoncer un parfum). Si le risque est plutôt de nature physique ou pécuniaire, le témoignage d'un expert sera généralement plus efficace (par exemple, un médecin pour annoncer une marque de médicament). Enfin, si le risque associé à l'achat est plutôt faible, un consommateur typique, représentatif de l'auditoire cible, sera généralement plus efficace (par exemple, une mère de famille pour annoncer un régime amaigrissant).

Une autre avenue possible consiste dans la création d'un personnage complètement nouveau (fictif) qui, s'il a du succès au cours des années, en viendra à représenter la marque dans l'esprit des consommateurs. L'encadré 14.2 présente des exemples de marques ayant été, avec beaucoup de succès, associées à un personnage fictif.

14.3 Les canaux de communication

14.3.1 Les médias

Les *canaux* de communication sont les médias choisis pour transmettre le message à l'auditoire cible ; ce peut être les journaux, les magazines, la radio, la télévision, Internet, les panneaux d'affichage, les panneaux des véhicules de transport et la publicité postale.

14.3.2 Les différentes sources d'information

Les consommateurs prennent conscience de l'existence du produit et améliorent la connaissance qu'ils en ont grâce à l'information dont ils peuvent disposer. L'information marketing qu'ils reçoivent provient d'au moins quatre sources :

1. *Le contact direct.* Les consommateurs obtiennent de l'information par un contact direct avec le produit. Lorsqu'ils regardent le produit et son emballage chez un détaillant, lorsqu'ils regardent une publicité à la télévision, lorsqu'ils examinent un modèle en montre dans une salle d'exposition, ils reçoivent ou infèrent une

Six grands personnages de marque

Ils interrompent le plaisir que nous avons à écouter une émission dans le but de promouvoir un produit. Ils se présentent habituellement en une seule dimension, au mieux en deux. Et leur personnalité peut être n'importe quoi, allant de gentil à arrogant.

Ils sont les personnages de marque qui embellissent notre écran de télévision, s'invitant souvent eux-mêmes dans notre maison sur une base journalière. Cependant, pour une raison quelconque, nous les aimons, nous nous souvenons d'eux et, si le publicitaire est intelligent, du produit qu'ils représentent. Peut-être parce qu'ils nous sont familiers, nous savons à quoi nous attendre de leur part. Ils sont conséquents avec eux-mêmes et dignes de confiance. Après tout, la plupart ont survécu plus longtemps à l'écran que plusieurs mariages.

Au mieux, ils personnifient toutes les caractéristiques positives de la marque ; au pire, ils deviennent des « vampires vidéo », si populaires qu'ils obscurcissent la marque, de telle sorte que l'auditoire voit l'annonce publicitaire comme une publicité pour le personnage plutôt que pour le produit lui-même.

Six personnages sont décrits dans ce qui suit. Certains sont vieux et certains ne sont pas si vieux ; certains sont toujours dans les parages après toutes ces années ; certains ont été ressuscités et d'autres ont pris une retraite prématurée. Mais que ce soit à cause du charme de leur talent de comédien, d'une stratégie de marketing bien au point, d'une dernière réplique facile à retenir ou tout simplement d'une longue vie, tous continuent d'agripper fermement les téléspectateurs canadiens.

Capitaine High Liner. Maintenant dans sa treizième année, avec son sourire chaleureux, sa voix rude mais réconfortante et ses mots qui véhiculent une certaine sagesse culinaire, le Capitaine demeure un porte-parole indispensable pour les menus de poisson surgelé et de poulet vendus par l'entreprise National Sea Products. « Bob Warner est un personnage très crédible et cela parce que l'homme lui-même est réellement entré dans la peau du personnage ; il s'identifie lui-même au Capitaine High Liner, dit Charlie Gower, vice-président aux ventes et au marketing. « Un personnage commercial doit refléter la fiabilité, la qualité et la sécurité du produit. Vous pouvez toujours compter sur le Capitaine, vous pouvez toujours compter sur High Liner. »

Charlie le thon. « Charlie est bien identifié au nom Star-Kist, dit le président Ian Glen. Premièrement, la qualité du dessin ajoute du divertissement à une catégorie qui n'avait pas, en soi, une grande valeur de divertissement. Il s'agissait d'une catégorie basée sur le prix et qui n'avait rien en commun avec Charlie (dans sa publicité). Deuxièmement, Charlie lui-même était très sympathique. Il était espiègle, et il se peut bien qu'il ait possédé ces qualités auxquelles on aspire et que les gens trouvent tellement attirantes. »

Ingemar. Il est une sorte de Woody Allen suédois sans son cynisme. « Il projette la personnalité d'Ikea, dit le responsable de la publicité Stephen Plunkett. Il est chaleureux, ouvert et honnête. Et sa façon de s'exprimer et son accent agissent très bien sur le plan créatif. Aussitôt que les gens le voient et qu'ils entendent sa voix, ils font immédiatement le lien avec Ikea, et c'est un lien positif. Si nous avons créé une image positive dans l'esprit des gens et que le facteur de reconnaissance est là, cela facilite d'autant la réception de notre message. »

▼

▼

Scott et Joey. Les deux garçons (David Croxall et Jeffrey Neal) ont été embauchés en 1985 pour plaire aux parents et les rassurer sur le fait que non seulement le fromage est bon pour vous, mais aussi que les enfants l'adorent. Mais Scott et Joey sont allés plus loin que cela, réussissant à attirer des admirateurs de tous les groupes d'âge. « Le véritable succès a consisté à garder les enfants des enfants, et cette dimension véritable a capté l'imagination de la conscience canadienne », dit Robert Deslauriers, chargé de compte chez Léveillé, Vickers et Benson de Montréal.

Le Boss. Le Boss (joué par l'acteur canadien Larry Mann) a été le point de mire d'une campagne qui a duré tellement longtemps qu'une publicité a fait un retour en arrière pour montrer un épisode filmé longtemps auparavant. Et bien que des personnages mémorables, par exemple Herbert D. Langley, Dorlinger, Fillmore et Griswald, sont venus et sont repartis, c'est le Boss, portant des semelles grinçantes, habillé d'une manière conservatrice et détestant que les femmes aient le dernier mot, qui a mené la campagne et, du fait même, a permis à l'auditoire d'en savoir un peu plus sur sa nature véritable et sympathique. « Le style humoristique et en série de la campagne lui a donné une valeur de divertissement qui a gardé l'auditoire non seulement intéressé, mais anxieux de voir le prochain épisode », dit Lloyd Botham, directeur de la publicité pour Telecom Canada.

Source L. Medcalf, « Brand characters », *Marketing*, 11 juin 1990, p. C10-C11 (supplément sur la créativité). Reproduit avec permission.

certaine somme d'informations au sujet du produit ou de la marque. De plus, les consommateurs peuvent également inférer de l'information sur les caractéristiques du produit après avoir utilisé celui-ci.

2. *Les détaillants et les représentants.* Les consommateurs peuvent obtenir de l'information sur le produit et sur la marque auprès des détaillants et des représentants. Cette information peut être factuelle (lorsqu'elle provient d'une démonstration du produit ou d'une description de ses caractéristiques techniques) ou subjective (lorsque le détaillant invoque des arguments persuasifs pour essayer d'encourager le client à acheter une marque ou lorsque le client demande au représentant son opinion personnelle sur la marque à acheter).

3. *La publicité.* La majeure partie de l'information sur les entreprises, les produits, les services et les marques parvient aux consommateurs par le biais de la publicité paraissant dans les médias de masse.

4. *Les groupes sociaux.* Les consommateurs obtiennent souvent une grande somme d'informations marketing par l'entremise de réseaux de communication personnelle ou par les groupes sociaux auxquels ils appartiennent ou désirent appartenir (les groupes de référence).

Notez que le mercaticien exerce un certain contrôle sur les trois premières sources. Il peut influencer l'information que les détaillants et les représentants transmettent au consommateur et peut également avoir un droit de regard sur l'information se rapportant à l'emballage et au prix du produit, ainsi que sur le choix des canaux de distribution. Mais la quatrième source d'information, les groupes sociaux, échappe complètement au contrôle du mercaticien. En effet, une grande partie de l'information circulant sur le marché est transmise par le bouche à oreille, entre autres par le truchement des leaders d'opinion. Ce type de communication est probablement plus efficace et plus persuasif que la publicité diffusée par les médias de masse. Ainsi, l'information est transmise aux leaders d'opinion par les médias de masse (c'est-à-dire la radio, la télévision et les journaux[12]). Elle se communique ensuite des leaders d'opinion au grand public. Certaines études ont montré que les leaders d'opinion étaient plus largement exposés aux médias de masse que les autres consommateurs, une donnée qui plaît aux annonceurs. En effet, si certains leaders d'opinion peuvent être plus facilement joints par les médias de masse et sont plus faciles à convaincre que le reste du marché, l'annonceur dispose donc d'un moyen facile pour agir sur le marché. À condition de repérer ces leaders d'opinion, l'annonceur peut diriger sa campagne publicitaire vers eux, et ce à un coût relativement bas. Ce sont ces leaders d'opinion qui, par la suite, transmettront l'information aux groupes de base dont ils sont membres. Malheureusement, la réalité est plus complexe que ne le laisse entendre cette description[13]. D'abord, les véritables leaders d'opinion n'ont pas de caractéristiques bien définies et facilement reconnaissables. Les pairs peuvent considérer un certain individu comme un leader d'opinion dans le domaine de l'automobile, mais non dans celui de la mode. On peut consulter une certaine personne pour obtenir des conseils en ce qui concerne l'investissement immobilier, mais non pour l'achat d'assurances.

14.4 Les modèles de la hiérarchie des effets

Parce que la publicité constitue une forme de communication de masse, les réponses qu'elle entraîne chez le consommateur sont souvent complexes et difficiles à cerner. Comme on l'a vu tout au long de cet ouvrage, les consommateurs traversent différentes étapes dans le processus décisionnel au fur et à mesure qu'ils apprennent, qu'ils développent des sentiments positifs (ou négatifs) à l'égard des marques et qu'ils décident d'en acheter une (ou non). L'effet d'un message publicitaire peut se faire sentir à plusieurs étapes de ce processus, à différentes périodes.

Pour tenir compte des effets des messages, les publicitaires ont trouvé utile d'élaborer des modèles de la hiérarchie des effets. Il ressort de ces modèles que les consommateurs traversent diverses étapes au cours du processus de la communication marketing. Trois grandes étapes ont été mises en lumière : un stade *cognitif*, où le consommateur en apprend de plus en plus sur les caractéristiques du produit ; un stade *affectif*, où le consommateur évalue le produit d'une manière de plus en plus favorable ; un stade

conatif, où le consommateur est prêt à essayer ou à acheter le produit, c'est-à-dire à répondre par un comportement d'achat[14]. Parmi les modèles qui existent, deux retiennent notre attention (voir la figure 14.7, à la page 432) :

- Le modèle *AIDA*, qui est l'un des modèles les plus simples pour décrire la hiérarchie des effets, est très populaire dans le monde de la publicité[15]. Comme le montre la figure 14.7, selon cette conception, pour être efficace, l'annonce doit d'abord attirer *l'attention* du consommateur (stade cognitif), puis doit éveiller son *intérêt* pour ensuite susciter son *désir* (stade affectif) et, finalement, provoquer son *action* (stade conatif), c'est-à-dire l'essai ou l'achat du produit ;

- Le modèle Lavidge-Steiner[16], qui est plus précis que le modèle AIDA tout en étant aussi relativement simple. Selon cette conception, le consommateur doit traverser un processus comportant six étapes après avoir été en contact avec le produit ou une publicité sur le produit :

1. *La prise de conscience.* On utilise généralement des tactiques simples comme l'humour ou le questionnement pour attirer l'attention sur le message et sur le nom de la marque et ainsi créer un certain degré de prise de conscience correspondant à l'apprentissage de la marque.

2. *La connaissance.* Pour aider l'auditoire à comprendre ce que sont les principaux attributs de la marque, on recourt à des procédés d'apprentissage comme la répétition, la fermeture ou la démonstration.

3. *L'attrait.* Plusieurs tactiques permettent de rendre le produit attrayant aux yeux du consommateur, ce qui favorise l'adoption d'une attitude positive à l'égard de la marque, par exemple les témoignages d'individus connus, aimés ou respectés.

4. *La préférence.* Il s'agit ici d'encourager le consommateur à préférer une marque en particulier, c'est-à-dire de le convaincre que la marque en question est supérieure aux autres. Pour ce faire, on utilise la publicité

Figure 14.7   *Deux modèles simples décrivant la hiérarchie des effets*

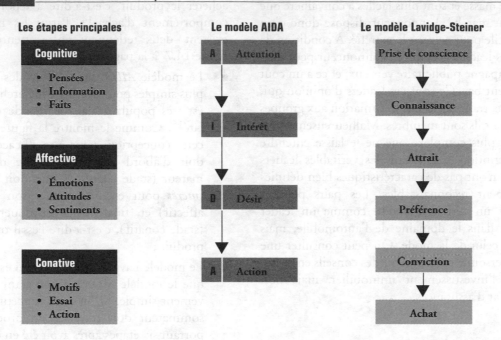

comparative ou les témoignages de consommateurs satisfaits.

5. *La conviction.* On aide le consommateur à se convaincre des avantages de la marque en renforçant son engagement à l'égard de la marque au moyen de méthodes douces.

6. *L'achat.* La décision d'acheter la marque est généralement déclenchée au moyen de stratégies publicitaires basées sur un attrait à court terme comme les techniques de promotion des ventes – le bon de réduction, l'échantillon gratuit, l'offre « deux pour le prix d'un » et ainsi de suite.

Plusieurs autres modèles ont été proposés pour décrire la hiérarchie des effets[17]. Il est clair que les messages publicitaires doivent tous être conçus de manière à amener les consommateurs à l'un ou l'autre niveau de cette hiérarchie, et ce à l'intérieur d'un certain laps de temps.

Les effets de la publicité, qu'il s'agisse d'une seule annonce ou d'une campagne complète, sont nombreux et complexes. Pour être efficace, la publicité doit posséder plusieurs caractéristiques. Ainsi, l'efficacité d'une campagne publicitaire dépend de l'efficacité des messages. Plus le message est efficace à chaque niveau de la hiérarchie, plus il fera progresser le consommateur dans la hiérarchie des effets[18].

Par ailleurs, chaque message a des effets qui se poursuivent dans le temps, mais dont l'intensité diminue avec le temps. En général, les effets de la publicité se font sentir non seulement durant la campagne, mais aussi quelque temps après. Cependant, s'ils ne sont pas renforcés, ces effets résiduels disparaissent rapidement, et le consommateur oublie. Des chercheurs ont étudié les effets résiduels en procédant à des expérimentations. Celles qui ont tenu compte de ces effets ont produit de meilleurs résultats que les autres[19]. C'est pourquoi l'efficacité de la campagne publicitaire dépend aussi de la fréquence des messages. Si les messages passent à de courts intervalles (c'est-à-dire à une fréquence élevée), le consommateur n'a pas le temps d'oublier, et l'effet cumulé des messages est important. Mais s'il y a un trop grand écart de temps entre les messages (c'est-à-dire si les messages passent à une fréquence trop faible), il est probable que le consommateur oublie et que l'on doive répéter l'effort de persuasion dans un message futur.

Enfin, l'efficacité de la campagne publicitaire est intimement liée à celle du marketing-mix dans son ensemble. D'abord, il faut que les consommateurs aient besoin du produit (par exemple, une pizza) et que la marque (par exemple, McCain) puisse satisfaire ce besoin. En second lieu, le consommateur n'achètera le produit que si celui-ci est facilement accessible, tant sur le plan physique (le produit est au bon endroit) que sur le plan économique (il est vendu à un prix acceptable).

14.5 Le message et ses effets

Le *message* englobe les mots, les sons et les images qu'utilise l'émetteur pour transmettre une idée conçue à l'avance. En publicité, le message véhicule l'information sous une forme écrite et imprimée ou orale et diffusée sur les ondes.

Tout message doit s'articuler autour d'un *objectif précis*. Par exemple, il peut s'agir d'informer l'auditoire des caractéristiques ou des avantages du produit. Certains annonceurs veulent fournir aux consommateurs de l'information sur les produits et les services qu'ils vendent dans le but de donner une plus grande notoriété au produit et de créer une attitude favorable à l'égard de la marque annoncée. D'autres annonceurs peuvent utiliser un message chargé d'émotions afin d'influencer les attitudes et le comportement du consommateur.

Les attitudes adoptées à l'égard de la marque proviennent : 1) de croyances au sujet de la marque (composante cognitive) ; 2) de sentiments et de réactions émotionnelles à l'égard de la marque (composante affective) ; 3) de tendances comportementales par rapport à l'achat de la marque (composante conative). La publicité essaie d'agir sur chacune de ces composantes.

14.5.1 L'action sur la composante cognitive

Les messages publicitaires qui utilisent une approche rationnelle du type « les raisons pour lesquelles... » peuvent influencer les attitudes des consommateurs à l'égard de la marque annoncée (voir la figure 14.8, page 434). Au moins deux modèles peuvent expliquer comment agit cette approche : l'hypothèse d'une relation instrumentale et la théorie de la dissonance cognitive de Festinger. D'autres modèles ont été présentés au chapitre 6. De plus, la structure du message ainsi que sa répétition influeront sur la composante cognitive.

L'hypothèse d'une relation instrumentale

Selon ce modèle, « l'attitude adoptée à l'égard d'un objet ou d'une situation est fonction des fins auxquelles sert l'objet, c'est-à-dire de ses conséquences[20] ». Pour changer une attitude, on doit changer la valeur instrumentale de l'attitude elle-même en créant de nouvelles croyances. Des études empiriques ont montré qu'il n'existe pas de relation linéaire entre les attitudes initiales du sujet et le changement d'attitude subséquent[21]. Les individus ayant des attitudes initiales extrêmes changeaient moins que ceux dont les attitudes initiales étaient plus modérées. Cela s'explique par le fait qu'à une extrémité du *continuum*, le sujet souscrit entièrement aux arguments de l'émetteur de sorte que le changement d'attitude est hautement improbable (en fait, il n'est pas nécessaire), alors qu'à l'autre extrémité, la position initiale du sujet est tellement éloignée de celle de l'émetteur que le changement d'attitude est peu probable ; le très grand écart ainsi que les conséquences associées à un changement de valeurs important peuvent faire obstacle au changement d'attitude[22].

Comment la publicité peut-elle exploiter ces résultats de recherche ? D'abord, le publicitaire doit chercher à savoir si le produit est associé à des valeurs importantes. Si ce n'est pas le cas, la meilleure stratégie publicitaire peut consister à choisir des positions extrêmes (un grand écart de message), par exemple en faisant une « dramatisation » concernant

Figure 14.8

Une publicité fondée sur l'approche rationnelle pour influencer les attitudes

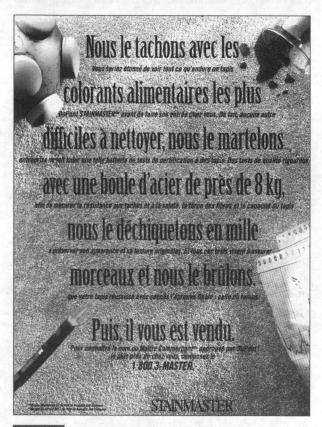

la marque. Il s'agit ici de créer de l'excitation par rapport à la marque. L'encadré 14.3 présente un exemple d'une entreprise, Molson O'Keefe, ayant adopté avec beaucoup de succès une stratégie de ce genre. Au contraire, lorsque le produit possède des significations symboliques importantes, le publicitaire a généralement intérêt à ne pas adopter de positions qui s'écartent trop de celles de l'auditoire. Une stratégie plus efficace consiste alors à encourager les consommateurs à changer leurs attitudes petit à petit, ce qui nécessite des arguments modérés plutôt qu'extrémistes.

La théorie de la dissonance cognitive

Plusieurs communications persuasives sont fondées sur la théorie de la dissonance cognitive[23]. Tel qu'il

a été expliqué au chapitre 6, cette théorie s'appuie sur deux propositions. D'abord, lorsque nous sommes exposés à un type d'information qui contredit l'information déjà en mémoire, il se crée un état de tension psychologique ou de « dissonance cognitive ». Nous essayons ensuite de réduire cette tension psychologique au moyen de certaines tactiques : en changeant nos attitudes de façon à les rendre compatibles avec la nouvelle information, en niant la nouvelle information, en mettant en doute la crédibilité de l'émetteur ou en cherchant de l'information additionnelle, de façon à renforcer les attitudes déjà établies.

Plusieurs stratégies de marketing exploitant les superlatifs reposent sur cette théorie. En disant à l'auditoire que sa marque est « la meilleure », le publicitaire se trouve à dire au consommateur qui achète une autre marque qu'il n'utilise pas « le meilleur » produit existant sur le marché. Le publicitaire espère ainsi que cet état de dissonance cognitive entraînera un changement d'attitude et, peut-être, l'essai de la marque. Mais certains consommateurs peuvent réagir en rejetant la communication.

La structure du message

Lorsqu'il conçoit la communication, le publicitaire doit aussi penser à quatre aspects reliés à la structure du message : le type de conclusion (explicite ou non), le genre d'argumentation (uniformément positive ou dans les deux sens), le recours à la comparaison et l'ordre de présentation des arguments. Les décisions quant à ces aspects sont susceptibles d'influer sur la composante cognitive de l'attitude adoptée par l'auditoire.

Le type de conclusion

Le publicitaire peut évoquer des faits au sujet de la marque et laisser les consommateurs tirer leurs propres conclusions, ou il peut terminer le message par une conclusion explicite.

Une étude a montré que, lorsque la conclusion était explicite, le message était deux fois plus efficace que lorsqu'on laissait aux consommateurs le soin de tirer leurs propres conclusions[24]. Par exemple, les consommateurs pourraient faire les inférences suivantes :

Les secrets d'une PUB

Le 7 octobre [1995], les téléspectateurs de *La Soirée du hockey* ont été les premiers à apprendre le choix du public concernant les aventures de Miville et Legrand, les héros de la publicité de la bière Grand Nord : 54 % des 1 138 000 personnes ayant voté ont préféré les Déesses de la nature aux redoutables motards Crazy Devils. Après leur avoir échappé de justesse – loin d'être de charmantes courtisanes, les déesses faisaient partie d'une secte antihommes ! –, les deux amis étaient de retour à l'écran fin novembre : poursuivis par un ours, ils se sont retrouvés coincés dans la tanière de la bête, où ils devront hiberner. Ce n'est qu'au printemps qu'ils nous demanderont de voter de nouveau.

Voter ? ! L'apparition de Miville et Legrand, le 20 juin [1995], annonçant la dernière-née de la Brasserie Molson O'Keefe, a constitué une première mondiale en publicité : la campagne de la bière Grand Nord est une série interactive où c'est le public qui choisit la suite de l'histoire !

Au premier « épisode », Miville et Legrand, incarnés par les comédiens Denis Bouchard et Gildor Roy, allaient acheter de la bière pour un party, se retrouvaient emprisonnés dans un camion, puis, éjectés, ils tombaient d'une falaise. Le public a alors été invité à choisir, par téléphone, leur point de chute : une baleine ou un sous-marin ? Le 31 juillet, à 8 h 10, toutes les stations de télévision francophones dévoilaient le résultat du vote panquébécois, mettant ainsi fin à plus d'un mois de suspense : 53 % ont voté en faveur du sous-marin.

Ils avaient beau avoir pour mandat d'étonner, les concepteurs de la campagne sont malgré tout surpris de son succès. « Dans les scénarios les plus fous, on prévoyait 250 000 appels par volet », dit Monica Ruffo, vice-présidente de la planification à l'agence Cossette Communication-Marketing. « On en a reçu 992 000 pour le premier épisode, 1 138 000 pour le deuxième ! »

Pourtant, s'il y a au Québec une opération de marketing pour laquelle on a tenté de tout prévoir, c'est bien le lancement de la Grand Nord. Miville, Legrand et la bière elle-même sont le fruit de près de deux ans de tests auprès de plus de 2 000 personnes. « Nous voulions bâtir un produit de concert avec les consommateurs », dit Jean-Marc Desnoyers, directeur du marketing de Molson O'Keefe. « Nous avons testé tout ce qui pouvait l'être. La Grand Nord, destinée au marché de masse, est une bière pour le futur. »

[...]

Le principe de l'histoire « à suivre » avait déjà été proposé il y a un bon moment. « J'ai toujours été fasciné par la façon dont les suspenses télévisuels peuvent devenir de vrais événements », dit Martin Gosselin, un des concepteurs. « Aux États-Unis, l'identité de celui qui avait tiré sur JR dans la série *Dallas* est devenue une question nationale ; en publicité, une campagne très réussie pour le café Taster's Choice montre la naissance d'une idylle entre deux voisins. Tout le monde fait des suppositions, des médias y ont même consacré des reportages... » Les Québécois, déjà friands de téléromans, adorent aussi « participer ». D'où l'idée d'une série interactive. « Et c'était une suite logique, dit Jacques Labelle, vice-président de la création : le consommateur a eu son mot à dire sur tous les aspects du produit. Pourquoi pas aussi sur la publicité ? »

[...]

Pour que la diffusion du premier message et de la première « réponse » constituent à coup sûr des événements, Cossette a utilisé une formule presque inédite – l'entreprise n'y avait eu recours qu'une fois, pour la pizza de McDonald's – : le « barrage publicitaire », c'est-à-dire la diffusion du même message, au même moment, sur toutes les chaînes. André Tranchemontagne, le président de Molson O'Keefe, est venu en ondes

▼

annoncer le lancement de la nouvelle bière puis, quelques semaines plus tard, remercier les participants et leur indiquer le score. « C'est exceptionnel de voir un annonceur dire à la moitié de ses consommateurs qu'ils n'auront pas ce qu'ils ont demandé ! dit Jacques Labelle. Même les politiciens n'osent plus faire cela... »

Contre toute attente, la deuxième aventure de Miville et Legrand a suscité plus d'appels que la première. D'ailleurs, le succès pose un problème très concret à l'annonceur : puisqu'il assume le coût des interurbains, la dépense s'est révélée plus importante que prévu ! Jusqu'à quel point ? Pas moyen de le savoir : Molson O'Keefe refuse de dévoiler le montant des sommes investies, le chiffre des ventes, ou même la part du marché de la Grand Nord. « Nous sommes très contents », se borne à dire Jean-Marc Desnoyers, le directeur du marketing.

Six semaines après le lancement, des sondages révélaient que 94 % des buveurs visés connaissaient déjà la Grand Nord et que la moitié d'entre eux l'avaient essayée. Benoît Hogue, qui animait des groupes de discussion au Saguenay le soir du dévoilement du résultat du premier vote, en est revenu presque épouvanté : « Je me dis parfois qu'on a créé un monstre ! Les participants connaissaient le premier message par cœur et, puisqu'ils allaient être absents de la maison ce soir-là, la moitié d'entre eux avaient programmé leur magnétoscope ou demandé à quelqu'un d'enregistrer le message pour connaître le résultat du vote ! »

[...]

Les aventures de Miville et Legrand semblent destinées à durer encore longtemps. « On s'arrêtera quand les gens en auront assez. Ce qui, je pense, n'est pas près d'arriver, dit Jacques Labelle. Et je ne vois pas de limites à ce qu'on peut encore imaginer. »

Source   Extrait de M.-C. Ducas, « Les secrets d'une PUB », *L'actualité*, janvier 1996, p. 67-71. Reproduit avec permission.

la marque de dentifrice X contient du fluor ; or le fluor est un ingrédient chimique ; donc, il se peut que la marque X ne soit pas bonne pour la santé. Dans ce cas, le message aurait éloigné les consommateurs des objectifs de communication de l'annonceur.

Cependant, des études ont indiqué trois situations où le message sans conclusion explicite est plus efficace que le message avec conclusion explicite : 1) lorsque le message est direct et que l'auditoire possède un haut niveau d'instruction, les consommateurs peuvent être agacés par ce qu'ils perçoivent comme des arguments répétitifs et évidents ; il s'agit en quelque sorte d'une insulte à leur intelligence ; 2) lorsque l'émetteur du message n'est pas très crédible, il est plus efficace de laisser l'auditoire tirer ses propres conclusions ; 3) lorsque le message touche une corde sensible, des valeurs très personnelles, le communicateur qui tire des conclusions explicites peut sembler s'ingérer dans la vie privée de la personne.

En publicité, le fait de tirer des conclusions signifie que l'on donne des arguments explicites sur les avantages que les consommateurs retireront de l'achat de la marque annoncée. Lorsque l'annonceur décrit le résultat de l'utilisation d'une marque, le consommateur peut conclure « Si la marque fait réellement cela, je devrais obtenir ce niveau de satisfaction. » Par la suite, si l'annonceur va plus loin et qu'il décrit un attribut physique de la marque, le consommateur peut se dire : « Si la marque possède cet attribut, elle devrait faire cela ; si elle fait cela, alors je devrais obtenir ce niveau de satisfaction. »

Par ailleurs, une étude a mis en évidence une relation entre le type de conclusion et le niveau d'implication du consommateur[25]. Ainsi, les individus en situation de forte implication ont tendance à avoir une attitude plus favorable à l'égard des publicités incomplètes, contrairement aux individus en situation de faible implication, qui ont une attitude plus favorable à l'égard des publicités complètes.

Le genre d'argumentation

Le message doit-il comporter uniquement des arguments en faveur de la marque (argumentation uniformément positive) ou doit-il présenter une vision équilibrée en fournissant aussi bien des arguments positifs que des arguments négatifs (argumentation dans les deux sens) ? La plupart des messages ont recours à une argumentation uniformément positive. Les rares exceptions sont du type : « Nous sommes le numéro 2 ; nous essayons plus fort » (la location de voitures AVIS), ou « L'autre fabricant d'ordinateurs » (UNIVAC).

Une argumentation dans les deux sens est généralement peu efficace, sauf dans trois cas[26] : 1) lorsque l'émetteur et l'auditoire ont des attitudes initiales opposées, car le recours à des arguments contradictoires donne une apparence d'objectivité et entraîne une meilleure crédibilité ; 2) lorsque les membres de l'auditoire sont plus instruits et sont susceptibles d'être exposés à une propagande contradictoire de la part des concurrents ; 3) lorsque l'émetteur a déjà fourni à l'auditoire des objections appropriées, car l'exposition à des arguments contradictoires peut avoir un effet immunisant.

Cependant, étant donné que le consommateur effectue un grand nombre de ses achats en situation de faible implication, les mercaticiens doivent se fonder sur des résultats de recherches marketing fiables qui démontrent que l'argumentation dans les deux sens est plus efficace avant de prendre la décision d'y recourir[27].

La publicité comparative

Dans la publicité comparative, l'annonceur compare les aspects positifs et négatifs de sa marque par rapport aux aspects positifs et négatifs d'une ou de plusieurs marques concurrentes. Doit-on utiliser les publicités comparatives ? Dans quelles situations la publicité comparative est-elle recommandée ?

Cette méthode est fréquemment employée lorsque, ayant constaté la présence d'un ou de plusieurs concurrents sérieux, une entreprise veut souligner la supériorité de son ou ses produits. Il existe deux types de publicité comparative : la comparaison directe, dans laquelle une marque est comparée explicitement à une autre marque ; la comparaison indirecte, dans laquelle la marque concurrente n'est pas explicitement mentionnée.

Plusieurs recherches ont permis de déterminer les situations dans lesquelles on peut avoir recours à la publicité comparative :

- lorsque l'entreprise a une faible part de marché ou lorsqu'elle introduit un nouveau produit sur le marché, dans la mesure où la comparaison permet de diminuer les différences perçues par rapport à la marque qui domine le marché[28] ;

- lorsqu'une marque a une part de marché relativement faible, dans la mesure où la comparaison, de préférence indirecte, est établie par rapport à une autre marque qui a aussi une part de marché faible[29].

S'il s'agit de différencier sa marque par rapport aux marques concurrentes, l'entreprise devrait mettre l'accent sur des attributs importants et éviter la comparaison. De même, en règle générale, le chef de file sur le marché devrait éviter de faire des publicités comparatives[30].

L'ordre de présentation des arguments

Un autre aspect concerne l'ordre dans lequel on présentera les arguments pour créer le message le plus efficace. Doit-on présenter les arguments les plus favorables en premier afin de susciter l'intérêt du public et d'obtenir l'effet le plus important alors que l'auditoire prête encore attention au message ou, plutôt, doit-on le faire à la fin, de manière à quitter l'auditoire avec les arguments les plus convaincants ? Malheureusement, il y a autant de situations dans lesquelles on a gagné à utiliser les arguments les plus forts en premier qu'il y a de cas contraires[31].

Étant donné que les messages publicitaires sont importuns et parfois même ennuyeux pour l'auditoire, on recommande souvent de présenter les arguments les plus forts au début du message. S'ils sont suffisamment convaincants, ces arguments devraient encourager l'auditoire à demeurer attentif. Cela est particulièrement important dans le cas de supports comme la radio et la télévision, parce que les magnétoscopes et les commandes à distance permettent d'éviter facilement les annonces[32].

La répétition et l'oubli du message

Ainsi que nous l'avons souligné au chapitre 5, des études ont montré que toute information qui n'est pas renforcée finit par être oubliée. Dans le cas d'une marque, le taux d'oubli dépend de la force de l'attitude adoptée à l'égard de cette marque. On peut empêcher le phénomène de l'oubli en répétant le message. La quantité d'information qu'un individu peut se remémorer varie directement avec la fréquence de répétition du message et inversement avec le temps écoulé entre deux messages consécutifs[33].

De plus, il existe une relation effective entre la répétition et le changement d'attitude, sauf[34] :

■ lorsqu'un message est répété trop souvent ; en effet, les préférences à l'égard du produit ou de l'idée contenue dans le message s'affaiblissent après la quatrième répétition du même message ;

■ lorsqu'un message est répété trop souvent et de façon trop rapprochée ;

■ lorsque la densité du message (c'est-à-dire la fréquence des messages, y compris ceux des concurrents) est trop élevée.

Ces résultats suggèrent que, pour être efficace, le message publicitaire doit être répété, mais qu'il existe une fréquence de répétition optimale. Une façon de contourner ce problème est de répéter le message avec de légères variations (voir l'exemple de la figure 14.9).

| **Figure 14.9** | *Un exemple de messages présentant de légères variations* |

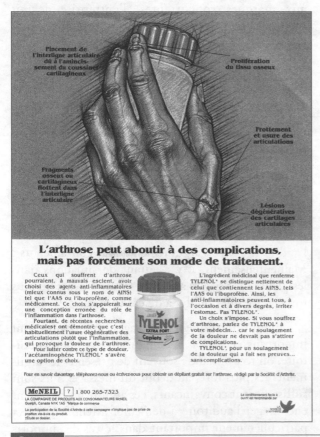

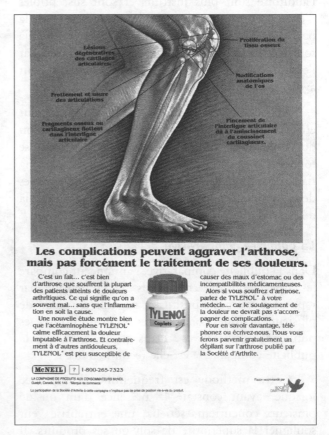

| **Source** | Reproduit avec la permission du Centre d'information Tylenol, Soins-santé grand public McNeil. |

14.5.2 L'action sur les composantes affective et conative

L'annonceur peut également essayer d'agir sur la composante affective en adoptant l'une des deux stratégies suivantes : les messages publicitaires fondés sur la peur (ou négatifs) ou les messages publicitaires plaisants (ou positifs).

Les messages publicitaires fondés sur la peur

L'utilisation de la *peur* dans le but de changer les attitudes repose sur la théorie de la dissonance cognitive. Il s'agit ici de montrer au consommateur les conséquences négatives pouvant découler du fait qu'il n'utilise pas la marque de l'annonceur et qu'il achète la marque d'un concurrent.

L'efficacité de ce type d'annonce semble dépendre de l'intensité de la peur suscitée parmi l'auditoire. Plusieurs études indiquent qu'une intensité de peur trop forte ou trop faible semble être moins efficace qu'une intensité de peur modérée[35]. Par exemple, les annonces de services publics où l'on montre d'horribles scènes d'accidents causés par des chauffeurs en état d'ébriété ou des morts provoquées par des conducteurs ayant négligé de porter leur ceinture de sécurité suscitent généralement une anxiété intolérable et deviennent, par le fait même, moins efficaces. Des approches plus subtiles, par exemple les annonces où l'on utilise des œufs ou des mannequins pour illustrer les mêmes conséquences, engendrent moins d'anxiété et sont ainsi plus efficaces. En outre, si le sujet de l'annonce préoccupe peu les consommateurs, par exemple l'apparence de leur four, un message publicitaire fondé sur la peur ne réussira pas à engendrer d'anxiété et sera donc inefficace. Finalement, les arguments exploitant la peur sont plus efficaces si l'émetteur est en mesure de suggérer une solution ou un comportement de rechange qui soient convaincants[36] ; par exemple, les campagnes publicitaires contre le sida suggèrent le port du condom plutôt que l'abstinence.

Une autre façon de comprendre l'action de la peur repose sur le *paradigme de la réponse parallèle* qui explique pourquoi les résultats en ce qui a trait à la relation entre la peur et la persuasion ont été contradictoires. Selon cette théorie, les messages jouant sur la peur peuvent déclencher deux processus indépendants (et cela à différents degrés selon le message) : une maîtrise du danger – une réponse cognitive qui a tendance à renforcer la persuasion – et une maîtrise de la peur – une réponse émotionnelle qui a tendance à affaiblir la persuasion. Suivant la réponse, un individu peut établir avec la persuasion une relation monotonique (lorsque la réponse est forte en ce qui a trait à la maîtrise du danger, ce qui augmentera la persuasion) ou une relation non monotonique (lorsque la réponse est forte en ce qui a trait à la maîtrise de la peur, ce qui provoquera une contre-réaction à tout effet de persuasion dû à la maîtrise du danger[37]).

Les messages publicitaires plaisants

Les *messages publicitaires plaisants* visent à associer la marque à une expérience agréable, dans l'espoir que les sentiments positifs éprouvés à l'égard du message seront transférés à la marque. Cette tactique est appelée « publicité transformationnelle[38] » et elle agit de la façon suivante : une expérience plaisante peut entraîner *une attitude positive à l'égard de l'annonce,* laquelle, en retour, peut engendrer une attitude positive envers la marque annoncée et, on l'espère, une intention d'achat[39]. Une autre explication est que, devant une situation plaisante (positive), les consommateurs sont distraits et ne pensent pas à formuler des objections. Or, rappelons-le, la contre-argumentation diminue l'effet persuasif du message. Les trois grandes techniques de publicité transformationnelle sont l'emprunt d'un intérêt, l'humour et la bonne humeur.

L'emprunt d'un intérêt

La plupart des consommateurs sont attirés par les scènes montrant des bébés, des enfants, des chiens, des chats et même des modèles au physique attrayant, et éprouvent du respect à l'égard des grands-parents. Un bon exemple d'exploitation de cette technique est la présence de chatons persans de couleur blanche dans les annonces publicitaires du papier hygiénique Royale ou la présence d'un bébé ou de chiens dans les annonces de pneus Michelin.

L'humour

Il est difficile d'utiliser l'humour avec succès, parce que les consommateurs ne sont pas tous sensibles aux mêmes gags. Dans un contexte de marché de masse, l'humour doit être universel et doit transcender la langue, le temps et le lieu. Or le sens de l'humour diffère selon le marché. Ainsi, les consommateurs nord-américains réagissent positivement à l'humour sur le sexe, le corps humain, l'argent, le statut social, le mariage, la politique et les sports, et ce dans l'ordre mentionné, alors que, chez les Britanniques, l'ordre est plutôt le sexe, l'adversité, la classe sociale et la race, l'intelligence, les manies et la religion[40]. Exploité avec discernement, l'humour tend à augmenter l'acceptation du message et le taux de lecture et à accroître la crédibilité de l'émetteur. Il doit contribuer à l'image du produit et est plus efficace lorsqu'il est utilisé pour des marques ayant déjà une notoriété élevée. Lorsqu'il s'agit de nouveaux produits, la distraction causée par l'humour peut nuire à la transmission de l'information requise pour implanter la marque. On doit donc veiller à ce que l'humour n'envahisse pas le message au point d'empêcher l'auditoire de retenir le nom de la marque annoncée.

Une étude portant sur l'efficacité de l'humour en publicité a conduit aux conclusions suivantes[41] :

- les messages humoristiques attirent l'attention ;
- les messages humoristiques peuvent faciliter la compréhension ;
- l'humour peut distraire l'auditoire et entraîner une diminution des objections, et peut ainsi augmenter la persuasion ;
- les messages humoristiques semblent être persuasifs, mais l'effet de persuasion n'est pas nécessairement plus grand que celui des messages publicitaires sérieux ;
- l'humour tend à accroître la crédibilité de l'émetteur ;
- les caractéristiques de l'auditoire peuvent interférer avec l'effet de l'humour ;
- un contexte humoristique peut augmenter l'attrait exercé par l'émetteur et ainsi créer une ambiance positive, d'où un effet persuasif du message plus grand ;
- dans la mesure où un contexte humoristique produit un renforcement positif, une communication persuasive peut être plus efficace.

La bonne humeur

On a observé que, lorsque les consommateurs sont de bonne humeur, leur attitude à l'égard de l'annonce et de la marque a tendance à être positive[42]. Les publicitaires devraient donc choisir un média ayant un environnement éditorial positif : par exemple, dans un magazine, placer la publicité à l'intérieur d'une histoire suscitant une humeur positive (comme une histoire d'amour émouvante) ; à la télévision, placer la publicité dans une émission telle que *Mon meilleur ennemi* ou *Un gars, une fille*.

14.6 L'auditoire

L'*auditoire* est l'individu ou le groupe d'individus à qui le message est destiné.

Après une exposition à la communication, n'importe lequel des trois facteurs de situation décrits ci-dessous peut entraîner un changement d'attitude :

1. Le message est transmis à un groupe homogène. Si la majorité des membres du groupe approuve le message, la communication entraîne un changement d'attitude plus important que ce ne serait le cas si les individus avaient été exposés au message séparément. Si la majorité du groupe n'approuve pas le message, la communication est moins efficace[43].

2. Le récepteur de la communication appuie publiquement la position de l'émetteur. Dans ce cas, le changement d'attitude en faveur de la communication est plus stable, parce que l'individu est protégé contre les objections possibles[44].

3. Le sujet de la communication donne lieu à une discussion de groupe. Dans ce cas, grâce à la pression exercée par les pairs, la communication peut être plus efficace qu'en l'absence de discussion[45].

La conclusion que l'on peut tirer de ces résultats de recherche est la suivante : les communications personnalisées, les communications permettant un dialogue entre l'émetteur et l'auditoire, ainsi que les communications qui tirent profit des interactions à l'intérieur d'un groupe et de la pression qu'exerce le groupe sur les minorités dissidentes sont généralement plus efficaces que les communications impersonnelles transmises à des groupes passifs (comme les annonces télévisées) ou à des individus pris séparément (comme les annonces des magazines et des journaux).

14.7 L'importance des perceptions du consommateur en publicité

Pour l'entreprise, un objectif important est de s'assurer que ses produits, ses marques et jusqu'à elle-même (en tant qu'institution sociale) sont perçus d'une manière favorable par les clients potentiels. Cependant, les perceptions qu'ont les consommateurs des produits, des marques et des entreprises sont grandement influencées par leur perception des messages publicitaires qu'ils reçoivent et des médias qui transmettent ces messages. De plus, les consommateurs perçoivent parfois un *risque* dans la décision d'achat. Étant donné l'importance de la perception en publicité, nous commencerons par examiner les mécanismes perceptuels. Nous verrons ensuite comment les consommateurs forment leurs perceptions des produits et des marques, des divers éléments de la communication et du risque associé à la décision d'achat.

14.7.1 Le traitement sélectif de l'information

Comme nous l'avons vu au chapitre 4, les consommateurs sont quotidiennement en contact avec une somme énorme d'informations commerciales et non commerciales. Pour leur permettre de composer avec ce déluge d'informations, des filtres perceptuels, qui agissent comme des mécanismes de défense, sont à l'œuvre aux diverses phases de la perception, filtres qui dépendent des besoins, des valeurs et du style de vie de chacun. Ce phénomène est schématisé dans la figure 14.10.

L'exposition sélective

Les consommateurs peuvent décider consciemment d'éviter de s'exposer à plusieurs sources d'information. Par exemple, certains consommateurs peuvent, par choix, éviter les journaux ou les magazines, regarder très peu la télévision et éliminer les annonces au moyen de leur magnétoscope. En raison de l'augmentation du nombre de sources d'information et d'une demande accrue en ce qui

| **Figure 14.10** | *Le traitement sélectif de l'information* |

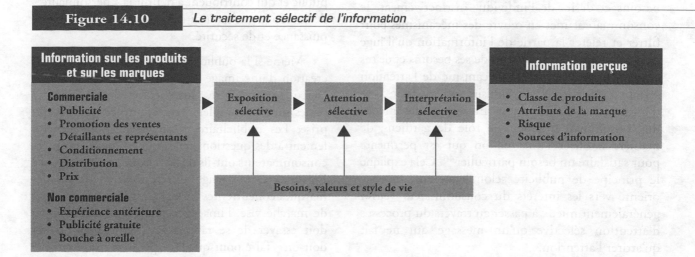

concerne le temps de loisir, de plus en plus de consommateurs limitent leur exposition à l'information.

L'attention sélective

Les consommateurs filtrent l'information à laquelle ils sont exposés et en perçoivent seulement une petite proportion. L'attention sélective caractérise tous les processus de communication, particulièrement ceux qui concernent des objets et des produits.

Diverses raisons peuvent expliquer l'attention sélective. Une première est que, parce que la publicité constitue une forme de communication non personnelle, les consommateurs évitent le contact face à face, qui exigerait d'eux une réponse plus attentive. Ils ne sont jamais obligés de regarder une annonce à la télévision, d'écouter une annonce à la radio ni de lire une réclame dans un journal ou un magazine. Les annonceurs ne peuvent pas faire grand-chose pour lutter contre l'attention sélective. Une autre raison a trait à la prolifération des messages publicitaires. En effet, la publicité est tellement présente dans notre société que les consommateurs peuvent être exposés à 1 500 messages publicitaires chaque jour, si bien qu'il leur serait impossible de prêter attention à chacun.

Une troisième raison, enfin, se rapporte aux intérêts du consommateur. Ces intérêts découlent d'interactions complexes reliées aux différents besoins et désirs de l'individu. Instinctivement, le consommateur met en œuvre des mécanismes pour filtrer et rejeter la partie de l'information qu'il juge non pertinente, compte tenu de ses besoins et de ses désirs. De cette façon, le mécanisme de l'attention sélective lui permet de choisir seulement le type d'information qui l'intéresse. En somme, les intérêts du consommateur jouent le rôle de gardiens, de manière à filtrer l'information qui est pertinente pour satisfaire un besoin particulier[46]. Cela explique le principe de publicité selon lequel un message orienté vers les intérêts du consommateur réussit généralement mieux à passer au travers du processus d'attention sélective qu'un message qui ne fait qu'attirer l'attention.

L'interprétation sélective

Une fois que le message a passé au travers du processus d'attention sélective, il doit contourner un second obstacle : le filtre de l'interprétation sélective. Les perceptions des gens sont organisées et possèdent un sens précis (et souvent particulier). Chez chaque individu intervient un mécanisme d'interprétation sélective qui lui est propre et qui est grandement influencé par la configuration de ses besoins[47].

14.7.2 Les perceptions du consommateur des attributs intangibles de la marque

Certains attributs du produit, y compris son prix, éveillent dans l'esprit du consommateur l'idée de nouveaux attributs qui peuvent être soit réels, soit non pertinents, ou même faux. Dès qu'un consommateur entre en contact avec un produit, le processus de la création de l'image de marque débute. Cependant, le produit lui-même n'est pas la seule source d'information (voir la figure 14.10). Les publicités et les communications de bouche à oreille relatives à la marque ainsi que tout autre élément associé à celle-ci deviennent des sources d'information additionnelles. Par exemple, le décor du siège social d'une banque, l'épaisseur des tapis et le comportement des employés constituent quelques-uns des nombreux détails qui sont visibles pour le public et qui contribuent à définir la « personnalité » de la banque, c'est-à-dire à inspirer une image de puissance et de sécurité.

Même si la publicité n'est pas la seule source de création d'une image de marque, elle constitue un facteur important et, plus encore, elle est l'une des seules sources complètement contrôlées par l'entreprise. Les publicitaires s'intéressent donc généralement à des questions telles que : Quelle image les consommateurs ont-ils de la marque en ce moment ? En quoi cette image diffère-t-elle de celle des marques concurrentes ? Quelle est, pour le segment de marché visé, l'image de marque idéale dont on doit essayer de se rapprocher ? Que peut-on – et doit-on – faire pour que l'image de marque actuelle se rapproche le plus possible de l'image de marque idéale ? Ces questions laissent entendre que l'analyse de l'image de marque (et de l'image d'entreprise) constitue une tâche importante.

Tous les éléments de la campagne publicitaire contribuent à la création de l'image de marque. Lorsqu'il est bien conçu, le message transmet aux consommateurs ce que l'annonceur désire véhiculer au sujet du produit ; de plus, l'individu qui communique effectivement le message (l'émetteur), les canaux de transmission ainsi que la situation de consommation suggérée dans l'annonce procurent tous de l'information aux consommateurs[48].

Une *stratégie d'image de marque intégrée* ne doit comporter que des éléments compatibles les uns avec les autres et susceptibles de transmettre au consommateur un type d'information approprié (ou, du moins, un type d'information qui ne soit pas en contradiction avec l'image de marque souhaitée).

14.7.3 Le rôle de la publicité pour influencer les perceptions

La publicité doit d'abord réussir à contourner les mécanismes de défense des consommateurs. Les annonceurs ont recours à une foule d'*outils mécaniques* pour aider les messages à se frayer un passage à travers le filtre que constitue l'attention sélective.

Des facteurs tels que la taille de l'annonce imprimée, la durée de l'annonce diffusée, l'utilisation de la couleur et du noir et blanc, la répétition, le message à grand effet, le contraste et le mouvement peuvent augmenter ou diminuer l'efficacité du filtre perceptuel qu'est l'attention sélective[49]. Pour obtenir une efficacité maximale dans les publicités imprimées, les annonceurs ont tendance à utiliser :

■ une pleine page plutôt qu'une demi-page ou un quart de page ;

■ une annonce en quatre couleurs plutôt qu'une annonce en noir et blanc ;

■ une annonce qui contraste avec le reste de l'information véhiculée par le média.

Pour une publicité radiophonique ou télévisée, les annonceurs aiment généralement utiliser :

■ une annonce de 30 secondes plutôt qu'une annonce de 15 ou de 10 secondes ;

■ une annonce dont l'intensité contraste avec le reste de l'émission.

Pour les panneaux d'affichage, les annonceurs ont tendance à utiliser :

■ le panneau le plus grand possible ;

■ plusieurs couleurs brillantes ;

■ une annonce en mouvement plutôt qu'une annonce immobile.

La *répétition* du message est un outil efficace qui peut être utilisé dans toutes sortes de médias. Des études ont montré l'existence d'un lien direct entre la répétition, le rappel et la compréhension du message. Par exemple, pour ce qui est de la télévision, le pourcentage de l'auditoire qui s'est rappelé une annonce est passé de 33 % à 65 % au fur et à mesure que l'on a augmenté le nombre de minutes pendant lesquelles le message était vu[50].

L'annonceur dispose de trois stratégies pour influencer le comportement du consommateur :

1. Donner aux consommateurs autant d'information que possible sur les caractéristiques et la performance du produit (publicité informative). Les campagnes de publicité informative diminuent généralement le niveau de risque que les consommateurs perçoivent par rapport à la décision d'achat.

2. Construire une image de produit et de marque. La publicité peut inciter les consommateurs à attribuer à la marque des caractéristiques psychologiques favorables qui la rendent plus désirable à leurs yeux et, du même coup, plus susceptible d'être remarquée soit dans l'annonce, soit au point de vente.

3. Faire appel à un émetteur crédible. Le recours à des experts compétents et dignes de confiance améliore la crédibilité et la réputation de l'entreprise dans son domaine.

14.8 Les effets de la publicité sur les attitudes

Il est nécessaire que le consommateur adopte une attitude positive à l'égard du produit avant de l'acheter, du moins dans les situations d'achat à répétition ou d'achat de biens durables. Plusieurs études ont laissé entendre que l'on peut raisonnablement prévoir le comportement d'achat en se fondant sur les attitudes qu'adoptent les consommateurs à l'égard des diverses marques[51]. Par conséquent, il n'est pas surprenant qu'une fois que les consommateurs ont franchi l'étape de la prise de conscience, les annonceurs essaient de créer chez eux des attitudes favorables à l'égard des marques qu'ils vendent.

La campagne de publicité peut avoir différents objectifs concernant les attitudes des consommateurs. Ainsi, on peut vouloir :

- créer, chez les consommateurs, des attitudes favorables à l'égard de la marque, particulièrement lorsqu'il s'agit du lancement d'un nouveau produit ;
- changer en attitudes positives les attitudes négatives qu'ont les consommateurs à l'égard de la marque ;
- renforcer les attitudes positives qu'ont les consommateurs à l'égard de la marque.

Il est donc essentiel que le publicitaire comprenne comment se forment et se modifient les attitudes des consommateurs (question déjà examinée au chapitre 6). Les attitudes se forment à partir du processus visant à satisfaire les besoins. Une personne adopte donc des attitudes favorables à l'égard d'une marque si elle croit que cette marque peut satisfaire un ou plusieurs de ses besoins ou de ses désirs. Si la marque est incapable de satisfaire des besoins ou des désirs importants, le consommateur adoptera probablement des attitudes négatives à son égard.

Les attitudes sont liées les unes aux autres et sont également liées aux besoins et aux désirs des consommateurs ; elles font donc partie d'un système[52]. Plus un produit est important aux yeux d'un consommateur, plus ce système est complexe.

L'information filtrée et évaluée par chaque individu alimente le système attitudinal et influe sur le contenu de celui-ci dans son ensemble. Même si, pour une raison quelconque, le flux d'information est interrompu, le contenu du système demeure inchangé, du moins pour un certain temps. L'annonceur peut donc interrompre l'information publicitaire qui s'inscrit dans la mémoire du consommateur ou en modifier la nature. Cependant, il peut être difficile de changer le système attitudinal dans son ensemble. Si cela était possible, il faudrait y consacrer de très grosses sommes d'argent. Transformer une attitude négative en une attitude positive peut représenter une tâche de communication très longue et très difficile. Les spécialistes du marketing préfèrent donc parfois lancer une nouvelle marque plutôt que d'essayer de changer les sentiments défavorables des consommateurs. Il est généralement plus facile de construire des attitudes favorables à partir d'attitudes neutres que de changer des attitudes négatives en attitudes positives.

14.9 L'efficacité de la publicité

Les annonceurs investissent des sommes d'argent considérables en publicité chaque année pour augmenter leurs ventes. La publicité est ainsi considérée comme un outil efficace de promotion et de vente des produits et services. Plus particulièrement, la publicité permet d'influencer les besoins, les croyances, les opinions, les attitudes et le comportement d'achat des consommateurs.

Cette croyance quant à l'efficacité de la publicité est très largement partagée par le grand public, les journalistes, les leaders d'opinion publique et, évidemment, par les intervenants dans l'industrie publicitaire qui lui reconnaissent non seulement une efficacité comme outil de marketing, mais aussi un pouvoir social[53].

Cependant, malgré l'étendue de cette croyance, des chercheurs[54] remettent en question le pouvoir attribué à la publicité dans la mesure où elle ne crée aucun effet substantiel sur le marché. Au plus, la publicité contribuerait à la prise de conscience de l'existence d'une marque sur le marché et, peut-être, inciterait à l'essai du produit. En réalité, l'adoption d'une marque par le consommateur dépend essentiellement de son expérience personnelle du produit.

Certains praticiens[55] appuient aussi ce point de vue quand ils soutiennent que la publicité perd de son pouvoir avec le temps, étant donné qu'elle tend à mettre de plus en plus l'accent sur l'image de marque plutôt que le contenu publicitaire, alors que les consommateurs deviennent de plus en plus avertis et recherchent, par le fait même, plus d'informations.

D'autres chercheurs[56] adoptent une position médiane en notant que l'efficacité de la publicité dépend de sa combinaison avec d'autres facteurs. En effet, la combinaison de la publicité avec la promotion des ventes produit un effet significatif sur les ventes à court et long terme.

RÉSUMÉ

Le processus de la communication marketing a été présenté dans le contexte de la communication de masse. Le modèle de la communication de masse englobe six éléments : l'émetteur, le message, les canaux, l'auditoire, les effets et le retour d'information.

Une communication efficace exige que l'émetteur et l'auditoire soient sur la même longueur d'onde, qu'ils partagent un même champ psychologique. La théorie du champ psychologique suggère que le marketing constitue un jeu d'équilibre. La compréhension de ce phénomène permet au spécialiste du marketing d'influencer les décisions du consommateur en faveur du fournisseur ou de la marque qu'il représente.

Parce que la publicité constitue un outil de communication de masse, les réponses qu'elle entraîne de la part des consommateurs peuvent être subtiles, complexes et difficiles à déchiffrer. Les effets de la publicité peuvent se faire sentir à plusieurs niveaux. Divers modèles, dont le modèle AIDA et le modèle Lavidge-Steiner, peuvent être utilisés pour expliquer cette hiérarchie des effets. Ces modèles rendent compte des étapes que traversent les consommateurs entre le moment où ils sont exposés à un message publicitaire et l'achat de la marque annoncée.

La publicité est un processus de communication qu'un commanditaire destine aux acheteurs potentiels d'un produit ou d'un service. Dans ce chapitre, nous avons décrit comment fonctionne la publicité et comment elle peut influencer le comportement du consommateur.

Pour qu'un consommateur achète une marque en particulier, il doit d'abord avoir éprouvé le besoin ou le désir d'acheter la marque, il doit avoir l'impression que cette marque est celle qui lui permettra de satisfaire son besoin ou son désir initial et il doit avoir les moyens financiers et physiques d'effectuer l'achat. Pour réussir, les annonceurs doivent comprendre la vie quotidienne des consommateurs cibles. Ils doivent connaître leurs besoins, leurs perceptions et leurs attitudes à l'égard des diverses marques ; ils doivent également connaître les habitudes d'achat des consommateurs ainsi que les changements que les acheteurs éventuels désirent ou sont prêts à accepter.

La publicité donne de l'information aux consommateurs. Cette information peut éveiller, stimuler ou renforcer des besoins conscients ou latents. Les perceptions des consommateurs concernant les produits, les marques et les entreprises sont également influencées par leurs perceptions des messages qu'ils reçoivent et des médias qui transmettent ces messages.

Les perceptions agissent comme des filtres que l'information doit traverser avant d'être intégrée à la mémoire du consommateur. L'attention sélective, qui limite la quantité d'information reçue, et

▼

▼

l'interprétation sélective, par laquelle un sens particulier et donné à l'information, constituent deux filtres importants. On peut se servir de ces concepts pour analyser les perceptions relatives aux marques (l'image de marque), au prix, au risque associé à l'achat et aux divers éléments du processus de la communication, par exemple la crédibilité de l'émetteur. La publicité doit d'abord passer au travers des mécanismes de défense perceptuels du consommateur. Un annonceur dispose d'une série de principes généraux pour concevoir des messages publicitaires efficaces.

Les communications publicitaires peuvent influer sur les attitudes des consommateurs. Un publicitaire peut vouloir faire naître des attitudes favorables à l'égard d'une marque (particulièrement s'il s'agit d'une nouvelle marque), renforcer les attitudes positives qu'ont déjà les consommateurs à l'égard d'une marque ou changer les attitudes négatives en attitudes positives. Il est possible d'agir sur les attitudes des consommateurs en se servant de modèles comme l'hypothèse d'une relation instrumentale et la théorie de la dissonance cognitive. On peut également changer les attitudes en appliquant les principes qui régissent la conception et la répétition du message.

QUESTIONS ET THÈMES DE DISCUSSION

1. Expliquez le concept de hiérarchie des effets. Quelles sont les implications de ce modèle pour les publicitaires ?

2. Pourquoi est-il difficile de mesurer les effets précis sur l'auditoire d'une campagne de publicité ?

3. Choisissez une annonce que vous jugez efficace pour attirer l'attention. Décrivez les stratégies et tactiques employées dans cette annonce.

4. Trouvez et décrivez des annonces faisant appel aux motivations suivantes :

   a) le sexe ;

   b) la peur ;

   c) l'anxiété ;

   d) la sécurité ;

   e) l'estime de soi.

5. Trouvez des exemples d'annonces qui utilisent des témoignages et qui reposent sur :

   a) la compétence de l'émetteur ;

   b) la crédibilité de l'émetteur.

6. Trouvez des exemples d'annonces qui utilisent l'attrait exercé par l'émetteur. Évaluez l'efficacité de ces annonces.

7. Trouvez des exemples d'annonces qui, selon vous, ne sont pas crédibles pour certains segments de marché et spécifiez quels sont ces segments.

8. Trouvez des exemples d'annonces dont l'argumentation va dans les deux sens. Étudiez l'ordre des arguments présentés. Comment les principes expliqués dans ce chapitre ont-ils été appliqués ?

9. Choisissez trois annonces diffusées sur les ondes (à la télévision ou à la radio). Étudiez l'ordre de présentation des arguments. Quels arguments sont les plus puissants (compte tenu de l'auditoire cible) et quels arguments sont les plus faibles ?

10. Examinez le rôle potentiel de la publicité dans les situations antérieures à l'achat et dans les situations postérieures à l'achat. Dans quelles situations la publicité est-elle le plus efficace ? Donnez des exemples.

NOTES

1. W. Schramm, « How communication works », dans W. Schramm (sous la dir. de), *The Process and Effects of Mass Communication,* Urbana (Ill.), University of Illinois Press, 1970, p. 3-26 ; D.L. Simpson, « The transfer of meaning model : McCracken meets Pavlov », dans T. Schellinck (sous la dir. de), *Marketing,* vol. 12, Montréal, Association des sciences administratives du Canada, 1991, p. 253-262.

2. K. Lewin, *A Dynamic Theory of Personality*, New York, McGraw-Hill, 1935.

3. H.C. Kelman et C.I. Hovland, « Reinstatement of the communicator in delayed measurement of opinion change », *Journal of Abnormal and Social Psychology,* vol. 48, n° 3, juillet 1953, p. 327-335.

4. C. Okechuku, I. Van Kooten et P. Tsang, « The effectiveness of celebrity endorsement in print advertising », dans T. Schellinck (sous la dir. de), ouvr. cité, p. 212-223 ; D.L. Simpson, art. cité.

5. R.A. Hansen et C.A. Scott, « Comment on attribution theory and advertiser credibility », *Journal of Marketing Research,* vol. 13, n° 2, mai 1976, p. 193-197 ; S. Ratneshwar et S. Chaiken, « Comprehension's role in persuasion : The case of its moderating effects on the persuasive impact of source cues », *Journal of Consumer Research,* vol. 18, n° 1, juin 1991, p. 52-62.

6. C.I. Hovland et W. Weiss, « The influence of source credibility on communication effectiveness », *Public Opinion Quarterly,* vol. 14, n° 4, hiver 1951, p. 635-650 ; H.C. Kelman et C.I. Hovland, « Reinstatement of the communicator in delayed measurement of opinion change », *Journal of Abnormal and Social Psychology,* vol. 48, n° 3, juillet 1953, p. 327-335.

7. G.R. Rarick, « Effects of two components of communicator prestige », texte d'une conférence donnée au Pacific Chapter, American Association pour la Public Research, Asimolar (Calif.), janvier 1963 ; M.E. Goldberg et J. Hartwick, « The effects of advertiser reputation and extremity of advertising claims on advertising effectiveness », *Journal of Consumer Research,* vol. 17, n° 2, septembre 1990, p. 172-179.

8. P.H. Tannenbaum, « Initial attitude toward source and concept as factors in attitude change through communication », *Public Opinion Quarterly*, vol. 20, n° 2, été 1956, p. 413-425.

9. J.-C. Chebat et autres, « Effects of source likability on attitude change through message repetition », dans L. McAlister et M.L. Rothschild (sous la dir. de), *Advances in Consumer Research,* vol. 20, Provo (Ut.) Association for Consumer Research, 1993, p. 353-358.

10. B. Rigaux-Bricmont, « Structure des attitudes du consommateur à l'égard des sources d'information qui l'entourent », dans M. Laroche (sous la dir. de), *Marketing,* vol. 3, Montréal, Association des sciences administratives du Canada, 1982, p. 263-275.

11. E. Katz et P.F. Lazarsfeld, *Personal Influence : The Part Played by People in the Flow of Mass Communication*, Glencoe (Ill.), Free Press, 1955.

12. P.F. Lazarsfeld, B. Berelson et H. Gaudet, *The People's Choice,* New York, Duell, Sloan et Pearce, 1944, p. 150-158.

13. E. Katz, « The two-step flow of communication : An up-to-date report on an hypothesis », *Public Opinion Quarterly,* vol. 21, n° 1, printemps 1957, p. 61-78.

14. M.J. Rosenberg, « Cognitive structure and attitudinal effects », *Journal of Abnormal and Social Psychology,* vol. 53, novembre 1956, p. 367-372 ; W.J. McGuire, « Psychological motives and communication gratification », dans J.G. Blumler et E. Katz (sous la dir. de), *The Uses of Mass Communications : Current Perspectives on Gratifications Research*, Toronto, Gage, 1974, p. 167-196 ; C.K. Kim et K.L. Lord, « A new FCB grid and its strategic implications for advertising », dans T. Schellinck (sous la dir. de), ouvr. cité, p. 51-60.

15. E.K. Strong, *The Psychology of Selling*, New York, McGraw-Hill, 1925, p. 9.

16. R.J. Lavidge et G.A. Steiner, « A model for predictive measurement of advertising effectiveness », *Journal of Marketing,* vol. 25, n° 4, octobre 1961, p. 61.

17. Par exemple, le modèle de la diffusion de l'innovation d'E. Rogers, (*Diffusion of Innovations*, New York, Free Press, 1962, p. 78-86) ; ou encore le modèle de la formation d'attitude *(Presentation-Attention-Comprehension-Yielding-Recall-Purchase),* de W.J. McGuire (« An information processing model of advertising effectiveness », conférence présentée au Symposium of Behavioral and Management Science in Marketing, Center for Continuing Education, University of Chicago, juillet 1969).

18. F.W.A. Bliemel, « Advertising thresholds in Canadian markets: A cross-sectional analysis of management estimates », dans S. Brown (sous la dir. de), *Marketing,* Montréal, Association des sciences administratives du Canada, 1984, p. 31-40 ; F.W.A. Bliemel, « Are

thresholds of advertising response substantial ? »,
dans J.D. Forbes (sous la dir. de), *Marketing,* vol. 4,
Montréal, Association des sciences administratives du
Canada, 1983, p. 1-10.

19. H.A. Zielske, « The remembering and forgetting of
advertising », *Journal of Marketing,* vol. 23, n° 1,
janvier 1959, p. 239-243 ; K.S. Palda, *The
Measurement of Cumulative Advertising Effects,*
Englewood Cliffs (N.J.), Prentice-Hall, 1964,
p. 1-10.

20. H. Peak, « Attitude and motivation », dans
M.R. Jones (sous la dir. de), *Nebraska Symposium on
Motivation 1955,* Lincoln, University of Nebraska
Press, 1955, p. 149-188.

21. E.R. Carlson, « Attitude change through modification of attitude structure », *Journal of Abnormal and
Social Psychology,* vol. 52, n° 2, mars 1956,
p. 256-261.

22. C.I. Hovland et H.A. Pritzker, « Extent of opinion
change as a function of amount of change
advocated », *Journal of Abnormal and Social
Psychology,* vol. 54, n° 2, mars 1957, p. 257-261 ;
W. Weiss, « The relationship between judgements of
a communicator's position and extent of opinion
change », *Journal of Abnormal and Social Psychology,*
vol. 56, 1958, p. 380-384.

23. L. Festinger, *A Theory of Cognitive Dissonance,* New
York, Harper & Row, 1957.

24. C.I. Hovland et W. Mandell, « An experimental
comparison of conclusion-drawing by the
communicator and by the audience », *Journal of
Abnormal and Social Psychology,* vol. 47, n° 3,
juillet 1952, p. 581-588.

25. J.-C. Chebat, S. Dorais et C. Gélinas-Chebat, « Self
persuasion : When consumers complement the
advertisements with personal inferences », dans
Y. Evrard, W.D. Hoyer et A. Strazzieri (sous la dir.
de), *Proceedings of the Third International Research
Seminar on Marketing Communications and Consumer
Behavior,* 1999, p. 65-89.

26. A.A. Lumsdaine et I.L. Janis, « Resistance to
counterpropaganda produced by one-sided and
twosided propaganda presentations », *Public Opinion
Quarterly,* vol. 17, n° 3, automne 1953, p. 311-318 ;
E. Walster, E. Aronson et D. Abrahams, « On
increasing the persuasiveness of a low prestige
communicator », *Journal of Experimental Social
Psychology,* vol. 2, n° 4, octobre 1966, p. 325-342.

27. B. Raven et J. Rubin, *Social Psychology,* New York,
John Wiley, 1983.

28. G. Gorn et C. Weinberg, « The impact of
comparative advertising on perception and attitude :
Some positive findings », *Journal of Consumer
Research,* vol. 11, n° 2, septembre 1984, p. 719-727.

29. C. Pechmann et D.W. Stewart, « The effects of
comparative advertising on attention, memory and
purchase intentions », *Journal of Consumer Research,*
vol. 17, n° 2, septembre 1990, p. 180-191.

30. P.W. Minard et autres, « A re-examination of the
relative persuasiveness of comparative and
noncomparative advertising », dans C.T. Allen et
D.R. John (sous la dir. de), *Advances in Consumer
Research,* Provo (Ut.), Association for Consumer
Research, 1994, p. 299-303.

31. B. Sternthal, *Persuasion and the Mass Communication
Process,* thèse de doctorat, Columbus, Ohio State
University, 1972, chap. 8.

32. T.J. Olney, M.B. Holbrook et R. Batra, « Consumer
responses to advertising: The effects of ad content,
emotions, and attitude toward the ad on viewing
time », *Journal of Consumer Research,* vol. 17, n° 4,
mars 1991, p. 440-453.

33. H. Cromwell et R. Kunkel, « An experimental study
of the effects of attitude of listeners of repeating the
same oral propaganda », *Journal of Social Psychology,*
vol. 35, mai 1952, p. 175-184 ; H.A. Zielske, « The
remembering and forgetting of advertising », *Journal
of Marketing,* vol. 23, n° 1, janvier 1959, p. 239-243.

34. M.L. Ray et A.G. Sawyer, « Repetition in media
models : A laboratory technique », *Journal of
Marketing Research,* vol. 8, n° 1, février 1971,
p. 20-29 ; T. Cook et C. Insko, « Persistence of
attitude change as a function of conclusion
re-exposure : A laboratory experiment », *Journal of
Personality and Social Psychology,* vol. 9, n° 4,
août 1968, p. 322-328.

35. I.L. Janis et S. Feshback, « Effects of fear-arousing
communication », *Journal of Abnormal and Social
Psychology,* vol. 48, n° 1, janvier 1953, p. 78-92 ;
P.A. Keller et L.G. Block, « Increasing the
persuasiveness of fear appeals : The effect of arousal
and elaboration », *Journal of Consumer Research,*
vol. 22, n° 4, mars 1996, p. 448-460 ; J.F. Tanner,
Jr., J.B. Hunt et D.R. Eppright, « The protection
motivation model : A normative mode of fear
appeals », *Journal of Marketing,* vol. 55, juillet 1991,
p. 36-45.

36. C.I. Hovland, I.L. Janis et H.H. Kelley,
Communication and Persuasion, New Haven, Yale
University Press, 1953, p. 78-92.

37. D. O'Keefe, *Persuasion: Theory and Research,* Newbury Park (Calif.), Sage Publications, 1990 ; B. Sternthal et S. Craig, « Fear appeals : Revisited and revised », *Journal of Consumer Research,* vol. 1, n° 3, décembre 1974, p. 22-34.

38. C.P. Puto et W.D. Wells, « Informational and transformational advertising : The differential effects on time », *Advances in Consumer Research,* 1987, p. 572-576.

39. S.P. Brown et D.M. Stayman, « Antecedents and consequences of attitude toward the ad : A meta-analysis », *Journal of Consumer Research,* vol. 19, n° 1, juin 1992, p. 34-51; A. Chattopadhyay et P. Nedungadi, « Does attitude toward the ad endure ? The moderating effect of attention and delay », *Journal of Consumer Research,* vol. 19, n° 1, juin 1992, p. 26-33.

40. C. Scott, D.M. Klein et J. Bryant, « Consumer response to humour in advertising : A series of field studies using behavioural observation », *Journal of Consumer Research,* vol. 16, n° 4, mars 1990, p. 498-501; J. Marney, « Humour in advertising », *Marketing,* 21 décembre 1981, p. 12-13.

41. B. Sternthal et S. Craig, « Humour in advertising », *Journal of Marketing,* vol. 37, n° 4, octobre 1973, p. 12-18.

42. R. Batra et D.M. Stayman, « The role of mood in advertising effectiveness », *Journal of Consumer Research,* vol. 17, n° 2, septembre 1990, p. 203-214 ; J.P. Murry, Jr., J.L. Lastovicka et S.N. Singh, « Feeling and liking responses to television programs : An examination of two explanations for media-context effects », *Journal of Consumer Research,* vol. 18, n° 4, mars 1992, p. 441-451.

43. K. Lewin, « Group decision and social change », dans G.E. Swanson, T.M. Newcomb et L.E. Hartley (sous la dir. de), *Readings in Social Psychology,* 2ᵉ éd., New York, Holt, Rinehart & Winston, 1952, p. 330-344.

44. C.I. Hovland, E.M. Campbell et T.C. Brock, « The effects of commitment on opinion change following communication », dans C.I. Hovland (sous la dir. de), *The Order of Presentation in Persuasion,* New Haven, Yale University Press, 1957, p. 23-32.

45. M. Brodbeck, « The role of small groups in advertising, the effects of propaganda », *Journal of Abnormal Psychology and Sociology,* vol. 52, n° 2, mars 1956, p. 166-170.

46. J. Bruner et L. Postman, « An approach to social perception », dans W. Dennis (sous la dir. de), *Current Trends in Social Psychology,* Pittsburgh, University of Pittsburgh Press, 1955.

47. J. Bruner et C.C. Goodman, « Value and need as organizing factors in perception », *Journal of Abnormal and Social Psychology,* vol. 42, n° 1, janvier 1947, p. 33-34.

48. A. Kirmani, « The effects of perceived advertising costs on brand perceptions », *Journal of Consumer Research,* vol. 17, n° 2, septembre 1990, p. 160-171 ; G.A. Mauser, D. McKinnon et M. Nash, « The effects of taste and brand name on perceptions and preferences », dans D. Brewer (sous la dir. de), *Marketing,* Kingston, Queen's University, Association des sciences administratives du Canada, 1977, p. 4-24.

49. C. Janiszewski, « The influence of print advertisement organization on affect toward a brand name », *Journal of Consumer Research,* vol. 17, n° 1, juin 1990, p. 53-65.

50. *Recognition Increased with Advertising… Dropped when Advertising Stopped,* New York, McGraw-Hill Advertising Laboratory Publication, mai 1961; E. Pomerance et H.A. Zielske, « How frequently should you advertise », *Media/Scope,* septembre 1958, p. 25-27.

51. H. Assael et G.S. Day, « Attitudes and awareness as predictors of market share », *Journal of Advertising Research,* vol. 8, n° 4, décembre 1968, p. 3-10 ; S.A. Brown, « An experimental investigation of attitude as a determinant of consumer spatial behaviour », dans M.W. McCarrey (sous la dir. de), *Marketing,* Kingston, Queen's University, Association des sciences administratives du Canada, 1975, p. 5-75.

52. M. Laroche et J.E. Brisoux, « Incorporating competition into consumer behaviour models : The case of the attitude-intention relationship », *Journal of Economic Psychology,* vol. 10, n° 3, 1989, p. 343-362.

53. T. Helgesen, « The power of advertising. myths and realities », *European Society for Opinion and Marketing Research,* 1996.

54. Parmi ces chercheurs : A.S.C. Ehrenberg, « Comments on how advertising works », *Marketing and Research Today,* novembre, 1992 ; J.P. Jones, « Over-promise and under-delivery », *Marketing and Research Today,* novembre, 1991.

55. W.B. Ziff, Jr., « The crisis of confidence in advertising », *Journal of Advertising Research,* vol. 32, n° 4, 1992.

56. Parmi ces chercheurs : B. Brandes, « Single source data », *The 1995 European Advertising Effectiveness Symposium,* Barcelone, 1995 ; J.P. Jones, art. cité ; A. Robert, « What do we know about advertising's short term effects ? », *The 1995 European Advertising Effectiveness Symposium,* Barcelone, 1995.

Études de cas

Le consommateur canadien et le marché

CAS 1

Ruth Bristol prépare sa retraite*

« Je te souhaite une retraite heureuse, papa ! » La charmante Ruth Bristol se penche pour planter un baiser sonore sur la joue de son père. Harry Bristol vient tout juste de prendre sa retraite après avoir travaillé pendant 40 ans pour un fabricant de produits en acier. Pour célébrer l'événement, sa femme a préparé un souper le dimanche soir, et le clan Bristol s'est rassemblé dans la maison parentale. À table, Harry raconte encore une fois ses projets à sa fille, Ruth, 23 ans, et à son fils, Wayne. Son épouse et lui vont se payer du bon temps ensemble : d'abord, un voyage aux Caraïbes ; ensuite, beaucoup de repos et de temps pour la famille.

« Mais, grand-père, demande le fils de Wayne, Brandon, cinq ans, comment vas-tu avoir de l'argent à dépenser si tu ne travailles plus ? »

Harry se met à rire. « Nous avons préparé ce moment de notre vie. J'ai économisé de l'argent chaque année pendant les 15 dernières années. »

Harry Bristol a un régime enregistré d'épargne-retraite (REER) avec Canada Trust. Chaque année, il a consacré 7 500 $ à ce régime et celui-ci vaut aujourd'hui près de 230 000 $. Mais, comme pour prévenir la jeune génération assise autour de la table, il exprime ses regrets de ne pas avoir agi plus tôt. S'il avait commencé à épargner de l'argent en vue de la retraite 40 ans auparavant, des paiements annuels plus petits auraient suffi et son régime d'épargne-retraite aurait rapporté plus.

Wayne Bristol est heureux d'avoir commencé à investir dans son propre REER alors qu'il était encore jeune. « J'ai seulement 35 ans et j'ai déjà plus de 30 000 $ d'investis dans mon REER, déclare-t-il à sa sœur. Je crois que c'est le bon moment pour toi d'ouvrir un REER, Ruth. Maintenant que tu es diplômée d'une université et que tu as un emploi à temps plein, tu dois apprendre à investir ton argent

d'une manière intelligente. » Ruth ne connaît pas très bien les REER, mais elle admet qu'elle devrait prendre le temps de se documenter sur ces régimes.

Plus tard, après avoir quitté la maison de ses parents et être revenue à son appartement, elle rencontre sa colocataire, Jackie, qui est sur le point de sortir pour aller au cinéma. Jackie est elle aussi une récente diplômée d'université, et elle travaille comme gérante au rayon des vêtements pour femmes d'un grand magasin à rayons. Ruth est représentante commerciale pour un petit fabricant de produits de consommation. Les deux femmes sont amies depuis leurs études à l'école primaire. Jackie est plus dynamique et a la parole plus facile que Ruth et elle est une meneuse plus qu'une suiveuse.

« Viens au cinéma avec Frank et moi. Tu n'as pas besoin de te changer, sinon nous serons en retard, propose-t-elle à sa colocataire.

— Merci, Jackie, mais je crois que je vais passer mon tour, cette fois-ci.

— Viens donc. C'est un bon film. Tu n'es pas si fatiguée.

— Je suis vraiment fatiguée, Jackie. Ça a été une grosse journée. Je veux seulement me mettre au lit et dormir. »

Mais Ruth ne s'est pas mise au lit. À la place, elle a allumé le téléviseur et s'est allongée sur le sofa pour se détendre. La première publicité qui passe sur les ondes est une publicité pour les services financiers personnels de la Banque Royale. Jusqu'à ce jour, Ruth a, pour ainsi dire, ignoré les annonces des institutions financières. Elle pense à ce que lui ont dit son père et son frère plus tôt dans la soirée au sujet d'un REER. C'est la première fois qu'elle prend conscience des implications liées au fait d'avoir obtenu son diplôme et entamé une

---

* Ce cas a été rédigé par Scott Edgett, avec l'aide de Louise Gauthier. © 1993, Scott Edgett, McMaster University. Reproduit avec permission.

carrière. Peut-être que Wayne a raison et qu'elle devrait s'intéresser à l'investissement. Ruth décide que, qu'il ait raison ou non, elle irait chercher de l'information à une institution financière voisine et s'informerait des possibilités.

Le lendemain, durant son heure de lunch, Ruth se rend à la même succursale du Canada Trust où son père a ouvert un premier compte d'épargne pour elle lorsqu'elle avait 10 ans. Depuis ce jour, Ruth fait toutes ses transactions bancaires à cette succursale. Elle se rend directement au comptoir où sont exposées les différentes brochures décrivant les services financiers de l'institution et prend une brochure portant sur les REER. Après y avoir jeté un coup d'œil, elle se rend compte qu'elle ne contient pas toutes les informations dont elle a besoin.

Ruth s'adresse à un caissier qui la dirige vers une représentante du service à la clientèle nommée Diane. Ruth explique ses besoins et elle apprend que Diane a aidé son père à choisir un REER 15 ans auparavant. Diane passe en revue les mérites de chaque régime de retraite offert par Canada Trust et lui donne du matériel à lire à la maison.

Le samedi matin suivant, Ruth étudie l'information qu'elle a rapportée à la maison et note les principales caractéristiques de chaque plan :

1. Le plan d'épargne :

    - l'intérêt est calculé sur une base journalière ;
    - le taux d'intérêt courant est de 2 % seulement ;
    - l'intérêt est payé deux fois par année (en juin et en décembre) ;
    - l'institution ne demande aucuns frais de gestion ;
    - l'argent peut être encaissé en tout temps sans pénalité.

2. Le plan de certificats de dépôt :

    - le taux d'intérêt courant est de 4 % ;
    - le dépôt minimal est de 2 000 $;

    - les périodes d'investissement sont de 60 à 364 jours ;
    - le dépôt ne peut pas être encaissé avant le terme, à moins de payer une pénalité.

3. Le plan de certificats d'investissement :

    - la période d'investissement est de 1 à 3 ans ;
    - le taux d'intérêt est garanti à 5 % pour 2 ans ;
    - le dépôt minimal est de 500 $;
    - le dépôt ne peut être retiré avant terme, à moins de payer une pénalité.

4. D'autres informations importantes au sujet des REER :

    - le montant maximal déductible d'impôt à chaque année est égal à 18 % du revenu gagné jusqu'à concurrence de 13 500 $;
    - l'argent investi dans un REER constitue une exemption d'impôt, ce qui veut dire que le titulaire ne devra payer de l'impôt sur le montant investi dans un REER qu'au moment de la retraite (où les épargnes deviennent assujetties à l'impôt) ;
    - les heures d'ouverture de Canada Trust sont de 8 h à 20 h du lundi au vendredi et de 8 h à 17 h le samedi.

Ruth étudie toujours les brochures lorsque sa colocataire, Jackie, entre dans l'appartement. Ruth met tout de suite les documents de côté. Elle ne veut pas discuter de ses plans avec Jackie avant d'être mieux informée sur les REER.

Plus tard, le même jour, Ruth se demande si les taux d'intérêt que Diane a mentionnés sont typiques de ceux qu'offrent les banques. Elle décide de comparer les REER offerts par les banques avec ceux de Canada Trust. Se souvenant de la publicité de la Banque Royale vue un peu plus tôt, elle prend l'annuaire téléphonique et trouve une succursale de la Banque Royale près de chez elle.

À la Banque Royale, Ruth demande à nouveau de l'aide à un caissier. Comme la personne responsable des REER n'est pas disponible le samedi, le caissier lui donne une brochure d'information sur les REER et l'invite à revenir lundi. Ruth étudie la brochure de la Banque Royale. Mais les heures d'ouverture de la Banque Royale ne lui conviennent pas : la succursale ouvre seulement jusqu'à 18 h les jeudis, vendredis et samedis. Les régimes de la banque sont semblables à ceux de Canada Trust : le « dépôt d'épargne retraite » est équivalent au « plan d'épargne » de Canada Trust et le « dépôt de retraite non encaissable » de la Banque Royale correspond au régime « certificat d'investissement » de Canada Trust. La Banque Royale offre un « dépôt de retraite encaissable » qui permet d'effectuer des retraits avant échéance. Cependant, le taux d'intérêt de ce régime est beaucoup plus bas que celui du plan non encaissable.

Lundi matin, alors que Ruth est au siège social de l'entreprise qui l'emploie pour compléter des dossiers, Howie, le comptable, l'invite à déjeuner. Pendant le repas, ils en viennent vite à parler des avantages et des conséquences liés au fait de commencer jeune à contribuer à un REER. Howie confie que son épouse et lui ont tous deux investis dans des REER dès le début de leur mariage. « Il y a des inconvénients à contribuer à un REER, par exemple se passer des petits luxes pendant un certain temps, dit-il, mais, à la longue, tout cela va rapporter. »

Lorsqu'il lui demande combien elle veut investir dans un REER, Ruth répond qu'elle voudrait verser autant d'argent qu'elle le peut, sans se priver d'un bon niveau de vie. Howie lui suggère de dresser un bilan de ses dépenses annuelles. Cela lui permettra de calculer l'argent dont elle peut disposer et le montant qu'elle pourrait mettre de côté. Il mentionne un article qu'il a lu dans le cahier « Report on Business » du journal *Globe and Mail* de la journée, dans lequel on comparait les REER sur le marché.

« Lorsque tu auras déterminé quel montant tu veux investir dans un REER, reviens me voir et nous calculerons la valeur future de ton investissement », offre-t-il.

Ce soir-là, Ruth prépare une évaluation de ses dépenses annuelles :

Revenu après impôt	19 000 $
Moins :	
Paiements d'auto	3 600 $
Loyer	6 000 $
Nourriture	2 600 $
Divertissement, vêtements, vacances	3 000 $
	15 200 $
Surplus	3 800 $

Même si elle peut disposer de 3 800 $ pour ses investissements, Ruth décide d'investir 2 000 $ par année dans un REER, de façon à se garder une marge de manœuvre pour toute dépense imprévue qui pourrait survenir (par exemple, une réparation majeure sur sa voiture).

En lisant l'article du « Report on Business », elle constate qu'elle ignorait l'existence de certaines options d'investissement telles que les fonds mutuels et les régimes autogérés. Mais ceux-ci semblent complexes ou présentent des risques élevés et elle rejette ces possibilités. Ruth a le sentiment qu'elle est maintenant mieux informée au sujet des REER et de leurs objectifs.

Plus tard, Ruth informe Jackie de son projet d'investir dans un REER. Sa colocataire s'oppose d'emblée à cette idée : « Aucun de nos amis n'a même jamais pensé à un régime de retraite, Ruth. C'est tellement loin de nos préoccupations d'aujourd'hui ! C'est le moment de notre vie où nous sommes capables de dépenser de l'argent pour nous-mêmes et d'avoir du plaisir. Tu pourrais prendre ces 2 000 $ et venir à Hawaii avec Janet et moi en octobre. Tu aurais même un surplus pour acheter des meubles pour l'appartement. Honnêtement, Ruth, je crois que tu dramatises en ce moment parce que ton père vient tout juste de prendre sa retraite. »

Les arguments invoqués par Jackie amènent Ruth à remettre en question ses motivations. « Peut-être que Jackie a raison, pense-t-elle. Je pourrais être en train de prendre une décision hâtive à cause de la retraite de papa. »

Ruth examine de nouveau l'article du *Globe and Mail* et remarque une publicité pour un REER de Canada Trust. Elle se demande si de telles annonces publicitaires ont toujours paru dans le journal. Étant donné qu'elle lit habituellement le journal tous les jours, elle trouve étrange le fait de n'avoir jamais auparavant remarqué d'annonces pour les services bancaires personnels.

Le lendemain, Ruth organise une rencontre avec Howie. À partir de son analyse, elle conclut que la possibilité la plus profitable serait un investissement non encaissable dans un régime ayant un terme de deux ans. À un taux de 5 % d'intérêt, un investissement de 2 000 $ par année, pendant une période de 40 ans, lui donnerait 254 000 $ à dépenser à la retraite. La pensée d'une telle somme d'argent stimule son imagination : « C'est à bien y penser ! »

Après toute cette recherche, Ruth est certaine qu'elle est maintenant prête à prendre une décision. En dépit de l'opinion de Jackie, elle va investir 2 000 $ dans un dépôt à terme non encaissable, pour une période de deux ans. La valeur future qu'Howie a calculée pour ce régime non encaissable (lequel offre un taux d'intérêt bien plus élevé) lui donnerait un retour sur investissement substantiel.

Maintenant, elle doit décider de l'endroit où investir : la Banque Royale ou Canada Trust ? Le personnel des deux institutions a été très gentil ; aux deux endroits, les brochures d'information lui ont été utiles ; et le taux d'intérêt pour la formule qu'elle a choisie est le même aux deux institutions. La Banque Royale est près de l'appartement de Ruth, mais les heures d'ouverture ne sont pas compatibles avec son horaire – à l'exception des samedis. Canada Trust est ouvert jusqu'à 20 h les soirs de semaine et jusqu'à 17 h le samedi, lui laissant ainsi tout le temps voulu pour prendre un rendez-vous après ses heures de travail.

L'attitude plaisante de Diane et l'aide qu'elle lui a donnée viennent à l'esprit de Ruth lorsqu'elle pense à Canada Trust. Elle se souvient que Diane a aidé son père pour son régime et qu'il semble être très satisfait de son REER. Ayant en tête ces idées et ces sentiments, Ruth décide d'acheter un « certificat d'investissement » de Canada Trust et elle appelle Diane pour prendre rendez-vous pour le lendemain soir.

Pendant qu'elle discute de ses plans avec Diane, Ruth se sent heureuse de sa décision. Elle fait un chèque au montant de 2 000 $, qui doit être déposé dans un « certificat d'investissement » pour un terme de deux ans.

Elle revient à l'appartement où Jackie et Janet l'accueillent d'un air excité. Elles viennent tout juste d'acheter leurs billets d'avion pour Hawaii et commencent à planifier leur voyage. Ruth s'assoit en silence pendant que ses deux amies examinent leurs brochures de voyage et discutent des choses à apporter. Ce soir-là, elle réexamine sa décision de contribuer à un REER. Un voyage avec Jackie et Janet aurait été vraiment agréable. Elle étudie de nouveau la brochure sur les REER et voit les mots « exempt d'impôt ». Elle se rappelle que Diane a mentionné qu'elle pourrait bénéficier d'un remboursement d'impôt cette année ; cependant, comme elle ne remplira sa déclaration de revenu qu'en avril, elle ne recevra le remboursement d'impôt que l'année prochaine. Mais elle pourra alors profiter de cet argent pour faire un voyage.

Ruth est à nouveau contente du choix qu'elle a fait et elle décide d'inviter ses parents à souper le dimanche suivant. Elle sait que Jackie ne sera pas à la maison et qu'elle pourra discuter de sa décision d'investissement en privé avec ses parents.

Ce jour-là, Ruth raconte sa recherche prolongée et sa décision difficile. Son père semble très heureux qu'elle ait fait des affaires avec Diane chez Canada Trust. Il dit à Ruth qu'elle a agi en personne responsable et que sa mère et lui sont très fiers d'elle.

Quelques instants plus tard, Harry Bristol remet un chèque à Ruth. « Tiens. Prends ça. Tu l'as mérité », dit-il. Ruth regarde le chèque ; elle n'en croit pas ses yeux. C'est un chèque au montant de 1 000 $. « C'est pour moi ? » demande-t-elle. Il répond, un grand sourire aux lèvres : « Amuse-toi bien à Hawaii. »

Questions

1. Décrivez le processus décisionnel que Ruth Bristol a suivi, à partir du déclenchement jusqu'au moment où elle a pris la décision d'investir dans un REER de Canada Trust.

2. Quelles ont été les principales sources d'influence dans le processus décisionnel chez Ruth ? Pour les spécialistes de marketing de REER destinés aux consommateurs du genre de Ruth, quelles sont les implications stratégiques et tactiques de ces influences ?

3. Pourquoi, après avoir contribué pour la première fois à un REER, Ruth remet-elle en question sa décision ? Est-elle insatisfaite de son choix ?

CAS 2

Marie Labonté fait son premier achat en ligne*

Par une journée froide de février, Marie Labonté se souvient soudain qu'elle est invitée à souper, la semaine prochaine, chez sa sœur cadette, pour célébrer le 32e anniversaire de naissance de cette dernière. Le temps des fêtes est à peine passé qu'elle doit retourner dans les magasins pour acheter un cadeau. Sa tâche serait plus facile si elle avait au moins une idée précise du cadeau qu'elle veut offrir. Mais, faute d'inspiration, il lui faudra reprendre son magasinage pour trouver des idées de cadeau. Elle jette un coup d'œil aux circulaires qu'elle reçoit habituellement à la maison, mais aucun article ne semble convenir.

L'idée de magasiner en ligne lui est venue à l'esprit quelquefois, mais elle n'est pas très friande du réseau électronique. Elle n'a acheté son premier ordinateur que tout récemment, après y avoir réfléchi longtemps. Ses connaissances en matière d'ordinateur étant très limitées, c'est avec l'aide d'un de ses amis qu'elle l'a acheté et qu'elle a appris comment s'en servir. Il lui a aussi appris à utiliser le courrier électronique et Internet, auquel elle est branchée grâce à un abonnement de trois mois qu'elle a reçu gratuitement avec l'achat de l'ordinateur. Elle utilise l'ordinateur surtout pour faire ses travaux – elle suit des cours du soir à l'uni-

versité – et ce n'est que récemment qu'elle a commencé à communiquer par courriel avec quelques membres de sa famille et quelques amis. Plusieurs de ses amis sont pourtant des internautes expérimentés : ils naviguent dans Internet régulièrement et font du magasinage en ligne très souvent. Ils ont essayé de la convaincre d'utiliser ce mode de magasinage qu'ils trouvent très agréable et même divertissant. L'un de ses amis, notamment, se vante d'avoir acheté un ordinateur en ligne.

Elle hésite à faire des achats au moyen d'Internet pour des raisons de sécurité. De devoir donner son numéro de carte de crédit aux commerçants par Internet la contrarie tout particulièrement. Il n'y a pas si longtemps, son oncle lui a confié qu'il a été victime de fraudeurs, qui se sont servis du numéro de sa carte de crédit. Pourquoi, se dit-elle, courir de tels risques quand on peut les éviter ?

Plus tard dans la journée, elle se rappelle un article qu'elle a lu dans le journal qui disait que, d'après un sondage de Statistique Canada, 2,6 millions de ménages au Canada avaient fait des achats en ligne au cours de l'année 2000, dépensant 1,1 milliard de dollars, soit deux fois le nombre de ménages et trois fois le montant des ventes de

---

* © 2002, Michel Laroche. Ce cas a été rédigé par Isabelle Miodek, sous la direction de Michel Laroche, Université Concordia.

l'année précédente. La sécurité et la protection des renseignements personnels, néanmoins, restent toujours une préoccupation des utilisateurs. Malgré cela, le nombre d'acheteurs a augmenté sensiblement, plusieurs de ceux qui font du lèche-vitrine en ligne devenant des acheteurs.

« Eh bien, se dit Marie, pourquoi ne pas faire un peu de lèche-vitrine en ligne, ce soir ? De toute façon, cela ne m'engage à rien. » Quelques-uns de ses amis lui avaient mentionné le site de eBay.com, un site très populaire où l'on peut acheter et même vendre des articles. Cependant, ce commerce électronique n'agit qu'à titre d'intermédiaire, les transactions se faisant entre les acheteurs et les vendeurs directement. « Pour le choix d'un cadeau, ce n'est pas très intéressant », conclut-elle. Ils lui avaient aussi mentionné Amazon.com, mais elle préfère les sites Internet des magasins traditionnels où, à la limite, si elle trouve quelque chose d'intéressant, elle pourrait aller l'acheter au magasin.

Comme sa sœur aime la lecture et la musique, elle pense qu'un livre ou un disque compact est un bon point de départ. Comme elle achète parfois ses livres chez Renaissance, elle accède à son site. La page d'accueil donne la liste des livres choisis au palmarès. Elle clique sur quelques-uns des titres pour lire les descriptions des livres et passe une bonne demi-heure à naviguer dans le site et à s'informer sur les différents titres. Un livre en particulier, sur la préparation des sushis, attire son attention. Comme sa sœur aime faire la cuisine, un livre sur la préparation de ces petites délices lui serait sans doute pratique. Cependant, le prix de 12,95 $ lui semble un peu bas pour un cadeau. Un autre livre, sur l'art du sashimi, au prix de 23,95 $ lui paraît plus intéressant. Mais elle ne sait pas quelle est la différence entre sushi et sashimi et, cherchant des informations, clique sur « verso », mais les caractères de la description sont si petits que c'est impossible à lire. La fiche du produit indique le nom de l'auteur, le prix, le nombre de pages, précise que le livre contient des illustrations en couleurs, la date de parution et sa disponibilité. « C'est dommage, se dit-elle, qu'on ne puisse pas feuilleter le livre comme on le fait au magasin pour apprécier la qualité de la présentation et les illustrations. Quelles sont les dimensions du livre ? Quelle apparence a la couverture, est-elle rigide ou semblable à un livre de poche ? »

Un peu déçue de ne pouvoir manipuler les livres pour juger de leur qualité, elle décide de passer à la section de musique, en cliquant sur les « top cinq ». Un titre en particulier, au troisième rang, capte son attention ; il s'agit de la bande sonore du film français *Le fabuleux destin d'Amélie Poulain* qu'elle a vu avec sa sœur et quelques amis, l'automne passé. Ils avaient tous bien aimé le film et sa sœur avait même souligné que la musique lui rappelait un peu quelques pièces du compositeur français Érik Satie, qu'elle aime beaucoup. Marie estime que ce CD serait un bon cadeau pour sa sœur. Elle clique pour voir la fiche du produit : le CD est en promotion et est vendu 19,99 $, le prix régulier étant de 23,99 $. La rubrique « disponibilité » affiche le nombre d'exemplaires disponibles dans chaque magasin Renaissance ainsi que des cartes indiquant l'emplacement de ces magasins. Ensuite, elle clique sur « verso » pour obtenir plus d'informations, mais les caractères sont encore une fois si petits que le texte est pratiquement illisible.

Finalement, par curiosité, elle s'informe sur les frais de livraison, qui sont établis comme suit :

Frais	Articles additionnels	Délai de livraison
3,00 $	0,50 $	4 à 5 jours ouvrables
Messagerie : 6,95 $	0,50 $ (par article additionnel)	3 à 4 jours ouvrables

Elle se renseigne sur la politique du commerce en matière de sécurité et de protection des renseignements personnels, qui lui semble très rassurants. Elle est tellement contente d'avoir trouvé un beau cadeau aussi rapidement sans avoir eu besoin de se déplacer qu'elle est disposée à le commander. Elle cherche dans le site les conditions de retour des marchandises, car si jamais sa sœur possédait déjà le CD, elle pourrait toujours l'échanger, mais elle ne trouve rien. « Si j'étais au magasin, pense-t-elle, un vendeur m'aurait donné tout de suite la réponse. »

Marie hésite donc à passer une commande sans connaître les politiques de Renaissance quant au retour des achats faits en ligne. Elle décide alors de visiter le site Internet du magasin Dorémi, où elle va habituellement acheter ses disques.

Après quelques essais, elle finit par trouver le site de Dorémi. Elle se dirige immédiatement vers la rubrique « musique » et cherche le CD de la bande sonore du film en question. Le CD est là aussi en promotion, à 19,99 $. En cliquant sur « verso », elle obtient la liste de toutes les chansons.

Le coût et les délais de livraison de Dorémi sont :

■ Livraison ordinaire pour une commande de moins de 50,00 $: 3,99 $.

■ Délai de livraison : 1 à 3 jours ouvrables.

■ Livraison par XpressPost : ajouter 0,75 $ par article.

■ Délai de livraison : 1 à 2 jours ouvrables.

La livraison coûte plus cher que chez Renaissance, mais le délai de livraison est plus court, constate Marie.

Reste à savoir quelles sont les politiques de Dorémi par rapport au retour des marchandises. En s'adressant à la rubrique « aide », elle passe à la rubrique « foire aux questions », où elle trouve les politiques de retour. Celles-ci sont semblables à celles qui s'appliquent aux achats faits en magasin, sauf que les frais de livraison ne sont pas remboursables. De même, c'est l'acheteur qui doit assumer les frais de livraison et les risques pour les produits retournés. Cependant, les produits peuvent aussi être retournés dans les magasins. Dans cette section, elle trouve aussi les politiques en matière de sécurité et de confidentialité, ainsi que les instructions détaillées pour passer une commande.

Elle continue à regarder d'autres titres de disques et le dernier album de sa chanteuse de jazz préférée, Diana Krall, *The Look of Love,* attire son attention. Elle clique sur « verso », et la liste des chansons apparaît. Elle n'en reconnaît que deux. « C'est dommage, se dit-elle, mais je ne veux pas acheter de CD sans l'avoir écouté au préalable. » Lorsque Marie achète des CD chez Dorémi, elle peut les écouter au magasin avant de les acheter. Dans son site Web, il est possible d'écouter des extraits audio, mais seulement pour un nombre très restreint de disques.

Heureuse d'avoir pu trouver un cadeau convenable sans devoir sortir de chez elle et satisfaite des informations obtenues et des conditions, Marie décide de commander le disque pour sa sœur. Comme le site appartient à un magasin bien connu, elle a confiance. D'ailleurs, en cas de problème, elle pourra appeler le service à la clientèle dont le numéro est donné sur le site. Elle aurait aimé aussi acheter une carte de souhaits et du papier d'emballage, mais le site Internet, contrairement aux magasins, n'offre pas ces articles.

Marie suit les instructions et passe sa commande. Le prix total de l'achat s'élève à 27,58 $, taxes incluses. L'achat est ensuite confirmé par courriel. Quelques jours plus tard, elle reçoit le colis, conformément aux délais prévus.

Ouvrant son cadeau, la sœur de Marie s'exclame : « Oh, merci ! J'ai tellement aimé le film et la musique que je l'ai vu deux fois. » Avec un sourire radieux, Marie lui confie : « Tu sais, c'était mon premier achat en ligne. » Au souper, le petit groupe de convives se régale des sushis que sa sœur avait préparés pour cette occasion.

En rentrant chez elle à la fin de la soirée, Marie se dit : « J'ai bien fait de ne pas avoir pris le risque de lui acheter un livre sans l'avoir vu auparavant. La prochaine fois que j'irai magasiner, je vais feuilleter ces livres sur les sushis et les sashimis et écouter le CD de Diana Krall. »

1. Décrivez le processus décisionnel que Marie a suivi, à partir du déclenchement jusqu'à l'achat du cadeau.

2. Quelles ont été les principales sources d'influence dans le processus décisionnel de Marie ?

3. Expliquez comment les théories de l'apprentissage peuvent aider à expliquer l'usage d'Internet comme moyen d'achat par Marie.

4. Analysez les stratégies de réduction du risque adoptées par Marie.

5. Quelles implications marketing découlent du comportement d'achat de Marie pour les détaillants en ligne ?

CAS 3

Des vacances d'hiver dans les Antilles*

C'est le début du mois de janvier 1993, et l'hiver sévit. En ce samedi après-midi, une tempête de neige verglacée accompagnée de fortes bourrasques souffle sur la région de Montréal. Les piétons marchent avec difficulté sur les trottoirs glissants et les automobiles dérapent dans les rues glacées.

Contemplant cette scène hivernale par la fenêtre, Marie Lafrance pousse un soupir et s'exclame : « Est-ce que ce ne serait pas plus agréable de sentir le soleil, couchés sur une plage chaude, plutôt qu'une journée comme celle-là ! »

Paul, son mari, qui, à ce moment-là, regarde la télévision – une partie de hockey entre le Canadien et les Oilers – jette un coup d'œil par la fenêtre, contemple la tempête et répond : « Tu l'as dit. Je crois que nous devrions prendre nos deux semaines de vacances cet hiver. À l'idée de devoir endurer encore trois mois d'hiver, je me sens déprimé. De cette façon, nous pourrions raccourcir l'hiver. Qu'en penses-tu ?

— Oh, ce serait formidable ! s'exclame Marie avec enthousiasme.

— Mais cette fois-ci, je veux aller dans un endroit où je ne suis jamais allé auparavant, précise Paul.

— C'est sûr. Nous pourrions partir à la fin de février, mais nous devons commencer maintenant à planifier ces vacances », ajoute Marie.

Les Lafrance sont des *dinks* typiques (double revenu, pas d'enfants) et tous les deux sont âgés de 35 ans. Paul est comptable pour une grande entreprise manufacturière et Marie travaille au service paralégal d'un cabinet d'avocats.

Dans le passé, Marie et Paul, comme beaucoup d'autres Québécois, sont toujours allés en Floride passer leurs vacances. Ils connaissent la Floride plutôt bien mais, après quelques années, cela est devenu un peu ennuyant. Ils sont maintenant mûrs pour un changement.

Stimulés par des visions de plages tropicales ensoleillées et entourées d'une végétation verdoyante, les Lafrance ne perdent pas de temps à planifier leur voyage.

Lundi, Marie se rend à l'agence de voyages située dans l'édifice où elle travaille pour prendre quelques brochures. Pendant la fin de semaine, le couple discute du voyage et examine les différentes destinations offertes dans cinq brochures, comparant les forfaits-vacances proposés par l'agence de voyages.

Pour plusieurs destinations, on offre deux formules de forfaits-vacances ; la première est un forfait

* © 1993, Michel Laroche. Ce cas a été rédigé par Isabelle Miodek, sous la direction de Michel Laroche, Université Concordia.

tout compris et la seconde est de type ordinaire. La première inclut l'hôtel, le transport en avion, le transport de l'aéroport à l'hôtel, les repas, les boissons et les pourboires alors que la seconde inclut seulement l'hôtel, le transport aérien et le transport de l'aéroport à l'hôtel.

Paul et Marie optent pour les forfaits ordinaires. Certes, la formule tout compris élimine les préoccupations quant au calcul de la valeur de l'échange monétaire, à l'usage des cartes de crédit et au transport d'argent comptant, mais selon leur conception, les vacances, ce n'est pas seulement se détendre, c'est aussi faire des excursions, essayer de nouveaux restaurants et explorer les alentours – comme ils l'ont fait au cours de leurs voyages en Floride.

Cependant, ils ne sont pas du genre à partir pour une destination exotique dans des îles lointaines. Au contraire, ils préfèrent les endroits touristiques, où les déplacements aux alentours sont plus faciles et où ils se sentent plus à l'aise et en sécurité.

Leurs deux critères les plus importants sont une plage magnifique et un bon hôtel. Ils veulent également un pays où la situation politique et sociale est stable. C'est de cette façon qu'ils en viennent à choisir les Antilles.

Alors qu'il feuillette les différentes brochures, Paul dit à Marie : « Ce matin, j'ai lu un article sur Sainte-Lucie dans la section "Voyages" du journal. On dit que les conditions pour la plongée sous-marine y sont excellentes ; l'eau, qui est claire comme du cristal, permet de bien voir la vie marine et la végétation. Cela serait agréable !

— Mais, selon ces brochures, il semble ne pas y avoir beaucoup de boutiques pour les achats. Tu peux faire de la plongée sous-marine à peu près partout ! Je ne veux pas passer mes journées sur la plage à te regarder plonger. Après une semaine, j'en aurai assez, réplique Marie.

— Il faut que l'eau soit claire pour la plongée sous-marine et, pour le bateau à voile, il ne doit pas y avoir de trop grosses vagues », dit Paul.

Paul et Marie ne sont pas des enthousiastes des sports d'hiver. Paul aime le hockey en tant que spectateur, car il peut regarder les matches assis devant son téléviseur. Les sports aquatiques sont vraiment ceux qu'il préfère. Il est un bon nageur et, pendant l'été, il va souvent faire de la voile et du ski nautique. Lorsqu'il va dans le Sud pour des vacances, la plongée sous-marine est l'une de ses activités préférées.

Marie, pour sa part, n'est pas intéressée par les sports. À part se faire bronzer sur la plage, son activité préférée durant les vacances est de magasiner, ce à quoi elle consacre beaucoup de temps. Elle n'achète pas seulement des articles pour Paul et elle, mais aussi des souvenirs pour leurs familles respectives. Elle aime également visiter les attractions touristiques dans la ville où elle séjourne, par exemple les musées et les monuments historiques.

Paul n'aime pas magasiner et préfère faire du sport pendant que sa femme se promène dans les centres commerciaux et les boutiques.

Examinant les brochures, Paul remarque : « Il semble que d'aller aux Antilles coûte beaucoup plus cher que d'aller en Floride !

— Mais Paul, lorsqu'on prend des vacances, on ne devrait pas penser comme ça ! Quelle différence cela fait-il si on dépense 200 $ ou 300 $ de plus si l'endroit en vaut la peine ?

— La différence pourrait servir à payer plusieurs autres divertissements dans un endroit moins cher, répond Paul.

— Voyons donc, Paul, nous prenons des vacances seulement une fois par année ! s'écrie Marie. Et maintenant que j'y pense, continue-t-elle, quelqu'un du bureau a mentionné être allé à St. Maarten récemment. Dans une moitié de l'île, on parle français et dans l'autre, on parle hollandais. C'est comme si on visitait deux îles différentes ! Elle a dit que les plages y étaient magnifiques et que les boutiques hors taxes offraient des occasions excellentes !

— Ça semble être très intéressant, dit Paul. Regardons les brochures pour voir ce que St. Maarten a à offrir. »

Dans la brochure, Marie note que le port d'un costume de bain est optionnel sur la plage. Fronçant les sourcils, elle dit à son mari : « Tu sais, je ne crois pas que je me sentirais à l'aise sur cette sorte de plage pendant deux semaines. »

Marie a grandi dans un environnement conservateur et, même si elle ne s'estime pas prude, elle juge inacceptable la nudité en public. Pendant son enfance, le prêtre de la paroisse parlait souvent des péchés de la chair. De plus, sur toutes les plages de la Floride qu'elle a fréquentées, elle a rarement vu des femmes qui se baignaient le torse nu.

« Comme tu veux. Il y a beaucoup d'autres îles », lui dit Paul.

Paul et Marie continuent d'examiner les brochures. Pour chaque destination, on vante les mérites de magnifiques plages de sable et d'hôtels exceptionnels.

Après avoir évalué différents endroits sous divers angles, ils retiennent la Barbade et la Jamaïque. Ils croient que ces endroits constituent des lieux de villégiature ayant une réputation longuement établie et qu'ils sont bien organisés pour accueillir les touristes. En conséquence, ces îles offrent une variété d'activités. Il semble y avoir non seulement des plages magnifiques et des installations pour les sports aquatiques, mais également des restaurants, des centres commerciaux et une vie nocturne active.

Les Lafrance ont éliminé certains endroits, croyant que leur besoin de nouveauté ne pourrait y être satisfait en raison d'un manque d'installations, que l'on trouve par ailleurs dans les endroits les plus populaires. D'autres endroits offraient peu d'attractions, mis à part les plages magnifiques. Les lieux où un casino constituait la principale attraction ne les attiraient pas du tout.

Finalement, Paul suggère d'aller voir un agent de voyages. Celui-ci pourrait sûrement leur donner plus de renseignements sur les hôtels. Le jeudi soir suivant, ils vont à l'agence de voyages située dans un centre commercial non loin de chez eux. Ils arrivent à 18 h et doivent attendre avant de se faire servir.

Il s'écoule 30 minutes avant qu'une agente de voyages les invite à passer à son bureau.

« Que puis-je faire pour vous ? » demande-t-elle.

Paul et Marie expliquent qu'ils veulent de l'information sur les excursions à la Barbade entre le 20 février et le 5 mars. L'agente leur demande s'ils ont choisi un hôtel en particulier.

— Non, pouvez-vous nous en recommander un ? répond Paul.

— Regardons les brochures. Combien voulez-vous dépenser ? leur demande l'agente de voyages.

— Nous voulons un bon hôtel situé sur une plage de sable fin », explique Paul.

Elle leur présente une liste de plusieurs hôtels avec les prix et dit : « Le prix indique la qualité de l'hôtel. Plus le prix est élevé, plus l'hôtel est luxueux. »

Paul et Marie choisissent un hôtel de luxe qui coûte un peu plus cher que les autres hôtels. L'agente appelle pour s'informer s'il y a des vols et des chambres disponibles aux dates spécifiées.

« Il n'y a plus de places d'avion à ces dates. Peut-être que d'autres grossistes en voyages ont des places libres, dit l'agente en se tournant vers une autre agente à qui elle demande : Francine, sais-tu qui d'autre va à la Barbade ?

— Essaie les Tours Miramar », dit l'autre agente.

L'agente de voyages appelle les Tours Miramar où on lui dit que les vols pour la Barbade à cette date sont tous complets. « Je suis désolée, dit l'agente. Je pourrais vous inscrire sur une liste d'attente, mais je ne peux pas vous garantir que vous aurez une place à bord d'un avion. Pourriez-vous changer les dates ?

— Non, nous ne pouvons pas les changer. Nous allons penser à notre affaire. Merci beaucoup pour votre aide », dit Paul.

Paul et Marie ont l'impression que l'agente de voyages manque d'expérience. Paul suggère alors à Marie d'aller directement chez Sun Travel dont ils ont vu la publicité dans le journal de samedi.

En arrivant à l'agence, Paul et Marie attendent un peu avant de rencontrer une agente. Enfin, une agente est libre, et Marie lui explique qu'ils veulent aller à la Barbade, mais qu'apparemment il n'y a plus de places d'avion pour la période du 20 février au 5 mars.

« C'est vrai. On m'a dit aujourd'hui que ces vols étaient complets, mais peut-être seriez-vous intéressés par une autre destination ? demande l'agente.

— Oui, peut-être la Jamaïque, répond Marie.

— Vous devriez avoir plus de chances, car plus de grossistes offrent des voyages en Jamaïque. C'est un bon choix, dit l'agente. En Jamaïque, continue-t-elle, il y a trois endroits touristiques : Montego Bay, Negril et Ocho Rios. Lequel préférez-vous ?

— Quelle est la différence entre les trois ? s'informe Marie.

— Montego Bay est le principal endroit de villégiature près de la mer et c'est très animé. Negril possède les plages les plus belles et Ocho Rios est l'endroit le plus tranquille, mais où il y a le plus d'attractions.

— J'aime magasiner et faire des excursions, dit Marie.

— Et j'aime les sports aquatiques, ajoute Paul.

— Dans ce cas, vous seriez mieux situés près de Montego Bay. Les plages y sont magnifiques et on y trouve une vaste gamme d'installations, tout en étant près du centre des activités. Negril et Ocho Rios sont situés approximativement à 70 km de Montego Bay. Et quel genre d'hôtel désirez-vous ?

— Nous aimerions un bon hôtel sur une plage qui offre des sports aquatiques. Ce n'est pas nécessaire que ce soit un hôtel luxueux pourvu qu'il soit bien équipé, dit Paul.

— Dans ce cas, je peux vous recommander le Sea Castles ou le Holiday Inn, les deux sont situés sur la plage. Ils sont à 20 minutes de Montego Bay. Le premier est un complexe d'appartements de luxe alors que le Holiday Inn est un lieu de villégiature de luxe », explique l'agente de voyages.

Un studio au Sea Castles avec vue sur l'océan coûterait 1 690 $ par personne pour un séjour de deux semaines, incluant le service, et une chambre de catégorie supérieure au Holiday Inn coûterait 1 785 $ incluant le service.

« Je suis tentée de choisir le Holiday Inn », dit Marie.

Comparant les prix, Paul s'exclame : « Mais c'est plus cher, et comme je peux le voir dans la brochure, il n'y a même pas de téléviseur dans les chambres !

— Oh, on pourra bien se passer de télévision pendant deux semaines. Je préfère une chambre d'hôtel dans une chaîne internationale. Pour compenser, je te jure que j'économiserai sur mes achats, dit Marie d'un air joyeux.

— Dans ces conditions, j'accepte », dit Paul.

L'agente de voyages appelle immédiatement le voyagiste et réserve deux places sur un vol. Elle demande ensuite à Paul et à Marie s'ils ont aussi besoin d'une assurance voyage.

« Bien sûr », répondent-ils.

Quelques jours plus tard, Marie dit à son frère que Paul et elle iront en Jamaïque en février. Son frère lui dit que, dans certaines îles, il faut faire attention ; il a entendu dire que des habitants locaux ne sont pas très amicaux et qu'il se vend des drogues dans les rues.

Marie est choquée et décide d'appeler l'agente de voyages immédiatement pour lui demander si ce que l'on dit de la Jamaïque est vrai.

Celle-ci lui répond : « Oh non, madame Lafrance, ce n'est plus le cas pour la Jamaïque. Dans les années 1980, il y a eu quelques problèmes, mais ils ont tous été réglés. Le tourisme est très important pour cette communauté, et les autorités s'empressent d'intervenir. Ne vous en faites pas. Plus d'un million de touristes se rendent dans cette île chaque année.

Les gens aiment la Jamaïque et ils y reviennent souvent. »

Marie se sent rassurée et elle commence à compter les jours avant le départ.

Questions

1. Quels besoins Paul et Marie essaient-ils de satisfaire en achetant un forfait-vacances dans les Antilles ?

2. Expliquez brièvement quelle a été l'étape du déclenchement du processus décisionnel qu'ils ont suivi.

3. Comment Paul et Marie ont-ils mené la recherche et l'évaluation ayant débouché sur l'achat d'un forfait-voyage ?

4. Quelle était la structure de rôle de la famille dans la prise de décision de Paul et Marie ?

5. Analysez les stratégies de réduction de risque adoptées par Paul et Marie dans leur choix de destination et d'hôtel.

6. Expliquez brièvement en quoi la culture a pu influencer le comportement d'achat de Marie.

7. Quels événements majeurs se sont produits dans ce processus d'achat ?

8. Quelle est votre interprétation des rôles et du comportement des vendeurs (les agentes de voyages) dans les étapes initiales et finales de l'achat ?

9. Quelles conclusions pouvez-vous tirer de ce cas dont pourraient bénéficier les grossistes en voyages ? Les agences de voyages ?

CAS 4

Ted Rummel roule sur des pneus Michelin*

Le ciel est bas et lourd à 19 h le 19 janvier 1987. Dans la noirceur percée par la lueur brumeuse des phares, des flocons de neige tombent, épais et furieux, et presque toutes les voitures stationnées sont recouvertes d'un épais manteau de neige. Ted Rummel avance laborieusement à travers le rideau de neige pour se rendre à sa Honda Civic, la repérant avec difficulté au milieu du stationnement de l'entreprise où il travaille, à Hamilton, en Ontario. L'employé de 39 ans, embauché il y a tout juste deux semaines en tant qu'analyste en chef, s'en retourne chez lui, à Guelph, ville distante de 50 km. Pendant qu'il enlève la neige du pare-brise, il se rend compte que les voitures qui se dirigent vers la sortie glissent et dérapent. Devant la tempête qui fait rage, il se demande : « Dans quelles conditions seront les routes ? » Comme il relâche doucement la pédale d'embrayage, sa voiture fait

un bond en avant ; puis les roues se mettent à tourner dans le vide et la voiture s'arrête en glissant de côté. La voiture est prise dans la neige. Panique ! Il sort de l'auto et appelle un couple qui se dirige vers son véhicule. « Pourriez-vous m'aider en poussant un peu pendant que je tiens le volant ? » demande-t-il.

Ils réussissent à faire bouger sa voiture et, avec précaution, Ted sort du stationnement et s'engage sur la route. Mais cet incident l'a ébranlé. Il pense au jour où il est allé chez le concessionnaire Honda, à Guelph, pour prendre possession de sa nouvelle Civic. « Quel genre de pneus m'ont-ils vendu ? Je parierais qu'il s'agit de pneus d'été, pense-t-il, ennuyé. Comment peuvent-ils avoir fait une chose pareille, sachant quel genre d'hiver on a en Ontario ? » À ce moment-là, Ted roule sur l'autoroute 403, une autoroute à six voies reliant Hamilton à Toronto et

* © 1991, Thomas E. Muller. Ce cas a été écrit par Thomas E. Muller, Griffith University.

menant à l'autoroute 6 en direction de Guelph. Les voitures avancent à la vitesse d'un escargot. La situation semble sans espoir : jusqu'à l'horizon, il peut voir les phares avant et arrière des voitures, pare-chocs à pare-chocs ; cela prendra de toute évidence plusieurs heures de conduite fatigante avant d'arriver à Guelph. Parvenu à la hauteur d'une sortie vers le centre-ville d'Hamilton, il se dit que c'est sa dernière chance de sortir de l'embouteillage devant lui et il se dirige vers la ville en quête d'un endroit où loger jusqu'au matin, au moment où les routes seront dégagées et où il pourra se rendre chez lui sans encombre.

Le centre-ville d'Hamilton est dans le chaos le plus complet, découvre-t-il. Il lui faut une autre heure pour franchir seulement 1,5 km. Exaspéré, il décide de s'arrêter au premier hôtel rencontré. À l'hôtel Town Manor Motor, dans la rue principale, il tourne pour entrer dans le stationnement. Il s'inscrit au comptoir de réception, puis comme il reste assez de temps avant la fermeture des pharmacies, à 22 h, il se rend à pied dans un Shopper's Drug Mart, achète de la crème à raser, un rasoir, de la pâte dentifrice et une brosse à dents. Après avoir mangé dans un restaurant à service rapide, il regagne sa chambre pour la nuit. Le coût total de cette petite diversion : 53 $.

Ted Rummel est fier de ses prouesses en conduite automobile. Lorsqu'il était plus jeune, il a fait de la course en amateur pour un club automobile local et il a également participé à de nombreux rallyes, certains d'entre eux dans des conditions bien pires que celles que la plupart des conducteurs ont à affronter. Il reconnaît qu'il est toujours, qu'importe la mesure, un conducteur expérimenté que ne devrait pas rebuter de la neige sur les routes, étant donné qu'il est persuadé de pouvoir maîtriser une voiture – même dans un dérapage. En fait, après une bonne chute de neige, il se promène parfois seul, dans les rues désertes, et se rend dans les grands stationnements vides des centres commerciaux pour pratiquer les dérapages contrôlés et des virages à 360 degrés, de façon à améliorer ses talents de conducteur sur des routes glacées. Il s'exerce de cette façon jusqu'à ce qu'il puisse faire tourner sa voiture et la remettre

parfaitement droite de sorte qu'elle continue dans la direction initiale.

Ted a acheté cette automobile pour faire le trajet entre Guelph et Hamilton. C'est une Honda Civic 1500S 1987 à hayon, une version sportive de la Civic à hayon standard, et elle est équipée d'un moteur un peu plus gros et plus performant. Ted a l'habitude de dire à sa femme et à ses amis que « c'est sa petite Ferrari rouge ». Il était tellement content de cette voiture que, sept mois après l'avoir achetée, il a écrit une lettre très élogieuse à M. Tadashi Kume, président de la compagnie Honda au Japon, vantant la voiture comme ayant l'allure « d'une chèvre mais la vitesse du guépard ».

Cette Honda Civic est équipée de pneus radiaux d'été Bridgestone. Les fils des pneus d'été ont une apparence plus lisse (des sillons plus étroits et des fils tissés plus serrés) et ils procurent une conduite plus silencieuse, mais ils ne sont pas adaptés à la neige profonde parce que les fils sont moins capables de mordre dans la surface de la neige. Les pneus d'hiver comportent des sillons larges et grands, les fils sont tissés en motifs qui ressemblent à des dents afin de mordre dans la neige, mais cela les rend bruyants lorsque l'on conduit sur une surface dure et lisse, de sorte que la plupart des conducteurs les changent pour des pneus d'été dès que l'hiver est terminé. Les manufacturiers de pneus fabriquent également des pneus toutes saisons. Ceux-ci sont tissés d'une manière spéciale qui les rend plus silencieux sur une surface lisse et sèche et fiables dans à peu près toutes les conditions de route, à l'exception des pires conditions de l'hiver. Le grand avantage de ces pneus est qu'on peut les garder l'été et l'hiver.

Deux jours après la tempête, Ted décide d'équiper ses pneus de chaînes qui, installées sur des pneus d'été, donneraient une meilleure traction dans le cas où il y aurait une autre tempête. Après le travail, il se rend dans un magasin Canadian Tire situé sur la route Stone, à Guelph, et il achète deux chaînes pour pneus à 19,99 $ chacune. Ces chaînes sont destinées à chausser les pneus avant de sa

Honda Civic à traction avant. Pendant qu'il est au magasin, il remarque des ensembles d'urgence pour voitures pour la conduite en hiver en promotion, au prix spécial de 13,99 $. Comme il examine le contenu de ces ensembles, Ted se voit en panne quelque part le long de l'autoroute 6, en pleine tempête de neige, attendant d'être secouru et ayant besoin de se garder au chaud, avec de la nourriture d'urgence, une couverture en mylar d'aluminium et le réchaud à la paraffine fourni dans l'ensemble d'urgence. Comme sa femme conduit leur seconde voiture, une Mazda 626, il achète deux de ces ensembles. Ted achète aussi un dégivreur à serrure pour sa Honda, lequel est en montre sur une étagère près de la caisse ; le tout lui coûte 76,99 $.

À la fin de mars, à peu près deux mois après cet incident, une tempête de neige qui dure toute la nuit frappe de nouveau le sud de l'Ontario. Avant de partir pour le travail ce matin-là, Ted doit d'abord déblayer la neige et se faire un chemin pour sortir la voiture du garage. Il doit, ce jour-là, rencontrer plusieurs personnes importantes au travail. Bien que les chaînes pour les pneus soient dans le coffre de sa voiture et qu'il pourrait les poser sur les pneus pour améliorer la traction, il ne prend pas le temps de les installer et conduit jusqu'à Hamilton avec les mêmes pneus d'été qui lui ont causé des ennuis lors de la tempête précédente. Cependant, Ted arrive au travail avec trois heures de retard.

Tout au long de l'été suivant, Ted ignore la question des pneus, mais, à l'approche de l'automne, l'idée de faire le trajet Guelph-Hamilton pendant un autre hiver devient de plus en plus une réalité et Ted évalue à nouveau les possibilités. Tard un matin de la fin de septembre, alors qu'il attend que l'on procède à la mise au point régulière de sa voiture au garage Honda Olympic où il a acheté sa Civic, il aperçoit un étalage promotionnel de pneus d'hiver Nokia Rollster, fabriqués en Finlande. Examinant la brochure promotionnelle qui l'accompagne, il découvre que les fabricants de pneus finlandais ont consacré beaucoup à la recherche et développement avant de produire le pneu d'hiver le plus avancé étant donné que, en vertu de la loi, les automobiles doivent, en Finlande, être équipées de tels pneus en hiver. Du doigt, il suit le contour du pneu Nokia et est impressionné par sa chape à l'aspect solide et son design global, lequel a été rendu rugueux d'une manière très attrayante : il est plus large que les pneus d'été et semble être, aux yeux de Ted, quelque chose grâce à quoi il pourrait conquérir les éléments de l'hiver et traverser n'importe quelle tempête. Le prix de 80 $ par pneu lui paraît très raisonnable et, après quelques mots au sujet de la performance du pneu avec le directeur de service, Ted décide d'acheter un ensemble de quatre pneus et de les faire immédiatement installer sur sa Civic. Les pneus d'été sont retirés afin d'être remisés à la maison pendant l'hiver.

Au cours des deux années et demie qui suivent, Ted n'est pas entièrement satisfait de ses pneus d'hiver Nokia. Certes, ils sont excellents sur la neige et adhèrent bien à la route lorsqu'elle est mouillée, mais il lui faut constamment faire équilibrer les roues afin d'éliminer les vibrations qui font trembler le volant entre ses mains lorsqu'il conduit à haute vitesse (cela est apparemment causé par le fait que les pneus ne sont plus complètement ronds, selon le mécanicien). De plus, les pneus sont excessivement bruyants lorsque la chaussée est sèche. Par ailleurs, chaque printemps et chaque automne, il a l'ennui et la dépense additionnels de faire changer les pneus d'été. L'équilibrage des roues coûte environ 10 $ par roue, et chaque changement saisonnier des pneus coûte, avec l'équilibrage, au total de 40 $ à 65 $.

Ted connaît bien l'existence des pneus toutes saisons. En fait, moins de un an après avoir acheté les pneus d'hiver Nokia, il a commencé à s'intéresser aux pneus Michelin Sport Ep-X, des pneus toutes saisons à haute performance. Il trouve ces pneus très beaux sur le plan de l'esthétique, avec une allure racée et sportive ; leurs larges sillons et leurs larges dessins triangulaires au centre de la chape font qu'ils ont l'air de pneus de course. Il a parlé à un détaillant de pneus de Guelph qui vend la gamme des pneus Michelin et il a été très déçu d'apprendre qu'il n'existait pas de pneus Ep-X adaptés à la petite jante de 13 pouces des pneus de la Honda Civic.

Ted connaît les pneus Michelin depuis son enfance – son souvenir le plus vieux est celui de leur marque de commerce, un bonhomme Michelin ayant l'air d'un ballon gonflé fabriqué de pneus. Pour Ted, le nom Michelin signifie un design de pneus de très haut standard (c'est Michelin qui a inventé le pneu radial en 1948). Il connaît aussi la campagne de publicité nationale de Michelin, dont le slogan est : « Parce que tellement de choses dépendent de vos pneus », qu'il trouve intelligent et évocateur. Il note que plusieurs des annonces imprimées de la campagne montrent un bébé nu, assis bien droit, tout rose à côté d'un gros pneu Michelin noir. Même les détaillants de pneus ont adopté le thème « bébé Michelin » pour leurs campagnes dans les journaux et les guides de divertissement locaux.

En mars 1990, Ted est en voyage d'affaires à Vancouver, et après le travail, un jour, il accompagne un ami au magasin à rayons Woolco du centre commercial Capilano, sur Marine Drive, dans la partie nord de Vancouver. Pendant que son ami fait des achats dans une partie du magasin, Ted se promène dans la section des pneus à l'arrière. Là, il aperçoit un étalage de pneus Michelin à côté d'une grande affiche sur le mur pour des pneus Michelin XA4, avec en gros titre : « Le radial positivement durable, positivement toutes saisons ». Son attention maintenant captée, il étudie le reste de l'affiche qui décrit les détails du design des XA4 et qui attire l'attention sur les motifs, lesquels montrent ce qui ressemble à des bouchons de bouteille de champagne pour augmenter la traction dans des conditions routières de neige mouillée et de neige abondante. D'un étalage situé à côté de l'affiche, Ted prend une petite brochure décrivant la gamme des pneus Michelin et il y trouve d'autres détails sur les XA4. Ted lit la brochure en entier, étudiant attentivement les caractéristiques de tous les pneus avec lesquels on compare les XA4. Il prend ensuite son stylo et fait un X à côté de la rubrique des pneus XA4. Il examine ensuite un pneu XA4 et promène ses doigts sur les sillons et les motifs en forme de bouchons de bouteille de champagne, pinçant le caoutchouc pour juger de la rigidité des

pneus. Il retire le pneu de l'étalage et le fait rouler sur le sol sur quelques dizaines de centimètres, et le fait même rebondir quelques fois. Un vendeur s'approche enfin, mais Ted ne lui demande pas son opinion sur les pneus, le questionnant plutôt sur le prix car il n'y a pas d'étiquettes de prix sur les pneus. Le vendeur consulte la liste de prix et dit à Ted que le XA4 dans la taille 175/7OR13 (une largeur plus étroite que ses pneus d'hiver Nokia) sont réduits à 72 $, pour un laps de temps limité et que le prix courant est de 107 $. Ted note cette information dans sa brochure et, après que le vendeur est parti, il continue à examiner l'entière gamme de pneus. Il est maintenant dans le magasin Woolco depuis plus d'une heure et l'ami avec qui il est venu, incapable de le retrouver, le fait appeler par l'interphone du magasin.

Ted n'est pas sûr qu'il y ait des magasins Woolco en Ontario, mais il prend note, mentalement, de vérifier à son retour à la maison. Il ne le fait pas toutefois.

En effet, il déménage peu de temps après à Burlington, situé à 25 km à l'ouest d'Hamilton et plus près de son bureau. Un jour que Ted conduit sa voiture dans une des rues les plus achalandées de Burlington, il aperçoit une publicité pour le distributeur de pneus Remco peinte sur le côté d'un autobus de la ville. L'arrière de l'autobus est recouvert d'un énorme bonhomme Michelin, qui s'appuie à la fenêtre en sortant la tête et en regardant à travers une loupe qu'il tient à la main. Ted accélère afin de se rapprocher de l'autobus et il a juste le temps de voir le nom Remco avant que l'autobus démarre.

Au début de mai, un dépliant promotionnel de Tires Only, un distributeur de pneus de Burlington, est livré à sa maison. Il met en vedette des prix promotionnels pour les pneus Michelin, Firestone, Pirelli et B.F. Goodrich et inclut des coupons pour une « vérification des pneus » et une mise au point du parallélisme des roues. Pendant la fin de semaine, Ted téléphone au magasin pour demander s'il y a des pneus Michelin XA4 en solde pour la Honda Civic et pour confirmer le prix annoncé de 99,86 $ pour la taille 185/70R13 (une taille plus large que celle que vendait le Woolco de Vancouver, mais la même que ses pneus d'hiver Nokia). Il demande aussi quel échange on ferait pour ses quatre pneus d'hiver Nokia. Il a entendu dire que Tires Only n'offrait pas d'échange pour les pneus d'hiver usagés.

Après cette conversation, Ted veut comparer les prix pour les XA4 auprès d'un second concessionnaire de pneus et il se rappelle l'annonce de pneus Michelin entrevue récemment sur le côté de l'autobus. Malheureusement, il n'arrive pas à se souvenir du nom du distributeur. Pour se rafraîchir la mémoire, il parcourt les Pages Jaunes sous la rubrique « Détaillants de pneus » jusqu'à ce qu'il voie une annonce de Remco et qu'il reconnaisse le nom. Un appel téléphonique lui apprend qu'ils vendent des pneus de la même taille pour 97,65 $ et qu'ils accepteraient de prendre les vieux pneus de Ted en échange. Ted demande un rendez-vous et se rend avec sa voiture au magasin un peu plus tard dans la journée pour faire installer les pneus. Le détaillant Remco examine les pneus Nokia et offre à Ted 60 $ en échange, une offre qu'il accepte. Il paie un montant total de 408,88 $, qui comprend la taxe et une somme de 28 $ pour l'équilibrage des roues.

Immédiatement, Ted peut sentir la différence entre ses nouveaux pneus Michelin et les pneus d'hiver Nokia qu'il a remplacés. La conduite est plus douce et plus coussinée et, lorsqu'il rencontre des bosses sur la chaussée, la conduite semble plus caoutchoutée ou spongieuse. Les nouveaux pneus sont certainement plus silencieux.

Environ une semaine après son achat, Ted remarque un ensemble de pneus haute performance Michelin MXV sur la voiture Acura d'un visiteur stationnée à côté de sa voiture au travail. Il s'agit d'un type de pneu qu'il n'a jamais vu auparavant et il est un peu fâché de n'avoir pas vu de tels pneus à l'allure sportive pendant qu'il évaluait d'autres pneus Michelin. Il décide de garder l'œil ouvert pour ces pneus, tout en se disant qu'ils n'étaient probablement pas offerts dans la taille souhaitée, 13 pouces, pour sa Honda Civic.

Un mois plus tard, en juin, il est de nouveau en voyage d'affaires à Vancouver. Au premier moment libre qu'il a, il emprunte la voiture de son ami et se rend au magasin Woolco du centre commercial Capilano de Vancouver où il a vu les pneus Michelin en étalage en mars. Il se rend directement à l'arrière du magasin où sont les pneus et prend une brochure Michelin sur la gamme des pneus haute performance. Bien sûr, il trouve les pneus Michelin MXV qu'il a vus sur l'Acura. Ils sont offerts dans la taille 13 pouces comme ceux de sa Honda Civic.

Cependant, on ne dit nulle part dans la brochure que ces pneus sont des pneus toutes saisons. Ted Rummel sent que sa tension baisse. Il quitte le magasin, poussant un soupir qui exprime son soulagement mental. Dehors, le soleil brillant est haut, le ciel est bleu comme le Pacifique serein.

Questions

1. Qu'est-ce qui a poussé Ted Rummel à faire quelque chose au sujet de ses pneus pour sa nouvelle Honda Civic ?

2. Analysez les étapes du processus de recherche d'information et de décision que Ted a franchies avant et après chaque décision d'achat.

3. Pourquoi Ted a-t-il acheté des pneus Michelin ?

4. Pourquoi cela a-t-il pris autant de temps avant qu'il achète des pneus toutes saisons ?

5. Si le cas de Ted Rummel est semblable à celui de plusieurs acheteurs de nouveaux pneus, quelles sont les implications de son comportement d'achat pour les fabricants et les détaillants de pneus ?

CAS 5
Que valent les garanties sur les pneus ?*

Jim Reed était réellement fâché de la mauvaise qualité du service à la clientèle et du manque de cohérence des garanties de la compagnie Dunlop Tire et il se demandait s'il pouvait y faire quelque chose.

Tout a commencé au retour de Jim Reed, un professeur à l'Université d'Ottawa, d'un congé sabbatique à la San Diego State University. Jim et sa femme Joan ont pris leur Jetta Volkswagen pour se rendre à San Diego, au lieu de la Volvo de Jim, parce que la Jetta était encore sous garantie. Pendant le voyage de retour, un trajet d'environ 6 500 km, la conduite n'était pas confortable. La Jetta ne semblait pas pouvoir supporter la lourde charge que portait la voiture et Jim était convaincu qu'il lui faudrait remplacer les amortisseurs.

Ils arrivèrent à la maison au début de juin et, trois jours plus tard, Jim conduisait la Jetta chez Desjardins ltée, à Hull, pour y faire effectuer la mise au point. Les employés ont vidangé l'huile et changé le filtre à l'huile et ils ont ajouté un peu de fluide à la transmission. Les amortisseurs étaient en bon état, mais le gérant a déclaré que la voiture avait besoin de quatre nouveaux pneus. Cela ennuyait Jim, car les pneus n'avaient roulé que 42 000 km. Se pouvait-il qu'il les ait abîmés en ayant pris une charge trop lourde durant le voyage de retour de la Californie ? Peut-être aussi le gérant était-il trop prudent ou qu'il voyait là une occasion de réaliser une grosse vente, spécialement durant une période où les affaires étaient plutôt stagnantes. De toute façon, comme Jim avait prévu retourner à San Diego en janvier prochain, il pensa qu'il pourrait les remplacer là-bas à moindre coût et ne pas avoir à payer une taxe exorbitante de 15,56 % combinant la taxe sur les produits et services (la TPS) et la taxe de vente provinciale (la TVQ). Entre-temps, ni Joan ni Jim ne se serviraient beaucoup de la Jetta.

À la fin de juillet, leur fille Julie et son mari David se trouvèrent un emploi à Washington et ils demandèrent s'ils pouvaient emprunter la Jetta pour apporter leurs effets personnels à leur nouvelle demeure. Pendant le trajet vers Washington, un des pneus explosa et ils le remplacèrent. Le vendeur les informa que les trois autres pneus n'étaient pas en bonne condition.

Ils retournèrent l'automobile le 12 août, et Jim se rendit chez Desjardins où il acheta trois pneus compatibles avec le nouveau pneu. La facture indiquait l'achat de trois pneus P185/60HR14 Dunlop D89 ETE à 84,92 $ chacun, pour un total, après taxes, de 294,40 $. L'odomètre affichait 45 516 km. Le même jour, suivant le conseil d'un technicien de chez Desjardins, Jim fit régler le parallélisme des roues, travail qui, comprenant deux petites pièces, coûta 83,27 $.

Le 11 décembre, Jim conduisit la Jetta au garage Swedish pour y faire faire l'entretien habituel. Après 6 000 km, il était temps de procéder à une vidange d'huile. Sur son chemin, Jim avait senti un léger tremblement dans la conduite et il demanda au mécanicien de vérifier ce problème. Le mécanicien équilibra les roues mais le tremblement persistait. Il examina les pneus et se rendit compte que deux d'entre eux étaient défectueux. L'odomètre affichait 48 640 km ; il avait donc roulé 2 124 km sur les nouveaux pneus.

Après avoir quitté Swedish, Jim se rendit directement chez Desjardins où l'on confirma que les pneus étaient défectueux. Deux nouveaux pneus furent commandés et Jim prit rendez-vous pour les faire installer le mardi suivant. Ce jour-là, Jim arriva à 15 h et la voiture fut prête en moins d'une demi-heure. Il fut surpris d'apprendre qu'il devrait payer pour une utilisation partielle des pneus défectueux. Comme les pneus avaient une garantie de 96 000 km, Jim calcula qu'il devait environ 6 $ à Desjardins. Il fut très fâché

* © 1991, Université d'Ottawa. Ce cas a été rédigé par David Litvack, Université d'Ottawa.

lorsque le caissier lui présenta une facture au montant de 44,50 $. Il alla voir le gérant qui lui dit que ce montant reflétait la politique de la compagnie Dunlop Tire et que si Jim n'aimait pas cela, il pourrait toujours remettre les vieux pneus en place.

Jim soutint qu'il était traité d'une manière injuste et que la politique n'avait pas de sens. Il insista pour que le gérant téléphone chez Dunlop. L'homme à l'autre bout du fil, qui disait travailler pour les relations publiques chez Dunlop, défendit la politique, ajoutant qu'il était dans l'industrie des pneus depuis 38 ans. Après d'autres discussions, il offrit de diviser le montant en deux, disant qu'il n'était pas d'accord avec Jim lorsque celui-ci prétendait que la politique n'était pas juste. Comme il ne semblait pas avoir le choix, Jim décida d'accepter cette offre, mais, en lui-même, il bouillait encore de colère.

Après cette conversation téléphonique, deux clients qui en avaient été témoins s'approchèrent de lui et lui dirent qu'il avait entièrement raison. André Lefort, un agent de service chez Desjardins, se joignit à la discussion et exprima de la sympathie pour les malheurs de Jim.

Se sentant un peu mieux, Jim revint à la maison et rangea les factures et les reçus dans un dossier marqué « voiture ». En examinant les pièces du dossier, il découvrit une facture datée du début de juin (peu de temps après son retour de San Diego) pour quatre nouveaux pneus pour sa Volvo, qui n'avait pas roulé depuis le mois de janvier précédent. Cette facture se lisait comme suit : 4 Dunlop Élite 185/70R14 4S BW à 85 $ chacun plus les taxes. Avec les pneus venait une garantie qui disait la chose suivante :

POUR UNE USURE DE MOINS DE 50 %, PAS DE FRAIS : Si, alors que l'usure des pneus est de moins de 5/32 pouces, le pneu devient hors d'usage pour une condition couverte par cette garantie, il sera remplacé par un nouveau pneu Dunlop de qualité semblable. Aucuns frais ni taxes ne vous seront facturés ni, non plus, de frais pour installer et équilibrer les roues.

En lisant cela, Jim fut très fâché, mais il ignorait quoi faire ensuite.

Questions

1. Analysez le processus décisionnel d'achat suivi par Jim Reed, en vous servant de trois cycles décisionnels.

2. Quelles leçons le spécialiste de marketing peut-il tirer de cette expérience ?

CAS 6
Sophie achète un lecteur DVD vidéo*

Sophie Gagnon ne se doutait de rien...

Elle regardait un film en compagnie de ses enfants, Charles (14 ans) et Camille (12 ans), ce qu'ils faisaient régulièrement durant sa semaine de garde partagée. Ce soir-là, comme souvent d'ailleurs, les enfants critiquaient la qualité de l'image et du son des films loués ; c'est qu'à force d'être utilisées, les bandes vidéo VHS (*video home systems*) louées étaient devenues très usées. Ce n'était pas la qualité à laquelle leurs visites fréquentes, avec leur père, au supercomplexe cinématographique de leur localité les avaient habitués.

Généralement, Sophie louait les films chez Vidéo Max, un club vidéo situé près de son lieu de

---

* © 2001, HEC Montréal. Cas adapté par Normand Turgeon, d'après « L'achat d'un DVD », une création originale de Herbert F. Macher, Normand Turgeon et Gordon McDougall (catalogue de cas HEC Montréal, 9102001023). Reproduit avec permission.

travail, à Montréal, où elle se rend quotidiennement à partir de Sainte-Thérèse. Depuis un certain temps, Sophie avait remarqué que Vidéo Max offrait de plus en plus de films sur DVD (*digital versatile disc*).

Chaque enfant choisissait habituellement un film le mardi et deux autres le vendredi pour le week-end. Ils communiquaient leurs choix par courriel à Sophie. La plupart du temps, c'était Charles qui envoyait le courrier électronique à sa mère. Chaque fois, tous les trois se rassemblaient au sous-sol pour regarder le film. Bien que chaque enfant ait possédé un téléviseur dans sa chambre, il n'y avait qu'un magnétoscope à la maison. Ils regardaient tous leurs films sur un téléviseur Toshiba de 21 pouces, vieux de 9 ans.

Tout un problème...

Après s'être emporté de nouveau à cause de la mauvaise qualité de l'image et du son, Charles a fait remarquer à sa mère qu'ils avaient loué au moins 50 films depuis qu'ils avaient emménagé dans leur nouveau *condo* et que, souvent, l'image et le son des films étaient exécrables. Il a ajouté qu'il leur faudrait peut-être penser à acheter un lecteur DVD et, par conséquent, acheter ou louer des films sur DVD plutôt que de continuer à louer des films en format VHS.

« Avec un lecteur DVD, c'est *full le fun* parce que les images sont belles et le son, très fort. J'ai des amis à l'école qui en ont un chez eux et ils m'ont dit qu'on peut voir des *making of* et que le film est en plusieurs langues. C'est super, maman ! Et puis papa veut en acheter un.

— Ton père peut faire ce qu'il veut, mon grand. Et puis, est-ce que tes amis utilisent beaucoup leur lecteur ? Tu sais que j'adore regarder les films avec de belles images et, de plus, ta sœur et toi arrêteriez peut-être de maugréer pour des riens lorsqu'on les regarde. »

Cette famille n'est pas ce que l'on considère comme de grands consommateurs de télévision.

Chacun a quelques émissions favorites, mais Sophie et ses enfants ne regardent la télévision que quelques heures par semaine.

Une personne informée en vaut deux...

Sophie, chercheuse titulaire au Laboratoire pharmaceutique Boyer, aime bien jouer au tennis avec des collègues de travail et ses enfants pendant les fins de semaine d'été. En hiver, toute la famille organise des fins de semaine de ski. Par ailleurs, Sophie n'a pas beaucoup de temps libre pendant la semaine, parce qu'elle s'occupe des devoirs des enfants et des travaux ménagers. Quant à Charles, il passe son temps à naviguer sur le Web où il aime chercher des jeux vidéo ou encore communiquer avec ses amis par l'intermédiaire des groupes de discussion, monopolisant l'ordinateur. Camille s'adonne à sa passion, la lecture, et passe rarement toute une soirée à regarder la télévision, sauf les jours où sa mère apporte des films loués.

À la suite des multiples pressions de Charles, que n'avait pas manqué d'appuyer Camille, Sophie décida qu'il était temps d'acheter un lecteur DVD. Elle savait que cette dépense allait la gêner pour quelques semaines, mais elle trouverait bien une façon de s'en sortir.

Sophie en savait très peu sur les lecteurs DVD. Quelques-uns de ses amis en possédaient un et certains avaient payé jusqu'à 2 000 $ à l'époque. Par conséquent, la semaine suivante, elle regarda les publicités dans *Le Journal de Montréal*, *La Presse* (<http//www.lapresse.com>) et *The Gazette* (<http//www.montrealgazette.com>) et remarqua qu'un bon nombre de lecteurs DVD de base se vendaient environ 300 $. Elle constata également que les prix ne variaient que très peu d'un magasin à l'autre. Elle se dit que les prix des appareils ordinaires avaient baissé en raison de la présence, sur le marché, de nouveaux lecteurs DVD comportant plus de fonctions comme le son ambiophonique (*surround-sound*) et l'affichage panoramique (*widescreen*), et la possibilité de choisir la langue de diffusion. Jusqu'à présent, la famille ne louait que des films vidéo en français, car ni Charles ni Camille ne comprenaient assez bien l'anglais. « Avec un lecteur DVD, songe Sophie, ils pourront regarder une première fois le film en français et une deuxième fois en anglais. Ça aidera à la compréhension et à l'apprentissage de l'anglais. »

Avant de se rendre dans un magasin, Sophie essaya d'obtenir tous les renseignements nécessaires concernant les lecteurs DVD et le type d'appareil qu'elle pourrait se permettre d'acheter. Étant donné qu'elle se considérait comme une consommatrice avertie, elle voulait se renseigner afin d'être en mesure de discuter avec les vendeurs le moment venu. Elle se dit que c'était l'occasion idéale pour apprendre à naviguer dans Internet et faire de la recherche au moyen de ce nouveau média. Bien qu'elle ait disposé d'un ordinateur au bureau, elle n'avait pas le temps de sortir de son laboratoire pour l'utiliser. Elle se limitait à regarder son courrier électronique à la fin de chaque journée.

À la fin de février, Sophie discuta avec son collègue de laboratoire, le Dr Bigras, qui avait un lecteur DVD à la maison. Sophie lui mentionna qu'elle voulait en acheter un. Ils parlèrent du genre de lecteur DVD que Sophie souhaitait acheter. Le Dr Bigras possédait un modèle courant qu'il utilisait pour regarder des films loués, achetés ou empruntés. Il avait déjà une bonne quantité de films qu'il offrit de prêter à Sophie. Sophie ajouta qu'elle envisageait d'acheter un modèle courant elle aussi, bien qu'elle n'ait pas encore décidé de la marque. Le Dr Bigras donna à Sophie l'adresse du site de l'encyclopédie Encarta (<http://www.encarta.msn.com>) et lui recommanda sa section spécialisée « How to Buy a DVD Player for Videos » où l'on trouve les étapes à suivre pour l'achat d'un lecteur DVD. Il se dirigea vers son ordinateur et tapa <http://www.inmatrix.com> pour montrer à Sophie les types de lecteurs DVD. Étant donné la complexité de la terminologie, le Dr Bigras lui indiqua un site : <http://www.dvdfile.com/site/glossary/index/html> qui fournit un glossaire des

termes utilisés dans ce domaine. Finalement, il se rendit à l'adresse <http://www.dvdforum.com/> pour lui montrer où elle pouvait en apprendre davantage concernant les lecteurs DVD.

Comme Sophie démontrait une certaine aversion pour la navigation sur le Web, le Dr Bigras lui dit qu'il lui préparerait un petit dossier à partir de ce qu'il trouverait et qu'il le lui apporterait. Afin d'établir une réciprocité, elle lui promit de visiter les sites mentionnés, ce qu'elle fit dès cet après-midi-là.

Quelques jours plus tard, le Dr Bigras remit à Sophie le dossier sur les résultats de sa recherche. Il contenait des renseignements détaillés à propos des caractéristiques et des avantages des lecteurs DVD Toshiba (<http://www.toshiba.com/>), Sharp <http://www.sharpelectronics.com/>, Pioneer (<http://www.pioneerelectronics.com/>) et Panasonic (<http://www.panasonic.com/>). En parcourant le dossier, Sophie fut étonnée du nombre de fonctions que pouvaient posséder les lecteurs DVD.

Après sa lecture, Sophie éprouva un sentiment de satisfaction en pensant à tout ce qu'elle venait d'apprendre. Le dossier du Dr Bigras ainsi que la visite d'autres sites Web avaient répondu à ses principales questions, en fait celles que tout acheteur potentiel peut se poser. Les sites expliquaient bien le jargon technique et décrivaient avec précision les fonctions des lecteurs DVD ordinaires, surtout en ce qui a trait à la qualité de l'image et au son numérique. Sophie examina ensuite attentivement la liste des modèles répertoriés. Les marques Pioneer et Panasonic lui apparurent comme de bons choix possibles. Les modèles haut de gamme courants de ces deux marques étaient assez bien notés ; leurs prix étaient également compétitifs. Concernant les réparations, ces deux marques avaient également un excellent dossier.

À la mi-mars, Sophie constata qu'elle était prête à acheter son lecteur DVD et dit à ses enfants ce qu'elle avait appris. Elle leur énuméra les fonctions qu'elle jugeait importantes, les modèles offerts sur le marché, et les informa de ce qu'elle pensait acheter. Elle ajouta que ce serait agréable d'avoir le son ambiophonique, mais que les appareils qui possédaient cette caractéristique comportaient également des fonctions qui lui semblaient superflues et étaient relativement dispendieux. Elle estimait que l'important était d'avoir un appareil capable de donner une image claire et un bon son tout en offrant une certaine fiabilité. Charles la regarda sans prononcer un mot.

Le lendemain, Sophie rencontra encore le Dr Bigras et ils causèrent pendant un court moment des lecteurs DVD. Le Dr Bigras lui dit qu'il avait compris ce qu'elle voulait et il lui demanda à quel magasin elle envisageait d'acheter son nouvel appareil.

« Je pense que je vais l'acheter chez Future Shop, le magasin où j'achète presque toujours mes appareils électroniques. »

Le Dr Bigras se rendit sur le site Web de Future Shop (<http://www.FutureShop.ca>) et, après quelques clics, il se tourna vers Sophie et lui dit :

« Le magasin a un vaste choix. Je viens de trouver un très bon prix pour le modèle DVD-CV51 de Panasonic. C'est un excellent lecteur. Il coûte seulement 399 $ et il te donnera la possibilité d'avoir le son ambiophonique. »

Il imprima l'information du site et il remit les feuilles à Sophie. Ces feuilles contenaient aussi un sommaire des caractéristiques des lecteurs DVD Audio Vox, Pioneer, Panasonic, Toshiba et JVC, ainsi qu'une information plus détaillée sur le modèle recommandé.

Sophie prit les feuilles et commença à les lire. Après quelques minutes de réflexion, elle arrêta son choix sur le modèle de Panasonic que le Dr Bigras avait porté à son attention.

« Je crois que j'achèterai le modèle que tu viens de mentionner. Pour 100 $ de plus que ce que j'avais prévu, j'aurai un appareil équipé d'une sortie audio numérique optique compatible Dolby et l'ambiophonie virtuelle évoluée », dit-elle avec enthousiasme.

En sortant de l'édifice de l'entreprise, le Dr Bigras lui suggéra :

« Si tu sais ce que tu veux, pourquoi ne vas-tu pas chez Alerte Électronique ? Le magasin est en train d'écouler sa marchandise. On semble y offrir de bons prix. »

Sophie lui répondit qu'elle avait entendu dire que le magasin s'était placé sous la protection de la Loi sur la faillite et elle n'était pas du tout certaine qu'Alerte Électronique pourrait lui donner un service après-vente adéquat. Même si les prix des appareils étaient plus bas, elle ne voulait pas faire affaire avec ce magasin.

En faisant route vers chez elle, Sophie téléphona, de son cellulaire, à un ami d'enfance qu'elle considérait comme un expert dans le domaine. Elle lui fit savoir qu'elle voulait acheter un lecteur DVD et lui demanda où elle devrait aller. L'ami lui répondit qu'il avait acheté de nombreux appareils au magasin T&M et qu'il en était satisfait. Sophie suivit le conseil et s'arrêta à ce magasin. Elle n'y trouva que quelques lecteurs DVD en montre. Elle fut étonnée lorsque le directeur lui dit que l'entreprise voulait abandonner cette gamme de produits en raison de la forte concurrence. Sophie en conclut que T&M ne pourrait donc lui donner de service après-vente.

Sophie consulta de nouveau le dossier que le Dr Bigras lui avait donné et décida d'aller chez Future Shop, après le souper. Au cours du repas, elle s'est souvenue du magasin Électronique Plus qui vendait aussi des lecteurs DVD vidéo à des prix très compétitifs. Elle dit à ses enfants qu'elle se rendrait chez Électronique Plus.

Une visite au magasin s'impose

Charles a demandé s'il pouvait l'accompagner. Ils se sont rendus au magasin et se sont arrêtés au rayon des lecteurs DVD. Les nouveaux lecteurs DVD haut de gamme, avec fonction d'affichage panoramique et système sonore ambiophonique, étaient situés à droite du rayon, alors que les lecteurs DVD ordinaires étaient à gauche. Un film spectaculaire, avec un son et des images impeccables, tiré de la trilogie *Star Wars*, était projeté sur un écran géant à partir d'un lecteur DVD Pioneer haut de gamme. Sophie et Charles furent immédiatement absorbés par ce film aux images claires et au son riche. Les modèles haut de gamme offerts étaient de marque Panasonic et Pioneer. Les prix variaient de 300 $ à 1 800 $. Un vendeur s'approcha et leur demanda s'il pouvait leur être utile. Sophie lui répondit qu'ils souhaitaient acheter un lecteur DVD. Le vendeur se dirigea vers le lecteur DVD le moins cher et il leur demanda s'ils connaissaient les différentes caractéristiques. Sophie lui dit alors qu'elle avait parlé à un bon nombre de personnes possédant des lecteurs DVD et qu'elle avait beaucoup lu sur le sujet en visitant des sites Web. Charles a ajouté qu'il en savait un peu parce qu'il avait vu l'information publiée sur les sites Web de Panasonic, de Pioneer et de Sony.

« Il y a trois caractéristiques qui me paraissent importantes : l'appareil doit permettre une très bonne qualité d'image, une très bonne qualité de son et être de haute fiabilité, a précisé Sophie.

— Ce lecteur DVD à bas prix reproduit le son numérique, mais il n'est pas vraiment doté d'un ambianceur avec six voies de sortie, a expliqué le vendeur. Connaissez-vous la différence ?

— Oui, a répondu Sophie en lui montrant l'une des pages du dossier. Vous voyez, je me suis renseignée sur ces fonctions.

— Ah bon, a fait le vendeur. Avec ce lecteur DVD, vous pouvez avoir le son stéréo, mais l'effet sonore est plus limité. »

Le vendeur s'est alors dirigé vers le modèle DVD-444 de Pioneer qui affichait un prix de 649,99 $, l'appareil qui jouait le film de la trilogie *Star Wars*.

« Ce modèle est équipé d'un décodeur ambiophonique et s'adapte aux téléviseurs à écran panoramique, ce qui permet d'avoir une image plus rectangulaire, comme dans un vrai cinéma. De plus, la programmation apparaît à l'écran et elle vous permet de changer la langue. Avec un écran de 51 pouces et un groupe de 6 haut-parleurs, vous auriez un extraordinaire cinéma maison », a fait valoir le vendeur. Puis, il s'est mis à énumérer des caractéristiques techniques que Sophie et son fils ne comprenaient pas.

Ensuite, il leur a montré un modèle à 1 800 $: « Vous voyez, ce modèle reproduit aussi le son ambiophonique… »

Sophie l'a interrompu en lui disant qu'elle n'était pas intéressée par ce genre d'appareil parce qu'il était trop coûteux. Ils sont alors retournés vers les modèles haut de gamme les moins chers. Le vendeur a comparé deux modèles et leur a expliqué que celui dont le prix était plus élevé possédait une série de fonctions qui le rendaient très compatible avec les nouveaux téléviseurs stéréo.

« On ne regarde pas beaucoup la télévision et on n'achètera probablement pas une nouvelle télé stéréo. Nous pensons plutôt brancher deux haut-parleurs sur le téléviseur », a alors dit Sophie en lui montrant le système de base illustré dans son dossier.

Charles a précisé qu'il aimait le modèle à 649,99 $.

Sophie n'était pas très heureuse de la tournure des événements. Elle avait prévu dépenser au maximum 400 $; elle ne regardait pas beaucoup la télévision et elle s'est dit que la somme de 649,99 $, sans les taxes, représentait beaucoup plus que ce qu'elle avait envisagé. « Mais si on regarde davantage la télévision et qu'on loue des films tous les jours, je verrais peut-être les choses autrement, se dit-elle. Peut-être qu'on utiliserait plus souvent un lecteur DVD. »

Sophie a alors demandé au vendeur : « Est-ce facile de faire réparer ces appareils ? »

Le vendeur l'a rassurée :

« Nous pouvons faire toutes les réparations ici même et, de plus, nous avons un contrat d'assurance très complet. Celui-ci prévoit que si la réparation prend plus de deux jours, nous vous prêtons temporairement un appareil de remplacement. »

Sophie et Charles se sont éloignés pour discuter et regarder d'autres appareils. Ils allaient prendre leur décision quand un autre vendeur s'est approché habilement et a dit à Sophie :

« Bonsoir madame. Je viens d'apprendre que vous souhaitez acheter un lecteur DVD. Permettez-moi de vous conseiller de prendre plus de temps pour vous informer et vous décider. Un nouveau type de lecteur DVD est sur le point de sortir, qui révolutionnera l'industrie. Il s'agit du X-Box, un système créé par Microsoft qui permet des jeux de type vidéo. De plus, avec ce système, vous pourrez naviguer dans Internet en vous servant d'un appareil de télévision. Le prix sera plus élevé, mais je crois que ça en vaut la peine. »

Une décision qui se complique

Sophie et Charles retournèrent à la maison où Charles entreprit une recherche minutieuse dans Internet. D'abord, et pour bien comprendre, il a visité le site de Netscape (<http://www.netscape.com/>). Sa recherche a été interrompue quand sa sœur et sa mère lui ont fait remarquer que, si la famille achetait ce genre d'appareil, il serait le seul à en profiter, comme il le faisait avec l'ordinateur et la ligne téléphonique. Charles a acquiescé tout en pensant que sa mère devait acheter un téléviseur grand écran compatible avec la qualité du lecteur DVD.

Cédant aux pressions de ses enfants, Sophie décida d'acheter le modèle DVD-444 de Pioneer, qui coûtait 649,99 $. Elle retourna chez Électronique Plus, où elle acheta l'appareil en y ajoutant une garantie prolongée. Dès qu'ils furent arrivés à la maison, Charles et Camille installèrent le lecteur

DVD, mais ils découvrirent rapidement que, même si la qualité de l'image était supérieure, il leur fallait un écran beaucoup plus grand et avec une meilleure résolution pour mieux l'apprécier. Ils se rendirent aussi compte qu'avec seulement deux haut-parleurs on ne pouvait restituer convenablement le son ambiophonique et créer un bon effet sonore. Sophie décida de réfléchir à tout cela et se demanda combien il en coûterait pour acheter un téléviseur grand écran pouvant être utilisé avec un système sonore ambiophonique. Ce soir-là, Sophie alla se coucher quelque peu déçue : elle avait seulement pensé au lecteur DVD, sans accorder d'importance au téléviseur et à la chaîne haute-fidélité, équipements nécessaires pour la projection en format panoramique et pour le son ambiophonique.

En se rendant au travail le lendemain, Sophie pensait toujours à acheter un autre téléviseur et à descendre sa chaîne haute-fidélité au sous-sol.

Sophie était un peu dans l'embarras, puisqu'elle avait toujours été fière de s'en tenir uniquement à ses décisions. Habituellement, elle ne changeait d'opinion que si elle avait fait une erreur au stade de la collecte d'informations. Mais elle avait conscience que, même si elle s'était informée à fond sur les lecteurs DVD, tout ce qui arrivait à présent était dû au fait qu'elle s'était laissé influencer outre mesure. En lisant de nouveau l'information donnée par le Dr Bigras et en essayant de bien comprendre les caractéristiques, elle s'est rendu compte que, pour profiter pleinement de son lecteur DVD, elle aurait dû acheter un téléviseur avec un écran de 51 pouces muni d'un système spécial capable de décoder le son numérique, comme le vendeur l'avait dit, un ensemble connu comme étant un « cinéma maison ».

Sophie ne pensait pas acheter les composantes d'un cinéma maison, car elle n'en avait pas les moyens. Elle constatait qu'elle avait commis une erreur en achetant ce lecteur DVD haut de gamme, qui plus est à un prix au-dessus de ses moyens. Elle se dit alors que sitôt sa journée de travail teminée, elle rapporterait le lecteur au magasin et achèterait ce qu'elle avait toujours voulu, c'est-à-dire le lecteur DVD conseillé par le Dr Bigras.

De retour à la maison, Sophie a donc remballé le lecteur DVD et l'a rapporté au magasin, où elle s'est adressée au vendeur qui l'avait servie. Après qu'elle eut expliqué ce qui était arrivé, le vendeur est allé chercher le directeur du magasin, à qui Sophie a de nouveau expliqué le problème. Le directeur a immédiatement tenté de lui vendre un téléviseur grand écran. Sophie, sûre d'elle, savait que, cette fois, personne ne la ferait changer d'idée. Elle était bien déterminée à ce que le magasin reprenne le lecteur DVD.

« Vous prenez une mauvaise décision, madame, a insisté le directeur. Vous avez maintenant un appareil doté de plusieurs fonctions et fabriqué selon une technologie de pointe, éléments qui peuvent servir de base à un cinéma maison. » Sophie a répliqué en disant que sa famille ne regardait pas tant de films et qu'elle ne voulait pas de toutes ces technologies qui coûtaient très cher. Elle a dit au directeur, en lui montrant la feuille qu'elle avait dans son dossier, que son choix s'était déjà arrêté sur le modèle DVD-CV51 de Panasonic parce qu'elle savait que cette entreprise avait une bonne réputation. Le directeur lui a alors montré le lecteur DVD choisi et Sophie a décidé de le prendre.

Sophie s'est sentie tout à coup soulagée parce qu'elle avait finalement obtenu le produit qu'elle voulait au départ. Elle était également satisfaite de la façon dont le magasin s'était occupé de son cas et elle trouvait que le directeur avait été malgré tout, très aimable, car, après la transaction, il lui avait remis gratuitement deux films sur DVD.

Une fois que Sophie fut rentrée à la maison, elle installa immédiatement le lecteur DVD avec sa fille, au sous-sol. Toutes les deux se réjouissaient de passer la soirée ensemble, à grignoter du maïs soufflé et à regarder leur premier film sur leur nouveau lecteur DVD. Pendant que Sophie et Camille passaient ainsi une agréable soirée,

Charles resta devant son ordinateur à naviguer dans Internet pour s'informer sur les avantages de la dernière génération des lecteurs DVD portables.

Et puis après…

Pendant les premières semaines, Sophie et ses enfants ont utilisé assez souvent leur lecteur DVD. Deux mois plus tard, ils avaient repris leurs habitudes et ne s'en servaient qu'une ou deux fois par semaine, et ce pour regarder des films seulement en français.

Quelque temps après, le père des enfants décida d'acheter lui aussi un lecteur DVD. Charles en profita pour répéter à son père ce que le vendeur avait expliqué lors de sa visite au magasin avec sa mère. Son père se rendit au même magasin, négocia avec le vendeur et acheta un système de cinéma maison, avec le lecteur DVD le plus perfectionné. Charles était fort heureux de dire à ses copains que le téléviseur avait 51 pouces et que la chaîne haute-fidélité comptait 6 haut-parleurs. Il pouvait enfin inviter ses amis à la maison et les impressionner. Il s'en vantait même à sa mère qui, elle, s'en amusait. Sa sœur, toutefois, ne s'en amusait pas, car elle devrait encore patienter avant que son père lui offre cet ordinateur qu'il lui avait promis et qu'elle voulait tant. Seul le chien ne s'en mêla pas…

Questions

1. Quelles raisons ont poussé Sophie à acheter un lecteur DVD ?

2. Quel cheminement décisionnel Sophie a-t-elle suivi pour en arriver à choisir et à acheter son lecteur DVD ?

3. Décrivez les différents rôles joués ainsi que les différentes personnes qui ont joué ces rôles dans ce processus d'achat. À quel groupe de référence appartiennent ces personnes ?

4. Énumérez et expliquez les facteurs critiques qui ont influencé Sophie dans l'achat de son appareil.

5. Analysez chacune des étapes du processus d'achat que Sophie a suivi.

6. Quelles sont les implications des comportements des différents acteurs engagés dans le processus décisionnel qui a abouti à l'achat, par Sophie, du lecteur DVD ? En quoi ces comportements peuvent-ils influencer les fabricants et les distributeurs dans la planification de leurs stratégies de marketing ?

7. En quoi l'expérience d'achat de Sophie a-t-elle aidé le père de Charles et Camille à faire son choix ? Quel rôle Charles a-t-il joué dans ce processus décisionnel ? Quels sont les besoins fondamentaux de Charles dans l'achat que le cinéma maison acheté par son père pourra satisfaire ?

CAS 7

L'achat d'équipement de golf pour débutants*

Le mois de mai 1992 tire à sa fin. Regardant le ciel d'un bleu étincelant, Bill Green se souvient tout à coup que, l'automne précédent, lorsque sa femme Mary et lui ont rencontré leurs amis, Paul et Jackie Swinger à Victoria, ils ont convenu de se réunir à Vancouver pour jouer au golf ensemble.

Paul et Jackie ont le même âge que Bill et Mary. Paul et Bill ont 50 ans, et Jackie et Mary ont 42 et 44 ans respectivement. Paul et Jackie habitent Victoria. Aucun des deux couples n'a d'enfants. Ils se connaissent depuis plus de 20 ans et, même s'ils ne se voient pas souvent, seulement une ou deux fois par année, ces réunions sont toujours très agréables et stimulantes. Paul et Jackie sont des professionnels très actifs et sont toujours au courant des choses nouvelles. Ils s'intéressent beaucoup à l'exercice physique comme un moyen de se garder en forme et, depuis des années, ils font de la course à pied plusieurs fois par semaine, une ou deux heures chaque fois. Bill a toujours admiré leur excellente forme physique. Paul et Jackie ont essayé à plusieurs reprises d'intéresser Bill et Mary à la marche rapide et, comme résultat, ceux-ci ont commencé à pratiquer cette activité avec beaucoup d'enthousiasme. Cependant, après quelques mois et avec l'arrivée de l'hiver, leur intérêt a peu à peu décliné.

Bill et Mary sont conscients des bienfaits de l'exercice physique. Ils sont conscients de vivre dans une sorte de léthargie qu'ils attribuent au manque d'activités physiques. Bill n'aime pas tellement les sports, et le ski de fond est le seul qu'il pratique. Tous deux ont joué au tennis mais, après deux étés, ils ont abandonné. Les sports d'intérieur ne les intéressent pas du tout parce qu'ils aiment beaucoup la nature et qu'ils ont toujours préféré les activités de plein air.

À leur dernière rencontre à Victoria, Jackie a mentionné que Paul et elle avaient commencé à jouer au golf régulièrement. Lorsqu'elle était une petite fille, a-t-elle raconté, son père, qui adore le golf, l'avait emmenée sur un terrain de golf, mais, à l'époque, elle avait trouvé ce sport lent et ennuyeux. Cependant, avec le temps et de la pratique, elle avait commencé à s'intéresser à ce sport. Même s'il s'agit d'un sport tranquille et relaxant, après un parcours de 18 trous, elle a le sentiment d'avoir fait une bonne séance d'exercice.

Bill avait ri et dit : « Je me souviens qu'il y a plusieurs années, lorsque je participais à des tournois de golf organisés par les compagnies pour lesquelles je travaillais, je gagnais toujours le trophée du "pire joueur". » Il avait ajouté : « Cependant, aujourd'hui, j'admets que j'aimerais beaucoup jouer au golf à nouveau et apprendre à bien jouer. Écoutez, je vous promets, la prochaine fois que nous nous verrons, que nous irons faire une partie de golf ensemble. Et cela est une promesse que je ne romprai pas ! »

---

* © 1993, Michel Laroche. Ce cas a été rédigé par Isabelle Miodek, sous la direction de Michel Laroche, Université Concordia.

— Bien sûr », avaient répondu Paul et Jackie en souriant.

Le golf convient bien aux Green parce qu'ils sont propriétaires d'un chalet à Whistler, près d'un terrain de golf. De cette façon, ils pourront passer d'un sport (le ski de fond en hiver) à l'autre (le golf au printemps, à l'été et à l'automne), et toujours rester dehors, à respirer l'air pur.

Avant d'affronter leurs amis au golf, Bill et Mary ont décidé de prendre quelques leçons, de s'exercer un peu et d'acheter un second ensemble de bâtons. Bill possède un ensemble, qu'il a gagné dans un tirage il y a plus de 20 ans, qui comprend 7 bâtons et un sac.

Un ensemble complet est composé de 14 bâtons de golf, mais les ensembles de 11 sont les plus populaires. Les débutants se servent souvent des ensembles de sept bâtons. Pour résumer, un ensemble de 11 bâtons inclut 3 bois pour les longues distances, 7 fers pour les tirs de précision et 1 *putter* pour faire rouler la balle jusqu'au trou lorsque le joueur est sur le *green* ; un ensemble de 7 bâtons comprend 2 bois, 4 fers et 1 *putter*.

Au moment où il avait gagné l'ensemble, les collègues de Bill avaient souligné qu'il était de bonne qualité. Mary et lui ont donc décidé de garder le vieil ensemble de golf pour elle et d'en acheter un nouveau pour Bill. Étant donné que Bill et Mary sont à peu près de la même taille et du même poids, celle-ci peut se servir des vieux bâtons pour débuter.

Bill a déjà joué au golf, à l'occasion, dans le contexte de ses activités sociales avec ses employeurs. Son travail, qui le passionne, ne lui a jamais laissé beaucoup de temps pour des loisirs. Mais maintenant que le rythme du travail a un peu ralenti – en fait, il travaille désormais à temps partiel –, il dispose de plus de temps libre. Il sera en mesure de s'exercer au golf, une activité qui requiert beaucoup de temps vu qu'une partie dure au moins trois heures. L'idée de pratiquer un sport en plein air l'attire spécialement. Il pourra même choisir les plus beaux jours de la semaine, quand les terrains de golf sont moins achalandés.

Bill et Mary ne savent pas ce qu'ils doivent rechercher dans un équipement de golf et ils ne sont au courant ni des prix ni des marques sur le marché.

Un jour de juin, alors que Bill est dans un magasin Canadian Tire pour acheter du fertilisant à gazon, il passe à côté du coin de la liquidation comme il le fait souvent. Là, il remarque des bâtons de golf réduites à 10 $ chacun. « C'est une aubaine », pense-t-il.

Il les examine et constate qu'ils sont tous de marques différentes. Il en choisit assez pour former un ensemble de sept, mais note l'absence du *putter*.

« Je pourrais acheter les deux bois et les quatre fers au prix réduit et acheter le *putter* séparément plus tard », se dit-il.

Il se rend au rayon de l'équipement de sport pour voir le prix d'un *putter*. Le prix courant varie de 23,99 $ à 36,99 $. Un ensemble de sept bâtons coûte 75,99 $ et un ensemble de 11 bâtons, 399,99 $. Bill calcule que, s'il achète un *putter* pour 23,99 $ et les 6 autres bâtons en solde, l'ensemble lui reviendra à 83,99 $, ce qui est plus cher qu'un ensemble de 7 au prix courant !

Il se demande pourquoi les bâtons de golf sont vendus à ce prix. Il retourne au rayon de la liquidation et demande au commis pourquoi ils sont réduits.

« Ces *clubs* sont pour les joueurs gauchers, et les ensembles ne sont pas complets. De plus, les *clubs* sont de marques différentes », explique le vendeur.

Bill n'est pas seulement déçu, il se sent aussi un peu gêné de constater comme il en sait peu au sujet de l'équipement de golf. Il est lui-même droitier !

Après cette expérience, il se souvient que le beau-frère de sa femme, Michael, possède un ensemble de golf et que, peut-être, il pourrait lui donner des conseils.

« Oui, j'ai un ensemble de golf qui m'a été donné en cadeau. C'est un Wilson-Professionnel qui consiste en 11 bâtons. On m'a dit qu'il est de très bonne qualité », répond Michael.

Il montre son équipement à Bill et lui dit : « Comme tu peux le voir, il est presque neuf parce que j'en joue rarement. Je suis désolé de ne pas pouvoir t'en dire plus. En fait, je ne sais pas grand-chose au sujet du golf. »

Le temps passe, et Bill et Mary continuent de pratiquer leurs lancers sur le terrain réservé à la pratique et ils commencent à jouer sur un parcours de mini-golf à neuf trous totalisant 900 verges avec le vieil ensemble de Bill. Sur un petit parcours de 900 verges, deux joueurs peuvent partager les mêmes bâtons s'il n'y a pas beaucoup de joueurs, mais, sur un parcours ordinaire de 9 trous qui est d'une longueur moyenne de 3 000 à 3 500 verges, le partage des bâtons est interdit parce que cela ralentirait le parcours des autres joueurs. Plus Mary et Bill jouent, plus ils aiment ce sport. Cependant, ils ne font pas de réels efforts pour acheter un second ensemble de golf.

L'été tire à sa fin, et les Green décident qu'il est temps d'inviter leurs amis de Victoria ; les deux couples se réuniront en septembre. Bill louera un ensemble au terrain de golf pour l'occasion.

Bill dit à ses amis que sa femme et lui ont déjà commencé à jouer au golf, mais qu'il n'a pas encore acheté son ensemble parce qu'il ne sait pas quelle marque acheter et qu'il ignore ce qui constitue un prix raisonnable.

Paul lui conseille : « Pour bien jouer au golf, deux choses sont importantes : une bonne technique et un bon équipement. Pour ce qui est de l'équipement, il faut tenir compte de plusieurs facteurs dont ta taille, ta technique et ta force pour choisir, par exemple, la longueur des bâtons, la flexibilité du manche et la taille de la prise. Et ce n'est pas tout. Il faut tenir compte d'une foule d'autres éléments dont, bien sûr, votre budget.

« Pour un débutant comme toi, je crois qu'il serait préférable, pour commencer, d'acheter un ensemble de sept bâtons de qualité moyenne. À ce stade, tu n'as pas besoin de jouer avec 11 bâtons. Une fois que tu auras joué pendant un certain temps, tu développeras une technique et tu commenceras à apprécier les caractéristiques de l'équipement requis par les joueurs plus expérimentés. Avec encore plus d'expérience, tu seras davantage en mesure de juger les caractéristiques appréciées pour un bâton de golf : par exemple, un design particulier, un certain poids ou plusieurs autres attributs. Tu dois jouer pendant un certain temps avant de savoir ce que tu veux. Mais tu dois jouer sur un terrain standard. Un petit terrain de 900 verges est trop limité. Tu sais que c'est avec la pratique qu'on devient bon. »

Les Green écoutent ces suggestions avec attention.

« Et selon toi, combien devrions-nous payer ? demande Bill.

— C'est difficile de donner une somme précise. Je dirais probablement entre 150 $ et 200 $ pour un ensemble de 7 bâtons, mais c'est seulement un chiffre approximatif, répond Paul.

— Et, selon toi, quelles marques devrais-je considérer ? s'enquiert Bill.

— Ah, ça c'est une bonne question, mon cher ami. En ce qui concerne les marques, j'aimerais mieux ne pas me prononcer ; il y en a tellement sur le marché. Tu dois magasiner et voir ce qui est offert, répond Paul.

— Pendant qu'on y est, quelle est la marque de ton ensemble ? demande Bill.

— J'ai un ensemble Spalding et celui de Jackie est un Wilson. Ce sont des bâtons de bonne qualité. Nous avons beaucoup magasiné avant d'acheter nos bâtons et, comme tu peux le voir, nous avons choisi des marques différentes parce que nous avions chacun nos critères d'achat », répond Paul.

Bill se rappelle que l'ensemble de Michael, le beau-frère de sa femme, est aussi de la marque Wilson.

Les quatre joueurs passent une journée agréable sur le terrain de golf. Ils jouent 18 trous. Comme la journée est fraîche, il n'y a pas beaucoup de joueurs sur le terrain ; par conséquent, ils peuvent jouer tout à leur aise. Bill et Mary sentent que cet exercice leur a fait du bien et ils prennent la résolution d'acheter un second ensemble dès que possible afin de jouer sur des terrains de golf standards.

Après cette rencontre avec leurs amis, Bill décide d'apprendre à jouer au golf. Il achète un manuel montrant comment jouer au golf et il trouve dans ce livre un chapitre sur l'équipement avec de l'information sur le sujet. À sa surprise, il s'aperçoit que l'on doit prendre en considération de nombreux facteurs dans l'achat de bâtons de golf, tel que l'a mentionné Paul. En bref, il faut considérer le poids total de l'ensemble, la longueur, la flexibilité et la qualité des bâtons, la prise et la lecture du manche, tout cela par rapport aux caractéristiques du joueur, sa taille, son *swing*, sa position, la hauteur qu'il donne à sa balle, etc.

« Seigneur ! Ce n'est pas un achat facile », se dit-il. Il feuillette également le magazine *Golf* et lit les annonces ainsi que les descriptions techniques qui les accompagnent. Il apprend que les bois ne sont pas toujours faits de bois, mais plutôt de nouveaux matériaux synthétiques tels que le graphite et autres produits ; on trouve diverses combinaisons et le choix est très compliqué.

« C'est vraiment trop technique ! » pense-t-il.

La semaine suivante – on est à la fin de septembre –, Bill consulte les catalogues de Distribution aux consommateurs et de Canadian Tire qu'il a à la maison. Canadian Tire annonce un ensemble Spalding de 11 bâtons, le modèle Executor Plus, à 399,99 $, ainsi que d'autres marques moins chères comme Northwestern, pour laquelle on annonce un ensemble de 7 bâtons à 75,99 $. Distribution aux consommateurs annonce également différents modèles Northwestern à des prix semblables.

Avec cette information, Bill décide, au mois d'octobre, de visiter les rayons du sport des grands magasins. Il hésite à aller dans les boutiques spécialisées parce que ces magasins vendent surtout de l'équipement de haute qualité destiné aux professionnels et qu'il craint que les vendeurs, en voyant sa connaissance limitée du sujet, n'essaient de le persuader d'acheter un ensemble bien trop cher pour son niveau d'habileté.

Il se rend d'abord au magasin Woolco situé tout près de chez lui. Là, il trouve une vaste sélection de marques et de modèles. Il regarde d'abord la marque Wilson. Pour cette marque, il y a un modèle Tournament à 329,99 $, un modèle Blueridge à 399,99 $ et un modèle Turfrider à 329,99 $. Il examine les bâtons et lit l'information qui en est donnée. Bill a confiance en cette marque, mais il la trouve un peu trop chère et, de plus, tous les ensembles comportent 11 bâtons.

Il examine un ensemble de 11 bâtons de McGregor (il a vu cette marque annoncée dans le magazine *Golf*). Le modèle Golden Bear de cette marque est 329 $, mais il trouve que le prix est trop élevé. Il regarde aussi deux ensembles de marque Spalding, un modèle Marquis à 359 $ et un modèle Marquis Gold à 299,99 $, mais de nouveau il les trouve trop chers.

Il s'intéresse ensuite à deux ensembles Northwestern de 7 bâtons : un modèle Murphy à 99,99 $ et un modèle Signature à 79,99 $. Il remarque également un ensemble de 11 bâtons, le modèle Qualifying, de la même marque. Northwestern est cette marque qu'il a vue annoncée dans les catalogues de Distribution aux consommateurs et de Canadian Tire.

Bill prend un bâton de l'ensemble Murphy et, pendant qu'il l'examine, une pensée lui traverse l'esprit : un jour, alors qu'il était au terrain de pratique, il a vu un bâton se briser au moment où le joueur frappait la balle. Cet incident l'avait effrayé et il se dit qu'un bâton bon marché est plus susceptible de se briser. Par conséquent, il écarte l'idée d'acheter un modèle bon marché par peur de se blesser ou de blesser un autre joueur si un bâton venait à se briser.

« De toute façon, pense-t-il pour se rassurer, avec tous les facteurs que je dois considérer, il est peu probable qu'un modèle bon marché me convienne. » Il quitte le magasin, un peu déçu.

Un jour de novembre, il entre dans un magasin Sports-Expert où il voit un ensemble Spalding de 11 bâtons de modèle Centurion Stainless à 499,99 $ et un ensemble Dynatour de 7 bâtons à 149 $. Il examine attentivement ce dernier modèle et est tenté de poser quelques questions aux vendeurs, mais ceux-ci sont alors occupés avec d'autres clients (c'est la période des soldes du début de la saison d'hiver) et il décide de revenir un autre jour, lorsque ce sera plus tranquille.

Bill se rend compte qu'il est très difficile de comparer les prix des ensembles parce que, même si les magasins vendent les mêmes marques, les modèles sont toujours différents. Faisant face à un tel nombre de marques, de modèles et de prix, Bill se sent de moins en moins certain de ce qu'il veut. Il décide alors de rester à l'affût des soldes de fin de saison. Il pourrait peut-être trouver une marque bien connue comme Wilson ou Spalding à un prix moins élevé.

Le temps passe, et un jour de janvier 1993, sa femme remarque, dans la circulaire hebdomadaire de Sears, laquelle est distribuée de porte en porte, des réductions de 25 % sur tous les équipements de sport, y compris les ensembles de golf.

« Je vais y aller aujourd'hui pour être l'un des premiers arrivés ! » s'exclame Bill.

Au rayon du sport chez Sears, Bill regarde l'équipement en vente. Il y a un choix de 6 modèles de marques telles que Spalding, Campbell et Augusta et les prix vont de 125 $ à 549 $ moins 25 %.

Pendant qu'il examine les équipements de golf, un vendeur s'approche. Bill lui explique qu'il est un débutant et qu'il veut acheter un ensemble de 7 bâtons de qualité moyenne dans une fourchette de prix de 125 $ à 200 $. Il lui demande quelle est la différence entre le modèle à 7 bâtons le moins cher, à 125 $, et le modèle Stylist, à 159 $, un ensemble de 7 bâtons de marque Campbell.

Le vendeur décrit les caractéristiques de chaque ensemble. Le modèle de Campbell semble être meilleur que le modèle de Northwestern. Le vendeur dit à Bill qu'il est lui-même un joueur de golf et que, selon lui, l'achat d'un ensemble de bâtons de golf à prix trop bas n'est pas recommandé s'il projette de jouer souvent au golf. Au fur et à mesure qu'il acquerra de l'expérience dans ce sport, il remarquera rapidement la différence entre un bâton de meilleure qualité et de moindre qualité, et il finira probablement par acheter d'autres bâtons plus vite qu'il ne l'avait prévu afin de pouvoir jouer de meilleures parties. Il recommande alors de commencer avec un équipement de meilleure qualité. Le vendeur énumère les diverses caractéristiques des différents bâtons en solde, sans cependant user du jargon technique. Il semble posséder une bonne connaissance de ce sport. Bill lui demande son avis sur le modèle Stylist de Campbell.

« C'est un équipement de bonne qualité et il est en solde parce que nous voulons réduire les inventaires pour faire de la place pour les nouveaux équipements », répond le vendeur.

Bill prend un bâton et essaie un *swing*. Il étudie le poids et la prise du bâton. Le vendeur évalue la longueur des bâtons et lui dit qu'ils semblent être de la bonne taille.

« C'est un bon achat pour un tel prix », déclare le vendeur.

Bill hésite un peu, examine chaque bâton et dit finalement : « O.K. Je vais l'acheter ! »

Le vendeur lui demande s'il a aussi besoin d'un sac de golf parce qu'ils sont également en solde.

« Oui, j'en ai besoin. » Bill compare les cinq modèles offerts et il vérifie l'endroit où ils sont fabriqués. Ils sont tous importés d'Asie.

Le vendeur le conseille : « Pour un débutant, il vaut mieux acheter un sac léger parce que si vous n'utilisez pas de chariot sur le parcours, vous devez pouvoir porter le sac sur votre épaule sans difficulté pendant plusieurs heures. »

Bill décide d'acheter un modèle très léger à 45,99 $ moins 25 %, pour un montant total de 34,50 $.

« Avez-vous aussi besoin de balles de golf ? demande le vendeur.

— Non merci. J'en ai une bonne réserve à la maison parce que j'en perds beaucoup sur le terrain de golf », répond Bill.

Le vendeur nettoie une petite tache sur l'un des bâtons et emballe le tout avec soin.

« Tenez, tout y est, et je vous souhaite beaucoup de plaisir », dit le vendeur.

Un jour de février, il vient à l'esprit de Bill de comparer son nouvel ensemble de golf avec celui de sa femme. Il est très surpris de constater que l'ensemble qu'il vient d'acheter est de la même marque (Campbell), mais d'un modèle différent (Swingdale Deluxe). Il en conclut que les bâtons qu'il vient d'acheter sont aussi de très bonne qualité.

« C'est drôle, je n'ai jamais porté beaucoup d'attention à la marque de cet ensemble de golf ; je croyais qu'elle n'était plus sur le marché. Tout compte fait, je crois que j'ai effectué un bon achat. »

Un mois plus tard, alors qu'il est au magasin Woolco, il décide de jeter un coup d'œil sur les différents ensembles de golf en étalage. Il note que tous les sacs de golf sont fabriqués en Asie et que les prix vont de 35,99 $ à 199,99 $. Il regarde attentivement le sac qui se vend 35,99 $, qui est semblable au sac qu'il a acheté en solde chez Sears pour 34,50 $. Il note que le sac n'a qu'une seule poche, alors que le sien en a trois, et qu'il semble moins solide. Il conclut encore une fois qu'il a fait un bon achat.

Questions

1. Quels besoins Bill essaie-t-il de satisfaire en achetant un ensemble de golf ?

2. Décrivez brièvement l'étape du déclenchement dans le processus décisionnel. Quel a été le rôle des groupes de référence ?

3. Comment Bill a-t-il effectué la recherche et l'évaluation aboutissant à l'achat d'un ensemble de bâtons de golf ?

4. Commentez le choix de la marque pour les bâtons de golf, l'achat d'un sac de golf et le non-achat de balles de golf.

5. Analysez les variables de l'environnement qui ont influencé le comportement d'achat.

6. Évaluez le rôle et le comportement du vendeur aux étapes initiales et à l'étape de la décision finale.

7. Quels sont les principaux événements qui se sont produits au cours du processus d'achat ?

8. Quelles implications marketing découlent du comportement d'achat de Bill pour les fabricants et les détaillants d'équipements de golf ?

C A S   8
Le supermarché Milox*

M. Laframboise, le gérant du supermarché Milox, un grand supermarché situé en banlieue dans un quartier dont environ 10 % de la population est d'origine chinoise, considère la possibilité d'ajouter un rayon de produits asiatiques afin d'attirer davantage cette clientèle. M. Laframboise a remarqué qu'un petit nombre de clients asiatiques fréquentent déjà le supermarché, en dépit de la présence dans le quartier de quelques magasins alimentaires spécialisés en produits asiatiques. Il a donc recueilli les renseignements suivants sur les habitudes de consommation de cette communauté ainsi que sur

*   © 2002, Michel Laroche. Ce cas a été rédigé par Isabelle Miodek, sous la direction de Michel Laroche, Université Concordia.

certaines caractéristiques socioculturelles et démographiques.

La communauté chinoise est en croissance et des débouchés intéressants existent dans le marché de l'alimentation, car, à part la consommation d'aliments chinois traditionnels, grâce aux effets de l'acculturation, les Canadiens chinois, avec le temps, deviennent aussi des consommateurs potentiels pour les produits alimentaires occidentaux.

Comparés à l'ensemble de la population canadienne, les Canadiens chinois sont plus jeunes et possèdent un niveau d'instruction élevé. Ils sont relativement à l'aise au point de vue financier ; par exemple, la majorité d'entre eux sont propriétaires de leur maison et un grand nombre préfèrent payer comptant lorsqu'ils achètent une voiture. Ils constituent donc un groupe ethnique à mobilité sociale ascendante.

Plus des deux tiers des Canadiens d'origine chinoise parlent leur langue maternelle à la maison et préfèrent obtenir de l'information des médias chinois. Les Chinois sont fortement attachés à leur identité ethnique et le faible taux de divorce parmi les couples d'origine chinoise peut refléter, dans un certain sens, l'importance qu'ils accordent à la famille. La vision traditionnelle des tâches ménagères comprend la préparation des repas. La préparation de repas occidentaux est perçue comme plus facile que la préparation de repas chinois, car les méthodes de cuisson à la chinoise exigent plus de temps que les méthodes occidentales. Plus le nombre de convives est grand, plus la nourriture est variée. La nourriture chinoise est surtout consommée en compagnie de Chinois et la nourriture non chinoise, avec des non-Chinois. Les personnes âgées sont dans l'ensemble moins portées à adopter des comportements alimentaires occidentaux ; aux yeux de ces personnes aux conceptions plus traditionnelles, les aliments qui sont trop faciles à préparer, par exemple les repas prêts à servir, peuvent être associés à la paresse, car la préparation des repas est généralement considérée comme une activité importante.

Une bonne part du régime alimentaire chinois est traditionnellement de nature végétale. À la base, on trouve une consommation journalière abondante de produits céréaliers (le riz et les nouilles constituant des denrées de base), de fruits et de légumes, de noix et de légumineuses. Le poisson et les fruits de mer, ainsi que les produits laitiers, sont plus favorisés que les œufs et la volaille. Les autres viandes sont consommées beaucoup moins fréquemment et les huiles végétales sont plus utilisées dans la cuisson que le gras d'origine animale. En général, les Asiatiques consomment moins de sucreries que les Occidentaux, privilégiant les fruits pour le dessert.

Les consommateurs asiatiques accordent beaucoup d'importance au prix et à la fraîcheur des aliments. Ils se rendent dans les magasins d'alimentation plus d'une fois par semaine et ils perçoivent une association étroite entre la fraîcheur et un roulement rapide de la marchandise. En général, ils consacrent une plus grande part de leur budget d'alimentation aux aliments frais plutôt qu'aux produits transformés.

Bien que les Canadiens chinois favorisent les magasins alimentaires spécialisés dans les produits chinois, ils fréquentent aussi les supermarchés. Des études démontrent que les Canadiens chinois préfèrent les marques nationales aux marques maison et qu'ils favorisent les marques prestigieuses. De plus, lorsqu'une marque les satisfait, ils deviennent fidèles à celle-ci. Ils sont sensibles à la publicité, surtout à la télévision et à la radio, mais ils se fient fortement aux recommandations personnelles des amis quant aux décisions sur le choix des produits.

Un sondage exploratoire mené dans la région du supermarché Milox auprès de 120 femmes chinoises mariées a révélé quelques comportements de la famille chinoise concernant certaines tâches ménagères ainsi que quelques caractéristiques démographiques. Les tableaux 1 et 2 présentent les données de ce sondage.

Questions

1. En vous fondant sur les renseignements présentés ci-dessus, quels conseils donneriez-vous à M. Laframboise, le gérant du supermarché Milox, pour l'ajout d'un rayon de produits asiatiques ?

2. Démontrez comment les quatre tâches qu'un mercaticien doit accomplir pour conquérir un marché étranger peuvent aider M. Laframboise dans cette occasion d'affaires.

3. Expliquez le rôle de la famille dans le comportement d'achat des produits alimentaires.

4. Expliquez l'impact de la culture sur le processus décisionnel, notamment en décrivant l'effet que peut avoir l'acculturation sur les achats de produits alimentaires des Canadiens chinois.

Tableau 1	*Rôle des conjoints dans certaines tâches ménagères*		
	La femme plus que le mari* (%)	Les deux (%)	Le mari plus que la femme** (%)
Dans votre ménage qui s'occupe des tâches suivantes ?			
Faire la lessive	70,6	18,5	10,9
Faire l'épicerie	56,3	29,4	14,3
Faire la cuisine	66,4	19,3	14,3
Laver la vaisselle	61,9	26,3	11,8
Faire le ménage dans la maison	67,3	25,2	7,5
Établir le montant à dépenser pour l'épicerie	55,4	26,1	18,5

* Comprend les réponses : « Entièrement moi-même, moi-même la plupart du temps », et « moi-même un peu plus que mon mari. »

** Comprend les réponses : « Entièrement mon mari, mon mari la plupart du temps », et « mon mari un peu plus que moi. »

Tableau 2	*Caractéristiques démographiques*

Éducation	(%)
Études secondaires ou moins	62,7
Études collégiales	11,9
Études universitaires	25,4
Âge	(%)
21 à 30 ans	8,3
31 à 40 ans	42,5
41 à 50 ans	39,2
51 à 60 ans	10,0

▼

Tableau 2	Caractéristiques démographiques (suite)

Emploi	(%)
Travaille à temps plein	44,5
Travaille à temps partiel	11,8
Ne travaille pas	43,7
Taille de la famille	**(%)**
2 personnes	8,5
3 personnes	13,7
4 personnes	41,9
5 personnes ou plus	35,9
Âge moyen du plus jeune enfant à la maison	**10 ans**
Lieu de naissance	**(%)**
Hong-Kong	59,8
Chine	26,5
Taïwan	5,1
Canada	3,4
Autre	5,2
Nombre d'années au Canada	**(%)**
Moins de 10 ans	58,9
10 à 20 ans	25,0
Plus de 20 ans	16,1
Langue dans laquelle la femme se sent le plus à l'aise	**(%)**
Cantonais	57,5
Mandarin	19,6
Anglais	17,0
Français	3,3
Autre	2,6

CAS 9
Julius Schmid du Canada ltée*

Bob Wallace, le directeur du marketing chez Julius Schmid du Canada ltée, songe à repositionner certains produits de la principale gamme de produits de l'entreprise. Julius Schmid est le plus grand producteur de condoms au Canada et, avec l'apparition du sida et le fait que des femmes achètent maintenant des condoms, de nouveaux marchés s'ouvrent à l'entreprise. Nous sommes en mars 1986 et tout changement du marketing-mix doit être entrepris bientôt. Il faudra environ six mois pour implanter un changement sur le marché.

Le marché des condoms

Le premier préservatif est apparu au XVIe siècle lorsque le médecin Gabriel Fallopius a conçu une gaine de toile de lin médicamenteuse dans le but de prévenir les maladies vénériennes. Au cours du XVIIe siècle, le préservatif était aussi employé comme moyen contraceptif. Casanova se servait de préservatifs en tant que moyen de contraception.

La vente des condoms a diminué au Canada au cours des 10 dernières années à un taux annuel de 2 % à 3 %. Mais alors que les ventes en unités diminuaient, le volume des ventes en dollars s'accroissait à un taux annuel de 1 % à 2 % en raison d'une augmentation des prix. En 1986, le marché des condoms est de 15 millions de dollars par année au Canada.

Il y a quatre concurrents principaux sur le marché canadien. Julius Schmid est leader, avec environ 63 % des ventes totales. Bien qu'aucun de ses produits ne soit fabriqué au Canada, l'entreprise y maintient des unités de tests ainsi que de conditionnement. Les condoms sont fabriqués aux États-Unis et en Allemagne. Le deuxième joueur dans l'industrie est Ortho Pharmaceuticals, avec environ 22 % du marché. Ortho est une filiale à part entière de Johnson & Johnson et elle se spécialise dans les produits de contraception. Sa principale gamme de produits est, de loin, la pilule contraceptive. Les condoms d'Ortho sont importés complètement emballés du Brésil où ils sont aussi testés.

Au troisième rang dans cette industrie, avec une part de marché de 7 %, on trouve les condoms Lifestyles, fabriqués et emballés aux États-Unis par Akwel Pharmaceuticals. La quatrième place est occupée par Trojan, avec de 2 % à 3 % du marché. Quelques entreprises se partagent les parts de marché qui restent.

La situation est très différente aux États-Unis où Trojan constitue presque une marque générique pour les condoms. Trojan va chercher 50 % des ventes du marché américain. Schmid Labs (la filiale américaine de Julius Schmid) tient la deuxième place avec environ 33 % du marché. Le marché américain est 10 fois plus grand que le marché canadien.

Les condoms sont utilisés principalement par les hommes célibataires ayant de 18 à 24 ans qui ont des relations sexuelles. Un deuxième groupe d'acheteurs est constitué des hommes mariés, pendant la période d'attente de deux à trois mois entre le moment où leurs femmes arrêtent de prendre la pilule contraceptive et le moment où ils peuvent concevoir un enfant en toute sécurité. On estime que 6,7 % des couples âgés de 15 à 44 ans et ayant des relations sexuelles utilisent des condoms comme moyen de contraception.

Bien que les hommes constituent les principaux utilisateurs du produit, on estime que les femmes achètent entre 40 % et 45 % des condoms. Certains croient que les femmes sont, par tradition, celles qui doivent penser aux méthodes contraceptives dans le couple. L'achat des condoms pour leurs partenaires s'inscrit donc dans la suite logique de cette préoccupation.

---

* © 1987, Marvin Ryder, maître de conférences, marketing et politique générale de l'entreprise, Michæl G. DeGroote School of Business, McMaster University. Reproduit avec permission.

Quelque 70 % des achats de condoms sont effectués pour des raisons de contraception. En tant que moyen de contraception, le condom est en concurrence avec le diaphragme, le stérilet et la pilule. Le condom est la seule méthode de régulation des naissances qu'un homme puisse employer, mis à part l'abstinence ; les autres méthodes sont toutes destinées aux femmes. Dans les autres cas (30 %), l'achat de condoms a pour but la protection contre les maladies transmises sexuellement (MTS). Ces maladies incluent la chlamydia – la MTS qui se propage le plus rapidement en 1986 –, la gonorrhée, l'herpès – une MTS incurable qui se manifeste chez la personne infectée une ou deux fois par année –, la syphilis – la maladie responsable de la mort d'Al Capone –, la vaginite ainsi que le sida.

Julius Schmid

La compagnie Julius Schmid ltée a été fondée dans la ville de New York par Julius Schmid qui en a été le président jusqu'à sa mort en 1939. En 1936, Julius Schmid ltée a déménagé au Canada, à la demande de Drug Trading Company, un des principaux grossistes en produits pharmaceutiques vendus sans ordonnance au Canada. Cette entreprise se préoccupait de la piètre qualité des condoms vendus au Canada à l'époque. Les premiers produits vendus au Canada par Julius Schmid sont les préservatifs Sheik, Ramses, Cadets et Fourex.

En 1965, l'entreprise de Toronto est devenue une filiale à part entière de l'entreprise United Kingdom Company London International Group PLC. La même année, elle commençait à importer des gants de caoutchouc pour la vente au Canada. En 1986, l'entreprise emploie 65 personnes. Les ventes peuvent être réparties par produits de la façon suivante : les condoms (68 %), les gants de caoutchouc destinés aux consommateurs et aux industries (25 %) ainsi que les médicaments vendus sans ordonnance (7 %).

Les ventes de la gamme de condoms de l'entreprise – Ramses, Scheik, Fourex, Supreme, Nuform – sont relativement stagnantes (voir le tableau 1).

Tableau 1 — *Vente de préservatifs de Julius Schmid du Canada ltée*	
Année	**Quantité (boîtes de 144 unités)**
1984	220 000
1985	212 000
1986	222 000 (estimation)

Julius Schmid est unique en ce sens qu'elle constitue la seule entreprise qui fasse la publicité des condoms au Canada. Avec un budget annuel de près de 500 000 $, la publicité est diffusée surtout dans les magazines. La promotion est destinée à un auditoire tant masculin (dans des revues telles que *Cycle Canada* et *Marquee Magazine*) que féminin (dans des magazines tels que *Chatelaine* et *Flare*). Voici deux slogans typiques des campagnes de publicité de Julius Schmid : « De plus en plus de femmes songent sérieusement à changer pour une méthode contraceptive destinée aux hommes » et « Ils disent que l'amour est aveugle. Mais cela n'est pas une raison suffisante pour fermer les yeux devant les dangers des MTS ». Julius Schmid dépense la majeure partie de son budget publicitaire en brochures informatives et en affiches qui sont envoyées à des écoles secondaires, des cliniques médicales et des centres de planification familiale.

La crise du sida

Le sida (syndrome d'immunodéficience acquise) est causé par un virus qui attaque le système immunitaire du corps, menant à la disparition des réactions de défense de l'organisme, ce qui se traduit par une grande vulnérabilité à diverses infections et à certaines formes de cancers. Le virus responsable du sida, le VIH (virus de l'immunodéficience humaine), se retrouve dans le sang, le sperme ou les fluides vaginaux de la personne infectée et est transmis lorsqu'une de ces substances entre dans le sang d'une autre personne. On a isolé le virus dans les larmes et la salive de certaines personnes infectées, mais on ne connaît pas de cas de personnes ayant transmis la maladie par ces liquides corporels.

L'infection par le VIH n'entraîne pas toujours le sida. Cependant, bien que certaines personnes séropositives semblent demeurer en bonne santé pendant plusieurs années, on ne sait pas combien de personnes développeront la maladie, pour certaines fatale, dans les années à venir. En 1986, la U.S. National Academy of Science estime qu'entre 25 % et 50 % des personnes séropositives développeront un jour le sida. Le Centre for Disease Control situé à Atlanta, en Georgie, estime qu'entre 10 % et 30 % des séropositifs entreront dans les étapes finales du sida au cours des 5 à 10 prochaines années.

L'hypothèse la plus populaire quant à l'origine du sida est que la maladie proviendrait d'Afrique, où elle aurait été transmise, croit-on, à l'homme par le singe. En 1960, le Zaïre déclarait son indépendance et lançait un vaste programme de reconstruction et de restructuration avec l'aide des Nations unies. L'ONU a alors offert des contrats d'une durée variant entre trois ans et six ans à des professionnels francophones, dont des enseignants et des techniciens originaires de nations telles que la France, la Belgique et Haïti. On croit que certaines de ces personnes sont retournées dans leurs pays en ramenant le VIH avec elles.

Les premiers cas de sida documentés sont apparus au milieu des années 1970 en Afrique centrale. Aux États-Unis, on a diagnostiqué et enregistré le premier cas en 1981, bien que l'on puisse penser que d'autres cas se sont manifestés dès 1979. Au Canada, on a diagnostiqué le premier cas de sida en 1982.

Le sida a vite pris la forme d'une épidémie touchant le monde entier. L'Organisation mondiale de la santé (OMS) estime, et c'est là une évaluation minimale, qu'il y a au moins 100 000 cas de sida dans le monde et que de 5 à 10 millions d'individus sont séropositifs. Au Canada, on estime que 50 000 individus sont séropositifs ; le sida a été diagnostiqué chez 966 individus dont 496 sont déjà morts.

(Voir le tableau 2 pour une comparaison, par pays, du nombre de personnes atteintes du sida.)

En théorie, n'importe qui peut être infecté par le VIH – cela dépend de son propre comportement. Les hommes homosexuels et bisexuels qui ont des relations anales sans prendre de précautions sont des sujets à risque et représentent le taux le plus élevé de cas de personnes séropositives. Au Canada, ce groupe représente 82 % de tous les cas de sida signalés, alors qu'aux États-Unis, ce groupe représente 66 % des cas signalés.

Les usagers de drogues par intraveineuse qui partagent des aiguilles ou des seringues contaminées constituent le second groupe, représentant 17 % des cas aux États-Unis. Cependant, ce groupe ne représente que 0,4 % des personnes atteintes du sida au Canada. On attribue ce taux inférieur à une consommation des drogues moindre au Canada ainsi qu'à la possibilité de se procurer des aiguilles et des seringues propres dans la plupart des pharmacies. Les autres groupes à risque comprennent : les individus qui ont des relations sexuelles avec une personne infectée, les individus à qui on a transfusé du sang ou des produits dérivés infectés, cela avant que ne débutent les procédures de filtrage de la Croix-Rouge en novembre 1985, et les enfants à naître dont la mère est séropositive.

Tableau 2	*Nombre de personnes*

atteintes du sida, par pays

Pays	Nombre de personnes atteintes
États-Unis	33 482
France	1 253
Brésil	1 012
Canada	966
Allemagne de l'Ouest	875
Haïti	785
Ouganda	766

▼

Tableau 2	Nombre de personnes
atteintes du sida, par pays (suite)	

Pays	Nombre de personnes atteintes
Zambie	750
Tanzanie	699
Royaume-Uni	686
Italie	460
Australie	407
Mexique	249
Pays-Bas	218
République dominicaine	137
Suède	93
Grèce	35
Chine	2
Russie	1

Pour réduire les risques d'infection et de propagation, le chirurgien général des États-Unis, le Dr Everett Coop, a recommandé l'abstinence sexuelle. Étant donné que cette solution est peu réaliste, on laisse plutôt entendre qu'il est préférable d'avoir une relation mutuellement monogame avec une personne qui n'a pas été infectée par le virus. Comme de nombreuses personnes ne s'engagent pas dans des relations mutuellement monogames, on recommande l'utilisation correcte de condoms comme moyen de diminuer le risque d'être infecté par le virus.

Des chercheurs ont prouvé, par des tests effectués en laboratoire, que le port d'un condom peut arrêter le VIH. Le virus est incapable de pénétrer les préservatifs en latex de caoutchouc, à moins que le préservatif n'ait une fissure. Indépendamment des précautions que l'on prend, on conseille à toute personne sexuellement active ayant des partenaires multiples d'adopter des pratiques sécuritaires au cours des relations sexuelles. On considère que le port du condom est sécuritaire à 95 %.

La décision

Bob Wallace se demande quoi faire. L'entreprise pourrait repositionner certains de ses condoms en s'adressant directement aux personnes à risque au chapitre du sida. On aurait alors besoin de noms différents, d'emballages différents, de publicités différentes et même de réseaux de distribution différents. Bien que cette approche ait du sens, Julius Schmid ne veut pas avoir l'air de « profiter » de l'épidémie du sida. De plus, l'entreprise ne veut pas soulever la controverse. On pourrait croire que la mise en marché d'un condom conçu spécialement pour la communauté gaie constitue une approbation des comportements homosexuels, et cette position pourrait susciter une réaction chez les acheteurs hétérosexuels. Un autre point à considérer est la communauté homosexuelle elle-même. Plusieurs de ses membres ne veulent pas être identifiés – prendraient-ils le risque d'acheter un produit spécialement conçu pour les gais et s'identifier comme tel auprès de la personne à la caisse ou d'autres personnes dans le magasin ?

De la même façon, l'entreprise pourrait concevoir des préservatifs spécialement destinés aux acheteurs féminins. Certains experts de l'industrie croient qu'il s'agit du plus grand segment de marché étant donné que 55 % des hommes qui en achètent comprennent tant les homosexuels que les hétérosexuels. À nouveau, il faudrait concevoir des noms, des emballages, des publicités et des réseaux de distribution différents.

Bob a entendu dire que les achats de condoms aux États-Unis ont déjà commencé à augmenter. Le Canada a habituellement un an de retard par rapport aux tendances américaines. Les experts de l'industrie prévoient un taux de croissance de 20 % à 30 % des ventes en unités pour les prochaines années. Tout en révisant les données sur la population (voir le tableau 3), Bob essaie d'élaborer un plan d'action. Étant donné qu'une si grande part du chiffre d'affaires de Julius Schmid dépend du marché des condoms, les décisions qu'il va prendre auront de fortes répercussions sur l'avenir de l'entreprise.

Question

Comment l'entreprise Julius Schmid devrait-elle réagir face à l'épidémie du sida et à l'augmentation du nombre de femmes achetant des condoms ?

Tableau 3	*Certaines statistiques sur la population canadienne*	
Groupe d'âge	**Nombre de femmes célibataires**	**Nombre d'hommes célibataires**
15-19	1 057 505	1 163 365
20-24	597 830	844 545

CAS 10
La brasserie Amstel du Canada ltée*

Peter Dadzis, directeur du marketing pour la brasserie Amstel du Canada ltée, examine une série d'étiquettes et de maquettes de bouteilles. Nous sommes en octobre 1987 et Amstel, une brasserie située à Hamilton, en Ontario, travaille au lancement d'une nouvelle bière destinée au grand public pour le marché de l'Ontario. Après avoir choisi un nom, Laker, l'entreprise croit que l'étiquette et la forme de la bouteille doivent aussi véhiculer l'image appropriée. Il a fallu plus de sept mois pour trouver le bon nom, la création des maquettes a pris deux mois de plus. Il ne reste plus que huit mois avant le lancement de la nouvelle bière, et il est crucial que l'on fasse le bon choix.

Les antécédents de l'entreprise

Résultat de pourparlers entre les deux plus importants producteurs de bière de la Hollande (et deux des plus vieux producteurs au monde), Heineken et Amstel ont uni leurs forces en 1968 pour former ce qui est devenu la troisième brasserie en importance au monde. Cette fusion était importante pour les buveurs de bière, étant donné qu'elle permettrait à deux des brasseries les meilleures et les plus expérimentées de travailler ensemble, partageant des secrets bien gardés et l'expertise accumulée pendant plusieurs générations.

Amstel a commencé à brasser de la bière au Canada en 1981. En 1987, plus de 100 personnes brassent, embouteillent et font le marketing de la bière Amstel en Ontario. Il s'agit d'une brasserie régionale qui dessert le marché de l'Ontario et qui exporte de la bière aux États-Unis. En 1981, la brasserie a vendu trois millions de litres (neuf millions de bouteilles) aux buveurs de bière ontariens. En 1987, la consommation est six fois plus grande (voir le tableau 1, p. 490). Peter Dadzis explique ainsi cette tendance : « Nous avons apporté aux buveurs ontariens un changement rafraîchissant. En nous basant sur les stratégies du marketing moderne, nous avons informé les gens que nos bières ne sont pas les mêmes vieilles bières. »

La gamme de produits de l'entreprise comprend huit marques différentes. Sept marques sont brassées au Canada alors que la huitième, Heineken, est importée d'Europe. Chaque bière se distingue des

---

* © 1988, Marvin Ryder, maître de conférences, marketing et politique générale de l'entreprise, Michael G. DeGroote School of Business, McMaster University. Reproduit avec permission.

Tableau 1	*Volume des ventes annuelles des produits Amstel (en millions de litres)*

Année	Volume
1981	3,0
1982	5,0
1983	5,0
1984	8,5
1985	14,0
1986	16,0
1987	19,5

autres et est unique. Les huit produits de la gamme d'Amstel sont les suivants :

1. *Grizzly*. Une *lager* douce, distinctive, de style canadien, qui a du corps, une saveur robuste et dont l'étiquette a une empreinte spéciale. À l'origine, la Grizzly a été conçue pour le marché américain (et, au cours de la première année, on a livré plus de un million de caisses de l'autre côté de la frontière), mais elle est aussi devenue populaire dans les réceptions ou rencontres sociales en Ontario. Son slogan est : « *Paw yourself a smooth one.* »

2. *Peroni*. La bière préférée d'Italie est brassée en Ontario pour répondre aux mêmes normes que celles de la plus vieille et de la plus importante brasserie d'Italie. C'est une bière au goût méditerranéen, douce et dotée d'une saveur qui la distingue, tout en étant légère pour le palais. Comme on le dit dans les publicités en langue italienne : « *Birra Peroni, la birra per noi.* »

3. *Heineken*. Brassée et embouteillée en Hollande d'où elle est importée, la Heineken est perçue comme la bière ultime qu'un buveur de bière puisse boire. Elle est préparée avec des ingrédients uniques à la Heineken, selon une méthode de brassage sophistiquée, perfectionnée par plusieurs générations de maîtres brasseurs

et suivant un processus de fermentation plus long. La saveur distinctive et le caractère de la Heineken en ont fait la bière la plus populaire et la plus exportée au monde. En vente dans plus de 150 pays, la Heineken est aussi la plus importante bière importée au Canada.

4. *Meister Pils*. Traduite comme « Maître Pilsner », cette *pilsner* premium allemande est brassée de la même façon qu'il y a plusieurs centaines d'années, près de Munich. Ce qui la rend spéciale est le fait qu'elle est brassée en petite quantité selon la tradition *pilsner* classique et qu'on la soumet à un processus de vieillissement plus long que la coutume. Elle est annoncée avec le slogan suivant : « *You can get your hands around a Meister Pils.* »

5. *Henninger Export*. La bière allemande a la réputation de promouvoir la *Gemütlichkeit* ou, en français, la « joie et le bonheur ». La Henninger Export est brassée selon les mêmes normes d'excellence que celles qui ont rendu la bière allemande fameuse pour son caractère spécial. Elle est d'une couleur plus foncée et sa saveur est plus robuste. Son slogan est : « *If you've got the taste for German beer, you've got the taste for Henninger.* »

6. *Amstel*. Ce produit de qualité premium à prix courant est la figure de proue et la bière la plus populaire de la gamme. L'emploi de méthodes de brassage européennes ainsi qu'une souche de levure Amstel pure et de houblon Amstel donnent à cette bière une pleine saveur unique, avec un goût doux et piquant. Comme le dit la publicité, elle n'est « *definitely not your same old beer* ».

7. *Amstel Light*. Une bière légère avec toute la saveur et le caractère d'une grande bière. Brassée spécialement pour être une bière légère, Amstel Light contient seulement 3,5 % d'alcool et seulement 91 calories par bouteille ; or elle maintient quand même la pleine saveur unique de la famille des bières Amstel.

8. *Steeler*. Pour célébrer la fierté exceptionnelle de la ville d'Hamilton, Amstel a décidé de donner à la ville sa propre bière. Le résultat est la Steeler, brassée pour ceux qui apprécient le goût plus doux d'une *lager* canadienne, mais avec l'attention particulière que porte Amstel à la consistance et à la qualité. Faite de houblons spéciaux provenant de la Colombie-Britannique, la Steeler possède l'arôme distinctif du houblon, mais un corps doux et léger et un arrière-goût éphémère. Cette bière est offerte seulement dans la grande région d'Hamilton et elle est annoncée avec le slogan : « *Steeler. A great taste you can call your own.* »

En janvier 1987, un comité de quatre personnes, dont Peter Dadzis, a commencé à réfléchir à la création d'une nouvelle bière. Il n'est pas facile de mettre au point une nouvelle bière à partir du début. Les dirigeants de l'entreprise ont estimé que cela prendrait 17 mois et que les coûts de développement dépasseraient 250 000 $. Amstel cherche à produire une bière qui pourra concurrencer les principales marques canadiennes : la Labatt Bleue, la Miller de Carling ou les bières Canadian, Export et Golden de Molson. La majeure partie de la part de marché de 2,4 % que détient Amstel repose sur des bières de style européen, certaines d'entre elles desservant de petites niches sur le marché. Amstel a toujours eu pour objectif d'augmenter sa part de marché. Elle manque une occasion d'affaires en n'ayant pas une bière destinée à un marché plus large.

En matière de bière, les Canadiens apprécient surtout la douceur et un goût sucré. Par un processus d'essais et d'erreurs pendant lequel on a brassé 20 cuvées spéciales de bière, le personnel de la brasserie a finalement réussi à concevoir une formule gagnante. Le comité a donc ensuite tourné son attention vers la détermination du marché cible et le choix d'un nom de marque.

Aucune bière canadienne originale destinée au marché de masse n'a été conçue au cours des 20 dernières années. Comme on s'en doute, on a vu apparaître des versions de bière américaine adaptées au marché canadien (Miller, Coors et Budweiser) et même une bière australienne (Foster). Mais cela a seulement eu pour résultat d'affaiblir les préférences de marque. La recherche commerciale laisse entendre que les gens choisissent entre six ou sept marques populaires si leur marque de bière préférée manque.

Le comité espère que les buveurs de bière de l'Ontario adopteront une bière brassée juste pour eux, de la même façon que les habitants d'Hamilton ont adopté leur propre bière, la Steeler, lorsqu'on l'a introduite sur le marché en 1986. Alors que Steeler, par son nom même, projette l'image de travailleurs cols bleus, le comité veut que la nouvelle bière attire les buveurs urbains plus raffinés des deux sexes. Après tout, plus de femmes boivent de la bière dans les années 1980.

Le comité a dressé une liste de qualificatifs pour la nouvelle bière, dont les suivants :

- froide
- amicale
- veloutée
- propre
- simple
- rafraîchissante
- piquante
- relaxante
- claire
- véritable
- facile à boire
- légère
- douce
- pure

Tous ces qualificatifs doivent pouvoir s'appliquer à l'image que l'on veut projeter pour la bière, et cette image repose sur le nom de la marque.

Le choix du nom de la marque

Le comité a commencé par une séance de remue-méninges pendant laquelle on a enregistré autant de noms qu'il en venait à l'esprit. Sans porter de jugement, les membres ont proposé 450 noms qui couvraient 15 pages dactylographiées. Ils recherchaient un nom « malléable ». En d'autres mots, le nom devait être aussi neutre que possible de sorte que l'on puisse y greffer l'image d'un style de vie. Le comité voulait un nom qui soit facile à prononcer la première fois, facile à mémoriser, un nom qu'un consommateur se rendant dans un magasin Brewer's Retail par un chaud vendredi soir pouvait prononcer sans se sentir ridicule. Mais le nom et l'image ne devaient pas, non plus, être « machos » au point de rebuter les femmes.

La liste finale comportait neuf noms : Whitts, York, Hearland, Laker, Griffs, Hart, Cabbington, Simcoe et Fox. Au cours d'une rencontre du comité à la fin d'août 1987, la liste de noms de marques fut réduite à deux : Hart et Laker. On a ensuite testé ces noms au moyen de groupes de discussion et d'enquêtes auprès des consommateurs effectuées dans les centres commerciaux. Les deux noms étaient associés à la bonne connotation. Cependant, les décisions quant aux noms de marques relèvent aussi de circonstances extérieures. En septembre 1987, un candidat aux élections présidentielles américaines, Gary Hart, un homme marié, a été impliqué dans un scandale sexuel avec la célibataire Donna Rice. Hart a donc été immédiatement éliminé de la course (tout comme l'a d'ailleurs été le candidat Hart).

Cela ne veut pas dire que Laker ait obtenu tout de suite la position de gagnant. Le nom évoquait des images de scènes d'été idylliques où les vieux bateaux des lacs transportaient les gens de l'autre côté de l'eau. Le nom faisait aussi penser aux nombreux lacs de la province, et cela satisfaisait une autre ligne de conduite du comité, que le nom capture l'« esprit de l'Ontario ». Un nom de marque tel que Laker pourrait ne pas bien se vendre en Saskatchewan, mais là n'était pas l'objectif.

Laker était facile à prononcer, facile à reconnaître et facile à mémoriser. Il plaisait tant aux femmes qu'aux hommes et était populaire sans trop être associé à une bière premium ou à la classe des travailleurs.

Les décisions quant à la bouteille et à l'étiquette

Le comité voulait une bouteille et une étiquette que l'on retient facilement. Elles devaient plaire à un large éventail de personnes sans être assimilées aux cols bleus. Bien qu'elles doivent plaire à des buveurs urbains raffinés, elles ne devraient pas être perçues comme snobs ou de qualité premium. Finalement,

elles ne devraient pas être « machos » au point d'aliéner les femmes.

Une agence de publicité a donc créé 25 étiquettes et maquettes de bouteilles. Les quatre qui se sont rendues en finale sont décrites ci-dessous (voir la figure 1).

1. **Projet A**. L'étiquette est faite d'aluminium doré et montre l'image impressionniste d'un lac avec un oiseau au centre. L'imprimé apparaît en noir et comporte un peu d'argent pour mettre en relief le doré. Le col est enveloppé d'aluminium où figure une feuille d'érable rouge. La capsule serait aussi dans des tons dorés.

2. **Projet B**. L'étiquette montre le dessin d'un petit bateau sur un lac en blanc et doré, entouré d'un lac bleu symbolique. Le nom Laker apparaît en noir, entouré d'or dans un cercle blanc. Les feuilles d'érable sont rouges. Le col est enveloppé de papier aluminium rayé de couleurs argent, or et bleu, où est repris en plus petit le logo de l'étiquette. La capsule serait aussi dans des tons argentés.

3. **Projet C**. L'étiquette, essentiellement argentée, porte le nom Laker écrit en noir ; en dessous, *lager* en rouge, avec des lignes bleues et grises. L'enveloppe du col est lignée dans les couleurs gris, argent et bleu et ornée de feuilles d'érable rouges. Les noms Laker et *lager* y apparaissent en rouge et l'on trouve un petit dessin impressionniste d'un lac avec un oiseau au centre. La capsule est dans des tons argentés.

4. **Projet D**. L'étiquette met en relief le nom en noir sur un fond blanc. La petite silhouette d'un bateau apparaît en or sur un fond bleu. La bordure de l'étiquette ainsi que l'enveloppe du col sont en tons dorés. Une feuille d'érable rouge entourée d'un cercle bleu dans lesquels apparaissent les noms Laker et *lager*, en blanc, complètent le tout. La capsule serait dans des tons dorés.

| Figure 1 | *Les quatre projets d'étiquettes proposés* |

La décision

Peter a essayé de faire coïncider les différents projets d'étiquettes avec les critères spécifiés par le comité. Cela est difficile à réaliser, tout autant que cela l'avait été de trouver le bon nom. Si l'on ne choisit pas le projet suffisamment rapidement, on manquera de temps pour imprimer les étiquettes avant la date de lancement de la bière. De surcroît, il est crucial que la bière soit lancée pendant l'été.

Question

Analysez le processus décisionnel qui a mené au choix du nom Laker. Les membres du comité ont-ils pris la bonne décision et que devraient-ils faire maintenant ?

C A S   1 1

L'Association canadienne des éleveurs de bétail*

Caroline McDonnell se prépare pour la rencontre de l'automne de l'Association canadienne des éleveurs de bétail. Elle sait que l'on s'attend à ce qu'elle y présente ses recommandations sur la façon de renverser le déclin de la consommation de bœuf observé au cours des dernières années.

Les producteurs veulent connaître la meilleure stratégie de marketing pour avantager l'industrie canadienne du bœuf. Mme McDonnell croit que la publicité constitue au moins une partie de la solution face à la diminution de la demande de bœuf ; cependant, certains producteurs sont sceptiques.

L'une de ses responsabilités est de convaincre les producteurs qu'il est nécessaire de donner leur appui financier pour lancer une campagne de publicité qui permettra à l'Association d'atteindre ses objectifs.

Le marché pour les produits du bœuf

Au cours de la dernière décennie, l'Association canadienne des éleveurs de bétail (ACEB) et le Centre d'information sur le bœuf (CIB) ont fait l'objet de pressions de la part des producteurs et des

---

* © 1985 (révision 1992). Ce cas a été adapté en 1992 par Michel Laroche à partir d'un cas préparé par Thomas Funk et Peter Evans, de l'Université de Guelph.

organisations de producteurs pour concevoir une campagne de publicité à haut profil pour le bœuf semblable aux campagnes réalisées pour le lait, la volaille et le porc. Déjà, convaincus qu'une campagne de publicité constituait la réponse à leurs problèmes, les membres de la Commission du bétail de l'Alberta et ceux de l'Association des éleveurs de bétail de l'Ontario avaient lancé leurs propres campagnes à la télévision et dans les journaux. Or Caroline McDonnell croit que ces organisations de producteurs n'ont pas approché le problème de la bonne façon. Comme on ne sait pas grand-chose sur l'efficacité d'une publicité pour le bœuf, elle pense qu'ils gaspillent peut-être leur budget de publicité.

Deux années auparavant, l'ACEB et le CIB avaient commandité une étude dans le but d'évaluer les avantages d'une importante campagne de publicité par l'industrie du bœuf. Il en était ressorti seulement deux grands arguments en sa faveur. Le premier argument était que, pour le bœuf, comme pour d'autres produits semblables, la promotion semblait être efficace. On avait étudié les campagnes de publicité de la Commission du bétail de l'Alberta, de l'Association des éleveurs de bétail de l'Ontario, du Marketing Board des producteurs de porc de plusieurs provinces, du Marketing Board des producteurs de dinde de l'Ontario, du Marketing Board des producteurs de poulet de l'Ontario, du Marketing Board des producteurs d'œufs de l'Ontario et du Marketing Board du lait de l'Ontario. Des représentants de ces organisations s'étaient montrés convaincus que leur campagne de publicité avait atteint les objectifs, du moins en partie. Cependant, aucune de ces campagnes n'avait été correctement évaluée par un organisme de recherche externe approprié.

Les autres campagnes étudiées incluaient un test de l'efficacité de la publicité télévisée effectué par le Beef Industry Council des États-Unis. Le test indiquait une certaine efficacité positive, en ce sens que la consommation de bœuf avait, dans les villes soumises à la publicité, diminué de moitié moins que la diminution enregistrée dans les villes n'ayant pas bénéficié de la publicité. Au cours du test, la consommation nationale de bœuf était en décroissance. En

plus de ces preuves, une étude britannique avait montré une amélioration des attitudes des consommateurs et peut-être aussi une augmentation des ventes de bœuf dans les endroits où l'on avait fait une campagne de publicité. Cependant, ces améliorations semblaient être de courte durée. Quelques mois après l'interruption du programme de publicité, une enquête auprès des consommateurs avait indiqué que les attitudes des individus ayant été soumis à la publicité étaient les mêmes que celles des autres individus.

Le second argument en faveur d'une campagne à grande échelle dérivait de la proposition que la publicité peut faire naître une image positive du produit. Il peut être possible, au moyen de la publicité, de créer et de maintenir une image favorable du bœuf. La meilleure image que l'on puisse projeter est une image qui relancerait la demande des consommateurs pour le bœuf.

L'étude avait aussi dégagé cinq arguments contre l'efficacité de la publicité :

1. La preuve que la promotion est probablement efficace est fondée sur une évaluation superficielle des programmes de publicité et n'est pas très convaincante. Bien que plusieurs Marketing Boards soutiennent que leur campagne de publicité constitue un moyen efficace de renforcer la demande des consommateurs pour leur produit, on n'a pas fait d'étude de la demande avant, pendant et après la campagne pour déterminer s'il y a eu ou non un changement.

2. La consommation est élevée et la demande pour le bœuf devrait demeurer élevée sans promotion. La consommation de bœuf a toujours été limitée par l'offre, ce qui fait que la promotion ne contribuerait pas à faire vendre plus de bœuf, indépendamment de son efficacité.

3. Un programme de promotion satisfaisant requerrait un investissement considérable associé à un risque de bonne taille pendant une période étendue. Étant donné que les producteurs financeront la campagne au moyen de contributions

volontaires, ils voudront recevoir certaines informations sur l'efficacité de la publicité avant de continuer leurs efforts.

4. Même si la promotion réussissait à stimuler la demande pour le bœuf, les profits des producteurs pourraient ne pas augmenter en conséquence. Toute augmentation de la demande serait satisfaite par une importation de bœuf. Si le Canada imposait de nouvelles barrières restrictives relatives à l'importation du bœuf, les États-Unis répondraient probablement de la même façon pour ce qui est des exportations de bœuf canadien. Il était habituellement avantageux pour les producteurs canadiens d'avoir des politiques de commerce non restrictives, surtout avec les États-Unis. Il est peu probable que l'industrie canadienne du bœuf serait avantagée si l'on suscitait une augmentation de la demande pour le bœuf, mais sans avoir accès au marché américain.

5. Le commerce de détail et le commerce institutionnel (hôtels, restaurants et institutions diverses) sont ceux qui vendent directement au consommateur. Ces industries profiteraient des promotions financées par les producteurs de bœuf simplement en augmentant leurs marges bénéficiaires sur le bœuf.

Plusieurs membres de l'industrie ne voient pas les arguments contre la publicité comme constituant de véritables problèmes. Certains soutiennent que la demande pour le bœuf ne pourrait pas demeurer forte sans une poussée promotionnelle quelconque. Pour ce qui est du coût de la publicité, on estime qu'une campagne de 3 millions de dollars pourrait être financée par une petite augmentation de 0,04 $ du prix moyen d'un kilo de bœuf. La probabilité qu'une campagne canadienne renforce la demande pour le bœuf des producteurs étrangers est faible. Le Conseil de l'industrie du bœuf annonce le bœuf sur le plan national aux États-Unis. Si les producteurs canadiens en venaient à annoncer, la consommation et les prix dans les deux pays s'amélioreraient ensemble. D'un autre côté, une campagne canadienne pourrait

réussir à établir et à exploiter une préférence pour le bœuf canadien. Après avoir pesé les pour et les contre de la publicité, l'étude a conclu que les arguments en faveur d'une campagne nationale surpassent les arguments contre celle-ci. L'argument décisif est que l'industrie pourrait contrôler l'image que se font les consommateurs du bœuf.

Les résultats de cette étude préliminaire ont convaincu les membres de l'ACEB qu'il fallait faire une étude des attitudes du consommateur avant d'élaborer une stratégie promotionnelle quelconque. On a donc pris contact avec Cheryl Clark de l'agence Actionable Market Research Limited pour découvrir ce que pensent les consommateurs du bœuf et ce qu'ils ressentent à l'égard de ce produit.

Les objectifs spécifiques de l'étude sont de relever :

- les perceptions actuelles à l'égard du bœuf comparativement aux autres sources de protéines ;
- les modes d'utilisation du bœuf ;
- la fréquence de consommation du bœuf à la maison et en dehors de la maison ;
- les connaissances et les attitudes des consommateurs à l'égard des recettes et leurs sources d'information ;
- la relation qui peut exister entre le prix du bœuf et une augmentation du revenu.

Les perceptions des consommateurs relativement au bœuf

La recherche a permis de mettre au jour plusieurs attitudes positives à l'égard du bœuf. On l'évalue comme supérieur aux produits concurrents pour ce qui est du goût, de la versatilité, de la commodité globale et de l'utilité pour les grillades sur charbon de bois. Son point faible est son prix élevé comparativement aux autres viandes. Le bœuf arrive troisième sur quatre au chapitre de la satisfaction par rapport au prix. Le bœuf obtient également, sur le plan de la valeur nutritive, un piètre classement pour ce qui est du nombre de calories (perçu comme trop élevé) et de la teneur en gras (considérée comme forte). Certaines coupes de bœuf sont aussi considérées comme peu commodes à préparer.

Les perceptions quant au bœuf varient avec le niveau de consommation et avec l'aisance financière du consommateur. Au fur et à mesure qu'augmente le taux de consommation, la perception des attributs suivants devient positive : la commodité, le goût, la versatilité, un bon rapport qualité-prix et la dimension aliment santé ; à une augmentation du taux de consommation correspond également une diminution perçue de la teneur en gras et du prix. Les individus qui consomment du bœuf en quantité moyenne trouvent que le bœuf est surtout utile pour la cuisson sur charbon de bois, alors que ceux qui consomment peu de bœuf le perçoivent comme un aliment gras. À une augmentation de l'aisance financière correspond la perception qu'il s'agit d'un produit plus cher, que le rapport qualité-prix est moins bon et que sa capacité à favoriser une bonne santé est moindre. Le niveau d'aisance du consommateur est aussi relié à la perception qu'il s'agit d'un produit approprié pour la cuisson sur le charbon de bois.

Globalement, l'image du bœuf est moins bonne que celle du poulet ; elle est équivalente à celle du poisson tout en étant meilleure que celle du porc. C'est au Québec et dans les provinces de l'Ouest que l'on observe la meilleure image et la plus grande consommation de bœuf et où l'on trouve également la plus grande proportion de grands consommateurs de bœuf. Dans les Maritimes et en Ontario, le bœuf se vend moins bien à la suite d'une intense concurrence de la part du marché du porc et, dans une moindre mesure, du poulet.

À l'intérieur de la catégorie du bœuf, des coupes différentes sont associées à des images différentes. Le rôti de bœuf a de loin la meilleure image, alors que le bœuf à bouillir et les cubes de bœuf ont de moins bonnes images. D'un autre côté, le bœuf haché est perçu presque comme un produit différent en soi. Les grands consommateurs de bœuf ont une image plus positive de toutes les coupes comparativement aux consommateurs moyens et faibles. Ils sont moins portés à exprimer le désir de manger plus de coupes de premier choix et moins de coupes à bon marché. Les consommateurs moyens ont plus tendance à admettre qu'ils aimeraient manger des coupes de premier choix plus souvent et des coupes à bon marché moins souvent.

L'utilisation du produit

Le déclin de la consommation de bœuf est un phénomène d'ampleur nationale. La fréquence de consommation du bœuf comme plat principal a diminué d'une manière plus marquée que ne l'a fait la taille des portions servies. L'utilisation des coupes les plus chères a diminué plus rapidement que l'utilisation de coupes meilleur marché. En général, les consommateurs innovent peu pour ce qui est de la préparation du bœuf. Les raisons les plus mentionnées pour le refus d'innover sont la peur de gaspiller de l'argent, l'apathie et des contraintes de temps.

On a identifié trois grandes catégories de consommateurs de bœuf : grands, moyens et faibles. Les grands et les moyens consommateurs sont plus portés à choisir le bœuf en tant que la meilleure viande pour ce qui est du goût, de la versatilité et de la commodité. Ces acheteurs désignent le goût comme l'attribut le plus important à leurs yeux. Les faibles consommateurs ont plus tendance à désigner le poulet ou le poisson comme le meilleur aliment en ce qui a trait à cet attribut. En fait, la différenciation entre les consommateurs moyens et faibles s'est faite entièrement en se basant sur leurs images respectives du bœuf comparativement aux autres viandes. Ces deux groupes de consommateurs se ressemblent en ce qui touche tous les autres aspects tels que les caractéristiques démographiques (le revenu, l'âge, l'éducation, etc.), les antécédents familiaux et les coupes de bœuf les plus souvent achetées.

On peut distinguer les grands et les moyens consommateurs de bœuf d'après leurs caractéristiques démographiques, psychographiques et les coupes de bœuf achetées. Les grands consommateurs sont plus susceptibles d'avoir un dirigeant d'entreprise comme chef de famille, d'avoir des goûts relativement plus raffinés, d'avoir un revenu plus élevé et d'acheter des coupes plus chères. Tant les grands consommateurs que les moyens manifestent une attitude positive à l'endroit des avantages du bœuf. La différence des revenus semble être le principal facteur pouvant expliquer un niveau de consommation différent entre les deux groupes.

La consommation à la maison et à l'extérieur de la maison

On sert une forme quelconque de bœuf dans à peu près la moitié de tous les repas servis à la maison. Le bœuf sert à préparer un dîner sur trois à la maison (consommés surtout par des femmes et des enfants). Près de 40 % des dîners sont mangés à la cafétéria ou sont constitués d'aliments préparés à la maison et mis dans une boîte à lunch. On mange plus souvent du bœuf à la cafétéria que dans son lunch. Dans les restaurants à service rapide, lesquels servent un peu plus de la moitié des repas pris en dehors de la maison, le bœuf est au menu presque trois fois sur quatre. Le bœuf est également au menu dans un repas sur deux consommé dans des restaurants familiaux ou plus chics. Ces restaurants comptent, respectivement, pour un repas sur trois et un repas sur six pris à l'extérieur de la maison.

L'information

La plupart des femmes ont exprimé un fort désir de recevoir de l'information sur le bœuf. Elles veulent savoir comment devenir meilleures juges de la qualité et comment économiser davantage sur le produit. Les médias préférés pour obtenir plus d'information sont, de loin, les circulaires et les brochures. On a aussi découvert que peu de gens connaissaient l'existence du Centre d'information sur le bœuf.

Les augmentations du prix du bœuf et du revenu

On croit généralement que le prix du bœuf a augmenté plus que les revenus au cours des dernières années. Les raisons les plus souvent citées pour expliquer l'augmentation du prix du bœuf sont : l'inflation, les augmentations de coûts et les profits excessifs (pris par les emballeurs et les détaillants).

La décision

En se basant sur les études portant sur l'efficacité de la publicité et les attitudes des consommateurs, Mme McDonnell doit formuler ses recommandations sur la façon d'améliorer l'image du bœuf parmi les consommateurs et d'augmenter la consommation totale de bœuf. La majeure partie des investissements proviendra d'une « taxe » de un dollar par kilo de bœuf vendu en Colombie-Britannique, en Alberta, au Manitoba, en Ontario et en Nouvelle-Écosse. De plus, le gouvernement de l'Alberta versera une contribution de 900 000 $ la première année et le gouvernement de la Saskatchewan, 100 000 $, de la part des producteurs de bœuf de cette province.

Questions

1. Quelles sont les raisons de la diminution de la consommation du bœuf ?

2. Quel rôle jouent les besoins et les croyances dans la consommation du bœuf ?

3. Y a-t-il des différences dans les comportements des différents groupes de consommateurs de bœuf ? Expliquez votre réponse.

4. Peut-on appliquer les théories concernant l'apprentissage, la formation et la modification de l'attitude, les besoins, les valeurs et les styles de vie pour expliquer la chute de la consommation de bœuf ?

5. Quels rôles jouent la culture, la famille, la classe sociale et les groupes de référence par rapport au comportement des consommateurs de bœuf ?

6. La publicité peut-elle aider l'Association canadienne des éleveurs de bétail à améliorer la demande pour le bœuf ?

7. Comment la publicité peut-elle être utilisée pour inciter les trois groupes de consommateurs à consommer plus de bœuf et plus souvent ? Expliquez ce qu'il en est pour chaque groupe séparément et exposez l'approche que vous proposeriez pour influencer leur comportement respectif.

CAS 12

Le marketing de la fourrure : le défi des années 1990*

Il pleuvait à verse ce dernier dimanche de mai à Montréal. Alan Herscovici, président du Comité d'adaptation de l'industrie de la fourrure canadienne, passait en revue ses notes avant le début de la réunion plénière du comité. Les résultats de la recherche sur les comportements des consommateurs effectuée au printemps s'avéraient fort intéressants et Alan estimait que ces résultats auraient des implications importantes pour les détaillants et les designers de la fourrure. Il avait prévu faire des recommandations pour les aider à surmonter une période difficile, mais il savait également qu'il n'avait pas véritablement de pouvoir pour faire accepter ces recommandations. Il avait cependant l'appui de Del Haylock, le vice-président exécutif du Conseil canadien de la fourrure, et de Corinne Berneman, professeure de marketing à l'École des Hautes Études Commerciales de Montréal, qui avait dirigé la recherche.

L'industrie de la fourrure au Canada

L'industrie de la fourrure au Canada est parmi les plus anciennes au pays et a joué un rôle important dans le développement économique du Canada. En effet, dès le début du XVIIe siècle, des marchands français et anglais échangeaient avec les autochtones des marchandises importées d'Europe contre des peaux animales. La Compagnie de la baie d'Hudson, la plus vieille entreprise canadienne, avait été fondée en 1670 afin de promouvoir ces échanges commerciaux et continua, jusque dans les années 1990, à jouer un rôle important dans cette industrie.

Même si la fourrure sauvage[1] demeure encore une marchandise canadienne prisée à l'échelle nationale et internationale en 1990, près de la moitié de la fourrure produite au Canada provient de fermes d'élevage de visons et de renards. L'industrie procure environ 100 000 emplois au pays, répartis entre les trappeurs, les éleveurs, les dirigeants d'encans, les apprêteurs, les manufacturiers, les designers et les détaillants. En 1990, l'industrie de la fourrure représente environ 400 millions de dollars, dont plus de 200 millions tirés de l'exportation, vers les États-Unis principalement. L'Accord de libre-échange conclu entre le Canada et les États-Unis en 1989 a éliminé les droits de douane sur les peaux animales, ce qui a été accueilli favorablement par l'industrie.

L'industrie est caractérisée par un nombre important de petites entreprises qui se spécialisent à l'une des étapes du processus, soit la trappe, l'élevage, la production et le commerce de détail. La plupart de ces entreprises sont familiales et existent depuis plusieurs générations. Chaque aspect du processus de fabrication nécessite une expertise et une spécialisation particulières, qui ont été transmises de génération en génération. La trappe est encore toujours principalement effectuée par des autochtones ; les fermes d'élevage d'animaux à fourrure sont localisées surtout au Québec et en Ontario, bien que la première ferme d'élevage de renards au monde ait été établie à l'Île-du-Prince-Édouard. Montréal est le principal lieu de fabrication des articles de fourrure, où s'effectue 80 % de la production, le reste étant fabriqué à Toronto. En ce qui concerne les détaillants, on les trouve dans tous les centres urbains du Canada et leur nombre augmente en fonction de la taille de la ville.

Le Canada détient encore toujours un avantage concurrentiel pour la fourrure sauvage, mais ce n'est plus le cas pour la fourrure d'élevage. La fourrure sauvage constitue une ressource naturelle

---

* © 1992. Ce cas a été rédigé par Corinne Berneman, HEC Montréal.

1. La fourrure sauvage est celle qui provient d'animaux chassés dans la nature. Elle s'oppose à la fourrure d'élevage qui, elle, provient d'animaux que l'on élève dans des fermes dans le but d'en recueillir la fourrure.

et renouvelable propre au pays, alors que des fermes d'élevage peuvent être établies n'importe où dans le monde. Les techniques d'élevage ont d'ailleurs connu d'importants progrès, de sorte que des pays tels que le Danemark et la Corée du Sud exploitent des fermes d'élevage plus importantes et plus efficaces que les fermes canadiennes. De plus, certaines entreprises se sont intégrées verticalement de façon à inclure plusieurs étapes de production dans une même firme ; à titre d'exemple, la firme sud-coréenne Jindo est la plus grande entreprise de fourrure au monde, gérant à la fois des fermes d'élevage, des manufactures et des magasins de détail.

Au milieu des années 1980, l'offre mondiale du vison a considérablement augmenté, ce qui a fait chuter le prix des peaux de vison ; en fait, les prix ont diminué de moitié en deux ans. Cette situation a provoqué une succession de chocs dans l'industrie de la fourrure canadienne, entraînant la fermeture de plusieurs entreprises incapables de survivre à une telle régression de revenus.

L'industrie de la fourrure canadienne a longtemps été réputée mondialement pour fournir une matière première de qualité, mais des produits finis peu différenciés. En effet, les designers de fourrure canadiens ont longtemps été critiqués pour leur manque d'originalité dans la confection des articles de fourrure – principalement des manteaux. Cependant, à partir de la fin des années 1980, on a pu observer un changement radical dans l'orientation des créations canadiennes. Plusieurs designers se sont bâti une réputation internationale grâce à leur créativité et à leur esprit innovateur dans l'utilisation de la fourrure. À titre d'exemple, Paula Lishman fait découper la fourrure en fines lamelles qu'elle utilise pour tricoter ou crocheter des vêtements. Zuki Balaila est reconnu pour les couleurs de fourrure qu'il utilise dans ses créations. D'Arcy Moses, un créateur autochtone, utilise des motifs indiens qu'il fait incruster dans les vêtements avec des perles multicolores. Ingrid Klahn est réputée pour les mariages judicieux qu'elle réalise avec la fourrure et d'autres matériaux naturels, comme le cuir, le suède ou la soie sauvage. (La figure 1, à la page 501 donne des exemples de modèles.) De plus, on découvre chaque année de jeunes talents dans le cadre de concours nationaux et internationaux, dont le concours de la Foire internationale de la fourrure qui, depuis 1983, a lieu tous les ans en mai à Montréal. Plusieurs foires de la fourrure sont organisées à travers le monde, et la foire de Montréal est la plus importante en Amérique du Nord et la deuxième en importance au monde, après celle de Francfort en Allemagne.

Le profil du consommateur

Il y a 25 ans, le profil typique du consommateur d'un manteau de fourrure était représenté par une femme de plus de 40 ans à qui le mari offrait un manteau à l'occasion d'un événement particulier (un anniversaire de mariage, une promotion du mari, etc.). Le manteau de fourrure n'était porté que pour des sorties spéciales et constituait un symbole de succès, de prestige, voire d'élitisme. Dans les années 1990, l'acheteur moyen d'un manteau de fourrure est plutôt représenté par une femme professionnelle, de 25 à 40 ans, qui veut se récompenser et qui en fera l'acquisition au moyen d'une carte de crédit ou par mode d'achat différé[2].

Cette nouvelle génération de consommatrices ne recherche pas les mêmes avantages d'un manteau de fourrure que leurs mères ; pour la femme professionnelle moderne, le confort et le style sont les critères d'achat les plus importants. Dans certaines villes, comme Montréal et Toronto, elles apprécient l'originalité également, mais il semble que les femmes canadiennes sont en moyenne plus conservatrices que leurs homologues américaines ou européennes. La fourrure préférée des consommatrices a toujours été le vison, qui est prisé pour son poil lustré, sa chaleur, sa légèreté et sa durée de vie, malgré son prix plus élevé.

---

2. L'achat différé consiste à verser une fraction du prix d'un article au moment de son choix et d'effectuer ensuite des versements réguliers pour acquitter le montant total de l'achat, avant de prendre possession de l'article. Par conséquent, l'article reste dans le magasin tant qu'il n'a pas entièrement été payé, ce qui différencie ce mode d'achat à crédit.

Les hommes achètent également de la fourrure, mais leurs achats ne représentent que 5 % du volume de ventes total des articles de fourrure. L'article le plus acheté par les hommes est un chapeau.

Les prix des manteaux de fourrure ont toujours été un frein important à leur achat, et la récession économique qui a débuté en 1990 au Canada a accentué ce facteur. Un autre désavantage perçu relativement aux manteaux de fourrure est le besoin d'entretien régulier ; les manteaux de fourrure doivent être nettoyés tous les ans et doivent normalement être entreposés dans des chambres froides spéciales lorsqu'ils ne sont pas portés (en été).

Les tendances récentes dans l'industrie

L'industrie de la fourrure canadienne a connu plusieurs difficultés depuis 1988, ce qui s'est traduit par une baisse des revenus et des profits pour les designers, les manufacturiers et les détaillants. Tout d'abord, l'attrait de la fourrure canadienne a décliné en faveur des produits importés meilleur marché. Les manteaux de vison importés de la Corée du Sud et de Hong-Kong sont moins chers au Canada que les produits canadiens. La chute du prix des peaux de vison a entraîné une diminution du prix des produits finis, ce qui a eu une incidence positive sur le volume des ventes, mais pas suffisamment pour compenser la baisse de revenus. Par ailleurs, le fléchissement des prix du vison a contribué à faire chuter les ventes de manteaux plus économiques comme les manteaux de rat musqué ou de raton laveur.

Le mouvement en faveur de la protection des animaux constitue un autre facteur ayant pu influer sur le volume de ventes. Des activistes tentaient d'arrêter la mise à mort d'animaux pour la confection de manteaux et autres articles. En fait, leurs actions visaient essentiellement les animaux dont la fourrure sert à la confection de manteaux et non les animaux fournissant le cuir ou le suède, par exemple. Au départ – dans les années 1970 – l'objectif des campagnes anti-fourrure était d'arrêter la chasse d'espèces en voie de disparition, en particulier les animaux sauvages en Asie et en Afrique, mais au fil des années, la lutte s'est étendue aux autres espèces d'animaux. Ces campagnes ont jeté la confusion dans l'esprit des gens, ce qui semble avoir eu un effet négatif sur l'industrie de la fourrure canadienne. Certaines consommatrices, par exemple, ont jugé qu'elles agissaient de façon plus responsable envers l'environnement en achetant un manteau de fourrure synthétique plutôt qu'un manteau de fourrure animale. Des personnes ont cru que la chasse de tout animal signifiait nécessairement la chasse d'une espèce en voie de disparition. En fait, aucun de ces arguments n'est exact. D'une part, la production d'un manteau de fourrure synthétique a un effet néfaste sur l'environnement du fait que l'on utilise au moins quatre litres de pétrole pour chaque manteau fabriqué ; de plus, la matière synthétique n'est pas biodégradable. Un manteau de fourrure, par contre, est fabriqué de matières naturelles biodégradables, avec une ressource renouvelable, et sa durée de vie est plus longue que celle d'un manteau synthétique, d'autant plus que beaucoup d'acheteurs ont tendance à changer leur manteau aussitôt qu'une nouvelle mode apparaît.

D'autre part, la politique canadienne en matière de trappe et d'élevage d'animaux de fourrure est la plus stricte au monde. La trappe d'espèces en voie de disparition ou l'importation de leurs peaux est interdite par la loi ; la trappe ne peut s'effectuer que dans certaines régions, à certains moments et dans des quantités limitées, sous le contrôle des autorités provinciales et de leurs biologistes. Le gouvernement canadien et l'industrie internationale de la fourrure ont subventionné de nombreuses études visant la conception de pièges moins cruels, qui réduisent la souffrance de l'animal lorsqu'il est pris. La trappe est également reconnue comme ayant des effets bénéfiques sur la régulation de la population animale de certaines espèces, comme les castors, les rats musqués ou les renards, et contribue à la prévention des épidémies ou des famines. L'organisation internationale Greenpeace ne considère d'ailleurs pas la trappe comme étant une menace pour l'environnement et a ordonné l'arrêt d'une campagne publicitaire anti-fourrure qui avait

Figure 1	*Modèles de créations en fourrure*

 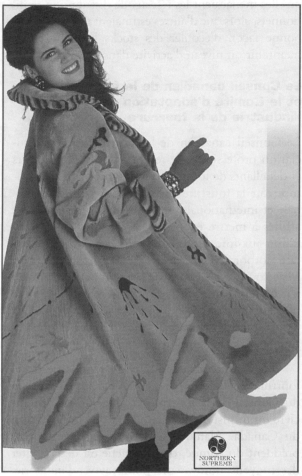

NORTHERN SUPREME

cours en Grande-Bretagne en 1985. En outre, les fermes d'élevage canadiennes sont également soumises au contrôle gouvernemental et elles sont des chefs de file pour une gestion saine des animaux.

Les groupes d'activistes anti-fourrure ont néanmoins eu une influence sur le grand public et des personnes possédant un manteau de fourrure ont mentionné dans des sondages qu'elles se sentaient parfois mal à l'aise de porter leur manteau et qu'elles craignaient de se faire aborder dans la rue.

En vue de renverser une tendance négative de leurs revenus, certains manufacturiers et détaillants de manteaux de fourrure ont participé à des « ventes de caravane » au cours de l'hiver 1991. Ces ventes étaient organisées par des vendeurs itinérants qui achetaient les marchandises invendues des manufacturiers et importateurs de Montréal et de Toronto pour les vendre au public à partir d'une remorque de camion. Ces actions qui s'étendaient sur de courtes périodes – trois ou quatre jours – ont pris place dans des centres urbains et étaient accompagnées de campagnes de publicité énergiques à la télévision et à la radio locales. Même si les prix n'étaient pas nécessairement plus bas que dans les magasins, les publicités annonçaient principalement les bas prix et les possibilités de financement. Ces ventes n'ont pas fait l'unanimité dans l'industrie ; certains pensaient qu'elles menaçaient les réseaux de distribution traditionnels, alors que d'autres estimaient que c'était une bonne façon d'écouler des stocks invendus et de maintenir un niveau d'activité dans l'industrie.

Le Conseil canadien de la fourrure et le Comité d'adaptation de l'industrie de la fourrure

Le Conseil canadien de la fourrure est une association professionnelle regroupant les producteurs et détaillants de fourrure dont la mission est de promouvoir la fourrure canadienne à l'échelle nationale et internationale. Le Conseil aide ses membres affiliés à mettre en place des kiosques de présentation aux foires internationales et fait de la publicité corporative dans les médias de masse. Son siège social est à Montréal ; le Conseil est présidé par un représentant élu par ses membres. Il compte plusieurs personnes employées à temps plein, dont le vice-président exécutif, un directeur de marketing et plusieurs employés administratifs.

Le Comité d'adaptation de l'industrie de la fourrure a été créé en février 1991, sous les auspices du Conseil de la fourrure et grâce à l'aide financière du ministère de l'Emploi et de l'Immigration du Canada. Alan Herscovici a alors été nommé président du comité, dont la tâche est de présenter des moyens innovateurs pour raviver l'industrie. M. Herscovici est auteur et chercheur dans le domaine de l'environnement et de la fourrure ; au moment de sa nomination, il venait de publier un livre sur le sujet (*Second Nature : The Animal Rights Controversy*). Plusieurs de ses publications sont utilisées comme matériel didactique dans les écoles et les collèges.

Le Comité regroupe tous les intervenants de l'industrie de la fourrure, des trappeurs autochtones et éleveurs aux encanteurs, apprêteurs de peaux, designers, manufacturiers et détaillants. Dans un premier temps, le Comité a effectué une analyse de la situation pour chacune des étapes de la production dans le but de relever les forces et les faiblesses de

l'industrie ainsi que les possibilités favorables et les menaces. Un document exhaustif a été produit en août 1991 comprenant les résultats de ces analyses. Cette étude a permis de déterminer quatre domaines de préoccupations principales :

1) la vente au détail et le marketing de la fourrure ;

2) le design des produits de fourrure ;

3) la gestion financière des détaillants et producteurs ;

4) l'éducation dans les écoles sur la trappe et les contributions positives de l'industrie.

Des sous-comités ont été créés pour chacun de ces domaines et des spécialistes ont été nommés pour les présider.

La recherche marketing

Le sous-comité de la vente au détail et du marketing, présidé par René Robitaille – un détaillant de la ville de Québec et le président de l'Association des détaillants –, a sollicité les conseils d'un groupe de professeurs de l'École des Hautes Études Commerciales de Montréal, qui s'intéresse aux études du commerce de détail. Au cours d'une réunion avec Corinne Berneman, professeure de marketing et membre associée de la Chaire de commerce Omer DeSerres, le sous-comité a convenu de concentrer la recherche sur la détermination des besoins et préférences des jeunes consommateurs, qui constituaient le marché cible futur pour l'industrie.

Dans une première étape, les opinions d'une centaine d'étudiants de baccalauréat – dont la moyenne d'âge se situait à 22 ans – ont été recueillies au moyen d'un questionnaire. Cette étude a permis de mettre en évidence l'image vieillotte et démodée attachée au manteau de fourrure. Cependant, une proportion élevée des étudiants interrogés ont indiqué qu'ils achèteraient un manteau de fourrure si leur revenu le leur permettait.

La deuxième étape consistait dans une analyse plus qualitative en utilisant la technique des groupes de discussion. Une telle étape a été jugée nécessaire pour bien comprendre les besoins et désirs des futurs consommateurs. Le but des groupes de discussion était d'évaluer certains concepts publicitaires et des designs de manteaux de fourrure. Au total, quatre groupes de discussion ont été formés, dont trois avec des femmes et un avec des hommes. Le profil socio-démographique des participants était sensiblement le même dans chacun des groupes, soit des professionnels, de 25 à 35 ans ayant un revenu brut personnel de plus de 35 000 $. Les participants ont été recrutés par téléphone et chaque groupe était composé de 6 à 8 participants ; un montant de 20 $ a été remis à chacun pour payer les frais de déplacement. Les discussions ont été animées par Caroline Gaudette – étudiante au programme de maîtrise ès sciences de la gestion à l'École des HEC – durant quatre soirées au mois de mai 1992 ; les discussions ont duré en moyenne une heure et demie. Le Conseil canadien de la fourrure a fourni les affiches publicitaires qui avaient été utilisées dans le passé, en plus de certains concepts élaborés par des agences, mais qui n'avaient jamais été diffusés. Des manufacturiers ont prêté des manteaux et des vestes de fourrure pour servir de base de discussion dans l'évaluation des préférences des consommateurs en matière de design.

Le guide de discussion comprenait trois parties : dans la première partie, les questions portaient principalement sur des attitudes générales à l'égard de la fourrure ; la deuxième partie visait à recueillir des évaluations sur les concepts publicitaires et la troisième partie comprenait des questions sur l'évaluation d'articles de fourrure. Les concepts publicitaires testés étaient les mêmes pour les quatre groupes de discussion, mais les articles de fourrure étaient différents pour chaque groupe, bien que l'assortiment général fût le même. Par conséquent, dans chaque groupe, on évaluait deux manteaux de vison d'allure classique, l'un de fabrication canadienne et l'autre importé, une veste sportive garnie de fourrure, une veste réversible fourrure et tissu et un ou deux modèles plus exclusifs en castor ou en rat musqué rasé coloré. Les prix des articles variaient entre 1 500 $ pour les vestes de sport et 6 000 $ pour les articles plus exclusifs.

Attitudes à l'égard de la fourrure

La question d'introduction à la discussion visait à faire exprimer toutes les idées que les participants associent au mot « fourrure ». La plupart des réponses ont porté sur l'image de la fourrure, soit le luxe, la richesse, le statut social, les prix, l'argent ; d'autres réponses étaient davantage liées aux attributs de la fourrure (le confort, la chaleur, la douceur), aux produits substituts (fourrure synthétique) et au débat sur la protection des animaux.

À savoir si mode et fourrure étaient compatibles, l'ensemble des participants s'est montré convaincu que la fourrure offrait un potentiel. Par contre, les participants estimaient que les manteaux de fourrure offerts sur le marché étaient trop classiques, voire démodés. La plupart pensaient également que les manteaux se ressemblaient tous en ce qui concerne leur couleur et leur style. L'une des participantes a indiqué que « les manteaux de fourrure sont indifférenciés : ils se ressemblent tous. On pourrait presque croire qu'ils sont tous fabriqués à la même usine et qu'il n'existe qu'un seul modèle et une seule couleur ».

Plusieurs ont mentionné que la fourrure synthétique est plus moderne, parce qu'elle est offerte dans des couleurs différentes et dans une grande variété de modèles. La fourrure synthétique était également bien perçue en raison de ses prix plus abordables que ceux de la fourrure naturelle. Cependant, la majorité des participants ont affirmé qu'ils achèteraient un manteau de fourrure naturelle s'ils décidaient d'en acheter un. D'autres commentaires par rapport à la fourrure synthétique étaient plus négatifs, considérée comme étant de mauvais goût et de qualité douteuse.

Les hommes pensent que le cuir est plus à la mode que la fourrure ; pour eux, il n'y a pas d'association possible entre la fourrure et la mode. Le cuir était également préféré parce qu'il apparaît plus accessible pour ce qui est du coût et également plus approprié à diverses situations. Plusieurs participants ont aussi mentionné que les vestes de cuir étaient plus modernes et que leurs designs étaient mieux adaptés à un marché jeune.

Positionnement recommandé pour la fourrure

Avant de leur montrer les concepts publicitaires existants, on a demandé aux participants d'énumérer les attributs qu'ils estimaient être importants dans un message publicitaire. Les attributs mentionnés les plus fréquemment furent le confort et la possibilité de porter un manteau de fourrure dans différentes situations. Une majorité de participants pensaient également que les publicités devaient mettre en scène des personnes jeunes, actives et naturelles, dans des situations de la vie de tous les jours. Les hommes ont insisté sur l'importance de montrer des manteaux alliant cuir et fourrure.

Le premier concept publicitaire testé mettait en vedette une femme à côté d'un homme portant un enfant sur le dos et avait pour slogan « La fourrure, notre choix… *naturellement* » (voir la figure 2). Les participants ont en général apprécié la photo pour ce qu'elle évoquait : chaleur, douceur et confort de la fourrure. Par contre, la majorité des participants n'a pas aimé l'association entre le mot « fourrure » et « naturel » à cause du débat concernant les animaux. Selon une des participantes : « Je crois que l'on commet une grave erreur en associant la fourrure avec l'environnement, car le thème rappelle le débat sur la fourrure. » Donc, malgré une attitude générale positive envers la fourrure, les participants pensaient que ce slogan ne ferait qu'amplifier le débat.

Le deuxième concept publicitaire comprenait plusieurs affiches de jeunes femmes dans un environnement urbain portant des modèles de manteaux plus modernes, avec comme slogan « *Fur never left anybody cold* » (« Jamais la fourrure n'a laissé quelqu'un froid ») [voir la figure 3]. Étant donné que les photos avaient été prises pendant l'été, les participants y ont vu une contradiction avec le slogan. Par contre, les manteaux qui y étaient photographiés étaient généralement bien appréciés, parce qu'ils étaient différents et plus originaux que les manteaux montrés traditionnellement dans des publicités de fourrure. Un autre commentaire émis par plusieurs fut que ce genre d'annonces s'adressait à un marché plus jeune. Les participants ont également bien apprécié le slogan.

Le troisième concept publicitaire était une composition de quatre têtes de jeunes personnes portant des manteaux de fourrure colorés, avec pour slogan « La fourrure se porte bien[3] » (voir la figure 4, à la page 506). Les premières réactions à l'égard de cette annonce furent qu'elle ressemblait trop à une publicité de Benetton ou de Kodak. D'autres commentaires ont porté sur le fait que l'on ne voyait pas les manteaux, mais seulement les têtes : par conséquent, la photo ne les mettait pas en valeur. Certains participants ont mentionné que les manteaux semblaient être des manteaux en fourrure synthétique. Outre des commentaires négatifs sur la finition de la photo – qui laissait à désirer –, les participants ont aussi trouvé que la photo était trop encombrée. Le slogan, en particulier en anglais, fut fort apprécié pour son bon jeu de mots. En conclusion, le concept a été généralement apprécié, mais méritait des corrections.

Réactions aux articles de fourrure

On avait demandé aux participants de chaque groupe d'évaluer entre quatre et six articles de fourrure ; on leur a donné l'occasion de toucher et même d'essayer les modèles avant de se faire une opinion. Les commentaires ont été notés et, à la fin de la discussion, une évaluation quantitative de chaque article a été demandée aux participants. Celle-ci s'est faite sur une échelle de Likert à cinq niveaux[4] pour les attributs suivants : le style, la fourrure, la couleur, le prix et l'aspect pratique de l'article. En plus de cela, les participants devaient indiquer quel modèle ils achèteraient.

Comme on l'avait prévu, chacun des modèles a suscité bon nombre de commentaires. En général, les femmes ont indiqué que les modèles plus exclusifs ne correspondaient pas du tout à l'image qu'elles avaient de la fourrure (les fourrures de castor et de

---

3. En anglais, ce slogan était « *Fur is warm, fur is cool.* »

4. Ces niveaux étaient : pas du tout d'accord, pas d'accord, sans opinion, un peu d'accord, tout à fait d'accord.

Figure 2	*Concept publicitaire « La fourrure, notre choix... naturellement »*

LA FOURRURE, NOTRE CHOIX... *naturellement*

Conseil Canadien de la Fourrure

Figure 3	*Concept publicitaire « Fur never left anybody cold »*

rat musqué rasées, les couleurs, les styles). Elles se sont également montrées étonnées de voir une telle variété de modèles et de couleurs. En revanche, les modèles plus classiques en vison foncé furent particulièrement bien évalués, mais les participantes n'en voyaient pas nécessairement l'utilité pour elles-mêmes.

Les résultats de l'évaluation quantitative ont indiqué que ce sont les modèles les plus originaux qui ont eu la faveur des participants, fait qui s'est en outre confirmé dans les mesures d'intentions d'achat. Les résultats provenant du groupe d'hommes ont été moins positifs ; cette constatation serait probablement liée au fait que les modèles qui ont été sélectionnés pour la discussion de groupe ne correspondaient pas à leurs goûts.

Le dernier point de discussion concernait l'endroit que les participants choisiraient pour acheter leur manteau de fourrure. Ils ont été unanimes à ce sujet, indiquant que ce serait dans un commerce spécialisé ; les raisons évoquées pour ce choix sont le besoin de conseils et d'expertise associé à un tel achat. En outre, plusieurs participants ont indiqué que cela leur procurerait l'assurance d'acheter un

| Figure 4 | *Concept publicitaire « La fourrure se porte bien »* |

Conseil Canadien de la fourrure

La fourrure se porte bien

produit de qualité. Cela n'empêcherait apparemment pas des participants d'aller s'informer dans des magasins à rayons qui ont une section spécialisée, mais uniquement dans le but de comparer les prix et la qualité.

Les opinions relatives aux « ventes de caravane » ont été fortement négatives. Les participants ont indiqué que, selon eux, ce genre d'opération pourrait avoir un effet négatif sur l'image de la fourrure. Ils pensaient également que les manteaux vendus au cours de ces opérations étaient de moins bonne qualité que ce que l'on trouve dans les magasins. Ils ont cependant également mentionné qu'ils pensaient que ces actions contribuent à intensifier la concurrence sur le marché et que, par conséquent, elles pouvaient avoir des effets positifs pour les consommateurs.

L'avenir

Les résultats des séances de discussion allaient être abordés au cours de la réunion du Comité d'adaptation de l'industrie de la fourrure. Ils devaient aider les membres du comité à prendre des décisions pour s'adapter en conséquence. Alan Herscovici et Del Haylock savaient que des changements étaient nécessaires, mais ils savaient également que la seule façon d'y arriver était d'adopter une approche prudente, pas à pas. Ils estimaient que la clé de la réussite serait de rajeunir l'image des produits de la fourrure, étant donné que le marché potentiel le plus prometteur couvrait les individus d'une tranche d'âge qui n'avait pas été visée dans le passé. Cela impliquait cependant qu'un grand nombre d'intervenants dans l'industrie devraient modifier leurs façons de voir et de faire les choses.

Alan et Del ont songé à plusieurs actions pouvant aider à stimuler les ventes au cours de la prochaine saison. Parmi celles-ci, la possibilité d'organiser des activités dans des centres urbains, combinant un volet commercial et un volet éducatif, qui seraient organisées par les détaillants en collaboration avec le Conseil de la fourrure. Une autre action envisagée était de convaincre un nombre limité de détaillants à cibler un marché plus jeune en adaptant leurs gammes de produits et l'ambiance de leurs magasins. Ils souhaitaient également trouver des solutions qui auraient des effets à plus long terme sur l'industrie.

Question

Quel plan d'action Alan devrait-il recommander aux designers et aux détaillants de l'industrie de la fourrure pour les aider à améliorer leur situation ?

C A S   1 3

La Ligue canadienne de football*

Je crois que nous faisons face à un défi, mais je crois que c'est une belle occasion de faire de ce jeu quelque chose d'unique. (Larry Smith, après avoir été nommé commissaire de la Ligue canadienne de football en février 1992.)

Nous sommes au début de 1992, et il s'ouvre un nouveau chapitre dans la gestion de la Ligue canadienne de football (LCF) avec la nomination d'une nouvelle équipe de gestion. La Ligue a été beaucoup critiquée dans le passé pour son manque d'efficacité en marketing, et la nouvelle équipe de gestion se promet d'améliorer la gestion du marketing d'une manière sensible. Ces dernières années, la Ligue a fait face à un déclin du nombre de spectateurs aux parties de la Ligue et de l'auditoire à la télévision. Le nouveau commissaire de la LCF, Larry Smith, un ancien cadre supérieur chez Ogilvie Mills ltée de Montréal et un ancien joueur de la LCF, est un gestionnaire expérimenté, bien versé dans le marketing. En acceptant le poste de commissaire, il a parlé avec beaucoup de passion du « positionnement du produit, de la compréhension du marché et de la formulation d'un plan » dans le but d'améliorer l'image de la Ligue.

Dave Allen, le nouveau président adjoint du marketing et des ventes de la LCF est tout aussi enthousiaste concernant les possibilités offertes à la Ligue et le besoin d'instaurer une approche marketing dans les activités de la Ligue. Ses expériences en tant que directeur du marketing pendant 10 ans lui ont enseigné l'importance de se centrer sur le consommateur pour obtenir du succès. Dave veut que la LCF prenne en charge les huit équipes pour ce qui est du marketing. (On trouvera dans le tableau 1 (p. 508) le nom des ces équipes, ainsi que les moyennes de fréquentation et la capacité des stades.) « Nous allons redorer l'image de la Ligue, dit-il, une image qui va tenir compte des besoins et des désirs des consommateurs. »

Dave croit que la recherche commerciale peut constituer le point de départ de cette nouvelle image, mais il n'est pas sûr de la forme que devra prendre la recherche. La LCF n'a mené aucune étude sur les consommateurs dans le passé. Dave croit que la recherche pourrait procurer à l'équipe de gestion de la Ligue une meilleure compréhension des perceptions des consommateurs à l'endroit des parties de la Ligue, et ce comparativement à d'autres sports. Plus particulièrement, Dave veut connaître les motivations des consommateurs à assister à une partie ou à la regarder à la télévision.

Dave sait que l'équipe des Lions de la Colombie-Britannique a déjà réalisé une recherche il y a quelques années. Il se peut que cette recherche puisse servir de guide quant au type d'information qui pourrait être utile et quant à la méthode que l'on devrait employer pour obtenir l'information. Dave est aussi au courant des restrictions financières auxquelles fait face la Ligue. Celle-ci dispose de très peu d'argent à allouer à des activités de recherche commerciale. Le nouveau commissaire n'a pas précisé un budget pour la recherche, mais il a avisé Dave du fait que toute demande concernant des activités de recherche devrait être appuyée sur des arguments convaincants.

Le marketing des sports professionnels

L'utilisation de l'expertise en marketing pour améliorer les réponses de l'auditoire a constitué l'un des développements les plus récents dans la gestion des sports professionnels. Les ligues professionnelles, du hockey au football, ont commencé à reconnaître l'importance du marketing à la suite de plusieurs activités ayant eu du succès tant en ce qui touche l'équipe qu'en ce qui touche la Ligue. Par exemple, le club de baseball professionnel Oakland Athletics, aux

Tableau 1	Fréquentation moyenne des matches des équipes de la Ligue canadienne de football, 1989-1991			
		Fréquentation moyenne pour les saisons		**Capacité des stades**
		1991	**1990**	**1989**	
L'Est	Argonauts de Toronto	36 300	31 676	35 833	53 595
	Blue Bombers de Winnipeg	28 200	27 196	24 160	32 648
	Rough Riders d'Ottawa	23 590	23 646	18 971	30 927
	Tiger-Cats d'Hamilton	13 834	15 656	17 233	29 183
L'Ouest	Eskimos d'Edmonton	33 261	35 758	30 793	60 081
	Lions de la Colombie-Britannique	40 888	31 013	31 793	59 478
	Roughriders de la Saskatchewan	22 597	26 318	24 176	27 637
	Stampeders de Calgary	24 307	24 725	22 000	38 200

Note : La fréquentation moyenne est basée sur la fréquentation au cours de la saison régulière et n'inclut ni les semi-finales ni les parties pré-saison.

États-Unis, a exploité le marketing avec succès pour améliorer sa position financière. En 1980, Walter A. Haas, le propriétaire de Levi Strauss, a acheté les « A » d'Oakland pour 12,75 millions de dollars. En 1979, on avait appelé l'équipe « le club de baseball le plus malade » alors qu'elle n'attirait, en moyenne, que 3 788 supporteurs par partie, bien qu'elle ait gagné trois titres consécutifs de la série mondiale dans les années 1970. Il était donc clair que le « produit », bien que représentant un argument de vente potentiel pour les supporteurs, ne constituait qu'un des ingrédients du succès.

Des études démographiques menées dans les années 1980 sur l'initiative du nouveau propriétaire du club des « A » ont indiqué que plusieurs des personnes qui assistaient à un match n'étaient pas des supporteurs et que, en fait, elles trouvaient la partie ennuyeuse ! En se fondant sur cette information, le club a apporté des changements importants dans ses tactiques de marketing pour susciter de l'excitation : on a engagé un *disc jockey* pour remplacer l'organiste pendant les parties, on a commencé à donner des gants, des casquettes, des épinglettes, etc.,

et l'on a créé des films vidéo spéciaux destinés à être projetés à l'écran entre les manches.

La recherche menée par le club a révélé la présence d'un large potentiel chez les jeunes familles. Pour répondre aux besoins de ce groupe, on a créé la Place de la famille, une aire ajoutée au terrain de baseball et gérée par un concessionnaire, où se trouvent des jeux et des manèges pour les enfants ainsi que des écrans de télévision qui permettent aux parents de suivre la partie. On a aussi changé la nourriture offerte pour mieux répondre aux besoins des familles, en incluant des sandwiches à la confiture et au beurre d'arachide, des boissons aux fruits, des biscuits et du lait en plus des aliments traditionnels associés à une partie de baseball.

Andrew Dolich, président adjoint pour l'organisation des « A » et personne d'expérience dans le marketing de la crosse, du hockey, du soccer et du basket-ball professionnels, a dit : « Un club de balle n'est pas seulement une équipe ; c'est une entité de divertissement ou un médium pour un style de vie, tout autant que Disneyland. Notre recherche commerciale nous a montré que nous devions investir beaucoup de ressources pour rendre le stade plus plaisant et pour rendre la partie plus attrayante pour un plus grand nombre d'individus. » En 1990, dix ans après que Walter A. Haas eut acheté l'équipe, celle-ci valait près de 110 millions de dollars.

Au rang de la Ligue, l'Association nationale du basket-ball (ANB) est l'un des meilleurs exemples du marketing d'un sport professionnel ayant réussi, surtout à cause du savoir-faire marketing de son commissaire, David Stern, aujourd'hui considéré comme l'un des meilleurs commissaires de tous les sports. Une dimension importante de la stratégie marketing de Stern a été d'essayer de faire de ce sport le sport de choix pour la génération des préadolescents, en espérant que ceux-ci deviennent des supporteurs dans l'avenir. Ses efforts à cet égard ont inclus un spectacle de basket-ball le samedi matin, tout juste après les dessins animés, et cette tactique semble avoir eu du succès. Selon une enquête parue dans le magazine *Sports Illustrated,* les enfants ayant de 9 à 12 ans préféraient lire des articles sur le basket-ball professionnel plus que n'importe quel autre article sur le football ou le baseball professionnels.

Parmi les autres actions de marketing à succès accomplies par l'ANB figurent une forte couverture télévisée et le marketing de grands événements tels que la partie All Star et les parties semi-finales. Sur le plan de l'organisation, Stern a coordonné les efforts de marketing des équipes en créant une division appelée le Service aux équipes. La mission de cette division est de s'assurer que les efforts de marketing qui remportent du succès dans une équipe sont appliqués aux autres équipes.

Le marketing à la LCF

Traditionnellement, le marketing n'a pas fait la force de la LCF. William Baker, le président de la LCF pendant la saison de 1989, a déclaré, lorsqu'il a accepté ce poste : « Nous mettons trop l'accent sur le football et pas assez sur les gens qui perçoivent ce sport comme un divertissement. Nous n'avons pas fait notre propre promotion et nous ne nous sommes pas annoncés nous-mêmes correctement au cours des 10 ou 15 dernières années. Les gens ont maintenant beaucoup de choix sur la façon dont ils vont dépenser leur budget de divertissement et nous n'avons pas suivi le courant. » Bien que ses observations aient eu beaucoup de sens pour plusieurs observateurs de la LCF, Baker a eu de la difficulté à implanter ses idées et il a quitté la LCF après seulement une saison.

Donald Crump, l'ancien directeur des finances du Maple Leaf Gardens de Toronto, l'a remplacé en tant que commissaire pour la LCF en 1990, essuyant beaucoup de critiques parce qu'il n'était pas un homme de marketing. Jim Proudfoot, un chroniqueur sportif du *Toronto Star,* a écrit qu'« en engageant Crump, la LCF a prouvé qu'elle était toujours incapable de reconnaître son problème le plus pressant. [...] En d'autres mots, Crump pourra sans aucun doute améliorer les livres de comptes de la LCF – il verra à ce que cela se fasse – tout en ne faisant rien pour améliorer l'image de ce sport, laquelle est dans un état de décrépitude avancée. » Donald Crump a quitté la LCF après la saison de 1991.

En dépit d'un déclin de la fréquentation des parties et de l'auditoire des matches télévisés dans plusieurs marchés à la fin des années 1980 et en 1990, 1991 a été une année d'amélioration pour certaines équipes. L'achat, en 1991, des Argonauts de Toronto par Bruce McNall, un homme d'affaires de Californie et le propriétaire de l'équipe de hockey les Kings de Los Angeles, et par deux autres partenaires, l'étoile du hockey Wayne Gretzky et l'acteur John Candy, a suscité de l'excitation dans la Ligue. John Candy a commenté l'achat en ces mots : « Nous voulons faire des parties un événement aussi grand que possible. Nous voulons remplir les sièges de familles. [...] Les gens assistent aux parties, mais ils veulent aussi voir un spectacle autour de la partie. »

Pour ce qui est de la partie, les nouveaux gestionnaires des « Argos » ont recruté Raghbit (Rocket) Ismail, le meilleur joueur au niveau collégial aux

Tableau 2   *Ligue canadienne de football : nombre moyen de téléspectateurs (en milliers), selon le sexe et l'âge, de 1987 à 1991*

Réseau CBC	Index 2+	TS 2+	AD 18+	AD 18-49	AD 25-54	F 18+	H 18+	H 18-49	H 25-54
Saison régulière									
1987	100	702	642	320	296	214	427	226	205
1988	95	664	620	310	285	202	419	225	206
1989	85	594	526	256	257	181	346	179	178
1990	55	395	337	171	155	124	213	122	112
1991	70	489	432	249	228	149	282	171	157
Demi-finales									
1987	100	1104	1002	499	468	320	682	364	308
1988	99	1097	1009	492	490	284	725	380	375
1989	71	780	699	361	348	249	451	239	248
1990	76	838	728	378	348	254	474	252	227
1991	105	1161	1022	593	588	351	671	402	392
Coupe Grey									
1987	100	3908	3246	1898	1749	1281	1965	1230	1064
1988	87	3397	2957	1764	1613	1167	1790	1115	1018
1989	78	3058	2728	1647	1488	1077	1651	1057	948
1990	59	2287	1960	1187	1025	779	1181	720	650
1991	90	3521	3093	1739	1636	1190	1903	1164	1097

TS = Tous   AD = Adulte   F = Femme   H = Homme   2+ = 2 personnes et plus

États-Unis, pour faire partie de l'équipe. Les nouveaux gestionnaires ont aussi essayé d'améliorer les efforts promotionnels de l'équipe, notamment en employant Dan Akroyd et l'orchestre les Blues Brothers pour le spectacle de la mi-temps dans la partie d'ouverture de la saison. Cette partie a attiré une foule de 41 178 personnes, la plus grosse foule pour une partie d'ouverture de toutes les équipes de la Ligue. McNall a aussi injecté des fonds additionnels pour permettre d'atteindre l'objectif fixé de 40 000 à 50 000 personnes par partie. Cependant, ce niveau de fréquentation a été atteint seulement une fois durant la saison régulière, à l'occasion d'une partie contre Hamilton, et une seule fois durant les demi-finales, contre Winnipeg.

Bien que les équipes individuelles soient responsables de la vente des billets et de la promotion des équipes, un des rôles de la Ligue est de stimuler

| Tableau 3 | | | Ligue canadienne de football, saisons 1991 et 1990 : auditoire moyen des parties télévisées (en milliers), selon le sexe et l'âge | | | | | |

Dates des parties 1991	TS 2+	AD 18+	AD 18-49	AD 25-54	F 18+	H 18+	H 18-49	H 25-54
11 juillet	446	396	247	212	122	274	162	157
18 juillet*	706	622	403	338	202	420	276	235
25 juillet*	765	623	414	389	206	417	282	269
1er août*	855	775	502	472	246	529	373	339
8 août*	436	374	202	201	102	272	146	150
15 août*	682	616	307	289	214	402	195	193
22 août	615	552	360	310	209	343	219	203
27 août*	507	430	275	220	164	266	169	153
29 août*	476	431	267	255	177	254	167	161
2 sept.*	452	397	248	209	142	255	183	163
2 sept.	422	375	244	203	118	257	185	161
7 sept.*	409	382	184	183	168	214	110	109
8 sept.*	368	334	203	180	95	239	153	145
14 sept.*	337	270	136	131	107	163	94	92
21 sept.*	635	586	302	274	190	396	219	182
22 sept.	353	322	165	147	80	243	133	125
28 sept.*	667	580	319	300	230	350	189	174
29 sept.*	299	248	142	142	48	180	103	100
6 oct.*	332	273	154	148	84	190	106	100
13 oct.	281	246	134	110	71	175	106	84
14 oct.*	472	403	222	200	148	254	168	140
19 oct.	283	235	129	133	88	148	89	88
20 oct.*	493	424	238	200	152	272	172	130
27 oct.	442	405	201	204	156	249	126	125
2 nov.	555	533	265	286	210	324	176	181
3 nov.*	432	397	199	195	146	251	138	130
Total	12 720	11 229	6 462	5 931	3 875	7 337	4 439	4 089
Moyenne	489	432	249	228	149	282	171	157

▼

▼

Tableau 3		Ligue canadienne de football, saisons 1991 et 1990 : auditoire moyen des parties télévisées (en milliers), selon le sexe et l'âge (suite)						
Dates des parties 1990	**TS 2+**	**AD 18+**	**AD 18-49**	**AD 25-54**	**F 18+**	**H 18+**	**H 18-49**	**H 25-54**
12 juillet	456	387	249	252	110	277	187	183
19 juillet	453	399	201	176	116	283	146	135
26 juillet	439	369	211	211	121	248	149	141
28 juillet*	406	368	191	185	142	226	132	130
2 août	626	553	252	215	294	259	188	151
9 août	352	312	162	142	125	187	113	107
16 août	501	422	185	173	134	288	140	142
27 août	420	352	220	200	118	234	150	142
9 sept.	202	178	116	97	59	119	87	75
15 sept.*	595	474	252	224	189	289	159	140
23 sept.	266	209	140	116	75	134	93	78
30 sept.	208	137	84	70	54	83	61	57
14 oct.	314	259	89	82	109	150	76	68
21 oct.	302	276	116	76	77	199	91	55
28 oct.	399	354	159	152	131	223	118	114
3 nov.	355	296	117	115	99	197	81	79
4 nov.	417	387	155	154	162	225	100	108
Total	6 711	5 723	2 899	2 640	2 115	3 621	2 071	1 905
Moyenne	395	337	171	155	124	213	122	112

l'intérêt du public pour les parties de la LCF, donnant ainsi un appui à son équipe de gestion. L'énoncé de mission de la LCF comprend cinq volets :

1. Ajouter de la valeur aux franchises au moyen de programmes réussissant à générer des revenus.

2. Produire des parties de football et des événements de qualité.

3. Positionner le produit de façon qu'il satisfasse les besoins de divertissement du public.

4. Intégrer la Ligue à la communauté.

5. Procurer des occasions de carrière excitantes au personnel, aux joueurs et aux entraîneurs de la Ligue.

En 1991, la Ligue a songé à prendre de l'expansion sur d'autres marchés canadiens et aux États-

Unis afin d'accroître l'attrait pour les équipes. Une partie d'exhibition à Portland, en Oregon, au début de la saison 1992, a montré qu'il existait une ouverture d'affaires considérable sur ce marché. Il y avait donc une possibilité que la Ligue puisse pénétrer le marché de Portland pendant la saison 1993.

La Ligue négocie aussi des contrats de télévision pour les parties de ses équipes. Le réseau CBC a télédiffusé les parties de la LCF pendant 40 ans et a signé un autre contrat avec la Ligue en mars 1992, pour environ 4,5 millions de dollars, pour la diffusion d'au moins 27 des 72 parties de la saison régulière, pour les quatre parties des demi-finales et pour la partie de la coupe Grey durant la saison 1992. La Ligue a également signé un contrat de 3 ans avec le réseau The Sports Network (TSN) pour 15 parties durant la saison 1992 et pour 28 parties au cours de chacune des deux saisons suivantes.

La coupe Grey, la partie du championnat pour la Ligue, est l'un des événements sportifs les plus populaires au Canada. En 1991, 3,5 millions de téléspectateurs ont regardé les « Argos » battre les Stampeders et près de 52 000 personnes ont assisté à la partie à Winnipeg où se tenait le match cette année-là. Le tableau 2 (p. 510) indique le nombre moyen de téléspectateurs pour le réseau CBC pour les saisons de 1987 à 1991, par catégorie d'âge et de sexe. Le tableau 3 (p. 511-512) donne l'auditoire moyen des parties télévisées pour les saisons 1990 et 1991. Finalement, le tableau 4 (p. 514) présente une liste d'événements sportifs diffusés par différentes chaînes simultanément à la diffusion de parties de football au cours de la saison 1991.

La recherche effectuée en Colombie-Britannique

Pour déterminer quel type de recherche sur les consommateurs est la plus appropriée pour la Ligue, Dave révise l'étude qualitative commandée par les Lions de la Colombie-Britannique à la firme Marktrend Marketing Research Inc. en 1990. L'objectif de la recherche était de déterminer la nature et la direction des attitudes à l'égard des Lions et, dans une moindre mesure, de la LCF. Le rapport de la Marktrend avertit les lecteurs quant à l'impossibilité de généraliser les résultats à cause de la méthodologie utilisée pour la recherche. Celle-ci fait appel à 4 groupes de discussion, comprenant de 10 à 12 participants par groupe. Deux groupes étaient composés de personnes n'ayant pas renouvelé leur abonnement de saison et les autres, de personnes qui ne s'étaient jamais abonnées, mais qui avaient assisté à au moins deux parties des Lions. Le rapport Marktrend mettait l'accent sur le fait que, parce que la recherche était de type qualitatif, elle pouvait être considérée comme un indicateur valide de la nature et de la direction des attitudes et des perceptions, mais pas nécessairement comme un indicateur de la proportion de gens possédant ces attitudes et ces perceptions dans la population.

L'étude s'est surtout attachée aux attitudes à l'égard des Lions, mais elle incluait également quelques questions conçues pour mettre au jour les attitudes à l'égard de la LCF. Par exemple, selon le rapport, plusieurs personnes ont déclaré avoir l'impression que la LCF était davantage orientée vers l'action et qu'elle était moins prévisible que la Ligue nationale de football (LNF) des États-Unis. Les parties de la LCF ont aussi été jugées moins stratégiques que celles de la LNF et les joueurs ont été estimés de moindre qualité et d'une habileté inférieure. Le tableau 5 (p. 515) donne un résumé des informations sur toutes les attitudes signalées dans le rapport Marktrend. Malheureusement, le rapport ne spécifiait pas la relation entre les attitudes à l'égard de la LCF mises en lumière pour chacun des deux groupes étudiés (ceux qui n'avaient pas renouvelé leur abonnement et ceux qui n'avaient jamais été abonnés, mais qui avaient assisté aux parties des Lions).

On a aussi questionné les participants aux groupes de discussion sur leurs attitudes à l'égard des parties couvertes et non couvertes par la télévision, y compris l'attitude à l'égard des commentateurs et des analyses suivant la partie. Selon plusieurs participants, la couverture n'avait pas le potentiel pour susciter de l'excitation ou recréer l'ambiance dramatique présente et était moins

Tableau 4	*Événements sportifs télévisés en concurrence avec certaines parties de football télévisées choisies durant la saison canadienne de football en 1991*	

Dates des parties 1991		Chaînes
11 juillet	Baseball : Blue Jays de Toronto	TSN (The Sports Network)
18 juillet	Baseball : Blue Jays de Toronto	TSN
25 juillet	Tennis : Players International	TSN
1er août	Pas de concurrence*	
8 août	Baseball : Expos de Montréal	TSN
15 août	Pas de concurrence*	
22 août	Baseball : Blue Jays de Toronto	TSN
27 août	Baseball : Blue Jays de Toronto	TSN
29 août	Baseball : Blue Jays de Toronto	TSN
2 sept. (2)	Hockey : Canada Cup	CTV
7 sept.	Hockey : Canada Cup	CTV
8 sept.	Football national – LNF** 2 parties	NBC, CBS et GLOBAL
14 sept.	Hockey : Canada Cup	CTV
21 sept.	Football : US College	ABC
22 sept.	LNF : 2 parties	NBC, CBS et GLOBAL
28 sept.	Pas de concurrence	
29 sept.	LNF	CBS et GLOBAL
	Baseball : Blue Jays de Toronto	CTV
6 oct.	LNF	NBC et GLOBAL
	Baseball : Blue Jays de Toronto	CTV

* Aucun événement sportif concurrentiel n'a été diffusé à la télévision simultanément à la diffusion d'un match de la LCF à cette date.

** La Ligue nationale de football (LNF) est la principale ligue de football des États-Unis.

sophistiquée que la couverture américaine des parties de la LNF et, dans les mots d'un participant, « sollicitait moins les supporters » que la couverture des Seahawks de Seattle, une équipe de la LNF qui joue à moins de trois heures d'automobile de Vancouver. Les participants ont également

suggéré que la LCF devait établir une présence dans les écoles primaires et secondaires de la Colombie-Britannique. Comme le dit l'un des plus ardents supporters de la LCF parmi eux, le Canada est « culturellement déficient » pour ce qui est du football.

Tableau 5	*Attitudes à l'égard de la LCF. Les résultats des séances de discussion rapportés par Marktrend Marketing Research Inc., Colombie-Britannique, décembre 1990*

La LCF est davantage orientée vers l'action que la LNF.

Il y a plus de passes durant la partie.

Le score est plus élevé.

La partie est moins prévisible.

Une partie de la LCF est (suffisamment) différente d'une partie de la LNF, mais la LCF est moins stratégique que la LNF.

Il n'est pas juste de comparer les deux ligues, mais :

- les joueurs de la LCF sont perçus comme de moindre qualité et d'une habileté inférieure ;
- la LCF est perçue comme un camp d'entraînement pour la LNF.

La LCF n'est pas vraiment canadienne :

- pas d'arrière canadien ;
- pas d'identité canadienne ;
- aucun achat de joueur de qualité.

La LCF n'est pas suffisamment annoncée en dehors du stade :

- les magasins sont dominés par des articles de la LNF ;
- la LCF n'est pas un produit de qualité.

L'avenir

Comme Dave examine les statistiques des années antérieures et la recherche menée pour les Lions, il pense au défi qui l'attend. « Ce que nous offrons est un divertissement complet. Ce n'est pas assez de dire : "Venez et regardez-nous, nous avons de bonnes parties ici." Les gens veulent en avoir pour leur argent, spécialement en ces temps difficiles sur le plan économique. Dans certains marchés plus petits, nous sommes le seul jeu en ville, mais dans les grands centres, nous sommes en concurrence avec plusieurs sports pour aller chercher les dollars des consommateurs. Tant dans les petits que dans les grands centres, nous devons prendre en considération les autres possibilités de divertissement qui s'offrent au consommateur. Je crois qu'en améliorant notre compréhension des perceptions qu'ont les consommateurs de notre produit, nous serons davantage en mesure de battre la concurrence. »

Questions

1. Discutez des avantages de la recherche commerciale pour la nouvelle équipe de gestion de la LCF.

2. Examinez les données sur l'assistance aux parties (tableau 1) et la taille des auditoires aux parties télévisées (tableaux 2 et 3). Comment Dave Allen peut-il exploiter cette information ?

3. Quelles sont les forces et les faiblesses de la recherche menée en Colombie-Britannique ? Cette recherche peut-elle être utile à Dave Allen ?

4. Formulez des objectifs de recherche qui devraient guider les efforts futurs de Dave en recherche commerciale.

5. Quelles recommandations feriez-vous à Dave Allen concernant les méthodes à utiliser pour mener la recherche commerciale lui permettant d'atteindre ses objectifs ?

C A S   1 4

Les cosmétiques pour hommes*

Francine Major et Monique Moffette sont amies depuis longtemps : elles ont fréquenté les mêmes écoles, joué aux mêmes jeux et partagé les mêmes rêves. L'un de ces rêves veut qu'elles se lancent ensemble en affaires. Au printemps 1989, les deux copines décident que le temps est venu de réaliser ce rêve ; la première étape consiste à trouver une idée, à imaginer un concept gagnant.

Après mûre réflexion, les deux femmes optent pour la vente de cosmétiques pour hommes. Et pour cause ! Francine travaille depuis cinq ans pour un fabricant canadien de cosmétiques pour femmes en qualité de directrice des ventes pour la province de Québec. Elle a remarqué lors de ses tournées dans les grands magasins de Montréal que, depuis quelque temps, plusieurs entreprises avaient commencé à vendre des gammes de produits de beauté pour hommes (le tableau 1 présente de l'information sur les produits vendus par les principaux concurrents). Francine croit que ce marché présente un potentiel de vente élevé et que le moment ne peut être mieux choisi, la plupart des grandes compagnies de cosmétiques n'ayant pas encore attaqué ce marché à fond.

Monique trouve aussi que l'idée est bonne ; elle a remarqué que son ami Denis lui emprunte régulièrement certains produits de beauté tels que la crème antirides, la lotion « clarifiante » et la crème hydratante. De plus, elle se souvient avoir vu des hommes qui, à l'occasion de sorties dans les bars ou dans les discothèques du centre-ville, utilisaient du mascara et même du crayon pour les yeux. Elle croit que les mentalités ont changé et que les hommes sont maintenant prêts à acheter des cosmétiques comme le mascara, le fard à joues et même le rouge à lèvres. Son père, pourtant dans la soixantaine, n'utilise-t-il pas un shampooing colorant pour cacher ses cheveux gris ? Et son frère, Jacques, homme conservateur et pantouflard, ne se sert-il pas tous les jours d'un sèche-cheveux ?

Les deux amies sont convaincues qu'elles ont trouvé le concept gagnant. Pour s'en convaincre davantage et tester leur idée, elles décident d'en parler à leurs parents et à certains amis. Les réactions qu'elles obtiennent sont partagées.

Certains sont d'avis que l'idée est mauvaise. Par exemple, le frère de Monique a pouffé de rire et a fait la remarque suivante : « Les cosmétiques ? C'est bon pour les homosexuels ! Jamais les "vrais" hommes ne porteront ça ! » Une collègue de travail de Francine soutient que si l'idée était si bonne, il y a longtemps qu'elle aurait été exploitée par des entrepreneurs comme Lise Watier, femme d'affaires reconnue pour son dynamisme.

D'autres personnes ont une attitude plus positive. Le mari de Francine, Raymond, fait remarquer qu'il connaît bon nombre d'hommes qui seraient intéressés à utiliser des produits de soins pour la peau. Selon lui, ces hommes sont ceux qui aiment les sports de plein air, qui ont dépassé le cap de la trentaine et qui commencent à sentir le vieillissement de leur peau – qui nécessiterait des soins plus poussés que ceux que procurent l'eau et le savon. Souvent, ces hommes empruntent les produits achetés par leurs femmes parce qu'ils se sentent embarrassés de fréquenter les comptoirs des grands magasins tenus par des esthéticiennes. Raymond ajoute qu'il croit tellement au sens des affaires de Francine qu'il est prêt à investir les économies familiales dans le projet. Et il va jusqu'à affirmer que Francine pourrait également utiliser le montant laissé en héritage par sa grand-mère, décédée il y a quelques mois.

Francine et Monique décident de laisser leur projet en veilleuse pour quelques jours, histoire de

---

*   © 1993. Cas rédigé par Carole Duhaime, HEC Montréal.

Tableau 1	La concurrence sur le marché des produits de beauté pour hommes*

Atien « Mystérieux – Sûr de lui – Classique »	**Fixant souple pour cheveux**
Savon purifiant	Émulsion solaire
Lotion astringente	Stick solaire protecteur
Avant-rasage électrique	Savon parfumé
Crème à raser	Désodorisant vaporisateur
Lotion après-rasage hydratante	Désodorisant en bâton
Crème hydratante aux protéines	Gel pour le bain et la douche
Lotion corps et mains	Talc parfumé
Crème exfoliante	**Clinique – Formule pour homme « Un système unique d'hygiène de peau »**
Lotion bronzage 8	Savon facial
Crème soleil 15	Lotion gommante
Après soleil	M Lotion
Baume pour les lèvres	Crème à raser
Crème des yeux concentrée contour	Pâte désincrustante
Traitement antirides pour homme	Gel bronzant
Christian Dior – Fahrenheit « Fusion subtile d'Énergie, d'Espace et de Sensualité »	Hygiène du cuir chevelu
Eau de toilette	Fixateur capillaire
After-Shave	Antisudorifique-bille
Baume après-rasage	Bâton de secours (pour furoncles)
Désodorisant	**Aramis – Lab Series** ** « Produits non parfumés, sans huile » « Soins de la peau et des cheveux de l'homme »**
Savon	Pain de nettoyage
Roger & Gallet « L'homme est rare » – « Chacun de ses produits est un Soin de Soi »	Crème active désincrustante
Eau de toilette	Anti-feu du rasoir
Lotion après-rasage	Lotion clarifiante
Mousse à raser	Supplément antivieillissement pour la peau
Crème à raser	Hydratant instantané
Savon à barbe parfumé et bol à raser	Nutriplexx – supplément pour cheveux
Recharge pour bol à raser	Shampooing Nutriplexx
Baume après-rasage sans alcool	
Shampooing	
Baume après-shampooing	

* La désignation des divers produits est celle qu'ont adoptée les fabricants eux-mêmes.

** Cette compagnie offre un ensemble à 25 $ pour faire l'essai de cinq de ses produits.

prendre du recul, de se donner un temps de réflexion et de permettre que leurs idées se décantent. Elles comptent se rencontrer de nouveau dans deux semaines.

Avant de se quitter, elles font la liste de leurs actifs :

1. Un capital de départ d'environ 90 000 $ composé de leurs économies, de l'héritage de Francine et du fonds de retraite accumulé de Monique ;

2. Une bonne connaissance du marketing, de la vente et de la gestion apportée par Francine, détentrice d'un B.A.A. de l'École des Hautes Études Commerciales de Montréal ;

3. Les contacts de Francine auprès des distributeurs et des détaillants de produits cosmétiques ;

4. Les connaissances de Monique, diplômée en chimie de l'Université de Montréal. Cette dernière possède une expérience de cinq ans en recherche et en production dans le domaine des produits pharmaceutiques.

Les deux amies comprennent qu'elles doivent réfléchir plus en profondeur quant à la stratégie de marketing à adopter : dans l'industrie des cosmétiques, les sommes d'argent associées à la fabrication des différents produits sont minimes relativement aux coûts de l'emballage et du marketing ; il est même possible pour une nouvelle entreprise d'avoir recours à des sous-traitants pour la fabrication des produits de base.

Nos deux entrepreneures doivent décider de l'éventail des produits qu'elles veulent commercialiser (soins de beauté seulement, cosmétiques seulement ou gamme complète), de la marque, de l'emballage ainsi que de la stratégie de communication, de distribution et de prix qu'elles désirent privilégier. Elles doivent aussi prendre des décisions quant au marché cible et au positionnement de leurs produits. Finalement, il leur faut mesurer le potentiel des ventes de leur entreprise.

Ces informations sont indispensables non seulement parce qu'elles sont la base du processus de planification en marketing, mais aussi parce qu'elles constituent une partie intégrante du plan d'affaires nécessaire à l'obtention de subventions gouvernementales et de financement bancaire.

Questions

1. Nos deux entrepreneures ont-elles trouvé leur concept gagnant ?

2. Y a-t-il plusieurs segments dans le marché masculin ? Expliquez votre réponse.

3. Peut-on se reporter aux théories de l'apprentissage dans ce cas ? Expliquez votre réponse.

4. Les deux entrepreneures devraient-elles mettre en marché une gamme de cosmétiques pour hommes ? Justifiez votre réponse.

C A S   1 5
La commission scolaire de l'Aquarelle*

La commission scolaire de l'Aquarelle est située en banlieue de Montréal et elle regroupe maintenant sept municipalités. Elle a été créée en 1964, à la suite d'un développement rapide et massif de la région, principalement causé par l'exode des Montréalais vers les banlieues. Elle doit gérer neuf écoles primaires et trois écoles secondaires francophones, de même que trois écoles primaires et une école secondaire anglophones.

---

* © 1995, Normand Turgeon. Ce cas a été rédigé par Pierre Rousseau, sous la direction de Normand Turgeon. Reproduit avec la permission de HEC Montréal.

La majorité de la population est francophone, assez scolarisée. On y trouve des propriétaires, des professionnels, des cols blancs ou des techniciens spécialisés. Le revenu moyen par foyer se situe autour de 65 900 $. Chaque foyer a, en moyenne, 1,67 enfant d'âge scolaire ou préscolaire.

Depuis cinq ans maintenant, la région ne se développe plus au même rythme de croissance. Région prospère dans les années 1970 et 1980, elle connaît maintenant certaines difficultés économiques. Les villes 1 et 4 sont les plus durement touchées (voir le tableau 1). En effet, une importante entreprise multinationale, principal employeur local, a réduit son personnel de plus de la moitié. On craint même la fermeture éventuelle de l'entreprise. Plusieurs commerces sont également touchés par le ralentissement économique de la région. Ces facteurs ont entraîné une hausse marquée du taux de chômage et une dévaluation significative des propriétés.

D'autres villes se portent très bien. En fait, de nombreux jeunes professionnels financièrement à l'aise se concentrent dans un quartier où l'on trouve le plus haut revenu par ménage. Les familles sont jeunes et relativement prospères. Elles sont beaucoup plus instruites que la moyenne et recherchent une grande qualité de vie.

La diversité de la population de la région est un aspect essentiel que la commission scolaire de l'Aquarelle doit prendre en considération. Elle offre une éducation de qualité, tant au niveau primaire qu'au niveau secondaire. Elle n'est pas très ouverte au marketing, car elle ne veut pas se donner une image de « vendeur ». Elle n'a jamais véritablement produit de matériel promotionnel. Ses efforts de communication marketing se résument à faire connaître la date des inscriptions et certaines activités étudiantes par voie de communiqués de presse. Comme dans plusieurs autres commissions scolaires, c'est le secrétaire général qui s'occupe de la communication et des relations publiques pour l'ensemble des 16 écoles. Cette tâche ne représentant qu'une petite partie de ses responsabilités, le secrétaire général n'a donc pas une grande expérience du domaine. La plus grande part des efforts de communication est assurée à l'interne dans chaque école.

L'académie Rochon, un adversaire de taille...

Il y a trois ans, une école privée s'est établie dans la ville 5. L'académie Rochon offre essentiellement des classes de niveau primaire. Pouvant recevoir 600 écoliers, elle a accueilli 350 élèves dès sa première année

Tableau 1								
			Répartition par ville des écoles primaires de la commission scolaire de l'Aquarelle					
Villes	**Population**	**Revenu familial moyen**	**Nombre d'écoles primaires**		**Nombre total d'élèves au primaire**		**École privée**	
			Francophones	Anglophones	Francophones	Anglophones	Nombre	Élèves
Ville 1	17 250	40 790 $	1		613			
Ville 2	27 650	50 000 $	1		527			
Ville 3	45 789	63 200 $	2	1	862	595		
Ville 4	48 735	33 208 $	2	1	1 242	460		
Ville 5	19 500	115 000 $	1		420		1	582
Ville 6	19 784	71 200 $	1	1	468	527		
Ville 7	15 300	88 000 $	1		403			

d'activité, et elle est maintenant tout près de sa capacité maximale. Elle songe sérieusement à s'agrandir très prochainement et elle planifie même ouvrir un pensionnat d'ici deux ans afin de répondre aux besoins de sa clientèle. Cette école couvre un grand territoire ; c'est pourquoi elle a déjà inclus dans son infrastructure un service de transport pour ses écoliers.

Dès sa première année, l'académie Rochon s'est dotée d'un service de marketing très dynamique, composé de deux personnes spécialistes dans le domaine des entreprises de service. Elle vise à établir une complicité et des relations plus étroites entre les parents et l'école en favorisant l'engagement actif des parents et en étant particulièrement attentive à leurs besoins. Elle a ainsi pu acquérir une excellente renommée, se placer à l'avant-garde et se démarquer des établissements du secteur public qui demeurent beaucoup plus traditionnels. L'académie Rochon a toujours été très ouverte aux nouvelles idées, ce qui représente un des éléments importants de son image de marque. Par exemple, un tout nouveau programme de financement a été instauré, permettant aux parents de régler les frais scolaires en plusieurs versements, cela afin d'avantager le plus grand nombre de familles. L'académie a également conçu un programme scolaire spécialisé favorisant l'apprentissage, la culture, le sport et les habiletés artistiques.

Cette école privée est très sélective et n'accepte que les meilleurs écoliers. Elle désire regrouper l'élite de la population locale. Quoique le revenu moyen des familles de la région soit respectable, les frais scolaires de l'établissement sont relativement élevés, si bien qu'il n'est pas accessible à tout le monde. L'école intensifie ses efforts pour se faire connaître et reconnaître dans le milieu. Pour la prochaine année scolaire, l'académie Rochon a distribué une brochure à l'intention de toute la population. On y vante la qualité des cours, l'excellence des élèves de même que la diversité des services et des activités. Le thème de la campagne cette année est : « L'académie Rochon, parce que j'aime apprendre ! »

Elle tiendra prochainement une journée portes ouvertes, pour mieux faire connaître l'école. Ce sont les écoliers eux-mêmes qui seront au centre de cet événement. Ils sont les mieux placés pour convaincre les gens de l'excellence de l'établissement.

De plus, le spectacle de fin d'année de l'an dernier a été annoncé dans tous les journaux locaux. L'académie avait investi beaucoup d'argent et d'efforts pour en faire un spectacle de grande qualité parce qu'elle attache beaucoup d'importance à l'expression artistique et au dépassement de ses élèves.

L'école primaire publique en danger

Les écoles primaires du secteur public enregistrent actuellement une baisse de fréquentation de plus de 12 %, principalement à cause de l'implantation de l'école privée, de la baisse du taux de natalité et du vieillissement de la population. Les deux écoles situées près de l'académie Rochon sont les plus touchées, perdant chacune plus de 18 % de leur clientèle potentielle. Depuis son ouverture, l'académie multiplie ses efforts de marketing pour faire connaître son institution et acquérir une notoriété dans la région. La recette semble efficace puisqu'elle est la seule école primaire francophone de la région à enregistrer une hausse constante de fréquentation, alors que les écoles du secteur public sont stagnantes, ou perdent régulièrement de leur clientèle. Si la tendance se maintient, la commission scolaire sera obligée de fermer au moins une école primaire d'ici deux ans.

L'école des Trois Colombes fait face à une baisse de fréquentation marquée de plus de 20,5 %. Étant située tout près de l'académie Rochon, elle est l'une des plus touchées par l'arrivée de cette nouvelle école privée. Ce phénomène se traduit à court terme par une baisse importante des revenus provenant du ministère de l'Éducation. Le financement des écoles publiques, comme celui des écoles privées, est fondé sur le nombre d'écoliers inscrits par année.

Si aucune action positive n'est entreprise, la direction de l'école et la commission scolaire seront dans l'obligation de réduire le personnel enseignant et d'annuler plusieurs activités parascolaires. L'école pourrait même se trouver obligée de fermer ses portes à moyen terme, si l'hémorragie n'est pas arrêtée à temps... Déjà l'an dernier, la classe neige des enfants a été annulée et trois employés ont été congédiés, dont le travailleur social à temps plein, un enseignant suppléant et une préposée à la bibliothèque. C'est maintenant une travailleuse sociale contractuelle qui assure le service de travail social à mi-temps, partageant son horaire entre trois écoles du secteur.

La direction et le comité de parents de l'école ont récemment pris connaissance d'une étude comparative sur la qualité de l'enseignement primaire du secteur public et du secteur privé, obtenue d'une école de Montréal. Cette étude, comme bien d'autres, conclut qu'il y a très peu de différence entre les deux types d'établissements, bien que plusieurs parents aient tendance à favoriser de plus en plus le secteur privé. Il en résulte donc une baisse importante du nombre d'élèves et des revenus pour le secteur public. Il faut comprendre que, étant donné que les écoles privées exercent une sévère sélection des élèves en fonction de leurs résultats scolaires, il en découle une meilleure image de la réussite de ses élèves et l'impression que la formation qui y est dispensée est de plus grande qualité. Par contre, l'école publique est moins homogène et elle présente une plus grande diversité de la population étudiante.

M. Gendron, membre du comité de parents, s'explique mal que des familles puissent préférer le secteur privé, particulièrement au niveau primaire. Pour lui, il n'y a qu'un choix clair et net à faire entre le privé et le public, car l'éducation offerte au secteur public est de première qualité. Si l'attrait qu'exerce le secteur privé s'accentue, le secteur public sera sérieusement hypothéqué et les commissions scolaires ne pourront plus offrir une gamme aussi complète de services et la qualité générale de l'éducation en souffrira.

Pourtant, il est vrai qu'à l'époque où nous vivons, les parents prennent davantage le temps de peser le pour et le contre d'une décision aussi cruciale que le choix du type d'éducation qu'ils veulent pour leurs enfants. Il est donc important pour la direction de l'école des Trois Colombes et la commission scolaire de bien comprendre le processus décisionnel que suivent les parents. Ils pourraient ainsi mieux centrer leurs efforts de marketing à court et à long terme.

Nous pouvons relever plusieurs types de comportement qui varient d'un consommateur à un autre. Le degré d'implication, le style de vie, l'éducation, l'environnement culturel, la situation économique, les opinions et les préjugés sont tous des éléments qui interviennent dans le processus décisionnel.

Examinons plus particulièrement le comportement de quatre familles qui doivent prendre une décision concernant l'inscription de leur enfant à l'école privée ou publique.

La famille Vézina

Mariés depuis 10 ans, Paul-André et Maria ont un garçon de six ans, Guillaume, et ils attendent d'ici deux mois et demi la naissance de leur second enfant. Paul-André est un ingénieur travaillant dans le domaine de l'aéronautique. Maria, en congé préventif de maternité, reprendra son poste de comptable dans un important cabinet du centre-ville de Montréal après la naissance du bébé.

Ils sont propriétaires d'une magnifique maison de style contemporain depuis bientôt cinq ans. Ils possèdent deux voitures et ils prennent régulièrement des vacances à l'étranger, seuls ou avec leur enfant. Ils gagnent annuellement plus de 112 500 $. Ils ont un niveau de vie assez élevé et ils soignent beaucoup leur image sociale.

En septembre prochain, Guillaume fera son entrée à la « grande école » ! Finie la maternelle ! Quelle sera la décision de Paul-André et Maria : le secteur public ou privé ?

MARIA : Nous avons reçu aujourd'hui une brochure de l'académie Rochon et cette école me semble très bien. Je trouve très difficile de choisir une école pour Guillaume. Je voudrais qu'il puisse acquérir une bonne formation de base et ainsi mettre toutes les chances de son côté.

PAUL-ANDRÉ : Justement, la semaine dernière, à la maternelle, des parents discutaient de la prochaine rentrée scolaire et l'académie Rochon a été mentionnée très souvent.

MARIA : Je me demande si l'école privée est supérieure à l'école publique au niveau primaire. De nos jours, il se passe tellement de choses dans les écoles. J'ai vu un reportage à la télévision dernièrement qui expliquait que, dans certaines grandes villes, il y avait des écoles primaires où l'on trouvait des problèmes de délinquance, de vandalisme, de drogue, de décrochage scolaire. Même les enseignants se sentaient dépassés par la situation.

PAUL-ANDRÉ : J'ai de moins en moins confiance dans la qualité de l'enseignement de l'école publique. Les enseignants ne sont plus motivés à enseigner et ils s'intéressent plus à leur convention collective qu'à leurs élèves. Mes parents m'ont envoyé à l'école publique pour mon élémentaire et à l'école privée pour mon secondaire, et je ne le regrette pas. Tu sais, je crois que le collège privé m'a redonné le goût de l'école, et celui d'être plus discipliné, plus studieux. L'académie Rochon, même si elle n'existe que depuis trois ans, semble très sérieuse et professionnelle. C'est d'ailleurs cette école que ma belle-sœur Maryse a choisie pour Lison, sa plus vieille. Elle est maintenant en troisième année et elle y est très heureuse. Ses résultats scolaires sont très bons.

MARIA : De plus, elle offre un excellent choix d'activités parascolaires pour les jeunes. L'an dernier, Mme McDougall, la gardienne de Guillaume, a assisté à la séance de fin d'année et elle a été agréablement surprise par la qualité du spectacle. Oui, je crois de plus en plus que Guillaume aimerait beaucoup cette école.

PAUL-ANDRÉ : Je sais qu'au secteur privé ils sont plus à l'écoute des élèves. Si je me rappelle bien l'époque où j'étais au collège, il n'était pas question de jeux Nintendo ou autres pour s'amuser le soir, j'avais plutôt le nez dans mes bouquins pour finir tous mes travaux scolaires et, du même coup, préparer mon entrée au cégep et à l'université. De plus, la direction de l'école organisait régulièrement des rencontres avec les parents et les enfants, ce qui assurait un meilleur suivi scolaire. Les premières années d'école d'un enfant sont cruciales. Nous ne devons pas prendre une décision à la légère. Nous devons offrir ce qu'il y a de mieux à notre fils.

MARIA : J'y pense, je vais profiter de la journée portes ouvertes de mercredi prochain pour me familiariser davantage avec les cours et les activités qu'on y offre. Je pourrai même y amener Guillaume.

PAUL-ANDRÉ : Pourquoi pas ! C'est une très bonne idée. Ainsi, nous pourrons faire le bon choix pour l'avenir de notre bout de chou.

Mireille, Roland et Louise

Dans une autre ville, Mireille, Roland et leur amie Louise font face au même problème : la rentrée scolaire.

Mireille et Roland sont les parents de la petite Colette qui aura bientôt six ans et ils doivent l'inscrire à l'école prochainement. Son grand frère de 10 ans, Simon, fréquente déjà l'école publique du quartier.

Mireille et Roland viennent de la région de LaSarre, en Abitibi. Tous les deux ont terminé leurs études secondaires avec de bonnes mentions. Quant à Mireille, elle a suivi quelques cours de bureautique à temps partiel et elle travaille à domicile, faisant de petits travaux de secrétariat.

Roland est charpentier et il travaille pour un gros entrepreneur en construction. Mireille et lui ont un revenu de près de 48 000 $ par année et ils habitent la région depuis qu'ils ont acheté leur petite maison, il y a 11 ans.

Ils reçoivent leur amie Louise et sa fille à souper. Louise est mécanicienne chez un gros concessionnaire automobile de la région et son revenu annuel est de 33 000 $. Elle loue, depuis trois ans, un appartement tout près de chez Roland. Elle élève seule sa fille de neuf ans, Dominique.

LOUISE : Tiens, je remarque que vous avez aussi reçu la publicité concernant la nouvelle école privée. Elle m'apparaît être une très bonne institution, si on en juge par sa réputation. Deux petites amies de Dominique étudient justement là. Elles parlent très souvent à ma fille de ce qu'elles apprennent et de ce qu'elles font. C'est étonnant comme elles semblent heureuses de fréquenter cette école.

ROLAND : Si je ne me trompe pas, Dominique va à la même école que Simon, non ?

LOUISE : C'est juste. Mais je me demande si je ne devrais pas la changer d'école l'an prochain. Ainsi, elle serait avec ses petites amies. Il est vrai que l'académie Rochon est une école de choix, mais je ne pense pas avoir les moyens financiers d'y envoyer ma fille. D'autant plus que son école actuelle est juste à côté d'ici.

MIREILLE : Comme il n'y a aucun prix de mentionné dans la brochure, j'en déduis que les frais scolaires doivent être exorbitants. De toute façon, je suis très satisfaite de la qualité de l'enseignement que Simon reçoit à son école. Et, en plus, c'est gratuit.

ROLAND : Au moins, c'est l'école du quartier. Tous ses petits amis sont près d'ici. Tu devrais voir ça, le samedi matin dans la cour arrière. Les élèves de l'école viennent de tous les milieux, et je crois que c'est très enrichissant pour Simon. Au moins, c'est la vraie vie ! À l'école privée, les gens sont très « artificiels »… tandis qu'au secteur public, on encourage les enfants à développer leur autonomie, à être plus débrouillards.

LOUISE : Cette académie est tout de même assez loin d'ici. Dominique aurait plus de 30 minutes de transport matin et soir. Pourtant, depuis ses trois années à l'école publique, elle a des notes au-dessus de la moyenne. Je n'ai jamais eu de problème avec aucun de ses enseignants. Mais elle tient tellement à changer d'école et commencer sa quatrième année au même endroit que Mimi et Sophie, ses deux petites amies…

MIREILLE : Les frais scolaires, l'uniforme, le transport, tout cela doit coûter très cher par année. Tu pourrais t'informer auprès de Mme Pontbriand, son garçon va là-bas et il est maintenant rendu à sa sixième année. Je ne sais pas s'il y a une réelle différence entre les secteurs privé et public, surtout au niveau primaire. Au niveau secondaire, c'est un peu différent. Je crois qu'ils reçoivent une meilleure préparation pour le cégep et l'université dans les écoles privées.

ROLAND : Heureusement, nous ne sommes pas encore rendus là ! Bref, Louise, après avoir lu la brochure de l'académie et en avoir discuté un peu autour de nous, nous préférons envoyer Colette au secteur public, comme son frère. À mon avis, c'est une sage décision.

LOUISE : Moi, j'hésite encore. Si ce n'était que de moi, je ne la changerais pas d'école. Mais tu sais, les enfants d'aujourd'hui savent ce qu'ils veulent ! Nous en avons discuté ensemble, mais nous ne sommes pas arrivées à un consensus. Je trouve tout de même important que Dominique participe à la prise de décision, puisque c'est d'elle qu'il est question.

MIREILLE : Il faudra vous dépêcher à prendre une décision parce que l'inscription se fera très bientôt.

La famille Trudeau

Enseignante de cinquième année dans une école publique de la commission scolaire, Carmen connaît très bien l'environnement d'une école primaire publique. À la fin de ses études, elle avait fait un stage dans une école privée de Montréal et elle avait été enchantée de son expérience. Mais malgré beaucoup d'efforts, elle n'avait pu que trouver un poste dans le secteur public.

Quant à Gilles, il travaille pour une institution de prêts à la consommation et assume la direction d'une petite succursale de la région depuis plus de deux ans. Le revenu annuel de leur ménage se situe autour de 83 000 $. Ils ont un garçon de six ans, qui s'apprête à faire son entrée à l'école, et une petite fille de quatre ans. La famille Trudeau habite une charmante maison dans un nouveau développement résidentiel de la ville 6.

Un après-midi, Gilles rencontre de bons clients, M. et Mme Vézina. Cette dernière arrive justement de l'académie Rochon, où elle a assisté à l'activité portes ouvertes.

« Je crois que cette école est vraiment bien, raconte Maria. Nous avons pris la bonne décision en y inscrivant notre fils. Les enseignants semblent très compétents. Je sais que Guillaume sera entre bonnes mains. »

Gilles s'informe des frais de scolarité et des modalités d'admission.

« Prends le temps d'aller visiter l'académie, Gilles, tu ne seras pas déçu, cela vaut vraiment le coup. L'avenir de nos enfants est trop important pour ne pas leur donner toutes les chances dans la vie. »

Après cette rencontre, Gilles réfléchit longuement à la question. Bien qu'il trouve que l'école privée coûte très cher, il se demande s'il ne devrait pas faire un effort. Pour lui, l'école publique n'est pas nécessairement un mauvais choix au niveau élémentaire. Après tout, c'est le gagne-pain de sa conjointe. Au souper, il décide de lui parler de sa rencontre.

GILLES : Aujourd'hui, j'ai rencontré Paul-André Vézina et sa femme. Ils m'ont dit qu'ils avaient inscrit leur petit Guillaume à l'académie Rochon pour cette année.

CARMEN : J'ai entendu beaucoup de bien au sujet de cette école. Même si elle est relativement récente, elle a déjà presque atteint sa pleine capacité. L'an dernier, plusieurs parents ont retiré leurs enfants du secteur public pour les envoyer à l'académie Rochon. Personnellement, je crois que c'est une bonne décision, même si nous perdons souvent nos meilleurs élèves.

GILLES : Crois-tu que cela pourrait être un bon choix pour notre Kevin ? L'école privée, j'ai toujours trouvé que ça faisait guindé ! Nous n'avons pas les revenus des Vézina pour nous permettre cette dépense, et de plus, nous ne demeurons pas à proximité de l'académie Rochon comme eux. Il faudrait compter entre 20 et 25 minutes de transport à l'aller et au retour.

CARMEN : J'y ai bien réfléchi depuis un certain temps et l'option du secteur privé m'apparaît intéressante malgré tout. Il est vrai que c'est un peu cher, mais je crois qu'en révisant un peu notre budget, nous pourrions nous le permettre. Tu sais, même à l'école où j'enseigne, la qualité des cours est quelquefois moyenne. Les classes sont très disparates, les élèves sont indisciplinés et les résultats scolaires en souffrent. C'est pas possible comme les jeunes d'aujourd'hui sont violents, ils se moquent littéralement des valeurs morales.

GILLES : Je crois remarquer que tu ne prêches pas pour ta paroisse… Après tout, c'est le secteur public qui nous fait vivre. Êtes-vous si mauvais enseignants que cela ?

CARMEN : Non, tu sais ce que je veux dire ! Remarque, il faut que j'admette qu'à notre école nous trouvons aussi de bons enseignants et de bons élèves. Mais moi, je préférerais que Kevin fréquente un établissement d'enseignement privé, car il profiterait d'une éducation de meilleure qualité, et il se servirait enfin de son énergie débordante à bon escient…

GILLES : Tu ne te rends pas compte que plus il y aura d'écoliers à l'école privée, moins le secteur public sera subventionné. En plus de payer les taxes scolaires de la municipalité sans pouvoir réellement en bénéficier, nous devrons acquitter les frais scolaires de l'académie.

CARMEN : Mais tu oublies aussi la possibilité que je sois éventuellement en conflit d'intérêts, si Kevin a des problèmes avec ses enseignants qui sont en même temps mes confrères et consœurs de travail. Remarque que je ne suis pas la seule à penser ainsi. Juste à l'école, nous serions quatre enseignants à envoyer nos enfants au secteur privé. De plus, l'académie Rochon est une école de confession catholique. Pour moi, l'enseignement religieux est très important, car il inculque aux jeunes les valeurs morales et sociales.

GILLES : Il est peut-être vrai qu'au privé les jeunes ont un meilleur encadrement, une plus grande discipline. Mais je suis certain que le secteur public n'est pas si mauvais que cela. Ne caches-tu pas une petite frustration ?

CARMEN : Heu ! Tu sais bien que non, voyons ! Bon, j'admets que tes arguments sont forts, mais au fond, je préfère encore ma première idée et je serais même prête à assumer moi-même les coûts de l'académie si tu veux !

GILLES : Je vois que ta décision est presque prise ! De toute façon, c'est toujours toi qui gagnes. Prends au moins le temps d'aller chercher tous les renseignements nécessaires avant d'arrêter définitivement ta décision.

Comme nous pouvons le constater, le choix d'un établissement d'enseignement relève d'un processus décisionnel complexe. Chacune des familles fait face au même dilemme tout en étant sensible à des variables et à des arguments fort différents.

Questions

1. Expliquez le processus décisionnel suivi par chaque famille selon un modèle théorique du comportement du consommateur.

2. Indiquez les principales particularités d'une entreprise de services et appliquez-les au secteur de l'éducation.

3. En tant que directeur de l'école primaire publique des Trois Colombes, définissez cinq actions de marketing à court et moyen terme qui permettraient de maintenir le nombre d'élèves et, si possible, de l'augmenter. Justifiez vos propositions.

CAS 16

Santé et Bien-être : la campagne contre l'abus de drogues et d'alcool*

À la Direction de la promotion de la santé, au ministère de la Santé et du Bien-être Canada, Jim Mintz, directeur de la division du programme promotionnel, et Johanna Laporte, responsable en chef du marketing pour la même division, se rencontrent pour examiner les résultats d'une étude psychographique. Ils viennent de recevoir le rapport et ils doivent décider quels marchés viser et quels types de messages seraient les plus efficaces pour joindre ces marchés.

Le cadre du programme

L'un des premiers mandats de la Direction de la promotion de la santé est d'informer et d'éduquer les Canadiens sur les questions susceptibles d'affecter leur santé. La réalisation de ce mandat se fait par l'élaboration et l'implantation d'une vaste gamme de programmes portant sur la formation, la recherche, l'information et la promotion et qui visent à promouvoir la santé et à encourager les façons d'éviter les risques pour la santé. Plusieurs des initiatives de la Direction de la promotion de la santé sont mises en œuvre de concert avec les organisations non gouvernementales provinciales et territoriales, telles que la Canadian Medical Association Drug Agencies et, dans plusieurs cas, avec l'aide des entreprises du secteur privé et des organismes sans but lucratif.

L'un des domaines auxquels la Direction de la promotion de la santé consacre ses efforts est la prévention de l'abus de drogues légales et illégales y compris l'alcool, le tabac, les médicaments délivrés sur ordonnance, les médicaments en vente libre et les solvants.

L'abus d'alcool et d'autres drogues est un problème sociétal qui comporte plusieurs dimensions et dont les conséquences sont des coûts économiques et humains non acceptables. Cet abus est la cause de blessures et de morts sur les routes, d'une perte de productivité sur le marché du travail et de fardeaux qui vont en augmentant pour le système judiciaire, législatif et médical. Le coût de l'abus de drogues inclut la perte de potentiel humain, l'altération de la santé mentale et physique, la destruction des mariages et des familles et des souffrances personnelles.

Il y a 15 ans, la suggestion que le marketing pourrait jouer un rôle dans l'éducation sur la santé aurait été rejetée par les professionnels de la santé. À leurs yeux, le marketing, développé et perfectionné par les entreprises orientées vers le profit, était utilisé pour encourager la consommation de drogues légales telles que le tabac et l'alcool et n'avait pas sa place dans le secteur public.

Cependant, le marketing social, qui s'appuie sur les concepts traditionnels de marketing (dont l'utilisation de la recherche commerciale, le positionnement, la planification, la distribution, l'analyse coût-bénéfice et le comportement du consommateur), a démontré sa capacité à appliquer les outils du marketing pour aider à atteindre des objectifs sociaux. En d'autres mots, le marketing social est considéré comme une composante importante s'insérant dans une approche multidimensionnelle pour atteindre des objectifs sociaux. Par exemple, un article paru dans le *British Journal of Addiction* soulignait le fait que le marketing social peut jouer un rôle de premier plan dans l'établissement de façons pour faire inscrire les politiques de contrôle de l'alcool dans les priorités des législateurs, pour susciter l'engagement des groupes cibles et pour mobiliser l'appui du public.

La stratégie nationale en matière de drogues, l'« action contre l'abus de drogues », inaugurée en 1987, a été conçue en réponse à un besoin clairement cerné de coordination de la stratégie nationale qui s'occupe à la fois de l'offre et de la demande en ce qui a trait au problème de l'abus de drogues. Santé et Bien-être Canada a reçu le rôle de meneur dans l'implantation de cette stratégie. Près des deux tiers des 210 millions de dollars ayant été alloués à la phase initiale de cinq ans du programme ont été consacrés à des initiatives en matière d'éducation, de prévention et de traitement.

En se basant sur cette prémisse que la prévention commence par la sensibilisation, la première grande initiative du programme « Action contre l'abus de drogues » (1987) a été une importante campagne de marketing intitulée « *Really Me*/ Drogues, pas besoin ! » L'objectif premier de cette campagne était de sensibiliser davantage le public, à la fois en rendant accessible l'information sur les effets de l'alcool et des autres drogues et en encourageant des discussions de groupes sur ces questions.

Le cadre de la campagne

La conception de la campagne « *Really Me*/Drogues, pas besoin ! » s'est appuyée sur un examen de plusieurs recherches commanditées par d'autres et mises à la disposition de la Direction. Après avoir examiné ces données, la division du programme de promotion a commandé une étude qualitative pour découvrir les attitudes et les perceptions des jeunes de 11 à 17 ans et de leurs parents à l'égard de la consommation de drogues.

En se fondant sur cette recherche, on a choisi deux groupes cibles initiaux :

1. Les jeunes âgés de 11 à 13 ans ont constitué le premier groupe visé, parce que la recherche précisait clairement que la consommation de drogues illicites et l'abus d'alcool commençaient vers l'âge de 14 ans (cela varie légèrement d'une province à l'autre). Les jeunes de ce groupe d'âge commencent à établir des relations sociales solides en dehors de la maison.

Ils passent moins de temps avec leurs familles et dépendent moins de l'aide des parents lorsqu'il s'agit de prendre des décisions. Durant cette période, les jeunes s'interrogent aussi davantage sur les idées et les valeurs et ils commencent à tester leur habileté à faire face à des situations plus difficiles de la vie. C'est l'étape des essais.

2. Les parents d'enfants de 11 à 13 ans ont constitué le second groupe cible. Les études montrent clairement que la communication entre les parents et les enfants représente un domaine extrêmement important. La plupart des parents interrogés avaient le sentiment qu'ils communiquaient avec leurs enfants sur les questions sociales sensibles telles que l'abus d'alcool. Cependant, les jeunes interrogés, pour la plupart, disaient qu'aucune discussion ouverte avec leurs parents n'avait eu lieu. Cela semble indiquer une différence entre ce que les parents pensent être une discussion sensée et ce qui constitue un dialogue pour leurs enfants.

On a décidé de positionner la campagne pour le marché cible des 11 à 13 ans comme une campagne simple, objective, positive, optimiste quant à l'avenir et dans un style non moralisateur. Le message destiné aux jeunes devait créer une ambiance en faveur de la non-consommation de drogues, c'est-à-dire susceptible de mener à la formation d'une bonne estime de soi et d'une image de soi en santé de sorte que, en dépit des pressions exercées de l'extérieur, les jeunes puissent prendre la décision de ne pas consommer de drogues et s'y tenir.

La décision d'adopter une approche positive a été prise après de nombreuses discussions au sein de la Direction de la promotion de la santé et après avoir passé en revue la littérature sur le sujet. À cause des dangers associés à la consommation de ces substances, certains membres du personnel appuyaient l'action suivante : l'utilisation de messages forts informant les gens que ces substances peuvent nuire à leur santé et même raccourcir leur vie.

D'autres membres soutenaient que le recours à des messages forts reposant sur la peur n'avaient pas été efficaces dans la plupart des situations – les gens ont tendance à bloquer ou à ignorer ces messages parce qu'ils ne correspondent pas à ce qu'ils veulent voir ou entendre. De plus, de telles tactiques reposant sur la peur sont portées à engendrer des réponses à court terme seulement et n'entraînent pas de changement significatif dans le comportement ni de modification d'attitudes à long terme.

Au cœur de l'effort créatif sous-jacent au thème « Drogues, pas besoin ! » était la reconnaissance que les années de l'adolescence sont souvent le moment où s'expriment le désir d'exploration, la rébellion et l'expérimentation – un moment pour tester les limites de la liberté.

Pour les parents, la campagne était positionnée dans le but de promouvoir la communication entre ceux-ci et leurs enfants et pour aider les premiers à reconnaître qu'ils constituent des modèles de rôles pour les enfants en ce qui a trait à la consommation de drogues légales et illégales.

Voici les éléments du programme retenus pour joindre les deux auditoires cibles (en français et en anglais) :

■ des événements spéciaux incluant :
  • une conférence de presse inaugurale ;
  • un forum de deux jours sur la sensibilisation aux effets de la drogue ;
  • une semaine nationale de sensibilisation sur les drogues ;
  • une émission spéciale d'une heure à la télévision aux meilleures heures d'écoute ;
  • une promotion spéciale, par exemple imprimer des messages antidrogue sur un calendrier ou un magazine inséré dans une reliure à anneaux Hilroy – un partenariat avec une entreprise du secteur privé ;

■ des annonces à la télévision ;
■ des annonces à la radio ;

- des macarons, des affiches et des autocollants ;
- des annonces dans des magazines destinés à la famille ;
- des brochures « Drogues, pas besoin ! » distribuées :
  - avec les chèques d'allocation familiale,
  - dans 950 supermarchés partout au Canada,
  - sur demande, par la poste.

On a suivi les progrès de la campagne « Drogues, pas besoin ! » par une série d'enquêtes successives menées à des moments prédéterminés de la campagne. Les enquêtes furent conçues pour mesurer :

- la sensibilisation, la réaction du public et la compréhension de la campagne ;
- les attitudes et le contexte social ;
- le comportement, la consommation et les intentions de comportement.

La recherche a révélé un haut niveau de connaissance de la campagne : la connaissaient 71 % des jeunes de 11 à 13 ans et 76 % des jeunes de 14 à 17 ans.

On a aussi trouvé que ceux qui consommaient de la drogue ou de l'alcool sur une base régulière (chaque mois) étaient tout aussi au courant de la campagne que le reste de la population. Bien que la campagne initiale eût visé les non-consommateurs, cette enquête indiquait que les consommateurs actuels étaient aussi au courant de la campagne.

Chez ceux qui avaient vu les annonces, 70 % des membres du groupe primaire (70 % de 71 %, c'est-à-dire 49 % du groupe cible) et 81 % des membres du groupe secondaire (81 % de 76 %, c'est-à-dire 61,6 % du groupe cible) pouvaient se rappeler au moins un des principaux messages, par exemple être *cool* sans consommer de la drogue. Ces résultats suggèrent que non seulement on avait noté les annonces et que l'on s'en souvenait, mais qu'elles obtenaient un haut degré de compréhension.

Voici d'autres résultats de l'enquête :

- presque 75 % des répondants du groupe primaire avaient le sentiment que les annonces rendraient la consommation d'alcool et d'autres drogues moins populaire ;
- environ la moitié des répondants avaient parlé avec leurs amis de ces questions probablement parce qu'ils avaient vu les annonces. Et à peu près 75 % des parents croyaient que les annonces feraient en sorte que les parents seraient davantage enclins à discuter de la consommation d'alcool et d'autres drogues avec leurs enfants.

À la lumière des résultats, on a conclu que la campagne avait réussi à sensibiliser l'auditoire cible. Les auditoires visés avaient été atteints grâce à des messages appropriés et efficaces auxquels ils avaient pu s'identifier et auxquels ils étaient réceptifs.

La nouvelle recherche

Avant de poursuivre la campagne « *Really Me/* Drogues, pas besoin ! », la Division du programme de promotion a demandé à la recherche créative de mener une étude utilisant la banque de données sur la recherche psychographique établie en 1987, dans le but d'obtenir plus d'information sur les marchés cibles existants et de décrire les valeurs et les styles de vie distinctifs de chaque segment au sein de la population cible totale. La recherche psychographique (ou l'analyse des styles de vie) cerne les activités, les intérêts, les aspirations, les croyances, les préjugés, les opinions, les modes de consommation d'un consommateur donné et combine ces informations pour former des profils de style de vie que les spécialistes de marketing peuvent ensuite utiliser pour créer des portraits humains ressemblants des groupes cibles. L'objectif est de concevoir les bons arguments (y compris les illustrations et le langage utilisés dans les annonces) qui attireront l'attention du segment visé et qui permettront aux gens de ce segment de se reconnaître.

Cette recherche a permis d'identifier sept segments psychographiques. Le tableau 1 donne une estimation de la consommation de trois drogues pour chaque segment parmi le groupe des 13 à 17 ans.

En dépit de son désir d'informer tous les jeunes au sujet de la consommation de drogues, à cause de sérieuses contraintes budgétaires et du coût élevé de

Tableau 1 — L'usage du tabac, de l'alcool et des drogues parmi le groupe des 13 à 17 ans, selon les segments psychographiques

Segments basés sur le style de vie et les valeurs	% du marché total des jeunes	Fumeurs	Buveurs*		Essai de drogues	
			A	B	Marijuana	Autres
TGIF	24	40**	31	49	25	4
« Luddites » passifs	6	28	21	40	18	2
Moralisateurs concernés	15	15	16	32	9	2
Indépendants des grandes villes	13	10	12	36	8	1
Conformistes tranquilles	18	10	10	25	–	3
Meneurs de demain	17	7	15	38	7	2
Traditionalistes des petites villes	7	3	7	19	2	1
Total	100	14	15	38	10	2

* La colonne A inclut les répondants qui disent avoir bu de l'alcool une fois par mois ou plus. La colonne B inclut les répondants qui disent avoir bu moins d'une fois par mois.

** Se lit comme suit : 40 % de tous les membres des TGIF ont déjà fumé (ou 40 % de 24 % = 9,6 % du marché total des jeunes). Vous devez faire une interprétation semblable des autres données.

Tableau 2 — Résumé des profils

Les TGIF

Attitudes

- Orientés vers aujourd'hui plutôt que vers l'avenir.

- Pas d'éthique particulière du travail ; pas d'ambition ; pas de discipline.

- N'ont pas adopté les valeurs traditionnelles et n'ont pas une conscience sociale forte. Pas tout à fait *red neck,* mais sont portés vers cette direction.

- La culture sous toutes ses formes ne constitue pas l'une de leurs priorités.

- Pas tout à fait autonomes ; ont besoin de la compagnie d'autrui, particulièrement des personnes de sexe opposé.

- La consommation et l'abus de drogues font partie de leur style de vie orienté vers les fins de semaine. Cela inclut les cigarettes, les drogues et l'alcool.

- Le travail constitue seulement un moyen d'atteindre leurs objectifs et d'avoir du plaisir pendant la fin de semaine ; aiment se faire plaisir.

- Dépensiers, ils n'économisent pas (ils dépensent surtout en visites de boîtes de nuit et en concerts de musique rock).

Caractéristiques démographiques

- Sexe : garçons et filles en nombre égal.

- Situation socioéconomique : surtout de la classe moyenne.

- Situation géographique : une petite concentration en Ontario.

▼

▼

Tableau 2	*Résumé des profils (suite)*

Les meneurs de demain

Attitudes

- Plutôt ambitieux, avec de fortes tendances vers le leadership.
- Des personnes qui participent ; des joueurs d'équipe ; grégaires ; personnalité ouverte.
- Pas réellement traditionnels ; acceptent les mœurs d'aujourd'hui ; ont néanmoins foi dans le système.
- Ressentent une forte responsabilité sociale ; appuient les droits de l'homme.
- Pour les meneurs, l'avenir est important et ils sont optimistes quant à l'avenir.
- Aiment que l'on dise d'eux qu'ils sont à la mode, au courant, modernes ; la forme physique est importante pour eux.
- Très négatifs à l'égard de la cigarette.
- Possèdent beaucoup d'équipement de haute technologie.

Caractéristiques démographiques

- Sexe : plus de garçons que de filles.
- Situation socioéconomique : appartiennent à toutes les classes mais représentent une plus grande proportion de la classe moyenne supérieure.
- Situation géographique : viennent de partout au pays.

Les « luddites » passifs

Attitudes

- Casaniers ; pour eux, la famille est importante ; structure familiale traditionnelle.
- Leur univers tourne autour de la maison.
- Plus « vieux jeu » dans leurs mœurs.
- S'ils ne consomment pas, plus tolérants face à l'abus des drogues.
- Évitent de s'associer avec une personne atteinte du sida.
- Cherchent un certain degré d'indépendance mais se préoccupent de la façon dont ils seront perçus par les autres.
- Pas aussi disposés que d'autres à aider les personnes désavantagées.
- Manquent d'optimisme ; ont de moins grandes ambitions.
- Le travail les préoccupe.
- Pas à l'aise avec la technologie.
- Conservateurs sur le plan financier.
- N'aiment pas le changement.

Caractéristiques démographiques

- Sexe : plus de filles que de garçons.
- Situation socioéconomique : un peu supérieure à la classe moyenne ; plus de membres appartiennent à la classe moyenne supérieure.
- Situation géographique : plus de membres habitent le Québec et l'Ontario.

préparation des annonces et de l'achat de temps média, la Direction de la promotion de la santé a dû choisir un seul segment de marché et concentrer ses efforts sur ce segment.

Après avoir examiné la nouvelle banque de données sur les informations psychographiques et les sept segments de marché identifiés, Jim et Johanna, avec l'aide d'autres membres du service, ont réduit la liste de segments possibles à trois (voir le tableau 2) :

1. Les TGIF. Non seulement ce segment représente-t-il le plus grand segment, mais il comprend également les plus gros consommateurs de tabac, d'alcool et de drogues illégales. Ce segment d'amateurs de plaisirs a été appelé TGIF parce que les individus qui le composent vivent en fonction des activités de la fin de semaine.

2. Les meneurs de demain. Ce segment relativement large se compose des consommateurs légers des produits ciblés. Cependant, ces gens ont de fortes tendances au leadership et ils peuvent servir de modèles et amener les autres à réduire leur consommation. Le nom de ce segment vient du comportement des membres qui aiment lancer de nouvelles modes.

3. Les « luddites » passifs. Bien que ce segment soit de petite taille, ses membres font un plus grand usage que la moyenne des trois produits. Parce que ces gens résistent aux changements dans la structure de la famille, dans les mœurs et dans la technologie, on les a appelés « luddites », d'après le nom d'un mouvement d'ouvriers anglais qui, vers 1810, s'organisèrent pour détruire, à l'exemple de John Ludd qui aurait détruit des machines textiles vers 1780, les machines qu'ils accusaient de provoquer le chômage.

Questions

1. En vous fondant sur les résultats de la recherche présentés dans le tableau 1, quel segment recommanderiez-vous en tant que cible à la Direction de la promotion de la santé ? Justifiez votre décision à l'aide d'arguments convaincants.

2. Croyez-vous que le segment psychographique que vous avez choisi est un segment homogène ou aimeriez-vous diviser ce segment en petits groupes à l'aide d'autres variables telles que l'âge, l'instruction ou toute autre dimension utile ? Justifiez votre réponse.

3. En vous fondant sur les données psychographiques pour le segment que vous avez choisi, suggérez des messages et des illustrations qui devraient être efficaces pour atteindre ce segment.

INDEX DES AUTEURS

Adams, E.M., 267
Adams, J.A., 102
Adolph, C., 291
Allport, G.W., 128
Arpin, C., 138
Assael, H., 37
Associated Press, 9
Association canadienne
    des télédiffuseurs, 147

Bagozzi, R., 164, 165
Bailey, B., 292
Banque de données E-stat, 373
Baril, H., 12
Bauer, R.A., 87
Beard, A.D., 192
Bearden, W.O., 340
Beatty, S.E., 37
Bédard, L., 290
Berman, B., 348
Berneman, C., 498
Bernstein, B., 362
Bettman, J.R., 25
Blackwell, R.D., 25
Blum, R.W., 358
Boone, L.E., 358
Borts, M., 525
Bouchard, J., 293, 300, 301, 302,
    315
Bourdieu, P., 349
Bourne, F.S., 339
Boyd, H.W., 360
Boyd, M., 354
Brassard, P., 297
Breck, E.J., 93
Brisoux, J.E., 91, 119, 124
Brunel, F., 164

Cacioppo, J., 149
Caron, N., 67
Carson, A., 507
Centers for Disease Control
    and Prevention, 358
Chatel, G., 288, 296
Chebat, J.-C., 362
Chéron, E.J., 187
Chiasson, G., 304
Clapp, G., 356
Coleman, R.P., 348, 350, 351, 354,
    355, 357, 358, 360, 366, 368,
    369, 370
Cossette, C., 305, 306, 307, 316
Cuthbert, W., 262, 267

Dardis, R., 360
Davis, H.L., 399, 401, 402, 404
Derrick, F., 360
Deslauriers, B.C., 107
Dewey, J., 26
Dholakia, U., 165
Dickson, J.P., 359
Drohan, M., 242
Ducas, M.-C., 436
Duhaime, C., 516
Durgee, J.F., 362, 363

Eberett, P.B., 107
Edgett, S., 452
Edmondson, B., 321
Eells, K., 350
Engel, J.M., 25
Engels, F., 349
Ethnic Media and Markets, 263
Etzel, M.J., 340
Evans, J.R., 348
Evans, P., 493

Feather, N.T., 176
Federal Trade Commission, 147
Festinger, L., 143, 144, 433
Filiatrault, P., 15, 403
Fishbein, M., 129, 132, 134, 136,
    137, 146, 147, 150, 151, 152
Fleenor, C.P., 358
Foot, D.K., 9
Fost, D., 321
Frank, R.E., 360
Froman, R., 86
Funk, T., 493
Fussell, P., 359

Gaidis, W., 109
Galbraith, J.K., 357
Garreau, J., 202, 203, 205, 206,
    207, 208, 313, 314
Gauthier, L., 452
Genest, P., 12
Giguère, A., 304
Gilbert, D., 350, 351, 352
Goldberg, M., 118
Goldberg, M.E., 358
Goldfarb Consultants, 194, 195,
    196
Gorn, G., 118
Gubar, G., 389
Guthrie, E.R., 116
Gutman, J., 185

Haloway, R.S., 145
Halpern, S., 372
Hanson, J.W., 411
Hawkins, D., 78
Heimbach, J.T., 84
Hénault, G., 298, 299, 315
Hendricks, G., 360

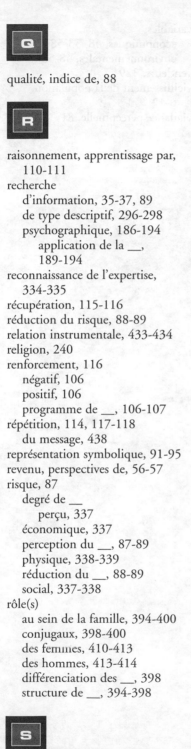